财税法
——原理、案例与材料

（第五版）

Finance and Taxation Law:
Theories, Cases and Materials
5th Edition

刘剑文 著

图书在版编目(CIP)数据

财税法:原理、案例与材料/刘剑文著. —5版. —北京:北京大学出版社,2022.7
21世纪法学规划教材
ISBN 978-7-301-33108-8

Ⅰ.①财… Ⅱ.①刘… Ⅲ.①财政法—中国—高等学校—教材 ②税法—中国—高等学校—教材 Ⅳ.①D922.2

中国版本图书馆CIP数据核字(2022)第108742号

书　　　名	财税法——原理、案例与材料(第五版) CAISHUIFA——YUANLI、ANLI YU CAILIAO (DI-WU BAN)
著作责任者	刘剑文　著
责任编辑	王　晶
标准书号	ISBN 978-7-301-33108-8
出版发行	北京大学出版社
地　　　址	北京市海淀区成府路205号　100871
网　　　址	http://www.pup.cn
新浪微博	@北京大学出版社　@北大出版社法律图书
电子邮箱	编辑部 law@pup.cn　总编室 zpup@pup.cn
电　　　话	邮购部 010-62752015　发行部 010-62750672　编辑部 010-62752027
印　刷　者	大厂回族自治县彩虹印刷有限公司
经　销　者	新华书店
	787毫米×1092毫米　16开本　26印张　649千字 2013年2月第1版　2015年1月第2版 2017年3月第3版　2020年6月第4版 2022年7月第5版　2024年8月第5次印刷
定　　　价	69.00元

未经许可,不得以任何方式复制或抄袭本书之部分或全部内容。
版权所有,侵权必究
举报电话:010-62752024　电子邮箱:fd@pup.cn
图书如有印装质量问题,请与出版部联系,电话:010-62756370

第五版说明

本书自 2020 年第四版出版以来,随着我国国民经济和社会发展"十三五"规划的收官和"十四五"规划的起步,我国财税领域立法的落实步入快车道,多项财税立法迎来全面攻坚,构建完备规范的财税法体系取得重大进展。

随着我国步入新发展阶段,我国财税改革不断深入,建立现代财政制度的步伐进一步加快。在过去的两年里,我国《契税法》《城市维护建设税法》《印花税法》相继通过。至此,我国 18 个税种,已有 12 个完成立法。此外,"土地增值税法""消费税法""增值税法""关税法"也已经征求意见或纳入立法安排,全国人大常委会授权国务院在部分地区进行房地产税改革试点,《预算法实施条例》《行政事业性国有资产管理条例》等行政法规得以修订或通过,等等,都标志着我国财税法朝着"完善立法、明确事权、改革税制、稳定税负、透明预算、提高效率,建立现代财政制度"的目标稳步推进。在此背景下,为充分展现我国财税领域的最新发展,笔者对本书第四版进行了修改。与第四版相比,本次修改主要有以下变化:

(1)"导论"从服务国家治理大局的角度出发,在财税法学的地位和财税法学的理论基础中,分别增加"四个全面"战略布局与习近平法治思想的相关论述。

(2)第一章依据我国财税法领域最新发展,对税法体系结构图进行修改。

(3)第二章根据《关于进一步推进省以下财政体制改革工作的指导意见》《基本公共服务领域中央与地方共同财政事权和支出责任划分改革方案》及 2020 年修订的《预算法实施条例》等相关法律规范对财政收支划分法律制度、一般转移支付和专项转移支付的内容加以修订,新增共同财政事权转移支付和特殊转移支付机制的内容。

(4)第三章依据 2020 年修订的《预算法实施条例》,对预算收支范围、预算编制、预算执行、决算、法律责任的内容加以补充、修订。

(5)第四章根据 2020 年修订的《预算法实施条例》和政府采购领域中新制定的法律规范,对国库集中支付制度和政府采购方式等内容加以补充。

(6)第五章依据《行政事业性收费标准管理办法》《行政事业性国有资产管理条例》《关于进一步提高中央企业国有资本收益收取比例的通知》等相关法律规范,重点对行政性收费、地方债法律制度、国有资产收益法律制度等内容进行补充完善。

(7)第六章根据 2021 年修订的《审计法》对财政审计监督的内容进行修改和补充。

(8)第八章根据《城市维护建设税法》,新增了城市维护建设税的内容。另外,结合我国立法相关动态,对增值税、消费税的内容加以补充。

(9)第九章结合相关法律规范,重点对企业所得税的税收优惠、个人所得税的征收对象和应纳税所得额加以修订和补充。

(10) 第十章依据全国人大常委会《关于授权国务院在部分地区开展房地产税改革试点工作的决定》《契税法》及《印花税法》,对相关税种制度内容进行修订。

(11) 第十一章根据《税务稽查案件办理程序规定》《税务代理业务规程(试行)》《涉税专业服务监管办法(试行)》(2019 修正),对税务检查法律制度和税务代理法律制度做了较大的修改。

(12) 第十二章根据《税务行政复议规则》对税务行政复议的内容进行修订。

(13) 更新了部分延伸阅读、新闻链接、案例和参考文献,并对脚注进行了修订。

特此说明!

刘剑文

2022 年 6 月

第四版说明

本书自 2017 年第三版修订以来,被国内多所开设财税法课程的院校指定为本科生、研究生教材和参考书目,作为本书的作者我倍感欣慰。

随着我国步入新时代,财税体制改革成效显著,财税法治实践稳步推进。与此同时,财税法学理论创新与改革实践日趋成熟,特别是"公共财产法""理财治国""领域法学"等财税法基础理论的研究成果涌现,为财税法成为一门新兴、交叉的领域法学学科奠定了坚实的根基。2018 年教育部明确提出,法学类本科专业必修课程采取"10+X"分类设置模式,其中"财税法"被纳入院校可根据办学特色开设的法学专业核心课,极大地提升了财税法在法学学科体系中的地位。在此背景下,本书也需要与时俱进地吸收新成果、修改部分观点。

本书立足于新时代财税法治建设的理论需要,在修订中秉持"内容准确并具有一定的前瞻性、形式统一且突出案例教学、结构科学又体现领域法学特征",将我国财税法最新理论与立法、执法、司法实践紧密结合,相较于第三版,本书主要的变化如下:

(1)"导论"从财税法一体化的角度全面修订本部分内容。充分吸收近年来财税法学界对"公共财产法""理财治国""领域法学"研究成果,对我国财税法基础理论加以提炼,明确了财税法的学科定位和体系框架。

(2)第一章将"财政法总论"改为"财政法基本理论",以公共财产法作为财税法学的基石范畴,对财政法的功能、原则等内容加以修订。

(3)第二章结合我国政府间财政关系制度改革新进展,对财政收支划分法律规范、转移支付法律规范加以修改。

(4)第三章结合我国预算体制改革和《预算法》的实施情况,对预算权力配置、社会保险基金预算、预算监督等内容进行了补充完善。

(5)第四章依据我国政府采购、政府投资和政府贷款领域中新制定的法律规范,重点对政府采购的原则、政府投资决策、政策性贷款制度等内容加以修订。

(6)第五章根据《政府非税收入管理办法》《彩票管理条例实施细则》等相关行政法律规范,对行政性收费、政府性基金管理、政府债券、彩票管理中的相关规则进行了修改和替换。

(7)第六章针对我国财政监督的改革成果,补充了财政监督权力运行各个环节的内容。

(8)第七章将"税法总论"改为"税法基本理论",结合我国贯彻落实税收法定原则的实践,更为细致地论述了税收法定原则的理论内涵与意义,并对税收法律关系加以细化。

(9)第八章对增值税、消费税、关税的基本要素,结合我国相关立法最新动态加以调整和完善。

(10)第九章根据 2018 年修订的《个人所得税法》全面对个人所得税法律制度加以修订。

(11)第十章依据《资源税法》《环境保护税法》《耕地占用税法》《车辆购置税法》及《印花

税法(征求意见稿)》等,对相关税种制度内容进行修订。

(12)第十一章结合我国税务机构职能调整,对我国税务登记、纳税申报及税收征管等相关制度加以补充、修订。

(13)第十二章对税收救济制度加以修订,补充了"复议前置"的理论探讨。

(14)在阅读材料方面,本书更新和替换了部分新闻报道,选取了若干较新的财税案例,同时结合各章节的内容,对课后问题及参考文献进行了修订。

特此说明!

刘剑文
2019年10月

第三版说明

本书第二版出版至今,已近两载。在这两年的时间里,我国的财税体制改革进一步深化,财税法治快速推进。从如火如荼的全行业"营改增",到《环境保护法修正案(草案)》首次提请审议;从房地产税法被列入全国人民代表大会常务委员会立法计划,到《立法法》修改,对税收法定原则作了清晰、细化的规定,等等,都反映了国家对财税法治的积极探索和不懈努力。财税变革的一小步,可以说都是国家迈向财税法治的一大步,其间,也凝结了广大财税法人的智识成果和求是精神。

财税领域的民主和法治关系到每一个人的生老病死、衣食住行,和老百姓生活息息相关。应当看到,走向财税法治,不能只求"毕功于一役",也不能只求"快"而不保"质",我们需要反复思索,探求既符合国际通行做法又适应我国本土化发展的改革路径。作为教员,我们又需要根据法治环境的变化、法律规范的修改、法治理念的突破不断更新相应的研究内容和研究方法。

本人从事财税法教学与研究已三十载,有幸见证了我国财税法事业的日渐茁壮,更希望能在这样一个财税法治建设的伟大时代,让更多的人接触财税法、了解财税法、运用财税法,为我国的全面深化改革和全面依法治国尽绵薄之力。在这样的想法下,就有了第三版的修订工作。

本书在修订过程中基于上述原因,更新了有关的财税法律和政策、理论和研究成果,主要的修改变化如下:

(1) 导论中充实了财税法学的"领域法学""公共财产法"和"理财治国"这三大支柱理论。这三大支柱理论互为犄角、相互映衬,构成了一个"三位一体",既能够与其他领域的法律现象融会贯通,又能够关照财税法领域自身需要解决的问题的思想体系。此外,补充了"财税法律一体化"理论,梳理了中国现代财税法的理论体系和思想体系。

(2) 第一章删除了财政法的调整对象,增加了财政法的历史变迁,并对财政法定原则、财政法体系作了较大的修改。

(3) 第二章根据中央全面深化改革领导小组通过的《深化国税、地税征管体制改革方案》,国务院颁发的《关于推进中央与地方财政事权和支出责任划分改革的指导意见》,修改了财政收支划分法律制度。

(4) 第四章对财政支出法律制度概述部分进行了修改。

(5) 第六章对财政监督法学原理、理论依据和分类等方面进行了较大的修改。

(6) 第七章根据修改后的《立法法》,充实了"税收法定原则"的内容,删除了社会政策原则。

(7) 第八章结合 2016 年 5 月 1 日推行的全行业营改增试点更新了"营改增"的相关内容,还切合已经退出历史舞台的营业税,删去了"营业税法律制度"一节,并在本书其他相关部分进行了修正。

（8）第九章修改了企业所得税法中税率、优惠政策的内容。

（9）第十章依2016年7月1日起我国全面推开的资源税制改革，对资源税制度作了较大的修改。对土地增值税制度也作了适当修改。

（10）教材中的一些阅读材料也随着时代的发展进行了更新。

特此说明！

刘剑文
2016年10月

第二版说明

*本书自2013年2月第一版出版以来,承蒙读者厚爱,已告供给不足。而且在这一年多时间里,我国财税体制改革步伐加快,财税立法和政策也有较大的变动,因此需要及时更新书中的相关内容。例如,"营改增"试点逐步扩至全国以及多行业,增值税有取代营业税之势;2014年8月,《预算法》被修改,其立法理念和法律条款都有重大变化;2014年10月,财政部、国家税务总局先后出台《关于实施煤炭资源税改革的通知》《关于调整原油、天然气资源税有关政策的通知》,对资源税重点领域进行了调整;2014年11月,《行政诉讼法》被修改,将对税务行政诉讼产生一定影响;等等。尤为重要的是,在此期间,中国共产党十八届三中全会、十八届四中全会召开,财政被定位为"国家治理的基础和重要支柱",财税法和财税法治在依法治国进程中的重要性得到前所未有的强调。同时,中共中央政治局审议通过《深化财税体制改革总体方案》,为财税改革部署了时间表和路线图,对未来的财税立法路径具有指导意义。这些内容应该在本书中体现出来。

而伴随着我国财税立法和政策的蓬勃兴起,我们研究的深度和广度也在不断推进,提出了诸多创新性的财税法基础理论和制度构想。例如我们主张,财税法应秉持"理财治国观",树立经由财税过程的理财就是在治国的理念;财税法的本质属性是公共财产法,旨在规范、控制政府权力并保护纳税人财产权,其与经济法在宏观调控规则上有一定的交叉;财税法具有经济、政治、社会等多个向度的立体功能,包括规范理财行为、促进社会公平、保障经济发展;财税法律体系可以分为宪法中的财税条款、宪法性财税法律和财税主干法律等三个主要层次;预算不仅是政府管理的工具,更是约束政府的工具,应从"治民之法"转变为"治权之法";应当从落实税收法定主义,发展为预算法定主义,再到财政法定主义;等等。这些新的学术观点对推动我国财税法治建设和财税法发展可以起到积极作用,因而在书中加以呈现,诚请读者雅正。

本书在修订过程中基于上述原因,更新了有关的财税法律和政策、理论和研究成果,还对全书文字进行了全面校订,更正了部分文字错误,以使相关表述更为精确、流畅。主要的修改变化如下:

(1)导论中补充了理财治国、公共财产法理论的相关内容,并对财税法与经济法的关系问题进行了修改和补充。

(2)第一章修改和补充了财税法的体系和功能的内容,并增加了相关图表。

(3)第二章根据2014年修订的《预算法》,补充了财政收支划分和财政转移支付的内容。

---

* 以下未特别说明均指中华人民共和国的相关规定、事件等。为方便起见,不再特别标注"我国""中华人民共和国"字样。

（4）第三章根据2014年修订的《预算法》，全面修改了财政预算法律制度有关内容。

（5）第四章补充了国库集中收付制度的内容。

（6）第五章补充了地方债的改革和立法进展，更新了费用、彩票和国有资产收益的内容。

（7）第八章补充了"营改增"的内容，并对增值税及营业税部分作了修改和调整。

（8）第九章补充了个人所得税法和企业所得税法的内容，并增加了相关图表。

（9）第十章更新和补充了房产税、资源税的内容。

（10）第十一章更新了发票管理、税务稽查、行政复议、税务代理等内容。

（11）第十二章根据2014年修订的《行政诉讼法》，作了修改和补充。

（12）更新和删改了部分延伸阅读、新闻链接、资料链接和案例等内容。

特此说明！

刘剑文

2014年11月

目 录

1　导　论

上篇　财　政　法

17　第一章　财政法基本理论
- 17　第一节　财政法的概念与历史变迁
- 23　第二节　财政法的体系与渊源
- 33　第三节　财政法的地位与功能
- 38　第四节　财政法的基本原则

47　第二章　财政平衡法律制度
- 47　第一节　财政收支划分法律制度
- 61　第二节　财政转移支付法律制度

69　第三章　预算法律制度
- 69　第一节　预算法律制度概述
- 75　第二节　预算权力
- 81　第三节　预算程序
- 89　第四节　预算监督
- 89　第五节　预算法律责任

94　第四章　财政支出法律制度
- 94　第一节　财政支出法律制度概述
- 97　第二节　政府采购法律制度
- 107　第三节　其他财政支出法律制度

119　第五章　非税财政收入法律制度

　　119　第一节　非税财政收入法律制度概述
　　124　第二节　费用征收法律制度
　　132　第三节　公债法律制度
　　142　第四节　彩票法律制度
　　149　第五节　国有资产收益法律制度

155　第六章　财政监管法律制度

　　155　第一节　财政监管法概述
　　161　第二节　权力机关的财政监督
　　169　第三节　财政机关的财政监督
　　178　第四节　财政审计监督

下篇　税　法

191　第七章　税法基本理论

　　191　第一节　税法的概念与特征
　　193　第二节　税法的性质与作用
　　196　第三节　税法的地位与体系
　　199　第四节　税法的渊源与效力
　　207　第五节　税法的基本原则
　　212　第六节　税收法律关系
　　218　第七节　税法要素

227　第八章　商品税法律制度

　　227　第一节　商品税法律制度概述
　　228　第二节　增值税法律制度
　　238　第三节　消费税法律制度
　　245　第四节　关税法律制度
　　251　第五节　城市维护建设税法律制度

253 第九章 所得税法律制度

- 253 第一节 所得税法概述
- 258 第二节 企业所得税法
- 276 第三节 个人所得税法

299 第十章 财产税和行为税法律制度

- 299 第一节 房产税法律制度
- 303 第二节 资源税法
- 310 第三节 土地税法律制度
- 318 第四节 车船税法
- 323 第五节 契税法律制度
- 326 第六节 印花税法律制度
- 330 第七节 环境保护税法律制度

338 第十一章 税收征管法律制度

- 338 第一节 税收征管法律制度概述
- 341 第二节 税务管理法律制度
- 348 第三节 税款征收法律制度
- 362 第四节 税务检查法律制度
- 368 第五节 税收征管法律责任
- 373 第六节 税务代理法律制度

378 第十二章 税收救济法律制度

- 378 第一节 税收救济法律制度概述
- 380 第二节 税务行政复议法律制度
- 386 第三节 税务行政诉讼法律制度
- 395 第四节 税务行政赔偿法律制度

401 后记

导 论

> 政府没有巨大的经费就不能维持,凡享受保护的人都应该从他的产业中支出他的一份来维持政府。
>
> ——约翰·洛克

一、财税法学的研究对象

财税是财政与税收的简称。从词语的逻辑关系上看,财政与税收不是同一层次的概念。财政包含税收,但不限于税收,税收只是财政活动的形式之一,二者之间是属种关系。从这个意义上看,将统一的财政现象分割为财政与税收是不合适的,直接用财政概念覆盖与之相关的一切收入、支出和监管管理活动更为科学和准确。而"财税法"作为一门法学学科的概念,展现了该学科的整体性概貌,既能涵盖学科的全部内容,又能突出学科的性质。由于财税关乎国计与民生,直接影响各类主体的利益与行为,故财税法对于规范理财行为、促进社会公平、保障经济发展均举足轻重。现代法治国家的主要标志之一就是财税法治化,因此在民主法治建设中,财税法的理论研究和制度建设就显得尤为重要,这从根本上推动了财税法学研究的快速发展。

从历史的发展线索出发,自从经济学家关注财政现象伊始,税收就已经先入为主地成为财政领域的重要课题。经济学对财政的研究大多以税收作为切入点,税收学的研究成果在整个财政学研究中占有相当大的比重。从制度发展的轨迹看,现代意义上的财政法也是以"税收法定主义"为中心而发展起来的。税收收入在整个财政收入中都占有绝对的比重。故用以规范税收行为的法律制度在整个财政法体系中也格外引人注目。

税法的特殊性不仅表现在法律规范的数量多、覆盖面广,更主要地表现在它逐渐发展出一个相对独立的内部体系,如税收基本法、税收债务法、税收征收程序法、税收处罚法、税收救济法等。也正因为如此,法学对财政现象的关注其实也是从研究税收法律规范开始的,尽管从时间上落后于经济学好几个世纪。从税收到预算,再到其他财政现象,这大致反映了财政法学兴起和发展的一个基本历史轨迹。

由于税收在财政中的地位如此重要,由于税法在财政法中的相对独立性,也由于人们早已习惯于将税收与财政相提并论,因此,我们有意识地将税收的概念在财政法中凸显出来,以财政税收法概括地称呼所有与财政收入、财政支出及财政监管有关的法律规范,对法学中专门研究财税法的学科也称之为"财政税收法学",一般简称为"财税法学"。因此,创建专门研究财税法律现象的财税法学十分必要。

在最具体的层面上,财税法学以与财税相关的法律概念、法律规范、法律原则和法律制度作为自己的研究对象。它既以部门法意义上的财税法作为自己的研究对象，也可以深入到与财税法交叉的其他法律领域，比如宪法、行政法、刑法、诉讼法、国际法等。从法律制度的角度看，财税法学的研究对象主要包括税收法律制度、公债法律制度、费用征收法律制度、预算法律制度、国库管理法律制度、财政分权法律制度、转移支付法律制度、财政投资法律制度、财政贷款法律制度、国有资产管理法律制度、财政监督法律制度等。如果超越这种具体层面，财税法学还应该研究与财税法制度相关的法律意识、法律文化、经济体制和政治背景。因此在这个层面，财税法学的研究对象又会与哲学、社会学、经济学、政治学和管理学等发生交叉。

二、财税法学的地位

如果一定要探寻学科的地位，则最多也只能从该学科对政治、经济和社会文化生活的作用加以评估。从这个角度看，学科的重要程度是因不同国家在不同历史时期的不同发展需要而定的。在政权更迭时期或一个国家重要的政治变革时期，宪法学的研究成果对如何规范国家权力具有十分巨大的参考作用；在重视自由竞争的经济发展和建设时期，民商法的研究成果对如何发挥市场调节的内在功能意义非凡；在市场陷阱丛生、无形之手调节失灵的现代市场经济阶段，经济法学所强调的规范和保障国家调节功能的宗旨备受关注。至于财税法学的地位，也只有从这个角度的评估才更具有现实意义。

长期以来，财政一直被界定为公共服务或阶级统治的物质基础，其依附于国家职能，缺乏独立存在的价值，财税法也变成纯粹保障国家财政职能的制度手段。然而在现代福利国家的模式下，任何一种给付行政都必须建立在相应的物质基础上，财力的不足已经成为各国普遍的现象。在这种背景下，财政与行政早已成为互为制约的两股相对独立的力量。正因为财政对国家如此重要，所以国家必定通过强制手段确保财政收入顺利入库，同时以合理的方式实现各种财政开支。在这个过程中，无论是财政收入还是财政开支都关系到人民的切身利益。因此，在法治国理念的指导下，现代意义上的财政法必须摆脱其对国家职能的依附关系，确立自己独立的价值体系。财政民主主义、财政法定主义、财政平等主义和财政健全主义应该成为人民规范和监督财政权力的重要原则，财税法在保障人民基本权利方面的功能日益凸显，其性质和功能都发生了质的变化。而这一切的发生，除了历史的必然外，财税法学的研究起到了不可替代的先导作用。

改革开放四十多年，财税法学立足于中国国情和法治建设需要，不断取得突破与创新性成果，并成为一个综合性的领域法学学科。财税法学在中国特色社会主义法学体系中的地位非常重要，但是这种重要性不能用部门法的效力层次论加以衡量，更不能以国家为便于对社会科学的管理而创设的学科级别来衡量。学科的存在只是在以一种约定俗成的方式告诉人们，它在研究什么，怎么研究，与他人的研究在形式上有何不同。尽管部门法之间受法律效力的层次性制约存在一定的等级，尽管法学学科与部门法之间存在某些对应的关系，但是也有许多学科根本找不到相对应的部门法，还有一些则可能突破部门法的界限。因此，从有利于"百家争鸣"和"百花齐放"的角度看，学科的存在并无高低贵贱之分，任何学科都具有同等重要的意义。

当前中国财政法制建设尚未超越保障权力运作的阶段。从法律理念的层次看，人民主权所固有的财政民主主义要求远未确立，人民对财政的知情、参与、决定和监督权无从体现；

从立法的情况看,财政税收领域无法可依的现象仍然存在,行政机关自定规则的情况非常普遍;从实践的效果看,财政税收领域侵犯纳税人权益的案例仍然较多,财政秩序十分混乱。行政机关违法收费问题、预算外资金体外循环、农民负担过重、区域经济发展不平衡、地方财力紧张等问题,都与财税法未能很好发挥作用有关。财政是国家治理的基础和重要支柱,财税体制在国家治理中发挥着基础性、制度性、保障性作用。"法者,治之端也。""四个全面"战略布局的落实离不开财税法的保驾护航。全面建设社会主义现代化国家需夯实现代财税体制基础;财税体制改革是全面深化改革的重点之一;财税法制建设是依法治国的题中应有之义;财政监管法律制度的完善是从严治党的重要抓手。因此,财税法学肩负着沉重的使命,其重要性是毋庸置疑的。现代财税法本质上更是一种公共财产法,财税法学是包含预算法、政府间财政关系法,以及财政收入法、财政支出法、财政监管法等多位一体的领域法学学科。

2018年,教育部发布了《普通高等学校法学类本科专业教学质量国家标准》,改变了将近二十年不变的法学专业核心课程体系,将采取"10+X"的模式分类设置法学专业核心课程。其中,"10"指法学专业学生必须完成的10门专业必修课,"X"指各院校根据办学特色开设的法学专业核心课,"财税法"位列其中,这一调整对提升财税法在我国法学学科体系中的地位、培养国家急需的复合型人才,无疑都具有极为重要的意义。

三、财税法学的理论基础

从宏观的财政立宪、财税民主法治,到财税法律手段对经济、社会、文化的治理,进一步到政府财税执法和各种税费关系厘定,这些均属于财税法的研究范畴。作为一门交叉性的领域法学学科,财税法研究视野开阔,研究领域宽广,因此财税法被称作"治国安邦之道",被视为"纳税人保护之法",更被定性为一门"经世济用"的应用性法律。习近平法治思想是全面依法治国的根本遵循和行动指南,财税在国家治理中起着基础性、保障性作用,是全面依法治国中的重要一环,因此,应当在习近平法治思想的指引下建构具有中国特色的财税法理论。例如,纳税人权利保护理论回应了习近平法治思想坚持以人民为中心,坚持人民主体地位,依法保障人民权益的要求;财税法定理论是习近平法治思想坚持依法治国、依法执政、依法行政在财税领域的具体化。此外,中国财税法学植根于中国的财税法治实践,不断提高解释和回应现实的法律现象的能力,并致力于解决发展过程中的法治难题,逐步形成了具有中国特色的现代财税法学理论大厦的雏形和架构。这一理论体系主要包括"领域法学""公共财产法"和"理财治国"理论,这三大支柱理论互为犄角、相互映衬,"三位一体",是既能够与其他领域的法律现象融汇沟通,又能够关照财税法领域自身需要解决的问题的思想体系。同时,财税法定理论、"财税法律一体化"理论、纳税人权利保护理论、财税契约理论、财税控权理论、财税衡平理论、财税程序正义理论等,共同构成了中国现代财税法的理论体系和思想体系。

(一)领域法学理论

"领域法学"回答了财税法等新兴学科、交叉学科的学科定位问题。领域法学是一个以问题为导向,注重部门法互动、同构的新型法学学科体系、学术体系和话语体系。该理论回答了财税法等新兴学科、交叉学科的学科定位问题,回应了现代法学学科分类的棘手问题,通过反思传统部门法学理论及其研究方法在解决重要领域和新兴领域重大问题过程中的局限性,尝试重塑所有新兴学科、交叉学科的功能和定位,与部门法学同构而又互补。作为领域法学的财税法学,就其自身特点的本体认识而言,主要体现在其学科地位的相对独立性、学理基础的综合包容性与学术视域上的纵横延展性。在研究范式上,财税法学在财政学与法学领域存在交叉领域、在学科内部和学科之间呈现结构协力,且在技术路线上偏重价值分析和实证分析。财税法学是兼具理论性和应用性特质的综合学科,立足中国语境研究和解决现实问题。①

领域法学既是对部门法体系划分的突破,也是对现有法学研究方法的反思。该理论由财税法学者提出后,对其他学科甚至是整个法学研究范式的转型都起到了深远影响。尤其对于综合领域的新兴交叉学科而言,领域法学研究范式的重要性更为明显。对于这些学科可以归纳为两种类型:一类学科是曾经被划入某些部门法中,但是显然部门法已经无法为其发展提供足够理论支撑,或者已经不符合其学科定位。例如财税法学是典型的领域法学,曾经被归入经济法学之中,定位为宏观调控法,但是财税法学的研究范围并不只是宏观调控;并且依据传统学科定位,财税法中具有宪法性质的预算法被定位的级别比二级学科还低。另一类是在传统部门法划分之时尚未出现而后来新兴的综合学科,例如网络法、环境法、娱乐法、体育法等,适应实践之需要而兴起,但是又无法完全归入任何一个传统部门法。在交叉学科研究越来越受到关注的情形下,领域法学研究范式的创新提出为推动交叉学科的发展提供了重要理论支持。

(二)理财治国理论

"理财治国理论",亦称"理财治国观",回答了财税法的目标宗旨问题。所谓理财治国观,是一种治国理政的新理论新思想,即通过"理财"更好地实现"治国"目标的理念或者思维,它是民主理财、科学理财、法治理财的集大成者;其理论内核是对国家治理语境下财税法宗旨的高度概括和提炼。从过程的角度讲,强调理财过程中的合理、合法、合宪;从目的的角度讲,强调理财目的是为民、为公、为国;从本质的角度讲,则是强调理财的法治性、现代性、公开性和公共性。

财政是国家治理的基础和重要支柱。这种治国理论的提出将财税法提升至国家治理的高度,体现了国家治理模式的创新,通过宣扬和落实理财治国观,对政府行使财政权力进行有效约束,促进政府依法、民主、合理、高效理财,为化解我国新时期的社会矛盾和社会问题提供了具有启示性的思路。尤其是进入新时代以后,党和国家对"财税"的认识发生了前所未有的飞跃式发展,提出落实"税收法定",使得财税改革步入法治轨道。而财税法学者提出的"理财治国理论"则积极回应了党和国家治国理政的新变化,体现出法学理论和实践工作者的时代责任和担当。

(三)公共财产法理论

"公共财产法"理论回答了财税法的属性特质问题,可谓财税法基础理论的基石与根本。公共财产法理论对"财税法是什么""财税法为什么"和"中国需要什么样的财税法"等重大问题做了回应,澄清了人们对于财税法认识的误区。② 公共财产法的要旨是规范和治理公共财

---

① 参见刘剑文:《作为综合性法律学科的财税法学——一门新兴法律学科的进化与变迁》,载《暨南学报(哲学社会科学版)》2013年第5期。

② 刘剑文、王桦宇:《公共财产权的概念及其法治逻辑》,载《中国社会科学》2014年第8期。

产,限制或者控制政府的公共财产权力,以实现对纳税人权利的有效保护。公共财产法作为现代财税法的基石范畴,解决了学科发展的理论瓶颈,并有助于消除传统的对抗关系和偏见,树立一种良性互动、协作共赢的财税法治文化。

公共财产法理论对财税法理论和实践都具有非常重要的意义。首先,公共财产法是财税法学的核心范畴,对统摄整个财税法学具有重要作用,使其走出了宏观调控法的误区。公共财产法作为核心范畴,能够有效搭建起整个财税法理论框架,并且以此明确财税法的基本理念和价值取向。其次,公共财产法理论也是现代财政的正当性基础,现代财政制度自身之正当性的证成依据是基于公共财产权控制的法治治理,现代财政制度的建立,即财税体制改革过程之正当性的形塑核心是基于公共财产权控制的程序规范。再次,在公共财产法价值引导下的财税法,在实现对经济、政治与社会各个不同空间的整合与串联的同时,最为重要的是推动法治国家建设。如我国《预算法》修订中体现出由"管理法"向"控权法"的转变,本质上是为了更好地保护社会公共利益,实现合法、有效地治理公共财产。

(四)财税法定理论

财税法定理论也被称为"税收法定原则",内容涵盖财政法定和税收法定,旨在规范政府征税权、保障纳税人权利,因此是财税法领域的"帝王原则"。财税法定理论是财政民主的具体体现,同时也是财政民主非常重要的实现途径。这里所谓的"法定",从形式意义上看应该仅仅指由最高权力机关所制定的法律。但是同样需要注意的是,"财税法定"并不是要求国家一切财税行为都必须制定专门的法律,而是说财税行为必须满足合法性要件,必须得到法律的明确许可或立法机关的专门授权。只有在法律允许的范围内,政府才享有财税自由裁量权。

财税法定理论最早发端于西方民主政治革命中,在英国的《大宪章》《权利请愿书》《权利法案》,美国的《独立宣言》《弗吉尼亚权利法案》,法国的《人权与公民权利宣言》等重要的宪法性文件中大多以"同意权"的形式表述人民在财税方面的基本权利。这种"同意权"既是财税民主主义的法律依据,也是财税法定原则的渊源。我国引入财税法定理论较晚,直接法律渊源是在2015年修订《立法法》第8条之中,即"税种的设立、税率的确定和税收征收管理等税收基本制度"以及"基本经济制度以及财政、海关、金融和外贸的基本制度"只能通过制定法律规范来确立。这一规定对我国财税立法具有普遍的法律约束力,其中财税法定理论强调财税事项的法定性、规范性和可预测性,将财税法定原则落实到政府财税法治建设和财税管理活动全过程有助于推进我国财税法治水平。

(五)财税法律一体化理论

"财税法律一体化"理论研究,倡导打通纳税人、征税人、用税人的内部逻辑和关联性,对税法与财政法进行整体主义思考和一体化研究。强调财税法的一体化,是将收入、支出、管理的法治化统筹起来进行一体化研究。从比较法的角度来看,财税法律一体化理论是我国财税法学发展进程中的理论创新。在西方国家,税法一直以来都是一门独立的学科,而财政法则是由宪法和行政法学者来研究的。"财税法律一体化"的提出,更是理念的变化和研究视野的拓宽:一方面,既要强调收入法律化,还要强调支出和管理的法律化;另一方面,既要考虑纳税人权利保护,还要考虑征税人、用税人的权力规范,强调"三位一体"。

在公共财政的背景下,"公共性"与法制化需要在价值上相互契合。财政收入属于"征税法"的问题,而财政支出则属于"用税法"的问题,税款如何征收与税款如何使用本应该是两个密切相关、同等重要的问题。"财税法律一体化"的研究范式打通了征税与用税之间的关系,将财政收支纳入法定的范围,不仅仅有利于追求价值上的公平正义,还通过自洽的方式实现这种价值,是可以真正实现征税、管税与用税的统一的研究范式,也更加符合财税法治的基本逻辑。

(六)纳税人权利保护理论

税收是维系国家存在和发展的"生命血源",纳税人既是财政收入的汲取对象,又是财政支出的服务对象,还是财政监管的主要力量。同时,因为承担纳税义务之绝大比例且负担无限纳税义务的是一个国家的全体国民,这就使得保障纳税人权利与保障公民基本权利相比具有更加深厚的基础。要言之,纳税人权利保护不仅是财税法中的基石范畴,而且也是现代法治国家的题中应有之义。在现代国家,公民和国家之间最为主要的关系就是税收关系以及在后续税款使用过程中产生的各种关系,故,纳税人权利保护从宏观层面而言,是协调国家与纳税人间经济利益的核心理念,从微观层面而言,又关系到防止征税机关、财政机关滥用权力等具体制度安排。

市场经济发达国家十分重视强调纳税人权利,通常会通过立法建立起行之有效的纳税人权利保障机制。但长期以来,中国对纳税人问题的研究,往往局限于纳税人的税收负担和履行纳税义务等方面,忽视了对纳税人权利的研究,以致在税收实践中形成了根深蒂固的"纳税人只有纳税义务"的税收观念,严重地制约了中国依法治税的进程。鉴于此,我国财税法学界引入并深化纳税人权利保护的理论根源和具体发展方向,探讨我国的纳税人权利保护机制较为合理的路径选择。

(七)财税契约理论

财税契约理论在西方是被广为接受的理念,在引进中国后逐渐发展成为极具中国特色的"税收之债理论"。其内涵是将财税法定性为财产法,倡导和较系统地论述有中国特色的"税收债务关系"理论,强调国家与纳税人之间是一种平等的契约法律关系。税收债权债务关系说是以1919年德国《税收通则法》的制定为开端,与之对立的理论是"税收权力关系说",税收债务关系说带来了税法学的革命与现代税法学的重生。在21世纪以前,我国财税法学者主要是从"权力关系"性质单一、片面地理解和分析税收法律关系。随着财税契约理论的引入,我国财税法学者认为税收实体法律关系性质的重心是债务关系,税收程序法主要以国家行政权力为基础,体现权力关系的性质。当对某一具体的税收法律关系加以定性时,应当根据其内容、主体及其所处于国家税收活动过程的不同阶段,界定处于特定情形下特定的税收法律关系的性质;当需要对抽象的作为整体的税收法律关系进行定性时,可以认为其性质是税收债权债务关系。

不仅在理论上,税收债权债务关系说已经成为主流,在实践中,财税契约理论也已渗透到税收立法、执法和司法的各个环节。财税契约理论不仅能解释国家与纳税人之间的逻辑关系和权源基础,而且能论证公法上债权债务关系及金钱给付义务的学理基础和执行依据。

(八)财税控权理论

财税控权理论强调财税法是对纳税人财产的纵向保护,即限制和规范纳税人财产向国家财政的转化和让渡,保护纳税人正当权益。财税法的功能在于限制和控制政府财政权力,通过对财政权力的控制来实现政府财税行为的民主化和法治化。财税控权理论发端于行政法中的控权论,其核心在于限制政府财政权力的行使,依循"以权力制约权力、以权利制约权力、以程序制约权力"的控权逻辑,通过法制建构、实体管控和程序约束的三重规范来实现政府财政行为的法律控制。财税控权理论本质上仍属于从行政权力规范角度出发,避免政府滥用财税权力,从而在根本上保障纳税人的权利。

(九)财税衡平理论

财税衡平理论是指在财税法基本理念方面,应秉持"利益协调"的理念,确保国家财政收入、保障纳税人权利和兼顾第三方利益。在非均衡经济境况下,财税衡平理论旨在解决社会财富分配不均、协调贫富悬殊矛盾。从本质意义上讲,财税法是财产分割之法,是利益衡平之法,是公平正义之法。申言之,财税法通过在国家和纳税人之间的财产权分割实现国家财政的正当性和私人财产的合法性;财税法通过平衡国家和纳税人之间的利益,推动建构在社会整体利益基础上的稳定公私权利界限;财税法还通过强制性或引导性的法律规范推动公平正义社会政策的法律实现。

从本质意义上讲,财税衡平理论就是一种调节社会财富公平分配、实现社会财富公平分享的理论。财税法的社会利益本位性质和社会经济发展的调控性决定了财税法具有能够促进社会的平衡发展的功能。财税法衡平发展的内涵可以从"税收公平、财政转移支付和创新驱动"三个维度进行展开,其中税收法定、预算公开和创新激励财税政策的法治化等理论都促进了财税法衡平发展的功能。财税法的衡平发展功能是对不平衡、不充分发展问题的动态反应,统一于促进社会均衡发展和人民共享发展成果的宏伟目标之中。

(十)财税程序正义理论

财税程序正义理论也被称为"财税正当程序理论",从程序正义的角度研究国家财税活动的透明度、程序化和规范化的法律问题,通过程序控制来实现财税法治化。正当法律程序最早起源于英国古老的自然正义原则,是"实质正义"的有力保证,体现出对法律程序规则的尊重,这种尊重并不仅仅是重视"要按照法律规定的程序"行使权力(利),而更是要按照"正当的法律程序"行使权力(利)。因此,就财税程序正义理论的内涵而言,一方面,财税程序可以保证国家按照法律规定的程序合理正当地实施财政管理,避免国家在财政管理行为过程中过度使用财政权力,保障财政行为本身和财政结果的公平合理。另一方面,程序正义还能在确保纳税人权利和公共利益等因素得到有效维护的同时,提升财政管理效率和透明度,遏制腐败和寻租行为。因此,财税程序正义理论的价值就在于对行为本身提供明确的法治化指引。

四、财税法学与相关学科的关系

财税法学是一门综合交叉的领域法学,在学习和研究中都应当以问题为导向,以特定经济社会领域与法律有关的现象为研究对象,融经济学、政治学和社会学等多种研究范式于一体。财税法学需要借鉴经济学、政治学、社会学的科研成果和研究方法,财税法学的研究成果对经济学、政治学、社会学的发展也会有促进作用。在法学内部,我国传统观念认为应将财税法学归入经济法学,使之成为经济法学的一个分支,也有学者将之归入行政法学。至于财税法学与宪法学、刑法学、民商法学、诉讼法学和国际法学的关联,在不少学者的论述中也屡有提及。确实,人们观察和思考问题总是有自己的角度和价值判断。如果将财税法规范分解到不同的法律部门,如宪法、行政法、经济法、民商法和国际法等,财税法学或许没有独立存在的价值。然而,面对一个相对完整的财税法规范体系,任何一个传统法律学科都容易陷入片面,都无法得出全面系统的研究结论。在这个意义上讲,财税法学也是一门新兴的领域法学,与其关系最为密切的法学学科如下:

(一)财税法学与经济法学的关系

在中国,财税法被归入经济法,其实是在特定历史背景下的一个产物。我国经济法学成长于改革开放初期,曾一度主张"纵横统一"说。由于当时将财税和利率、价格、外汇等一并作为经济管理的工具,财税法律自然会被纳入经济法中。进入21世纪以后,法治在市场经济中开始扮演重要角色,财税法本身的法治价值和分配作用慢慢凸显,尽管在税收优惠、财政转移支付等财税法问题上确实包含宏观调控的考量,但调节经济并非财税法的基本任务,筹集财政资金并使用财政资金、提供公共产品才是财税法的基础功能。这种认识转变使得财税法开始从经济法的视野中逐步分离出来。伴随实务中财税立法、财税执法和财税司法的内容日渐丰富,经济法固有的学科界限逐渐被打破,财税法成为一个专业性强、开放度高的知识体系。

财税法学与经济法学二者的共同之处在于,都研究如何依法保障和规范政府利用财税政策调节经济,即在财税宏观调控法上有重合,同时还包括促进财税政策的合法化,即为政府财税政策的制定、实施、变更、调整设定法律准则。二者不同之处在于分类标准上,财税法学是一门以问题为导向的领域法学,而经济法学以调整对象为中心;另外,两者也因所研究的核心法律的不同而展现出不同思路和侧重(参见图0-1)。

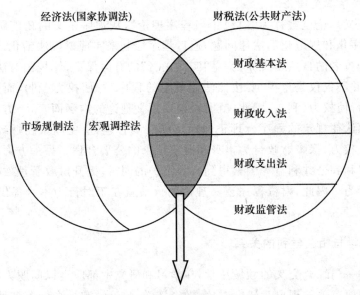

图 0-1 财税法与经济法的交叉关系

对于财税法和经济法而言,在产生时间上,财税法在国家产生之初就已存在,而经济法通常被认为肇始于垄断资本主义时期;在核心问题上,财税法的内核是规范公共财产的合法取得、合理使用和有效监管,进而保障私人财产权,而经济法主要关注的是借助多种国家干预手段,达到协调经济运行的效果;在对"财税"的定位上,财税法以财税活动为线索,规范的是组织公共财产和收入分配,而经济法更多强调的是财税作为一种宏观调控工具;在功能取向上,财税法尝试廓清公共财产与私人财产的边界,并以控权、限权为宗旨,其终极目标是保护纳税人权利,而经济法则以规范和保障国家对经济的调节为宗旨,实现社会整体经济利益;在制度结构上,财税法以财政基本法为统帅,并具体涵盖其之下的财政收入法、财政支出法和财政监管法,而经济法包括市场规制法和宏观调控法两大块内容(参见表0-1)。①

表0-1 财税法与经济法的对比

对比	经济法	财税法
产生时间	垄断资本主义时期	国家形成之初
核心问题	协调经济运行	规范公共财产的取得、使用
"财税"定位	宏观调控的工具	组织公共财产和收入分配
功能取向	宏观调控手段的合法化	公共财产和私人财产的边界与权利保护
制度结构	市场规制法和宏观调控法	财政基本法统帅下的财政收入法、财政支出法和财政监管法

(二)财税法学与行政法学的关系

财税法学与行政法学的交叉之处在于既要研究如何进行财税授权,也要研究如何科学地进行财税限权。行政法学可以研究如何从形式层面规范政府的财税行政行为,既要保障财税行政执法的合法性,又要规范和制约财税行为,防止其滥用权力。近年来,针对财税领域的行政权力规范问题,行政法学界也进行了深入研究,并形成财税行政处理、财税行政许可、财税行政强制、财税行政处罚、财税行政救济等理论知识框架。但财税法学的特别之处在于:其一,财税法学不仅仅涉及行政行为中的财政管理行为,而且深入到具体的财税现象和行为的本质,即通过财税法律秩序的建构,实现纳税人权利保护;其二,财税法学研究具有高度的综合性,不仅从行政法、经济法和社会法的法学角度进行分析,而且通过法学和应用经济学的交叉研究,探索依附于财税现象本身及其发展上的权利义务关系和法律现象,其研究范围跳出了行政法学的形式理性。

(三)财税法学与民商法学的关系

财税法一般是建立在民商法调整的基础之上,不能对私法秩序构成损害。税法的具体制度,尤其是税收实体法律制度大有借鉴民法债法具体制度的可能和必要。从债权债务关系角度审视国家与纳税人的财税法律关系,提出了公法上的债权债务关系理论。该理论理顺了征纳关系,在国库主义和纳税人主义之间寻求平衡,也为税法漏洞补充提供了新思路。特别是民商事主体与纳税人、民商事活动与应税行为常常交织在一起,是财税法学习中必须首先掌握的基础知识。此外,税法上的担保、保全制度、连带责任等规则借鉴了民商事制度,是财税法理论及制度研究中不可或缺的民商法学知识前提。财税法学与民商法学二者的区别主要在于:其一,从研究范围来看,财税法学关注的是不平等主体之间的财产关系,只是注重从私法角度研究公法问题,而民商法学则以平等主体作为自己的研究范围,追求私法上的自主性原则和契约观念。其二,从价值取向上看,财税法学注重人权保障价值、特别是纳税人权利保障,更加注意公平价值和正当性原则,而民商法学则注重私法秩序的维护、特别是私人交易中的自由权,更加关注平等价值和意思自治原则。

---

① 参见刘剑文、侯卓、耿颖、陈立诚:《财税法总论》,北京大学出版社2016年版,第61页。

（四）部门法学与财税法学的互补关系

财税法学的研究对象中既有实体法规范，又有程序法规范；既有国内法规范，又有国际法规范。尽管财税法中既有作为根本法的宪法规范，又有作为一般法的行政法规范、经济法规范、刑法规范和诉讼法规范，但是财税法有其自身独特的价值取向和区别于其他法学学科的核心内容。在早期财税法的发展中，由于自身理论难以自给自足，常借用其他部门法的理论知识来剖析财税法律问题。因此在知识结构上又与部门法学同构而又互补，在这些交叉领域中，相关学科都可以从各自不同的角度展开研究。

宪法学可以从宪法的角度研究财政税收领域的一些根本性事项，如财政法的基本原则、财政权力的分配、中央与地方的财政关系等。很多国家的宪法中实际上都用较大的篇幅规范财税行为，财税行为合乎宪法的规定也是各国法学特别关心的问题。正因为如此，目前国外的财政法学主要是财政宪法学。例如财政民主主义、财政健全主义、税收法定主义等，其实都是各国资产阶级革命的宪法成果，这为财税立法和研究奠定了坚实的基础。特别是我国财税法是在宪法的统帅下，包含预算法、政府间财政关系法，以及立基于其上的财政收入法、财政支出法、财政监管法多位一体的法律系统。学生掌握宪法学专业知识对正确认识财税法的知识体系具有举足轻重的意义。

行政法学可以研究如何从形式层面规范政府的财税行政行为，既要保障财税行政执法的合法性，又要规范和制约财税行为，防止其滥用权力。因此，财税行政法学既要研究如何进行财税授权，更要研究如何科学地进行财税限权。前者主要通过行政组织法和行政行为法加以体现，后者主要通过行政程序法和行政救济法加以体现。例如，财税行政机关如何设置，享有哪些财税行政权力，财税行政行为要遵循哪些程序，对违法的财税行政行为如何复议等，就是行政法学重点关注的内容。

经济法学可以研究如何依法保障和规范政府利用财政税收政策调节经济的行为（财税宏观调控行为），它所关心的不单纯是财税政策的取舍，同时还包括促进财税政策的合法化，即为政府财税宏观调控政策的制定、实施、变更、调整设定法律准则，如政府基于特定意图和调节功能的税收减免优惠、税率的升降和财政补贴等政策。

刑法学可以研究的是财税领域的犯罪行为及其惩处。虽然这种研究在原理上与普通刑法学并无二致，但它研究的对象具有很强的特殊性，总体来说都与滥用财税职权、逃避财税义务有关，如贪污罪、挪用公款罪、逃避缴纳税款罪、抗税罪等。将财税刑法学纳入财税法学的体系虽然在短时期内可能超出人们的预期，但现代市场经济条件下法律针对同一对象实行综合调整是一个发展趋势，而从财税法学的角度研究刑法正是这一趋势的体现。因此，我们不妨顺其自然，将其作为二者共同关注的领域。

诉讼法学可以研究如何通过诉讼程序公平高效地解决财政税收方面的纠纷和争议。随着法治进程的深入，司法解决财税纠纷必然成为一种重要形式。不仅税收、收费等方面的纠纷可以通过向法院起诉的途径加以解决，一旦请求发放公务员工资、支付社会救济款或财政补贴成为相对人法定的权利，财政支出纠纷也应该具备司法救济的可能性；不但财政相对人与政府之间的财政纠纷可以通过司法途径解决，上下级政府之间或同级政府之间的财政支付纠纷也可以考虑进入法院的受案范围。这种诉讼既不是行政诉讼，也不是民事诉讼，而是一种专门的财政诉讼，因此无论从理念还是制度上都必须重新设计税务诉讼的实体和程序规则）。

国际法学可以研究各种财税国际公约或双边条约,以及各国涉外财税法律制度,同时也可以从比较法的角度对外国的财税法律制度展开研究。受市场经济条件下各国经济趋同化的影响,各国的税法在技术层面上实际上也在逐渐接近。2008年金融危机之后,受财政压力所迫,打击逃避税方面的国际合作也如火如荼。2013年8月中国加入《多边税收征管互助公约》,2014年6月中国与美国就实施《海外账户纳税遵从法案》(FATCA)达成协议,2018年7月《实施税收协定相关措施以防止税基侵蚀和利润转移的多边公约》(BEPS多边公约)正式生效等就是例证。目前,国际税法的研究相对较为发达,而财政法领域的国际视角则更多地表现为比较研究。

五、财税法体系框架

拥有完备的法律体系是一门法学学科成熟的重要标志,财税法体系是整个法律体系的子部分,它从问题、内容、原则等多方面,发现财税领域的法律规则、法律规范之间的关联,成为一个体系化的框架。[①] 从分析的角度,法律体系理论包含四个部分,存在问题、同一性问题、结构问题、内容问题,这四部分相互交织。[②] 财税法体系上至宪法和宪法相关法律条款,中经预算法和财政收支划分法等财政基本法律制度,下至财政收入法、财政支出法和财政监管法。其中,财政收入法包括了税法、非税收入法和公债法等,财政支出法包括了政府采购法、政府投资法、财政拨款法以及财政贷款法等,财政监管法包括了财政监督法、国库法、政府会计法和审计法等。

需要说明的是,本书的财税法体系主要是针对国内法,并未涉及国际财税法。尽管相关的国际协定、条约是国际财税法的重要渊源之一,但由于财政领域国内法与国际法尚未完全打通,本书主要从国内财税法的视角对财税法体系加以概括。另一方面,财税法并不是"财政法"和"税法"的组合,而是公共财产法形成的一个有机的法律系统,其中,税法是财政收入法的重要内容而需要进行专门的研究。综上,本书对财税法律体系的概括,是立足于我国新时期的财税体制改革需要,运用公共财产法理论将财税法学科与财税法治发展紧密结合起来,形成一个体系完整的财税领域法框架。

六、财税法学的研究方法

财税法学是一门综合性学科,即使在法学内部,它与其他法学学科的交叉与融合也十分明显,因此,在研究方法方面,其选择具有开放性和发散性。常用的研究方法主要有规范分析法、价值分析法、经济分析法、历史分析法和比较分析法。这些研究方法与其他法学学科所采纳的方法既有共性,又有独特的一面,具体表现如下:

(一)规范分析法

规范分析是法学研究中的基本方法,它以分析法学派为代表。规范分析主要研究法的"法定",即规范本身的内容,它关注的是法的"实然"而不是"应然"。分析法学试图把明确性、稳定性、一致性和非冗性等逻辑限制置于权威性法律资料之上,希望发现基本法律概念、基本法律范畴以及基本法律定理。尽管分析法学派的基本观点存在诸多偏颇之处,但规范

[①] 参见刘剑文、侯卓、耿颖、陈立诚:《财税法总论》,北京大学出版社2016年版,第43页。
[②] 参见[英]约瑟夫·拉兹:《法律体系的概念》,吴玉章译,中国法制出版社2003年版,第3—4页。

分析作为一种法学研究方法的意义是十分重大的。特别是针对目前我国立法过于粗糙、执法和司法过于机械的状况,财税法所涉及庞大的法规群,学习和借鉴分析法学派在方法论上的优点更显得意义重大。

财税法学属于应用法学,其所研究的对象主要是国家财政税收法律现象中的公共财产相关法律制度,故而财税法学又被视为"公共财产法"而与私人财产权保障息息相关。因此,财税法学研究的起点应该建立在对法律规范的实证分析上,如界定法律概念的内涵外延,解析法律规范的逻辑结构,审查法律文件的效力衔接等。从这个角度看,规范分析的方法主要是对现行法律进行解释或类推,以填补法律漏洞,或使法律更加具体化,以适应时代发展的需要。

(二)价值分析法

价值分析也是法学研究中的基本方法,它以自然法学派为代表。价值问题虽然是一个困难的问题,但它是法律科学所不能回避的,在法律史的各个经典时期,无论在古代还是近代世界里,对价值准则的论证、批判或合乎逻辑的适用,都曾是法学家们的主要活动。

在一定程度上,价值分析是规范分析的反面。规范分析方法关注的是法律的"实然",但价值分析方法关注的却是法律的"应然",即"法律应该是什么"。这种思路有助于我们从另外一个角度反思法律的真谛,从道义和理念的层面破除"恶法亦法"观念的消极影响,促进现实的法律在正义目标的指引下不断进步。

在财税法学领域,价值分析的方法可以引导研究人员对各种形式上合法的财政税收制度进行合理性审查,挖掘财政税收法在道德、社会、人权方面的含义和要求,提升财税法规范公共财产权并保障私人财产权的理性色彩。对财税法律的价值分析尽管不具有直接的法律效力,但它在立法、执法和司法方面的指导作用是无可替代的,因此应该在财税法学研究中受到广泛的重视。

(三)经济分析法

国家的财税行为既是一种法律现象,也是一种重要的经济现象。任何一项财税措施的出台,总是伴随相关的经济调控后果,如对劳动、投资、出口、消费等产生抑制或刺激的作用。因此,财税法律的立、改、废,或是执行,除了考虑形式上的合法性,以及正义、公平、秩序等价值追求之外,还必须考虑其经济效果。如果能对经济发展或优化带来积极的效果,则说明具备实施的可行性。当效果相反时,不妨将此种结果与法律所追求的其他目标进行比较,倘若损益相抵后仍然呈现负值,则不妨考虑暂缓实施或者干脆放弃。

经济分析方法关注的核心在于财税制度的效率,而其基本的分析工具就是成本效益比较。和其他部门法学不同的是,财税现象早在法学介入之前就已经积累了丰富的经济学研究成果,甚至形成了财税学这一专门的学科。法学当然可以在很大程度上借鉴这些成果,但是,由于经济学内部流派纷呈,如果研究财税的学者不具备很高的鉴别能力,就可能陷入盲从和迷信。所以,财税法学在运用经济分析方法时也应该有自己的独特视角。

(四)历史分析法

财税现象既然是历史的产物,其存在就一定有特定的历史背景。在研究财政税收法时,除了考察当前有效的法律制度之外,还应该嵌入历史的视角,注意观察法律在发展变化过程中的动态规律。在财税法学中,可以分离出专门的财税法制史学。研究具体制度的人切切不能忘记,制度本身不是天外来物,历史的追溯可以帮助我们总结成败得失的经验和教训。

（五）比较分析法

随着世界经济一体化进程的加快，各国在财政税收方面的联系也会越来越多。在技术性较强的税法规则方面，甚至可能出现一种趋同化。正因为如此，必须随时关注财政税收法发展的国际动态，在学科研究中嵌入比较法的视角。

财税法学可以选择不同的坐标点进行比较，既可以是法系之间的比较，也可以是国家之间的比较，还可以是一个国家内不同法域之间的比较；既可以是法律制度的比较，也可以是法律文化的比较，还可以是不同经济背景的比较。从某种意义上看，历史分析本身也是一种比较，是现在与过去的比较。因此，比较研究只有建立在对本国的历史文化和制度发展深入了解的基础上，才能为我国财政税收法治建设作出独创性的贡献。

【课后思考题】

1. 如何看待财税法学科是一门领域法学？
2. 如何理解财税法的现代性？
3. 我国财税法理论有哪些重大发展？
4. 如何理解财税法学与相关学科的关系？
5. 为什么要强调财税法学的研究方法？

【参考文献】

1. 〔日〕金子宏：《日本税法》，战宪斌、郑林根等译，法律出版社2004年版。
2. 〔日〕北野弘久：《日本税法学原论》（第5版），郭美松、陈刚译，中国检察出版社2008年版。
3. 〔美〕维克多·瑟仁伊：《比较税法》，丁一译，北京大学出版社2006年版。
4. 〔美〕詹姆斯·M.布坎南：《民主财政论》，穆怀朋译，商务印书馆1993年版。
5. 〔美〕史蒂芬·霍尔姆斯、凯斯·R.桑斯坦：《权利的成本——为什么自由依赖于税》，毕竞悦译，北京大学出版社2004年版。
6. 马寅初：《财政学与中国财政》，商务印书馆2001年版。
7. 葛克昌：《税法基本问题——财政宪法篇》，北京大学出版社2004年版。
8. 刘剑文：《财税法功能的定位及其当代的变迁》，载《中国法学》2015年第4期。
9. 刘剑文等：《领域法学：社会科学的新思维与法学共同体的新融合》，北京大学出版社2019年版。

上篇 | 财政法

第一章　财政法基本理论
第二章　财政平衡法律制度
第三章　预算法律制度
第四章　财政支出法律制度
第五章　非税财政收入法律制度
第六章　财政监管法律制度

第一章

财政法基本理论

> 一个民族的精神风貌、文明程度、社会结构,以及政策可能酿成的行为方式,所有这些甚至更多,都记录在它的财政史上。那些明白怎样读懂这个历史所蕴含的信息的人们,在这里比其他任何地方都更能清醒地预感到震撼世界的惊雷。
>
> ——约瑟夫·熊彼特

【本章导读】

财政法基础理论是对整个财税法学理论的概括和提炼,涉及本学科的一些基本理论问题。内容包括财政法的概念、历史变迁、体系、渊源、功能与地位等基本方面。财政法基本原则是财政法理论中的重点内容,只有从法定、民主、健全以及平等的角度出发才能理解现代财税法学的本质与内涵。

第一节 财政法的概念与历史变迁

一、财政法的概念

因为语境不同,"财政"被赋予了多种含义。通常来说,财政一词在三种含义上使用:(1)财政可以是指一种行为,即国家为了满足公共需要而参与国民收入分配的活动。为了维持财政的正常运转,国家必须源源不断地获取财政收入、进行财政管理和安排财政支出,从而使得财政收入、财政支出和财政管理成为财政领域的三种主要活动。(2)财政可以是指一种制度,即财政活动据以运行的机构和规则体系。它既可能是法律规定的显性制度,也可能是财政活动中自发形成的,有待法律确认的隐性制度。(3)财政还可以指一种社会关系。它既可能是指国家机关之间以及它们与财政行政相对人之间,在财政活动过程中发生的相互制约的或管理性质的社会关系,即财政行政关系;也可能是指各种主体之间的经济利益分配关系,即财政经济关系,还可能两者兼而有之。

一般而言,财政法就是调整财政关系之法。按传统的部门法划分标准,这种界定方式因为凸显了财政法独特的调整对象,可以使财政法与其他领域法相区分。

在近现代民主法治社会,财政关系的内涵与在传统的奴隶社会、封建社会大不相同。现代社会的财政关系与民主法治紧密相关。因此,现代财政法是建立在民主法治基础上、以增进全民福利和社会发展为目标、调整财政关系的法律规范的总称。其具体内涵包括:(1) 民主法治是财政法的制度基础。财政法的民主性体现为,财政权力来源于人民,人民可以通过选举组成代议制机构,也可以直接通过全民公决行使财政权力,决定和监督重大财政事项。财政法与法治的关系表现为,财政法涉及公权力的分配,故必须在宪法和法律的框架下运行。宪法所规定的国家结构形式、政权组织形式、公民基本权利等都是财政法有效施行的前提。(2) 财政法的目标在于增进全民福利,促进社会发展。尽管税法导致公民向国家单方面让渡财产,但从整体上看,财政法应将维护和保障基本人权、促进人权保护水平不断提高作为基本宗旨。(3) 财政法以财政关系为调整对象。财政关系指的是财政行为未经法律调整以前所引发的社会关系。通过对财政关系的分析,可以构筑财政法的体系框架,厘清财政法与其他相关部门法的关系,从而确定财政法在市场经济法律体系中的地位。

二、财政法的历史变迁

党的十八届三中全会指出:"财政是国家治理的基础和重要支柱。"这是站在历史视角对新时期我国公共财政进行的全新定位。探讨历史上财政与经济制度、社会结构、精神文化乃至国家命运的相互关系,发掘财税法在国家变迁与社会转型中的重要作用,无疑有助于真正深刻地理解财政法在治国安邦中的基石地位。

(一)"君主私财"到"公法之债":财政法作为民主国家的动力

从起源上看,财政是人类社会发展到一定历史阶段的产物,随国家的产生而产生。在我国,财税制度发端于夏商周时期。文献记载,"自虞、夏时,贡赋备矣。"(《史记·夏本纪》)"夏后氏五十而贡,殷人七十而助,周人百亩而彻,其实皆什一也。"(《孟子·滕文公》)这是对我国贡赋制度发源时期的总体概括。其后,财税制度与其他法律制度一样,经历了自习惯法到成文法、从诸法合体到诸法分立的演变历程。从汉朝开始,各朝各代几乎都设有"食货志"专章,详细记录了该朝的财政法律制度。而各代政治家、思想家、理财家抑或史学家所著的典章制度中,财政法制度均无出其右,位列其中。毫不夸张地说,财税不仅历来受到封建统治者的高度重视,而且往往与王朝的兴衰更迭交互映照。历史上的著名改革,大多事关财税制度的变动与改进,诸如文景之治的"薄赋省刑"、唐朝的"两税法"、明朝的"一条鞭法"、清朝的"摊丁入亩",莫不如是。

但是,在封建制度下,"普天之下莫非王土"的观念深入人心,缴纳"皇粮国税"被认为是民众天然的义务。在中世纪的欧洲,尚未产生民族国家的概念,只有大大小小的领地,而财政的用途也就是供养各级领主及其家族。有意思的是,封建时期不同国家财政组织收入具体方式的差异,也导致了后来民主政治发展进程的区别。英国的君主主要通过对贸易进行征税来获得收入,这促进了英国议会民主制度的发展。而法国主要是对固定的资产(例如盐矿和土地)进行征税,这导致了君主专制的发展。[①] 总体上看,无论是东方还是西方,在封建

[①] 这是佐尔伯格(Zolberg)等学者的观点。See Zolberg, "Strategic Interactions and the Formation of Modern Sates: France and England", *International Social Science Journal*, 1980(4).

时代"所有权者国家"①或称"王权国家"的框架下,税收都只是君主的"私财",进而相应地表现出"家计财政"的样态,自然也不可能形成现代意义上的财税法。

封建国家向民主国家的历史转型,也正是以围绕税收的艰苦斗争为焦点的。作为近代资本主义民主政治的发祥地,英国新兴资产阶级向封建王权发起挑战的关键内容就是围绕税收所进行的反复斗争、相互协商和彼此妥协,税收法定原则也正是在新旧势力的冲突中得到丰富和发展。历经独裁、复辟的波澜起伏,在光荣革命后的君主立宪制模式下,议会的征税权最终得以确立。1689年的《权利法案》第4条规定:"未经议会授权,为王室所需而凭借特权征收钱财,超期征收或以其他非授权方式征收,均属非法。"这标志着近代意义上税收法定原则的正式形成。"二战"后,税收法定原则成为世界主要法治国家的通行做法。绝大部分国家在宪法中直接将其规定为一项原则。如法国1958年《宪法》第34条规定:"法律均由议会通过。法律规定下列事项……有关各种税收的征收基数、税率和征收方式……"也有一些国家没有直接从征税权归属的角度规定,而是以公民义务的形式体现,我国就是一例。

回顾历史发展的脉络,税收法定不仅仅是一项制度,更是一种理念,从而与社会形态、国家制度紧密相连。在现代国家发展的过程中,税收法定原则才得以滥觞,而它又反过来推动了民主政治制度的建构,并成为这栋大厦最为关键的一块基石。从根本上说,税收法定原则乃是一种植根于社会契约、人民主权基础上的现代国家思想,其核心就是民主法治理念。以民主国家论之,人民应当自己决定(在代议制下就表现为通过人民代表会议决定)想要负担什么税捐,而行政权与司法权则仅限于法律的执行与法律的监督;以法治国家论之,法的安定性同样要求防止行政机关对国民自由财产肆意干涉,并赋予国民的经济生活以预测可能性。因此,税收法定原则在现代国家中的地位才如此凸显,并与刑法上的罪刑法定原则一道,构成对公民财产权、人身权保护的两大基石。

由"君主私财"到"公法之债"的观念跃迁,以民主国家和私权神圣为基础条件,又反过来成为保护私人财产权的有力屏障,"所有权者国家"也由此演变为"税收国家"。② 此时,现代意义上的税法也逐渐形成。

(二) 从"无偿给付"到"权利成本":财政法作为社会国家的支柱

在自由资本主义时期,政府只是充当市场的守夜人,财政的职能就是建立和维持一个"廉价政府"。③ 19世纪70年代以后,在垄断资本主义阶段,特别是随着市场失灵的日益凸显,"夜警国家"(Nachtwächterstaat)逐步转型为"社会国家"(Sozialstaat)。④ 这一巨变在财政上的表现尤为直接和明显,甚至可以说,其核心就是财政功能和规模的迅速扩大。在现代市场经济和社会国家中,"无行政即无现代之社会生活",财政已经成为影响行政行为、进而

---

① "所有权者国家"是笔者的一种概括,意指国家乃统治者之家财。西方学者塔奇斯(Tarschys)等则将欧洲封建时代描述为"贡赋国家"(tribute-state)和"领地国家"(domain-state)等,相对于后来的"税收国家"(tax-state)。See Tarschys and Daniel, "Tribute, Tariffs, Taxes and Trade: The Changing Sources of Government Revenue", *British Journal of Political Science*, 1988(35).

② 税收国家与所有权者国家之区分,主要在于税收国家承认私有财产权,纳税义务人之经营基本权活动受宪法保护。参见葛克昌:《国家学与国家法》,月旦出版社股份有限公司1996年版,第178页。

③ 更进一步材料,可参见曾康华:《古典经济学派财税理论研究》,经济科学出版社2009年版。

④ 夜警国家和社会国家是萨孟武提出的近代国家类型区分,前者的特征是国家职能局限在国防、治安、秩序等最低限度内,后者的国家职能则大幅扩展到经济、社会和文化领域。参见萨孟武:《政治学》,三民书局1988年版,第34页。

影响民众福祉的最重要因素。① 随着规模和职能的膨胀，税收的支用存在广泛的选择和裁量空间，而这些选择直接关系到民众福祉。

在这一背景下，人们逐渐开始从用税的方面来认识税收，法学学者开始从打通财政收、支的视角来研究财税法问题。例如，日本学者北野弘久提出了"纳税人基本权"的主张，认为"国民基于日本国宪法的规定，对符合宪法理念所使用的租税，遵从合宪的法律所承担的纳税义务"。② 这就把税收的支用提升到了宪法层次，将用税正当作为征税正当之基础。在其著名的"税收法定三阶段论"中，也提出应以广义的税收概念（税收的征收与使用相统一的概念）来理解税收法定。③

简言之，相比于"公法之债"等传统的税法学说，晚近以来的学者开始走出"税收无偿性"的既有结论，将征税与用税整合为一体，从而把税收理解为一种"权利的成本"或"文明的对价"。在现代财税法视野下，税收的征收和使用不再是孤立的两个过程，而是相互连通的一个整体。如果仅着眼于征税的过程，而不将税收的具体用途及开支程序加以法律规范，那么纳税人的权利保护就必然是不充分的。因此，税收法定原则中的"税"应当涵盖"征税"和"用税"两个维度，这也使得税法和财政法得以联系密切。与之相应，税法也不再仅限于消极的防止侵害私权，而是更多地体现为如何保障和实现积极权利。此时的"税收国家"也已经进一步在整体上表现为"财政国家"。④

现代国家因财政而生，而国家又对财政进行了深刻的塑造，二者呈现出交互映照的紧密关系（见表1-1）：

表 1-1 财税法与国家形态的交互映照

国家形态	经济形态	财政形态	税收概念	财税法功能
王权国家	封建经济	家计财政	尚未形成	有税无法
夜警国家	近代市场经济	公共财政	公法之债	消极控制征税权
社会国家	现代市场经济	公共财政	文明对价	控制征税权，规范用税权

（三）从"纳税义务"到"公共财产"：财政法作为依法治国的枢纽

经济基础决定上层建筑，不同阶段的国家形态在终极意义上决定着一国的财税形态，也会影响财税法功能的发挥，进而关涉经济、社会、政治的整体发展。具体到我国来说，新中国的财税法研究起步较晚，且长期处于国库中心主义传统思维的范式下。相当长时间里，法学对税收的认识都是从国家本位出发，一般将税收定义为"国家为实现其公共职能而凭借其政治权力，依法强制、无偿地取得财政收入的一种活动"，突出其强制性与无偿性。虽然理论上的税收债权债务关系说成为主流，但实践中税收征纳仍然表现出相当的权力服从性。这与当时的计划经济残留等时代背景是分不开的。2004年修宪写入"尊重和保障人权、保护合法的私有财产"后，越来越多的学者开始主张纳税人与国家应当是宪法上平等的两造，规范国家税权与纳税人权利保障成为我国财税法理论研究及制度建设中的核心内容。

---

① 蔡茂寅：《财政作用之权力性与公共性——兼论建立财政法学之必要性》，载《台大法学论丛》1996年第4期。
② 〔日〕北野弘久：《日本税法学原论》，郭美松、陈刚译，中国检察出版社2008年版，第19页。
③ 同上书，第81页。
④ 刘剑文：《论财政法定原则——一种权力法治化的现代探索》，载《法学家》2014年第4期。

中共十八届三中全会后,财税法研究进入了一个全新的阶段,学界开始认识到财税法在治国安邦中的基础性、制度性、保障性作用。中共十八届四中全会通过了《关于全面推进依法治国若干重大问题的决定》(以下简称"中共十八届四中全会《决定》"),依法治国新阶段大幕徐徐拉开,而财税法在法治建设大局中必然扮演着不可或缺的重要角色,新一轮财税体制改革的目标就是要建立"与国家治理体系和治理能力现代化相适应"的制度基础。① 尤需指出的是,2015年修订的《立法法》,将第8条原先规定实行法律保留的"税收基本制度"细化为"税种的设立、税率的确定和税收征收管理等税收基本制度",且单列为一项,位次居于公民财产权保护相关事项的首位。这堪称我国税收法治乃至整个依法治国进程中的里程碑事件。因为,税率等税收要素是否写入《立法法》,形式上看是一个如何表述该原则的问题,本质上看却是要如何对待和处理税收事项上多元利益博弈的路径问题,关系到能否以立法凝聚共识、最终形成更符合公平正义价值标准的法律制度。往深层次讲,其折射出对于财税法重大理论问题的认识差异,特别是对在现代治理语境(而非传统管理模式)下"中国需要什么样的财税法"的不同回答。可以看出,《立法法》第8条最终采行的方案,符合党的十八届三中、四中、五中全会的精神,体现了对税收观念和财税法性质、功能的准确认知。我们常说"理财就是治国",这是因为改变国家取钱、分钱和用钱的方式,就能在很大程度上改变国家做事的方式。如果能通过财政制度重构,改进国家的理财水平,也就可以在很大程度上提高国家的治理水平。② 因此,新时期依法治税必然成为全面推进依法治国的核心环节。

在这一背景下,财税法学者提出了"公共财产法"理论,认为财税法的本质属性是公共财产法。③ 将该理论视为中国财税法基础理论的一次重大理论创新,是因为相比于传统的"公法之债"等学说,将国家财政收入定性为一种"公共财产"的认识从根本上明确了财税法学的独立学科地位,至少有以下两个方面的重要意义:

其一,是范围上的延展。公共财产立论于"公共性"(public),与经济学界对财政研究的主流立论基础是公共物品(public goods)理论一脉相承。早在1892年,英国学者巴斯塔布尔(C. F. Bastable)就在《公共财政学》一书中提出,国家作为社会组织多种形式之一,反映的是个人的集中性或社会性需要的存在,而财政的职能主要就是满足这些需要。这就把"公共性"引入了对财政职能的界定中,也由此奠定了公共财政的基石。④ 突出税收的公共性,主要就是在强调税收的征纳与支用必须符合公共利益且经过公共决策程序。这就将关注面从传统的征税扩展到了用税,从传统的"消极控权"扩展到了"积极给付"。在这一思路下,财税权力也得以摆脱纯粹基于国家强制力的冰冷、单向的对抗属性,而成为一种国家为促进公民权利的实现、在民众同意的前提下以确定的规则在全社会范围内筹集并合理监管、使用财政资金的权力。

其二,是立场上的转型。税收是政府运用公权力转化而来的私人财产集合,它并非政府的财产,而是政府基于公共性而代替纳税人持有的信托财产集合,是集合化的私人财产,是"公共之财",其支配仍应受到宪法法律的严格约束。这就摆脱了传统的国库中心主义,从纳

---

① 楼继伟:《深化财税体制改革建立现代财政制度》,载《求是》2014年第20期。
② 王绍光、马骏:《走向"预算国家":财政转型与国家建设》,载马骏、谭君久、王浦劬:《走向"预算国家":治理、民主和改革》,中央编译出版社2011年版,第5页。
③ 刘剑文、王桦宇:《公共财产权的概念及其法治逻辑》,载《中国社会科学》2014年第8期。
④ 毛程连:《西方财政思想史》,经济科学出版社2003年版,第47页。

税人立场出发,将税法作为控制公共财产权、保护私人财产权的法律。过去,社会上有一种观念认为,依法治税就是征税机关要按照法律来征税,税法是政府用来管理纳税人的法律。将税收理解为一种"公共财产",实质上体现了财税法从权力本位到权利本位、从"管理"到"法治"、从"治民之法"到"治权之法"的历史转型。

收税、用税的权力是事关国民生存和发展权的,财税对于治国安邦和民生福祉的意义毋庸多言。从人类的历史发展和社会变迁的经验来看,财税问题往往是引发社会进步变革的重要动因,也是衡量国家发展水平的直接标尺。在国家治理现代化转型的历史语境下,法治理念在财政税收领域的彰显过程,从一个侧面看,也就是财税法回归其应有定位的过程。在新时代的财税观念转型与制度变迁的交相辉映之下,新一轮财税体制改革将促成我国财政治理从传统管制模式向现代治理模式演进,从单一的经济发展目标向综合的社会公平目标扩展,从公共财政的制度建构向公共财产的法治规范转型。唯其如此,财税法方能真正展现其作为公共财产法、纳税人权利保护法和收入分配正义法的强大生命力,法治财税方能为经济的持续发展、社会的公平正义和国家的长治久安筑牢财政基石。

【延伸阅读】

中共中央关于全面深化改革若干重大问题的决定(节选)

(2013年11月12日中国共产党第十八届中央委员会第三次全体会议通过)

五、深化财税体制改革

财政是国家治理的基础和重要支柱,科学的财税体制是优化资源配置、维护市场统一、促进社会公平、实现国家长治久安的制度保障。必须完善立法、明确事权、改革税制、稳定税负、透明预算、提高效率,建立现代财政制度,发挥中央和地方两个积极性。

(17)改进预算管理制度。实施全面规范、公开透明的预算制度。审核预算的重点由平衡状态、赤字规模向支出预算和政策拓展。清理规范重点支出同财政收支增幅或生产总值挂钩事项,一般不采取挂钩方式。建立跨年度预算平衡机制,建立权责发生制的政府综合财务报告制度,建立规范合理的中央和地方政府债务管理及风险预警机制。

完善一般性转移支付增长机制,重点增加对革命老区、民族地区、边疆地区、贫困地区的转移支付。中央出台增支政策形成的地方财力缺口,原则上通过一般性转移支付调节。清理、整合、规范专项转移支付项目,逐步取消竞争性领域专项和地方资金配套,严格控制引导类、救济类、应急类专项,对保留专项进行甄别,属地方事务的划入一般性转移支付。

(18)完善税收制度。深化税收制度改革,完善地方税体系,逐步提高直接税比重。推进增值税改革,适当简化税率。调整消费税征收范围、环节、税率,把高耗能、高污染产品及部分高档消费品纳入征收范围。逐步建立综合与分类相结合的个人所得税制。加快房地产税立法并适时推进改革,加快资源税改革,推动环境保护费改税。

按照统一税制、公平税负、促进公平竞争的原则,加强对税收优惠特别是区域税收优惠政策的规范管理。税收优惠政策统一由专门税收法律法规规定,清理规范税收优惠政策。完善国税、地税征管体制。

(19)建立事权和支出责任相适应的制度。适度加强中央事权和支出责任,国防、外交、国家安全、关系全国统一市场规则和管理等作为中央事权;部分社会保障、跨区域重大项目建设维护等作为中央和地方共同事权,逐步理顺事权关系;区域性公共服务作为地方事权。中央和地方按照事权划分相应承担和分担支出责任。中央可通过安排转移支付将部分事权支出责任委托地方承担。对于跨区域且对其他地区影响较大的公共服务,中央通过转移支付承担一部分地方事权支出责任。

保持现有中央和地方财力格局总体稳定,结合税制改革,考虑税种属性,进一步理顺中央和地方收入划分。

第二节 财政法的体系与渊源

一、财政法的体系

一个完整、科学的法律体系首先必须与上位阶的宪法价值及规范体系相符合,其次必须与其他相同位阶的规范体系相调和,最后还必须保证体系内部没有相互矛盾的现象。根据财政关系的收入、支出和监管的分类,结合法学上的效力要求及功能定位,财政法的体系可以分为以下几个层次:

(一)财政基本法

财政基本法主要涉及财政法的一些基本制度,财政法的原则、财政权力的分配、政府间财政关系、重要的财政收入和支出制度、预算制度、监督制度等,都需要在财政基本法中加以规定,以体现其指导财政法的各个领域的普遍适用性。财政基本法本身即具有宪法性文件的特性,在西方国家的财税法律体系化进程中一直处于非常重要的地位。一些国家在宪法、基本法等国家根本大法中对财政基本制度进行了较为全面的规定,也有一些国家通过制定专门的财政基本法来对重大财政问题进行规定。

例如,德国的财政基本法律制度直接由《德意志联邦基本法》(简称《基本法》,即联邦宪法)规定,1949年通过的《基本法》中关于公共财政的规定是财政法的立法基础。该法对联邦和州的公共开支、税收立法权、税收分配、财政补贴和财政管理等方面均作出了明确的规定。在联邦制度下,德国联邦议会、州议会和市镇议会都有通过相应财政法的权力,但各自制定财政法的范围由《基本法》予以规定。《基本法》有较多的条款规定财政的基本事项,如第104条关于支出和财政资助的分配的规定;第106条关于分税制管理体制的规定;第112条、第115条关于财政信用的规定。[1] 再如,日本在1947年颁行了专门的《财政法》。该法第1条规定,国家预算及其他财政收支基本事项以该法规定为依据,该法是财政法体系中的基本法。该法由5章47条组成:第一章是总则,以保持适度的财政收支划分法等有关内容为中心,对财政均衡、公债制度等作了总的规定;第二章是关于会计分类的规定;第三章是关于预算的内容、预算编制、预算执行等的规定;第四章是关于决算的规定;第五章是其他规定。除了《财政法》以外,日本《宪法》在第七章还设立了9个条款规定财政问题,对处理财政的权限、收支职责、国债负担、租税征收、预备费设置、预决算监督等作了规定。如第83条规定,处理国家财政的权限要根据国会议决行使;第84条规定,要用法律形式制定关于租税的事项;第85条规定,国家经费的支出及国库债务负担需经国会议决;第86条规定,由内阁编制

---

[1] 参见魏琼:《西方经济法发达史》,北京大学出版社2006年版,第134—135页。

并提交预算,由国会进行议决;第 87 条规定,预备费由国会议决。[①]

由于我国《宪法》在财政基本制度方面尚缺乏完整的规定,为保证财政领域法律的统一实施,我国宜尽快制定"财政法",以统领整个财税法体系,适应现代财政法治的基本要求。具体说,有些财政事项具有较强逻辑联系、能够形成完整体系,适宜制定一部单行法律,如预算法、税种法律等;还有一些事项相对独立,不适宜通过单行立法的方式加以规定,而这些事项又确实属于财政领域的重大、基本问题,如财政法的基本原则、国家与纳税人之间的基本关系等,通过制定财政基本法来规范这些问题很有必要。由此,一方面给单行财税法律留下了制度空间,另一方面起到了"拾遗补缺"的作用。财政基本法与单行财税法律的分工不同,后者有特殊规定的,优先适用;没有规定或者规定不明确的,适用财政基本法。

(二) 预算法

公共预算是政府财政行为科学、民主、公开、规范的重要制度保障,它主要包括预算编制、审批、执行和监督等方面的法律规定,同时也包括财政资金入库、管理和出库的相关内容。现代法治国家也被称为是"预算国家",是因为政府的所有收入都纳入预算,所有的开支也必须通过预算,因此,预算可以成为人民控制和监督政府财政权力的重要手段,而预算立法的目的也正在于保障这种积极功能的实现。预算法是"财政宪法"和重要的民生法律,在预算方案科学合理的基础上,只要财政开支严格遵循预算执行,财政的规范化和法制化就有了可靠的保障。另外,从体系上看,由于国库经理及预算会计与预算法的联系非常密切,因此,预算法的范围还可以适当拓宽到与此相关的内容。目前,我国《预算法》包含了一些财政收支划分法、财政转移支付法、公债法等内容,甚至承担了财政基本法的部分功能,这种"诸法合体"只是当前财税法治不健全的暂时现象,而且难以涵盖财政基本法的所有内容,因而有望在《财政法》出台后得到解决。随着我国近年来财税法治程度的推进及立法技术的提升,预算法应当逐步回归其本位,着力于解决预算过程中的权力配置、标准和程序问题。

(三) 财政平衡法

财政平衡法主要涉及政府间的财政关系,它普遍适用于现代社会建立在民主基础上的各国财政实践,是财政分权的必然产物,因此也被称为"财政收支划分法"。由于政府间的财政关系普遍适用于现代各国财政实践,是财政分权的必然产物。在学理上,财政平衡法通常以财政转移支付法以作为补充。财政收支划分法旨在划分中央政府及各级地方政府的收支范围,为了保证各级政府财力的真正均衡,财政收支划分法必须科学测算各级财政的收支范围以及转移支付的标准或额度,因而其显示出很强的技术性。另外,为保证财力分配的公平和科学,财政平衡法宜由超越当事人之外的第三主体加以制定,中央政府的立法权应当受到限制。同时,财政收支划分法律制度必然辅之以财政转移支付法律制度,即通过中央政府对地方政府、上级政府对下级政府的财政资金划拨[②],进一步保证财政资金的公平分配和公共产品的均等化提供。在德国等一些国家,还存在同级政府之间的财政转移支付,构成了"纵横交错式"的特殊格局。反观我国的财政平衡法律建设现状,财政收支划分法和财政转移支

[①] 参见魏琼:《西方经济法发达史》,北京大学出版社 2006 年版,第 143—144 页。
[②] 需要说明的是,我国目前除了通常意义上的上级对下级的转移支付外,还存在下级对上级的财政上缴。这种现象是历史和政策的产物,违背了财政公平原则和财政平衡法的目的,在未来有必要废止。

付法仍然大多表现为部门规章、甚至其他行政规范性文件,财政利益分配的权力完全掌握在中央政府手中,加上分配标准不明确、程序不完备、价值取向不甚明朗,引发了事权与财权"倒挂"的局面以及一系列连锁问题,因此财政平衡法的规范形态将由"政策之治"向"法律之治"演进,通过适时制定、修订相关法律、行政法规从根本上实现这一转型。

(四)财政支出法

财政支出法主要包括财政拨款法、财政采购法、财政投资法和财政贷款法。虽然这几种开支都应该经过财政预算,但其各自的标准、程序、管理和监督本身仍然需要相应的法律规定。财政拨款法主要规范政府无对价的资金拨付行为,如政府间的资金拨付、政府对企业的补贴或对公民的救济等。财政采购法主要规范政府有对价的资金拨付行为,如采购物资、采购劳务等。财政投资法主要规范政府对公用企业、基础设施、高科技企业等的投资行为,通过选题、立项、评估、审批、监督等环节的制度控制,达到降低成本、提高效率、防治腐败等目的。财政贷款法主要规范政府间借款行为,还包括政策性银行对企业或重大工程项目的贷款。与税收的侵益性不同,财政支出关系一般都具有受益性,不太容易激发相对人的抵触情绪,因此向来不被法学研究者和立法者所重视。例如,我国目前除了《政府采购法》和《政府投资条例》外,其他财政支出领域缺乏更加系统、权威的法律法规,财政权力有很大的自由裁量空间。这种绝对财政支出权力能否造福于民,完全取决于执法者的个人素质,难以得到制度性保障。另外,在公共财政支出领域,公私合作模式的新形式问题日益凸显,我国在强化财政支出法的建设上仍然任重而道远。

(五)财政收入法

财政收入法主要包括税法、公债法、费用征收法、彩票法和国有资产收益法等。税收是现代国家的重要财政收入来源,因此也被称为"税收国家"。由于税收在财政收入结构中的重要地位,由于税收侵害纳税人财产的特点,更由于历史上与抗税有关的资产阶级革命的影响,税法很早就成为公法关注的对象,并已经形成相对独立的体系。从广义上说,财政法当然包括税法,但有些狭义的理解往往将税法排除在外,这充分说明了税法的特殊性。鉴于税收国家中政府的税收权力是一种客观存在,它以纳税人让渡财产权利作为前提,故税法的重点应该研究如何促使政府科学征税、规范征税,如何保护纳税人的合法权益。在这方面,税法学和税收学的角度是有区别的。

公债分为国债和地方债两种。公债也是现代国家财政收入的重要形式。尽管公债具备有偿性的特点,形式上不会侵害人民的权利,但由于它影响到财政的健全性,并且涉及代际负担分配,因此必须接受法律的民主统制。有关公债发行的结构、上限、程序,公债的使用方向、偿还资金的来源等,都应当由法律予以明确规定。每次公债发行的规模、用途等也必须进入预算,经过议会的审批。为便于公债发行,公债法中还应该规定国债的流通交易制度,为公债进入证券市场提供法律保障。所以,公债法的内容主要包括公债规模控制、公债风险预警、公债发行、公债流通和公债偿还。

费用则是政府基于一定的受益关系或行政管制目的而收取的代价的总称,它包括规费、受益费等形式。长期以来,由于我国对收费不太注意从法律的高度加以规范,政府行使费用权的随意性比较大,造成企业和个人的不合理负担明显加重。虽然在中共十八届三中全会《关于全面深化改革若干重大问题的决定》(以下简称十八届三中全会《决定》)中,"清费立税"成为未来财税改革的指导方针,但眼下仍然停留在政府权力内部运行的阶段,费用的征收依据、征收标准、征收程序及权利救济都未进入法律调整的范围。鉴于此,我国的费用法治化任务依然很艰巨,特别是如何处理目前已开征的种类繁多、庞杂的政府性基金,值得财政法学认真对待。

国有资产收益是国家基于对一定资产拥有权利而获取的收益,其形式包括土地出让金收入、国有资本投资收入、矿产资源使用费收入、国有资产转让收入,等等。我国是公有制国家,城市土地、矿产资源、河流等都属于国家所有,国有企业也积淀了大量的国有资产,每年都会产生大量的资产收入。由于这些资产都有专门的管理法规,财政法通常只需要考虑收入形成后如何按照财政级次收归国库,以及这些收入是否需要设定特定的用途,如何设定,等等。这样可以避免与国有资产法产生重叠与交叉。

除了上述类型外,国家财政收入中还包括罚没收入、彩票收入等。罚没收入是财政收入中一种较为传统但同时也较为特殊的种类。罚没客观上能够带来财政收入,但却不以财政收入为目的,有关的法律规范也主要体现在《行政处罚法》或《刑法》的内容中,财政法主要从收入的入库管理的角度进行规范设计。因此,《行政处罚法》中有关行政处罚和缴纳罚款相分离、收入与支出相分离的内容,本身即体现了财政法的要求。彩票收入是我国财政收入的一种新形式,所获得的收入专门用于发展福利事业和体育事业。有关彩票的设立、发行、销售、开奖、兑奖,彩票收入的入库、管理、使用以及法律责任等应当以明确的法律加以规定。从财政法治的角度看,既然彩票收入是一种财政收入,彩票的发行权以集中在财政部门为佳,彩票收入也应当先归入国库,然后再考虑收入的支出。目前,我国已有由国务院制定的《彩票管理条例》对彩票进行专门管理。

(六)财政监管法

财政监管法包括财政监督法、国库管理法、政府会计法和审计法,专门规范和保障财政监管机关依法行使财政监督管理权,内容涉及财政监管机关的设立、财政监管机关的职权、财政监管的途径与程序等,在财政法体系中具有特别重要的意义。虽然广义上的财政监督存在于财政运行的各个环节,尽管财政监督的主体除了专门机关外还包括新闻媒体和社会公众,但是财政监督法只限于专门机关的专门监督活动。如,预算审批、预算决算等活动虽然客观上也能起到监督的作用,但不需列入财政监督法的调整范围,由相应的预算法规范即可。我国目前的财政监管专门机关主要是审计机关,财政监管法律规范也就主要表现为审计法。我国审计机关目前隶属于同级政府,属于政府内部监督的模式。为了提高财政监督的独立性,保障监督机关依法履行职责,也有不少国家在政府之外设立财政监督机关,如美国、日本等。财政监督机关是国会的一个职能部门,由其代表国会行使对政府的审计权。相比而言,这种独立审计的模式更能提高财政监督的效率、防止政府对审计的不当干预,可以成为我国审计法未来改革的方向。除此之外,国库管理法、政府会计法也具有财政监管法律的特征,因此可以纳入其体系。

结合财税法律体系的总体框架,本书用示意图的方式来展现财税法的体系,如图1-1、图1-2和图1-3所示:

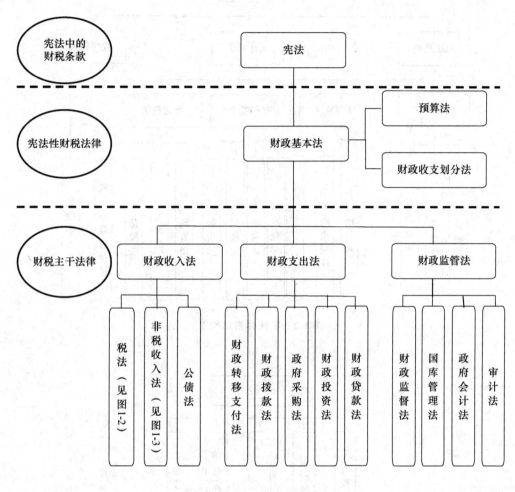

图 1-1 财税法体系结构①

---

① 说明：(1) 本图中的"财税法体系"仅就宪法和法律而言，不包括行政法规、地方性法规、部门规章和其他规范性文件。其原因在于，一方面，此已足以展现财税法的内容和谱系；另一方面，防止产生对财政法定原则、税收法定原则的误解。(2) 为避免体系庞杂，本图仅展示了与财税直接相关的法律体系，而不包含《立法法》《全国人民代表大会组织法》等与财税间接相关或含有财税条款的法律。(3) 本图的划分并非完全绝对，例如财政转移支付法既是财政支出法的组成部分，又可作为财政收支划分法的补充制度。(4) 本图中的"财政监管法"部分系指专门的财政监督、管理法律。在财政收入法、财政支出法中同样存在有财政监管法律规范，如税法中的税收征收管理法。(5) 财政收支划分法和财政转移支付法在本书中合称为"财政平衡法"，因两者的目的都在于平衡政府间财政关系，故不在"财政支出法律制度"一章中讨论财政转移支付法律问题。

另外，在财政收入法谱系中，税法和非税收入法的基础性前提是私主体和政府之间存在给付关系，其中税法以强制性和非直接对价为其特征，非税收入则以非强制性或对价给付为其特征。公债法由于其体量比重较大及其存在代际转移的特性，故单列。

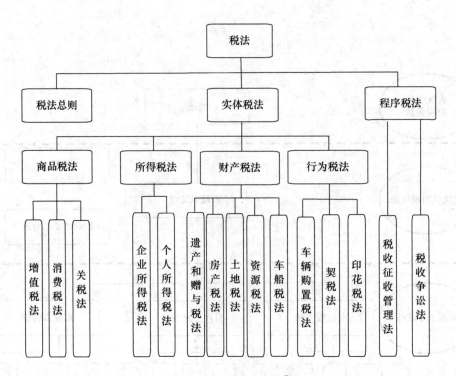

图 1-2 税法体系结构①

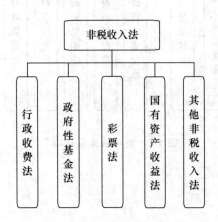

图 1-3 非税收入法体系结构②

---

① 说明:(1) 土地税法是涉及土地的相关税法的总称,具体包括城镇土地使用税法、耕地占用税法和土地增值税法等;(2) 税收征收管理法也包括税务代理等相关纳税环节的法律规范。

② 说明:(1) 收费法是指调整公权力机关基于其权力特性征收的收费的法律规范的总称,具体包括行政收费法、司法规费法和其他公权力机关规费法等;(2) 非税收入法体系中的行政处罚法主要是指其中涉及罚款、没收等涉及财产给付的行政处罚部分,不涉及人身性或资格性的非财产给付的行政处罚部分。

二、财政法的渊源

财政法的渊源,主要表现为不同的国家机关在其职权范围内所制定的财政法律法规,如宪法、财政法律、财政行政法规、财政行政规章等。由于财政法律文件所涉及的内容不同,制定机关的地位不同,其地位和法律效力也会有所区别。依据制定机关和法律规范的效力,我国财政法的渊源具体包括以下几个层次:

(一) 财政宪法

在一国法律体系中,宪法具有最高的法律地位和法律效力。宪法中有关财政问题的条款在财政法的渊源中也居于首要地位,成为整个财政法的立法依据和效力来源。世界各国的宪法中几乎都有关于财政的内容。如日本1947年《宪法》对财政权限、收支职责、国债负担、租税征收、预备费设置、预决算监督等作了规定。德国《基本法》对联邦和州的公共开支、税收立法权、税收分配、财政补贴和财政管理等作了规定。美国《联邦宪法》对课税权力的授予、统一课征规则、按比例课征规则、禁止课征出口税等也作了规定。

我国现行《宪法》中大多是有关财政立法依据的原则规定,如公民的基本权利、国家基本制度、国家机构设置等,它们虽然没有直接规定财政问题,但有的必须作为财政立法的前提,有的应当通过财政立法予以落实,因此对财政法有很大的指导意义。除此之外,我国《宪法》中也存在直接涉及财政的条款。如《宪法》第56条规定,"中华人民共和国公民有依照法律纳税的义务";第62条第1款规定,"全国人民代表大会审查和批准国家的预算和预算执行情况的报告";第67条第1款规定,"全国人民代表大会常务委员会审查和批准国家预算在执行过程中所必须作的部分调整方案";第117条规定,"民族自治地方的自治机关有管理地方财政的自治权。凡是依照国家财政体制属于民族自治地方的财政收入,都应当由民族自治地方的自治机关自主地安排使用";等等。

(二) 财政法律

在我国法的渊源中,效力仅次于宪法的是由全国人民代表大会及其常务委员会制定的法律。其中,全国人民代表大会制定和修改的法律一般涉及国家社会生活中某一方面具有根本性、全局性的关系,通常称为基本法律。全国人民代表大会常务委员会制定和修改基本法律以外的法律,在全国人民代表大会闭会期间,还可以对基本法律在不违背其基本原则的前提下进行部分补充或修改。全国人民代表大会及其常务委员会所作的决定或决议,如果其内容属于规范性的规定,也应视为狭义上的法律。

财政是关系到资源配置、收入分配、经济景气调整的重要领域。根据我国《立法法》的规定,财政、税收的基本制度只能制定法律。在法理上,这分别可以称为财政法定主义和税收法定主义,新中国成立以来,全国人民代表大会及其常务委员会制定过一些财政法律,现行有效的主要有《预算法》《政府采购法》《企业国有资产法》《审计法》《企业所得税法》《个人所得税法》《车船税法》《税收征收管理法》等。与财政税收事项的广泛性相比,上述法律仅仅涉及其中很小的一部分,大量的空间仍然没有法律可循。

根据我国《立法法》的规定,财政税收的基本制度如果尚未制定法律,全国人民代表大会及其常务委员会有权作出决定,授权国务院根据实际需要,对其中的部分事项先制定行政法规。这种做法虽然从形式上填补了立法的空白,但是从财政税收基本制度的性质看,其属于法律绝对保留事项。因此,从贯彻落实财税法定的角度出发,全国人民代表大会及其常务委员会对财政税收的立法职责不宜轻易转移。

（三）财政行政法规

制定行政法规是国务院本身所拥有的一项职权,但由于全国人民代表大会及其常务委员会对财政税收事项拥有专属立法权,因此,国务院对法律未作规定的财政税收问题制定行政法规时,必须得到全国人民代表大会或其常务委员会的授权。如果未得到授权而擅自进行立法,该行政法规当然无效。根据我国《立法法》第10条和第11条,全国人民代表大会或其常务委员会的授权决定必须明确授权的目的、范围,被授权机关应当严格按照授权目的和范围行使该项权力。被授权机关不得将该项权力转授给其他机关。授权立法事项,经过实践检验,制定法律的条件成熟时,由全国人民代表大会及其常务委员会及时制定法律。法律制定后,相应立法事项的授权终止。

新中国成立以来,国务院制定了大量的财政行政法规,现行有效的主要有《预算法实施条例》《增值税暂行条例》《消费税暂行条例》《发票管理办法》等,覆盖了我国财政税收领域的一些主要制度,在财政法的规范体系中占有举足轻重的地位。由于我国《立法法》颁布以前并未规定财政税收基本制度只能由法律加规定,也没有对人大授权立法提出明确要求,即使没有经过全国人民代表大会或其常务委员会的授权程序,上述行政法规也不能视为无效。但是自从《立法法》生效之日起,特别是2015年修订了《立法法》,财税领域授权立法受到严格的限制,国务院再制定类似行政法规,则必须经过全国人民代表大会及其常务委员会的授权。

（四）地方性财政法规、自治条例和单行条例

根据《立法法》的规定,省、自治区、直辖市的人民代表大会及其常务委员会根据本行政区域的具体情况和实际需要,在不同宪法、法律、行政法规相抵触的前提下,可以制定地方性财政法规。设区的市的人大及其常务委员会根据本市的具体情况和实际需要,在不同宪法、法律、行政法规和本省、自治区的地方性法规相抵触的前提下,可以制定地方性法规,但除非法律另有规定,其范围仅限于城乡建设与管理、环境保护、历史文化保护等方面的事项,不包括财税制度。

地方性财政法规一般遵照财政法律、行政法规的规定,根据本行政区域的实际情况作具体规定。除财政税收的基本制度外,国家尚未制定法律或者行政法规的其他事项,省、自治区、直辖市和较大的市根据本地方的具体情况和实际需要,可以先制定地方性法规。另外,经济特区所在地的省、市的人民代表大会及其常务委员会根据全国人民代表大会的授权决定,可以制定财政法规,在经济特区范围内实施。民族自治地方的人民代表大会有权依照当地民族的政治、经济和文化的特点,制定自治条例和单行条例。其中涉及财政税收的内容,可以依照当地民族的特点,对法律和行政法规的规定作出变通规定,但不得违背法律或者行政法规的基本原则。

从总体来看,我国目前的财政权力主要集中在中央。随着财政分权制的发展,地方的财政自主权将逐步增长,地方财政性法规的效力也会随之强化。如果能够确立地方的财政税收立法权,那么无论是财政法定主义或是税收法定主义,其中"法"的范围就可能扩展到地方性法规。

（五）部门财政规章和地方财政规章

财政部、国家税务总局等发布的有关财政方面的规定、决定、命令、细则等规范性文件,

属于部门财政规章。根据《立法法》的规定,国务院对财政税收方面的基本制度虽然可以经过全国人民代表大会或常务委员会的授权的制定行政法规,但这种权力不再转授给其他单位。因此,部门财政规章不能规定财政税收方面的基本制度,一般只能限于对财政法律、财政行政法规的具体化,或者为了便利相关部门行政管理职责的履行。《立法法》更是直截了当地规定,部门规章规定的事项应当属于执行法律或者国务院的行政法规、决定、命令的事项。没有法律或者国务院的行政法规、决定、命令的依据,部门规章不得设定减损公民、法人和其他组织权利或者增加其义务的规范,不得增加本部门的权力或者减少本部门的法定职责。

省、自治区、直辖市和较大的市的人民政府根据法律、行政法规和本省、自治区、直辖市的地方性法规所制定的财政规章,属于地方财政规章。地方政府规章主要规定为执行法律、行政法规、地方性法规而需要制定规章的事项,或者属于本行政区域的具体行政管理事项。

财政规章属于行政部门内部的执法规则,对其下属的执法部门具有法律效力,但对于行政相对人没有直接的约束力。在行政诉讼过程中,财政规章也只能成为法院定案的参考依据,如果其违反法律或行政法规,法院可以不予适用。然而事实上,由于我国行政权力过于集中,财政规章对社会经济生活的影响是十分明显的。因此,在法学研究中应当重视财政规章的合法性来源,提防其对公民基本权利可能造成的侵犯。

(六)特别行政区的财政法律

根据我国《宪法》和《特别行政区基本法》的规定,特别行政区实行高度自治,享有行政管理权、立法权、独立的司法权和终审权。《特别行政区基本法》中有关财税的规定是特别行政区财政法的最重要的表现形式。如《香港特别行政区基本法》规定,特别行政区保持财政独立,其财政收入全部由特别行政区自行支配,不上缴中央人民政府,中央人民政府不在特别行政区征税;特别行政区的财政预算以量入为出为原则,力求收支平衡,避免赤字,并与本地生产总值的增长率相适应;特别行政区实行独立的税收制度,参照原来实行的低税政策,自行立法规定税种、税率、税收宽免和其他税务事项等。

特别行政区的财政法律包括特别行政区予以保留的原有的法律和特别行政区立法机关制定的法律,它们是特别行政区财政法重要的渊源。全国性的财政法律、行政法规不在特别行政区实施,不是特别行政区财政法的渊源。

(七)国际条约

国际条约是指我国同外国缔结的双边和多边条约及协定性质的文件,主要调整国家之间的财政税收关系,是财政法的重要渊源。目前,联合国制定的《关于发达国家与发展中国家间避免双重征税的协定范本》和经济合作与发展组织(OECD)制定的《关于对所得和资本避免双重征税的协定范本》,成为大多数国家对外谈判和缔结双边税收协定的依据。但是,其只代表一种国际惯例,对任何国家都不具有法律约束力。作为我国财政法的渊源的国际条约主要是国际税收协定。我国财政法还规定了适用于我国的国际条约或协定的法律效力,如《税收征收管理法》规定,我国同外国缔结的有关税收的条约、协定同税收征收管理法有不同规定的,依照条约、协定的规定办理。

【延伸阅读】

制定税法总则的必要性和可行性[①]

一、制定税法总则的必要性

1. 制定税法总则是发挥税收职能作用、推进国家治理体系和治理能力现代化的需要。税收事关经济调节、民生保障、分配公平等国计民生，在国家治理中发挥着基础性、支柱性和保障性作用。法治是税收治理的基本方式，是发挥税收职能作用、推进税收治理现代化的制度保障。税法总则是税收领域的基础性、综合性法律，它确立税收活动应当遵循的价值和原则（税收法定、权力制衡、量能课税、比例原则、正当程序等），规定征税权配置、纳税义务构成要素、征税行为、纳税人权利、一般程序等税收基本规则，会对税收立法、执法、司法和守法产生根本性影响，同每个纳税人息息相关。制定税法总则，就是要构建税收领域的治理规则，更好地发挥财税的理财治国作用，推进国家治理体系和治理能力现代化。

2. 制定税法总则是落实税收法定原则，实现税法体系化、现代化和法典化的需要。我国现行税法体系采取分散立法模式，由各实体税法和程序税法等单行税法构成。分散立法模式具有立法难度小、针对性强、构建速度快等特点，在税法发展的初期具有优势，但容易出现立法空白、重复立法、抵触脱节和顾此失彼等问题，难以适应现代税收关系日益复杂的需要。例如，由于缺少纳税义务的一般性规定，各单行税法在税收要素的规定上常常存在漏洞和冲突现象；税收规范性文件抵触上位法、执法中滥用核定征收和处罚裁量权等现象较为严重。现代税法应当弘扬税收要素法定、监控征税权、量能课税、实质公平、程序正义、保护纳税人权益等价值，而税法总则是规定税法价值和原则的最佳载体，能够保证它们在整个税法领域得到协调一致的贯彻。所以，税法总则的制定将不仅在形式上填补立法空白，更是在精神实质上统辖具体税收立法的有机展开，推动和引领税法的体系化和现代化。此外，作为《税法典》的总纲和开篇之作，税法总则的制定将为《税法典》的编纂奠定基石。

3. 制定税法总则是繁荣税法理论，促进税法对外交流的需要。税法总则作为统领性和普遍适用的总纲，必然要在概念、规则和价值等层面进行提炼。这既需要发达的税法理论的支持，也是进行理论创新的最好实践。既有的税法理论成果在转化为具体规则的同时，也可以在税法总则立法中得到检验、完善和深化。与此同时，也将推动我国税收立法技术的规范化和科学化。此外，税法总则作为我国标志性的税收立法，必将融合中国特色、时代特征和国际趋势，是向国际社会宣传我国税法的"形象大使"，将有力提升我国在世界税法发展中的话语权和影响力。

二、制定税法总则的可行性

税法总则的总纲地位和统领作用，决定了税法总则的制定是一项重大而艰巨的立法工程。为此，我国也从税制、征管、法治、理论等方面进行了长期探索和积累，目前已经具备启动立法的条件和时机。一是单行税法立法即将全部完成。在税收实体法领域，截至2020年10月已经制定了11部税种法，其他税种法草案也已经进入立法议程；在税收程序法领域，《税收征管法》全面修订已经酝酿多年，充分讨论，条件进一步成熟。二是现代税制体系基本成熟定型。在营改增基础上已经基本建立了规范、中性的现代增值税制度；修订后的《个人所得税法》初步建立了综合与分类相结合的现代个人所得税制度。三是初步建立了现代化税收征管体系。持续推动转变税收征管方式，涉税信息提供、自然人税收征管体系、税额评定、税收风险管理、纳税服务等改革迈出重要步伐。四是全面依法治国为依法治税营造了良好的法治环境。税务系统全面推进依法治税，依法行政水平不断提高。特别是为实现建立"完备的

---

① 节选自施正文：《税法总则立法的基本问题探讨——兼论〈税法典〉编纂》，载《税务研究》2021年第2期。

法律规范体系"要求,具有基础性意义的《民法典》已经正式编纂通过,行政法学界也已经启动了制定行政法总则和编纂《行政法典》工作,将为税法总则制定提供可资借鉴经验。五是具备了良好的立法基础。1997年草拟了《税收基本法(第六稿)》,2006年受全国人大财政经济委员会委托,学术界起草了《税收通则法(专家建议稿)》。六是财税法理论走向初步繁荣。以"公共财产法""综合领域法""理财治国法"为代表的中国特色财税法理论初步形成,而税法原则理论、税收债法理论、程序正义理论、纳税人权利保护理论等将为税法总则立法提供直接学理支撑。七是域外立法可资借鉴。德国《租税通则》、日本《国税通则法》、美国《国内收入法典》、法国《税收总法典》等域外立法及其研究成果,将起到"他山之石,可以攻玉"的作用。

第三节 财政法的地位与功能

一、财政法的地位

自国家和财政产生以来,也就同时产生了以法律手段调整财政关系的客观需要。然而,在中国和外国的古代法上,虽有大量的调整财政关系的法律规范,但主要由于当时的财政所依附的国家的专制性质,以及法律体系自身演化的历史局限性,诸法合体的古代法中不可能有财政法的独立地位。

近代的资产阶级革命掀开了财政关系变革的新篇章。资产阶级革命的结果是新型的资本主义式的财政关系的确立。然而,在自由竞争资本主义时代,财政活动的范围被严格限制在"夜警国家"所要求的狭小区域,财政对行政的附属作用难以突破,所以,确立这种新型财政关系的法律规范主要是集中在宪法和行政法之中。从部门法的定位来看,这一时期的财政法主要属于行政法的范畴。

进入垄断资本主义阶段以后,随着国家职能的扩张,财政的活动范围也越来越广,财政在资源配置、收入分配和经济景气调整方面的作用也逐渐显现出来。由于财政对社会经济生活的影响日益增强,财政逐渐摆脱对行政的依附,开始具备自己独立的品格,财政的权力性由此凸显。[①] 调整财政关系的财政法的性质和职能也随之而发生变化,财政法的行政法色彩逐渐淡化,而经济法的色彩逐渐增强。

将视线投射到我国,新中国成立后,财政法学研究未能得到充分发展,有关我国法律体系的结构以及财政法在法律体系中的地位问题,尚未得到认真的讨论。改革开放以后,在我国学者自行编撰的第一部《中国大百科全书》法学卷中,专列了比较详尽的"财政法"词条[②],并且在体例编排上独立于行政法和经济法。随着经济法学的发展和日益成熟,自20世纪80年代中期以来,在几乎所有的经济法学教科书中,都将财政法列为专门的一章。可见,把财政法作为我国经济法学体系中的组成部分,是当时我国经济法学界的主流观点。不过,社会在进步,人们的观念也在更新。财税法学既关注宏观的财政立宪、财税民主和法治,又重视

---

① 蔡茂寅:《财政作用之权力性与公共性》,载《台大法学论丛》第25卷第4期。
② 该书单列"财政法",项下包括"税法""成本法""会计法"。参见《中国大百科全书·法学》,中国大百科全书出版社1984年版,第33页。

财税法律手段对经济、社会、文化的调控,还深入到财税执法和各种税费关系,视野开阔,研究领域宽广。它既是治国安邦之道,也是纳税人保护之法,因此是一门经世济用的应用性学科。经过三十多年的理论演进,财税法学成长为一门新型的、交叉性的"领域法学",这是社会的客观需要,也是历史的必然。现在,财税法学界的共识是:财税法与经济法不是从属关系,而是并列和相互促进关系,二者仅在宏观调控制度上有着一定的交叉。目前,这种观点已被法学界、经济学界和政治学界越来越多的人所认同和接受。

与此同时,我国学者在论述财政法的属性时也实事求是地承认它与行政法的联系。有的学者认为,国家的财政活动可以区分为两个不同的层次:第一层次是作为行政范畴的财政活动,其目的在于满足国家机关活动经费的需要;第二层次是作为经济范畴的财政活动,其目的在于调节社会经济。两者虽然都涉及经济领域,但后者涉及经济领域的更深层次。反映到立法上,前者主要是关于国家财政管理机关的设置与职权、财政管理活动的原则、程序和制度,以及财政管理机关与社会组织或公民在一般性收支活动中的权利义务等,而后者所规定的主要是有关国家调节经济的一些财政政策方面的规定。前者是国家进行一般行政管理的法律,属于行政法的范畴,后者是国家调节社会经济的法律,属于经济法的范畴。在现实生活中,这两类法律一般都由国家财政机关负责执行,很难区分哪些规范是经济法性质,哪些规范是行政法性质,也没有必要区分。[①] 尽管随着政府职能的扩展,财政法的形式和内容都在发生变化,但这种转变不可能十分彻底,财政法与行政法的联系仍是不可割断的。换言之,行政法在财政法中仍然发挥着基础性的作用,有关财政职权的分配、财政行为的作出、财政救济的实施等,都必须遵守行政法的一般性规定。

长期以来,我国部分学者将财政法学归入经济法学,使之成为经济法学的一个分支,也有学者将之归入行政法学。我们将这两种有关财政法学的观点通称为"分支学科论"。至于财政法学与宪法学、刑法学、民商法学、诉讼法学和国际法学的关联,在不少学者的论述中也屡有提及。确实,人们观察和思考问题总是有自己的角度和价值判断。如果将财税法规范分解到不同的法律部门,如宪法、行政法、经济法、民商法和国际法等,财税法学或许没有独立存在的价值。然而,面对一个相对完整的财政法规范体系,任何一个传统法律学科都容易陷入片面,无法得出全面系统的研究结论。在这个意义上讲,武断地将财政法归入任何一个既有的法律部门,都是不合适的做法。在现代社会中,综合性法律部门和领域法学观念的出现是一个必然趋势,它们以问题为中心,旨在汇集多种法律手段、综合地解决复杂社会条件下产生的社会问题。环境与资源保护法、知识产权法如此,财税法、金融法何尝不是如此?财税法学所倡导的问题中心主义研究方法,使其具备高度的开放性、交叉性和包容性。而且,从本质上说,财政法的核心领域是公共财产法,正是在公共财产的运行过程中,财政法与相关的部门法发生了关联,或者是财政法借用了其他法律领域的规则和制度,或者是其他法律领域借用了财税法手段。具体说,在财税法的内容谱系中,财政收入法,如税法、行政收费法、公债法和政府性基金法等,关系到私人财产权的直接保障,是财税法学研究的一大重点;财政支出法,如财政投资法、财政拨款法和政府采购法等,更关涉公共财产使用的实质公平与正义,是政府财政行为的目的所在;财政监管法,如政府会计法、审计法等,强调对财政资金的静态及动态进行持续的监督和规范,是财政全局中至为关键的环节。在此基础上产生

---

① 漆多俊:《经济法基础理论》,武汉大学出版社2000年版,第123—126页。

的作为综合性法律领域的财政法,以其现代的研究理念、方法和范畴,凸显出强有力的生命力和广阔的发展前景,也在市场经济法治建设中发挥更大作用。

二、财政法的功能

财政法的功能是指财政法在调整财政关系过程中所表现出的一种外在功效,不同于财政的功能。在一定程度上,财政法是财政活动的一种外在形式,因此,财政法应当服务于不同历史条件下财政活动的内在需要。由此可推知,在不同的政治经济体制下,由于财政活动的历史基础不同,财政法的功能也是不一样的。

在奴隶制和封建制社会中,财政的主要职能是获取财政收入,满足以君王为首的统治阶级内部基本的分配需要。受当时历史条件的限制,财政纯粹成为君主专制的工具,很难诞生出民主、法治等现代观念。由于财政权被定性为源自君权,因此,财政法的功能也就表现为通过强制手段,保障君权在财政领域的顺利实施。进入资本主义社会后,财政的收入支出职能虽然依旧存在,但财政法的功能却发生了不小的变化。由于政府财政权力来源于人民,因此,财政法的功能主要表现为防范政府滥用财政权力,损害人民的利益。财政民主主义、财政法定主义、财政平等主义和财政健全主义等,都是人民通过法律对政府财政活动提出的要求。尽管在资本决定一切的社会中,"人民"的范围实质上不可能扩展到一般的平民阶层,但是这一时期的财政法无论在形式上还是在理念上,对中国的财政法治建设都具有很好的借鉴意义。

以上对财政功能与国家形态的互动关系的历史梳理,有助于我们站在国家治理模式变迁的高度来理解财政法的功能。而在进一步展开剖析之前,有必要先厘清一个问题:"财政法功能"与"财政功能"之间是什么关系?应当看到,由于经济学对财政的研究起步很早、而财政法学发端较晚等原因,我国学界长期以来偏重于研究经济层面的"财政职能",缺乏法律层面的全面、准确探讨。之后,学界提出财政法具有财政权力授予功能、财政权力规范功能和财政权力监督功能[①],这是对财政法功能的一次梳理,具有进步性。但不足的是,上述观点仍然只是停留在对财税法功能的形式化理解层面,并且是从国家权力角度出发来论述的,难免不能完整、深入地揭示财税法功能的意涵。特别是近年来,财税的宏观调控功能被过度强化,并且出现了"泛化"的现象,这引发了现实中的诸种困局。

鉴于此,在全面深化改革和依法治国的新阶段,财政法作为牵动经济、政治、文化、社会、生态文明和党的建设等所有领域的综合性制度安排,作为"国家治理的基础和重要支柱",是事关国家治理体系和治理能力的基石性、支撑性因素。财政法关系到社会财富和资源的分配,其功能范围不断延伸和丰富,除了自产生时就具有的筹集和组织收入功能外,还增加了经济、政治、社会等方面的功能。要言之,对财政法的功能不应只做形式上的界定,还应从实质内涵上加以发掘;不应只包括经济层面、甚至囿于宏观调控,还应涉及政治、社会层面;不应只从国家视角和权力维度论述,还应体现社会本位、纳税人权利本位的要求。与此同时,财政法的立场也逐渐实现了从"管理"转向"法治"、从"治民之法"向"治权之法"的转型,并从最初服务于财政权的技术工具演变为控制和规范公共财产权、保障和实现私人财产权的"理财之法"。在这个意义上,"财政功能"只是"财政法功能"的一个面向,而范围延展和立场转

---

① 参见刘剑文主编:《财税法学研究述评》,高等教育出版社2004年版,第18页。

型就是"财政法功能"超越"财政功能"的突破之处。

对财政法功能进行立体检视,首先,要从经济、政治、社会三个主要维度综合考察,以三线组成平面;其次,要以财政法律作为出发点和统领视角,将平面提升为立体;再次,要加入时间要素,从历时性角度研究财政法功能的动态演进,将三维结构进化为四维;最后,还要跳出财政法本身来审思财政法,从国家治理、依法治国的角度来认识财政法的功能。在"理财治国"的大背景下,财政法以实现国家长治久安、国富民强作为终极目标,并具体表现在如下三个方面的功能(参见图1-4):

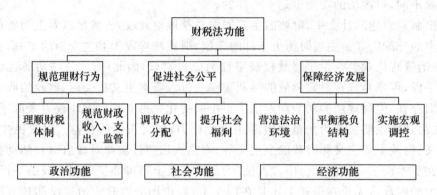

图1-4 财政法三大功能示意图

第一,规范理财行为。政府理财行为包括财政收入、支出和监管行为,通过规范理财行为,可以实现财政法在经济、社会等方面的功能。财政法作为一种公共财产法,它的直接功能就是理好公共之财,也就是以法治方式来优化资源的分配与再分配。在规范理财行为的功能上,财政法主要是以财政法定的方式来实现的,即构建覆盖财政基本体制以及财政收入、支出、监管的科学法律体系,并引导和约束财政权在这一框架内运行,以理财行为的法治化来确保其规范化,从而实现财政汲取的正当性、财政用度的合理性和财政监督的高效性。

第二,促进社会公平。现代社会生活,尤其是福利型社会生活对财政的依存度日高,而财政法亦在演进过程中深刻地渗透了社会本位的思想,形成了促进社会公平的重要功能。特别是近年来,我国经济的快速增长伴随着收入分配秩序失衡的状况日益突出,分配不公越来越成为制约经济社会健康可持续发展的一大症结,而财政法作为国家与国民间、国民与国民间财富分配的枢纽,无疑能够对促进社会公平发挥明显且直接的作用。这一方面要求在财政收入层面,优化税制结构,在税种的设置和设计中充分体现量能课税原则;另一方面要求在财政支出层面,加大社会保障的资金投入,更多地向民生福利倾斜。

第三,保障经济发展。经济职能是财政法最早被发现的职能,但在我国长期以来却被过度强调、甚至发生曲解,在实践中被异化为"经济增长至上""唯GDP论"。这不仅表现为我国财政直接投资经济建设的占比过大、范围过宽,政府越俎代庖地管了很多不该管、管不好、管不了的事,还表现为财政对教育、医疗、卫生、养老、环保等公共服务的财政支出偏低,政府没有管或没有管好自己本应承担的很多事项。鉴于此,顺应法治环境下的"包容性增长"这一世界性的财政发展趋势,新时期我国财政法的经济功能也应转变为追求经济结构优化和长期的、全面的经济发展,即应当营造稳定发展的财政法治氛围,为市场主体提供稳定预期;且应当更有效地提供公共物品和公共服务,为市场主体提供发展便利。

【延伸阅读】

财税法治是新时期改革与治理的优选路径①

（一）追溯历史：财税法与国家形态的交互映照

历史上，国家形态与财税法存在密不可分的联系。封建国家中，国家被认为是君主的私人财产。相应地皇粮国税被认为是民众天然的义务，税收征纳完全依赖于自上而下的行政命令而非遵循法律。在政治权力完全不受法律约束的制度架构下税收和法律没有必然的联系。即使存在税法，也只是徒有形式或被视为统治的工具。简而言之，与封建国家形态相对应的，是"有税无法"的状态。而在17世纪和18世纪，主权在民、天赋人权的思想得到广泛传播，新兴资产阶级开始向封建王权发起挑战，其中一项重要的内容就是与国王争夺征税权。伴随着"无代表则不纳税"的呼声，英国的现代议会制度乃至整个政治制度正式奠基。从一个侧面看，近代资产阶级民主政治的建立过程就是税收法定主义萌芽与发展的过程。在实行计划经济的国家中，政府试图将整个国民经济运行纳入计划之中，将行政命令作为安排生产和分配资金、人力、利益和收入的根本手段。与此相应，税收也只是被视为行政计划的一个组成部分，是国家可以任意取取、分配、使用的国家财产，其强制性、固定性、无偿性的属性被格外凸显。在这种情况下，财税法被定位为国家管理经济运行的工具，税收行政法几乎成为税法的同义词。而在法治国家中，国家机关的一切活动都必须在宪法和法律的框架下进行。与之相应，旧有的税收权力关系说的认识逐渐无法满足国家现实治理的需要。人们开始认识到，税收是一种公法上的债权与债务关系，纳税人与国家处在宪法层面上的平等地位。税收实质上是一种纳税人的公共财产，也应当由纳税人来决定如何获取、管理、分配和使用。因此，财税法也就成为"纳税人权利保护之法"，承担起了厘清与划定国家财政权与私人财产权边界的使命。可以看到，财税法与国家形态存在交互映照的关系。财税法在不同国家形态下被赋予了不同的使命、表现出不同的特征，而财税法的变革往往又成为国家形态转型的推手和先声。

（二）审思现今财税法治何以成为优选路径

近年来学界对中国的改革路径提出了许多观点，典型的有：第一，西化模式。早期，曾有部分学者主张效仿西方式选举民主认为"没有选举就没有民主"，其核心观点是将选举的范围扩大和层级提高作为民主化的根本途径，最终实现国家领导人的直接选举。但是，这一观点把民主的内涵过分简单化，也没有考虑到我国的政治传统和现实状况，很难得到高层的认同和足够的支持。第二，精英民主模式。其观点主张先实现精英民主，再逐步发展到人民民主，希望开发民主化的体制内资源，首先发展党内民主并从中央做起。这一观点具有一定的合理性，但受众较为有限，不能很好地反映普通民众的诉求，而且有可能导致精英群体与大众群体的矛盾甚至对立。第三，基层首创模式。其观点主张通过地方先行先试来推进基层民主，再逐步向高层推广。应当承认，基层首创是我国改革中的一条重要进路，在改革开放进程中发挥了重要作用。但是"摸着石头过河"的同时也需要"顶层设计"，特别是对于某些重大问题，更需要自上而下的全盘规划，才能保障改革的连续性与稳定性。第四，司法改革先导模式。近年来，众多法律界人士呼吁加快司法改革步伐，通过构建中立的司法体系来维护社会的公平正义。不过，司法改革是一项复杂工程，本身还需要依赖于国家机关的权力划分、独立的人事权和财权保障等先决问题。从已有的实践看，司法改革也逐步陷入停顿、甚至是倒退的局面，其发挥的功能是有限的。

面对中国当前纷繁复杂的政治、经济和社会格局我们在探索如何走得更好的时候，不宜"胡子眉毛一把抓"，而应适当区分某一时期的改革重点和主攻点进而稳健和有步骤地推动中国的长远发展。路径选择在很大程度上决定了改革是否能够获得成功以及能够获得多大成功。面对中国政治体制改

---

① 节选自刘剑文、侯卓：《财税法在国家治理现代化中的担当》，载《法学》2014年第2期。

革的诸多可能思路，我们需要进行认真审视，找出一条可行的最优路径。

笔者认为，无论是从必要性还是从可行性层面看，财税法治都是中国走向民主法治进程中的优选路径。一方面，就税收本身而言，强调税收法治尤为重要，因为企业和个人承担的税负并不以政府所得到的税收比重为唯一标准，行政命令体系下的征税损耗远大于法治体系。一个与大多数人印象不同的事实是，光荣革命百年后的英国税收占的比重，是海峡对岸法国的两倍，众所周知，就在这一时期，增税成为法国大革命的起因之一。更为关键的是几千年的历史一再证明，"人""财""事"三者是不能分开的，很多时候，控制住了"财"，便控制住了"人"和"事"。财税法关涉多种利益博弈，如政府与纳税人之间的利益博弈、立法机关与行政机关之间的利益博弈、中央与地方之间的利益博弈，以及纳税人与纳税人之间的利益博弈等问题。如果把财税关系理顺了，那么中国社会的许多症结也就迎刃而解。例如，十八届三中全会公报提出，要确保依法独立公正行使审判权检察权，改革司法管理体制，推动省以下地方法院、检察院人财物统一管理，探索建立与行政区划适当分离的司法管辖制度，保证国家法律统一正确实施。从本质上看，要推动司法改革、实现法院独立，其中的关键点就在于法院的财权独立，而这又回到了财税体制改革的视野范围中。另一方面，财税体制改革路径相比其他改革路径而言，具有更强的可行性，能够最大限度地凝聚共识、减小阻力。因为"它是低调的，不会过分提高人们的期望值；它是具体的，比抽象谈论'政治民主'更容易操作；它是务实的，可以在不太长的时间里产生看得见的变化"。例如，对于官员的贪腐问题，如果按照传统的严肃查办思路，或是想改革官员选拔考任制度，可能会涉及政治体制中的深层次问题，牵涉盘根错节的利益关系，从而遭到巨大的阻力甚至陷入困境，最终不了了之。但是如果我们从财税法治的思路出发，控制住各级政府的财权，让公共财产的收支管理都在阳光下运行，同样可以获得良好的效果。控制住资金的来源，各级官员的"敛财冲动"将会大为降低，而控制住资金的流向，则让那些希望搞"面子工程"的官员无法筹得足够资金来给自己的脸上"抹金"。而且，由于改革公共财政收支体制并不直接触及官员自身利益，这一改革进路的阻力势必会大大减小。

还应当看到，财税体制改革不仅有利于纳税人，而且不会直接损害某些社会阶层的既得利益。再进一步看，由于所有的社会成员都属于"纳税人"范畴，因此强调财税法治从根本上看是对全体民众有利的。当然，这并不是说财税体制改革就是一帆风顺、毫无障碍的，改革注定都会遇到来自制度惯性和既得利益者等方面的阻力，但是财税体制改革无疑是各个可能选择中"投入产出比"最优的路径，是构建法治社会、推进民主法治建设的突破口和推手。

第四节　财政法的基本原则

财政法的基本原则，是指财政法中体现法的根本精神、对财政行为具有一般指导意义和普遍约束力的基础性法律规范。财政法基本原则的确定，至少应该考虑到三个方面的因素，包括确定财政法基本原则所应当遵循的逻辑依据、客观根据和法律依据。[①] 从这三个方面出发，我们认为财政法的基本原则主要包括：财政法定原则、财政民主原则、财政健全原则和财政平等原则。这四个基本原则虽然独立表述，但相互间仍然存在内在的联系。财政法定着眼于财政的法律形式，财政民主着眼于财政的民主基础，财政健全着眼于财政的安全稳健，财政平等着眼于财政的公平合理。其中，财政法定是对财政法在形式上的要求，它旨在保障

---

① 王源扩：《财政法基本原则研究》，中国人民大学2002年博士学位论文，第25页。

民主原则在制度上的实现。财政民主是现代社会整个财政法的基础,它在财政法体系中居于核心地位。财政健全是对财政法在功能上的要求,它旨在降低财政风险,确保财政运行不至于偏离安全稳健的目标。而财政平等则是对财政法在价值上的要求,它保障通过民主机制和法律程序制定的财政法本身是符合正义的。以财政法治的视角衡量,财政法定是财政法治的形式要素,财政健全是财政法治的功能目标,财政平等是财政法治的价值追求,而财政民主则是上述三者有机结合的制度保障,因此完全可以说,这四项财政法基本原则统一于国家法治的理论和实践。

一、财政法定原则

财政法定原则的"法",从形式意义上看应该仅指狭义的法律,即由人民代表所组成的最高权力机关所制定的法律;所谓财政"法定",并非要求对一切财政行为都须制定专门的法律,而只是说财政行为必须满足合法性要件,必须得到法律的明确许可或立法机关的专门授权,并强调财政权力(利)法定、财政义务(利)法定、财政程序法定和财政责任法定。只有在法律允许的范围内,政府才享有财政方面的自由裁量权。财政法定原则一般表现在:

(一)财政宪定

宪法作为基于人民同意之社会契约的载体,能够确定整个政制框架及其建制蓝图。因此,完整意义上的财政法定必须上升到宪法的高度,亦即"财政宪定"。考察世界诸国的宪法文本,财政都是其中的一大重点事项。德国、日本、比利时等国宪法甚至对其用专章加以规定。许多国家的宪法明确表达了财政法定的要求,确立了财政权的法律(或议会)控制原则。例如,日本《宪法》第 83 条规定,处理国家财政的权限,必须根据国会的决议行使之。葡萄牙《宪法》第 10 条规定,财政制度由法律建构。巴西《宪法》第 192 条规定,法律应规范国家财政体系的所有组成元素。也有部分国家是从财政支出法定、政府间财政关系法定等某一个或者某几个方面加以规定,如美国《宪法》第 1 条第 9 款规定,除根据法律规定拨款外,不得从国库支款。荷兰《宪法》第 132 条规定,省、市政府同中央政府的财政关系均由议会法令规定。

宪法对财政权的约束,除了体现在直接宣示财政法定原则之外,一般还会体现为对一些根本性财政事项进行原则性规定。这主要集中在四个方面:一是税收法定原则,几乎所有国家都将其写入宪法,只有极少数国家采取了纳税义务式的规定;二是预算制度,主要是明确议会对预算的审批权;三是财政收支划分,但大部分国家偏重于对税收立法权及收益权的纵向划分;四是监督审计机构,且大多在宪法上规定其独立地位,如德国的联邦审计署、日本的会计检查院等。概言之,财政法定原则的第一层次,就是财政宪定,即以宪法中的财政条款来指明财政权的根本约束。

(二)财政体制法定

由于宪法的高度概括性与原则性,财政权的控制和规范最终需要由具体的法律来完成。从学理上看,大致有三种法律可以称其为"宪法性财政法律":一是财政基本法,规定财政的基本原则、组织建制和运行规律;二是预算法,规定预算的拘束力同时及于财政收入、支出和监管,堪称财政法的"龙头法";三是财政收支划分法,着眼于政府间财政关系,亦带有全局性和基础性。三者的共性在于规范对象均涉及财政体制全盘而非某一局部,故可合称"财政体制法"。

上述法律的具体名称因国而异。有的国家将预算法规范分散在若干部单行法中,有的则将财基本法和预算法合并在同一部法律规定里。以日本为例,相关规范就主要集中在《财政法》和《地方财政法》中。这两部法律实际上已经大致覆盖了财政基本法、预算法和财政收支划分法的主要内容。尽管名称和结构各异,这三类财政体制规范在各国都是普遍存在的。由此观之,财政法定的第二层次,就是财政体制法定,即以宪法性的财政法律来搭建财政权的制度框架。

(三)财政收入、支出及监管法定

在宪法和宪法性财政法律的统率下,绝大多数的财政事项是由财政法律来具体规定的。这就构成了财政法定的第三层次,包括财政收入法定、支出法定和监管法定,即以体系化的主干财政法律来设定财政权的具体要求。一般来说,在法治发达国家,整个财政法体系涵盖了公共财产领域相关的法律法规。鉴于财政法定的实质是财政权法治化,按照"有权必有法"的思路,不妨先将财政权进行类型化,再分别映射到相应的财政法律,由此或可建构起整个法定体系。同时,依据不同财政权的权力性和公共性的强弱,法律也应分别予以不同强度、各有侧重的控制。具体来说:

财政收入法定方面,涉及的财政权力类型有:(1)征税权。这是最典型意义上的财政权力。与之对应的除了每个税种的单行税法规范之外,还应包括统一的《税法总则》《税收征收管理法》《税收救济法》等。(2)费用征收权。费用是指政府依法提供社会事业服务而向直接受益者收取的规费或使用费,其规范原则为受益者负担,因此强制性弱于征税权。为此,一般不需要对每个收费项目都以法律规定,而是制定统一的《行政收费法》。(3)政府性基金征收权。笼统地说,它也是费用征收权的一种,只是由于其系基于特定政策目的而向特定群体征收的费用,具有"专款专用"特点,所以作为特别公课专门列示。相应地,其法律规制方式与收费权类似,也应制定一部《政府性基金法》。(4)国有资产收益权。这种权力在外观上强制性较弱,类似于私法上的财产收益权。不过,它实质上是国家基于法定代理人身份而对经营性国有资产享有的法定性权力,仍然具有一定的公共性和权力性,所以也需专门以《国有资产法》加以规范。(5)发债权。表面上看,发行公债是一种平等的合同关系,但实质上却是"税收的先征",具有隐性的权力性格,故而《公债法》实有存在的必要。(6)彩票发行权。彩票是国家特许进行的一种射幸合同,其强制性相当微弱。但由于其在筹资中具有的公共性,仍需制定《彩票法》以规范其流程。概括地说,任何类型的财政收入,无论其外观是平等抑或不平等,实质上都直接或间接地依赖于国家政治权力,因而带有不同程度的权力性色彩,需要遵循法定原则。只是,对于权力性和强制性越弱的收入类型,法律通常越放宽实体约束,而侧重程序规范。

财政支出法定方面,涉及的财政权力类型有:(1)财政转移支付权。虽然它主要发生在政府机关内部,但财政转移支付的规范水平直接影响地区财权与事权的匹配程度,进而关乎公共服务水平,故有法定的必要。(2)财政采购权,即使用财政性资金采购货物、工程和服务的权力。(3)财政投资权,即将财政资金投入生产性和建设性项目的权力。(4)财政拨贷款权,即无偿拨付财政资金、运用财政资金向他人贷款或进行担保和贴息的权力。应当看到,对于财政支出的评判,并没有绝对意义上的公平和正义标准,其正当性很大程度上只是诉诸民主过程。因此,财政支出权最为主要的实体约束来自预算,在法治国家中未经预算就不可开支国库。不过,支出的决策权虽已有预算法控制,但具体的执行和监督程序仍有立法规范的必要。特别是考虑到财政支出事项上的自由裁量几乎不可避免,如无法律协调立法机关和行政机关各自的决定权范畴,便可能徒增混乱和不确定性,因此法定就更显重要。只是,财政支出方面的法律较少关心支出标准及具体数额等实体事项,而多是注重过程控制,特别是强调公权力行为的程序正义、信息公开和公众参与,以期在财政支出中不断减少专横和武断,形成一种回应型、责任型的法律秩序。

财政监管法定方面,主要涉及在各项财政权力中都普遍存在的财政监督权与财政管理权,其侧重于财政效率和财政问责。这与财政监管服务于财政收支的角色定位是相适应的。因此,财政监管法的一部分是《财政监督法》及与之配套实施的《政府会计法》《审计法》,而另一部分主要是财政管理制度方面的技术规范,其中有的分散在财政收支规范之中,有的则形成一部单行法律,如《国库管理法》。

经过上述解析,财政法定原则可以提炼为"财政宪定—财政体制法定—财政收入法定、财政支出法定、财政监管法定"的三个层次。与之对应的,宪法统领的财政法律体系也已成形,表现为由"宪法中的财政条款—宪法性财政法律—主干财政法律"构成的有机系统。

二、财政民主原则

财政民主原则所要求的是人民通过一定的方式对重大财政事项拥有决定权。在现代社会,由于人民行使权力的机构大多是由人民代表所组成的议会,因此财政民主原则又被称为"财政议会原则"。财政法之所以如此强调民主,与财政在社会生活中发挥的作用密不可分。就社会财富的占有量来看,现代国家财政收入占国民生产总值的比重一般维持在35%左右,北欧的高福利国家甚至超过60%。如此大量的资金集中在国家手中,且通过财政收入和财政支出的形式不断循环,使得现代财政在国家生活中的地位远非过去所能比拟。由于财政收入实际上来源于人民,理论上又是用之于人民,因此,对于如何收取和支配这些资金,人民应该拥有最后的决定权。

财政民主原则对我国财政活动的要求具体表现为,重大财政事项由人民代表大会审查决定。在财政实践中,受人员构成和工作方式的制约,财政民主原则不可能渗透财政活动的每一个细节,财政行政机关具体问题上的自由裁量必须得到尊重。因此,除了对财政税收方面的基本制度制定法律以外,人民代表大会的财政决定权也应该体现在预算审批上。根据我国《宪法》及《预算法》相关规定,全国人民代表大会负责审批中央预算,地方各级人大负责审批本级地方预算,这表明,财政民主原则的基本要求在我国已得到了确认。但是由于预算编制过于粗糙,而且预算审批的专业性较强,财政民主原则所具有的民主功能实际上并未得到充分释放。特别是由于自收自支的预算外资金大量存在,未能接受人民代表大会的审查,财政民主原则实际上存在很大的效力真空。因此,除了加强我国人民代表大会自身的建设、提高其参政议政的能力外,我国的预算制度必须加以改革和完善。[①] 除此之外,财政民主原则还要求赋予人民对财政事项的广泛监督权。这首先要求政府的财政行为的决策程序、执行过程以及实施效果具备公开性、透明性等特点;其次还要求依法保证新闻媒体对财政事项的舆论监督自由,使财政行为的全过程置于人民的监督之下;最后,应当借鉴先进国家的经验,在人民代表大会的运行模式中设立专门的财政监督机关,使人大、政府、社会成为一个有

---

① 刘剑文、熊伟:《预算审批制度改革与中国预算法的完善》,载《法学家》2002年第6期。

机的监督整体。当然,财政监督的目的在于提高公共财政的效率,最终也是为了更好地保障人民权利。

三、财政健全原则

财政健全原则所关注的是财政运行的安全稳健,其核心问题在于,能否将公债作为财政支出的资金来源。

资本主义早期,财政健全原则一般要求年度财政平衡,不得在预算中列赤字。国家的财政开支只能以税收、费用等收入作为来源,公债的合法性被完全否定。进入垄断时期以后,受经济危机的影响,国家不得不大规模干预经济。由于财政开支的数额剧增,而传统的收入来源不升反降,因此财政赤字成为各国的普遍现象。为了弥补财政赤字,公债手段开始被大量使用,并且逐渐合法化。在这种历史背景下,人们对财政健全原则开始持怀疑态度。在公债发行已经不可避免的情况下,是否还有必要强调财政健全原则?如果是,那么财政健全原则的内容如何衡量?这些问题一直缠绕在人们的心中,不得其解。针对这些问题,有人主张,年度财政平衡事实上无法做到,财政平衡应该建立在动态基础上。如果在一个经济周期内,萧条时期的赤字与高涨时期的盈余能够相抵,这也是一种跨年度平衡。还有人主张,考虑财政本身的平衡问题没有意义,需要考虑的应当是财政的经济效果。如果财政能够促进经济健康发展,即便出现财政赤字也没有关系。

随着财政平衡被打破,公债的规模日益扩张,财政风险也越来越大。在这种情况下,就更应该强调财政健全,防止财政突破最大承受能力,引发财政危机。应该说,虽然实现财政健全的方式可以变,但财政健全的理念在任何时候都不会过时。

财政健全原则包括以下基本内容:第一,经常性收支必须维持平衡。经常性支出是指为保证政府各部门和各项事业日常活动开展所需的支出,如行政事业单位的经费支出、社会保障支出等,它一般以税收、社会保障缴款和费用征收作为收入来源。从历史渊源来看,经常性收支代表着最传统和最狭窄的政府职能,历来就属于必须保持平衡的项目。从风险控制来看,经常性支出中大多属于消费性开支,难以在经济上产生利益回报。如果用借款收入维持该项开支,财政的风险极其巨大,对后代产生明显的不公平。从现实可能来看,由于经常性支出中不包含经济调控职能,税收等收入大都能够满足经常性开支的需要,不会出现财政资金的短缺问题。

第二,公债只能用于具有公共性的建设项目。将公债的用途限定在建设性项目,主要是因为建设性项目具有直接偿还债务的能力,可以在很大程度上降低财政借款的风险。在我国,建设性项目既包括公共预算中的公共投资项目,也包括国有资产经营预算中的营利性投资项目。由于后者完全建立在市场竞争的基础上,因此不以通过发债的方式筹措建设资金。如果出现资金短缺,也应当通过银行贷款等市场方式解决。故此,需要财政借款支持的建设性项目只能限制在公共投资的范围内,纯营利性的投资项目应被排除在外。我国《预算法》第34条规定,可以通过举借国内和国外债务等方式筹措的是"中央一般公共预算中必需的部分资金",代替了1994年《预算法》第27条中的"中央预算中必需的建设投资的部分资金",这是很大的进步。在实践中,对建设性资金不作区分可能会造成与民争利的弊端,影响社会资源配置的整体效率。

第三,公债应当遵守实体法上的风险防范机制。公债的风险虽然最终要通过经济的发展来消除,但法律上的风险防范机制也是十分必要的。首先,应当界定公债的范围,将内债、外债都包含在内。债的形式既可以是债券,也可以是可以直接借款,还可以是一种保证债务。其次,应当借鉴经济学的研究成果,为公债设定最高上限。如,规定未偿还的内债余额不得超过国民生产总值一定的比例;规定财政举借外债的最高数额;规定政府担保债务的最高数额等。再次,由于长期公债容易转嫁财政风险,增加代际不公平,因此,从长远来看,应当对公债的偿还期限作出一定的限制,防止政府发行期限过长的公债。最后,有必要设立偿债基金,增加债务偿还的财政保障,降低债务到期时的还款压力。虽然我国目前尚未建立起公债风险防范机制,无论是公债的总额上限、期限、还是偿债基金,都没有在财政法律中予以规定,但令人欣喜的是,2014年修订的《预算法》第35条首次规定"国务院建立地方政府债务风险评估和预警机制、应急处置机制以及责任追究制度",下一阶段应着力于具体落实上述机制。

第四,公债应当履行程序法上的审查监督手续。为了限制政府借债的能力,法律应当在程序上规定公债发行的审查监督手续。如,一般情况下,国库券的发行应当遵守财政法定主义,由权力机关直接以立法的形式加以规定;建设公债的发行也应坚持财政民主原则,经由权力机关审批通过;国家外债的募集和债务担保的实施,至少也要经过最高行政机关的同意,并报最高权力机关备案。在监督方面,则应该建立完备的债务监测、统计和预警公告体制,按照一定的指标及时向人民披露各种公债信息。另外,对于某些国债资金专项项目,也应该通过一定的检查机制,监督资金的使用效益,防止资金被挤占或挪用。目前,我国虽然也制定了一些公债审查监督程序,但基本上停留在行政机关内部管理的层次,其效力形式和公开透明度都有待提高。随着相关公债程序的逐步健全,我国财政运行的安全稳健性也会逐步得到提升。

第五,在肯定地方财政的募债主体资格的基础上强化监督和风险防范。在我国2014年《预算法》修改之前,地方政府的举债权受到严格限制,该法第28条规定:"除法律和国务院另有规定外,地方政府不得发行地方政府债券。"当然,从上述规定看,地方政府债券没有被绝对禁止,在法律程序上,只要有特别立法或者由国务院特别许可,地方政府是可以发行地方债券的。从实践情况看,我国地方政府通过种种途径举借债务,早已是一个公开的事实,由于地方财政赤字普遍存在,当出现入不敷出的现象时,地方政府一般采取向中央政府借款的办法;同时,中央政府会代地方政府发行债券,在发行的国债总额中事先划出一定的比例供地方政府使用。这种做法虽然形式上保证了全国的统一募债权,但导致财政风险集中在单一的发行主体上,缺乏释放途径和缓冲空间。鉴于此,2014年修订的《预算法》第35条首次适度地放开了地方政府通过发行债券举借债务的权力,这有利于使募债主体多元化,从而增强了中央政府在防范财政风险方面的机动性,降低了整个国家的财政风险。同时,"开前门"需伴随着"堵后门",为了防止地方政府举债的过度和失范,《预算法》第35条也明确设定了一些标准和程序,如规定募债的批准程序、限额、还款保障、资金用途等,在程序上严格贯彻预算审批、预算调整等监督流程,同时赋予上级政府监督检查的权力。

四、财政平等原则

正义是法律永恒的价值追求,在制度上表现为一种平等的对待。就财政法而言,它既包括财政收入方面义务人的平等牺牲,也包括财政开支方面权利人的平等受益,还包括在财政程序方面的同等情况同等处理,等等。财政平等原则是宪法平等原则在财政法领域的延伸,在我国目前城乡差距、地区差距、贫富差距越来越大的社会背景下,财政平等原则的确立和有效发挥作用,有助于将社会矛盾控制在人们的心理承受能力以内,有助于创造一种平等和谐的竞争环境,有助于最低人权的法律保障,因而具有非常重要的现实意义。财政法所追求的公平,既包括起点的公平,也包括过程的公平,无论在实体法还是在程序法上都可以表现为一种平等的对待。也正因为如此,在财政法的不同领域其要求会有所不同。例如:

第一,在税收方面,公平主要体现为量能课税,即根据纳税人税负能力的大小设计税制,收入多的人,须缴纳更多的税收;收入少的人,相应的税收负担则较轻。

第二,在费用征收方面,公平主要体现在受益的相关度上。例如,规费应当体现一种直接的受益性,不能要求没有享受公共服务的个体缴纳;又如,建设基金应当根据工程的受益面合理确定义务人的范围。受益程度不同的人,缴费的标准也应该有所不同。

第三,在地区间财政关系方面,财政法应该保证最低限度的财政均衡。例如,除了中央政府通过转移支付增加财政困难地区的财政供给能力外,还可以设计一种地区间横向财政均衡的模式,由富裕地区按照一定的标准向贫困地区进行财政援助。

第四,在社会阶层间的财政关系方面,应该保障每一个群体具有同等的机会和待遇,不能出现制度性歧视。例如,我国目前的城乡差距很大程度上即与财政支出的不平衡有关,应该通过一定的财政法律措施予以反向调节,以促进城乡的机会均等。

第五,在财政支出的标准方面,除了公务所需或无法逾越的客观困难外,相同的情况应该相同处理,不能因为人为原因导致受体之间的差异过大。正因为如此,预算编制过程中部门间行政管理费用贫富不均的现象必须加以改变。

第六,在人权保障方面,财政应当保障每一个公民的生存权、受教育权等基本权利,为社会弱者提供力所能及的帮助和救济。例如,最低生活保障制度的实施范围不仅限于城市,农村也一样应该普遍推行。如果本级财政缺乏足够的支付能力,上级财政应当通过转移支付予以足额补充。

在财政法的体系中,除上述基本原则外,还存在一些仅仅在某一个方面具有约束力的原则,如预算法中的公开性原则、统一性原则,税法中的量能课税原则,中央与地方间财政关系法中的财政分权原则等。这些原则或者是基本原则在具体领域中的适用,或者是从该领域的法律规范中总结和提炼而来,它们都在各自的范围内发挥着重要的指导作用和规范效力。

【延伸阅读】

财政法基本原则的现实意义[①]

财政民主是现代财政法关注的核心,也是整个财政法的立法基础。财政民主主义的实施,对确立财政法的发展方向,解决现实生活中财政秩序的混乱,树立中国财政法治的形象具有重要的现实意义。

长期以来,我国财政一直是政府主导型的财政,政府在财政决策中事实上起决定作用。尽管政府

[①] 摘自熊伟:《财政法基本原则论纲》,载《中国法学》2004年第4期。

一再宣称是人民利益的代表,但其与人民之间缺乏直接的利益制衡机制,许多情况下可能难于脱离自己的部门本位。如果肯定重大财政问题须经人民同意,如果承认人民行使权力的机构是人民代表大会,那么就应当将财政民主主义的要求落到实处。从实际效果看,当前我国财政领域的混乱现象,如政府乱收费问题、预算外资金体外循环问题、政府间财政关系极不稳定的问题等,都与政府权力欲望过度膨胀有关。如果不从财政民主主义着眼,只是由政府部门在内部进行利益分配的微调,问题很难从根本上得到解决。近年来,随着财政改革的进展的日渐加快,建立公共财政体制的呼声也日益高涨。党的十六届三中全会决议也明确指出,要健全公共财政,健全公共财政体制,明确各级政府的财政支出责任;进一步完善转移支付制度,加大对中西部地区和民族地区的财政支持;深化部门预算、国库集中收付、政府采购和收支两条线管理改革;清理和规范行政事业性收费,凡能纳入预算的都要纳入预算管理;改革预算编制制度,完善预算编制、执行的制衡机制,加强审计监督;建立预算绩效评价体系,实行全口径预算管理和对或有负债的有效监控;加强各级人民代表大会对本级政府预算的审查和监督。这些无疑代表了我国财政法的发展方向。

不过我们认为,加强人大对政府预算的审查和监督,在公共财政改革中居于首要地位。只有以财政民主作为指导原则,才可能实现公共财政的建设目标。偏离了财政民主,偏离了人民对财政的自主决定权,无论如何强调财政的公共性,无论如何强调财政与公共服务的联系,在理论上都很难令人信服。因此,考虑到税费改革、财政支出改革等多方面的新情况,有必要在财政民主主义的指导下,重构我国财政法律制度。当然,财政民主主义的落实会受到诸多外在条件的制约,例如,加强人民代表大会的权能,完善中国共产党的领导,促进政务信息的公开,开拓人大监督的制度渠道,等等。因此,只将财政改革置于政治经济体制改革的大环境之下,才可能收到预期的功效。

财政法定主义是财政民主主义的重要实现形式,它强调财政运行的稳定性、规范性和可预测性,对我国财政实践具有重要的指导意义。长期以来,我们已经习惯于政府对财政活动的主导,习惯于以政策规定指挥财政的进程,习惯于运动式的财政管理方式,对财政法定的意义没有给予高度的重视。正因为如此,在财政领域,直接由全国人民代表大会制定的法律少之又少,国务院制定的行政法规次之,内容最为复杂庞大的还是各级党委和政府发布的政策性文件。这些文件有的是对现行法律的解释或补充,有的是对立法空白的填补,还有的直接修改现行法律的具体规定,与财政法定主义存在很大的偏差甚至冲突。

按照财政法定主义的要求,无论是党的政策,还是政府的政策,都必须在法律的框架下运行才具有合法性。虽然政策对立法具有指导性,但也只有变成法律后才能起到规范作用。虽然政策在执行过程中具有灵活性,但这种灵活性也必须在法律允许的范围内才能体现。因此,我国的财政实践必须从政府主导性财政、政策主导性财政,转变为法律主导性财政。只有这样,才能杜绝财政活动中的随意性,提高财政机关的遵纪守法意识,同时也才能更好地保护财政相对人的利益,促进市场经济的健康稳定发展。财政健全主义的意义主要在于防范财政风险。2009年,为了应付金融危机,全国财政收支差额预算9500亿,将通过发行公债予以弥补,其中,中央发行国债7500亿元,财政部代地方发行2000亿元,中央财政国债余额限额上升为62708.35亿元。① 公债规模的急剧扩大,固然有经济政策方面的考虑,但财政风险也会因此而上升。

从制度建设上看,迄今为止,我国还缺乏强有力的国债风险防范机制,国债风险的消除完全被寄托在经济的持续发展上。然而,任何经济政策都存在失败的可能,如果积极的国债政策未能带来预期的经济效果,财政风险就会集中爆发,对宏观经济带来更大的负面冲击。因此,财政健全主义实际上是一种未雨绸缪的举措,它通过具体的法律标准和程序,将财政风险控制在可以预测和接受的范围内,对经

---

① 参见谢旭人:《关于2008年中央和地方预算执行情况与2009年中央和地方预算草案的报告》。

济的长远发展具有十分重要的意义。尽管财政健全的具体标准还有待深入研究，其内容也必须随着实践的变化而调整，但是从宏观上确立财政健全主义仍然是十分必要的。

我国目前正处在社会的转型时期，旧的社会秩序和分配方式已经被打破，而新的有效治理结构并没有建立起来，城乡差距、地区差距、贫富差距越来越大，社会矛盾也表现得越来越复杂和尖锐。在这种社会背景下，财政平等主义的确立和有效发挥作用，有助于从制度上缩小各种不合理的差距，从心理上增强人们对消除不平等现象的信心，有利于将社会的矛盾控制在人们的心理承受能力以内，创造一种平等和谐的竞争环境。

近几年来，我国不断加大对社会保障的投入，增加对西部地区的转移支付规模，同时对农村基础设施建设和义务教育问题开始有所重视，这些对促进财政平等无疑具有重要的积极意义。但是不可否认，除了财政收入征收方面的具体制度设计外，中国财政不平等现象的重要根源仍然在于财政支出结构的不合理。所以，财政法学应当更多地从经济发展、人权保障和社会公平的角度，对如何完善财政支出的方向、标准和程序作出应有的贡献。

【课后思考题】
1. 财政法的体系包括哪些构成部分？
2. 如何理解财政民主主义在财政法中的基础性地位？
3. 财政民主主义与财政法定主义有何关联？
4. 我国财政法是否有必要确立财政健全主义？
5. 请谈谈财政平等主义在中国的现实意义。

【参考文献】
1. 葛克昌：《税法基本问题（财政宪法篇）》，北京大学出版社2004年版。
2. 黄俊杰：《财政宪法》，翰芦图书出版公司2005年版。
3. 刘剑文：《论财政法定原则——一种权力法治化的现代探索》，载《法学家》2014年第4期。
4. 刘剑文：《重塑半壁财产法：财税法的新思维》，法律出版社2009年版。
5. 刘剑文主编：《财税法研究述评》，高等教育出版社2004年版。
6. 楼继伟：《深化财税体制改革 建立现代财政制度》，载《求是》2014年第20期。
7. 马寅初：《财政学与中国财政——理论与现实》，商务印书馆2001年版。
8. 熊伟：《财政法基本问题》，北京大学出版社2012年版。

第二章

财政平衡法律制度

> 在建造一座围墙以前,应该好好想一想,所圈进的是什么,未被圈进的又是什么……
>
> ——罗伯特·弗罗斯特

【本章导读】

财政平衡法主要涉及政府间的财政关系,包括财政收支划分法和财政转移支付法。财政平衡法以财政民主为基础,是财政分权的必然产物。中央及各地方政府的收支范围、上下级政府之间的财政上解、拨款等,都需要通过财政平衡法予以规范。为了保证各级政府财力实现均衡,财政平衡法需要运用技术性的手段来科学测算各级财政的收支范围以及转移支付的标准和额度。财政平衡法在一国财税法律体系中具有重要地位。其目的在于维持一国中央和地方之间、地方相互之间的财力均衡。事实上,中央与地方之间的财力均衡取决于制度的安排,通过财政收支划分法,可以将财政支出的范围、财政收入的分享进行规范化。在这个过程中,要考虑赋予中央机动财力,以满足其维护国家统一和宏观经济调控的职能需要。通过良好的转移支付制度,地方政府可以获得不同形式的财力返还,从而满足提供多样化的地方公共物品的物质要求。

第一节 财政收支划分法律制度

一、财政收支划分的概念与模式

(一)财政收支划分的概念

现代国家大多是由多层次政府所组成的,不同层次的政府担负着不同的职能,为完成其所担负的职能,各级政府必须具备一定的财政收入。合理确定各层次政府的职能并相应划分各层次政府的财政收入范围是现代财政收支划分所要解决的核心问题,也是充分发挥现代财政职能的基础性环节。

财政收支划分是为了充分发挥各级财政的职能而对国家的中央政府与地方政府以及地方各级政府之间在财政收入和财政支出等方面所享有的职责和权限所进行的划分。财政收支划分的主体是中央政府和地方各级政府；财政收支划分的对象是在财政收入和财政支出等方面所享有的职责和权限,简称财政收支权。

（二）财政收支划分的模式

根据不同的标准,可以对财政收支划分进行不同的模式分类。首先,根据在财政收支划分中中央政府和地方政府之间权限对比关系的特点为标准,可以将财政收支划分模式划分为集权型财政收支划分模式、分权型财政收支划分模式和混合型财政收支划分模式,这称为央地关系标准下的财政收支划分模式；其次,根据财政支出责任与财政收益权的匹配关系为标准,可以将财政收支模式划分为对称型模式和非对称型模式,这称为收支标准下的财政收支划分模式。

1. 央地关系标准下的财政收支划分模式

集权型财政收支划分模式是指一国在划分财政收支权限时把绝大部分财政职能都划归中央政府,把绝大部分财政收入都划归中央政府,地方政府只承担很少的财政职能,只享受很少的财政收入权限或地方政府的大部分财政职能均由中央政府指定,其所需财政资金大部分均由中央政府通过转移支付来承担的财政收支划分类型。集权型模式的特点是全部或绝大部分财政收入划归中央政府,全部或绝大部分财政支出由中央政府承担,相应的财政收支立法权和管理权也归属于中央政府。地方政府完全依赖中央政府,实质是中央政府在地方的分支机构,执行中央政府的职能。

（1）集权型财政收支划分模式

在这种模式下,中央政府和中央财政具有至高无上的权力,地方政府尽管存在并行使着相应的行政管理权,但在财政上却不得不听命于中央。集权型模式适合于规模非常小的国家和一些政治经济高度集中统一的国家。如新加坡,人口总数只有500多万,中央政府完全有能力直接管理国家全部事务,没有必要进行多层次的分权。再比如,新中国成立初期,政治经济高度集中统一,要求事权高度统一于中央政府,因此,采取集权型模式是必要的。

集权型模式的优点是可以集中力量解决社会经济发展的重大问题,便于统筹规划,便于树立中央政府的权威,有利于国家的统一。缺点是容易造成决策失误和管理效益低下,不利于根据各地的不同特点采取相应的财政政策,从而难以适应各地经济发展的实际需要。

（2）分权型财政收支划分模式

分权型财政收支划分模式是指一国在划分财政收支权限时把绝大部分财政职能和财政收入划归地方政府,仅把一小部分财政职能和财政收入划归中央政府的财政收支划分类型。分权型财政收支划分模式的特点是地方政府承担大部分财政职能,享有大部分财政收入,地方政府具有相对独立的财政收支立法权和管理权,具有相对独立的财政收支范围。分权型模式适合于地方政府独立性较强的联邦制国家或地方自治较完善的分权制国家。如荷兰正推行权力分散制度,把许多任务和责任由中央转移到地方政府,正朝着分权型模式迈进。

分权型模式有利于地方政府根据本地实际情况采取相应的财政政策,更好地满足当地居民对公共产品的偏好,也利于提高财政资金使用的效益。缺点是难以解决公共产品的"外部效应"问题,难以完成某些需要巨大资金的项目,对于具有较大规模效应的项目,也很难提高财政资金的使用效益,另外,也不利于国家的集中统一和综合国力的提高。

（3）混合型财政收支划分模式

混合型财政收支划分模式是指一国根据国情合理划分中央政府和地方政府的事权,并在事权划分的基础上对财政收支权予以适当划分的类型。混合型模式是介于集权型模式和分权型模式之间的一种模式,其特点是在财政收支权相对集中于中央的同时,赋予地方一定的财政收支权,根据中央和地方的事权划分来划分中央与地方的财政收支范围,通过转移支付制度来平衡中央与地方之间的财政收支。

混合型模式克服了集权型模式的过度集中和分权型模式的过度分散的缺陷,并吸取了二者的优点,因此是一种相对科学合理的财政收支划分模式,被绝大多数现代市场经济国家所采用。由于不同国家在政治体制、经济发展水平和社会传统等方面存在较大差异,因此,同是采取混合型模式的国家,具体分权与集权的程度也是大不相同的。有的偏重于集权,有的偏重于分权,但均属于混合型的财政收支划分模式。

2. 收支标准下的财政收支划分模式

(1) 对称型财政收支划分模式

这是指一国在中央与地方之间划分财政权时,重视财政收益权与财政支出责任的匹配,基本保证"一级政府、一级事权、一级收入权"的模式,因此,这种分权模式的主要特点是:财政收益权和财政支出责任划分的匹配程度比较高;财政收益权和财政立法权的划分相适应,一级政府享有一定的财政收益权,就意味着同时享有一定的财政立法权;在财政收益权的划分上多采用同源课税方式。目前,美国和加拿大是典型的采取对称型财政收支划分模式的国家。

(2) 非对称型财政收支划分模式

这是指一国在划分财政权限时,财权与事权并不是完全匹配,或者匹配程度较低,财政收益权更多集中在中央政府的模式。这种模式的典型特征是:财政支出责任和财政收益权划分不是完全匹配;财政收益权和财政立法权也不是完全相适应,享有财政收益权并不表明自然享有财政立法权,大部分财政立法权由中央政府享有;在财政收益权的划分上多采用共享税的方式;存在比较大规模的以均等化为目的的政府间转移转移支付。目前,世界各国中,德国和日本采取的是典型的非对称型财政收支划分模式。

上述不同类型的财政收支划分模式是不同时代、不同国家的选择,都是在立足于各国本土资源的同时,借鉴人类社会普适性价值基础上的理性抉择,其中并不存在绝对化的标准。我国的财政收支划分制度也必须在模式方面作出选择。

二、财政收支划分法的概念与体系

(一) 财政收支划分法的概念

财政收支划分法是调整中央与地方之间以及地方各级政府之间在财政收支权限划分的过程中所发生的社会关系的法律规范的总称。目前,我国已经有关于财政收支划分的法律规范,但尚没有一部《财政收支划分法》。世界范围内制定《财政收支划分法》的国家并不多,但大多具有较完善的关于财政收支划分的法律规范,这些法律规范散见于宪法、宪法性文件和一些财政立法之中。我国目前的财政收支划分法散见于《预算法》和国务院《关于实行分税制财政收支划分的决定》《实施更大规模减税降费后调整中央与地方收入划分改革推进方案》之中。

财政收支划分法作为财政基本体制法,是财政法中的重要部分,也构成了财政收入法和财政支出法的基础。这是因为,财政收入法和财政支出法首先要解决的就是财政收支的权限如何在各级政府之间合理划分的问题,而规范这一划分问题的法律规范就是财政收支划分法。

财政收支划分不仅关涉各级政府的财政收支权的大小,而且关涉各级政府在整个国家政权机关体系中的地位,甚至关涉地方自治与国家结构和国家体制等根本性的宪法问题。正因为此,财政收支划分制度常常被规定于宪法或宪法性法律文件之中,例如德国《基本法》明确规定了联邦、州和地方三级政府的事权划分,又如美国宪法中也有关于财政收支划分的规定。而更多的国家则是以基本法的形式来规定财政收支划分的相关制度,如韩国的《地方财政法》《地方税法》、日本的《地方税法》等。

（二）财政收支划分法的体系

财政收支划分法的体系是把财政收支划分法律规范分类组合为不同的部门法而组成的有机联系的统一体。财政收支划分法的体系是由财政收支划分法的调整对象——财政收支划分关系的结构与体系所决定的。

根据财政收支划分关系的结构与体系,可以把财政收支划分法分为财政级次划分法、财政收入划分法和财政支出划分法。财政级次划分法是调整一国在进行财政级次划分的过程中所发生的社会关系的法律规范的总称,其要解决的是财政收支划分的前提性问题和基础性问题。财政收入划分法是调整各个财政级次的政府之间在各种财政收入的划分过程中所发生的社会关系的法律规范的总称,其旨在规范各财政级次的财政收入权,是财政收支划分法的核心内容。财政支出划分法是调整各财政级次政府之间在各项财政支出的划分过程中所发生的社会关系的法律规范的总称,规范各财政级次在事权划分基础上的财政支出权。

三、财政收支划分法的基本原则

财政收支划分法的基本原则是指贯穿于财政收支划分法的始终,对财政收支划分法的立法、执法、司法、守法和法律监督整个过程具有指导作用的基本准则。作为财政法的重要部分,财政法的基本原则当然也是财政收支划分法所必须遵循的基本原则,但财政收支划分法也有自己独特的基本原则。财政收支划分法的基本原则包括财政分权法定原则、适度分权原则、财力与事权相匹配原则以及兼顾效率与公平原则。

（一）财政分权法定原则

所谓财政分权法定原则是指各级政府间事权和财权的划分必须由相关法律明确规定,其调整和变动也要按照一定的法律制度,遵循一定的法定程序进行。这既是市场经济发展的必然要求,又是民主政治的应有之义。财政分权法定原则也是依法治国在财政领域内的必然要求,而财政法治无疑是法治国家建设的重要一环。财政分权是在各级政府间以划分事权为基础,进而划分财权的一种分权式公共财政体制,它涉及各级政府间支出责任的划分、税权的划分以及收入的划分等财政关系的一系列重大问题,是中央和地方关系的重要组成部分。国外经验和国内实践表明,要实现财政分权体制良性循环,必须协调好中央集权和地方分权的关系,用法律的形式划分事权与财权,依法规范和科学核定收支基础,使财政分配关系建立在责权利相结合的基础之上。

这一原则主要包括三方面内容:第一,各级政府的事权和财权分配框架必须以某种法律形式固定下来,例如宪法、财政宪法、预算法等;第二,事权和财权划分关系的调整与变动(包括依据和程序)也要以法律形式确定;第三,各级政府的具体事权和财权需要由相应本级的立法机构(人民代表大会)立法授权,并接受法律监督,行政机关在这方面不应有过多的自由裁量权。

(二) 适度分权原则

适度分权原则是指在财政收支权的划分上应兼顾中央和地方的利益,在保证中央财政收支权的前提下,适度下放给地方一定财政收支权。适度分权原则是中央和地方多级政府存在时,各级政府分别承担相应的提供公共物品职能的要求。有些公共物品适合由中央政府提供,则相应的财政收支权就应当集中于中央,有些公共物品适合由地方政府提供,则相应的财政收支权就应当下放给地方。适度分权原则可以调动中央和地方两个积极性,是现代各国财政收支划分法所遵循的基本原则。

适度分权的标准要根据各级政府提供公共物品效率的高低,以及国家的政治体制和经济发展整体战略的要求而定。我国实行的是中央相对集权的单一政治体制,许多重大经济发展任务全部或主要由中央政府来承担,财政收支权相对集中于中央是必要的和合理的。但由于我国地域辽阔,各地区经济发展水平差异很大,各地所需公共物品的数量和质量也有很大差别。因此,各地需要根据本地经济发展的要求和居民的公共物品偏好来提供相应的公共物品。由此,也就应享有相应的财政收支权。可以说,地方享有适当的财政权是适度分权原则的核心所在。但同时应当注意,地方财政权的享有要"适度",要求它在内容安排上有一定的界限范围,在具体实施上受到相关条件的约束。我国目前的状况是财政收支权高度集中于中央,适度下放财政收支权应当是我国财政收支划分制度改革的主要方向。

(三) 财力与事权相匹配原则

在中央与地方财政权限的配置上,我国经历了"统收统支""财政包干"和"分税制"三个阶段。在探讨未来的财政分权的问题上,一直比较流行的说法是"事权与财权"。这一理论和概念可以说为中国财政理论所特有,从财政分权理论来看,这种说法也不够科学。在改革开放初期,计划经济还有着或多或少的影响,学者们往往重视各级政府的经济与计划职能,反映在财政领域就是事权与财权应该统一。事实上,从1994年分税制改革开始,改革的实践已经背离了这一理论。从现状来看,各级政府的事权和财权已不再能够统一,中央政府拥有了更大财权,而省以下地方政府的财权与其支出(事权)相较则相对小了很多。尤其是对于经济不发达地区,"财权与事权不匹配"已经转化为一个相对次要的问题,而"财力与事权不匹配"成为主要矛盾。

在这一背景之下,中共十七大首次提出了"财力与事权相匹配",与此前的"财权与事权相匹配"的提法虽然只有一字之差,但含义却大为不同。所谓"财权"是指各级政府筹集和支配收入的财政权力,主要包括征税权、收费权及发债权。而"财力"则是指各级政府拥有的货币形式的财政资源。一般而言,"财权"和上级政府的转移支付共同构成"财力"。财权与财力有区别也有联系。拥有财权的政府,一般拥有相应的财力,但拥有财力不一定有财权。上级政府的财力往往要转移一部分给下级政府使用,结果是下级政府的财力往往大于其财权,而上级政府的财权则往往大于其最终支配的财力。这种财权与财力关系的框架,是目前发达国家常见的制度框架。

简而言之,在市场经济和分税制的体制下,实行的是"财力与事权相匹配"的原则。然而,我国目前中央和地方政府的财政分权背离了财力与事权相匹配原则。同时值得关注的是,中共十八届三中全会《决定》进一步提出建立"事权和支出责任相适应的制度",这种举措有助于解决"中央请客、地方买单"的问题,从而形成支出责任与事权、事权与财力之间的衔接链条。事权无论是同财权结合、同财力匹配,还是同支出责任相适应,都在强调事权与其物质保障之间的对应关系。①

2016年8月,国务院印发了《关于推进中央与地方财政事权和支出责任划分改革的指导意见》(简称《指导意见》)②,首次具体地明确了改革的"时间表"和"路线图",改革将进入实际操作阶段。值得关注的是,央地财政事权和支出责任的重新划分,将上升到立法层面。《指导意见》中提出,在2019—2020年改革进入全面推开阶段,还将梳理需要上升为法律法规的内容,适时制定修订相关法律、行政法规,研究起草政府间财政关系法,推动形成保障财政事权和支出责任划分科学合理的法律体系。也即,届时将在法律层面明确各级政府分别要承担哪些事权。中共十八届四中全会《决定》中也曾提出,要"推进各级政府事权规范化、法律化,完善不同层级政府特别是中央和地方政府事权法律制度",并称要强化中央政府宏观管理、制度设定职责和必要的执法权,强化省级政府统筹推进区域内基本公共服务均等化职责,强化市县政府执行职责。这是国务院第一次比较系统提出从事权和支出责任划分即政府公共权力纵向配置角度推进财税体制改革的重要文件,也是当前和今后一个时期科学、合理、规范划分各级政府提供基本公共服务职责的综合性、指导性和纲领性文件。

2022年6月13日,国务院办公厅发布《关于进一步推进省以下财政体制改革工作的指导意见》(以下简称《意见》),部署进一步推进省以下财政体制改革的任务举措。《意见》明确了五个方面重点改革措施,清晰界定省以下财政事权和支出责任位列其中。《意见》在推动加快省以下财政事权和支出责任划分改革方面,提出了五项具体举措:一是根据事权属性划分省以下财政事权;二是适度强化省级财政事权,对需要跨区域统筹协调或外部性较强的事务,适度强化省级责任;三是根据财政事权划分明确支出责任,省级财政事权由省级政府承担支出责任,市县级财政支出责任根据其履行的财政事权确定;四是差异化确定共同财政事权支出责任,既要通过上下级共同负担的机制减轻基层支出压力,也要通过差异化的分担办法更好发挥共同财政事权促进基本公共服务均等化的作用;五是落实各级政府的支出责任。上级财政事权确需委托下级履行的,上级财政要足额安排转移支付资金,不能让下级因履行委托事权而额外增加负担,不得变相增加下级支出责任或向下级转嫁支出责任,避免加重基层负担。

关于中央与地方财政事权和支出责任的划分改革,涉及的领域非常多,是一项庞大的系统性工程。近些年,我国在国防、国家安全、外交、公共安全、教育、医疗卫生、交通运输、环境保护等基本公共服务领域启动财政事权和支出责任划分改革。2017年中共十九大报告中明确提出"建立权责清晰、财力协调、区域均衡的中央和地方财政关系"的要求。"权责清晰、财力协调、区域均衡"这12个字的内涵十分丰富,也成为新时代财政体制改革中的核心

---

① 刘剑文、侯卓:《事权划分法治化的中国路径》,载《中国社会科学》2017年第2期。
② 这份文件的出台主要针对的是在新的形势下,财政事权和支出责任划分与推进财税改革和国家治理现代化要求相比,越来越不适应的具体问题,主要包括五个方面:一是政府职能定位不清,一些本可由市场调节或社会提供的事务,财政包揽过多,同时一些本应由政府承担的基本公共服务,财政承担不够;二是中央与地方财政事权和支出责任划分不尽合理,一些本应由中央直接负责的事务交给地方承担,一些宜由地方负责的事务,中央承担过多;三是不少中央和地方提供基本公共服务的职责交叉重叠,共同承担的事项较多;四是省以下财政事权和支出责任划分不尽规范;五是有的财政事权和支出责任划分缺乏法律依据,法治化、规范化程度不高。

目标。

（四）兼顾效率与公平原则

兼顾效率与公平原则是指在财政收支划分时不能一味强调效率，也不能一味强调公平，而应妥善处理二者之间的比例关系，达到效率与公平的完美结合。效率与公平是一对矛盾，二者之间是对立统一的关系。妥善处理好二者的关系，可以达到效率、公平双丰收的效果。否则，可能既损害了效率，也得不到公平。

在财政收支划分的问题上，效率与公平问题更加突出，它是财政配置资源、分配收入和稳定经济等基本职能在财政收支划分问题上的具体体现，妥善处理好效率与公平的关系，是充分发挥财政职能的前提。一般来讲，效率问题多由地方政府来承担，而公平问题则主要依靠中央政府来承担。当效率与公平相冲突时，要全面权衡二者之间的利弊关系，在需要效率优先时，公平就让道，在需要公平优先时，效率就让道。总之，结果的最优是对二者进行取舍的最终标准，一概遵循"效率优先，兼顾公平"的原则是不妥当的。

长期以来，我国在财政收支划分问题上效率原则体现得较多，而公平原则体现得不够，进入新时代，我国社会主要矛盾已经转化为人民日益增长的美好生活需要和不平衡不充分的发展之间的矛盾，在财政收支活动中应该更加关注公平，以达到效率与公平的最优配置状态，从而更加迅速地推动我国经济的健康发展。

以上四个基本原则是相互联系、相互统一的，因此，在财政收支划分的立法、执法、司法、守法和法制监督的整个过程中必须综合把握四个基本原则，以切实发挥各基本原则对财政收支划分法制运行过程的指导作用。

四、财政收支划分基本法律制度

财政收支划分法由财政级次划分法、财政收入划分法和财政支出划分法所组成，因此，财政收支划分基本法律制度也相应地由财政级次划分制度、财政收入划分制度和财政支出划分制度所组成。

（一）财政级次划分制度

财政级次划分制度是关于一国是否设立多级财政级次、设立几级财政级次以及如何设置各级财政级次的制度。财政级次划分制度是由一国的政权结构所决定的，基本原则是"一级政权，一级财政"。财政级次划分制度要依据《宪法》或财政收支划分法、财政法、预算法等基本法律来确定。

我国《宪法》规定了四级政府结构：(1)中央人民政府（国务院）；(2)省、自治区、直辖市人民政府；(3)自治州、县、自治县、市；(4)乡、民族乡、镇人民政府。

我国《预算法》根据"一级政府一级预算"的原则，相应设立了五级预算，由此，可以将我国的财政级次分为五级：(1)中央财政；(2)省、自治区、直辖市财政；(3)设区的市、自治州财政；(4)县、自治县、不设区的市、市辖区财政；(5)乡、民族乡、镇财政。中央预算和地方预算共同组成了全国预算，其中，地方预算由各省、自治区、直辖市总预算组成。

（二）财政收入划分制度

在确定了财政支出划分制度以后，就要依据财力与事权相匹配的原则，合理确定各级政府的财政收益权，这一任务是由财政收入划分制度来完成的。财政收入划分的依据是各级政府的财政支出范围，原则是财力与事权相匹配，确保各级政府能充分完成其财政支出的任务。财政收入划分的对象是财政收入权,财政收入权是各级政府在财政收入方面所具有的权力的总称,包括财政收入设立权、财政收入征收权和财政收入享用权。在现代国家,财政收入的形式主要是税收,所以,划分财政收入权主要是划分税收收入权。税收收入权一般包括税收收入的设立权(税收立法权)、税收征收权和税收享用权。

为确保地方政府能获得充足的财政收入,各国一般均规定地方政府享有税收征收权和享用权,但对于税收立法权,各国一般均采取审慎态度。而且,由于各国政治经济体制的不同,在税收立法权的分配问题上也有不同的制度。一般来讲,各国关于税收收入权的划分的基本方法包括以下几种:第一,税额分割法,即先统一征税,然后再将税额按照一定的比例在中央与地方政府之间予以分割。第二,税率分割法,即各级财政对于同一税基分别采用各自税率予以征税。具体征收方法有三种:一是由各级财政根据其各自分享的税率分别征收;二是先由上级财政按照其分享的税率予以征税,再由下级财政按照上级财政所征收的税额的一定比率予以征收;三是上级财政在征税时对下级财政所享有的税率一并征收,然后再按下级财政所分享的比例划归下级财政。第三,税种分割法,即在税收立法权基本上集中于中央的前提下,把各税种按照其自身的特点在中央与地方财政之间予以分割。各级财政根据自己所分享的税收,分别征收,分别使用。第四,税权分割法,即税收立法权在中央与地方之间予以适当划分,由中央与地方分别立法,分别设定本级财政的税收收入的种类和范围,并分别征收和使用。以上所述四种基本方法可以结合使用,从而可以组合成许多混合方法,如在税权分割法的基础上实行税率分割法或税种分割法。不同方法均有其自身的优缺点,因此,各国在划分税收收入时,一般是综合采用以上各种方法,以趋利避害,达到税收收入划分的最佳状态。我国《预算法》第27条规定了一般公共预算收入的主要类型,包括:(1)各项税收收入;(2)行政事业性收费收入;(3)国有资源(资产)有偿使用收入;(4)转移性收入;(5)其他收入。但该法没有明确划分哪些收入属于中央、哪些收入属于地方,而是授权国务院予以规定,并报全国人民代表大会常务委员会备案。

国务院于1993年颁布了《关于实行分税制财政收支划分的决定》,1994年1月1日起推行分税制改革。根据事权与财力相结合的原则,采用税种分割法,按税种划分中央与地方的收入。将维护国家权益、实施宏观调控所必需的税种划为中央税;将同经济发展直接相关的主要税种划为中央与地方共享税;将适合地方征管的税种划为地方税,并充实地方税税种,增加地方税收入。在三十余年的发展过程中,个别税种的分享方式有所调整,现有情况下,(1)中央固定收入包括:关税,海关代征消费税和增值税,消费税,中央企业所得税,车辆购置税,船舶吨税,地方银行和外资银行及非银行金融企业所得税,证券交易印花税,铁道部门、各银行总行、各保险总公司等集中交纳的收入(包括所得税、利润和城市维护建设税),中央企业上缴利润等。(2)地方固定收入包括:地方企业所得税(不含上述地方银行和外资银行及非银行金融企业所得税),地方企业上缴利润,个人所得税,城镇土地使用税,城市维护建设税(不含铁道部门、各银行总行、各保险总公司集中交纳的部分),房产税,车船税,印花税,耕地占用税,契税,土地增值税,环境保护税,烟叶税,教育附加,国有土地有偿使用收入等。(3)中央与地方共享收入包括:增值税、资源税。国务院2019年印发的《实施更大规模减税降费后调整中央与地方收入划分改革推进方案》维持了《全面推开营改增试点后调整中央与地方增值税收入划分过渡方案》(国发〔2016〕26号)规定中增值税"五五共享"的比例,建立了增值税留抵退税长效机制。另外,我国资源税按不同的资源品种划分,大部分资源税作为地方收入,海洋石油资源税作为中央收入。

为了促进市场经济的健康发展,进一步规范中央和地方之间的分配关系,建立合理的分配机制,防止重复建设,减缓地区间财力差距的扩大,支持西部大开发,逐步实现共同富裕,国务院决定从2002年1月1日起实施所得税收入分享改革。除少数特殊行业或企业外,对其他企业所得税和个人所得税收入实行中央与地方按比例分享。中央保证2001年各地方实际的所得税收入基数,实施增量分成。具体如下:(1)分享范围。除铁路运输、国家邮政、中国工商银行、中国农业银行、中国银行、中国建设银行、国家开发银行、中国进出口银行以及海洋石油天然气企业缴纳的所得税继续作为中央收入外,其他企业所得税和个人所得税收入由中央与地方按比例分享。(2)分享比例。2002年所得税收入中央分享50%,地方分享50%;2003年所得税收入中央分享60%,地方分享40%;从2004年起,中央与地方所得税收入分享比例继续按照中央分享60%,地方分享40%执行。(3)基数计算。以2001年为基期,按改革方案确定的分享范围和比例计算,地方分享的所得税收入,如果小于地方实际所得税收入,差额部分由中央作为基数返还地方;如果大于地方实际所得税收入,差额部分由地方作为基数上解中央。(4)跨地区经营、集中缴库的中央企业所得税等收入,按相关因素在有关地区之间进行分配。

《关于进一步推进省以下财政体制改革工作的指导意见》提出要理顺省以下政府间收入关系,并提出三项具体措施。一是参照税种属性划分收入。将税基流动性强、区域间分布不均、年度间收入波动较大的税收收入作为省级收入或由省级分享较高比例;将税基较为稳定、地域属性明显的税收收入作为市县级收入或由市县级分享较高比例。对金融、电力、石油、铁路、高速公路等领域税费收入,可作为省级收入,也可在相关市县间合理分配。除按规定上缴财政的国有资本经营收益外,逐步减少直至取消按企业隶属关系划分政府间收入的做法。二是规范收入分享方式。税收收入应在省以下各级政府间进行明确划分,对主体税种实行按比例分享,结合各税种税基分布、收入规模、区域间均衡度等因素,合理确定各税种分享比例。对非税收入可采取总额分成、分类分成、增量分成等分享方式,逐步加以规范。省内同一税费收入在省与市、省与省直管县、市与所辖区、市与所辖县之间的归属和分享比例原则上应逐步统一。除国家另有规定外,逐步取消对各类区域的财政收入全留或增量返还政策,确需支持的通过规范的转移支付安排。逐步规范设区的市与所辖区之间的收入关系。结合税源实际合理编制各级收入预算,依法依规征税收费,严格落实退税减税降费政策,严禁虚收空转、收"过头税费"、乱收费,不得违规对税费收入指标进行考核排名。逐步清理不当干预市场和与税费收入相挂钩的补贴或返还政策。三是适度增强省级调控能力。结合省级财政支出责任、区域间均衡度、中央对地方转移支付等因素,合理确定省级收入分享比例。

(三)财政支出划分制度

财政支出划分要依据各级政府事权的大小,也即按照各级政府提供公共物品的数量和质量来确定,而各级政府所能提供和应当提供的公共物品的数量和质量是和各级政府本身的地位与职责紧密联系在一起的。一般来讲,财政的收入分配职能和稳定经济职能应当由中央政府来承担,而财政的资源配置职能则应由中央政府和地方政府共同承担。根据公共物品的受益范围可以把公共物品分为全国性公共物品和区域性公共物品,全国性公共物品应当由中央政府来提供,而区域性公共物品则应当由地方政府来提供。

中央政府所应履行的职责一般包括：提供国防安全以及全国性的维持社会秩序服务；实现全国范围内资源的有效配置，弥补市场缺陷；实现公平、合理的收入分配；实现全国经济的稳定和增长。地方政府所承担的职能一般包括：提供本地区内的社会秩序服务；提供本地区内的基础设施和公共事业服务；在本地区内有效配置资源，实现地区经济的稳定与发展。我国现行财政支出划分制度如下：

财政支出需要通过预算的方式来进行，我国《预算法》第27条对一般公共预算支出分别按照其功能和经济性质进行了分类：(1) 按照功能，一般公共预算支出包括外交、公共安全、国防支出，农业、环境保护支出，教育、科技、文化、卫生、体育支出，社会保障及就业支出，其他支出；(2) 按照经济性质，一般公共预算支出包括工资福利支出，商品和服务支出，资本性支出，其他支出。但根据《预算法》第29条，中央预算与地方预算有关支出项目的划分方法和原则并未明确规定，而是授权国务院予以规定，并报全国人民代表大会常务委员会备案。

国务院1993年年底颁布的《关于实行分税制财政管理体制的决定》（国发〔1993〕85号）对中央与地方事权和财政支出的划分作了明确区分。根据这一决定，中央财政主要承担国家安全、外交和中央国家机关运转所需经费，调整国民经济结构、协调地区发展、实施宏观调控所必需的支出以及由中央直接管理的事业发展支出。具体包括：国防经费、武警经费、外交和援外支出，中央级行政管理费，中央统管的基本建设投资，中央直属企业的技术改造和新产品试制费，地质勘探费，由中央财政安排的支农支出，由中央负担的国内外债务的还本付息支出，以及中央本级负担的公检法支出和文化、教育、卫生、科学等各项事业费支出。地方财政主要承担本地区政权机关运转所需支出以及本地区经济、事业发展所需支出。具体包括：地方行政管理费，公检法支出，部分武警经费，民兵事业费，地方统筹的基本建设投资，地方企业的技术改造和新产品试制经费，支农支出，城市维护和建设经费，地方文化、教育、卫生等各项事业费，价格补贴支出以及其他支出。

2013年，中共中央《关于全面深化改革若干重大问题的决定》则指出，要建立事权和支出责任相适应的制度，适度加强中央事权和支出责任。国防、外交、国家安全、关系全国统一市场规则和管理等作为中央事权；部分社会保障、跨区域重大项目建设维护等作为中央和地方共同事权，逐步理顺事权关系；区域性公共服务作为地方事权。中央和地方按照事权划分相应承担和分担支出责任。中央可通过安排转移支付将部分事权支出责任委托地方承担。对于跨区域且对其他地区影响较大的公共服务，中央通过转移支付承担一部分地方事权支出责任。

2016年，国务院出台的《关于推进中央与地方财政事权和支出责任划分改革的指导意见》又指出，要适度加强中央的财政事权，保障地方履行财政事权，减少并规范中央与地方共同财政事权，建立财政事权划分动态调整机制。要求推进中央与地方财政事权和支出责任划分改革要遵循体现基本公共服务受益范围、兼顾政府职能和行政效率、实现权责利相统一、激励地方政府主动作为、支出责任与财政事权相适应等划分原则，科学合理划分中央与地方财政事权和支出责任，形成中央领导、合理授权、依法规范、运转高效的中央与地方财政事权和支出责任划分模式，落实基本公共服务提供责任，提高基本公共服务供给效率，促进各级政府更好履职尽责。《指导意见》还明确了三个主要任务，一是推进中央与地方财政事权划分；二是完善中央与地方支出责任划分；三是加快省以下财政事权和支出责任划分。《指导意见》要求加强与相关改革的协同，推动形成保障中央与地方财政事权和支出责任划分科学合理的法律体系。

2018年以来,国务院陆续出台《基本公共服务领域中央与地方共同财政事权和支出责任划分改革方案》《医疗卫生领域中央与地方财政事权和支出责任划分改革方案》《科技领域中央与地方财政事权和支出责任划分改革方案》《教育领域中央与地方财政事权和支出责任划分改革方案》,央地政府间、地方各级政府间财政事权与支出责任划分渐次启动,正在走向精细化、公开化、规范化。

五、财政收支划分法律制度的完善

(一)现行财政收支划分法律制度存在的主要问题

(1)事权和支出范围越位。目前实施的分税制没有重新界定政府职能,各级政府事权维持不甚明确的格局,存在越位与错位的现象,事权的错位与越位导致财政支出范围的错位与越位。

(2)部分财政收入划分不合理。税收收入划分没有严格划分为中央税、地方税、共享税,并依此确定应属何级财政收入,存在按企业隶属关系划分企业所得税的不规范做法。

(3)地方税体系不健全。目前,地方税种除增值税外,均为小额税种,县、乡级财政无稳定的税收来源,收入不稳定;而这种局面在营业税改征增值税之后,并未得到好转。地方税种的管理权限高度集中在中央,地方对地方税种的管理权限过小。

(4)省以下分税制财政收支划分不够完善。主要表现在,地方各级政府间较少实行按事权划分财政收支的分权式财政收支划分。县级财政没有独立的税种收入,财政收入无保障。

(5)转移支付不规范。我国现行转移支付制度存在一些缺陷:第一,政府间财政资金分配因保留包干制下的上解、补助办法,基本格局未变;第二,采用基数法实行税收返还不合理;第三,转移支付分配不够规范严格,如转移支付分配中存在随意性问题、政府投资专项和专项转移支付支持方向交叉雷同;第四,地方政府之间如何转移支付不明确。

(二)完善财政收支划分法律制度的指导思想

规范分税制是分权式财政收支划分法的必然选择。但由于各国政治体制、经济体制和分税制产生的时代背景等方面的差距,分税制有分税与分权完全和不完全两种模式。完全的分税制有以下特点:(1)各级政府都有独立的税种,独立征税,不设共享税;(2)各级财政在法定收支范围内自求平衡,各级财政之间不存在转移支付或转移支付的规模很小;(3)中央财政立法权和地方财政立法权划分明确,地方财政权独立。将分税制区分为两种模式,目的在于说明财政收支划分法的分税、分权不是越彻底越好,要根据相关因素确定合理的分权程度。

选择财政收支划分法模式时应贯彻的指导思想是:(1)正确处理中央与地方的分配关系,调动两个积极性,促进国家财政收入合理增长。(2)合理调节地区之间财力分配。既要有利于经济发达地区继续保持较快的发展势头,又要通过中央财政对地方的税收返还和转移支付,扶持经济不发达地区的发展和老工业基地的改造。同时,促使地方加强对财政支出的约束。(3)坚持统一政策和分级管理相结合的原则。中央税、共享税以及地方税的立法权在现阶段要集中在中央,以保证中央政令统一,维护全国统一市场和企业平等竞争。税收实行分级征管,我国国税地税机构合并后,各地区税务部门具体承担所辖区域内的各项税收、非税收入征管等职责。① (4) 坚持整体设计与逐步推进相结合的原则。财政收支划分立法的终极目标是建立完全、规范的分税制,但要分步实现。

由于财政收支划分在经济层面、政治层面都具有重要的价值,同时在法律层面又与宪制的实施密不可分。因此,财政收支划分改革的基本思路是财政分权,在此过程中,必须遵循法定原则、财力与事权相适应原则、适度分权原则、兼顾效率与公平原则,以上述基本原则为指导,对财政立法权、收益权、征收权、支出权和预算权在中央和地方间进行合理配置,选择适合我国的财政分权模式:立法主导的混合型、非对称型财政分权模式,并通过完善的转移支付制度的建立健全推进各级政府财力与事权的相对应。

(三) 分税制财政收支划分立法的展望

(1) 通过立法进一步划清各级政府的事权。完善分税制立法,在划分政府事权方面:第一,应科学界定政府在经济方面的事权,政府逐步放弃直接从事个人、社会组织有能力承担并且与提供公共服务无关的经济活动,集中力量从事个人、社会组织无力承担或者与提供公共服务密切相关的经济活动。第二,应借鉴外国立法的成功经验将政府公共事务及经济事务方面的事权在各级政府之间合理划清,减少交叉,并以法律形式固定下来。第三,上级政府事务可按法定条件和程序委托下级政府处理。

(2) 完善税收收入划分法。税收划分的方法有待改进:第一,按企业隶属关系、按行业划分某些税收预算级次的办法应逐步取消,严格按税种或税率划分预算级次;第二,税种划分要彻底并尽可能对同一税源实行依税率划分税收预算级次的办法;第三,减少中央和地方共享税;第四,大力推进"费改税",开征新的地方税种,取消预算外资金,纳入地方税收体系,规范地方财政收入来源,增强地方政府通过规范化税收和转移支付实现预算平衡的能力;第五,赋予地方部分税收立法权。法定的地方权力机关及相应的人民政府应有权就地方税的征收管理制定解释性、操作性的法规和规章。

(3) 制定国债法。国债是我国弥补财政赤字、筹措财政资金的重要手段。现行国债管理的依据不仅停留在行政法规立法层次上,而且过于简单。国债法应对国债发行的条件、审批程序、国债的种类、发行的规模、国债的交易等问题作出明确规定。通过立法实现调整国债结构、控制国债规模、强化国债管理、提高国债使用效益等目标,使国债市场化、国债管理法律化。

(4) 继续完善国有资产管理法。国家和国有企业之间的分配关系实行税利分流后,国有企业利润分配制度受到广泛的关注。国务院于2007年9月发布了《关于试行国有资本经营预算的意见》(国发〔2007〕26号)。2007年12月,经国务院批准,财政部会同国资委发布《中央企业国有资本收益收取管理办法》,规定纳入收益上缴试点范围的116家企业要按时完成2006年度国有资本收益的申报上缴工作,从而宣告了国有企业不上缴利润这一历史的结束。2008年10月全国人民代表大会常务委员会通过了《企业国有资产法》,规定国家出资企业应当依照法律、行政法规以及企业章程的规定,向出资人分配利润,国家建立健全国有

---

① 党的十九届三中全会审议通过的《关于深化党和国家机构改革的决定》《深化党和国家机构改革方案》和第十三届全国人民代表大会第一次会议批准的《国务院机构改革方案》明确"将省级和省级以下国税地税机构合并,具体承担所辖区域内的各项税收、非税收入征管等职责;将基本养老保险费、基本医疗保险费、失业保险费等各项社会保险费交由税务部门统一征收;国税地税机构合并后,实行以国家税务总局为主与省(区、市)人民政府双重领导管理体制"。

资本经营预算制度,对取得的国有资本收入及其支出实现预算管理。

(5) 制定与预算法配套的法律、法规。我国《预算法》的颁布和实施,标志着我国复式预算制度正式建立。为实现复式预算规范化、规范政府收支行为,有必要进一步制定有关制度性预算约束、完善预算编制、审批程序等的法律法规。

(6) 制定转移支付法。转移支付立法应以实现各级财政收支平衡以及各地区基本财政服务水平相当为目标。一般性转移支付的数额应采用因素法、税收能力指数法等公式化的办法测算。特殊性转移支付应依专项财政拨款法规定的条件、审批程序、使用监管办法进行划拨,减少任意性。以"分级管理,逐级转移"为原则,建立中央、省、市、县、镇转移支付体系,使转移支付规模与集中财力相适应。清理原体制下的结算事项,取消定额补助或上解以及按1993年税收收入基数返还的办法。规范标准收支测算办法,按标准税基和税率测算各地标准收入,将地理条件、物价水平、人均财政收入等因素对支出的影响纳入标准支出测算体系。

【延伸阅读】

财税改革加速推进:央地支出责任划分年内破题①

2017年的政府工作报告就今年财税体制改革指出:"推进中央与地方财政事权和支出责任划分改革,加快制订收入划分总体方案。"《经济参考报》记者获悉,作为我国财税体制改革中"最难啃的骨头",中央与地方财政事权和支出责任划分正在加速推进,财政部今年将继续推进国防、外交领域的划分,力争取得实质性进展。同时,教育、医疗卫生等基本公共服务领域也将破题,相关划分标准正在制定中。将建立中央与地方合理分担机制,推进区域间基本公共服务均等化。与此同时,中央与地方收入划分总体方案也在同步推进。

2016年国务院印发了《关于推进中央与地方财政事权和支出责任划分改革的指导意见》(国发〔2016〕49号,以下简称《意见》),为理顺中央与地方政府间财政关系明确了时间表和路线图,于当年选取了一些领域启动改革试点并积累了经验。

财政部有关负责人指出,在新的形势下,财政事权和支出责任划分与推进财税改革和国家治理现代化要求相比,越来越不适应。当前,中央与地方收入划分需要进一步理顺,中央对地方专项转移支付需要进一步清理整合,地区间基本公共服务均等化需要大力推进,财政资金的使用效益需要进一步提高,这些都需要以明确政府的财政事权划分并相应界定各级政府的支出责任为前提,从财政事权划分入手推进改革可以起到"牵一发而动全身"的效果。

"当前,我国中央与地方财政收入大体各占一半,而支出却是二八分,中央有占到全国财政收入35%的资金要通过转移支付分配到地方。"中国财政科学研究院院长刘尚希指出,中央与地方财政事权和支出责任划分是改革的重心,先界定政府边界,明确政府和市场、政府和社会关系之后,再来划分央地间财政事权,进而再确定央地收入划分、健全地方主体税体系。

刘尚希表示,中央与地方财政事权和支出责任划分上,应该上移事权和支出责任。"但是具体到哪些事权上移,仍要做大量细致工作。"《意见》中明确,划分原则要体现基本公共服务受益范围。"体现国

---

① 参见孙韶华:《财税改革开啃"最难啃的骨头":央地支出责任划分年内破题》,载《经济参考报》2017年3月7日。

家主权、维护统一市场以及受益范围覆盖全国的基本公共服务由中央负责,地区性基本公共服务由地方负责,跨省(区、市)的基本公共服务由中央与地方共同负责。"

"财政体制对层级政府来说,事权和支出责任划分是基础,收入划分是保障,缺口部分通过上级财政转移支付予以必要补充。"中国财政科学研究院研究员王泽彩告诉《经济参考报》记者,去年实行营改增之后,收入结构发生了调整,必然反馈到财政事权和支出责任配置调整上。税制改革影响财力调整,要在维持中央财力占比格局稳定的前提下实现均等财权。财力又和财政事权相匹配,中央与地方政府事权边界就必须先行界定清楚。在中央财力占比没有大的调整的前提下,只有通过转移支付完善制度来实现区域乃至全国的公共服务均等化,进而实现财政均富。

王泽彩表示,相比其他财税改革,中央与地方财政事权和支出责任的划分,可以说是"最难啃的硬骨头",因为会触碰到方方面面的既得利益。它已超越财政部门职责,涉及行政管理体制的重新构建,乃至国家行政体制改革的纵深推进。

专家表示,改革任务重、时间紧。需要从中央到地方的各级政府,以及政府的各个部门都动起来,凝聚各方力量,找出最有利的分级财政改革方案,方能推动现代财政制度的建立。

王泽彩告诉《经济参考报》记者,财政部已经在会同相关部委推出养老、医保、教育等基本公共服务可携带的"福利包",即相关财政支出可以跟着人口的自然流动"走"。也就是说,在行政体制改革还没有到位的"五级政府"架构之下,按照基本公共服务均等化的取向,可以考虑把"福利包"从区域试行推广至全国,让民众共享发展成果。

全国政协委员、华夏新供给经济学研究院首席经济学家贾康对《经济参考报》记者表示,在理顺中央、地方财政体制的深化改革中,建议尽早探索编制中央、省、市县财政事权一览表,并对应到三级财政支出责任明细单。

贾康在提交今年"两会"的提案中指出,财政作为国家政权"以政控财、以财行政"的分配体系,是为政府履行其应有职能服务的国家治理基础与重要支柱;政府职能的合理设定,需要具体化到各级财政的事权和支出责任设计上,并且必须细化到"事权一览表"和与之对应的"支出责任明细单"的形式上,才能具备实际工作中的可操作性。

他建议,考虑到中国经济社会转轨还在攻坚克难的"进行时",政府职能、财政事权的演变还有一个从比较大幅、频繁的调整演变到逐步稳定成熟的过程,故三级事权一览表的编制,可按照尽职事务的外溢性、信息复杂程度和激励相容等原则和匹配适宜的地方税种等客观要求,由粗到细地在一个较长时期内动态优化。

进一步理顺我国中央和地方财政关系的基本考虑[①]

解决好政府间财政关系问题需要长期不懈地努力。我们要在以习近平同志为核心的党中央坚强领导下,以习近平新时代中国特色社会主义思想为指导,增强"四个意识"、坚定"四个自信"、做到"两个维护",按照党中央、国务院决策部署,不断调整完善中央和地方财政关系,加快建立现代财政制度。进一步理顺中央和地方财政关系,我们将贯彻以下基本要求:一是坚持党对财政工作的领导和以人民为中心的发展思想;二是坚持有利于调动中央和地方两个积极性,推动基本公共服务均等化;三是坚持我国政府间财政关系改革的成功经验和做法,体现权责清晰、财力协调、区域均衡的改革方向。

按照上述要求,重点从以下七个方面予以推进:一是健全地方税、直接税体系,完善以共享税为主

---

① 节选自刘昆:《我国的中央和地方财政关系》,载中国人大网,http://www.npc.gov.cn/npc/c30834/202008/08bd6bb3168e4916a2da92ac68771386.shtml,2022年3月18日最后访问。

体的收入划分模式。二是完善共同财政事权体系,强化中央财政事权和支出责任。三是进一步完善转移支付,推动财力下沉,提升基层公共服务保障能力。四是规范省以下财政体制,构建从中央到地方权责清晰、运行顺畅、充满活力的财政保障体系。五是健全基本公共服务保障标准,推进基本公共服务均等化和可及性。六是健全风险预警机制,确保不发生系统性风险。七是积极配合立法监督,提高中央和地方财政关系规范化、法治化水平。

第二节 财政转移支付法律制度

财政转移支付法律制度是财政平衡法中的一个重要组成部分,其目的在于弥补在财政收支划分制度下中央与地方以及地方各级政府之间财力的不均衡。我国财政实践中存在大量的财政转移支付现象,涉及金额也十分巨大,但财政转移支付法却很不完善,因此需要给予较多的关注来促进该项制度的建设。

一、财政转移支付的概念与原理

在财政理论上,财政转移支付有广义与狭义之分。广义的财政转移支付包括了政府对私人的转移支付和政府之间的转移支付。狭义的转移支付仅指政府间的转移支付。由于政府对私人的转移支付可以看作是一种财政支出,属于财政支出法规范的内容,所以本节所讲的转移支付主要是政府间的财政转移支付。

(一)财政转移支付的概念

政府间财政转移支付是指政府间财政资金的无偿流动,通常是上级政府对下级政府的资金转移,有时也包括下级政府对上级政府上解以及地方政府之间的资金转移,简称转移支付或财政转移支付。从各国的情况来看,上级政府对下级政府的转移支付比较普遍,称为纵向的转移支付。它对平衡地方政府预算收支,调节国内地区公平,保证公共物品的有效供给,改善中央政府宏观调控能力以及促进资源优化配置上起着重大作用。

(二)财政转移支付的分类

根据不同的标准可以对政府间转移支付进行不同的分类,而不同的分类也具有不同的意义。

根据转移支付的目的不同通常可以将其分为一般性转移支付和专项转移支付。一般性转移支付是不附加任何条件的转移支付,接受资金的政府可以根据其自身的意愿自由使用相应的资金。这种转移支付的目的在于平衡政府间财政能力;专项转移支付是附加一定条件的转移支付,接受资金的政府必须将资金用于规定的用途,而且支付资金的政府往往要求接受方提供配套资金,这种转移支付的目的在于实现特定的政治、经济目标或者完成某一专项任务。

根据转移支付资金的支付和接受主体之间关系的不同,可以将转移支付分为纵向转移支付和横向转移支付。纵向转移支付是上级政府对下级政府补助或者下级政府对上级政府的上解;横向转移支付是发生在同级政府之间的资金流动,往往是发达地区对不发达地区的援助。

(三) 财政转移支付的原理

转移支付是现代国家政府间财政运作的主要形式之一,其规模越来越大,甚至已经成为中央政府财政支付的主要形式。财政转移支付的产生及其在现代的迅猛发展有着深刻的理论基础。

1. 分级公共产品理论

经济学界认为,如果每个人都消费一种物品,并且不会同时导致别人对该物品的消费的减少,那么这种物品就被称为公共物品,与之相对应的是私人物品。公共物品具有非排他性和非竞争性,如果细致地区分非排他性和非竞争性的程度,还可以将公共物品分为纯公共物品和准公共物品。由于公共物品这种特性,私人主体一般不愿意主动生产公共物品,而更愿意通过"搭便车"的方式享受"免费的午餐"。因此,公共物品往往只能通过税收来提供。根据受益范围的不同,公共物品可以分为全国性的公共物品,如国防、公共安全等,以及地方性公共物品,如地方性的教育、医疗等。一般来说,全国性的公共物品适宜由中央政府提供,而地方性的公共物品适宜由地方政府提供。由此导致各级政府提供公共物品的受益范围往往局限于本级政府管辖的范围。当地方政府无力提供相应的公共物品时,上级政府即应对其进行转移支付,以确保其提供公共物品的财力。

2. 分权与制衡理论

17世纪的英国在宪政发展的过程中逐渐形成了权力制衡的观念,在此基础上,分权的思想也在逐步发展,并形成于18世纪。美国更是将分权与制衡的理念合二为一并建立了联邦制的宪政国家。现代国家治理的实践表明,在国家的不同部门以及上下级政府之间的分权与制衡过程中,财政是一个非常重要的手段。立法机关通过预算来控制行政机关,司法机关要获得相对独立的地位,其前提也需要具备独立于行政机关的财政来源。中央政府通过集中全国的大部分收入并进行转移支付可以确保这种权力制衡的机制在地方得以贯彻。

3. 财政宏观调控理论

新古典自由主义经济学的自由放任经济政策在遭到资本主义世界经济危机之后逐渐被凯恩斯的国家干预经济政策所取代,财政宏观调控理论正是在此基础上产生的。在现代市场经济条件下,财政宏观调控的主要目的是实现资源的优化配置、经济发展的持续以及收入的公平分配。为了实现这些目标,中央政府需要集中全国大部分财力,通过转移支付来实现资源的优化配置,经济发展以及收入公平分配。

二、财政转移支付法律制度的基本内容

由于财政转移支付的重要性,各国大都通过法律对其加以规范。财政转移支付法就是调整财政转移支付行为的法律规范,是财政法律制度的重要组成部分。财政转移支付法律制度的内容一般包括:(1)转移支付的目标和原则;(2)转移支付的形式;(3)转移支付的资金来源、核算标准、分配方法、支付规模和程序;(4)转移支付的管理和分配机构;(5)转移支付的监督及法律责任。在我国现行财政体制下没有专门的转移支付法,国务院和财政部曾经制定过一些有关转移支付的规则。我国《预算法》明确了中央与地方政府之间的财政转移支付形式主要有两大类,即一般性转移支付[①]和专项转移支付。此外,中央对地方的税收返

[①] 从2009年起,将原财力性转移支付更名为一般性转移支付,将原一般性转移支付更名为均衡性转移支付。

还也与财政转移支付同属于中央对地方的转移性支出。

我国《预算法》第16条规定:"国家实行财政转移支付制度。财政转移支付应当规范、公平、公开,以推进地区间基本公共服务均等化为主要目标。财政转移支付包括中央对地方的转移支付和地方上级政府对下级政府的转移支付,以为均衡地区间基本财力、由下级政府统筹安排使用的一般性转移支付为主体。按照法律、行政法规和国务院的规定可以设立专项转移支付,用于办理特定事项。建立健全专项转移支付定期评估和退出机制。市场竞争机制能够有效调节的事项不得设立专项转移支付。上级政府在安排专项转移支付时,不得要求下级政府承担配套资金。但是,按照国务院的规定应当由上下级政府共同承担的事项除外。"这是我国关于财政转移支付的最高法律效力的规定。有关财政转移支付的具体办法,《预算法》授权国务院规定,并报全国人民代表大会常务委员会备案。

(一) 一般性转移支付

一般性转移支付是不基于具体项目的转移支付,其目的主要是为了弥补财力薄弱地区的资金缺口,以实现基本公共服务的均等化。根据《预算法实施条例》第9条的规定,一般性转移支付包括均衡性转移支付,对革命老区、民族地区、边疆地区、贫困地区的财力补助和其他一般性转移支付。[①] 为了配合1994年的分税制改革,1995年财政部发布了《过渡期转移支付办法》,从当年开始实行这种均衡性的转移支付。2002年所得税收入分享改革后,国务院承诺,中央新增资金全部用于向西部地区的转移支付。基于此,财政部发布《2002年一般性转移支付办法》,将过渡期转移支付更名为一般性转移支付,并逐年延续下来。财政部制定的《2008年中央对地方一般性转移支付办法》规定,一般性转移支付的总体目标是缩小地区间财力差距,逐步实现基本公共服务均等化,保障国家出台的主体功能区政策顺利实施,加快形成统一规范透明的一般性财政转移支付制度。2022年6月13日,国务院办公厅印发《关于进一步推进省以下财政体制改革工作的指导意见》,明确一般性转移支付用于均衡区域间基本财力配置,向革命老区、民族地区、边疆地区、欠发达地区,以及担负国家安全、生态保护、粮食和重要农产品生产等职责的重要功能区域倾斜,不指定具体支出用途,由下级政府统筹安排使用。

一般性转移支付资金的分配遵循以下原则:第一,资金分配选取影响财政收支的客观因素,采用统一规范和公平公正的方式操作;第二,坚持民主财政的理念,测算办法和过程公开透明;第三,中央财政逐步加大一般性转移支付规模,加快完善转移支付分配办法。

一般性财政转移支付资金分配选取影响财政收支的客观因素,适当考虑人口规模、人口密度、海拔、温度、少数民族等差异,结合各地实际财政收支情况,采用规范的公式化方法进行分配。一般性转移支付按照各地标准财政收入和标准财政支出差额以及转移支付系数计算确定,公式为:

某地区一般性转移支付额=(该地区标准财政支出-该地区标准财政收入)×该地区转移支付系数

凡标准财政收入大于或等于标准财政支出的地区不纳入一般性转移支付的范围。

[①] 此外,依《2021年中央对地方转移支付预算表》的分类,一般性转移支付还包括重点生态功能区转移支付、县级基本财力保障机制奖补资金、资源枯竭城市转移支付、产粮大县奖励资金、生猪(牛羊)调出大县奖励资金、共同财政事权转移支付、税收返还及固定补助、体制结算补助。

应当注意,中央对地方税收返还与财政转移支付不是一个类型。转移支付是平衡中央和地方关系的重要手段,它解决的是地方的财力短缺及地区发展不均衡问题,或者是为了弥补中央委托事项的开支;而税收返还是在特定改革项目中,中央为争取地方支持、弥补地方财力损失而对地方所做的承诺,不管地方是否存在财力缺口,中央都将定期如约返还,其理念与转移支付有着根本不同。

在我国,税收返还是指1994年分税制改革、2002年所得税收入分享改革和2009年成品油价格和税费改革后,为保障地方既得利益,针对原属于地方的收入划为中央收入的部分给予地方的补偿,包括增值税、消费税返还、所得税基数返还以及成品油价格和税费改革税收返还。

需要指出的是,从2009年起,为了简化中央与地方财政结算关系,将地方上解与中央对地方的税收返还作对冲处理,相应取消地方上解中央收入科目。因此,可以认为,从2009年起,中央对地方的税收返还不再划分在转移支付的范畴,而是和转移支付并列列支。但是,从2019年起,《中央对地方转移支付预算表》将中央对地方税收返还与一般性转移支付中的固定数额补助合并,不再单独列示。似乎,可以根据《预算法实施条例》第9条的规定将税收返还界定为其他一般性转移支付。可是,《预算法实施条例》第12条第3款和第13条的表述又将税收返还与转移支付并列。可见,目前对税收返还的处理还不够明确。

(二)专项转移支付

专项转移支付是指中央政府为实现特定的宏观政策及事业发展战略目标,以及对委托地方政府代理的一些事物或中央地方共同承担事务进行补偿而设立的补助资金,需按照规定的用途使用。这是一种附加特别条件的转移支付。专项转移支付重点用于教育、医疗卫生、社会保障、支农等公共服务领域。按照有无配套的要求,专项转移支付可分为非配套拨款和配套拨款两种形式,前者不要求接受方提供配套资金,后者要求接受方提供一定比例的配套资金。按照政府间支出责任划分,专项转移支付可分为委托事务拨款、共同事务拨款和鼓励或扶持性拨款。根据《预算法实施条例》第10条的规定,我国《预算法》中的专项转移支付是指上级政府为了实现特定的经济和社会发展目标给予下级政府,并由下级政府按照上级政府规定的用途安排使用的预算资金。目前,我国专项转移支付包括一般预算专项专款和国债补助等。在用途划分上,《2021年中央对地方转移支付预算表》中列出了21项专项转移支付,内容涉及一般公共服务、国防、公共安全、教育、科学技术、社会保障和就业、医疗卫生、环境保护、农林水事务等。目前,多数专项转移支付资金都采用客观因素分配,有专门的管理办法。但在实施过程中,仍然存在着挤占和挪用的现象,同时由于缺乏有效约束和绩效评估,资金使用效率不高,分配办法还不够完善。《关于进一步推进省以下财政体制改革工作的指导意见》提出,专项转移支付用于办理特定事项、引导下级干事创业等,下级政府要按照上级政府规定的用途安排使用。

(三)共同财政事权转移支付

为与财政事权和支出责任划分改革相衔接,2018年国务院办公厅印发《基本公共服务领域中央与地方共同财政事权和支出责任划分改革方案》(国办发〔2018〕6号),在一般性转移支付和专项转移支付基础上,新设共同财政事权转移支付,暂列一般性转移支付项下,待今后修订预算法时再作调整。在一般性转移支付下设立共同财政事权分类分档转移支付,原则上将改革前一般性转移支付和专项转移支付安排的基本公共服务领域共同财政事权事项,统一纳入共同财政事权分类分档转移支付,完整反映和切实履行中央承担的基本公共服务领域共同财政事权的支出责任。共同财政事权转移支付包括城乡义务教育补助经费、学生资助补助经费、就业补助资金、基本养老金转移支付、困难群众救助补助资金、中央自然灾害救灾资金等共54项。

为了应对新冠肺炎疫情带来的对经济、财政的影响,2020年6月9日,国务院常务会议明确新增财政资金直接惠企利民的特殊转移支付机制。为加强中央财政实行特殊转移支付机制资金监管,同年6月16日,财政部印发《中央财政实行特殊转移支付机制资金监督管理办法》(财预〔2020〕56号)。特殊转移支付机制为一次性财力安排,是特殊时期采取的特殊做法,在保持现行财政管理体制不变、地方保障主体责任不变、资金分配权限不变的前提下,按照"中央切块、省级细化、备案同意、快速直达"原则进行分配,确保资金直达市县基层、直接惠企利民,支持基层政府做好"六稳"工作,落实"六保"任务。①

三、我国财政转移支付法律制度存在的问题及其完善

近年来,随着我国一般性转移支付规模的扩大和方法的改善,地区间财政能力不均衡的问题有所缓和。一般性转移支付的规模和比率虽然在不断扩大,但专项转移支付仍然名目繁多,金额和比重仍然相当大,且分散在不同的政府部门,资金的规范性和安全性都令人担忧。2018年,中央对地方转移支付达6.2万亿元;2019年,中央对地方转移支付预算数为7.5万亿元。如此巨额的专项转移支付,至今尚未制定专门的法律、行政法规,甚至国务院部门的规章都没有专门规定,在制度运行中也存在多方面的问题亟待完善。

(一) 存在的问题

我国的财政转移支付制度是在1994年开始实行的分税制财政管理体制的基础上建立起来的。除了修改后《预算法》第16条的概要式规定和《预算法实施条例》②的相关规定外,现行财政转移支付的主要规范依据是财政部先后发布的《2008年中央对地方一般性转移支付办法》《2015年中央对地方专项转移支付管理办法》《2019年中央对地方均衡性转移支付办法》《2021农村综合改革转移支付管理办法》等。我国过渡期财政转移支付的核心是地区收支均衡问题。目前,财政转移支付法律制度存在的主要问题是:

(1) 政府间事权、财权划分不清。事权是各级政府基于其自身的地位和职能所享有的提供公共物品、管理公共事务的权力。财权是各级政府所享有的组织财政收入、安排财政支出的权力。目前,在上下级政府之间,很多事项难以区分清楚,许多本应由地方财政负担的支出却由中央政府承担,而许多本应由中央财政负担的支出,却推给地方财政。上下级政府之间事权划分和财政支出范围的划分随意性很大,同样的事项,在一处由上级政府承担,在另一处则由下级政府承担,根本没有标准可循。这种划分的混乱导致许多政府机关人浮于

---

① 参见刘昆:《我国的中央和地方财政关系》,载中国人大网,http://www. npc. gov. cn/npc/c30834/202008/08bd6bb3168e4916a2da92ac68771386. shtml,2022年3月18日最后访问。

② 2020年修订的《预算法实施条例》进一步明确了一般性转移支付的种类,界定了专项转移支付的定义,细化了预算法关于专项转移支付定期评估和退出机制的内容;严格规范转移支付资金拨付,加强转移支付资金的归口管理,明确转移支付预算下达和资金拨付应当由财政部门办理,其他部门和单位不得向下级政府部门和单位下达转移支付预算或者拨付转移支付资金;规定县级以上各级政府应按照本年度转移支付预计执行数的一定比例将下一年度转移支付预计数提前下达至下一级政府,并规定一般性转移支付、专项转移支付的提前下达的最低比例。

事，难以进行绩效审计和考核，财政支出整体效益低下。

（2）财政转移支付资金的分配不规范，缺乏合理的标准。我国地区间财政资金的横向转移是通过中央政府集中收入再分配的方式实现的。但是由于这种横向转移的过程是与中央政府直接增加可用财力相向而行的，因而对中央增加的财力是用于中央本身开支，还是用于补助某些经济不发达地区，在认识上难免不一致。另外，在财力转移上，现有的计算公式和测算办法也不够完善，资金的分配缺乏科学的依据，要么根据基数法，要么根据主观判断，而不是依据一套规范的计算程序和公式来分配。

（3）财政转移支付方式不规范，各地不平衡状况难以有效解决。我国现行财政转移支付制度保留了原有体制资金双向转移模式，即仍然存在资金由下级财政向上级财政流动的现象，不利于提高财政资金的使用效率，增大了财政部门的工作量。而税收返还是以保证地方既得利益为依据的，它将原有的财力不均问题带入分税制财政体制中，使得由于历史原因造成的地区间财力分配不均和公共服务水平差距较大的问题依然得不到解决，不能充分体现财政均衡的原则。中央对地方的专项拨款补助还缺乏比较规范的法律依据和合理的分配标准，与事权划分的原则不相适应。此外，财政补助分配的透明度不高，随意性很大。虽然政府支出中属于补助性质的转移支付种类很多，补助对象涉及各行各业，但各项财政补助的分配缺乏科学的依据。

（4）财政转移支付立法层次低，缺乏法律权威性。我国现行政府间财政转移支付制度依据的主要是财政部逐年发布的《办法》，属于行政规章的层次，权威性显然不够。立法层次低会导致制度的稳定性差，立法的科学性和民主性难以保证，这些不良后果严重制约着我国财政转移支付立法的完善和市场经济改革的推进。可见，中国财政转移支付立法不仅在形式上不能满足由立法机关以法律规定的要求，而且转移支付的法治化价值，如正义、公平、民主等同样难以实现。

（二）立法宗旨

为适应社会主义市场经济体制和财政制度改革的要求，规范政府公共资金管理，抑制地区发展差距，平衡地区财政收支差异，实现全国范围内各级政府提供公共产品和服务能力的均等化，很有必要加强和完善财政转移支付立法。按照财政法定主义的要求，应当制定《财政转移支付法》，立法中应遵循以下指导思想：

（1）财政转移支付立法与财政改革进程相适应。财政转移支付立法应紧紧围绕建立社会主义市场经济体制这一既定目标，转变立法观念，准确解决立法的稳定性与改革的多变性之间的矛盾，做到财政转移支付立法服务于财政改革。财政转移支付立法要把维护财政改革成果、保障财政改革的顺利进行、引导财政改革的深入作为中心任务。在财政转移支付立法时，要妥善处理中央与地方之间的利益关系，把国家利益、整体利益放在首位，同时照顾到不同地区局部的利益。

（2）财政转移支付立法的现实可行性与适度超前性相兼顾。财政转移支付立法既要体现市场经济的共同规律，又要结合我国的实际情况。法律规定既要符合客观实际，又要有适度的超前性。财政转移支出立法应准确把握社会经济和财政的运行规律及其发展趋势，避免财政转移支付法律、法规在制定颁布后就很快落后于形势发展的不良现象。提高财政转移支付立法质量包括三个方面：立法内容体系化、立法技术科学化和立法程序正当化。

（3）财政转移支付立法的本土化与国际化相结合。财政转移支付立法应立足于我国的国情。我国是一个多民族的发展中农业大国,国土辽阔,人口众多,各地区之间自然条件差异很大,经济发展很不平衡,公共服务水平也存在较大差异。而财政转移支付立法已是市场经济国家处理中央与地方财政关系的普遍做法和基本准则,在国外已经有几十年的历史,积累了丰富的经验。因此,凡是国外实践中证明比较好且适合我国现实情况的,都应当大胆吸收,并在实践中不断充实、发展。发达国家走过的弯路我们应当避免,它们在发展市场经济过程中根据实际情况而不断修改财政转移支付法律、法规的做法,也值得我们借鉴。

(三) 制度完善

我国进行财政转移支付立法的时机已经基本成熟,应当抓紧研究其中的核心问题,推动我国财政转移支付法早日出台。需着重明确和解决以下问题:

(1) 明确立法宗旨。财政转移支付立法要兼顾效率与公平的问题,确保中央有能力实现其宏观调控目的。一般来讲,效率问题多由地方政府来解决,而公平问题则主要由中央来解决。具体而言,财政转移支付立法的宗旨应该包括:第一,弥补财政缺口,解决各级政府间财政的纵向不平衡;第二,保证最低限度的公共服务标准,解决地方政府间的横向不均衡;第三,加强中央政府对地方政府的控制,解决地方政府提供公共物品的外溢性问题,提高公共服务的效率,保证地区间经济差距的缩小;第四,实施中央政府稳定经济的政策,通过对经济的反周期补助,刺激需求,扩大就业,吸引地方财力建设符合全国利益的项目。

(2) 优化转移支付结构。以促进基本公共服务均等化为原则,提高整个转移支付体系的均等化水平,妥当处理一般性转移支付和专项转移支付的结构比例。对于专项转移支付,也须考虑均等化因素。对于税收返还,应逐年降低直至最终取消。基本思路是:现行税收返还运转方式不变,每年从对各地的税收返还额中拿出一定比例,结合中央拿出的部分资金,组成中央给地方的均等化拨款资金。通过这种渐进化的方案,减少改革的阻力,避免地方财政波动。

(3) 清理整合专项转移支付项目设置。要严格控制新增项目,同时结合外部环境的变化和转变管理机制的要求,清理现行专项转移支付项目。将中央现有转移支付项目分为取消类、整合类、固定数额类和保留类四种,分别处理。对到期项目、一次性项目以及按照新形势不需要设立的项目,予以取消;对使用方向一致、可以进行归并的项目予以整合;对每年固定数额,且分配到各省数额固定的项目,调整列入均衡性转移支付;对符合新形势需要的项目继续予以保留。

(4) 提高转移支付管理的透明度。提高透明度有利于加强对转移支付分配、使用的全过程监管,完善转移支付管理制度。每一项转移支付项目的设立、审批和分配,要做到有合理明确的分配依据和操作程序,坚持公开、透明、效率的原则。除了涉密事项外,适度公布转移支付项目资金管理办法,逐步做到公开透明,减少随意性。

(5) 建立科学的财政转移支付额度判定标准。简化与完善财政转移支付的法定形式,在财政转移支付额度上依法选择"因素法"。我国分税制的税收返还实行的是中央对地方的税收按基期如数返还,并逐年递增的制度。这种做法不但起不到合理调节地区间财力分配、扶持经济不发达地区的老工业基地发展的作用,而且会进一步拉大地区间差距。因此,采用"基数法"确定各级政府的财政收支以及税收返还的办法是不科学的,立法时应该考虑抛弃"基数法",改采国际通行的"因素法",这有利于提高转移支付制度的效率,规范中央与地方之间的财政关系,提高转移支付的科学性。

（6）解决起草中存在的基本问题。在起草财政转移支付法的过程中，应当着重研究解决以下基本问题：法律草案的框架分为哪几个部分；对各级政府的事权是否作出界定，如果界定，应当遵循什么原则，界定到什么程度；是否划分各级政府的财权，如果划分，遵循什么原则，收入的划分如何与税制改革相衔接；是否对横向转移支付作出规定，如何规定；如何权衡一般性转移支付和专项转移支付的比重，在法律草案中如何规定；如何科学界定标准收入、标准支出和转移支付系数；是否对如何清理、整合现有的专项转移支付项目作出规定，如何建立严格的专项转移支付项目准入机制并在法律草案中作出相应规定；是否对财政转移支付拨款程序作出规定，如何规定。

值得关注的是，对于财政转移支付的规范和调整，中共十八届三中全会《决定》指出，要完善一般性转移支付增长机制，重点增加对革命老区、民族地区、边疆地区、贫困地区的转移支付。中央出台增支政策形成的地方财力缺口，原则上通过一般性转移支付调节。清理、整合、规范专项转移支付项目，逐步取消竞争性领域专项和地方资金配套，严格控制引导类、救济类、应急类专项，对保留专项进行甄别，属地方事务的划入一般性转移支付。回应《决定》的要求，2014年修订的《预算法》新增第16条，确认国家实行财政转移支付制度，并对转移支付的原则、目标、结构作出要求，特别是对专项转移支付作出明确的限制。只要严格落实和细化这些要求，可以预见，财政转移支付的规范性、透明性、公正性将得到很大提升，一般性转移支付的规模和比重将大大提高，专项转移支付将受到更加严格的约束，这无疑将有助于提高我国财政转移支付的规范性和科学性。

【课后思考题】

1. 财政平衡法律制度主要由哪些部分构成？
2. 如何理解财力与事权相匹配、事权和支出责任相适应原则？
3. 分析我国分税制改革如何体现了财税平衡法律原则？
4. 我国财政转移支付制度存在哪些主要问题？
5. 请谈谈完善我国财政转移支付法律制度的建议。

【参考文献】

1. 刘剑文等：《中央与地方财政分权法律问题研究》，人民出版社2009年版。
2. 刘剑文、侯卓：《事权划分法治化的中国路径》，载《中国社会科学》2017年第2期。
3. 涂云新：《中央与地方财政划分的宪法治理难题》，载《法学评论》2017年第6期。
4. 王建学：《论地方政府事权的法律基础与宪法结构》，载《中国法学》2017年第4期。
5. 熊伟：《法治、财税与国家治理》，法律出版社2015年版。
6. 徐阳光：《财政转移支付制度的法学解析》，北京大学出版社2009年版。
7. 张道庆：《论中央与地方财政转移支付关系的法律调控》，载《现代法学》2007年第6期。

第三章

预算法律制度

> 除非由议会通过法案表示同意,否则不能迫使任何人纳税或作其他的交纳。
> 国王的开支必须由议会批准。
>
> ——英国 1689 年《权利法案》

【本章导读】

从形式上看,预算是政府为安排自己的收支活动而制订的计划;但从实质上看,预算是政府的财政收支接受社会民众及其代表机构监督和制约的主要途径。预算制度作为现代法治国家财政体系中的核心制度,其功能与本质在于对政府财政行为进行民主化、法治化的监控,这与公共财政、民主法治的理念一脉相承。① 本章全面介绍了预算的概念、预算的原则及分类、预算法的概念、预算管理体制、预算管理程序、预算决算监督与预算法律责任等内容。在掌握本章核心概念的基础上,建议结合我国预算法修改的相关实践,从理念和制度层面上把握预算法律制度的本质意义。

第一节 预算法律制度概述

一、预算的原则与分类

(一)预算的概念

预算是指按法定程序编制、审查、调整和批准的国家年度财政收支计划,它是国家组织分配财政资金的重要工具、开展财政活动的基本框架,反映着政府活动的范围、方向和政策,是一种对政府和官员的"非暴力控制方法"。②

国家的财政收支活动自奴隶社会时期便已开始,但并未形成现代国家的预算制度。世界范围内的现代预算制度起源于英国,是财政管理的核心。中国传统财政预算制度向现代财政预算制度的过渡,出现在清朝后期(1840—1912),这是中国传统财政预算制度现代化的

---

① 参见刘剑文:《财税法专题研究》(第三版),北京大学出版社 2015 年版,第 128 页。
② 参见林娜:《我国政府预算制度的演进与发展》,载《治理现代化研究》2019 年第 5 期。

第一个重要转型时期。① 新中国成立70多年来,我国的预算管理体制进行过多次变革,逐渐建立并完善现代预算法律制度。在改革开放的40多年里,我国的预算管理逐步实现从自产国家到税收国家,再到预算国家的制度改革。②

(二)预算的原则

预算原则是指预算的编制、批准、执行、调整和监督过程中必须遵守的基本准则。资产阶级在与封建势力争夺财政权的过程中,为了限制以至剥夺封建王朝的财政权,曾提出过一系列的预算原则,其指导思想是控制预算收支,达到预算平衡。

垄断资本主义形成后,特别是20世纪30年代资本主义经济大危机后,自由放任经济政策势微,凯恩斯主义风行,西方各国的预算原则由此进行修改和补充,总体倾向是加强政府的财政权,缩小国会的权力。它一方面反映了垄断资产阶级加强对财政的控制,另一方面也反映了20世纪30年代以来资本主义国家充分运用财政作为调节经济的手段。

综观世界各国预算法律制度,预算主要有以下共性原则:

(1)民主性原则,是指预算必须接受立法机关的审查和批准,以体现人民的意志和利益。预算固然具有健全政府财务管理的功能,但是,现代预算的价值正在于控制政府的钱袋子,实现人民对政治的具体决定权和监督权。因此,未经代议制民主机构同意的预算,对人民不应该产生法律效力,也不会产生预算授权的效果,政府不能据此而取得财政支出权。正如我国《预算法》第13条所规定的:"经人民代表大会批准的预算,非经法定程序,不得调整。各级政府、各部门、各单位的支出必须以经批准的预算为依据,未列入预算的不得支出。"

(2)公开性原则,是指全部预算收支必须经过权力机构审查批准,并以一定形式向社会公布,使政府的预算收支活动置于社会监督之下。预算公开以"三公"经费的公开与严格控制为切入点,以控制财政权与保护财产权并促进二者之间的妥协平衡为目的。依据公共财政、民主财政原则,国家在征收、管理、使用公共财产的过程当中,应当彻底公开预算账本。只有充分公开政府的财政信息,对预算进行全方位的监督,才能够真正保障纳税人基本财产权利的行使,符合依法理财、民主理财的要求,进而实现"理财治国"的长远目标。

我国《预算法》第1条就明定建立"公开透明"的预算制度;第14条进一步规定:"经本级人民代表大会或者本级人民代表大会常务委员会批准的预算、预算调整、决算、预算执行情况的报告及报表,应当在批准后20日内由本级政府财政部门向社会公开,并对本级政府财政转移支付安排、执行的情况以及举借债务的情况等重要事项作出说明。经本级政府财政部门批复的部门预算、决算及报表,应当在批复后20日内由各部门向社会公开,并对部门预算、决算中机关运行经费的安排、使用情况等重要事项作出说明。各级政府、各部门、各单位应当将政府采购的情况及时向社会公开。本条前三款规定的公开事项,涉及国家秘密的除外。"这是《预算法》第一次对预算公开提出明确要求。

(3)完整性原则,是指预算应包括全部财政收支,反映全部财政活动。不应有预算以外的财政收支,也不应有预算规定以外的财政活动。反观我国实践,在2011年之前,我国残存着大量的预算外收入和支出,它们不在预算表格中反映、不接受立法机关的审批,长期在预算体系外循环,成为政府自由支配的资金。随着复式预算体系的建立和建设,预算外收入逐

---

① 参见赵云旗:《论中国近代财政预算制度现代化》,载《财政监督》2016年第22期。
② 参见刘剑文主编:《改革开放40年与中国财税法发展》,法律出版社2018年版,第290—301页。

渐被纳入一般公共预算之外的其他预算管理,预算外收支的范围越来越窄。2011年,财政部宣布我国取消预算外收支,这意味着财政的完整性在形式上得以实现。2014年修订的《预算法》第4条也增补第2款,要求政府的全部收入和支出都应当纳入预算。

(4) 统一性原则,是指各级预算收支要按照统一的口径、程序来计算和编制,任何机构的收支都要以总额列入预算,所有地方政府预算连同中央预算一起共同组成统一的国家预算。同时,只要是预算法规范的对象,就应当遵守统一的政府收支分类,使用统一的政府收支科目,采用统一的收支预算方法。例如,我国《预算法》第32条第3款规定,"各部门、各单位应当按照国务院财政部门制定的政府收支分类科目、预算支出标准和要求,以及绩效目标管理等预算编制规定,根据其依法履行职能和事业发展的需要以及存量资产情况,编制本部门、本单位预算草案",这就体现了统一性原则。

(5) 年度性原则,是指预算必须按预算年度编制,不应把本预算年度以外的财政收入列入本年度预算之中。预算年度,又称财政年度或会计年度,是预算收支的起止期限,通常为1年。世界各国采取的预算年度有历年制和跨年制两种,我国和大多数国家都采用历年制,即预算年度始于公历1月1日,止于12月31日。不过,随着预算管理技术的进步,周期预算或滚动预算的理念开始出现。中共十八届三中全会《决定》就要求,要建立"跨年度预算平衡机制",2014年修订的《预算法》也在第12条第2款增加了"各级政府应当建立跨年度预算平衡机制"要求,并在第32条第1款进一步规定了具体方法。但即便如此,跨年度预算只是年度预算的滚动,它需要以年度预算作为基础,因此,年度性原则仍应当作为预算的一般性要求。

(三) 预算的分类

1. 单式预算和复式预算

单式预算是在预算年度内,将全部的国家财政收支计划汇集编入统一的总预算内,即国家的财政收支计划通过统一的一个计划表格来反映。复式预算是在预算年度内,将全部的国家财政收支按经济性质进行划分,分别编制成两个或两个以上的预算,即国家的财政收支计划通过两个或两个以上的计划表格来反映。

20世纪30年代以前,世界各国均采取单式预算制。单式预算符合自由资本主义时期"健全财政"的原则,与当时国家职能的简化、财政活动范围的狭小,以及人们对财政计划的透明、公开、简单的要求是相契合的,因而在当时的历史条件下起到了监督和控制政府财政收支的作用。

复式预算的出现与政府开支大幅度增加有直接的关系。采用复式预算制一方面便于考核预算资金的来源和用途,另一方面也有利于分析预算收支对社会需求的影响。采用复式预算使得资本预算投资的伸缩性变大,有助于使预算成为促进经济发展的强有力杠杆,有利于提高就业水平。

2. 绩效预算和计划—项目—预算

所谓绩效预算,是指政府首先制订有关的事业计划和工程计划,再依据政府职能和施政计划制订执行计划的实施方案,并在成本效益分析的基础上确定实施方案所需要支出的费用来编制预算。绩效预算的特点是按计划决定预算,按预算计算成本,按成本分析效益,然后根据效益来衡量其业绩。绩效预算对监督和控制预算支出、提高支出效益、防止浪费,具有积极的作用。

计划—项目—预算是在绩效预算的基础上发展起来的,它是依据国家确定的目标,着重对项目安排和运用进行定量分析而编制预算的一种制度。实行计划—项目—预算制的特点是:(1)可以把预算中安排的项目和政府的中长期计划相结合,有利于政府活动的开展;(2)在选择和安排项目过程中,重视成本效益;(3)对跨年度的项目安排预算,可以根据发展变化情况,对目标、计划和预算进行调整。

3. 政府预算、部门预算与单位预算

根据我国《预算法》第 4 条、第 5 条和第 8 条的规定,政府的全部收入和支出都应当纳入预算,包括一般公共预算、政府性基金预算、国有资本经营预算、社会保险基金预算。政府预算由政府各部门(含直属单位)预算组成,部门预算由本部门所属单位的预算组成。从这个角度看,政府预算应该包含部门预算和单位预算的全部信息。各级人民代表大会审批政府预算,也就意味着审批了部门预算和单位预算。

但是,从 2000 年起财政部所推行的部门预算改革,却与前述结论不甚吻合。这主要是因为,部门预算改革中所称的"部门预算",包括了该部门所能掌控的全部资金,既有预算内资金也有预算外资金。而所谓的政府预算,则仅仅只限于预算内资金。因此,不难得出结论,部门预算之和大于政府预算。政府预算审批后,其效力仅仅只限于部门预算中的预算内资金。

随着 2011 年财政部宣布取消全部预算外资金,这个问题也许已经成为历史。需要我们继续思考的是,部门预算和单位预算的法律效力究竟如何?它们可以成为预算法上的单独概念,还是仅仅作为政府预算的附件即可?部门预算还有必要报送人大常务委员会审议吗?等等。

二、预算法的概念

预算法是调整国家在进行预算资金的筹集和取得、使用和分配、监督和管理等过程中所发生的社会关系的法律规范的总称。预算法所调整的社会关系可以简称为国家预算关系,国家预算关系经预算法律的确认和规范便形成预算法律关系。预算法律关系包括预算管理体制法律关系、预算程序法律关系和预算实体法律关系。

预算法是财政法的核心。我国预算法的制定和修改历程体现了我国对预算立法工作的重视。早在 1951 年,中央人民政府政务院就颁布了《预决算暂行条例》,这个条例一直沿用了 40 年;1991 年 10 月国务院发布了《国家预算管理条例》;1994 年 3 月 22 日第八届全国人民代表大会第二次会议通过《预算法》,自 1995 年 1 月 1 日起施行。1995 年 11 月 22 日国务院发布施行《预算法实施条例》。1994 年《预算法》的出台,对加强财政资金的管理,具有十分重要的意义。不过,由于预算审批机关的权威不足,预算外资金仍然大量存在,且缺乏充分的法律责任追究机制,预算的编制、审批和执行不透明、不规范,预算的功能远未充分发挥,与人民对它的期望严重不符。鉴于此,我国《预算法》修改启动于 2004 年,于 2014 年、2018 年进行了两次修正。2020 年 8 月 3 日,国务院修订《预算法实施条例》,自同年 10 月 1 日起施行。

2014 年《预算法》的第一次修订对预算编制、审批、执行提出了许多新的要求,增加了预算审查批准、地方发行债券、财政转移支付、预算公开透明、国库集中支付等内容,违法行为的法律责任部分也做了补充和完善,这些修订与完善都体现着规范、完整和透明原则,对约束政府权力、保障公款安全有重要意义。《预算法》的第二次修订是根据 2018 年 12 月 29 日第十三届全国人民代表大会常务委员会第七次会议通过的决定,将第 88 条中的"监督检查本级各部门及其所属各单位预算的编制、执行"修改为"监督本级各部门及其所属各单位预算管理有关工作"。

随着 2014 年《预算法》的修订,原条例已不再适应新《预算法》的需要。因此,新《预算法实施条例》应运而生。新《预算法实施条例》细化了《预算法》的有关规定,主要包括以下 7 个方面的内容:预算编制、部门预算、政府债务、预算执行、转移支付、绩效管理和信息公开。

在财税法治和国家治理现代化的要求下,《预算法》的修改应当坚持预算法的刚性原则,强化对财政收支的控制,建立符合宪制要求的预算权配置的理性结构,并且要通过程序控制来保证其规则的有效性。修订后的《预算法》体现出由"管理法"向"控权法"的转变,本质上是为了更好地保护社会公共利益,实现公共财产有效治理。在新的观念指引下,《预算法》较好地体现出规范原则、全面原则和透明原则。

【延伸阅读】

如何理解公共财政和预算之间的关系?[①]

从预算与财政的关系看,预算是公共财政的运行机制或基本制度框架。预算是制度意义上的财政。满足公共需要是财政最根本的目的,这需要建立一个能够保证达到上述目的和要求的公共运作机制。而财政运作机制的公共性,决定着财政对于公共需要的满足程度、财政活动范围是否合适以及财政效率高低。在行为与操作的意义上,具有决定作用的是财政制度或运行机制,其实质是国家如何运用公共权力,依据何种规则运用公共权力进行资源配置。正是公共权力的运作规则决定了不同的财政制度。由公共财政法治性所决定,预算必须遵循法定原则。与此同时,只有当政府预算以法律方式通过并以法律加以约束,预算才能够起到约束政府财政收支活动的作用。因此,预算制度的产生反映了公共财政的社会需要。

预算制度作为现代法治国家的财政体系的核心制度,与生俱来地追求民主、法治等基本价值。从历史上看,公共财政的产生与预算制度的产生是同一个历史过程,预算制度孕育造就了公共财政。现代意义的政府预算代议机构控制是控制政府行为的工具,它的产生和发展与议会政治的产生和发展、与市场经济的产生和发展也是同一历史过程。纳税人通过代议机构对政府的制衡机制进行监督,政府必须编制预算并经代议机构批准付诸实施。预算制度不但对财政具有严密的控制,且形成指导、监督及批评一切行政活动的最有效工具,以法律程序保证政府收支不偏离纳税人利益,并用法律保障私人财产权不受政府权力扩张的侵害。在制度和运行机制上,预算若由纳税人的代议机关控制,此时的财政必定是公共决策、公开透明的财政。

其实,建立公共财政的基本框架,就是要构造公共财政的运行机制,即现代预算制度。对于公共财政而言,是先有预算,后有财政活动。财政活动不允许超出预算边界。改革后的预算制度,政府的诸多行为将置于公众的视野之下,对于建设一个廉洁、高效的政府起到了重要的推动作用;同时,在和谐社会的理念下,有利于缓和政府与纳税人之间的对立关系,为政府行为获得更多的纳税人支持,有助于政

[①] 节选自张克:《"预算的实质是要控制政府的行为"——专访北京大学法学院刘剑文教授》,载《检察风云》2012 年第 6 期,编者有改动。

府政策的贯彻和执行。

新预算法实施条例的亮点解读①

"徒法不足以自行""法律的生命在于实施"。作为预算法的配套法规,预算法实施条例的重要使命就是细化、落实预算法的原则和制度,进一步增强预算制度的规范性和可操作性,为预算活动提供明确的规则指引,推动我国预算管理改革和预算法治建设不断深化。

一是健全政府预算体系。建立将政府全部收入和支出都纳入预算的全口径预算,是提高预算完整性和实现预算控制的必然要求。我国政府预算体系由一般公共预算、政府性基金预算、国有资本经营预算、社会保险基金预算等四本预算组成,但除了一般公共预算在预算法中已作出比较详细规定外,其他三本预算的收支范围和编制内容并没有明确。此次修订预算法实施条例,重点明确了政府性基金预算、国有资本经营预算和社会保险基金预算的收支范围和编制内容;明确了四本预算的衔接关系,规定一般公共预算可以根据需要和财力适当安排资金补充社会保险基金预算,国有资本经营预算可以向一般公共预算调出资金,从而既提高了预算的统筹性,也满足社会保险基金预算的特别保障需求。

二是规范政府间财政关系。优化政府间事权和财权划分,建立权责清晰、财力协调、区域均衡的中央和地方财政关系,形成稳定的各级政府事权、支出责任和财力相适应的制度,是我国深化财税体制改革的方向。财政转移支付是协调政府间财政关系,实行宏观调控的重要财政工具。此次修订预算法实施条例,明确了一般性转移支付和专项转移支付的定义;细化了专项转移支付定期评估和退出机制的情形;强化转移支付资金归口管理,严格规范转移支付资金拨付;明确提前下达转移支付预计数的比例,保障下级政府及时统筹安排预算资金。这些规定有利于发挥转移支付制度的财政平衡功能,增强地方财政保障能力,更好地实现基本公共服务均等化。

三是加大预算公开力度。"阳光是最好的防腐剂",预算公开对于规范政府预算权力运行,满足公民知情权、参与权和监督权,把"看不见的政府"变为"看得见的政府"具有关键意义。此次修订预算法实施条例,坚持以公开为常态、不公开为例外的原则,规定转移支付公开应当细化到地区和项目;部门预算、决算公开细化到支出分类的最细一级,即按其功能分类公开到项,按其经济分类基本支出公开到款;政府债务、机关运行经费、政府采购、财政专户资金等按照规定公开;对单位预算公开的时限、内容提出了具体要求,这些规定有利于透明预算、廉洁政府建设。

四是规范政府债务管理。为了发挥政府债务在弥补财政缺口和促进公益事业发展中的重要作用,防范债务风险,此次修订预算法实施条例对健全地方政府债务管理机制进行了针对性规定。规定了一般债务和专项债务的含义,强调实行地方政府债务余额限额管理,合理安排发行国债的品种、结构、期限和时点,从总额和性质上限定债务发行;明确了各级地方政府在债务举借、转贷、使用、偿还上的职责关系,强化对地方政府债务的预算管理;规定财政部门应当建立健全地方政府债务风险评估指标体系,组织评估地方政府债务风险状况,完善债务风险评估、预警和监督机制,防范债务风险,这些规定有利于促进经济社会和财政可持续发展。

五是细化预算编制规则。预算编制是预算活动的起始和基础环节,其科学性和可行性对于发挥预算功能具有重要影响。按照预算法的授权,此次修订预算法实施条例,对预算编制的内容和程序作出了具体规定。明确预算草案的编制时间,将预算编制时间提前到预算年度开始的半年之前;为提高收入预算编制的科学性和准确性,编制收入预算时应当征求税务、海关等征收部门的意见;明确四本预算收支的编制内容,并对部门预算和单位预算的编制内容作出规定;推进预算编制标准化,规定地方各级财政部门应当根据财政部制定的预算支出标准,制定本地区的预算支出标准,以发挥预算支出标准在

---

① 节选自施正文:《修订后的预算法实施条例彰显现代预算制度建设目标》,载《中国财政》2020年第18期。

预算管理中的基础性作用。

六是规范部门预算管理。部门预算是连接政府预算和单位预算的中间环节,对于落实全口径预算,提高预算完整性起到承上启下的作用。在总结近年来各地推进综合预算编制、理顺权责关系、完善分配机制、改进项目管理、实行中期财政规划等措施经验的基础上,实施条例按照"一个部门一本预算"的要求,规定部门预算应当反映一般公共预算、政府性基金预算、国有资本经营预算安排给本部门及其所属各单位的所有预算资金;明确部门预算的收支范围,规定各部门及其所属各单位的本级预算拨款收入和其相对应的支出应当在部门预算中单独反映;明确部门预算编制各方管理权责;完善项目支出管理模式,项目支出实行项目库管理,建立项目支出预算评审制度。

七是规范预算执行。硬化预算对政府支出的约束,增强预算执行力和规范性,是提高政府公信力和预算具有法律效力的必然要求,是现代预算制度的核心所在。实施条例明确了部门和单位在预算执行中的主要职责,强化各部门、各单位在预算执行中的主体地位;细化组织预算收入和拨付预算资金规则,落实国库集中收付制度;严格财政专户管理制度,明确了特定专用资金的范围、财政专户的设立条件、核准权限、管理部门,要求财政专户资金应当在预算执行情况、决算和政府综合财务报告中单独反映,从而推动财政专户管理步入规范化、法治化轨道。

八是深化预算绩效管理。为了落实党的十九大报告关于全面实施绩效管理的要求,遵循预算法规定的各级预算应当讲求绩效的原则,适应新时代经济高质量发展和政府效能建设的需要,实施条例对深化预算绩效管理做出了进一步规定。明确了预算绩效评价的概念,要求财政部门应当组织和指导预算资金绩效监控、绩效评价,各部门、各单位应当实施绩效监控,开展绩效评价,提高资金使用效益,定期向本级政府财政部门报送绩效评价报告;硬化绩效约束,规定绩效评价结果作为改进管理和编制以后年度预算的依据。这些绩效管理制度,有利于当前落实减税降费政策,助力财政提质增效,推动全面实施绩效管理。

第二节 预算权力

一、预算级次

在现代社会,大多数国家都实行多级预算,一级政府有一级预算。国家预算一般由中央预算和地方预算组成。

根据《预算法》的规定,我国实行一级政府一级预算。地方各级政府预算由本级各部门(含直属单位)的预算组成。部门预算则由所属单位的预算组成。不同预算类型蕴含着不同的预算管理职权,这是预算法首先要明确的问题;不同级别的政府之间还会有财政资金往来,这也需要预算法予以妥善处理。

二、预算权力

根据统一领导,分级管理,权责结合的原则,我国《预算法》对预算管理的职权划分作了明确的规定。

（一）各级权力机关的预算权力

1. 全国人民代表大会及其常务委员会的预算权力

全国人民代表大会是最高国家权力机关,实施预算管理是全国人民代表大会的一项基本职权。根据我国《预算法》,全国人民代表大会的预算管理职权主要有:(1)审查中央和地方预算草案及中央和地方预算执行情况的报告,即审查权;(2)批准中央和中央预算执行情况的报告,即批准权;(3)改变或者撤销全国人民代表大会常务委员会关于预算、决算的不适当的决议,即变更撤销权。

全国人民代表大会常务委员会的预算管理职权主要有:(1)监督中央和地方预算的执行,即监督权;(2)审查和批准中央预算的调整方案,审查和批准中央决算,即审批权;(3)撤销国务院制定的同宪法、法律相抵触的关于预算、决算的行政法规、决定和命令,撤销省、自治区、直辖市人大及其常务委员会制定的同宪法、法律和行政法规相抵触的关于预算、决算的地方性法规的决议,即撤销权。

2. 地方各级人民代表大会及其常务委员会的预算权力

地方各级人民代表大会是地方国家权力机关。根据《预算法》,县级以上地方各级人民代表大会的预算管理职权主要有:(1)审查本级总预算草案及本级总预算执行情况的报告,即审查权;(2)批准本级预算和本级预算执行情况报告,即批准权;(3)改变或者撤销本级人大常务委员会关于预算、决算的不适当的决议,撤销本级政府关于预算、决算不适当的决定和命令,即变更撤销权。

县级以上地方各级人民代表大会常务委员会对预算的管理职权主要有:(1)监督本级总预算的执行,即监督权;(2)审查和批准本级预算的调整方案,审查和批准本级政府决算,即审批权;(3)撤销本级政府和下一级人大及其常务委员会关于预算、决算的不适当的决定、命令和决议,即撤销权。

另外,根据我国《宪法》,乡、民族乡、镇一级人民代表大会不设立常务委员会,其预算管理职权,由乡、民族乡、镇人民代表大会直接行使。因此,按《预算法》的规定设立预算的乡、民族乡、镇人大的预算管理职权有:(1)审查和批准本级预算和本级预算执行情况的报告,审查和批准本级预算的调整方案,审查和批准本级决算,即审批权;(2)监督本级预算的执行,即监督权;(3)撤销本级政府关于预算、决算不适当的决定和命令,即撤销权。

(二)各级行政机关的预算权力

1. 国务院的预算权力

依据我国《预算法》的规定,国务院的预算权力主要有:(1)编制中央预算、决算草案、编制中央预算调整方案,即编制权;(2)向全国人民代表大会作关于中央和地方预算草案的报告,将省、自治区、直辖市政府报送备案的预算汇总后报全国人民代表大会常务委员会备案,向全国人民代表大会、全国人民代表大会常务委员会报告中央和地方预算的执行情况,即报告权;(3)组织中央和地方预算的执行,即执行权;(4)决定中央预算预备费的动用,即决定权;(5)监督中央各部门和地方政府的预算执行,即监督权;(6)改变或撤销中央各部门和地方政府关于预算、决算的不适当的决定和命令,即变更撤销权。

2. 县级以上地方各级政府的权力

县级以上地方各级政府的预算权力主要有:(1)编制本级预算、决算草案,编制本级预算的调整方案,即编制权;(2)向本级人大作关于本级总预算草案的报告,将下一级政府报送备案的预算汇总后报本级人大常务委员会备案,向本级人大、本级人大常务委员会报告本级总预算的执行情况,即报告权;(3)组织本级总预算的执行,即执行权;(4)决定本级预算预备费的动用,即决定权;(5)监督本级政府各部门和下级政府的预算执行,即监督权;

(6)改变或者撤销本级各部门和下级政府关于预算、决算的不适当的决定、命令,即变更撤销权。

3.乡级人民政府的预算权力

乡、民族乡、镇政府是最基层的行政机关,它主要负责编制本级预算、决算草案,编制本级预算的调整方案;向本级人民代表大会作关于本级预算草案及本级预算的执行情况的报告;组织本级预算的执行;决定本级预算预备费的动用。2014年修订的《预算法》(2018年修正保留)在肯定乡镇预算的独立性的同时,考虑到目前乡镇财政的特殊情况,第24条新增第3款规定:"经省、自治区、直辖市政府批准,乡、民族乡、镇本级预算草案、预算调整方案、决算草案,可以由上一级政府代编,并依照本法第21条的规定报乡、民族乡、镇的人民代表大会审查和批准。"

(三)各级财政部门的预算权力

各级财政部门是预算管理的职能部门,直接承担着各级预算的组织实施工作。《预算法》赋予了各级财政部门相应的预算管理职权。

国务院财政部门代表国务院具体行使财政职能,根据《预算法》,其预算管理的权力主要有:(1)具体编制中央预算、决算草案,具体编制中央预算的调整方案,即编制权;(2)具体组织中央和地方预算的执行,即执行权;(3)提出中央预算费用的动用方案,即提案权;(4)定期向国务院报告中央和地方预算的执行情况,即报告权。

地方各级政府财政部门代表本级人民政府具体行使财政管理职能,其预算管理职权主要有:(1)具体编制本级预算、决算草案,具体编制本级预算的调整方案,即编制权;(2)具体组织本级总预算的执行,即执行权;(3)提出本级预算费动用方案,即提案权;(4)定期向本级政府和上一级政府财政部门报告本级总预算的执行情况,即报告权。

(四)各部门、各单位的预算权力

各部门、各单位是预算的具体执行单位。各部门编制本部门预算、决算草案;组织和监督本部门预算的执行;定期向本级政府财政部门报告预算的执行情况。各单位编制本单位预算、决算草案;按照国家规定上缴预算收入,安排预算支出,并接受国家有关部门的监督。预算的执行状况如何,在很大程度取决于部门、单位预算管理工作的优劣。因此,各部门、各单位都要依法加强预算管理,严格执行预算,保证预算任务的实现。

三、预算收支范围

预算由预算收入和预算支出组成。预算收入是指在预算年度内,按照法定的形式和程序,有计划地筹集和取得的由国家支配的资金。预算支出则指在预算年度内,根据实现国家职能的需要,按照法定的形式和程序,通过财政分配手段,对筹集和取得的预算收入进行有计划的再分配。

我国《预算法》第4条第2款明确规定:"政府的全部收入和支出都应当纳入预算。"相比于允许预算外收支存在,这一规定无疑是巨大的进步。不过,由于我国实行复式预算体系,不同的预算之间尽管存在联系和互通,但各自有不同的收支范围。《预算法》明确划定了一般公共预算的收支范围,对于政府性基金预算、国有资本经营预算和社会保险基金预算的收支范围,则要求其按照法律、行政法规和国务院的规定执行。

(一)一般公共预算

一般公共预算的财政收入以税收为主体,主要安排用于保障和改善民生、推动经济社会发展、维护国家安全、维持国家机构正常运转等方面的财政支出。

1. 一般公共预算收入和支出的项目

根据我国《预算法》第27条，一般公共预算收入包括各项税收收入、行政事业性收费收入、国有资源（资产）有偿使用收入、转移性收入和其他收入。一般公共预算支出按照其功能分类，包括一般公共服务支出，外交、公共安全、国防支出，农业、环境保护支出，教育、科技、文化、卫生、体育支出，社会保障及就业支出和其他支出。一般公共预算支出按照其经济性质分类，包括工资福利支出、商品和服务支出、资本性支出和其他支出。

2. 一般公共预算的收支层级划分

中央一般公共预算包括中央各部门、各直属单位的预算和中央对地方的税收返还、转移支付预算。中央一般公共预算收入包括中央本级收入和地方向中央的上解收入。中央一般公共预算支出包括中央本级支出、中央对地方的税收返还和转移支付。地方各级一般公共预算包括本级各部门、各直属单位的预算和税收返还、转移支付预算。地方各级一般公共预算收入包括地方本级收入、上级政府对本级政府的税收返还和转移支付、下级政府的上解收入。地方各级一般公共预算支出包括地方本级支出、对上级政府的上解支出、对下级政府的税收返还和转移支付。

（二）政府性基金预算

政府性基金预算是对依照法律、行政法规的规定，在一定期限内向特定对象征收、收取或者以其他方式筹集的资金，并专项用于特定公共事业发展的收支预算。根据《预算法实施条例》第14条，政府性基金预算收入包括政府性基金各项目收入和转移性收入。政府性基金预算支出包括与政府性基金预算收入相对应的各项目支出和转移性支出。我国《预算法》第9条第2款规定，政府性基金预算应当"根据基金项目收入情况和实际支出需要，按基金项目编制，做到以收定支"。这意味着，每一种基金都需要编制一本预算，按照相应的管理层级，报送同级人民代表大会审批。每一种基金的收入和支出都是特定的，例如，民航发展基金的收支范围就不同于铁路建设基金的收支范围，具体范围由设定基金的法律、法规加以规定。不仅如此，每一种基金预算都要自求平衡，不同基金的结余和赤字不能相互抵销。同时，《预算法》第5条第2款要求，政府性基金预算应当"与一般公共预算相衔接"。这种衔接既可能表现为一般公共预算对政府性基金预算的支持，也可能表现为政府性基金预算的资金转入一般公共预算。从法理上看，既然政府性基金有独立的来源和开支、强调专款专用，就应当尽量保持政府性基金预算的独立性，它与一般公共预算之间的互通只适宜作为特例。

（三）国有资本经营预算

国有资本经营预算是对国有资本收益作出支出安排的收支预算。根据《预算法实施条例》第15条，国有资本经营预算收入包括依照法律、行政法规和国务院规定应当纳入国有资本经营预算的国有独资企业和国有独资公司按照规定上缴国家的利润收入、从国有资本控股和参股公司获得的股息红利收入、国有产权转让收入、清算收入和其他收入。国有资本经营预算支出包括资本性支出、费用性支出、向一般公共预算调出资金等转移性支出和其他支出。我国《预算法》第10条第2款规定，国有资本经营预算应当"按照收支平衡的原则编制，不列赤字，并安排资金调入一般公共预算"。之所以要安排资金从国有资本经营预算调入一般公共预算，是因为国有资本收益是全民所有的财产，理应使全民受益，而不应仅在国有经济内部循环。其资金在调入一般公共预算之后，可以用于全民所需要的任何公共用途，真正体现国有经济的全民共益性。

(四) 社会保险基金预算

社会保险基金预算是对社会保险缴款、一般公共预算安排和其他方式筹集的资金,专项用于社会保险的收支预算。根据《预算法实施条例》第 16 条,社会保险基金预算收入包括各项社会保险费收入、利息收入、投资收益、一般公共预算补助收入、集体补助收入、转移收入、上级补助收入、下级上解收入和其他收入。社会保险基金预算支出包括各项社会保险待遇支出、转移支出、补助下级支出、上解上级支出和其他支出。依据我国《社会保险法》第 67 条之规定,社会保险基金预算、决算草案的编制、审核和批准,依照法律和国务院规定执行。我国《预算法》第 11 条第 2 款规定,社会保险基金预算应当"按照统筹层次和社会保险项目分别编制,做到收支平衡"。

目前,我国社会保险基金包括基本养老保险基金、基本医疗保险基金、工伤保险基金、失业保险基金和生育保险基金。根据我国《社会保险法》第 64 条的规定,除基本医疗保险基金与生育保险基金合并建账及核算外,其他各项社会保险基金按照社会保险险种分别建账,分账核算。《社会保险法》第 66 条规定,社会保险基金按照统筹层次设立预算。除基本医疗保险基金与生育保险基金预算合并编制外,其他社会保险基金预算按照社会保险项目分别编制。这也就意味着除基本医疗保险与生育保险基金外,其他的社会保险基金和政府性基金一样,并不存在统一的社会保险基金预算,而只有按各个险种独立运行的预算形式。

社会保险基金预算的收支范围按照各种不同类型保险基金分别确定。我国《社会保险法》第 65 条规定,社会保险基金通过预算实现收支平衡。县级以上人民政府在社会保险基金出现支付不足时,给予补贴。这种补贴可能来自一般公共预算,也可能来自国有资本经营预算,它体现了政府对社会保险的财政责任。同时,社会保险基金实行累积制,资金主要来源于参保人的缴款,在这一点上不同于社会优抚、社会救济、社会福利等其他社会保障类型。

【延伸阅读】

人大代表性预算权力的完善[①]

预算立法保留所能制定的只是抽象意义或普遍意义上的法律规范,而对于具体预算收支事项、经费支用、权责划分等仍需要通过代议制民主下的预算案来进行统筹安排和计划。尤其是随着现代政府公共职能的日渐扩张,导致财政收支规模日益扩大,在满足人民公共诉求的过程中,国家甚至成为一国之内最大的消费者、资金拥有者与信用保持者,这就使得对财政的收入、支出以及管理成了受人民重视的领域,代议制主体的预算权力成了人民对国家预算收支事项进行决定、控制、管理以及监督的重要手段与凭藉。

1. 人大的预算审批权

"任何公用开支在未经国民代表同意的情况下不能确立。"政府必须向代议制主体提交有关政府财政的指导方针和活动内容的预算草案,由代议制主体来审查、决策以及批准财政预算草案中的具体事项,也即"岁入岁出均依巴力门法案行事",这是世界各国对于议会预算审批权的普遍规定。对比原《预算法》,2014 年我国修订的《预算法》在人大预算审批权的具体内容方面进行了一定程度的充实:第一,

---

① 节选自朱大旗:《现代预算权体系中的人民主体地位》,载《现代法学》2015 年第 3 期。

强化了人大的预算初步审查权（第22条、第44条）；第二，增加了基层人大代表应听取选民和社会各界意见的规定（第45条）；第三，细化了预算编制草案的要求（第46条）；第四，明确了人大应重点审查的8项内容（第48条）；第五，列举了预算执行的审查结果报告应包括的重点内容（第49条）；第六，确立了下达一般性转移支付和专项转移支付的时间要求（第52条）。

上述6个方面的规定，对于夯实人大预算审批权的基础具有一定的积极作用，这也是新《预算法》修订的亮点所在，但是依然存在一些可以继续改进的空间：第一，第46条关于预算编制细化程度的规定，应在"编列"前增加"至少"二字，目前《预算法》规定的编列方法应是预算编制的最低要求，否则将有可能阻碍预算编制细化改革的进一步努力。第二，学界重点关注的人大预算修正权未能得到体现。预算修正权是指议会在审议预算草案的过程中，可以通过法定程序来增额或减额修正待审的预算项目的权力，这应是议会当然拥有的权力。由于我国人大预算审议的人力较为不足，应明定人大只有减额而无增额的权限。其实我国现行地方人大已积累了一些预算修正权的行使经验，例如《广东省预算审批监督条例》第14条对预算修正权的主体、程序、效力等都进行了明确规定，这些经验未能上升到《预算法》的基本规定，《预算法》的继续完善应对此予以适当吸收。第三，可以考虑建立分项审查与分项表决的预算审批制度。目前推行的是一揽子的预算审查与预算表决制度，如果人大代表只是对预算草案的某项内容不甚满意而投了对整个预算草案的否决票，将可能造成整个预算草案被全盘否定的后果。倘若真的出现了预算草案被否决的现象，尽管新《预算法》对此进行了适当预防（第54条对预算年度开始后，预算草案批准前的支出安排进行了规定），但是这种否决终究会对这一年度内的预算支出效果或安排产生震荡。因此，弥补这种预算审查与表决程序的不足，依然是我国《预算法》应予以认真对待的方面。

2. 人大的预算监督权

按照《各级人民代表大会常务委员会监督法》的规定，人大的预算监督是贯穿整个预算过程的权力，包括听取和审议人民政府的专项工作报告、监督预算执行、审查和批准决算、听取预算的执行情况报告、听取和审议审计工作报告、询问和质询、特定问题调查等。主要功能在于及时纠正预算执行中可能出现的偏差，保证政府预算行为符合预算案的要求，维护预算案执行的稳定性、严肃性以及权威性等。但是新《预算法》对人大预算监督职权、措施以及途径的改进仅是寥寥数笔，许多地方人大已经积累的预算监督经验未能被合理吸纳到《预算法》的修订过程中，这不能不说是此次修法的遗憾。

对于人大预算监督立法的具体落实：第一，应从源头上贯彻预算全面性、完整性的原则，通过加快全口径的预决算管理改革，将所有财政收支行为都纳入预算监督的范围，从而坚决杜绝游离于人大预算监督之外的"小金库"存在。对此，可适当借鉴德国的立法经验，《联邦德国基本法》第110条第1款规定："联邦一切收支应编入预算"，同时《德国联邦和各州预算法律基本原则的法律》第8条和《德国联邦预算法》第11条都对完整性和统一性原则予以了明确。第二，应在执行过程中充分尊重人大批准后预算案的效力，强化预算案的拘束力和执行力，必须坚决消除预算调整比较随意的现象。针对新《预算法》中对预算调整方面的规定，既要将凡是偏离人大审议通过的预算案的收支变化都纳入预算调整的范围，又要对预算调整的具体表现形式进行明列和细化，合理规定不同类型的预算调整情形，还须从可控性的层面对预算调整的依据、程序、控制主体都予以严格的规定。第三，应从体制上建立强大的预算审计体系，只有对各部门、各单位的决算进行严格审计，并对各个预算执行主体的合法性程度和绩效性高低作出一份准确公正的评估报告，人大才能依此报告去有效行使其决算的监督权。但是，这一切的关键都取决于审计机关应拥有强大的审计能力和独立的主体地位，尤其是审计机关不应对被审计的行政主体存在隶属性。对此，应改变我国审计机关向政府负责的模式，可行的做法是建立隶属于人大的审计体制。

第三节 预算程序

一、预算的编制

编制预算就是制订预算收入和预算支出的年度计划。在解决收支范围问题的基础上，确定预算编制的依据和形式，根据法定程序编出预算草案，提交立法机关审查和批准。预算编制是政府的职责，具体而言主要是财政部门的职责，这反映了我国的权力基本架构，也与责任政府的要求相一致。

（一）预算的编制原则

（1）平衡性原则。我国《预算法》第34条第1款规定，"中央一般公共预算中必需的部分资金，可以通过举借国内和国外债务等方式筹措"，但"举借债务应当控制适当的规模，保持合理的结构"。第35条第1款规定，地方各级预算则应"按照量入为出、收支平衡的原则编制"，除《预算法》另有规定外，不列赤字。我国《预算法》在放开地方政府通过发行债券举借债务的同时，也在审批、限额、预算管理、资金用途等方面做了限制。

（2）真实性原则。真实性原则是指预算编制必须真实、准确，必须以国家社会经济发展计划和履行部门职能的需要为依据，对每一收支项目的数字指标运用科学合理的方法加以测算，力求各项收支数据真实准确。我国《预算法》第32条第1款规定，各级预算应当根据年度经济社会发展目标、国家宏观调控总体要求和跨年度预算平衡的需要，参考上一年预算执行情况、有关支出绩效评价结果和本年度收支预测，按照规定程序征求各方面意见后，进行编制。各部门、各单位应当按照国务院财政部门制定的政府收支分类科目、预算支出标准和要求，以及绩效目标管理等预算编制规定，根据其依法履行职能和事业发展的需要以及存量资产情况，编制本部门、本单位预算草案。

（3）合理性原则。我国《预算法》第12条第1款规定，各级预算支出的编制，应当"遵循统筹兼顾、勤俭节约、量力而行、讲求绩效和收支平衡的原则"，在保证政府公共支出合理需要的前提下，妥善安排其他各类预算支出。

（二）预算的编制形式

我国《预算法》规定，中央预算和地方各级政府预算，应当参考上一年度预算执行情况和本年度收支预测，按照复式预算编制。

经过政府性基金预算、国有资本经营预算和社会保险基金预算的先后试点，如今，我国政府预算的多元复式结构已基本定型。除了一般性公共预算外，特别预算包括政府性基金预算、国有资本经营预算、社会保险基金预算，甚至不排斥将来出现新的预算形式。目前的《预算法》主要适用于一般性公共预算，而不适用于特别预算，特别预算的规则由法律或国务院另行规定。

（三）预算的编制依据

我国《预算法》第32条第1款规定："各级预算应当根据年度经济社会发展目标和国家宏观调控总体要求和跨年度预算平衡的需要，参考上一年预算执行情况、有关支出绩效评价结果和本年度收支预测，按照规定程序征求各方面意见后，进行编制。"这种思路非常接近"零基预算"的理念，摈弃了"增量预算"的做法。与之相比，1994年《预算法》第25条规定的

"中央预算和地方各级政府预算,应当参考上一年预算执行情况和本年度收支预测进行编制",基本上可以视为增量预算的模式。

零基预算是指在编制预算时,从零出发,根据实际需要和可能,逐项审议预算期内各项费用的内容及其开支标准是否合理,在综合平衡的基础上编制预算。与此相对应,增量预算则指往年预算的基础上,根据对下一年度的预测进行增减,其开支依据很大程度上依赖于往年的数据,导致预算支出的合理性难以得到保证。

(四)预算的编制内容

2020年修订的《预算法实施条例》对中央和地方一般公共预算、政府性基金预算、国有资本经营预算、社会保险基金预算和各部门、各单位预算的编制内容作了规定。

1. 中央和地方一般公共预算的编制内容

中央一般公共预算收入编制内容包括本级一般公共预算收入、从国有资本经营预算调入资金、地方上解收入、从预算稳定调节基金调入资金、其他调入资金。中央一般公共预算支出编制内容包括本级一般公共预算支出、对地方的税收返还和转移支付、补充预算稳定调节基金。中央政府债务余额的限额应当在本级预算中单独列示。

地方各级一般公共预算收入编制内容包括本级一般公共预算收入、从国有资本经营预算调入资金、上级税收返还和转移支付、下级上解收入、从预算稳定调节基金调入资金、其他调入资金。地方各级一般公共预算支出编制内容包括本级一般公共预算支出、上解上级支出、对下级的税收返还和转移支付、补充预算稳定调节基金。

2. 中央和地方政府性基金预算的编制内容

中央政府性基金预算收入编制内容包括本级政府性基金各项目收入、上一年度结余、地方上解收入。中央政府性基金预算支出编制内容包括本级政府性基金各项目支出、对地方的转移支付、调出资金。

地方政府性基金预算收入编制内容包括本级政府性基金各项目收入、上一年度结余、下级上解收入、上级转移支付。地方政府性基金预算支出编制内容包括本级政府性基金各项目支出、上解上级支出、对下级的转移支付、调出资金。

3. 中央和地方国有资本经营预算的编制内容

中央国有资本经营预算收入编制内容包括本级收入、上一年度结余、地方上解收入。

中央国有资本经营预算支出编制内容包括本级支出、向一般公共预算调出资金、对地方特定事项的转移支付。

地方国有资本经营预算收入编制内容包括本级收入、上一年度结余、上级对特定事项的转移支付、下级上解收入。地方国有资本经营预算支出编制内容包括本级支出、向一般公共预算调出资金、对下级特定事项的转移支付、上解上级支出。

4. 中央和地方社会保险基金预算收入编制内容

中央和地方社会保险基金预算收入编制内容包括各项社会保险费收入、利息收入、投资收益、一般公共预算补助收入、集体补助收入、转移支付、上级补助收入、下级上解收入和其他收入。中央和地方社会保险基金预算支出编制内容包括各项社会保险待遇支出、转移支出、补助下级支出、上解上级支出和其他支出。

5. 各部门、各单位预算收入编制内容

各部门、各单位预算收入编制内容包括本级预算拨款收入、预算拨款结转和其他收入。

各部门、各单位预算支出编制内容包括基本支出和项目支出。各部门、各单位的预算支出，按其功能分类应当编列到项，按其经济性质分类应当编列到款。

（五）预算的编制程序

根据《预算法》第 31 条，国务院应当及时下达关于编制下一年预算草案的通知。编制预算草案的具体事项由国务院财政部门部署。《预算法实施条例》第 22 条规定，财政部于每年 6 月 15 日前部署编制下一年度预算草案的具体事项，规定报表格式、编报方法、报送期限等。

省、自治区、直辖市政府按照国务院的要求和财政部的部署，结合本地区的具体情况，提出本行政区域编制预算草案的要求。县级以上地方各级政府各部门应当根据本级政府的要求和本级政府财政部门的部署，结合本部门的具体情况，组织编制本部门及其所属各单位的预算草案，按照规定报本级政府财政部门审核。县级以上地方各级政府财政部门审核本级各部门的预算草案，具体编制本级预算草案，汇编本级总预算草案，经本级政府审定后，按照规定期限报上一级政府财政部门。各级政府财政部门编制收入预算草案时，应当征求税务、海关等预算收入征收部门和单位的意见。财政部门会同社会保险行政部门部署编制下一年度社会保险基金预算草案的具体事项。预算收入征收部门和单位应当按照财政部门的要求提供下一年度预算收入征收预测情况。

二、预算审查和批准

（一）预算的审批

预算的审批既包括对预算草案的审批，也包括对预算执行情况的审批。修订后的《预算法》在预算审批的权限、程序、审查重点以及报审草案的内容四个方面都作出更为细致的要求。

第一，在预算审批的权限划分方面，《预算法》规定，中央预算由全国人民代表大会审查和批准；地方各级预算由本级人民代表大会审查和批准。经人民代表大会批准的预算，非经法定程序，不得调整。各级政府、各部门、各单位的财政支出必须以经批准的预算为依据，未列入预算，没有预算授权，政府不得支出，这是现代法治国家的基本准则。[①] 可见，预算审批具有授权的效力，政府据此获得财政支出的权力。

第二，在预算审批的程序上，我国《预算法》规定，国务院财政部门应当在每年全国人民代表大会会议举行的 45 日前，将中央预算草案的初步方案提交全国人民代表大会财政经济委员会进行初步审查。全国人民代表大会财政经济委员会向全国人民代表大会主席团提出关于中央和地方预算草案及中央和地方预算执行情况的审查结果报告。省、自治区、直辖市政府财政部门应当在本级人民代表大会会议举行的 30 日前，将本级预算草案的初步方案提交本级人民代表大会有关专门委员会进行初步审查。设区的市、自治州政府财政部门应当在本级人民代表大会会议举行的 30 日前，将本级预算草案的初步方案提交本级人民代表大会有关专门委员会进行初步审查，或者送交本级人民代表大会常务委员会有关工作机构征求意见。县、自治县、不设区的市、市辖区政府应当在本级人民代表大会会议举行的 30 日前，将本级预算草案的初步方案提交本级人民代表大会常务委员会进行初步审查。

但是，《预算法》没有明确初步审查的法律效力。这使得初步审查的目的，似乎只是履行

---

① 刘剑文、熊伟：《财政税收法》（第七版），法律出版社 2017 年版，第 53 页。

通知或报告的义务,以保证审批机关及时掌握情况、了解信息并提出修改建议。

第三,修订后的《预算法》对全国人民代表大会和地方各级人民代表大会对预算草案及其报告、预算执行情况的报告的审查重点也作出指引。

第四,在报审草案的内容方面,《预算法》第 46 条要求各级政府应当细化报送同级人大审批的预算草案。具体来说,本级一般公共预算支出,按其功能分类应当编列到项;按其经济性质分类,基本支出应当编列到款。本级政府性基金预算、国有资本经营预算、社会保险基金预算支出,按其功能分类应当编列到项。

(二)预算的备案

预算备案是指各级政府预算获得批准后,必须自下而上依法向相应的国家机关备案,以加强预算监督的法定程序。《预算法》第 50 条规定,乡、民族乡、镇政府应当及时将经本级人大批准的本级预算报上一级政府备案。县级以上地方各级政府应当及时将经本级人大批准的本级预算及下一级政府报送备案的预算汇总,报上一级政府备案。县级以上地方各级政府将下一级政府依照前款规定报送备案的预算汇总后,报本级人大常务委员会备案。国务院将省、自治区、直辖市政府依照前款规定报送备案的预算汇总后,报全国人民代表大会常务委员会备案。

预算备案与预算审批密切相关,而且其更重要的意义在于,为上级政府提请人大撤销违法或不当的财政预算做制度铺垫。根据《预算法》第 51 条的规定,国务院和县级以上地方各级政府对下一级政府依法报送备案的预算,认为有同法律、行政法规相抵触或者有其他不适当之处,需要撤销批准预算的决议的,应当提请本级人民代表大会常务委员会审议决定。

(三)预算的批复

预算批复指的是预算经批准后财政部门对部门预算的确认,也包括各部门对所属单位预算的确认。《预算法》第 52 条第 1 款规定:"各级预算经本级人民代表大会批准后,本级政府财政部门应当在 20 日内向本级各部门批复预算。各部门应当在接到本级政府财政部门批复的本部门预算后 15 日内向所属各单位批复预算。"

只有经过财政部门的批复,部门预算才能正式执行;只有经过部门的批复,所属单位的预算才能正式执行。《预算法》之所以会对预算批复规定严格的时限,是为了保证预算执行的时效性。

三、预算执行

(一)预算执行的主体及其职责

预算执行是指经法定程序批准的预算进入具体实施阶段。预算一经批准,就要由具体的执行机构来组织实施。我国《预算法》第 53 条规定:"各级预算由本级政府组织执行,具体工作由本级政府财政部门负责。各部门、各单位是本部门、本单位的预算执行主体,负责本部门、本单位的预算执行,并对执行结果负责。"以下具体考察了预算执行的主体及其职责:

(1)各级政府在预算执行中的职责。各级政府是预算执行的组织领导机关。《预算法》第 54 条规定,预算年度开始后,各级预算草案在本级人民代表大会批准前,可以安排下列支出:① 上一年度结转的支出;② 参照上一年同期的预算支出数额安排必须支付的本年度部门基本支出、项目支出,以及对下级政府的转移性支出;③ 法律规定必须履行支付义务的支出,以及用于自然灾害等突发事件处理的支出。根据前款规定安排支出的情况,应当在预算草案的报告中作出说明。预算经本级人民代表大会批准后,按照批准的预算执行。

(2) 各级政府财政部门在预算执行中的职责。《预算法实施条例》第51条规定:"预算执行中,政府财政部门的主要职责:① 研究和落实财政税收政策措施,支持经济社会健康发展;② 制定组织预算收入、管理预算支出以及相关财务、会计、内部控制、监督等制度和办法;③ 督促各预算收入征收部门和单位依法履行职责,征缴预算收入;④ 根据年度支出预算和用款计划,合理调度、拨付预算资金,监督各部门、各单位预算资金使用管理情况;⑤ 统一管理政府债务的举借、支出与偿还,监督债务资金使用情况;⑥ 指导和监督各部门、各单位建立健全财务制度和会计核算体系,规范账户管理,健全内部控制机制,按照规定使用预算资金;⑦ 汇总、编报分期的预算执行数据,分析预算执行情况,按照本级人民代表大会常务委员会、本级政府和上一级政府财政部门的要求定期报告预算执行情况,并提出相关政策建议;⑧ 组织和指导预算资金绩效监控、绩效评价;⑨ 协调预算收入征收部门和单位、国库以及其他有关部门的业务工作。

(3) 预算收入征收部门的职责。各级预算收入征收部门是负责预算收入的征收管理机关。我国目前预算收入的征收部门主要包括财政部门、税务部门和海关。各级政府应当加强对预算执行的领导,支持政府财政、税务、海关等预算收入的征收部门依法组织预算收入,支持政府财政部门严格管理预算支出。财政、税务、海关等部门在预算执行中,应当加强对预算执行的分析,发现问题时应当及时建议本级政府采取措施予以解决。各级税务、海关等预算收入征收部门和单位应当与相关财政部门建立收入征管信息共享机制。

(4) 国家金库(国库)的主要职责。国家实行国库集中收缴和集中支付制度,国家金库(国库)是具体经办预算收入的收纳及库款支拨的机关。

(5) 有关部门、单位的主要职责。有关部门和有关单位是部门预算和单位预算的执行主体。根据《预算法实施条例》第53条的规定,各部门、各单位在预算执行中,主要有以下职责:① 制定本部门、本单位预算执行制度,建立健全内部控制机制;② 依法组织收入,严格支出管理,实施绩效监控,开展绩效评价,提高资金使用效益;③ 对单位的各项经济业务进行会计核算;④ 汇总本部门、本单位的预算执行情况,定期向本级政府财政部门报送预算执行情况报告和绩效评价报告。根据《预算法》相关规定,各部门、各单位应当加强对预算收入和支出的管理,不得截留或者挪用应当上缴的预算收入,也不得将不应当在预算内支出的款项转为预算内支出。

国务院各部门制定的规章、文件,凡涉及减免应缴预算收入、设立和改变收入项目和标准、罚没财物处理、经费开支标准和范围、国有资产处置和收益分配以及会计核算等事项的,应当符合国家统一的规定;凡涉及增加或者减少财政收入或者支出的,应当征求财政部意见。

(二) 预算收入的执行

我国《预算法》第55条规定:"预算收入征收部门和单位,必须依照法律、行政法规的规定,及时、足额征收应征的预算收入。不得违反法律、行政法规规定,多征、提前征收或者减征、免征、缓征应征的预算收入,不得截留、占用或者挪用预算收入。各级政府不得向预算收入征收部门和单位下达收入指标。"该规定很清楚地表明,预算收入的执行依据并非预算或各级政府下达的收入指标,而是相关的法律、行政法规。《预算法》的约束力不仅在于规定了征收部门依法征收和应上缴部门依法上缴的积极义务,还规定了政府不得下达收入指标的消极义务,体现出《预算法》由"管理法"向"控权法"转变的倾向。具体而言:

(1) 预算收入征收部门的义务。预算收入征收部门必须依据法律、行政法规的规定,及时、足额征收应征的预算收入。

(2) 应上缴预算收入的部门单位的义务。有预算收入上缴任务的部门和单位,必须依照法律、行政法规和国务院财政部门的规定,将应当上缴的预算资金及时、足额地上缴国库,不得截留、占用、挪用或者拖欠。

(3) 政府的消极义务。各级政府不得向预算收入征收部门和单位下达收入指标。

(三) 预算支出的执行

我国《预算法》第57条规定:"各级政府财政部门必须依照法律、行政法规和国务院财政部门的规定,及时、足额地拨付预算支出资金,加强对支出的管理和监督。各级政府、各部门、各单位的支出必须按照预算执行,不得虚假列支。各级政府、各部门、各单位应当对预算支出情况开展绩效评价。"

这就要求,各级政府财政部门必须依据法律、行政法规和财政部的规定,及时、足额地拨付预算支出资金,加强对预算支出的管理和监督。财政部门的预算资金拨付应当遵循以下原则:(1) 按照预算拨付;(2) 按照规定的预算级次和程序拨付;(3) 按照进度拨付。

(四) 国库管理

国库是国家金库的简称,是办理预算收入的收纳、划分、留解和库款支拨的专门机构,即国家财政收支的保管出纳机构。我国《预算法》第61条规定:"国家实行国库集中收缴和集中支付制度,对政府全部收入和支出实行国库集中收付管理。"要做到集中收缴和支付,必须建立国库单一账户制度,让每一个预算单位在国库中开设账户,但只能开设一个账户,这既便于政府加强内部管理,也便于外部力量实施监督,体现了《预算法》从严治理财政专户的态度。

四、预算调整

(一) 预算调整的概念

预算调整是指预算在执行过程中出现重大变化,需要制定调整方案报经预算审批机关批准的预算法律制度。我国《预算法》第67条规定:"经全国人民代表大会批准的中央预算和经地方各级人民代表大会批准的地方各级预算,在执行中出现下列情况之一的,应当进行预算调整:(一) 需要增加或者减少预算总支出的;(二) 需要调入预算稳定调节基金的;(三) 需要调减预算安排的重点支出数额的;(四) 需要增加举借债务数额的。"

在预算执行中,各级政府一般不制定新的增加财政收入或者支出的政策和措施,也不制定减少财政收入的政策和措施;必须作出并需要进行预算调整的,应当在预算调整方案中作出安排。在预算执行中,由于发生自然灾害等突发事件,必须及时增加预算支出的,应当先动支预备费;预备费不足支出的,各级政府可以先安排支出,属于预算调整的,列入预算调整方案。

(二) 不属于预算调整的情形

我国《预算法》第71条规定:"在预算执行中,地方各级政府因上级政府增加不需要本级政府提供配套资金的专项转移支付而引起的预算支出变化,不属于预算调整。接受增加专项转移支付的县级以上地方各级政府应当向本级人民代表大会常务委员会报告有关情况;

接受增加专项转移支付的乡、民族乡、镇政府应当向本级人民代表大会报告有关情况。"《预算法实施条例》第78条第6款规定:"各级一般公共预算年度执行中厉行节约、节约开支,造成本级预算支出实际执行数小于预算总支出的,不属于预算调整的情形。"

同时,预算变更不同于预算调整,它虽然也属于预算的变动,但重要性未达到需要报经预算审批机关批准的程度。《预算法》第72条规定:"各部门、各单位的预算支出应当按照预算科目执行。严格控制不同预算科目、预算级次或者项目间的预算资金的调剂,确需调剂使用的,按照国务院财政部门的规定办理。"所谓"按照国务院财政部门的规定办理",只是政府内部的控制程序,可见这一授权为政府提供了较广泛的空间。

(三)预算调整方案的审批

各级政府对于必须进行的预算调整,应当编制预算调整方案。预算调整方案应当说明调整的理由、项目、数额。

中央预算的调整方案应当提请全国人民代表大会常务委员会审查和批准。县级以上地方各级预算的调整方案应当提请本级人民代表大会常务委员会审查和批准;乡、民族乡、镇预算的调整方案应当提请本级人民代表大会审查和批准。未经批准,不得调整预算。经批准的预算调整方案,各级政府应当严格执行。地方各级政府预算的调整方案经批准后,由本级政府报上一级政府备案。

(四)预算调整未经批准的处理

我国《预算法》规定,未经该法第69条规定的审批程序,各级政府不得作出预算调整的决定。对违反规定作出的决定,本级人大、本级人大常务委员会或者上级政府应当责令其改变或撤销。

五、决算

(一)决算的概念

决算是指核算预算收支和结余的年度执行结果的程序。决算草案包括决算报表和文字说明两个部分,它通常按照我国统一的决算体系逐级汇编而成。

决算草案的构成、收支项目是与预算一致的。如果说预算是年度财政计划的起点,决算则是年底财政计划的终点;预算所报告的是政府未来的财政收支计划,决算则是对预算执行情况的核查和定论。

(二)决算草案的编制原则

决算草案由各级政府、各部门、各单位,在每一预算年度终了后按照国务院规定的时间编制。编制决算草案需遵循《预算法》第75条规定的两个原则:其一,合法性原则。决算草案的编制,必须符合法律和行政法规的规定。其二,真实、准确、完整、及时原则。这是编制决算草案在技术上应遵循的原则,即要做到"收支真实、数额准确、内容完整、报送及时"。各部门对所属各单位的决算草案,应当审核并汇总编制本部门的决算草案,在规定的期限内报本级政府财政部门审核。

国务院财政部门编制中央决算草案,经国务院审计部门审计后,报国务院审定,由国务院提请全国人民代表大会常务委员会审查和批准。县级以上地方各级政府财政部门编制本级决算草案,经本级政府审计部门审计后,报本级政府审定,由本级政府提请本级人民代表大会常务委员会审查和批准。乡、民族乡、镇政府编制本级决算草案,提请本级人民代表大会审查和批准。

(三) 决算草案的审查与批准

在初步审查之后,县级以上各级人民代表大会常务委员会和乡、民族乡、镇人民代表大会对本级决算草案,重点审查下列内容:(1) 预算收入情况;(2) 支出政策实施情况和重点支出、重大投资项目资金的使用及绩效情况;(3) 结转资金的使用情况;(4) 资金结余情况;(5) 本级预算调整及执行情况;(6) 财政转移支付安排执行情况;(7) 经批准举借债务的规模、结构、使用、偿还等情况;(8) 本级预算周转金规模和使用情况;(9) 本级预备费使用情况;(10) 超收收入安排情况,预算稳定调节基金的规模和使用情况;(11) 本级人民代表大会批准的预算决议落实情况;(12) 其他与决算有关的重要情况。

县级以上各级人民代表大会常务委员会应当结合本级政府提出的上一年度预算执行和其他财政收支的审计工作报告,对本级决算草案进行审查。常务委员会组成人员过半数表决通过,决算草案即为获得批准。

(四) 决算的批复与备案

各级决算经批准后,财政部门应当在20日内向本级各部门批复决算。各部门应当在接到本级政府财政部门批复的本部门决算后15日内向所属单位批复决算。

县级以上地方各级政府应当自本级决算经批准之日起30日内,将本级决算以及下一级政府上报备案的决算汇总,报上一级政府备案;将下一级政府报送备案的决算汇总,报本级人民代表大会常务委员会备案。乡、民族乡、镇政府应当自本级决算经批准之日起30日内,将本级决算报上一级政府备案。

国务院和县级以上地方各级政府对下一级政府报送备案的决算,认为同法律、行政法规相抵触或者有其他不适当之处,需要撤销批准该项决算的决议的,应当提请本级人大常务委员会审议决定;经审议决定撤销的,该下级人大常务委员会应当责成本级政府依照《预算法》的规定重新编制决算草案,提请本级人大常务委员会审查和批准。

【延伸阅读】

预算外资金将何去何从?[①]

我国普遍存在的预算外资金多年来遭受诟病,应如何评价?在制度设计上是否有必要将预算外资金纳入预算范围,从而保证公共资源不被滥用?

客观地说,预算外资金制度作为对一定时期内财政体制的补充,有其存在的合理性,起到了一定的积极作用。

预算外资金的正面效应,主要表现在以下几方面:第一,极大地调动了地方、部门和企事业单位增收节支的积极性,缓解了预算资金的供求矛盾,一定程度地减轻了财政负担;第二,预算外资金专款专用的特点有力地保障了各种专项事业的发展和国家重点支出;第三,减少了统收统支体制下"上缴下拨"的烦琐手续,简化了财政管理;第四,中国财政体制中长期存在的"财权与事权不匹配"决定了预算外资金的取得有助于维持地方政府的正常运转。

[①] 节选自张克:《"预算的实质是要控制政府的行为"——专访北京大学法学院刘剑文教授》,载《检察风云》2012年第6期。

马寅初先生曾说,"一个制度,尤其是财政制度,凡能适应环境之需要者,就是好制度"。要回答是否应该对预算外资金制度进行改革以及改革走向何方这一问题,首先必须思考的是预算外资金是否能够适应中国当前的发展环境,并能实现利大于弊的效果。

毋庸置疑,将预算外资金纳入预算法界定的预算范围是大势所趋,尽管预算外资金制度在特定时期有其合理和可取之处,但其在中国建设市场经济及公共财政体制的背景下,弊端日益凸显。同时,将全部政府收支纳入政府预算,是当今各国的基本经验也是立足于中国基本国情的选择。但是制度的改革往往"牵一发而动全身",预算外资金制度往往与其现有政治经济体制、市场经济完善程度、财政管理制度的水平乃至观念上的认知相关。片面地只从预算外资金具体规制措施入手,改革往往达不到预期的效果。中国预算外资金的形成是一个政治、经济、文化等综合因素长期作用的结果。因此,预算外资金规范化过程应该是一个渐进过程。

在这个过程中,首先,应加强对预算外资金产生的经济、法律以及治理的合理性进行判断;其次,应通过法律建立合理的治理框架,凭借法律的稳定性和权威性保证改革的顺利展开。此外,为充分发挥法律效力,我们应当注意到预算外资金制度的规制必然触动原有的利益格局,如何在相关利益主体间(如财政部门和相关业务部门、中央与地方之间、公民权利与国家权力之间)实现利益的平衡以保证改革的可操作性值得深思。

第四节 预算监督

预算监督是指中央及地方各级有权机关及个人对本级预算、决算的编制、审批、执行、调整的全过程进行监督的预算法律制度。就预算的监督追责机制,我国《预算法》专设第九章,赋予各级国家权力机关、各级政府、财政部门、县级以上审计部门及公民、法人和其他组织对预算和决算进行监督的权力。

《预算法》规定了中央及地方各级人大及其常务委员会监督本级预算、决算的权力。具体说来,全国人民代表大会及其常务委员会对中央和地方预算、决算进行监督。县级以上地方各级人民代表大会及其常务委员会对本级和下级预算、决算进行监督。乡、民族乡、镇人民代表大会对本级预算、决算进行监督。各级人民代表大会和县级以上各级人民代表大会常务委员会有权就预算、决算中的重大事项或者特定问题组织调查,有关的政府、部门、单位和个人应当如实反映情况和提供必要的材料。

虽然《预算法》对预算的人大监督作出较为明确的规定,但是在实践中,人民代表大会及其常务委员会很难启动特别调查程序,人大代表或常务委员会组成人员的询问、质询权也很难发挥应有的效用。政府每年向人大或其常务委员会作出的预算执行报告虽然不难,但是如果在编制过程中缺少专业人员或辅助机构的协助,一旦报告中的信息笼统粗略,在会期紧张、审查时间有限的情况下,报告中潜在的问题将有可能难以被发现。

第五节 预算法律责任

一、预算法律责任的概念

预算法律责任,是违反预算法的法律责任的简称,是指财政法律关系主体违反预算法规定的义务而应依法承担的财政法律后果。预算法律责任具有如下特点:(1)预算法律责任主要是行政责任,同时还可能涉及刑事责任、经济赔偿责任;(2)预算法律责任以预算管理的职责和预算义务的存在为前提;(3)预算法律责任属惩罚性法律责任,是违法行为人对国家的责任。预算法律责任是财政法律责任的重要组成部分,我国《预算法》第十章专章规定了违反预算法所应承担的法律后果。

二、预算违法行为及其后果

与1994年《预算法》相较,我国现行《预算法》进一步充实了法律责任条款,无论是在预算违法行为的类型和范围上,还是在追究法律责任的程度和方式上,都有了很大进步。

其一,各级政府及有关部门有下列行为之一的,责令改正,对负有直接责任的主管人员和其他直接责任人员追究行政责任:(1)未依照本法规定,编制、报送预算草案、预算调整方案、决算草案和部门预算、决算以及批复预算、决算的;(2)违反本法规定,进行预算调整的;(3)未依照本法规定对有关预算事项进行公开和说明的;(4)违反规定设立政府性基金项目和其他财政收入项目的;(5)违反法律、法规规定使用预算预备费、预算周转金、预算稳定调节基金、超收收入的;(6)违反本法规定开设财政专户的。

其二,各级政府及有关部门、单位有下列行为之一的,责令改正,对负有直接责任的主管人员和其他直接责任人员依法给予降级、撤职、开除的处分:(1)未将所有政府收入和支出列入预算或者虚列收入和支出的;(2)违反法律、行政法规的规定,多征、提前征收或者减征、免征、缓征应征预算收入的;(3)截留、占用、挪用或者拖欠应当上缴国库的预算收入的;(4)违反本法规定,改变预算支出用途的;(5)擅自改变上级政府专项转移支付资金用途的;(6)违反本法规定拨付预算支出资金,办理预算收入收纳、划分、留解、退付,或者违反本法规定冻结、动用国库库款或者以其他方式支配已入国库库款的。

其三,各级政府、各部门、各单位违反本法规定举借债务或者为他人债务提供担保,或者挪用重点支出资金,或者在预算之外及超预算标准建设楼堂馆所的,责令改正,对负有直接责任的主管人员和其他直接责任人员给予撤职、开除的处分。

其四,各级政府有关部门、单位及其工作人员有下列行为之一的,责令改正,追回骗取、使用的资金,有违法所得的没收违法所得,对单位给予警告或者通报批评;对负有直接责任的主管人员和其他直接责任人员依法给予处分:(1)违反法律、法规的规定,改变预算收入上缴方式的;(2)以虚报、冒领等手段骗取预算资金的;(3)违反规定扩大开支范围、提高开支标准的;(4)其他违反财政管理规定的行为。

对于上述预算违法行为,如果构成犯罪的,依法追究刑事责任。

此外,2020年修订的《预算法实施条例》第94条规定,各级政府、有关部门和单位有下列行为之一的,责令改正;对负有直接责任的主管人员和其他直接责任人员,依法给予处分:(1)突破一般债务限额或者专项债务限额举借债务;(2)违反本条例规定下达转移支付预算或者拨付转移支付资金;(3)擅自开设、变更账户。

虽然《预算法》对预算法律责任进行了较为细致的规定,但是在实践中,目前大多局限于行政责任,追责主体和责任主体都是政府自己,立法机关与司法机关尚无法介入,与基本法律相违背;此外,承责主体也只是局限于负有直接责任的主管人员和其他直接责任人员,背后真正行使决定权的高层领导往往不在追责范围内。这一制度运作模式因缺乏科学的内部设计和外监督,将很难实现预算授权的法治要求。

【延伸阅读】

预算问责的核心是建设问责型法治政府①

　　政府财政预算古已有之,我国周朝的"九赋九式"制度,就是一种收支平衡、量入为出的财政计划,体现了早期政府预算的雏形。古今中外历代统治者都知道财政和国库的重要性,都知道"钱袋子"就是命根子,都知道管好"钱袋子"是关系到政权安危的大事。

　　政权的不同性质决定了政府预算的不同性质、功能和目的。现代民主法治政府预算的根本特点就是,政府预算从单纯的政府管理工具转变为人民管理政府的工具。也就是说,预算的收入来自人民,预算的支出用于人民,人民有权掌握和控制政府的预算。

　　现代政府必须是受人民控制的法治政府。政府固然具有管理社会的职责,而且必须对社会实行善治,但首先政府要管理好自己;而政府要管好自己,仅仅靠政府自律是远远不够的,必须加强对政府的外部控制。因此,法治型政府除了由法律产生,还必须对法律负责、受法律控制、依法律善治,法治政府必然是问责型的政府。

　　纵观世界各国的有益经验,加强对政府的控制最有效的手段是两个:一个是财政,一个是法律。这两个手段不是割裂的,而常常是结合在一起的。加强对政府的财政法律控制,使政府预算编制、预算执行、预算、决算都要纳入法治轨道,使一切违反预算的行为都得到追究和纠正,这是民主法治国家建设的正途。

　　在我国,政府权力的自我扩张、政府部门的自身利益追逐,是扰乱市场经济良性发展的祸乱之源。在财政方面,表现为如下现象:大规模的预算超收、大规模的预算超支;一些行政机关巧立名目,乱收费、乱摊派、私设"小金库";"三公"消费猖獗、屡禁不止;年终突击花钱、挥霍浪费严重;等等。这些情况,由来已久,近年来还有屡禁不止、愈演愈烈的趋势。国务院《政府工作报告》年年呼吁、年年提出批评和对策,有些地方和部门依然我行我素。这是非常值得忧虑的现象。

　　中国三十余年的财政改革和发展历程表明,中国目前正处于走向现代财政国家的过程中,面临的任务特别艰巨:既有从税收法定主义着手规范财政收入的任务,又有从财政全面改革着手规范财政支出的任务。要从根本上解决上述问题,笔者认为必须从政府外部体制改革和政府内部体制改革两个方面,来建设问责型法治政府。问责型法治政府建立起来了,财政预算问责的问题才能解决。

　　从外部来说,最关键的莫过于完善我国人民代表大会制度,从宪法层面对政府财政收入和支出进行控制。参考各国,特别是法治较为发达的国家,其财政控制主要建立在完善的代议制基础上,代议机构通过预算支配和控制政府财政收支活动,对政府收支行为予以事前审查、事中监督、事后追责,建立起控制政府财政权的完整的、系统的约束机制。

　　在我国,显然必须实实在在加强人民代表大会制度的宪法权威,健全完善的财政审批制度,使财政预算草案公开,收集和听取人民代表、各界群众的意见,并实行严格有效的预算执行制度。必须提高预算决定的严肃性和执行力,即经过人大审批通过的预算文件具有法律效力,政府财政行为必须受到预算文件的约束,任何违反人大通过的预算的行为必须受到追究。

　　应该实事求是地看到,我国人民代表大会制度仍然存在着许多薄弱环节,人大代表的结构和素质与人大有效行使监督、质询、追责等功能尚有差距,人大代表比例中很大一部分来自政府官员,他们对

---

① 节选自杨海坤:《预算问责的核心是建设问责型法治政府》,载《中国改革》2011年第6期。

监督政府财政支出不感兴趣,或者缺少责任感。

许多人大代表缺少财经知识,缺少审查预算的经验和能力,特别是在信息严重不对称情况下,在人大会议议程繁多、会期短暂的情况下,往往根本无心思审查或者无能力审查,由此造成审查预决算的重要程序走过场。

因此,当务之急是完善人民代表大会制度,使代议制机构真正"硬"起来,并使人民代表敢用权、用好权。不仅使人大代表有足够的时间审查预决算,而且真正能看懂预决算,在此基础上找出问题,提出问题,分析问题,最后谨慎地、正确地行使好投票表决权。

现代民主法治政府的预算,根本特点就是政府预算从单纯的政府管理工具,转变为人民管理政府的工具。在国外,切实代表代议机关履行监督政府预算执行情况的通常是审计机关。我国审计机关如何能够独立行使监督权、问责权,是当前应当研究解决的重点和难点。我国的审计机关隶属于本级政府,充其量不过是本级政府的助手,虽然在一定程度上也能起到一些对被审计单位的监督作用,但是这种设置对政府自律和自我约束的作用十分有限。

这也是目前人们常为之诟病的我国审计机关发现问题难、查处问题难的原因所在。因此,许多学者提出这样的主张:在宪法层面,使审计机关直接隶属于人民代表大会,至少使审计机关能独立于行政机关开展工作,这是我国真正实现财政问责制的前提。这方面,学者们已经提出过几种方案,应该经讨论择优采纳。

其次,行政机关自身加强《预算法》《审计法》的执行也十分必要。这些法律都已经有了追究法律责任的初步规定,虽然还不够具体细致,追究法律责任的形式还相当单一,但要害已不在于无法可依,而主要是有法不依、违法不究。

《审计法》第46条明确规定:"对被审计单位违反国家规定的财政收支、财物收支行为负有直接责任的主管人员和其他直接责任人员,审计机关认为依法应当给予行政处分的,应当提出给予行政处分的建议,被审计单位或者其上级机关、监察机关应当依法及时作出决定。"

这样的条文可以列举很多,问题是没有真正有效地实施。今年全国人民代表大会宣布:具有中国特色社会主义法律体系已经形成。

其意义至少有二:一是我国法律体系已经形成,但还要继续加强立法,提高立法质量;二是我国的法治工程已经进入新的阶段,工作重点应该放在已有法律的实施方面,因为法律的生命在于实施!这个情况完全适用于预算法、审计法领域。

我们固然需要进一步完善《预算法》《审计法》,包括完善预算审查监督程序、形式和内容,使预算年度的起讫时间安排更加合理,使预算级次的设置更加有利于提高财政管理效率,使预算法律责任的界定更加明确等等,通过加强立法,通过立法后评估制度等渠道使现有法律更加完善。

但更重要的是,要使现有法律具有约束力,使已经批准的预算更具刚性,使预算对政府行为的规范更加严密、确定和强硬。既然民主执政和依法行政都要通过预算的刚性来体现,那么,违反预算的官员必须承担法律责任,他们的违法行为必须受到法律的追究。

此外,落实预算问责制的另一半,就在于政府自身监督机制的完善,在于行政机关自身敢于动真格。对政府的外部监督必须通过政府内部监督最后落实。

其实,2004年国务院研究制定的《全面推进依法行政实施纲要》,已经明确提出了"全面推进依法行政,经过十年左右时间的坚持不懈的努力,基本实现建设法治政府的目标"。

正是这个文件,提出了完善依法行政的财政保障机制,完善集中统一的公共财政体制,逐步实现规范的部门预算,清理和规范行政事业性收费等政府非税收入,行政机关不得设立任何形式的"小金库",严格执行"收支两条线"等要求。

现在的问题是不能使文件贴在墙上,而是真正落实。不能使对预算执行情况的监督落空,不能使追究违反预算行为法律责任的规定落空。

【课后思考题】

1. 预算法律制度包括哪些主要内容?
2. 如何理解预算法律制度中体现的财政民主理念?
3. 我国预算编制制度存在哪些不足?这对于预算监督效力的实现有何影响?
4. 请结合预算法的修改实践,谈谈如何完善我国现有的预算法律制度。

【参考文献】

1. 蔡茂寅:《预算法之原理》,元照出版有限公司2008年版。
2. 陈治:《减税、减负与预算法变革》,载《中国法学》2019年第3期。
3. 陈治:《预算法的功能主义趋向及其限度》,载《法学家》2019年第6期。
4. 刘剑文:《预算的实质是控制政府的行为》,载《法学》2011年第11期。
5. 刘剑文主编:《改革开放40年与中国财税法发展》,法律出版社2018年版。
6. 〔美〕罗伯特·D.李、罗纳德·W.约翰逊、菲利普·G.乔伊斯:《公共预算体系》,苟燕楠译,中国财政经济出版社2011年版。
7. 马骏:《公共预算:比较研究》,中央编译出版社2011年版。
8. 马骏:《治国与理财——公共预算与国家建设》,生活·读书·新知三联书店2011年版。
9. 施正文:《加快修改〈预算法〉完善分税制财政体制》,载《民主与法制》2012年第8期。
10. 汤洁茵:《论预算审批权的规范与运作——基于法治建构的考量》,载《清华法学》2014年第5期。
11. 朱大旗:《中华人民共和国预算法释义》,中国法制出版社2015年版。

第四章

财政支出法律制度

> 举债支出虽然浪费,结果却可以使社会致富。
>
> ——凯恩斯

【本章导读】

财政支出,即政府将取之于民的财产用之于民的过程。政府通过税收等渠道从公民、企业转移财产并不是目的,而只是一种手段,最终要通过这些财产的运用促进公民的健康、安全、发展等。我们不仅要关注财政收入,还应当关注财政支出。就我国来说,虽然财政收入法并不完善,但是财政支出法更显单薄和短缺。财政支出法主要包括政府采购法、财政拨款法、财政投资法、财政贷款法等内容,本章将以此为纲要对财政支出法做一简介。

第一节 财政支出法律制度概述

一、财政支出法律制度的范围

财政支出是与财政收入相对的一个范畴,财政收入是财政支出的基础,有了财政收入才能进行财政支出。财政收入不是目的,而是一个过程,是一种取得收入进而满足社会公共需求的手段。从表象上看,似乎财政收入法和我们的关系更为紧密,它直接关系到我们应该向政府无偿转移哪些财产、转移多少、怎样转移,而财政支出法似乎和我们关系不大,政府怎么花钱是政府决策的事情,以至于人们通常比较关心财政收入法律制度而不太关心财政支出法律制度。但实际上绝非如此,财政支出与人们可以享受到的政府提供的公共物品的数量和质量息息相关,特别是在人们的公共需求急剧增加的现代社会中,财政支出法的重要性尤为凸显。

财政支出法律制度主要包括财政拨款法、政府采购法、财政投资法和财政贷款法。虽然这几种财政支出都应该经过财政预算,但其各自的标准、程序、管理和监督仍然需要相应的法律规定,从而使得财政支出法成为财政法中的最复杂、最重要的领域之一。

财政拨款法主要规范政府无对价的资金拨付行为,如行政事业单位经费的拨付、社会保障资金的支付、政府对企业的补贴或对公民的救济,等等,是政府公共服务职能的体现,除了财政拨款的指导思想和原则外,我国财政拨款法目前紧迫需要解决的问题是拨款的标准和程序问题。对于法定的财政拨款,应通过切实有力的方式保障相对人的受领权。行政机关可以自由裁量的财政拨款,也应该通过一定的标准和程序加以规范。从这方面看,财政拨款法必须与社会保障法、行政标准法、产业政策法等相结合,才能真正达到目的。

政府采购法主要规范政府有对价的资金拨付行为,如采购物资、工程和劳务等,其目的在于提高财政资金的使用效率,保证政府采购过程的廉洁透明,同时贯彻国家的经济社会政策。目前,我国政府采购的法律依据主要是《政府采购法》。《政府采购法》主要规定采购原则、采购主体、采购范围、采购方式、采购程序、采购的监督与投诉等问题,它主要是一个程序法,具体的采购标准和资金来源都必须以财政预算作为基础,不能超出预算核准的范围。

财政投资法主要规范政府对公用企业、基础设施、高科技企业等的投资行为,通过选题、立项、评估、审批、监督等环节的制度控制,达到降低成本、提高效率、防治腐败等目的。由于财政投资大多以设立国有企业的形式进行,因此财政投资法与国有企业法的关系十分密切。一般而言,财政投资法主要规定投资行为的立项、投资形式的选择、投资范围的确定、投资项目的管理、投资利益的回收等内容。这些内容确定后,企业的设立、管理等则完全可以由国有企业法甚至普通的公司法进行规范。

财政贷款法主要规范中央对地方政府,上级地方政府对下级地方政府的借款行为,以及政府或政策性银行对企业或重大工程项目的贷款行为。财政对国有企业的贷款行为在我国早就以"周转金"的形式存在,政府之间的借款现象则大多是近十年以来分税制的产物。虽然修订后的《预算法》允许地方政府发行公债,但是由于发行的数量、程序等方面仍存在诸多约束,加之公债的发行收入也要受到经济运行状况和国民购买力及购买意愿的影响,难以及时、确定地弥补地方政府短期内的大额财政赤字。因此,当遇到重大困难时,向上级政府借款成为迫不得已的选择。随着政府间财政关系的理顺,虽然这种现象将会明显减少,但上级政府也可以有意识地作为一种宏观调控措施加以保留。至于政策性银行向企业的贷款,从表面上看是金融行为,但实际上还是一种财政行为,因为政策性银行的全部注册资金来自财政拨款,其行为必须满足财政政策的需要。

建立现代财政体制,需要做到收、支、管的并重。当前,财税体制改革的重点在预算改革、税制改革和中央与地方财政关系改革三个方面,没有专门针对财政支出方面作出特别的规定。但是,财政支出是连接财政与国家方方面面治理的关键环节,也是完成现阶段财税体制改革的最终目的。完善我国财政支出法律制度,是进一步推动我国财政法治与促进公共财政建设的必然要求。

二、财政收支分离制度

收支分离,即我国实践中通常称呼的"收支两条线",是我国专门针对行政事业性收费和罚没收入而设计的一种支出制度。收支分离最开始只是一种预算外资金管理方式,是为了防止司法和行政机关从自己所收取的行政事业性收费和罚没收入中坐支,冲击正常的财政管理秩序。所谓"收支两条线",是指执行收费和罚款的政府部门要把收的费和罚的款全部上交给财政部门,不能用来作为本部门的开支使用,其开支由财政部门另行拨款,收入和开支两条线运行,彼此不混同和交叉。

财政收支分离是财政资金管理从自收自支向预算管理转变的必要环节。随着收支分离制度的推进,越来越多的公共资金将进入财政监管的范畴,收支分离与预算管理逐步对接,财政收支管理的规范性逐步提升。财政收支分离制度中全额上缴的财政收入被纳入预算管理,成为预算内收入。没有被纳入预算管理的部分财政收入,则被纳入政府财政专户。对于实行财政专户管理的预算外资金,我国也在积极推行部门预算制度,尝试将其纳入部门预算进行统一管理。

三、国库集中支付制度

国库集中支付制度,国外称之为国库单一账户制度(Treasury Single Account),它是指从预算分配资金拨付、使用、银行清算,直到资金到达商品或劳务提供者账户的全过程直接控制。其基本含义是:财政部门在中央银行设立一个统一的国库账户,并将所有的政府性财政资金全部集中到这一账户,各单位的预算资金全部在该账户分类账户中管理;预算资金不再拨付给各单位分散保存;财政资金的使用由各部门根据细化的部门预算自主决定,由财政部门核准后准予支出,除特殊用途外,财政资金将由国库单一账户直接拨付给商品或劳务的供应商,而不必经过支出单位进行转账结算。①

国库集中支付制度是发达国家普遍采用的一种制度,其主要特点有:(1)所有的财政收入都要进入国库单一账户,所有的最终付款都必须从国库单一账户或者地区分账户中支付。(2)总账户和分账户应该由财政部门管理。(3)从国库单一账户总账户、分账户中的提款,只能在要求政府付款的最终阶段才能发生。(4)单一账户的本质,是国库对政府资金最终付款的控制。②

国库集中支付制度改革是我国财政支出管理制度改革的重要内容,是我国建立公共财政框架的重要组成部分。实行国库集中支付,其实质就是将政府所有财政性资金(包括预算内和预算外资金)集中在国库或国库指定的代理行开设的账户,所有财政支出(包括预算内和预算外支出)均通过这一账户进行拨付,以进一步增强财政资金支出的透明度,提高财政资金使用效益。

我国于2001年正式启动国库制度改革,其主要内容即为国库集中支付制度,改革要求逐步建立和完善以国库单一账户体系为基础、资金缴拨以国库集中支付为主要形式的财政国库管理制度。改革前我国财政性资金的缴库和拨付方式,是通过征收机关和预算单位设立多重账户分散进行。国库集中支付制度改革的核心内容主要包括建立国库单一账户体系、规范财政收入收缴程序、规范财政支出拨付程序等。国库集中支付制度改革,提高了资金运转效率和使用效率,提高了预算执行的透明度,强化了财政预算执行,有效防止单位挤占、挪用和截留财政资金,提高了预算单位的财务管理意识和管理水平,有利于健全财政监督机制,从源头上有效预防和遏制腐败。

在法律规范层面,我国1994年制定的《预算法》第48条规定:"县级以上各级预算必须设立国库;具备条件的乡、民族乡、镇也应当设立国库。中央国库业务由中国人民银行经理,地方国库业务依照国务院的有关规定办理。"2014年修订的《预算法》进一步要求,各级国库应当按照国家有关规定,及时准确地办理预算收入的收纳、划分、留解、退付和预算支出的拨

---

① 参见贾康、赵全厚:《中国财税体制改革30年回顾与展望》,人民出版社2008年版,第226页。
② 参见同上书,第226—227页。

付。各级国库库款的支配权属于本级政府财政部门。除法律、行政法规另有规定外,未经本级政府财政部门同意,任何部门、单位和个人都无权冻结、动用国库库款或者以其他方式支配已入国库的库款。各级政府应当加强对本级国库的管理和监督,按照国务院的规定完善国库现金管理,合理调节国库资金余额。2020 年修订的《预算法实施条例》第 62 条至第 69 条分别规定了国库管理在财政管理中的定位、财政部门与人民银行在国库管理中的职责分工、业务定位等内容。此外,《预算法实施条例》第 93 条对违反《预算法》规定冻结、动用国库库款或者以其他方式支配已入国库库款作了明确的界定,包括 6 种情形:未经有关政府财政部门同意,冻结、动用国库库款;预算收入征收部门和单位违反规定将所收税款和其他预算收入存入国库之外的其他账户;未经有关政府财政部门或者财政部门授权的机构同意,办理资金拨付和退付;将国库库款挪作他用;延解、占压国库库款;占压政府财政部门拨付的预算资金。

值得关注的是,国库集中支付制度的实施效果与实行委托国库制还是独立国库制密切相关。所谓委托国库制,是指国家委托中央银行代理国库业务,不单独设立机构;独立国库制是财政部设立专门的国库来负责财政资金的调拨配置。在预算和国库制度改革过程中,财政部建立独立国库的呼声较高,中国人民银行则坚持委托国库制。国库体制问题在《预算法》修改过程中就曾反复引发激烈争议,最终全国人民代表大会从有利于加强财政资金监管的角度出发,维持了原预算法的规定,规定"央行经理国库",同时增加要求各级政府按照国务院的规定完善国库现金管理,合理调节国库资金余额。

当然,国库集中支付制度改革是一项复杂的系统工程,我国国库集中支付制度改革仍然有待进一步完善和推进。

第二节 政府采购法律制度

一、我国政府采购立法概况

采购是指以合同方式有偿取得货物、工程和服务的行为,包括购买、租赁、委托、雇用等。政府采购又称财政采购,是指各级国家机关、事业单位和团体组织,使用财政性资金采购依法制定的集中采购目录以内的或者采购限额标准以上的货物、工程和服务的行为。政府集中采购目录和采购限额标准依照法定权限制定。政府采购之所以受到关注,核心的有两点:其一,政府采购运用的是公共资金,由此,必须考虑如何提高资金的使用效率,防止腐败,最大限度地发挥政府采购的效用,保护纳税人的权利。其二,政府采购的主体是政府。正因为如此,各国和地区大多制定了政府采购法及相关的法律,将政府采购纳入法律规范的范畴,以约束和规范政府的采购行为,保护相关当事人的利益。

我国关于政府采购法律规范的探索源于 20 世纪 90 年代初,如 1995 年上海市政府率先开始了政府采购的试点,有意识地将政府采购纳入规范的轨道。随着各地财政采购试点的推进和关于政府采购研究的深入,制定专门的政府采购法的条件逐渐具备。1998 年 11 月《政府采购法》被第九届全国人民代表大会常务委员会第五次会议纳入立法规划,并于 1999 年成立了政府采购法起草小组。2002 年 6 月《政府采购法》在第九届全国人民代表大会常务委员会第二十八次会议上得以通过,并于 2003 年 1 月 1 日开始实施。《政府采购法》的颁布实施,标志着我国政府采购正式被纳入了法治的轨道,推动了财政法治的进程。

我国2007年年底正式启动加入WTO《政府采购协议》(GPA)谈判,政府采购迈入国际化时代。2014年,我国《政府采购法》进行了修正,国务院于2015年出台了《政府采购法实施条例》以及大量的配套性规章和规范性文件。

目前,我国在政府采购上的规范,包括《预算法》《政府采购法》《招标投标法》等法律,《预算法实施条例》《政府采购法实施条例》《招标投标法实施条例》以及其他部门规章、规范性文件等,正在向着逐步法治化、规范化稳步迈进。

【延伸阅读】

我国政府采购法的发展进程

我国政府采购法的发展进程大致可以划分为以下几个阶段:

第一阶段为1998年以前。在这一时期,一些经济发达的城市开始有意识地规范政府的采购活动,如1995年上海市财政局率先开展政府采购试点。部分财政实务工作者和财政理论研究者开始初步介绍政府采购制度,讨论政府采购法建立的必要性和可能性。如1996年财政部专家组通过参加亚太经合组织的政府采购专家组活动、出国专题考察及举办国际研讨会等方式,对政府采购制度进行了比较全面的了解。之后,专家组结合一些地方财政部门的政府采购试点情况,对在我国建立政府采购制度的可行性问题进行了比较系统的研究,并于1997年12月和1998年5月向国务院法制局提出了制定《政府采购法》的建议。1998年7月4日国务院办公厅《关于印发财政部职能配置内设机构和人员编制规定的通知》(国办发〔1998〕101号)中,将拟定和执行政府采购政策明确作为财政部的主要职责之一。①

第二阶段为1998年至2002年6月。这一时期发生了两件具有标志性意义的事情:一是1998年深圳市制定了《深圳经济特区政府采购条例》,成为我国第一部规范政府采购行为的地方性法规,此后不少中央部委和省市也纷纷颁布了类似的法规规章②;二是1998年11月第九届全国人民代表大会常务委员会第五次会议将《政府采购法》纳入立法规划,并于1999年4月9日由全国人民代表大会财经委员会牵头成立政府采购法起草小组,正式启动立法起草工作。以这两件事情为契机,法学学者开始大规模地关注政府采购法,为中国政府采购法的制定献计献策。

第三阶段为2002年6月至今。为了规范政府采购行为,提高政府采购资金的使用效益,维护国家利益和社会公共利益,保护政府采购当事人的合法权益,促进廉政建设,2002年6月29日,经第九届全国人民代表大会常务委员会第二十八次会议审议通过,《政府采购法》正式颁布,并于2003年1月1日起生效实施。《政府采购法》的颁布也标志着学者们对政府采购法的研究进入了一个新阶段。一部分

---

① 参见张月姣:《中国应尽快制定政府采购法》,载《法制日报》1993年10月13日第3版。
② 如安徽省于1998年7月出台了《安徽省政府采购管理暂行办法》,1999年安徽省财政厅又出台了《安徽省省级政府采购实施细则》和《安徽省省级政府采购招标投标管理办法》等一系列规章制度;广西壮族自治区1998年7月下发了《关于在区直行政事业单位推行政府采购制度的通知》;上海市1998年12月24日发布了《上海市政府采购管理办法》;大庆市1999年发布了《大庆市政府采购实施方案》和《政府采购机构对采购人直接组织招标管理程序》;1999年4月1日国家经贸委颁布了《国有工业企业物资采购管理暂行规定》;与此同时,财政部发布了《政府采购管理暂行办法》《政府采购招标投标程序暂行规定》和《政府采购合同监督暂行办法》。

学者开始进行普法宣传和条文注释工作,形成一批注释性读本[①],有学者开始有意识地摆脱纯注释法学的路径依赖,在法条释义的过程中注意运用比较研究的方法,从国外一些相关立法的内容中抽象出一般原理,对我国的立法进行反思、批判和补足,体现了学者释法的法理优势和理论深度。[②] 另一部分学者结合立法的规定,继续讨论前一阶段的悬而未决的焦点问题,如政府采购法的适用范围、政府采购合同的性质、政府采购法关系中各方主体的权利义务等,并针对《政府采购法》的立法不足,预设了实践中可能出现的适用困境,提出了自己的修正意见。2014年第十二届全国人民代表大会常务委员会第十次会议决定对2002年《政府采购法》进行如下修订:(1)将第19条第1款中的"经国务院有关部门或者省级人民政府有关部门认定资格的"修改为"集中采购机构以外的";(2)删去第71条第3项;(3)将第78条中的"依法取消其进行相关业务的资格"修改为"在1至3年内禁止其代理政府采购业务"。

二、政府采购法的基本原则

政府采购法的基本原则是政府采购法根本精神的体现,对政府采购规范和政府采购行为具有一般指导意义和普遍约束力。目前,我国《政府采购法》规定了四条基本原则:公开透明、公平竞争、公正和诚实信用原则,贯穿于所有的政府采购活动的全过程。

《政府采购法》第3条规定的公开透明、公平竞争、公正和诚实信用原则与"代理人困境"相关,即政府采购机关实际上是国家的代理人,为了防止其与供应商串通损害国家整体的公共利益,才有必要设置上述基本原则加以约束。这四个基本原则无一例外地有着从程序上保护国家公共财产和供应商合法权益的共同面向,从这一点看,《政府采购法》的基本原则可谓是反映了立法者以意图规范政府财政权力、保护国民财产权利和合法效益为主的"控权"倾向,由此奠定了我国政府采购法律制度的基调。

(一)公开透明原则

公开透明原则是指"政府采购中采购的法律、政策、程序和采购活动都要公开,并接受公众的监督,政府的采购记录也可以公开进行审议"[③]。公开透明原则要求政府采购的所有有关活动都必须公开进行(涉及商业机密和国家秘密的除外)。这是各国通用的一条原则,贯穿在政府采购整个活动的过程中。正是因为政府采购活动公开透明的特性,政府采购才被称为阳光工程。公开透明的内容包括:有关采购的法律和程序应公开并严格执行;采购的项目要求、合同条件、采购过程、采购结果等采购信息(涉密信息除外)要依法公开;采购活动要逐项做好采购记录以备审查监督;供应商还可对有关活动和程序进行质疑和投诉等。

(二)公平竞争原则

公平竞争原则是指政府采购要通过公平竞争选择最优的供应商,取得最好的采购效果,所有参加竞争的供应商机会均等并受到同等待遇,不得有任何歧视行为,同时应在程序上保证有利于合同相对方权利的实现。现代竞争原则中的标准明晰化、评判客观化的精神,应当

[①] 如朱少平主编:《〈中华人民共和国政府采购法〉〈中华人民共和国招标投标法〉条文释义与理解适用》,中国方正出版社2002年版;亓纪华:《中华人民共和国政府采购法释义》,中国法制出版社2002年版;曹富国:《中华人民共和国政府采购释义》,机械工业出版社2002年版;何红锋:《政府采购法详解》,知识产权出版社2002年版。
[②] 参见曹富国:《中华人民共和国政府采购释义》,机械工业出版社2002年版,出版说明。
[③] 亓纪华等:《〈中华人民共和国政府采购法〉释义及实用指南》,中国民主法制出版社2002年版,第70—71页。

渗透到法律规范的阐释中,并且作为具体规则设计的未来行动方向。① 我国立法工作者对"公平竞争原则"的阐释是:"政府采购就是要通过在最大范围内实现公平竞争来获得竞争价格、竞争质量的优势,通过竞争授予合同,每个参加政府采购的当事人都有同样的机会,地位一律平等。"②

一方面,公平竞争是市场经济的本质和要求决定的。没有公平竞争就没有健康的市场经济。对于使用财政资金的政府采购,更有理由营造公平竞争的环境。另一方面,公平竞争也是政府采购的目的和使命决定的。政府采购最基本和最主要的目的是,通过政府采购提高财政资金的使用效率,防止腐败。为了保证财政采购的公平竞争,《政府采购法》作了一系列规定。例如,第19条第2款规定"采购人有权自行选择采购代理机构,任何单位和个人不得以任何方式为采购人指定采购代理机构";第22条第2款规定"采购人可以根据采购项目的特殊要求,规定供应商的特定条件,但不得以不合理的条件对供应商实行差别待遇或者歧视待遇";第25条第1款规定"政府采购当事人不得以任何手段排斥其他供应商参与竞争";第64条第2款规定"任何单位和个人不得违反本法规定,要求采购人或者采购工作人员向其指定的供应商进行采购"。

(三)公正原则

公正原则是指在公开、公平原则上所取得的结果的公正和整个操作程序和过程的公正。公正原则的核心在于"禁止歧视",要求政府采购的采购者、代理机构在采购活动中要排除主观偏向性,对所有参与采购活动的供应商、承包商或服务提供者一视同仁,中立持正,均等对待,如评标标准明确严格、评标程序的公正、利害关系人的回避制度等。政府采购当事人在采购活动中的地位是平等的,任何一方不得向另一方提出不合理的要求,不得将自己的意志强加给对方。

公正原则的总体落实,需要消除政府采购各个环节中权力寻租的空间,需要使采购人、集中采购机构在采购过程中合理分工,分享采购决定权,以权力的制衡来提高公共资金的使用效率,消除采购过程中的腐败,以及由此引发的对采购相对人的不公正对待等问题。此外,还需要完善对政府采购各个环节的全面监督,需要政府采购监管机构依法有效行使监督权,对采购项目的全过程进行监督。从权力的根源上进行适当分离,保证各种权力一定程度上相互独立而又相互制约地运作,是保证采购过程公正的根本措施。③

(四)诚实信用原则

诚实信用原则本是民事活动的基本原则,政府采购既包括民事因素也包括公共管理的因素,也应遵守民事活动的基本原则。作为"约束采购活动中各方当事人"的基本原则,诚实信用原则要求采购机关"在项目、信息传达、评标审标方面要真实,不得有任何虚假",要求供应商"所提供的采购物品、服务要达到投标时所作出的承诺",要求参加政府采购的当事人"都应当诚实守信,遵守已承诺合同的约定,不得弄虚作假"。④ 诚实信用原则要求政府采购各方都要诚实守信,不得有欺骗背信的行为,以善意的方式行使权利,尊重他人利益和公共利益,忠实地履行约定义务。

---

① 扈纪华主编:《〈中华人民共和国政府采购法〉释义及实用指南》,中国民主法制出版社2002年版,第71页。
② 同上。
③ 参见湛中乐:《浅谈政府采购中的反商业贿赂问题》,载《中国政府采购》2007年第2期。
④ 参见扈纪华主编:《〈中华人民共和国政府采购法〉释义及实用指南》,中国民主法制出版社2002版,第72页。

【新闻链接】

迟日大委员：政府采购法修订应体现绿色原则[①]

"现行的《中华人民共和国政府采购法》是2002年出台的，于2014年进行了部分调整。当前我国的政府采购规模和客观环境均发生了较大的变化，特别是针对后疫情时代的国际国内经济形势和构建'双循环'新发展格局的内在要求，有必要适时对我国现行的政府采购法作出进一步修订和完善。"2022年3月7日，全国政协委员、中华全国律师协会副监事长迟日大在接受本报记者采访时说。

迟日大委员介绍，财政部已于2020年12月4日发布了《中华人民共和国政府采购法（修订草案征求意见稿）》，面向社会公开征求意见。"在政府采购法修订过程中，应体现绿色原则。"迟日大委员说，民法典的亮点之一就是确立了绿色原则。依据政府采购法的规定，"政府采购合同适用合同法"，因此政府采购法中关于采购合同的法律规范是民法典"合同编"的特别法，其必然受民法典绿色原则的调整。

"我建议在政府采购法修订过程中，细化绿色采购原则，创设具体的绿色采购制度。比如，基于碳达峰碳中和目标，可加大对可降解生物基材料产品的采购力度，以减少对石化资源的消耗；在服务采购过程中合理设置工作目标和工作标准，实现服务成果、服务报酬、服务成本相适应，避免人力资源浪费，等等。"迟日大委员表示。

三、政府采购法的适用范围

政府采购法的适用范围，是指受到政府采购法调整的采购活动的种类和内容。各国和地区在政府采购的适用范围上存在一定的差异，往往根据一定时期本国的社会经济形势和政府职能状况来决定政府采购的范围，将某些典型的政府采购行为排除于政府采购法调整范围。因此，虽然从广义上看，政府采购可以被认为是"一国政府部门及政府机构或其他直接或间接受政府控制的企事业单位，为实现其政府职能和公共利益，使用公共资金获得货物、工程和服务的行为"，但从我国现行法律条款看，"政府采购"仅指有权主体受《政府采购法》规范的采购行为。我国《政府采购法》对政府采购的适用范围作了规定。

（一）采购人的范围

《政府采购法》第2条对"政府采购"作出界定，即"本法所称政府采购，是指各级国家机关、事业单位和团体组织，使用财政性资金采购依法制定的集中采购目录以内的或者采购限额标准以上的货物、工程和服务的行为"。该法第15条又强调，"采购人是指依法进行政府采购的国家机关、事业单位、团体组织"。由此可见，该法对主体界定采用的是特定组织形式和使用财政性资金的综合标准，且没有将国有企业纳入规制范围。

（二）采购对象的范围

政府采购的范围包罗万象，国际上通行的做法是，按其性质将采购对象分为货物、工程和服务三大类。我国《政府采购法》在第2条中也将采购对象规定为货物、工程和服务。货物，是指各种形态和种类的物品，包括原材料、燃料、设备、产品等。工程，是指建设工程，包

[①] 参见杨波：《迟日大委员：政府采购法修订应体现绿色原则》，载最高人民检察院网站，https://www.spp.gov.cn/spp/zdgz/202203/t20220308_547969.shtml，2022年3月27日最后访问。

括建筑物和构筑物的新建、改建、扩建、装修、拆除、修缮等。服务，是指除货物和工程以外的其他政府采购对象。

与政府采购范围相关的另一个问题是门槛金额（financial threshold）。门槛金额又叫门槛价，指法律设定的适用财政采购法特定采购模式的采购项目的最低金额标准。它是界定采购标的范围的定量参数，将达不到法定规模的采购项目排除在政府采购法的适用范围之外，避免因采购成本相对采购标的过大而丧失采购效率。门槛金额在我国《政府采购法》中体现为"集中采购目录"和"采购限额标准"两种技术性指标，同时规定禁止拆分采购对象。《政府采购法》第28条规定："采购人不得将应当以公开招标方式采购的货物或者服务化整为零或者以其他任何方式规避公开招标采购"，并规定其具体内容由国务院和省、自治区、直辖市人民政府或其授权的机构根据采购项目的预算级别分别确定并公布。

（三）政府采购法的适用除外

根据《政府采购法》的规定，对于特定类型和地域的采购活动，不适用该法。具体而言，包括：（1）考虑到军事采购的特殊性，军事采购法规由中央军事委员会另行制定；（2）采购人使用国际组织和外国政府贷款进行的政府采购，贷款方、资金提供方与中方达成的协议对采购的具体条件另有规定的，可以适用其规定；（3）因严重自然灾害和其他不可抗力事件所实施的紧急采购与涉及国家安全和秘密的采购，不适用该法。

【新闻链接】

财政部发布通知：全面清理政府采购领域妨碍公平竞争做法[①]

2019年7月30日，财政部发布《关于促进政府采购公平竞争优化营商环境的通知》，明确多方面措施促进政府采购领域公平竞争、优化营商环境，构建统一开放、竞争有序的政府采购市场体系。

《通知》要求，各地区、各部门应当依法保障各类市场主体平等参与政府采购活动的权利，全面清理政府采购领域妨碍公平竞争的规定和做法。《通知》明确，应当重点清理和纠正以下问题：以供应商的所有制形式、组织形式或者股权结构，对供应商实施差别待遇或者歧视待遇，对民营企业设置不平等条款，对内资企业和外资企业在中国境内生产的产品、提供的服务区别对待；除小额零星采购适用的协议供货、定点采购以及财政部另有规定的情形外，通过入围方式设置备选库、名录库、资格库作为参与政府采购活动的资格条件，妨碍供应商进入政府采购市场等。在加强政府采购执行管理方面，《通知》要求，优化采购活动办事程序，细化采购活动执行要求，规范保证金收取和退还，及时支付采购资金，完善对供应商的利益损害赔偿和补偿机制。《通知》要求，要加快完善电子化政府采购平台的网上交易功能，实现在线发布采购公告、提供采购文件、提交投标（响应）文件，实行电子开标、电子评审。加快实施"互联网＋政府采购"行动，积极推进电子化政府采购平台和电子卖场建设，建立健全统一的技术标准和数据规范，逐步实现全国范围内的互联互通。此外，《通知》还就进一步提升政府采购透明度、完善政府采购质疑投诉和行政裁决机制等作出规定。

[①] 参见《财政部发布通知：全面清理政府采购领域妨碍公平竞争做法》，载中国政府网，http://www.gov.cn/guowuyuan/2019-07/31/content_5417376.htm，2022年3月26日最后访问。

四、政府采购的当事人

政府采购的当事人是指在政府采购活动中享有权利和承担义务的各类主体,包括采购人、供应商和采购代理机构,不包括政府采购监督管理部门。

(一)采购人

采购人是指依法进行政府采购的国家机关、事业单位、团体组织。根据我国《宪法》的规定,国家机关包括国家权力机关、国家行政机关、国家审判机关、国家监察机关和军事机关。事业单位是指政府为实现特定目的而批准设立的事业法人。团体组织是指各党派及政府批准设立的社会团体。我国《政府采购法》规定的采购人不包括国有企业,主要是考虑到企业为生产经营性单位,其资金并非全部是财政性资金,而且其采购活动关系到生产效率,所以不能完全套用《政府采购法》的规定进行运作。而军事机关的采购法规之所以由中央军事委员会另行制定,也是因为考虑到军事物品采购的特殊性。

采购人在政府采购活动中应当维护国家利益和社会公共利益,公正廉洁,诚实守信,执行政府采购政策,建立政府采购内部管理制度,厉行节约,科学合理确定采购需求。采购人不得向供应商索要或者接受其给予的赠品、回扣或者与采购无关的其他商品、服务。

(二)采购代理机构

采购人采购纳入集中采购目录的项目,必须委托集中采购机构代理采购;采购未纳入集中采购目录的项目可以自行采购,也可以委托集中采购机构在委托的范围内代理采购。纳入集中采购目录属于通用采购项目的,应当委托集中采购机构代理采购;属于本部门、本系统有特殊要求的项目,应当实行部门集中采购;属于本单位有特殊要求的项目,经省级以上人民政府批准,可以自行采购。

集中采购机构为采购代理机构。设区的市、自治州以上人民政府根据本级政府采购项目组织集中采购的需要设立集中采购机构。集中采购机构是非营利事业法人,根据采购人的委托办理采购事宜。集中采购机构进行政府采购活动,应当符合采购价格低于市场平均价格、采购效率更高、采购质量优良和服务良好的要求。

采购人可以委托经国务院有关部门或者省级人民政府有关部门认定资格的采购代理机构,在委托的范围内办理政府采购事宜。采购人有权自行选择采购代理机构,任何单位和个人不得以任何方式为采购人指定采购代理机构。采购人依法委托采购代理机构办理采购事宜的,应当由采购人与采购代理机构签订委托代理协议,依法确定委托代理的事项,约定双方的权利义务。

采购代理机构不得以不正当手段获取政府采购代理业务,不得与采购人、供应商恶意串通操纵政府采购活动。采购代理机构工作人员不得接受采购人或者供应商组织的宴请、旅游、娱乐,不得收受礼品、现金、有价证券等,不得向采购人或者供应商报销应当由个人承担的费用。

(三)供应商

供应商是指向采购人提供货物、工程或者服务的法人、其他组织或者自然人。根据《政府采购法》的规定,供应商参加采购活动应当具备下列条件:(1)具有独立承担民事责任的能力;(2)具有良好的商业信誉和健全的财务会计制度;(3)具有履行合同所必需的设备和专业技术能力;(4)有依法缴纳税收和社会保障资金的良好记录;(5)参加政府采购活动前三年内,在经营活动中没有重大违法记录;(6)法律、行政法规规定的其他条件。

采购人可以要求参加财政采购的供应商提供有关资质证明文件和业绩情况,并根据法律规定的供应商条件和采购项目对供应商的特定要求,对供应商的资格进行审查。采购人可以根据采购项目的特殊要求,规定供应商的特定条件,但不得以不合理的条件对供应商实行差别待遇或者歧视待遇。

五、政府采购方式

依据我国《政府采购法》第26条规定,政府采购采用的方式包括公开招标、邀请招标、竞争性谈判、单一来源采购、询价等。此外,财政部出台的《政府采购框架协议采购方式管理暂行办法》,新增了框架协议采购的政府采购方式。该《办法》自2022年3月1日起施行。

(一)公开招标

公开招标应作为政府采购的主要采购方式。公开招标方式的优点是:程序透明、竞争范围大,有利于节约财政资金。采购人采购货物或者服务应当采用公开招标方式的,其具体数额标准,属于中央预算的政府采购项目,由国务院规定;属于地方预算的政府采购项目,由省、自治区、直辖市人民政府规定;因特殊情况需要采用公开招标以外的采购方式的,应当在采购活动开始前获得设区的市、自治州以上人民政府采购监督管理部门的批准。在一个财政年度内,采购人将一个预算项目下的同一品目或者类别的货物、服务采用公开招标以外的方式多次采购,累计资金数额超过公开招标数额标准的,属于以化整为零方式规避公开招标,但项目预算调整或者经批准采用公开招标以外方式采购的除外。

(二)邀请招标

邀请招标和公开招标的不同在于,需要通过一定的方式确定供应商,投标人的范围相对较窄,竞争自然也不如公开招标充分,所以只有满足一定条件时才能采用。《政府采购法》规定,符合下列情形之一的货物或者服务,可以采用邀请招标方式采购:(1)具有特殊性,只能从有限范围的供应商处采购的;(2)采用公开招标方式的费用占政府采购项目总价值的比例过大的。

(三)竞争性谈判

《政府采购法》规定,符合下列情形之一的货物或者服务,可以采用竞争性谈判方式采购:(1)招标后没有供应商投标或者没有合格标的或者重新招标未能成立的;(2)技术复杂或者性质特殊,不能确定详细规格或者具体要求的;(3)采用招标所需时间不能满足用户紧急需要的;(4)不能事先计算出价格总额的。

(四)单一来源采购

《政府采购法》规定,符合下列情形之一的货物或者服务,可以采用单一来源方式采购:(1)只能从唯一供应商处采购的;(2)发生了不可预见的紧急情况不能从其他供应商处采购的;(3)必须保证原有采购项目一致性或者服务配套的要求,需要继续从原供应商处添购,且添购资金总额不超过原合同采购金额的10%。

(五)询价

采购的货物规格和标准统一、现货货源充足且价格变化幅度小的政府采购项目,可以采用询价方式采购。

（六）框架协议采购

《政府采购框架协议采购方式管理暂行办法》规定，符合下列情形之一的，可以采用框架协议采购方式采购：(1) 集中采购目录以内品目，以及与之配套的必要耗材、配件等，属于小额零星采购的。(2) 集中采购目录以外，采购限额标准以上，本部门、本系统行政管理所需的法律、评估、会计、审计等鉴证咨询服务，属于小额零星采购的。若主管预算单位能够归集需求形成单一项目进行采购，通过签订时间、地点、数量不确定的采购合同满足需求的，则不得采用框架协议采购方式。(3) 集中采购目录以外，采购限额标准以上，为本部门、本系统以外的服务对象提供服务的政府购买服务项目，需要确定2家以上供应商由服务对象自主选择的。(4) 国务院财政部门规定的其他情形。前述所称采购限额标准以上，是指同一品目或者同一类别的货物、服务年度采购预算达到采购限额标准以上。

除了上述方式之外，政府采购还可以采取国务院政府采购监督管理部门认定的其他采购方式。

六、政府采购合同

根据我国《政府采购法》的规定，政府采购合同适用《民法典》中合同的有关规定。采购人和供应商之间的权利和义务，应当按照平等、自愿的原则以合同方式约定。采购人可以委托采购代理机构代表其与供应商签订采购合同。由采购代理机构以采购人名义签订合同的，应当提交采购人的授权委托书，作为合同附件。

政府采购合同应当采用书面形式。采购人与中标、成交供应商应当在中标、成交通知书发出之日起30日内，按照采购文件确定的事项签订采购合同。中标、成交通知书对采购人和中标、成交供应商均具有法律效力。中标、成交通知书发出后，采购人改变中标、成交结果的，或者中标、成交供应商放弃中标、成交项目的，应当依法承担法律责任。

经采购人同意，中标、成交供应商可以依法采取分包方式履行合同。采购合同分包履行的，中标、成交供应商就采购项目和分包项目向采购人负责，分包供应商就分包项目承担责任。采购合同履行中，采购人需追加与合同标的相同的货物、工程或者服务的，在不改变合同其他条款的前提下，可以与供应商协商签订补充合同，但所有补充合同的采购金额不得超过原合同采购金额的10%。

政府采购合同的双方当事人不得擅自变更、中止或者终止合同。采购合同继续履行将损害国家利益和社会公共利益的，双方当事人应当变更、中止或者终止合同。有过错的一方应当承担赔偿责任，双方都有过错的，各自承担相应的责任。

七、政府采购的质疑与投诉

根据我国《政府采购法》的规定，供应商对政府采购活动事项有疑问的，可以向采购人提出询问，采购人应当及时作出答复，但答复的内容不得涉及商业秘密。供应商认为采购文件、采购过程和中标、成交结果使自己的权益受到损害的，可以在知道或者应知其权益受到损害之日起7个工作日内，以书面形式向采购人提出质疑。采购人应当在收到供应商的书面质疑后7个工作日内作出答复，并以书面形式通知质疑供应商和其他有关供应商，但答复的内容不得涉及商业秘密。采购人委托采购代理机构采购的，供应商可以向采购代理机构提出询问或者质疑，采购代理机构应当就采购人委托授权范围内的事项作出答复。

各级人民政府财政部门是负责政府采购监督管理的部门,依法履行对政府采购活动的监督管理职责。各级人民政府其他有关部门依法履行与政府采购活动有关的监督管理职责。质疑供应商对采购人、采购代理机构的答复不满意或者采购人、采购代理机构未在规定的时间内作出答复的,可以在答复期满后15个工作日内向同级财政采购监督管理部门投诉。政府采购监督管理部门应当在收到投诉后30个工作日内,对投诉事项作出处理决定,并以书面形式通知投诉人和与投诉事项有关的当事人。政府采购监督管理部门在处理投诉事项期间,可以视具体情况书面通知采购人暂停采购活动,但暂停时间最长不得超过30日。投诉人对政府采购监督管理部门的投诉处理决定不服或者政府采购监督管理部门逾期未作处理的,可以依法申请行政复议或者向法院提起行政诉讼。

【新闻链接】

财政部:PPP立法将打通多项"痛点"[①]

财政部近日在对全国人民代表大会代表关于加快PPP立法的建议作出的答复中介绍,新修改形成的《政府和社会资本合作暂行条例(修改稿)》对部门文件存在冲突、顶层设计不统一、PPP项目泛化异化和"新官不理旧账"等问题进行了相关规定。

针对部门文件冲突,建立协调机制

根据《财政部对十三届全国人大二次会议第5517号建议的答复》,为依法规范PPP活动,司法部会同发展改革委和财政部研究起草了《基础设施和公共服务领域政府和社会资本合作条例(征求意见稿)》,已征求社会公众和中央有关单位、地方人民政府、有关社会团体、社会资本方、中介机构、研究机构等方面的意见。根据各方面意见,司法部会同发展改革委和财政部进一步修改完善,形成了《政府和社会资本合作暂行条例(修改稿)》(以下简称"修改稿"),其中对合作项目的决策、实施、监督管理、争议解决、法律责任等作了规定。财政部还在答复中介绍了修改稿对PPP领域多项热点问题作出的规定。关于部门文件存在冲突、顶层设计不统一的问题,财政部称,按照避免"政出多门"、发挥政策合力的原则,修改稿明确,国务院投资主管部门、财政部门在各自的职责范围内,负责政府和社会资本合作的指导、监督;国务院其他有关部门在各自的职责范围内,负责政府和社会资本合作的相关工作;政府和社会资本合作的重大政策措施和管理制度,由国务院有关部门共同制定,必要时报国务院批准;国务院建立政府和社会资本合作协调机制,及时协调、解决政府和社会资本合作中的重大问题。

针对项目泛化异化,设置前提条件

针对PPP项目泛化异化问题,财政部表示,根据我国实际情况,并借鉴其他国家和地区PPP立法经验,修改稿明确规定了可以采用政府和社会资本合作模式项目的条件,包括市场不能有效配置资源、政府有责任提供的领域项目,社会公众对项目有长期、稳定的需求,项目的建设、运营由社会资本方或者项目公司具体承担等。修改稿还要求,不符合条件的项目,不得采用政府和社会资本合作模式。

为解决政府主导话语权损害公共部门与社会资本之间的公平合作问题,修改稿规定,开展政府和社会资本合作,应当遵循平等协商、风险共担、诚实守信、公开透明的原则;政府实施机构与其选定的社会资本方应当在协商一致的基础上签订合作项目协议;合作项目协议内容需要变更的,应当由协议双方协商一致。政策随意性大,"新官不理旧账"也是PPP领域各方关注的焦点问题,对此财政部明确,

---

[①] 参见《财政部:PPP立法将打通多项"痛点"》,载《中国财经报》2019年10月10日第5版。PPP是Public-Private Partnership的简写,即政府和社会资本合作,是基础设施和公共服务领域的一种项目运作模式。

修改稿在规定政府和社会资本方应当全面履行合作项目协议约定的义务的同时,针对实践中社会资本方普遍担心的"政府随意改变约定""新官不理旧账"问题还规定,县级以上地方人民政府应当加强政务诚信建设,严格履行合作项目协议,不得以行政区划调整、政府换届以及机构、职能调整或者负责人变更等理由违约毁约;合作项目协议中约定的政府付费或者政府提供补助、补偿以及政府分担风险等财政支出事项,应当纳入预算,并及时向社会资本方或者项目公司支付资金。修改稿同时明确了政府及其有关部门、主管部门、政府实施机构和负有责任的领导人员和直接责任人员违反上述规定的法律责任。在维护公共利益,明确PPP项目参与各方的资格、责任与权利义务关系方面,修改稿规定,合作项目实施过程中,发生严重危及公共利益、公共安全等紧急情况的,本级人民政府可以指定有关单位临时接管合作项目;因政府、社会资本方或者项目公司严重违约、危害公共利益的,可以提前终止合作项目协议。同时,修改稿专设"合作项目的决策""合作项目的实施"两章,对合作项目提出的主体和依据,合作项目实施方案的拟订、审核和发布,社会资本方的选择,合作项目协议的签订及其内容,合作项目协议的履行、变更和提前终止,项目公司股权的转让,合作项目期限届满后资产的转移等作了明确规定,进一步明确了PPP项目参与各方的资格、责任与权利义务关系等问题。关于对PPP项目可行性论证、项目融资、政府信用等作出全面规制问题,修改稿规定,主管部门拟订合作项目实施方案,应当会同有关部门,从经济效益、社会效益等方面对项目采用政府和社会资本合作模式的必要性、合理性组织开展评估;社会资本方或者项目公司可以采取项目融资的方式融资,有关金融机构应当予以支持;对政府、政府有关部门及其工作人员在政府和社会资本合作中的失信行为,按照社会信用体系建设的有关要求分别计入政府失信记录实施惩戒。财政部还表示,下一步将积极配合司法部进一步对修改稿进行完善,加强协调,凝聚共识,继续推进PPP立法工作。

第三节　其他财政支出法律制度

一、政府投资法律制度

(一)政府投资法律制度的定义及特征

政府投资,又称财政投资,是指国家为了实现其职能,满足社会公共需要,在中国境内由政府使用预算安排的资金进行固定资产投资建设活动,包括新建、扩建、改建、技术改造等,以使财政资金转化为政府公共部门资产的行为和过程[①]。政府投资法是调整政府投资关系的法律规范的总称,它是有关主体进行政府投资活动的行为准则,是顺利进行政府投资的法律保障。政府投资的基本法律制度包括:投资主体和投资体制;投资宏观调控制度;投资资金管理制度;投资项目管理制度;投资项目建设程序制度;投资监督制度;投资法律责任制度。

从现实看,我国政府投资法律制度基础还较为薄弱。目前我国政府投资领域的法律规范为2018年12月5日国务院第33次常务会议通过、2019年7月1日起施行的《政府投资条例》。除此之外,对财政投资进行调整的主要是一些政策性文件和一些立法层次不高的规章等,如《财政投资评审管理规定》《财政投资评审质量控制办法(试行)》等。

---

① 参见施正文:《关于我国政府投资法制建设几个问题的探讨》,载《国家行政学院学报》2005年第1期。

【新闻链接】

李克强签署国务院令公布《政府投资条例》[①]

2019年4月14日,国务院总理李克强签署国务院令,于5月5日公布《政府投资条例》(以下简称《条例》),自2019年7月1日起施行。

制定政府投资条例是深化投融资体制改革的重点任务,党中央、国务院对此高度重视。将政府投资纳入法治轨道,既是依法规范政府投资行为的客观需要,也是深入推进依法行政、加快建设法治政府的内在要求。《条例》规定了以下内容:

一是明确界定政府投资范围,确保政府投资聚焦重点、精准发力。政府投资资金应当投向市场不能有效配置资源的公共领域项目,以非经营性项目为主;国家建立政府投资范围定期评估调整机制,不断优化政府投资方向和结构。

二是明确政府投资的主要原则和基本要求。政府投资应当科学决策、规范管理、注重绩效、公开透明,并与经济社会发展水平和财政收支状况相适应;政府及其有关部门不得违法违规举借债务筹措政府投资资金;安排政府投资资金应当平等对待各类投资主体。

三是规范和优化政府投资决策程序,确保政府投资科学决策。进一步规范政府投资项目审批制度,重大政府投资项目应当履行中介服务机构评估、公众参与、专家评议、风险评估等程序;强化投资概算的约束力。

四是明确政府投资年度计划的相关要求。国务院投资主管部门、国务院其他有关部门以及县级以上地方人民政府有关部门按照规定编制政府投资年度计划,明确项目名称、建设内容及规模、建设工期等事项,政府投资年度计划应当和本级预算相衔接。

五是严格项目实施和事中事后监管。政府投资项目开工建设应当符合规定的建设条件,并按照批准的内容实施;政府投资项目所需资金应当按规定确保落实到位,建设投资原则上不得超过经核定的投资概算;政府投资项目应当合理确定并严格执行建设工期,按规定进行竣工验收,并在竣工验收合格后办理竣工财务决算;加强对政府投资项目实施情况的监督检查,建立信息共享机制;政府投资年度计划、项目审批和实施等信息应当依法公开。

(二)政府投资范围

政府投资范围主要涉及两个问题:第一是政府投资的边界问题,主要解决政府财政投资和市场私人投资的分工问题;第二是中央政府和地方政府投资的职责划分问题,主要解决政府投资的范围内哪些由中央政府进行投资,哪些由地方政府进行投资的问题。

我国目前在处理政府和市场的投资边界问题上遵循公共财政的要求,严守财政投资的公共性原则,政府投资应当从经营性项目或企业可以承担的项目中退出来,主要投向市场不能有效配置资源的经济和社会领域,根据《政府投资条例》第3条第1款规定,主要包括社会公益服务、公共基础设施、农业农村、生态环境保护、重大科技进步、社会管理、国家安全等公共领域的项目,以非经营性项目为主。根据《政府投资条例》第6条第2款规定,安排政府投资资金,应当符合推进中央与地方财政事权和支出责任划分改革的有关要求。根据规定,国

[①] 参见《李克强签署国务院令公布〈政府投资条例〉》,载中国政府网,http://www.gov.cn/guowuyuan/2019-05/05/content_5388833.htm,2022年3月26日最后访问。

务院投资主管部门依照《政府投资条例》和国务院的规定,履行政府投资综合管理职责。国务院其他有关部门依照本条例和国务院规定的职责分工,履行相应的政府投资管理职责。县级以上地方人民政府投资主管部门和其他有关部门依照《政府投资条例》和本级人民政府规定的职责分工,履行相应的政府投资管理职责。国家建立政府投资范围定期评估调整机制,不断优化政府投资方向和结构。

《政府投资条例》对条例的适用除外进行了如下规定:(1)国防科技工业领域政府投资的管理办法,由国务院国防科技工业管理部门根据《政府投资条例》规定的原则另行制定;(2)中国人民解放军和中国人民武装警察部队的固定资产投资管理,按照中央军事委员会的规定执行。

(三)政府投资决策法律制度

政府投资运用的是财政资金,其来源于社会,政府投资的结果对社会利益也会产生重大影响。因此,必须建立相应的科学的政府投资决策制度。《政府投资条例》设专章规定了政府投资程序,其中包括发展建设规划制度、公示制度、审批制度等。

根据《政府投资条例》,县级以上人民政府应当根据国民经济和社会发展规划、中期财政规划和国家宏观调控政策,结合财政收支状况,统筹安排使用政府投资资金的项目,规范使用各类政府投资资金。政府采取直接投资方式、资本金注入方式投资的项目(以下统称政府投资项目),项目单位应当编制项目建议书、可行性研究报告、初步设计,按照政府投资管理权限和规定的程序,报投资主管部门或者其他有关部门审批。

政府投资项目进入审批程序,除涉及国家秘密的项目外,投资主管部门和其他有关部门应当通过投资项目在线审批监管平台(以下简称在线平台),使用在线平台生成的项目代码办理政府投资项目审批手续。投资主管部门和其他有关部门应当通过在线平台列明与政府投资有关的规划、产业政策等,公开政府投资项目审批的办理流程、办理时限等,并为项目单位提供相关咨询服务。

二、财政贷款法律制度

(一)财政贷款法的定义

财政贷款法主要规范中央对地方政府、上级地方政府对下级地方政府的借款行为,以及政府或政策性银行对企业或重大工程项目的贷款行为。财政贷款法也规范财政担保贷款和财政贴息行为。

上级政府对下级政府的借款涉及政府之间的财政关系。在财政联邦制下,上下级政府之间是相对独立的财政主体,各有相应的事权和财权的配置。在此前提下,各级政府应依据相应的财力状况合理安排事务。各级政府的收入来源包括税收、费、资产收益、公债、转移支付等。当出现财政赤字时,在遵守相关财政规则的前提下,可以通过税收、费、公债等予以弥补。上级政府对下级政府并无贷款的义务与职责。财政联邦制并非资本主义国家的专利。实际上,我国自改革开放以来,实行的诸多改革都体现了"财政联邦"的思想,已经是带有中国特色的、事实上的"财政联邦制"。1994年我国实行"分税制"改革之后,中央获得了大部分财政收入,而在财政支出上,却由地方承担责任的大头,即地方的事权和财权并不对等。地方政府没有税收立法权,发行公债的条件、额度、程度又受到多重限制。在这种背景之下,在地方财政收入不足以支应时,出现上级政府向下级政府贷款的现象,也是情理之中的。

财政贷款担保,主要是政府通过为社会主体的商业贷款行为提供担保来解决其融资难的问题。财政贷款担保制度可以解决那些有创业前景、有创业意愿,但无法提供适当担保的企业和个人融资难的问题。[①]

财政贴息,是国家基于一定目的,对某些企业、某些项目的贷款利息在一定时期内给予一定比例的补贴,属于财政分配的范畴。财政贴息作为调控经济的手段具备如下四个要素:第一,财政贴息的主体为各级政府,其他任何组织或个人都不可能成为此主体;第二,财政贴息的客体或对象为各种社会经济活动,财政贴息调节仅限于生产、消费两个社会再生产环节;第三,财政贴息调控的支点或说其赖以发挥作用的力量源泉在于贴息带来的物质利益;第四,调控的目的在于调节供给结构和需求结构,达致社会总供需的平衡及资源的优化配置。[②]

无论是上级对下级政府的贷款,还是政府对企业或重大工程项目的贷款,或者财政贷款担保和财政贴息,运用的都是财政资金,都是区别于商业融资的财政行为。既然是一种财政行为,就应该纳入财政法治的范畴,使运用财政资金贷款的行为得到规范,避免随意性。

(二)政府间贷款行为的规范

上级政府对下级政府的贷款行为是我国"分税制"条件下的一种特殊现象。虽然这种现象的存在会随着我国政府间财政关系的改进而有所减少,但是政府仍然可以将其作为一种宏观调控措施而予以保留。尽管其存在不一定合理,但当其客观存在又难以消除的时候,我们应该考虑的问题是如何对其加以规范,纳入财政法治的范畴之中。

(1)贷款的条件和程序,即在什么前提和条件下,上级政府可以对下级政府贷款,这种贷款又应履行什么样的程序。这种程序和条件应该通过相应的规则固定下来,纳入法律的统治之下,从而避免贷款的随意性。这种程序和条件的规定,既是财政法治的要求,也是财政公正公平的要求。在程序和条件不明确的环境下,贷款行为不仅有相当大的随意性,而且容易造成一种不公平的状态。

(2)贷款资金的使用与监管,即下级政府通过贷款所得资金应该投向何种领域,是财政贷款规则的核心内容。对上级政府来说,提供贷款不仅仅是为了缓解下级政府的资金紧缺状态,更是希望通过这种资金实现某种调控的目的。我们认为,下级政府所借资金应主要投向公共领域,而不得用于弥补事业经费的赤字。

(3)贷款的偿还,即下级政府应该通过什么途径偿还贷款。虽然这种借款不同于商业贷款,但既然是一种借款行为就必然存在偿还的问题。在法规中应明确下级政府偿还资金的来源与渠道。

[①] 参见刘剑文主编:《财政法学》,北京大学出版社 2009 年版,第 263 页。
[②] 参见张天正:《财政贴息理论探索》,载《四川财政》2002 年第 3 期。

（三）政策性贷款制度

政策性贷款是由国家规定投向或根据国家计划而由银行发放的贷款。[①] 政策性贷款的基本主体是政策性银行。我国目前有三家政策性银行，即国家开发银行、中国进出口银行、中国农业发展银行。政策性贷款包括直接贷款和委托贷款两种方式：直接性贷款就是政策性银行直接向符合政策性贷款条件的客户放款。委托贷款就是政策性银行把某一类政策性业务划出并将相应的资金委托给其他金融机构根据规定的贷款对象、条件、用途加以运用。[②]

政策性贷款的资金来源主要包括国家财政支付的注册资本金、发行金融债券，以及中央银行的再贷款。政策性贷款的适用范围如下：(1) 粮油棉等重要农副产品合同收购贷款；(2) 长期经济开发性贷款，包括农业开发、科技开发、基础设施开发、老少边穷经济开发等方面的贷款；(3) 国家重要物资专项储备贷款，包括专项粮食储备贷款、中央和地方专项储备贷款；(4) 国家指定用于重点扶持方面的专项贷款，如扶贫贴息贷款、福利工业贷款；(5) 国家重点建设贷款（包括基本建设和技术改造贷款）；(6) 支持大型机电产品出口的买方信贷和卖方信贷；(7) 政策性住房信业务；(8) 国家为了维护社会安定而指定银行发放的工资性贷款等所谓"安定团结"贷款；(9) 其他类型的政策性贷款业务。[③]

（四）财政贷款担保制度

财政贷款担保是指国家运用财政资金设立专业贷款担保机构，对于国家鼓励的产业和投资主体的商业贷款行为进行担保。[④] 现阶段，我国财政贷款担保主要是下岗失业人员小额担保贷款和中小企业融资担保。

就中小企业融资担保而言，我国经过多年的发展，通过财政资金设立担保机构，为中小企业融资提供担保，有力促进了中小企业发展。目前，我国政策性担保机构的担保基金有50%以上都来源于国家及地方政府的预算拨款，而且随着担保业务的不断扩展，对这种财政注入的要求也必然会越来越强烈，一旦缺少财政支持，这些机构是难以为继的。

就下岗失业人员小额担保而言，下岗失业人员小额担保贷款是指国家对一定条件下下岗失业人员自主创业中的小额贷款行为所提供的财政担保。2002年中国人民银行、财政部、国家经贸委劳动和社会保障部联合下发了《〈下岗失业人员小额担保贷款管理办法〉的通知》。该《办法》规定，凡年龄在60岁以内、身体健康、诚实信用、具备一定劳动技能的下岗失业人员，自谋职业、自主创业或合伙经营与组织起来就业的，其自筹资金不足部分，在贷款担保机构承诺担保的前提下，可以持劳动保障部门核发的《再就业优惠证》向商业银行或其分支机构申请小额担保贷款。

下岗失业人员小额担保贷款促进了下岗失业人员创业和再就业。但仍存在一些问题，如担保基金不足，商业银行缺乏配合的动力，申贷程序烦琐等。

[①] 参见管守安、张宇润：《政策性贷款法律制度探析》，载《安徽大学学报》1999年第6期。
[②] 同上。
[③] 同上。
[④] 参见刘剑文主编：《财政法学》，北京大学出版社2009年版，第263页。

【新闻链接】

下岗职工创业贷款遇多重尴尬[①]

2006年中央预算执行情况审计报告显示:2004年至2006年,财政部在预算中安排下岗职工微利项目贷款贴息资金55亿元,实际执行2.85亿元,仅占5.2%。为此,审计署点名批评并建议财政部应采取措施进一步提高预算编制的准确性,督促相关部门保证这项政策目标的实现。其余的高达52亿的贴息资金缘何未能如期发放?据分析,其原因包括贴息出道不畅、申贷程序烦琐、贷款数额过小、商业银行缺乏动力等。

(五)财政贴息制度

财政贴息作为一种财政手段,有自己的特征和应用领域。就财政贴息的特征而言,一方面,财政贴息实际是政府弥补或修正市场缺陷与不足的一种手段。由于市场的逐利性,在社会中存在一些需要得到发展、却由于资金压力而无法正常发展的企业或个人。这些企业或个人可以通过担保获得发展的资金,只是无法全额负担贷款利息,这时通过财政为其负担一部分利息,从而解决这些企业或个人的资金压力,促进其发展。另一方面,财政贴息带有鼓励性效应。通过财政贴息可以引导社会、民间资金的进入,从而既达到了资金的导向功能,又避免了财政直接投资的"挤出效应"。财政贴息一般应用于基础设施领域、技术创新领域、农业领域、落后地区。

为了发挥财政贴息的财政效应,应建立相应的规制机制。第一,确定财政贴息的对象领域或者其方法。在一定的时期内,到底哪些领域可以成为财政贴息的对象,不是一个由政府自由裁量的事情,而需要根据社会经济发展,依据科学的方法予以确定。第二,加强财政贴息的监管。规范财政贴息的申请程序,严格财政贴息的审批和审查,保证财政贴息资金的运用,杜绝骗取国家财政贴息资金的行为。

【新闻链接】

四川审计厅:26个县2416万元民生扶贫专项资金被骗取、套取[②]

2016年7月20日下午,四川省第十二届人大常务委员会第二十七次会议第一次全体会议在成都举行。会上,四川省审计厅厅长黄河向大会作了《关于四川省2015年度省级预算执行和其他财政收支的审计工作报告》。

黄河在报告中指出,审计部门对乌蒙山片区3个市本级和9个县、大小凉山彝区22个贫困县2013

[①] 参见席斯:《下岗职工创业贷款遇多重尴尬》,载经济观察网,http://epaper.eeo.com.cn/shtml/jjgcb/20070709/26929.shtml,2022年3月26日最后访问。

[②] 参见徐杨祎:《四川审计厅:26个县2416万元民生扶贫专项资金被骗取、套取》,载中国新闻网,http://www.chinanews.com/gn/2016/07-20/7946316.shtml,2022年3月26日最后访问。

年至2015年的财政扶贫资金,以及四川全省88个贫困县2014年至2015年易地扶贫搬迁和地质灾害避险搬迁安置工程专项资金进行了审计,审计资金总额75.96亿元,抽查项目2104个。

审计结果表明,有关地方积极落实中央和省委、省政府脱贫攻坚决策部署,制定具体措施,加大工作力度,在改善贫困群众生产生活条件、减轻地质灾害威胁上取得成效,但仍发现不少问题。

首先,部分扶贫资金未及时有效使用。由于项目实施进展缓慢、完工项目未及时验收报账等原因,16个县4.23亿元资金闲置超过2年。22个县的项目结余资金4976万元,未及时按要求盘活使用。

其次,部分专项资金被骗取、套取或违规使用。26个县的少数单位以虚报搬迁户数人数、虚开发票、重复申报项目等方式,骗取、套取专项资金2416万元。39个县的部分单位向不符合条件的对象发放扶贫贷款贴息、危房改造、彝家新寨建房、扶贫搬迁等补助资金2785万元。13个县的财政、扶贫等部门和部分乡镇将1458万元专项资金出借或用于与扶贫无关的支出。

再次,部分项目实施监管不到位。60个县未完成2014年和2015年地质灾害避险搬迁安置目标任务,至2016年2月尚有8055户未搬迁,占任务的24.7%。4个县的10户搬迁户在原地质灾害隐患区新建住房,或搬迁后仍处于新的地质灾害隐患区。11个县的43个扶贫项目未按规定进行招投标、比选,或未通过政府采购、"一事一议"等民主议事方式采购,个别项目因审核把关不严导致投标单位围标,涉及资金4264万元。

最后,个别人员严重违法违纪。如古蔺县承担劳务扶贫培训任务的一学校相关负责人和工作人员虚开发票套取资金26.8万元。叙永县落卜镇4名村干部以"辛苦费""资料费"等名义,向13户易地扶贫搬迁户收费2.45万元。南江县黑潭乡2名村干部以"跑项目"为由,向8户避险搬迁农户收取"待客费"1.2万元。

对上述问题,四川审计机关已依法作出处理,并向相关部门移送违法违纪问题线索51件,涉及金额3506万元。

三、财政拨款法律制度

(一)财政拨款法的定义

财政拨款是一种无对价的财政资金拨付行为,是指各级人民政府向纳入预算管理的事业单位、社会团体等组织拨付财政资金,但国务院和国务院财政、税务主管部门另有规定的除外,常见的财政拨款形式有行政事业单位经费的拨付、社会保障资金的支付、政府对企业的补贴或对公民的救济,等等。

财政拨款与财政采购、财政投资、财政贷款不同,具有无偿性。财政资金拨付之后,政府并不要求对等的回报,也不要求有任何收益。对政府而言,这是一种单向流动的开支。尽管受款主体在用款方面需要遵循一定的约束,甚至要满足一定的条件,但相对于财政拨款本身,这并不构成对价,因而其无偿性仍然十分突出。

财政拨款的目的多元。有些财政拨款是为了满足消费需要。例如,政府机关和事业单位会产生行政事业性开支,包括办公经费、人员工资等,这是行政事业单位提供公共服务的必要基础。有些财政拨款是为了体现对特定主体的鼓励和促进。例如,政府对企业、科研单位的奖励、补贴、资助,政府对农业生产者的直接补贴,就属于这种类型。还有些财政拨款体现了对弱势群体的救助,如赈灾救济款、优抚费用、最低生活保障费等。通过不同的财政拨款,有助于政府实现其存在的目的和价值。

【新闻链接】

透视企业获政府补贴的背后①

近期出炉的 2014 年国内上市公司三季报显示,一批银行等"最赚钱"国企获得了各类政府补贴。"新华视点"记者根据金融数据终端万得资讯统计,2014 年上半年,A 股上市公司获得超过 323 亿元政府补贴,其中 61.64% 流向 854 家地方国有企业和中央国有企业。

一些拥有市场垄断性、且十分盈利的企业享受大量国家补贴受到多方质疑的同时,地方政府一些"滥补"的"土政策"更需要清理整顿。

"最赚钱"国企仍被输血,银行靠补贴"闷声发财"

根据 A 股上市公司三季报,2014 年前三季度,中石油获得补贴 21.99 亿元,中石化则获得政府补贴 15.94 亿元。此外,多家国有控股银行成为"进补新生"。福建省财政厅等国有法人绝对控股的兴业银行最新披露的季报显示,该行前三季度共获得政府补助 3.22 亿元;而央企中信集团控股的中信银行前三季度获得政府补助 5800 万元。

国有银行获得政府补贴可能有哪些途径呢?其一是居民买房银行获补贴。成都市财政局官网今年 7 月 31 日称,四川省财政厅决定,对金融机构按照国家政策规定向居民家庭在四川省行政辖区内首次购买自住普通商品房提供贷款,且贷款利率不超过(含)人民银行公布的同期贷款基准利率,按金融机构实际发放符合条件贷款金额的 3% 给予财政补助。

此外,"新华视点"记者还在成都市人民政府下发的一份《关于进一步加快金融业发展的若干意见》中看到,当地金融集聚区对金融机构总部、地区总部购买自用办公用房,给予一次性购房补贴,标准为1000 元/平方米;租赁自用办公用房给予连续 3 年租房补贴,标准为每月 20 元一平方米。这意味着,银行在成都某些区域租房或购房办公,政府将给予财政补助。

为争夺"总部经济"由政府出资补贴银行租房的现象并非个例。在江苏南京市 2011 年发布的相关文件中,对银行等机构"入驻"的补助标准,曾被提至购房最高 2000 元/平方米,租房 1200 元/平方米。

"国企和国有金融机构是地方招商引资重点目标,自然成为补贴大户。"上海一家国有银行会计负责人透露,财报中显示的还只是企业补贴的一部分。一些政府补贴因与日常信贷业务紧密相关,直接计入了存款或主营业务收入。从近期发布的财务报告看,银行大多"闷声发财",尽量避免公开披露这一事实。今年三季报中,在四川开设营业部的绝大多数银行公布的"政府补助"一项均为零。

逾 2200 家上市公司获"政府补贴"或确认了"政府补助"收入

在我国,各级政府以引导企业创新发展、促进就业、保障三农、加大投资等为目的,设置了各类专项或专门补贴。商务部研究院研究员王志乐介绍,只要符合一定的资质、门槛或要求,不同体量、不同行业类别、不同所有制的企业都有可能获得补贴,税收优惠、土地优惠、应急救灾、配套设施等各类隐性补贴也屡见不鲜。

记者调查发现,包括国企在内,各类企业获得政府各类补贴总量巨大,且逐年上涨。仅 A 股 2500 多家上市公司中,就有近九成、超过 2200 家上市公司获得了"政府补贴"或确认了"政府补助"收入。

---

① 杨毅沉、杜放:《银行获"救市""租房"补贴?——企业获政府补贴的背后》,载中国政府网,http://www.gov.cn/xinwen/2014-11/19/content_2780740.htm,2022 年 3 月 27 日最后访问。

"上世纪80年代,我国仅对絮棉等农产品予以扶持性补贴。而目前,一方面是补贴规模越来越大,同时,一些地方政府发放补贴演变为一种招商行为。"上海市国有资产运营研究院咨询专家、复旦大学企业研究所所长张晖明说,尽管产业引导性补贴具有一定合理性,但单纯为了地方企业不退市或争取企业到当地落户的补贴现象,已干扰了正常市场机制。

从大量上市公司获得补贴的情况看,一些补贴缺少为何获得、获得多少的依据,仅一纸政府公文就将地方财政转化为上市公司收入。

——名目繁多。主营业务连续亏损、年初靠变卖资产才避免成为"垃圾股"的吉恩镍业,近期披露2014年全年共获得10项(次)政府补贴,包括"省级稳增长奖励专项资金""市专利管理处专利补助资金""省财政厅羰基钴创新能力建设项目专项资金""流动资金贷款贴息""2014年度外经贸发展转型资金""失业人员财政补贴""电池材料及动力电池研发生产基地建设项目专项资金"等,总计2100多万元。

记者统计发现,各地政府对企业的补贴包含从省级到县级,从鼓励出口到鼓励投资,从保护专利到保障就业各个种类;受益企业也是五花八门,一些徘徊在产能过剩、污染环境边缘的企业也获得了补贴,部分钢铁、采矿企业成为负面典型。

——补贴出手随意,个别地方政府甚至有为企业"站台"的嫌疑。今年11月初,号称"A股海产品第一股"的獐子岛突称价值8亿元虾夷扇贝因受灾绝收,受到社会质疑,监管部门正在进行紧锣密鼓调查。但当地政府却"慷慨"宣布,向上市公司返还3500万元受灾海域使用金。

——"土地换资金"等不透明的隐性补贴大量存在。为规避中央清理税收优惠、遏制恶性招商等调控精神,一些地方政府花样百出。比如,祥龙电业是武汉市国资委旗下武汉葛化集团控股的上市公司,2013年这家上市公司因连续亏损面临退市时,武汉市及东湖高新区两级政府对其持有的8宗土地有偿收储,使其获得12.7亿元财政巨额补偿从而避免了退市的下场。

"滥补"的"土政策"需清理整顿

对于各类补贴乱象,专家指出,不仅部分垄断国企获得补贴理由牵强,一些地方政府"滥补"的"土政策",更损害了市场经济的公平竞争,需要清理整顿。

对于部分国企某一环节亏损却整体获得补贴的现象,一些专家表示不赞成。例如,长期以来,"两桶油"一方面称炼油环节亏损,另一方面却是年年整体大幅盈利。"整体盈利水平很高、甚至领先多数行业,在这种情况下再继续要补贴就不妥了。"上海流通经济研究所所长汪亮说,"况且,一部分补贴资金还来自'附加费'等向居民收取的收费基金。"

在国企获补的背后,一些补贴是地方政府的"土政策",通过税收优惠、税费返还实现招商引资的"政绩"。今年7月召开的中共中央政治局会议已审议通过了深化财税体制改革总体方案。财政部有关负责人接受记者采访时表示,一些地方政府和财税部门执法不严或者出台"土政策",通过税收返还等方式变相减免税收,侵蚀税基、转移利润,制造税收"洼地",不利于实现结构优化和社会公平,影响公平竞争和统一市场环境建设等。

此外,地方政府"滥补"还容易堆积过剩产能等问题。中国物流与采购联合会副会长蔡进表示,我国的产能过剩除了市场竞争外,还有体制机制的原因。突出表现为地方政府因经济发展冲动,以土地、税收优惠和财政资助等方式干预市场,引发部分行业过度投资。

中国社科院工业经济研究所副研究员江飞涛强调,要想依靠市场力量化解产能过剩问题,必须从根本上杜绝地方政府通过低价甚至零地价供地为企业提供补贴。

专家表示,新一轮财政体制改革已要求,未经国务院批准,地方不能对企业规定财政优惠政策。清理规范各类税收优惠政策,违反法律法规的一律停止执行。应对政府补贴过多、增速过快现象予以规范,纳入清理整顿范围。

（二）财政拨款法的主要内容

除了确定财政拨款的指导思想和原则外，财政拨款法目前紧迫需要解决的问题是拨款的标准和程序问题。对于法定的财政拨款，应通过切实有力的方式保障相对人的受领权。行政机关可以自由裁量的财政拨款，也应该通过一定的标准和程序加以规范。从这方面看，财政拨款法必须与社会保障法、行政标准法、产业政策法等相结合，才能真正达到目的。正因为如此，在确定财政拨款标准时，财政部门往往需要跟其他相关主管部门合作。

财政拨款法主要解决财政拨款的标准和程序问题，因此，其内容也可以从这两个方面进行介绍。

1. 财政拨款的标准

一项财政开支到底需要多少钱，哪些人可以享受这些开支，哪些开支是必要的，哪些开支只能视情况而定，这都是财政拨款法必须要解决的问题。例如，公务员的工资必须遵循既定的标准，对农民的直接补贴也必须设定一定的额度。即便是办公场所的建造、公务用车、公款招待等，虽然对外属于政府采购的范围，但是，在政府内部仍然关乎财政拨款，因此也必须考虑标准问题。目前，我国存在大量的超标用车、超标办公大楼、巨额公款招待，都与财政拨款的标准不明、执行不严有很大的关系。

目前，财政拨款的标准大多由政府部门自行制定。除涉及国家秘密外，这些标准应该公开透明，让公众可以自由查阅，并随时提出批评意见。2011年，国务院要求所属各个部门公开"三公"经费，如果能够做到，这当然是一个进步。

2013年12月31日，财政部印发《中央和国家机关差旅费管理办法》，对中央和国家机关工作人员临时到常驻地以外地区公务出差所发生的城市间交通费、住宿费、伙食补助费和市内交通费的补贴和报销标准与审核进行规定。《预算法》要求实行全口径预算，包括"三公"经费在内的政府全部收支都需纳入预算进行管理并接受人大的监督与审查。《预算法》要求各级政府部门建立起跨年度预算平衡机制，增强"三公"经费预算编制的科学性，治理年末突击花钱等不合理财政支出现象，杜绝不合理的"三公"经费支出、提高财政资金的利用效率。

有一些财政支出标准由法律直接规定，而且有硬性的指标要求，因此具有约束力。例如，我国《教育法》第56条规定："各级人民政府的教育经费支出，按照事权和财权相统一的原则，在财政预算中单独列项。各级人民政府教育财政拨款的增长应当高于财政经常性收入的增长，并使按在校学生人数平均的教育费用逐步增长，保证教师工资和学生人均公用经费逐步增长。"

也有一些财政拨款标准仅具有指导性，不具有直接约束力。

2. 财政拨款的程序

财政拨款的标准确定之后，将款项拨付到用款单位、企业或者个人，需要履行一定的法律程序。设计财政拨款的法律程序的目的是为了保证公平、公正、公开，既利于对财政部门的约束，也利于对用款单位的监督；也是为了提高财政拨款的效率，让财政资金发挥最大的效用，防止出现资金积压、浪费等现象。

财政拨款应遵守国库单一账户制度和国库集中支付制度，这本身就是一种财政拨款的程序要求。除此之外，财政信息公开制度还会要求，对各个部门和单位的拨款应向外公示。即便部门和单位自己不愿意公示，财政部门也有义务公示。再则，财政拨款的流程也要优化,即要保证资金的安全,也要确保程序的高效率,不能耽误用款单位的资金需求。

目前,我国财政年度虽然起始于 1 月 1 日,但每年预算审批通过的时间往往在 3 月中旬,再加上预算批复的不及时,常常不能按照用款单位的需求将资金拨付到位,对企业、个人的补贴、救助、奖励等也存在资金被截留的情况。因此,我国应该强化预算执行程序,优化预算资金的拨付流程,以实现财政拨款的正常功能。

【新闻链接】

李克强签署国务院令公布《机关团体建设楼堂馆所管理条例》[①]

2017 年 10 月 27 日,国务院总理李克强日前签署国务院令,公布《机关团体建设楼堂馆所管理条例》,自 2017 年 12 月 1 日起施行,1988 年 9 月 22 日发布施行的《楼堂馆所建设管理暂行条例》同时废止。

党中央、国务院高度重视严格控制党政机关办公楼等楼堂馆所建设,把严格控制楼堂馆所建设作为落实中央八项规定精神、切实转变作风的重要举措。为了把严格控制机关团体建设楼堂馆所的举措制度化,建立长效机制,推动监督检查常态化,防止公共资金用于新建政府性楼堂馆所,把宝贵的资金更多用于发展经济改善民生,国务院制定《机关团体建设楼堂馆所管理条例》。

《条例》对机关、人民团体新建、扩建、改建、购置楼堂馆所作出严格限制,明确规定不得建设培训中心等各类具有住宿、会议、餐饮等接待功能的场所和设施,禁止以技术业务用房等名义建设办公用房或者违反规定在技术业务用房中设置办公用房。

《条例》规定,对机关、人民团体建设办公用房,要严格项目审批,强化资金管理,对属于禁止建设或者建设必要性不充分、建设资金来源不符合规定、建设内容或者建设规模不符合建设标准等情形的不得批准建设;办公用房项目应当按照审批机关核定的建设内容、建设规模和投资概算进行设计、施工;办公用房项目的建设资金由预算资金安排,不得挪用各类专项资金、向单位或者个人摊派、向银行等金融机构借款及接受赞助或者捐赠等。对机关、人民团体维修办公用房,要严格履行审批程序,执行维修标准,禁止进行超标准装修或者配置超标准的设施。

《条例》明确,机关、人民团体有未经批准建设办公用房、办公用房项目建设资金来源不符合规定等违法建设行为的,根据具体情况责令停止相关建设活动或者改正,对所涉楼堂馆所予以收缴、拍卖或者责令限期腾退,对负有责任的领导人员和直接责任人员依法给予处分。《条例》还对建设楼堂馆所的信息公开、监督检查等作了相关规定。

在严格限制和规范机关、人民团体建设楼堂馆所的同时,《条例》明确,财政给予经费保障的事业单位和人民团体以外的其他团体建设楼堂馆所,参照适用本条例。

【课后思考题】

1. 简述我国财政支出法的体系。
2. 评价我国《政府采购法》中财政部门的职能。
3. 阐述政府采购、政府投资、财政贷款和财政拨款的关系。

[①] 参见新华社:《李克强签署国务院令公布〈机关团体建设楼堂馆所管理条例〉》,载中国政府网,http://www.gov.cn/premier/2017-10/27/content_5234878.htm,2022 年 3 月 26 日最后访问。

【参考文献】
1. 陈平:《政府财政投资的法律规制》,载《国家行政学院学报》2006年第6期。
2. 郭维真:《中国财政支出制度的法学解析:以合宪性为视角》,法律出版社2012年版。
3. 廖钦福:《现代财政国家与法——财政法学之构筑与法课题之展开》,元照出版有限公司2011年版。
4. 刘洲:《财政支出的法律控制研究——基于公共预算的视角》,法律出版社2012年版。
5. 上海财经大学公共政策研究中心:《中国财政透明度报告》,上海财经大学出版社2012年版。
6. 杨大春:《中国四十年来税收法治史述论稿》,法律出版社2018年版。
7. 湛中乐:《政府采购法基本原则探析》,载《时代法学》2009年第4期。

第五章

非税财政收入法律制度

国家如果不能消灭国债,国债必然消灭国家。

——大卫·休谟

【本章导读】

财政收入法律制度在财政法体系中有着举足轻重的地位,一方面它为国家取得财政收入提供合法依据,另一方面也起到限制政府权力、保障公民财产权的作用。本章讨论税收之外的财政收入法律制度,包括费用、公债、彩票和国有资产收益法律制度,税收法律制度在本书下篇集中讨论。我国非税收入法律制度尚存诸多问题,如何实现国家财政收入权和人民财产权的平衡,是反思与完善非税财政收入法律制度的核心所在。

第一节 非税财政收入法律制度概述

一、非税财政收入法律制度概述

(一)非税财政收入法律制度的理论基础

根据现代国家财政收入的构成,财政收入主要包括税收、公债、费用、彩票以及某些特定的资产收益等。由于税收在现代国家财政收入中所占比重极大,往往被认为具有特殊地位。在此意义上,可以将财政收入分为税收收入和非税收入。规范前者的法律制度即为税收法律制度,规范后者的制度则为非税财政收入法律制度。财政收入行为立法的目的,一方面是为了解决政府行为的合法性,为财政收入的获取提供法律依据;另一方面也是为了约束政府的行为,防止其滥用行政权力,随意侵犯公民财产权。财政收入法虽然在形式上表现为给财产设定负担,但这种负担本身是以尊重财产权、保护财产权作为前提的。因此,政府汲取财政收入必须遵循一定的原则,使负担在公民之间平等分配,同时还必须遵守一定的程序,以体现财产权人的参与和同意,并督促相关政府部门依法行政。

财政收入法在财政法体系中占据十分重要的地位。一方面,财政收入是公民向国家让渡财产,形成国家公共财产的结果;另一方面,财政收入是国家财政支出的前提和基础。故依法规范国家财政收入行为,切实保障公民财产权,显得尤为必要。财政收入法包括税法、费用征收法、公债法、国有资产收益法、彩票法等。不同的收入形式有不同的法律基础。政府获得这些收益的依据不同,其对公民财产权的影响程度不同,收入的管理和分配形式自然也不尽相同。

税收是一国财政收入的主要来源,是对纳税人让渡部分财产权的要求,故依法规范税收征收行为,保障纳税人权利,成为税法关注的重点。由于本书将税法独立作为一个部分来讲解,故本章不讨论税收法律制度。

费用主要是指基于受益负担理论,以现实的和潜在的对待给付为要件,在政府与公民间形成的价格关系和债权债务关系。在我国,政府收费主要包括行政事业性收费和政府性基金,但相对应的法律规范一直不健全,迫切需要将其纳入法治的轨道。

公债作为现代国家财政收入的重要形式,具有弥补财政赤字、调剂季节性资金余缺等功能,但由于其影响到财政的健全性,且涉及代际负担的分配,因此,有必要对公债的发行、审批、流通、使用和偿还等予以立法规范。特别需要注意的是,这里的公债已经不是计划经济时代的公债,计划经济时代公债的主要目的是为各地筹集工农业"大跃进"所需要的资金。

彩票也是筹集财政收入的一种形式。近年来,我国彩票业在迅速发展的同时,也出现了不少问题,违法行为屡见不鲜,彩票纠纷大量发生。因此,研究并构建起完善的彩票法律制度,意义重大。

国有资产收益是指国家凭借资产所有权而取得的收益。在我国,国有资产收益逐年增加,已成为财政收入的重要组成部分,但其在征收、管理的过程中也存在不少问题。因此,必须完善国有资产收益法律制度,保障国家对国有资产的收益权。

(二)非税财政收入法律制度的现状及未来趋势分析

自改革开放以来,我国加快了财政收入立法的步伐,制定了一系列相关的法律规范。在非税收入方面,目前,主要有国务院1992年制定的《国库券条例》、2009年4月制定的《彩票管理条例》,以及国务院及其有关部委颁布的涉及行政事业性收费、政府性基金等方面的规章和其他规范性文件,如国务院《关于加强预算外资金管理的决定》《行政事业性收费项目审批管理暂行办法》《关于行政性收费纳入预算管理有关问题的通知》《关于加强政府非税收入管理的通知》《关于加强政府性基金管理问题的通知》《国有资本收益收缴管理办法》《关于试行国有资本经营预算的意见》《关于发行2009年地方政府债券有关问题的通知》,财政部《代理发行2009年地方政府债券发行兑付办法》《关于进一步规范和加强彩票资金构成比例政策管理的通知》《关于印发〈政府非税收入管理办法〉的通知》[①],财政部、国家税务总局《关于扩大有关政府性基金免征范围的通知》《关于取消、停征和整合部分政府性基金项目等有关问题的通知》,财政部、国家发展改革委《关于扩大18项行政事业性收费免征范围的通知》等。

上述财政收入法律规范的颁行,对于保障和规范国家财政收入,无疑具有十分重要的意义。但需要指出的是,在我国,完善的财政收入法律体系尚未建立,已有的财政收入法律规范也存在诸多缺陷。概括起来,主要表现为:第一,财政收入法律体系不完整,其中,最为主要的如《税法总则》《行政收费法》《政府性基金法》等尚付阙如;第二,财政收入法律规范效力

---

① 为了加强政府非税收入管理,规范政府收支行为,健全公共财政职能,保护公民、法人和其他组织的合法权益,财政部于2016年3月18日出台了《政府非税收入管理办法》(财税〔2016〕33号)。

层次过低,如税收立法目前主要为国务院制定的行政法规,非税收入主要为国务院有关部委的规章和其他规范性文件;第三,现行财政收入法律规范存在诸多缺陷。

财政收入主要作为国家提供公共产品和公共服务的对价,是财政支出的前提和基础。因此,世界各国都十分注重通过立法的方式保障国家财政收入。这也是国家维持其存在所必需的。尤其在我国,无论中央政府还是地方政府莫不将发展经济作为首要选择。在这种情况下,如何组织收入以满足建设资金需求,自然就成为政府首先加以考虑的问题。但与此同时,财政收入毕竟是源于人民的财产,因此,在保障国家财政收入权的同时,也要规制国家财政收入行为,以保障人民财产权。

从发展的趋势来看,实现对国家财政收入行为的立法规制,需要做到以下几个方面:第一,完善《宪法》,从宪法层面就国家取得财政收入的目的及其依据作出明确界定;第二,制定《税法总则》,并在此基础上编纂《税法典》;第三,制定《行政收费法》《政府性基金法》《国债法》《地方公债法》等法律规范,构建起完善的非税收入法律体系。

二、政府非税收入管理办法

为了加强政府非税收入(以下简称非税收入)管理,规范政府收支行为,健全公共财政职能,保护公民、法人和其他组织的合法权益,根据国家有关规定,2016年财政部制定了《政府非税收入管理办法》(以下简称《办法》),对政府非税收入的设立与征收、票据、资金,以及监督管理等方面进行规定。

根据《办法》的规定,非税收入,是指除税收以外,由各级国家机关、事业单位、代行政府职能的社会团体及其他组织依法利用国家权力、政府信誉、国有资源(资产)所有者权益等取得的各项收入,不包括社会保险费、住房公积金(指计入缴存人个人账户部分)。非税收入主要有以下几种:(1)行政事业性收费收入;(2)政府性基金收入;(3)罚没收入;(4)国有资源(资产)有偿使用收入;(5)国有资本收益;(6)彩票公益金收入;(7)特许经营收入;(8)中央银行收入;(9)以政府名义接受的捐赠收入;(10)主管部门集中收入;(11)政府收入的利息收入;(12)其他非税收入。教育收费管理参照《办法》规定执行,收入纳入财政专户管理。非税收入是政府财政收入的重要组成部分,应当纳入财政预算管理,由各级财政部门遵循依法、规范、透明、高效的原则,探索和建立与本地实际相符的分类分级管理制度,并应当完善非税收入管理工作机制,建立健全非税收入管理系统和统计报告制度。省级财政部门可以根据《办法》的规定,结合本地区实际情况,制定非税收入管理的具体实施办法。

(一)政府非税收入设立与征收管理

伴随着财税法治和依法治国的逐步推进,非税收入的法治化程度也逐渐加深。根据《办法》的规定,非税收入的设立、征管必须根据法律、法规的要求,在依法赋予的权限内进行。任何部门和单位不得违反规定设立非税收入项目或者设定非税收入的征收对象、范围、标准和期限。设立和征收非税收入,应当依据法律、法规的规定或者按下列管理权限予以批准:(1)行政事业性收费按照国务院和省、自治区、直辖市(以下简称省级)人民政府及其财政、价格主管部门的规定设立和征收;(2)政府性基金按照国务院和财政部的规定设立和征收;(3)国有资源有偿使用收入、特许经营收入按照国务院和省级人民政府及其财政部门的规定设立和征收;(4)国有资产有偿使用收入、国有资本收益由拥有国有资产(资本)产权的人民政府及其财政部门按照国有资产(资本)收益管理规定征收;(5)彩票公益金按照国务院和财政部的规定筹集;(6)中央银行收入按照相关法律法规征收;(7)罚没收入按照法律、法规和规章的规定征收;(8)主管部门集中收入、以政府名义接受的捐赠收入、政府收入的利息收入及其他非税收入按照同级人民政府及其财政部门的管理规定征收或者收取。取消、停征、减征、免征或者缓征非税收入,以及调整非税收入的征收对象、范围、标准和期限,应当按照设立和征收非税收入的管理权限予以批准,不许越权批准。取消法律、法规规定的非税收入项目,应当按照法定程序办理。

各级财政部门为非税收入的主管部门,非税收入可以由财政部门直接征收,也可以由财政部门委托的部门和单位(以下简称执收单位)征收。未经财政部门批准,不得改变非税收入执收单位。法律、法规对非税收入执收单位已有规定的,从其规定。执收单位应当履行下列职责:(1)公示非税收入征收依据和具体征收事项,包括项目、对象、范围、标准、期限和方式等;(2)严格按照规定的非税收入项目、征收范围和征收标准进行征收,及时足额上缴非税收入,并对欠缴、少缴收入实施催缴;(3)记录、汇总、核对并按规定向同级财政部门报送非税收入征缴情况;(4)编报非税收入年度收入预算;(5)执行非税收入管理的其他有关规定。

各级财政部门应当加强非税收入执收管理和监督,不得向执收单位下达非税收入指标。执收单位不得违规多征、提前征收或者减征、免征、缓征非税收入。对违规设立非税收入项目、扩大征收范围、提高征收标准的,缴纳义务人有权拒绝缴纳并向有关部门举报。

非税收入收缴实行国库集中收缴制度。非税收入应当全部上缴国库,任何部门、单位和个人不得截留、占用、挪用、坐支或者拖欠。各级财政部门应当加快推进非税收入收缴电子化管理,逐步降低征收成本,提高收缴水平和效率。

(二)非税收入票据管理

非税收入票据是征收非税收入的法定凭证和会计核算的原始凭证,是财政、审计等部门进行监督检查的重要依据。非税收入票据种类包括非税收入通用票据、非税收入专用票据和非税收入一般缴款书。具体适用下列范围:(1)非税收入通用票据,是指执收单位征收非税收入时开具的通用凭证;(2)非税收入专用票据,是指特定执收单位征收特定的非税收入时开具的专用凭证,主要包括行政事业性收费票据、政府性基金票据、国有资源(资产)收入票据、罚没票据等;(3)非税收入一般缴款书,是指实施非税收入收缴管理制度改革的执收单位收缴非税收入时开具的通用凭证。2021年8月,财政部决定在中央单位开展电子《非税收入一般缴款书》试点(财库〔2021〕31号)。同年12月份,财政部决定在全国范围内推广使用电子《非税收入一般缴款书》(财库〔2021〕46号)。

非税收入票据实行凭证领取、分次限量、核旧领新制度。执收单位使用非税收入票据,一般按照财务隶属关系向同级财政部门申领。各级财政部门应当通过加强非税收入票据管理,规范执收单位的征收行为,从源头上杜绝乱收费,并确保依法合规的非税收入及时足额上缴国库。

除财政部另有规定以外,执收单位征收非税收入,应当向缴纳义务人开具财政部或者省级财政部门统一监(印)制的非税收入票据。对附加在价格上征收或者需要依法纳税的有关非税收入,执收单位应当按规定向缴纳义务人开具税务发票。不开具前款规定票据的,缴纳义务人有权拒付款项。

非税收入票据使用单位不得转让、出借、代开、买卖、擅自销毁、涂改非税收入票据；不得串用非税收入票据，不得将非税收入票据与其他票据互相替代。非税收入票据使用完毕，使用单位应当按顺序清理票据存根、装订成册、妥善保管。非税收入票据存根的保存期限一般为 5 年。保存期满需要销毁的，报经原核发票据的财政部门查验后销毁。

（三）非税收入资金管理

非税收入应当通过国库单一账户体系收缴、存储、退付、清算和核算。非税收入应当依照法律、法规规定或者按照管理权限确定的收入归属和缴库要求，缴入相应级次国库。根据非税收入不同性质，分别纳入一般公共预算、政府性基金预算和国有资本经营预算管理。各级财政部门应当按照规定加强政府性基金、国有资本收益与一般公共预算资金统筹使用，建立健全预算绩效评价制度，提高资金使用效率。

非税收入实行分成的，应当按照事权与支出责任相适应的原则确定分成比例，并按下列管理权限予以批准：(1) 涉及中央与地方分成的非税收入，其分成比例由国务院或者财政部规定；(2) 涉及省级与市、县级分成的非税收入，其分成比例由省级人民政府或者其财政部门规定；(3) 涉及部门、单位之间分成的非税收入，其分成比例按照隶属关系由财政部或者省级财政部门规定。未经国务院和省级人民政府及其财政部门批准，不得对非税收入实行分成或者调整分成比例。上下级政府分成的非税收入，由财政部门按照分级划解、及时清算的原则办理。已上缴中央和地方财政的非税收入依照有关规定需要退付的，分别按照财政部和省级财政部门的规定执行。

（四）非税收入监督管理

各级财政部门应当建立健全非税收入监督管理制度，加强非税收入政策执行情况的监督检查，依法处理非税收入违法违规行为。执收单位应当建立健全内部控制制度，接受财政部门和审计机关的监督检查，如实提供非税收入情况和相关资料。各级财政部门和执收单位应当通过政府网站和公共媒体等渠道，向社会公开非税收入项目名称、设立依据、征收方式和标准等，并加大预决算公开力度，提高非税收入透明度，接受公众监督。任何单位和个人有权监督和举报非税收入管理中的违法违规行为。各级财政部门应当按职责受理、调查、处理举报或者投诉，并为举报人保密。

对违反本办法规定设立、征收、缴纳、管理非税收入的行为，依照我国《预算法》《财政违法行为处罚处分条例》和《违反行政事业性收费和罚没收入收支两条线管理规定行政处分暂行规定》等国家有关规定追究法律责任；涉嫌犯罪的，依法移送司法机关处理。

[新闻链接]

上半年全国非税收入同比增长 21.4%——非税收入缘何增长较快[①]

我国的一般公共预算收入，由税收收入和非税收入组成。统计显示，上半年全国非税收入 15422 亿元，同比增加 2720 亿元，增长 21.4%。这是否意味着涉企收费增加？

---

① 参见曾金华：《上半年全国非税收入同比增长 21.4%——非税收入缘何增长较快》，载中国政府网，http://www.gov.cn/xinwen/2019-07/17/content_5410406.htm，2022 年 3 月 26 日最后访问。此处上半年指 2019 年上半年。

"非税收入增长较快,主要是为支持企业减负,中央和地方财政多渠道盘活国有资金和资产等集收入弥补减税带来的减收,并非提高收费增加的收入。"财政部国库集中支付中心主任刘金云解释。

据统计,在上半年全国非税收入中,国有资本经营收入2203亿元,增加1705亿元,增长3.4倍;国有资源(资产)有偿使用收入4416亿元,增加683亿元,增长18.3%。上述2项合计增收2388亿元,占全国非税收入增收额的88%。"主要是各级财政部门积极应对减税降费带来的收支平衡压力,多渠道盘活国有资金和资产,带动相关收入增加。"刘金云说。

同时,涉及降费政策的有关收入继续下降:包含教育费附加在内的专项收入3708亿元,下降2.2%;行政事业性收费收入2085亿元,在去年同期大幅下降20.6%的基础上,上半年又下降0.5%。

财政部税政司巡视员徐国乔表示,近年来,财政部按照职责分工积极开展乱收费整治工作,联合有关部门开展涉企收费专项整治行动,对非税收入收缴情况进行专项检查。近期,又配合发展改革委等部门,对政府部门下属单位、行业协会商会、中介机构等乱收费行为开展了专项整治。

"从整体上看,各地、各部门依法依规收费的意识有了明显增强。但从局部看,个别地区和部门乱收费问题时有发生。这也说明,整治乱收费工作不容松懈。"徐国乔说,下一步,财政部将从严新设收费项目,加强收费目录清单"一张网"动态管理,整治乱收费绝不手软。

第二节 费用征收法律制度

一、费用征收的法理

(一)费用的法律含义

费可以从广义和狭义两个层面上进行理解。在狭义的层面上,费是指基于受益负担理论,以现实的和潜在的对待给付为要件,在政府与公民间形成的价格关系和债权债务关系,具体而言,包括规费和受益费两种;在广义的层面上,费还包括基于特定经济社会政策需要,以专项基金方式收取和使用的各种政府性基金,也就是德国法所称的"特别公课"。

关于费的理论分类,也是众说纷纭。经合组织国家把费分为四大类:一是非税收入;二是具有税收性质的特殊费;三是资源开采特许权使用费;四是罚款。也有学者认为,规范化的收费主要有两种,一是规费,二是使用费。前者是政府为社会成员提供了一定的服务或者进行了特定的行政管理活动而收取的工本费和手续费,如执照费等;后者则是政府对使用公共设施的社会成员按照一定的标准收取的费用,如公园门票、高速公路使用费等。在我国,根据《价格法》规定,收费包括国家机关收费、公用事业收费、公益服务收费、中介机构收费、经营服务收费五种。但广义的收费还包括基金等。2007年,我国对政府收支分类进行了改革,其中,将"非税收入"按收入形式分设8款:政府性基金收入、专项收入、彩票资金收入、行政事业性收费收入、罚没收入、国有资本经营收入、国有资源(资产)有偿使用收入和其他收入。与费有关的主要是行政事业性收费和政府性基金。

(二)费用与税收的法律界限

在法学上,可以从不同角度考察税与费的界限。就理论框架而言,税费的区别表现在:其一,在公共产品理论视角下,税基于纯公共产品而产生,费基于准公共产品而出现;其二,在公民社会理论视角下,税的征收以强制性和无偿性为原则,费的收取以公民意思自治和对等交易法则为基础;其三,在债模型的视角下,税之债和具体的费之债之间,在产生、性质、构成、内容、效力和实现等方面也存在诸多的不同。就实践样态而言,税费区别主要有:其一,从外在表征上看,税与不同类型的费在产生前提、强制性、征收方式和款项用途上存在诸多不同,而这是由税与费在财政收入上地位高低的基本属性决定的;其二,从内在取向上看,税的征收体现为量能负担原则,费的收取体现受益者付费原则,而这又是由税之注重纵向公平与费之强调横向公平的内在本质所决定的;其三,从现代社会税费功能延展上看,税发展出目的税和诱导税,费的内容中出现了政府性基金,税费界限开始变得模糊,但依然还能基本厘清。就法律规制方面而言,在立法理念上,税的规制奉税收法定主义为圭臬,费的规制以费用理性主义为基础;在立法层次上,税应当入宪并遵循法律保留原则,费则是在行政法层面,即在基本事项法律保留前提下政府可裁量决策。

二、行政性收费法

(一) 行政性收费的概念

我国征收实践中将费用分为"行政性收费"和"事业性收费"。为加强行政事业性收费项目的审批管理,保护公民、法人和其他组织的合法权益,规范政府收入分配秩序,促进依法行政,财政部、国家发展改革委 2004 年发布了《行政事业性收费项目审批管理暂行办法》,其中第 3 条规定:"行政事业性收费是指国家机关、事业单位、代行政府职能的社会团体及其他组织根据法律、行政法规、地方性法规等有关规定,依照国务院规定程序批准,在向公民、法人提供特定服务的过程中,按照成本补偿和非盈利原则向特定服务对象收取的费用。"财政部 2004 年发布的《关于加强政府非税收入管理的通知》的定义与《行政事业性收费项目审批管理暂行办法》相同。

在学理上一般认为,规费可区分为行政规费、使用规费和特许管制规费三种。具体而言,所谓行政规费,是指其对待给付为行政机关职务上的行为,如证书、誊本的发给;所谓使用规费,是指政府或公用机构提供公共设施供特定人使用所收取的费用;所谓特许管制规费,则是指授予特许权利或使用许可的对价。

(二) 行政性收费实践中存在的问题

在我国,行政性收费占据财政收入的比例一度较高,并增长较快,甚至快于财政收入的增长。这种庞大的收费规模肢解了财政收入。而行政性收费缺乏基本的法律依据,大量行政性收费依据的是效力层次较低的政府规章甚至是规章以下的其他规范性文件。有关部门的一项初步统计显示,早在 2007 年,全国有涉及行政性收费的法律文件共有 7000 多件,但严格意义上的法律只有 30 余件,行政法规规章有 40 件左右,余下的 7100 多件,都是被俗称为"红头文件"的部门和地方规范性文件。① 直到 2016 年,财政部颁布了《政府非税收入管理办法》,我国非税收入管理才有了部门规章作为依据,但这与财税法治、依法治国的要求还相差甚远。行政收费中的行政机关自我授权现象尚未完全消除。此外,收费设定和实施主体混乱导致机构林立、收费项目繁多,行政性收费的规定和法律依据不公开、不透明,有的甚至是已经被废止的内部规定,却仍在作为收费依据使用。虽然国务院对行政性收费的审批和

---

① 尹鸿伟:《告别"收费政府"还有多远》,载《南风窗》2007 年 6 月 12 日。

设立作了限制性规定,但在实践中却难以得到真正执行。除上述问题外,我国行政性收费还存在违法侵占、挪用行政性收费资金以及对行政性收费监管不力等问题。

(三) 行政性收费法律制度的完善

从本质上来说,行政性收费是行政主体利用公权力强制剥夺公民财产权的一种方式,故行政性收费是否合法、合理,关系到公民私有财产权能否得到有效保护。财政部《关于加强政府非税收入管理的通知》(财综〔2004〕53号)规定,审批行政许可收费要严格执行《行政许可法》,除法律、行政法规另有规定外,凡是行政机关实施行政许可、对行政许可事项进行监督检查以及提供行政许可申请书格式文本的,一律不得批准收费。在清理整顿的基础上,取消不合法、不合理的行政事业性收费,合理控制行政事业性收费规模,规范行政事业性收费征收行为。为加强行政事业性收费项目的审批管理,保护公民、法人和其他组织的合法权益,规范政府收入分配秩序,促进依法行政,国家发展改革委、财政部于2018年对2006年印发的《行政事业性收费标准管理暂行办法》(发改价格〔2006〕532号)进行修订,形成了《行政事业性收费标准管理办法》(发改价格规〔2018〕988号,以下简称《办法》),该《办法》分总则、申请和受理、审批程序和原则、管理和监督、法律责任、附则6章35条,自2018年5月1日起施行。我国境内列入行政事业性收费目录清单的收费项目,收费标准的申请、受理、调查、论证、审核、决策、公布、公示、监督、检查等,适用本办法。法律法规另有规定的,从其规定。

《办法》规定,行政事业性收费(以下简称收费)是指国家机关、事业单位、代行政府职能的社会团体及其他组织根据法律、行政法规、地方性法规等有关规定,依照国务院规定程序批准,在向公民、法人和其他组织提供特定公共服务的过程中,向特定服务对象收取的费用。收费项目实行中央和省两级审批制度。审批收费项目坚持公开、公平、公正的原则,严格遵循国务院和《办法》规定的审批权限和程序。一般情况下,除国务院和省级政府及其财政、价格主管部门外,其他国家机关、事业单位、社会团体,以及省级以下(包括计划单列市和副省级城市)人民政府,均无权审批收费项目。但是,根据《办法》第5条第2款的规定,专业性强且类别较多的考试、注册等收费,省级以上政府价格、财政部门可以制定收费标准的上限,由行业主管部门在上限范围内确定具体收费标准。国务院和省级政府的财政、价格主管部门加强对收费项目审批事项执行情况的监督检查,确保收费项目审批制度的落实。公民、法人或其他组织有权拒绝缴纳和举报违反法律、行政法规、地方性法规以及本办法规定的收费。

在此基础上,应当采取以下方法完善我国行政性收费法律制度:

(1) 制定《行政收费法》。通过立法弥补我国行政性收费立法的空白,并以此规范、约束政府行政性收费行为。亦即该法制定的目的,旨在规范、约束行政性收费行为,加强对行政性收费的管理,维护公民、法人以及其他组织的合法权益。其内容至少应当包括行政性收费的原则、范围、行政性收费权的设定与行使、行政性收费的主体和对象、行政性收费的程序和法律责任。

(2) 明确行政性收费的原则。主要包括下列原则:第一,公开原则,亦即行政性收费的依据、范围、主体与对象、标准、程序等应当通过一定方式向社会公开。第二,法定原则,亦即行政性收费主体的收费职权、收费的范围、收费的标准和程序等必须事先以法律的形式加以确定。第三,受益者负担原则。行政性收费以政府为某些特定群体提供特定准公共物品或服务为前提,因此,行政性收费也只能针对特定的受益对象。第四,补偿原则,亦即行政性收费不具有营利性,而是作为政府提供准公共产品或者服务所支出的成本的价格,只能带有补偿的性质。

(3) 设立行政性收费前的听证程序。虽然已有部分地方实行了收费前的听证制度,但因我国尚无行政性收费专门立法,故其还不是各级政府应当履行的法定义务。行政性收费是行政机关利用公权力对公民财产权的侵犯,其设立是否必要、合理与合法,直接关系到广大社会公众的利益,因此,在制定行政收费法时,应该明确规定设定行政性收费前,必须经过听证程序。

(4) 明确行政性收费的设定权。《立法法》第8条规定,凡涉及公民最基本的权利如财产权只由法律和法规加以规定。《行政许可法》第59条也明确规定,行政机关实施行政许可,依照法律、行政法规收取费用的,应当按照法定的项目和标准收费;所收取的费用必须全部上缴国库,任何机关或者个人不得以任何形式截留、挪用、私分或变相私分。财政部门不得以任何形式向行政机关返还或者变相返还实施行政许可所收取的费用。《行政许可法》的做法可以推广到所有的行政性收费。行政性收费的设立权应该专属于法律和行政法规,规章和规章以下规范性文件不能设定行政性收费。

(5) 建立有效的监督制约机制。在严格内部监督的基础上建立和健全行政性收费的外部监督机制。完善行政性收费的救济制度,通过行政复议制度和行政诉讼制度给予相对人充分的救济。尤其是要进一步完善行政诉讼制度,对行政性收费进行司法审查,审查行政性收费是否有法定依据,审查行政性收费是否越权、是否滥用职权、是否违反法定程序。对行政主体违法收费侵犯公民、法人或其他组织合法权益并造成损害的,受害人可以通过司法程序取得国家赔偿,从而使相对人得到充分的法律救济。

此外,还有必要将行政性收费完全纳入预算,贯彻"收支两条线"原则。通过预算监督和审计监督,制止行政性收费资金使用中的种种违法、违纪行为。我国行政性收费领域各种问题的解决还需要相关配套制度的建设与完善,如进一步完善分税制财政管理体制,解决地方事权过大、财权过小的问题;进一步深化税费改革,将一些具有税功能的费明确改为税等。

三、政府性基金法律制度

(一) 政府性基金法律制度概述

政府性基金,在德国称为"特别公课",是政府基于特定的政策目的,或为弥补财政收入的不足,针对特定人或不特定人征收,并设定特定用途的一种费用。政府性基金的征收,从直接效果上看,弥补了现代国家财政收入的不足。现代国家的重要特征是职能扩展,收入不足成为常态。除了继续挖掘税源之外,举借公债、征收特别性基金已经成为财政的主要收入来源。不过,从事物的内在特性看,政府性基金的征收与使用之间,多少存在一定的关联性。缴费人要么因自己的行为给社会造成负担,要么可以从基金的开支中受益,所以,相比一般性的税收而言,这种收入形式更能体现公平性。因此,在严格的法律规范之下,政府性基金的存在仍有一定的积极意义。

我国政府性基金产生于20世纪80年代。实施经济体制改革之后,制造加工工业发展迅猛,造成能源短缺,交通基础设施落后,成为经济发展的瓶颈。对这些基础产业仅仅靠税收收入投资建设显得力不从心,政府性基金应运而生。政府基金在缓解财政压力、调节经济、加强基础设施建设、保障人民生活等方面发挥了重要作用。财政部《关于加强政府性基金管理问题的通知》(财综字〔2000〕22号)将其界定为:"本通知所称政府性基金,是指各级人民政府及其所属部门根据法律、国家行政法规和中共中央、国务院有关文件的规定，为支持某项事业发展，按照国家规定程序批准，向公民、法人和其他组织征收的具有专项用途的资金。包括各种基金、资金、附加和专项收费。"财政部《政府性基金管理暂行办法》（以下简称《办法》）将其界定为："政府性基金是指各级政府及其所属部门根据法律、行政法规和中共中央、国务院文件规定，为支持特定公共基础设施建设和公共事业发展，向公民、法人和其他组织无偿征收的具有专项用途的财政资金。"通过公共财政预算安排资金设立的基金，公民、法人和其他组织自愿捐赠、赞助设立的基金，各类基金会接受社会自愿捐赠设立的基金，行政事业单位按照财务制度规定建立的专用基金，以及社会保险基金，不适用《办法》。与前者相比，后者的界定，一是突出了政府性基金是为了支持公共基础设施建设和公共事业发展；二是突出了政府性基金的无偿性。

政府性基金属于政府非税收入，全额纳入财政预算，实行"收支两条线"管理。政府性基金实行中央一级审批制度，遵循统一领导、分级管理的原则。各级人民政府财政部门（以下简称各级财政部门）以及政府性基金征收、使用部门和单位依法定权限分别负责政府性基金的征收、使用、管理和监督。政府性基金的征收、使用、管理等应当接受财政、审计部门的监督检查。政府性基金收支纳入政府性基金预算管理。政府性基金使用单位应当按照财政部统一要求以及同级财政部门的有关规定，编制年度相关政府性基金预算，逐级汇总后报同级财政部门审核。政府性基金预算编制遵循"以收定支、专款专用、收支平衡、结余结转下年安排使用"的原则。政府性基金支出根据政府性基金收入情况安排，自求平衡，不编制赤字预算。各项政府性基金按照规定用途安排，不得挪作他用。各级财政部门应当建立健全政府性基金预算编报体系，不断提高政府性基金预算编制的完整性、准确性和精细化程度。各级财政部门要加强政府性基金预算执行管理，按照经同级人民代表大会批准的政府性基金预算和政府性基金征收缴库进度，以及国库集中支付的相关制度规定及时支付资金，确保政府性基金预算执行均衡。政府性基金使用单位要强化预算执行，严格遵守财政部制定的财务管理和会计核算制度，按照财政部门批复的政府性基金预算使用政府性基金，确保政府性基金专款专用。政府性基金预算调整必须符合法律、行政法规规定的程序。

国务院所属部门（含直属机构，下同）、地方各级人民政府及其所属部门申请征收政府性基金，必须以法律、行政法规和中共中央、国务院文件为依据，法律、行政法规和中共中央、国务院文件没有明确规定征收政府性基金的，一律不予审批。除法律、行政法规和中共中央、国务院或者财政部规定外，其他任何部门、单位和地方各级人民政府均不得批准设立或者征收政府性基金，不得改变征收对象、调整征收范围、标准及期限，不得减征、免征、缓征、停征或者撤销政府性基金，不得以行政事业性收费名义变相设立政府性基金项目。

政府性基金按照规定实行国库集中收缴制度。各级财政部门可以自行征收政府性基金，也可以委托其他机构代征政府性基金。委托其他机构代征政府性基金的，其代征费用由同级财政部门通过预算予以安排。政府性基金收入应按规定及时、足额缴入相应级次国库，不得截留、坐支和挪作他用。各级财政部门应当按照有关规定，监督政府性基金的征收和解缴入库。除财政部另有规定外，政府性基金征收机构在征收政府性基金时，应当按照规定开具财政部或者省级政府财政部门统一印制或监制的财政票据；不按规定开具财政票据的，公民、法人和其他组织有权拒绝缴纳。

各级财政部门应当按照财政部规定，加强政府性基金收支管理及相关财政票据使用情况的监督检查。政府性基金征收机构和使用单位应当建立健全相关政府性基金的内部财务审计制度,自觉接受财政、审计部门的监督检查,如实提供相关政府性基金收支情况和资料。财政部应当按照本办法规定定期向社会公布新批准征收或取消的政府性基金项目等相关信息。省级政府财政部门应当按照本办法规定定期向社会公布本行政区域内实施的政府性基金项目等相关信息。政府性基金征收机构应当按照规定在征收场所公布政府性基金的征收文件,自觉接受社会监督。对违反本办法规定设立、征收、缴纳、管理和使用政府性基金等行为,依照《财政违法行为处罚处分条例》(国务院令第427号)等国家有关规定追究法律责任。

(二)政府性基金制度存在的问题

(1)政府性基金缺少基本的法律依据。迄今为止,我国有关政府性基金的系统规定只是国务院以及财政部等发布的各项规范性文件。如国务院发布的《关于加强预算外资金管理的决定》以及财政部发布的《政府性基金预算管理办法》《关于加强政府性基金管理问题的通知》《关于清理整顿各种政府性基金的通知》《关于将部分行政事业性收费和政府性基金纳入预算管理的通知》《政府性基金管理暂行办法》等。政府性基金的征收、使用、管理等仅依据规范性文件,不仅稳定性、操作性较差,而且约束力也大打折扣。

(2)政府性基金的审批存在瑕疵。财政部2004年发布的《关于加强政府非税收入管理的通知》明确规定,征收政府性基金必须按照国务院规定统一报财政部审批,重要的政府性基金项目由财政部报国务院审批。将政府性基金的审批权完全赋予国务院以及财政部是不合适的。以机场建设费为例,机场建设费于1992年开始征收,尽管当时没有任何法律依据,但1995年国务院办公厅转发的财政部、国家计委、民航总局《关于整顿民航机场代收各种机场建设基金的意见》规定"国内航班另收50元,出境航班另收90元的机场建设费",从而使其征收合法化。根据财政部文件规定,机场建设费本应于2005年年底停止收取,但财政部却在2006年6月下发通知确认,将包括民航机场管理建设费在内的17项政府基金的政策执行期延至2006年年底。此后,尽管社会公众强烈质疑并呼吁取消机场建设费,但经民航总局努力争取,国务院已批准延续机场建设费征收政策至2010年。[①] 与此相似的还有旅游发展基金。作为涉及众多社会公众利益的机场建设费、旅游发展基金,其征收以及延期前应当征求社会公众的意见。

(3)对基金运行未能进行有效监督,致使其效益低下。在基金支出程序上,财政部门对基金的使用不能实施有效的管理和监督,只是依照部门提出的计划被动拨付。作为政府监督的主要部门,很多时候,财政部门对使用基金的企业经营状况和基金的投资效益不能做到事前了解和事后监督,只是充当一个出纳的角色。这是目前基金管理中的一个共性问题。有部分基金既未纳入预算内,也未纳入预算外管理,游离于财政监督之外,造成了部分基金使用效益不理想。

(4)对政府性基金的预算管理不到位。尽管对政府性基金收入实行"收支两条线"管理,但实质上只是把收与支分离,并没有做到真正意义上的"收支脱钩"。实行部门预算以

---

① 财政部《关于机场管理建设费和旅游发展基金政策等有关问题的通知》中明确指出,为支持支线航空发展,旅客于2011年1月1日及以后购买"支线飞机"执飞的支线航班机票,免缴机场管理建设费,其他机场管理建设费征收标准保持不变。2012年4月17日财政部公布的《民航发展基金征收使用管理暂行办法》,由民航发展基金取代之前机场建设费,国内航班每人次50元。

后,虽然各单位的收支全部纳入年初预算,但仍然存在预算内外"两张皮"的问题,预算内支出的安排一般都有明确的适用范围和开支标准,而对单位预算外支出这一块的核定还很粗略,而且准确核定政府性基金收入的征收成本也比较困难,因此安排支出基本上还是依照上年基数作为预算支出指标的参考。

（三）政府性基金法律制度的完善

法律应当规定政府性基金的设定权,即哪些主体有权依法决定设立政府性基金。从理论上说,政府性基金对公民财产权的影响虽然不如税收,但仍然是一种财产利益的牺牲。故政府性基金也应当遵循法定程序。即便地方政府有权决定开征基金,其决定权也应该保留在相应的人大及其常务委员会。此外,对于具体的基金项目,谁是征收人、谁是义务人,缴纳标准如何确定,缴纳的期限、地点等,也应该有专门的文件加以规定。就如税法一样,仅仅说明谁有税收立法权是不够的,还必须针对每一个税种制定单独的规则。具体而言,应该从以下几个方面来完善我国政府性基金法律制度：

（1）制定《政府性基金法》。其目的旨在规范、约束政府性基金征收行为,加强政府性基金的收支管理,提高政府性基金的使用效益,维护社会公众的合法权益。其内容至少应当包括政府性基金征收的主体及其职责、政府性基金的范围和征收标准、政府性基金的审批、政府性基金的收支管理、政府性基金拨付的程序、法律责任等。

（2）将政府性基金的审批权收归人大及其常务委员会。政府性基金是对社会公众财产的无偿征收,涉及社会公众的利益,由政府审批,不仅不符合分权制衡的原则,而且也很难约束政府性基金的征收行为。为维护社会公众的利益,防止以经济发展为名而损害社会公众的利益,将政府性基金的审批权交由人大及其常务委员会就显得十分必要。

（3）加强对政府性基金的预算管理。如前文所述,政府性基金预算的规定不仅法律层次过低,而且不少规定过于原则。与此同时,从实践来看,各级政府于近年来虽然加强了对政府性基金的预算管理,但一些政府性基金未完全纳入预算统一管理。此外,还存在支出管理不规范等问题。鉴于此,有必要在未来《政府性基金法》中,就政府性预算的编制、审批、执行、决算以及监督等作出详细规定,将政府性基金全部纳入预算。

自1996年以来,国务院一直在扩大政府性基金预算管理的范围。财政部《关于加强政府非税收入管理的通知》（财综〔2004〕53号）规定,各级财政部门要将尚未纳入预算管理的政府非税收入分期分批纳入财政预算管理。各省、自治区、直辖市财政部门要制定本地区政府非税收入纳入财政预算管理的具体实施步骤,确保这项工作扎实稳妥进行。从《关于加强政府非税收入管理的通知》发布之日起,按照国家规定审批权限新设立的行政事业性收费、政府性基金以及新取得的其他政府非税收入一律上缴国库,纳入财政预算,不得作为预算外资金管理。推进政府收支分类改革,为非税收入纳入预算实行分类管理提供制度保证。各级财政部门要通过编制综合财政预算,实现政府税收与非税收入的统筹安排,要合理核定预算支出标准,进一步明确预算支出范围和细化预算支出项目。要继续扩大实行收支脱钩管理的范围,实行收支脱钩的部门和单位,其执收的政府非税收入必须全部缴入国库或财政专户,支出与其执收的政府非税收入不再挂钩,统一由同级财政部门按照部门和单位履行职能需要核定的预算予以拨付。建立非税收入等财政预算资金绩效评价制度,加强对非税收入等财政预算资金使用情况的监督,切实提高资金使用效益。

【新闻链接】

企业减负再迎利好——2017年4月1日起取消、调整部分政府性基金①

2017年财政部发布通知,经国务院批准,自4月1日起取消、调整部分政府性基金,切实减轻企业负担,促进实体经济发展。这意味着,2017年2000亿元降费的"头炮"已经打响。

此次政府性基金降费,主要包括两部分:一是取消城市公用事业附加和新型墙体材料专项基金,二是调整残疾人就业保障金征收政策,在扩大免征范围的同时,设置残疾人就业保障金征收标准上限。

两项取消一项调整,降费预计超400亿元

城市公用事业附加,是我国在计划经济时期就开始征收的地方政府基金,主要目的是弥补包括城市配网在内的城市建设资金不足问题。新型墙体材料专项基金于2008年开征,具体征收标准,由各省结合本地实际情况制定。其收入全额纳入地方财政预算管理,实行专款专用。建设单位缴纳新型墙体材料专项基金,计入建安工程成本。

财政部公布的数据显示,2015年,城市公用事业附加收入295.52亿元,新型墙体材料专项基金收入89.17亿元。2016年相关数据尚未公布。据财税专家估算,这两项基金取消后,降费减负的力度应该超过400亿元。

残疾人就业保障金,也是由地方政府征收的一项基金。凡企事业单位安排残疾人就业,达不到省级政府规定比例的,就需要交纳残疾人保障金。残疾人就业比例各地的规定不一样,一般来说不低于1.5%。也就是说,如果一家企业有员工1000人,就需要安排15个残疾人。用人单位每少安排1名残疾人就业,就要拿出一人的年平均工资来缴纳残保金。在残保金收费标准上,各地也不一样。去年,北京市出台残保金保障新标准,将原来按北京市年人均工资,改为按用人单位在职职工年平均工资。这么一改,一些工资水平较高的企业,比如互联网企业、会计师事务所等,残保金缴费额大幅上升,有的甚至增加了好几倍。

授权地方政府,自主减免部分基金

政府性基金,是为支持社会某项事业发展,按照国家规定程序批准,向公民、法人和其他组织征收的具有专项用途的资金。包括各种基金、资金、附加和专项收费。按照基金用途,政府性基金支出可分为以下几类:

——用于交通基础设施建设,包括铁路建设基金、民航发展基金等。

——用于水利建设,包括水利建设基金、南水北调工程基金和国家重大水利工程建设基金等3项。

——用于城市维护建设,包括国有土地收益基金、城市公用事业附加、国有土地使用权出让收入、农业土地开发资金等。

——用于教育、文化、体育等社会事业发展,包括旅游发展基金以及地方教育附加、文化事业建设费、国家电影事业发展专项资金、彩票公益金等。

——用于移民和社会保障,包括大中型水库移民后期扶持基金、大中型水库库区基金、小型水库移民扶助基金、残疾人就业保障金等。

---

① 参见李丽辉:《企业减负再迎利好——4月1日起取消、调整部分政府性基金》,载中国政府网,http://www.gov.cn/xinwen/2017-03/23/content_5179781.htm,2022年3月26日最后访问。

——用于生态环境建设,包括新型墙体材料专项基金、育林基金、废弃电器电子产品处理基金等。

——用于其他方面,包括核电站乏燃料处理处置基金、中央特别国债经营基金财务支出,以及可再生能源电价附加收入等。

2017年《政府工作报告》提出,名目繁多的收费使许多企业不堪重负,要大幅降低非税负担。包括全面清理规范政府性基金,取消城市公用事业附加等基金,授权地方政府自主减免部分基金。

经过几轮清理规范后,到2015年,政府性基金已从2000年的327项减少到28项。2016年,国家进一步清理收费基金,停征价格调节基金等3项政府性基金,整合归并散装水泥专项资金等7项政府性基金。特别是针对小微企业,加大了降费力度。

此次,在取消城市公用事业附加和新型墙体材料专项基金的同时,授权地方政府自主减免部分基金,在财政部的通知中也已明确:"十三五"期间,省、自治区、直辖市人民政府可以结合当地经济发展水平、相关公共事业和设施保障状况、社会承受能力等因素,自主决定免征、停征或减征地方水利建设基金、地方水库移民扶持基金。

全面清理规范,方向是"收费法定"

降费,如何让市场主体有切身感受?2017年的《政府工作报告》提出了五个方面的工作,包括全面清理规范政府性基金、取消或停征中央涉企行政事业性收费等。那么,全面清理规范政府性基金,应该从哪里着手,清理的重点有哪些?

"全面清理政府性基金,要以正税清费为原则。"中国财政科学研究院院长刘尚希认为,与税收相比,政府性基金收入门类庞杂,在各类收费项目进行全面清理时,要明确政府性基金的征收目的、金额、时限,建立定期评估与退出机制。

"不少政府性基金是按照重大项目设立的,这类基金应规定明确的到期日,项目完成后要及时停征,并向社会公开。"中国社会科学院财经战略研究院院长助理张斌指出,现在一些政府性基金的立法层级,比国务院"暂行条例"的层级还低,不利于控制社会负担水平。应按照税收法定原则,提高政府性基金的立法层级,取消政府部门设置和征收基金的权力。这样,才能有效保证清理过后不再反弹。

第三节　公债法律制度

一、公债与公债法的概念

(一)公债的概念

公债,是政府以其信用为基础,按照债的一般原则,通过向社会筹集资金形成的债权债务关系。公债是债的一种特殊形式,同一般债权债务关系相比具有以下特点:(1)从法律关系主体看,公债的债权人既可以是国内外的公民、法人或其他组织,也可以是某一国家或地区的政府以及国际金融组织,而债务人一般只能是国家;(2)从法律关系的性质看,公债法律关系的发生、变更和消灭较多地体现了国家单方面的意志,尽管与其他财政法律关系相比,公债法律关系属平等型法律关系,但与一般债权债务关系相比,则其体现出一定的隶属性,这在国家内债法律关系中表现得更加明显;(3)从法律关系实现看,公债属信用等级最高、安全性最好的债权债务关系。

（二）公债法的概念

公债法，是指由国家制定的调整公债在发行、流通、转让、使用、偿还和管理等过程中所发生的社会关系的法律规范的总称。它主要规范国家（政府）、公债中介机构和公债投资者涉及公债的行为，调整公债主体在国债行为过程中所发生的各种公债关系。

与民法中的债法不同，公债法调整的是以国家为一方主体所发生的债权债务关系，这与财政法主体的一方始终是国家这一特征是一致的，而且公债是国家取得财政收入的重要途径，其目的是满足社会需要，实现国家职能。因此，公债法是财政法的重要部门法。但是，公债法调整的社会关系的核心是公债主体之间的债权债务关系，即国家作为债务人与其他债权人之间的权利义务关系，因此，公债法与民法特别是与民法中的债法有着密切的联系，民法中有关债的理论及其具体规定常常也可适用于公债法。

公债法虽属于财政法的重要部门法，但与税法等其他财政法的部门法也有比较明显的区别，如公债法主体的平等性就明显区别于其他部门法，尽管公债法的一方主体必须是国家，但在公债法律关系中，国家是作为债务人与其他权利主体发生权利义务关系的，其他权利主体是否与国家发生债权债务关系，一般都由自己的意志决定。在公债法律关系中，他们与国家处于平等的地位，但在其他财政法律关系中，主体间的隶属性则明显区别于公债法。另外，公债法律关系基本上属于双方法律关系，国家取得公债收入的权利与其还本付息的义务是紧密联系在一起的，而其他权利人要享有取得本息的权利，也必须履行支付购买公债资金的义务。因此从一定意义上讲，公债法是具有公法性质的私法。

（三）我国的公债立法

新中国成立后，于1950年、1954—1958年、1980年至今发行过国内公债。各期公债发行以前，由国务院制定公债条例，具体规定公债的发行、转让、利率、还本付息及其他有关管理事项。公债条例是规范我国公债管理活动、调整公债主体之间关系的法律依据。1968年国家偿付了全部内外债本息，1968—1981年，我国是一个既无内债、又无外债的国家。1981年1月，国务院通过《国库券条例》，决定发行国库券来弥补财政赤字，以后又发行了国家重点建设债券、财政债券、重点企业债券、保值公债、特种公债等。到1992年止，每年都颁布一个国库券条例，对发行对象与方式、发行数额及利率、还本付息的期限、国库券及其他债券的贴现、抵押和转让、公债法律责任、公债管理机构等内容予以规定。1989—1991年每年还颁布了一个特种公债条例，对特种公债的发行对象、发行数额、发行期限、利率及偿还期等内容予以规定。

现行的公债法是1992年3月18日由国务院颁布的《国库券条例》，但是，该条例作为公债法已不能适应社会主义市场经济发展的需要，主要体现在：(1) 它的适用范围仅限于国库券而不能对所有的公债种类予以规范；(2) 它主要规定的是国库券发行方面的有关事项，对公债流通、公债的使用等未作规定；(3) 没有规范有关发行的审批程序等。因此，有关部门正在积极起草公债法，以期对公债行为和公债关系予以明确规范。

此外，《预算法》也对国债和地方公债进行了统摄性的规定，尤其是对于地方公债，在《预算法》修订过程中一直备受关注和争论，并在修订的《预算法》中进行了较大的改动。2020修订的《预算法实施条例》进一步细化和明确了预算法关于政府债务管理的规定，尤其是对健全地方政府债务管理机制进行了针对性规定。

二、我国国债法律制度

国债法是国家制定的调整国债在发行、流通、转让、使用、偿还和管理过程中发生的社会关系的法律规范的总称。我国《预算法》第 34 条规定:"中央一般公共预算中必需的部分资金,可以通过举借国内和国外债务等方式筹措,举借债务应当控制适当的规模,保持合理的结构。对中央一般公共预算中举借的债务实行余额管理,余额的规模不得超过全国人民代表大会批准的限额。国务院财政部门具体负责对中央政府债务的统一管理。"这是我国目前关于国债的最高效力的法律依据。

(一) 国债的概念与分类

国债是国家公债的简称,是指中央政府基于履行公共职能等目的以自身信用为担保而依法向社会公开发行的并按约定承担还本付息责任的一种债。按照不同的标准,国债可作如下分类:

(1) 按举借债务方式不同,国债可分为国家债券和国家借款。国家债券,是通过发行债券形成国债法律关系。国家债券是国家内债的主要形式,我国发行的国家债券主要有国库券、财政债券、国家经济建设债券、国家重点建设债券等。国家借款,是按照一定的程序和形式,由借贷双方共同协商,签订协议或合同,形成国债法律关系。国家借款是国家外债的主要形式,包括外国政府贷款、国际金融组织贷款和国际商业组织贷款等。

(2) 按发行地域不同,国债可分为国家内债和国家外债。国家内债,是指在国内发行的国债,其债权人多为本国公民、法人或其他组织,还本付息均以本国货币支付。国家外债,是指国家在国外举借的债,包括在国际市场上发行的国债和向外国政府、国际组织及其他非政府性组织的借款等。国家外债可经双方约定,以债权国、债务国或第三国货币筹集并还本付息。

(3) 按偿还期限不同,国债可分为定期国债和不定期国债。定期国债,是指国家发行的严格规定有还本付息期限的国债。定期国债按还债期长短又可分为短期国债、中期国债和长期国债。短期国债通常是指发行期限在 1 年以内的国债;中期国债是指发行期限在 1 年以上,10 年以下的国债;长期国债是指发行期限在 10 年以上的国债。不定期国债,是指国家发行的不规定还本付息期限的国债。这类国债的持有人可按期获得利息,但没有要求清偿债务的权利。如英国曾发行的永久性国债即属此类。

(4) 按发行性质不同,国债可分为自由国债和强制国债。自由国债,又称任意国债,是指由国家发行的由公民、法人或其他组织自愿认购的国债。它是当代各国发行国债普遍采用的形式,易于为购买者接受。强制国债,是国家凭借其政治权力,按照规定的标准,强制公民、法人或其他组织购买的国债。这类国债一般是在战争时期或财政经济出现异常困难或为推行特定的政策、实现特定目标时采用。

(5) 按使用用途不同,国债可分为赤字国债、建设国债和特种国债。赤字国债,是指用于弥补财政赤字的国债。在实行复式预算制度的国家,纳入经常预算的国债属赤字国债。建设国债,是指用于增加国家对经济领域投资的国债。在实行复式预算制度的国家,纳入资本(投资)预算的国债属建设国债。特种国债,是指为实施某种特殊政策在特定范围内或为特定用途而发行的国债。

(6) 按是否可以流通,国债可分为上市国债和不上市国债。上市国债,也称可出售国债,是指可在证券交易场所自由买卖的国债。不上市国债,也称不可出售国债,是指不能自由买卖的国债。这类国债一般期限较长,利率较高,多采取记名方式发行。

近年来,我国发行的国债种类主要有记账式国债、无记名国债、凭证式国债和特种定向债券。记账式国债,以记账的形式记录债权,通过证券交易所的交易系统发行和交易,可以记名、挂失。无记名国债,以实物券面的形式记录债权,不记名、不挂失,可上市流通交易。历年来发行的无记名国债券的面值分别为 1 元、5 元、10 元、20 元、50 元、100 元、500 元、1000 元、5000 元、1 万元等。凭证式国债是一种国家储蓄债,可以记名、挂失,不可上市流通。特种定向债券为不可上市国债,面向社会养老保险基金和待业保险基金的管理机构发行。

(二) 国家内债法律制度

1. 国债的发行对象

目前我国国债的持有者主要是个人投资者。采取在证券交易所挂牌分销和在证券经营机构柜台委托购买的方式向公众公开发售,个人投资者可凭证券账户委托经营机构向场内申报买入国库券,这为投资者将国库券纳入资产组合,利用同一证券账户进行国债和股票间的资产转换提供了极大的便利。尽管如此,发达的国债市场不应以个人投资者为主要发行对象和交易对象,而应该重点考虑商业银行、保险公司、养老基金、医疗基金以及投资基金等机构投资者。

机构投资者资金雄厚,购买和交易量大,有专业的经营管理人员,对市场利率和价格的微小变动都反应敏感。以机构投资者为国债发行的重点对象,有助于建立更加理性的市场,同时也有助于促进市场流通率的提高和交易成本的降低,市场专业化程度也会因此大大提高。和数目众多的个人投资者相比,财政部对国债机构投资者的市场行为监管难度也会大大降低。当然,利用商业银行所持有的大量国债,由中央银行进行公开市场业务,以控制全国货币供给的松紧程度,也是中央银行宏观调控经济的重要手段,只有通过对机构投资者的控制,公开市场业务才有可能短期内收到较为明显的成效。这也是机构投资者投资国债优于个人投资者的便利所在。

2. 国债的发行价格与利率

国债的发行价格,是指国债发行时的出售价格或购买价格。国债发行的价格不一定就是国债的票面值,它可以是低于票面值发行,少数情况下也可以是高于票面值发行。按照国债发行价格与其票面值的关系,可以分为平价发行、减价发行和增价发行三种发行价格。国债的利息率就是政府因举债所应支付的利息额与借入本金额之间的比率。利息率的确定,主要参照以下三种因素:金融市场利率水平、政府信用状况、社会资金供给量。

3. 国债的偿还

国债偿还的资金来源包括国家任何形式的财政收入,因为国债发行本身就是以国家信用作为保障的。不过,一般来说,政府主要考虑税收、举借新债以及国债投资项目的收益这三种形式。国债的偿还方式主要有四种:(1) 直接偿还法,是指由政府或其委托的金融机构按照发行国债时所规定的偿还条件进行偿还,可以是一次全部偿还,也可以是分期分批偿还。分期按比例偿还也称为比例偿还法。我国发行的国库券到期后,债权人可直接到国库券中介机构兑付。(2) 买销偿还法,又称收买偿还法或市场偿还法,是指在国债的最终偿还期以前,政府在证券市场上收购国债,当国债到期时,已全部为政府所持有,以此方法来偿还国债,一般偿还成本较低,并能体现国家的经济政策。(3) 抽签偿还法,是指政府通过定期抽签以确定应偿还的国债的方法。一般以国债的号码为抽签依据,一旦公开抽签确定应偿还国债的号码后,所有相同号码的国债都同时予以偿还。(4) 轮次偿还法,是指政府按照债券号码的一定顺序分次偿还的方法,通常是在政府发行国债时即规定各种号码国债的偿还期限,供认购者自由选择。

(三) 国家外债法律制度

1. 国家外债的管理体制与基本规范

国家外债是指一国政府或政府授权的部门、单位在国外举借并承担具有契约性偿还义务的全部债务,一般由政府借款和在国外发行外币债券两部分组成。《预算法》第 34 条同样确认,中央一般公共预算可以举借外债。我国政府对外借债又分为统借统还外债和统借自还外债。统借统还外债,是指由国家财政、政府部门以及政府指定的金融机构统一借入,用于国家计划内重点项目建设,最终由国家财政负责对外还款的债务。统借自还外债,是指由政府部门或政府指定的金融机构对外借入,根据重点建设规划转贷给用款单位使用的,到期后由用款单位负责偿付本息的债务。

我国现行外债管理体制属于统一管理、分工负责的管理体制,即在国务院统一领导下,由国家发展和改革委员会、财政部、中国人民银行三个部门共同实施分工管理。中国人民银行具体负责外债监管的是国家外汇管理局。

此外,为准确、及时、完整统计外债信息,规范外债资金流出入的管理,防范外债风险,国务院制定了《中华人民共和国外汇管理条例》和《外债统计监测暂行规定》,2013 年 4 月 28 日,国家外汇管理局发布《外债登记管理办法》(汇发〔2013〕19 号)(以下简称《办法》)。该《办法》分为总则、外债登记、外债账户、资金使用和结售汇管理、外保内贷外汇管理、对外转让不良资产外汇管理、罚则、附则共 7 章 34 条,自 2013 年 5 月 13 日起施行,2015 年附件 2 被部分修改。

根据《办法》规定,债务人应按照国家有关规定借用外债,并办理外债登记。外债登记是指债务人按规定借用外债后,应按照规定方式向所在地外汇局登记或报送外债的签约、提款、偿还和结售汇等信息。根据债务人类型实行不同的外债登记方式。外债借款合同发生变更时,债务人应按照规定到外汇局办理外债签约变更登记。外债未偿余额为零且债务人不再发生提款时,债务人应按照规定到外汇局办理外债注销登记手续。国家外汇管理局及其分支局(以下简称外汇局)负责外债的登记、账户、使用、偿还以及结售汇等管理、监督和检查,并对外债进行统计和监测。外汇局负责全口径外债的统计监测,并定期公布外债情况。外债统计方法包括债务人登记和抽样调查等。

境内银行借用外债,可直接在境内、外银行开立相关账户,直接办理与其外债相关的提款和偿还等手续。非银行债务人在办理外债签约登记后,可直接向境内银行申请开立外债账户。非银行债务人可开立用于办理提款和还款的外债专用账户,也可根据实际需要开立专门用于外债还款的还本付息专用账户。银行应按照外汇管理相关规定,将非银行债务人的外债账户、提款、使用、偿还及结售汇等信息报送外汇局。外商投资企业借用的外债资金可以结汇使用。除另有规定外,境内金融机构和中资企业借用的外债资金不得结汇使用。债务人在办理外债资金结汇和偿购外汇时,应遵循实需原则。短期外债原则上只能用于流动资金,不得用于固定资产投资等中长期用途。

符合规定的债务人向境内金融机构借款时,可以接受境外机构或个人提供的担保。境内债权人应按相关规定向所在地外汇局报送相关数据。发生境外担保履约的,债务人应到所在地外汇局办理外债登记。外商投资企业办理境内借款接受境外担保的,可直接与境外担保人、债权人签订担保合同。发生境外担保履约的,其担保履约额应纳入外商投资企业外债规模管理。中资企业办理境内借款接受境外担保的,应事前向所在地外汇局申请外保内贷额度。中资企业可在外汇局核定的额度内直接签订担保合同。

境内机构对外转让不良资产,应按规定获得批准。对外转让不良资产获得批准后,境外投资者或其代理人应到外汇局办理对外转让不良资产备案手续。受让不良资产的境外投资者或其代理人通过清收、再转让等方式取得的收益,经外汇局核准后可汇出。

2. 国家外债的发行原则

举借外债应遵循以下原则:

第一,国家主权原则。举借国家外债,要以国家根本利益为重,在平等的国家主权地位上自主进行,严禁有损国家主权借入外债。在举借国家外债时,要争取最有利的条件,借入外债的形式要灵活多样,相互补充,灵活调剂;争取尽可能长的借款期限和尽可能低的利息及费用,尽量增加政府外债和国际金融组织的贷款,减少商业贷款;减少外汇风险。

第二,经济效益原则。国家外债管理包括外债的举借、使用和偿还。举借是为了使用,只有充分利用所借入的外债,形成良好的生产能力,取得利润和外汇,才能保证还本付息。所以国家外债管理的核心是合理地使用外债,提高外债的使用效益。要合理安排借入资金的使用方向和结构,较多地用于加强农业、能源、交通、原材料、教育等薄弱环节的建设,发展出口创汇率高的项目;利用外资要与引进先进技术结合起来,并做到内外结合,充分发挥国家外债资金的作用,加强对使用外债的监督管理,提高外债的使用效益。

第三,量力而行原则。举借国家外债的预算规模应同我国的国力相适应,要符合经济发展计划和国家产业政策,不得盲目大量借入不必要的外债。同时,国家用于清偿债务的外汇资金主要来自出口商品的创汇收入,举债规模应与出口创汇数量相适应。

【引导案例】

谢百三诉财政部暂停国债回购案[①]

案情事实:

2001年12月6日,复旦大学教授谢百三向北京市中级人民法院递交了诉状,就2001年第七期国债暂停回购一事状告财政部。谢百三称,2001年7月29日到30日,财政部在交易所市场招标发行20年期国债,错误地将利率下限定为4.25%,这实际上等于在拍卖时制定了一个最高价格。这只国债采用荷兰式招标,最后的中标利率为4.26%,远远高于交易所国债2.6%—3.45%之间的收益率标准,并使其受到市场追捧。据谢百三说,财政部为了掩盖这一错误,于2001年8月9日以一纸便函"暂停"了

[①] 本案例根据宋槿篱《谢百三诉财政部暂停国债回购案》节选、整理而成,参见刘剑文主编:《财税法学案例与法理研究》,高等教育出版社2004年版,第85—90页。

这只国债的回购功能,人为地打压价格。① 即便如此,该国债 8 月 20 日上市时,仍以 101.50 元开盘,当天涨到 103 元。此后该国债一路攀升,一个月后涨到 108.6 元,两个月后达到 110 元。谢百三称,由于这只国债收益率过高,财政部至少多花了纳税人十几亿的钱财。

谢百三请求财政部撤销这个通知,并向全国的投资者道歉。其起诉状所引理由有三点:(1) 本案属于行政诉讼法的受理范围。该通知不是具有普遍约束力的法规与命令,只是针对 2001 年发行的第七期国债这一特定对象以便函形式下发的通知。(2) 财政部已卖出国债后,又违反契约,单方面未经买主同意,追溯加上了一个限制性条款,属于违约行为,符合《行政诉讼法》第 12 条第 7 款"认为行政机关违法要求履行义务的"范围。(3) 该通知违反了国务院 1992 年颁布的《国库券条例》,剥夺了机构投资者回购融资的权利,符合《行政诉讼法》第 12 条第 8 款"认为行政机关侵犯其人身权、财产权的"范围。

按照当时的《行政诉讼法》第 42 条,人民法院接到起诉状,经审查,应当在 7 日内立案或者作出裁定不予受理。原告对裁定不服的,可以提起上诉。谢百三的诉状递交北京市第一中级人民法院之后,在近 3 个月的时间里,法院既没有受理,也不表示拒绝。2002 年 3 月 1 日,谢百三又向北京市高级人民法院起诉,4 个多月过去了,法院还是既不受理亦不拒绝。2002 年 7 月 7 日,谢百三再次进京,将诉状递到了最高人民法院。2002 年 7 月 31 日,财政部解除了关于 010107 国债的回购禁令。曾经为此 3 次进京状告财政部的谢百三表示,财政部这种做法是明智的,自己起诉财政部的目的是为了促进决策科学化,现在起诉标的已不复存在,因而他表示愿意撤诉。

案例简析:

一、财政部行为的合法性评价

在本案中,财政部以便函的形式暂停国务院颁布的《国库券条例》所称的国库券抵押,是违反程序的。国务院制定的《国库券条例》属于行政法规,财政部的便函只能归入规范性文件,规范性文件只有在与法律、行政法规一致时有效,否则无效。因此,即便财政部有充分的理由要暂停 010107 国债的回购,也需要提请国务院批准,才符合法律程序。

二、国库券(或国债)的法律性质

国库券作为权利的凭证,属于行政契约还是民事契约?事实上,很多时候不可能将所有的合同做非此即彼的归类。对于国债而言,不能单纯地下结论为民事契约或行政契约,而应该分阶段分析。在国债的发行及使用阶段,由于要更多地体现社会公益以及国家的政策,带有强烈的行政性质,因此政府在此阶段为实施宏观调控而采取种种手段是无可非议的。而在国债的认购与流通阶段,则应体现平等自愿的私法性质,国家不能干预过多。也就是说,在契约形成阶段(发行程序)应适用行政法的规定,但就形成的契约本身而言,其性质为私法契约。所以此案中,如果财政部在发行时就附加种种条件或限制,以行使宏观调控的,这是其行政优益权所许可的。但在发行完毕之后,则构成违约行为。

三、国债纠纷的救济机制

在本案中,原告提起的是行政诉讼,其所持理由如前所述,财政部所发便函虽然具有行政决定效力,但仅针对特定的人或事,是一次性适用的,并且是向前追溯的行政行为,而非抽象的、重复执行的、向后生效的,因而应属于行政行为,具有可诉性。

基于本案进行扩充,涉及国债法的一个重要理论问题:国债法律关系到底是纯粹的行政法律关系还是债权债务关系?国债法律关系的一方主体始终是财政部所代表的国家,那么国债法律关系在性质

---

① 2001 年 8 月 9 日,财政部国库司以便函形式下发通知(财库函〔2001〕13 号),通知中央国债登记结算有限责任公司、上海证券所、深圳证券所,"经财政部研究决定,本期国债在交易所市场上市时间另行通知,上市后交易方式首先为现券买卖,回购交易将视市场情况安排"。所谓回购,就是抵押,即持有者将其进行抵押融资。如果禁止回购,则束缚了很多投资者的手脚,使其无法通过抵押获益。

上无疑属于财政法律关系。然而在国债法律关系中,国家作为债务人与认购人发生权利义务关系,而且认购人是否与国家发生债权债务关系,完全由自己的意志决定(只有强制国债例外)。因此,虽然国债的发行受到法律的严格控制,国债法律关系仍是一种平等自愿、双务有偿的债权债务关系。既然在这一平等的法律关系中,国家只是借贷合同一方的当事人,那么在合同订立后,当事人非经协商一致,应该无权擅自变更合同。此案中,财政部在国债发行完毕之后,补发通知改变契约重要内容,应视为违约。作为投资者,可提起民事诉讼,追究其违约责任。

由此可见,在国家与认购人之间发生的国债纠纷中,行政诉讼与民事诉讼的救济途径都应是可行的,当事人可自主选择。尤其是后者,倘若是在财政部所为的行为是抽象行政行为而不能提起行政诉讼的情况下,就为当事人提供了法律救济的可能性。当然,在一般情况下,出于举证责任承担的考虑,行政诉讼的救济途径可能对当事人更为有利。

三、我国地方债法律制度

国债是财政部代表中央政府举借的债务,地方性债务是地方政府所举借的债务。我国《预算法》早就确认了中央政府的举债权,即中央预算中必需的建设投资的部分资金、中央预算中对已经举借的债务还本付息所需的资金,可以通过举借国内和国外债务等方式筹措;但是,在2014年《预算法》第一次修订之前,地方政府的举债权受到严格限制。修订前的《预算法》第28条规定:"地方各级预算按照量入为出、收支平衡的原则编制,不列赤字。除法律和国务院另有规定外,地方政府不得发行地方政府债券。"

从上述规定看,地方政府债券并没有被绝对禁止。就法律程序而言,只要有特别立法,或者由国务院特别许可,地方政府是可以发行地方债券的。相对于发行地方债券,地方政府通过种种途径举借债务,早就已经是一个公开的事实。截至2022年4月末,全国地方政府债务余额322871亿元,控制在全国人大批准的限额之内。其中,一般债务140942亿元,专项债务181929亿元;政府债券321249亿元,非政府债券形式存量政府债务1622亿元。① 特别是近些年,我国地方政府的债务数额增长很快,而且举债方式也更加丰富,间接负债方式进一步增加,除了政府融资平台外,国有独资和控股企业也成为地方政府债务余额中主要的举债主体。

为了解决地方政府财力不足的问题,规范地方性政府债务,2009年,经国务院批准同意,多个省(市)发行了地方政府债券,这是自1993年以来地方政府债券被国务院叫停后的首次发行。此次地方政府债券以省、自治区、直辖市和计划单列市政府为发行和偿还主体,由财政部代理发行并代办还本付息和支付发行费的可流通记账式债券。地方政府债券冠以发债地方政府名称,具体为"2009年××省(自治区、直辖市、计划单列市)政府债券(××期)"。债券期限为3年,利息按年支付,利率通过市场化招标确定,发行的总规模为2000亿元。这种发债模式此后每年都在延续,其发债规模不断扩大,2013年增至3500亿元。在债券规模的分配上,各地方政府申请发债规模,经国务院批准,财政部下达各地的债券规模。同时,这种类型的地方政府债券由财政部代发,并由财政部代办还本付息,实际上是中央政

---

① 参见《2022年4月地方政府债券发行和债务余额情况》,载中华人民共和国财政部网,http://yss.mof.gov.cn/zhuantilanmu/dfzgl/sjtj/202205/t20220518_3811310.htm,2022年5月24日最后访问。

府承担了担保人的责任。换言之,虽然这类地方政府债券的发行主体名义上为各地方政府,但按照目前的财政体制,地方政府并不是独立的财政主体,缺乏独立的收入来源,在法律责任的承担上,也没有独立的身份,因此,一旦地方政府不能按时还本付息,最后承担责任的仍然是中央政府。

2011年,经国务院批准,财政部印发《2011年地方政府自行发债试点办法》,允许上海市、浙江省、广东省、深圳市开展地方政府自行发债试点,这预示着地方政府债务管理从中央代理阶段进入地方自行发债管理阶段。此后几年,试点范围逐渐扩大。2013年,江苏省和山东省加入自行发债试点。相比2009年的"代借代还"地方债模式,自行发债试点的不同之处在于,试点省市在国务院批准的发债规模限额内,自行组织发行本省市政府债券,无需由财政部代为发行。但是,所发债券仍由财政部代办还本付息。试点省市应在规定时间将财政部代办债券还本付息资金足额缴入中央财政专户。在这种模式下,由于财政部代为还债,实际上中央仍在为地方债担保,甚至直接成为第一债务人。就这一点而言,它和2009年地方债试点模式并无不同。

2014年,国务院批准上海市、浙江省、广东省、深圳市、江苏省、山东省、北京市、江西省、宁夏回族自治区、青岛市试点地方政府债券自发自还,为建立规范的地方政府举债融资机制,加强对2014年地方政府债券自发自还试点地区(以下简称试点地区)的指导,规范试点地区发债偿债等行为,财政部印发《2014年地方政府债券自发自还试点办法》(财库〔2014〕57号)。

自发自还是指试点地区在国务院批准的发债规模限额内,自行组织本地区政府债券发行、支付利息和偿还本金的机制。试点地区发行政府债券实行年度发行额管理,全年发行债券总量不得超过国务院批准的当年发债规模限额。债券为记账式固定利率附息债券,期限为5年、7年和10年,结构比例为4:3:3。

试点地区按照市场化原则发行政府债券,遵循公开、公平、公正的原则。试点地区应当以同期限新发国债发行利率及市场利率为定价基准,采用承销或招标方式确定债券发行利率。试点地区按照有关规定开展债券信用评级,择优选择信用评级机构。信用评级机构按照独立、客观、公正的原则开展信用评级工作,遵守信用评级规定与业务规范,及时发布信用评级报告。

比2013年试点更进一步的是,2014年的自行发债试点要求试点地区承担债券还本付息责任。财政部要求,试点地区应当建立偿债保障机制,统筹安排综合财力,及时支付债券本息、发行费等资金,切实履行偿债责任,维护政府信誉。不过,在中国现行国家结构形式之下,任何地方债对中央都是风险。为加强监管,财政部要求,试点地区应将本地区政府债券信用评级、信息披露、承销团组建、发行兑付等有关规定及时报财政部备案。政府债券发行兑付过程中出现重大事项及时向财政部报告。年度发行结束两周内向财政部报送债券发行情况。如地方政府债券发行利率低于招标日前1个至5个工作日相同待偿期国债收益率,须在债券发行情况中进行重点说明。截止到2014年8月21日,试点自主发债的十省市已有八地完成发债,但尽管如此,仍可以合理地认为,如果短期内放开对地方的债券发行管制,地方财政风险将急剧累积,最终会危及政府信用乃至国家信用。在这个意义上,修改后的《预算法》在放开地方政府发行债券的同时又保持了高度的谨慎性,是可取的做法。

2014年修订的《预算法》第35条规定:"地方各级预算按照量入为出、收支平衡的原则编制,除本法另有规定外,不列赤字。经国务院批准的省、自治区、直辖市的一般公共预算中必需的建设投资的部分资金,可以在国务院确定的限额内,通过发行地方政府债券举借债务的方式筹措。举借债务的规模,由国务院报全国人民代表大会或者全国人民代表大会常务委员会批准。省、自治区、直辖市依照国务院下达的限额举借的债务,列入本级预算调整方案,报本级人民代表大会常务委员会批准。举借的债务应当有偿还计划和稳定的偿还资金来源,只能用于公益性资本支出,不得用于经常性支出。除前款规定外,地方政府及其所属部门不得以任何方式举借债务。除法律另有规定外,地方政府及其所属部门不得为任何单位和个人的债务提供担保。国务院建立地方政府债务风险评估和预警机制、应急处置机制以及责任追究制度。国务院财政部门对地方政府债务实施监督管理。"

我国现行《预算法》为地方政府发行债券打开了前门,提供了方便。但是,它也通过层级要求、总额控制、预算监管、用途限定等方式进行限制,与此同时,它还堵塞了地方政府的任何其他举债渠道。这种"开前门、堵后门、筑围墙"的方式既尊重了地方的正当财政需要,又可以很大程度上防止地方政府的举债权被滥用、引起失控局面,可以说是我国新时期地方债管理的新尝试。

为依法规范地方政府债务管理,切实增强地方政府债务信息透明度,自觉接受监督,防范地方政府债务风险,根据《预算法》《政府信息公开条例》和国务院《关于加强地方政府性债务管理的意见》(国发〔2014〕43号)等法律法规和制度规定,制定《地方政府债务信息公开办法(试行)》①(以下简称《试行办法》),自2019年1月1日起试行。根据《试行办法》,财政部负责指导、监督全国地方政府债务信息公开工作。地方各级财政部门负责组织实施本地区和本级政府债务信息公开工作,指导、监督和协调本级使用债券资金的部门和下级政府债务信息公开工作。地方各级财政部门要将地方政府债务信息公开情况纳入地方政府债务绩效评价范围,加强绩效评价结果应用。地方债务信息以公开为原则,不公开为例外②;坚持谁制作、谁负责、谁公开③,坚持突出重点,真实、准确、完整、及时公开;坚持以公开促改革、以公开促规范,推进国家治理体系和治理能力现代化。财政部驻各省、自治区、直辖市、计划单列市财政监察专员办事处应当将地方政府债务信息公开工作纳入日常监督范围,对发现问题的予以督促整改。公民、法人或者其他组织认为有关部门不依法履行地方政府债务信息公开义务的,可以向同级或上一级财政部门举报。财政部门收到举报后应当依法依规予以处理。对未按规定公开地方政府债务信息的,应当依照《中华人民共和国预算法》《中华人民共和国政府信息公开条例》等法律法规的规定,责令改正,对负有直接责任的主管人员和其他直接责任人员依法依规给予处分。这种信息公开的方式也成为地方债管理的新方法。

---

① 该《试行办法》适用于县级以上各级财政部门地方政府债务信息公开工作。本《试行办法》所称地方政府债务包括地方政府一般债务和地方政府专项债务;地方政府债务信息包括预算公开范围的地方政府债务限额、余额等信息以及预决算公开范围之外的地方政府债务发行、存续期、重大事项等相关信息;重大事项是指可能引起地方政府一般债券、专项债券投资价值发生增减变化,影响投资者合法权益的相关事项。

② 根据《试行办法》,地方政府债务信息公开渠道如下:县级以上地方政府预算公开范围的地方政府债务限额、余额、使用安排及还本付息等信息应当在地方政府及财政部门门户网站公开。财政部门未设立门户网站的,应当在本级政府门户网站设立专栏公开。预决算范围之外的地方政府债券等信息应当在省级财政部门、发行场所门户网站公开。财政部设立地方政府债务信息公开平台或专栏,支持地方财政部门公开地方政府债务(券)相关信息。

③ 《试行办法》分条款对地方政府预决算、债券、新增一般债券、新增专项债券、再融资债权的发行安排、违法违规情形、重大事项、债券资金调整用途、财政经济信息、政府债务管理制度的信息公开进行了规定。

为了加强对地方政府债务的管理监督,切实防范和化解政府债务风险,2020年修订的《预算法实施条例》(以下简称《条例》)进一步细化和明确了《预算法》关于政府债务管理的规定。《条例》明确了地方政府举债规模、一般债务、专项债务的基本含义,规定地方债务余额实行限额管理,一般债券、专项债券、转贷债务应按照规定纳入本级预算管理或预算调整方案。例如,《条例》第43条规定:"地方政府债务余额实行限额管理。各省、自治区、直辖市的政府债务限额,由财政部在全国人民代表大会或者其常务委员会批准的总限额内,根据各地区债务风险、财力状况等因素,并考虑国家宏观调控政策等需要,提出方案报国务院批准。各省、自治区、直辖市的政府债务余额不得突破国务院批准的限额。"《条例》第47条明确要求财政部和省级财政部门应建立健全地方政府债务风险评估指标体系,组织评估地方政府债务风险状况,对债务高风险地区提出预警,并监督化解债务风险。

此外,为了规范地方政府债券发行管理,保护投资者合法权益。根据《预算法》《中共中央办公厅 国务院办公厅关于做好地方政府专项债券发行及项目配套融资工作的通知》和《国务院关于加强地方政府性债务管理的意见》(国发〔2014〕43号)等法律法规和相关规定,财政部制定了《地方政府债券发行管理办法》(财库〔2020〕43号,以下简称《管理办法》),自2021年1月1日起施行。根据《管理办法》,地方政府依法自行组织本地区地方政府债券发行和还本付息工作。地方政府债券发行兑付工作由地方政府财政部门(以下称地方财政部门)负责办理。地方财政部门应当切实履行偿债责任,及时支付债券本息,维护政府信誉。加强专项债券项目跟踪管理,严格落实项目收益与融资规模相平衡的有关要求,保障债券还本付息,防范专项债券偿付风险。地方财政部门、地方政府债券承销团成员、信用评级机构及其他相关主体,应当按照市场化、规范化原则做好地方政府债券发行相关工作。

第四节 彩票法律制度

我国的彩票业诞生于1987年,1994年中国体育彩票管理中心成立。此后,彩票业进入了迅速的发展阶段:2012年全国共销售彩票2615.24亿元,其中福利彩票首次突破1500亿,体育彩票首次突破1000亿;2013年全国共销售彩票3093.25亿元,再创新高,这对促进社会公益事业的发展发挥了重要的作用。但是与此同时,彩票业的发展过程中也存在很多的问题。从财政法的角度来看,彩票的发行机构、彩票资金的用途等问题,需要立法予以规范。国务院2009年颁布了《彩票管理条例》,2012年颁布了《彩票管理条例实施细则》(2018年修订)但这些只是行政法规和部门规章,有待于今后全国人民代表大会立法继续完善,并使彩票制度具有更高的法律地位。

一、彩票的概念与法律性质

(一)彩票的概念

彩票是政府或政府批准的发行机关为了某种特殊筹资目的发行的,印有号码、图形或文字并设定规则由公众自愿购买,依照随机或公认的公平方式决定中彩范围,不还本不计息的有价证券。按西方人的说法,博彩乃是一种受上帝之手操纵的另类经济游戏,有"无痛的税收"和"微笑的纳税女神"之称。大多数国家和地区的集资目标主要锁定在社会福利、公共卫生、教育、体育、文化等方面。

国务院《彩票管理条例》及其相关部门规范性文件中对"彩票"的概念进行了如下界定：民政部 1994 年 12 月 2 日发布的《中国福利彩票管理办法》第 2 条将福利彩票定义为"以筹集社会福利资金为目的而发行的，印有号码、图形或文字供人们自愿购买并按特定规则确定购买人获取或不获取奖金的有价凭证"。原国家体委 1994 年发布的《体育彩票发行管理办法》第 2 条将彩票规定为"以筹集国际和全国性大型体育运动会举办资金等名义发行的、印有号码、图形或文字的、供人们自愿购买并能够证明购买人拥有按照特定规则获取奖励权利的书面凭证"。中国人民银行 1995 年 12 月 20 日发布的《关于加强彩票市场管理的紧急通知》将彩票定义为"印有号码、图形或者文字供人们填写、选择、购买并按照特定规则取得中奖权利的凭证"。财政部 2002 年发布的《彩票发行与销售管理暂行规定》第 2 条规定："彩票是国家为支持社会公益事业而特许专门机构垄断发行，供人们自愿选择和购买，并按照事前公布的规则取得中奖权利的有价凭证。"国务院 2009 年发布的《彩票管理条例》第 2 条规定："本条例所称彩票，是指国家为筹集社会公益资金，促进社会公益事业发展而特许发行、依法销售，自然人自愿购买，并按照特定规则获得中奖机会的凭证。"与《彩票发行与销售管理暂行规定》相比，《彩票管理条例》关于彩票概念的界定，一是强调依法发行；二是将购买者限制为自然人；三是将彩票持有人的权利界定为一种期待权即"中奖机会"；四是将彩票界定为一种凭证。相比较而言，《彩票管理条例》对彩票的界定比较妥当。

（二）彩票的法律性质

（1）国家垄断性。彩票由政府统一安排并实施监管。作为一种政府行为，彩票较充分地体现了政府的意图，并由于政府的介入而使彩票市场具有垄断性，彩票经营机构在经营上的竞争只限于服务质量、销售业绩和销售成本上，而彩票发行规模、发行范围、发行方式及开、兑奖规则等都要呈报政府批准。发行结束后，彩票经营机构应接受政府的审计与检查。

（2）公益融资性。彩票是政府筹措公益资金的重要渠道。彩票不返还本金，不支付利息。彩票销售在扣除奖金与成本后所得净收入的资金，一般都由政府投入到社会公益项目中，我国主要是投入到民政福利、体育方面，国际上还包括教育、科学、卫生、文化、环保、城建、就业、扶贫、治安等方面。彩票是以抽签给奖方式筹措资金的融资手段。从发行者来讲，发行彩票可以反复持续筹攒社会资金；从购买者来讲，持有彩票可获得奖金回报的可能。作为高收益、高风险的特殊的金融商品，发行者与购买者之间存在特定的债权债务关系，并会引起部分社会财富再分配。彩票不同于股票、债券与基金，彩票不反映股权关系、一般的债务关系或委托投资关系，只反映潜在的可能的奖金分配关系；彩票不同于有奖销售，有奖销售的奖金奖品实质上是从商品的售价中支付的，属于商品的销售折扣；彩票也不同于有奖储蓄，有奖储蓄要还本付息，而奖金奖品实质上是利息的一部分。

（3）风险收益性。彩票存在着风险与收益相伴生的机会游戏性。彩票与赌博都是一种人类对机会游戏的利用，都具有获得与决定转移财产所有权的条件与权利。但两者不可同日而语，主要表现在介入游戏的主要资金所有权转移方向的不同。彩票在满足人们改变个人现状的主观愿望的同时，也通过筹措社会公益资金而直接提高了社会整体效益，并最大限度地保证机会均等与公正性，使风险与收益相一致，而这些是赌博所不具备的，这也是各国政府禁止赌博而允许彩票发行的原因之一。

二、彩票法律关系

彩票法律关系是指由彩票法律规范调整的,发生于彩票发行者、销售者与购买者等主体之间的具有权利义务内容的社会关系。与民事法律关系等不同,彩票法律关系是一种较为复杂的多重法律关系。具体来说,主要包括以下几个方面:

(一)发行人与购彩人之间的法律关系

该法律关系是有关彩票法律关系中的核心部分。在这层法律关系中,发行人以自己的名义向社会公开发布了有关彩票发行的对世要约,因而其主要义务有:第一,按彩票发行公告内容,即要按约定时间、地点、方式发行彩票;第二,保证彩票开奖即产生中奖号码的过程要做到公开、公正、公平;第三,如果彩票发行公告或彩票纸上已说明了本次彩票的筹资目的,则保证本次发行彩票所筹集到的资金用于该彩票发行的目的事项。如 1998 年长江特大洪水后,国家彩票发行中心发行的赈灾彩票所筹集到的资金就必须用于此次洪灾的善后救济。作为该法律关系另一方的购彩人,根据自愿原则支付了价款后,获得彩票所有权和中奖机会。

(二)发行人与中彩人之间的法律关系

此种法律关系是建立在发行人与购彩人之间的法律关系基础上的一层关系。在这层法律关系中,中彩人具有双重法律身份,既是购彩人又是中彩人。正因为他是购彩人,通过支付价款获得了彩票的所有权和中奖机会,他才有可能成为中彩人。因此,他除了拥有购彩人的权利义务外,还拥有获取奖金、奖品的权利。但他同时也负有遵循中奖规则、按规定领取奖金、奖品的义务。

(三)发行人与彩票承销人之间的法律关系

这其实是一种特别授权代理关系。承销人以发行人名义向社会公开发行彩票,对外所产生的权利义务仍然由发行人承担。承销人通过为发行人销售彩票,从中获取手续费和佣金。彩票发行面很广,往往是全国范围的,因而有必要在一定的区域内授权特定机构代理发行。如中国福利彩票的发行就由中国福利彩票发行中心授权各省福利彩票发行中心承销。彩票发行机构、彩票销售机构应当依照政府采购法律、行政法规的规定,采购符合标准的彩票设备和技术服务。彩票发行机构、彩票销售机构应当建立风险管理体系和可疑资金报告制度,保障彩票发行、销售的安全。彩票发行机构、彩票销售机构负责彩票销售系统的数据管理、开奖兑奖管理以及彩票资金的归集管理,不得委托他人管理。

(四)政府彩票主管部门与彩票发行机构之间的法律关系

政府彩票主管部门与彩票发行机构之间的权利义务就该关系性质而言,双方之间系行政管理和被管理的关系。彩票发行机构发行彩票必须取得政府彩票部门的批准,且就彩票发行工作主动接受政府彩票管理机关的管理和监督。《彩票管理条例》第 7 条规定:"彩票发行机构申请开设、停止福利彩票、体育彩票的具体品种(以下简称彩票品种)或者申请变更彩票品种审批事项的,应当依照本条例规定的程序报国务院财政部门批准。国务院财政部门应当根据彩票市场健康发展的需要,按照合理规划彩票市场和彩票品种结构、严格控制彩票风险的原则,对彩票发行机构的申请进行审查。"

就上述主体之间彩票法律关系而言,可以将其界定为民事法律关系、行政法律关系。但从财政收入的角度,可以将其界定为财政法律关系。因为彩票收入属于一国财政收入的范畴，彩票公益金在我国目前也已经被纳入非税收入管理。

三、我国彩票法律制度的主要内容

我国现行规范彩票业的主要法律性文件为2009年4月22日国务院通过，自2009年7月1日起施行的《彩票管理条例》。《彩票管理条例》的颁布实施改变了我国彩票业长期以来无法可依的局面，对彩票业的健康发展起到了十分重要的作用。为了贯彻和实施《彩票管理条例》，经国务院批准，2012年财政部、民政部和体育总局又联合发布了《彩票管理条例实施细则》，并自2012年3月1日起施行，2018年8月16日该《实施细则》进行了修订。

（一）立法宗旨与原则

关于彩票法的立法宗旨，《彩票管理条例》第1条规定："为了加强彩票管理，规范彩票市场发展，维护彩票市场秩序，保护彩票参与者的合法权益，促进社会公益事业发展，制定本条例。"相比较而言，《彩票管理条例》关于立法宗旨的规定较《中国福利彩票管理办法》《彩票发行与销售管理暂行规定》更加合理，因为其突出了彩票的公益性。此外，由于我国彩票市场存在私彩泛滥、彩票业竞争无序等问题，故规范彩票的发行、销售、开奖、兑奖和资金管理，就成为当务之急。

《彩票管理条例》第4条规定："彩票的发行、销售和开奖，应当遵循公开、公平、公正和诚实信用的原则。"所谓公开原则，是指彩票的规则以及发行、销售、中奖、开奖、彩票公益金的使用以及彩票监管都应当通过一定形式向社会公开。所谓公平原则，是指通过规则的公平设计，使得彩民在"机会面前人人平等"，如享有平等的购买彩票的权利，彩票购买者享有平等的中奖机会，彩票发行机构和彩票购买者之间权利义务对等。所谓公正原则，包括实体公正和程序公正两个方面。实体公正是指彩票法所确立的各项规则如开奖规则、中奖规则等应当合乎正义理念和精神，平等对待所有的彩票购买者、中奖者。作为狭义的形式公正，程序公正是"看得见的公正"，是指应当按照正当程序平等保护彩票购买人利益、公平处理有关彩票纠纷，切实做到不偏不倚、客观公正。所谓诚实信用原则，就彩票而言，一是强调彩票发行机构和销售机构等应当诚实守信，应当按照批准的彩票品种的规则和开奖操作规程开奖；二是强调彩票的购买者应当诚实守信，如不伪造、变造彩票等。

（二）彩票发行与销售

（1）彩票发行与销售工作的主体。福利彩票、体育彩票的销售发行需国务院特许。未经国务院特许，禁止擅自发行、销售福利彩票、体育彩票之外的其他彩票；禁止在中华人民共和国境内，擅自发行、销售的境外彩票；未经彩票发行机构、彩票销售机构委托，不得擅自销售福利彩票、体育彩票；不得擅自利用互联网销售福利彩票、体育彩票。

（2）开设、停止及申请变更彩票品种。国务院财政部门应当根据彩票市场健康发展的需要，按照合理规划彩票市场和彩票品种结构、严格控制彩票风险的原则，对彩票发行机构的申请进行审查。彩票发行机构申请开设彩票品种，应当经国务院民政部门或者国务院体育行政部门审核同意。彩票发行机构申请变更彩票品种的规则、发行方式、发行范围等审批事项的，应当经国务院民政部门或者国务院体育行政部门审核同意。彩票发行机构申请停止彩票品种的，应当经国务院民政部门或者国务院体育行政部门审核同意，因维护社会公共利益的需要，在紧急情况下，国务院财政部门可以采取必要措施，决定变更彩票品种审批事项或者停止彩票品种。

（3）彩票发行、销售机构的技术性要求。彩票发行机构、彩票销售机构应当依照政府采购法律、行政法规的规定，采购符合标准的彩票设备和技术服务。彩票设备和技术服务的标准，由国务院财政部门会同国务院民政部门、体育行政部门依照国家有关标准化法律、行政法规的规定制定。

（4）彩票发行、销售机构的行业规范。彩票发行机构、彩票销售机构应当建立风险管理体系和可疑资金报告制度，保障彩票发行、销售的安全。彩票发行机构、彩票销售机构负责彩票销售系统的数据管理、开奖兑奖管理以及彩票资金的归集管理，不得委托他人管理。彩票发行机构、彩票销售机构可以委托单位、个人代理销售彩票。彩票发行机构、彩票销售机构应当与接受委托的彩票代销者签订彩票代销合同。福利彩票、体育彩票的代销合同示范文本分别由国务院民政部门、体育行政部门制定。彩票代销者不得委托他人代销彩票。彩票销售机构应当为彩票代销者配置彩票投注专用设备。彩票销售场所应当按照彩票发行机构的统一要求，设置彩票销售标识，张贴警示标语。

（5）彩票发行机构、彩票销售机构、彩票代销者的行为禁止。彩票发行机构、彩票销售机构、彩票代销者不得有下列行为：第一，进行虚假性、误导性宣传；第二，以诋毁同业者等手段进行不正当竞争；第三，向未成年人销售彩票；第四，以赊销或者信用方式销售彩票。

（三）彩票开奖、兑奖管理

彩票发行机构、彩票销售机构应当按照批准的彩票品种的规则和开奖操作规程开奖。国务院民政部门、体育行政部门和省、自治区、直辖市人民政府民政部门、体育行政部门应当加强对彩票开奖活动的监督，确保彩票开奖的公开、公正。彩票发行机构、彩票销售机构应当确保彩票销售数据的完整、准确和安全。当期彩票销售数据封存后至开奖活动结束前，不得查阅、变更或者删除销售数据。彩票发行机构、彩票销售机构应当加强对开奖设备的管理，确保开奖设备正常运行，并配置备用开奖设备。彩票发行机构、彩票销售机构应当在每期彩票销售结束后，及时向社会公布当期彩票的销售情况和开奖结果。彩票发行机构、彩票销售机构、彩票代销者应当按照彩票品种的规则和兑奖操作规程兑奖。彩票中奖奖金应当以人民币现金或者现金支票形式一次性兑付。不得向未成年人兑奖。彩票发行机构、彩票销售机构、彩票代销者以及其他因职务或者业务便利知悉彩票中奖者个人信息的人员，应当对彩票中奖者个人信息予以保密。

彩票中奖者应当自开奖之日起60个自然日内，持中奖彩票到指定的地点兑奖，彩票品种的规则规定需要出示身份证件的，还应当出示本人身份证件。逾期不兑奖的视为弃奖。禁止使用伪造、变造的彩票兑奖。

（四）彩票资金管理

彩票资金包括彩票奖金、彩票发行费和彩票公益金。彩票资金构成比例由国务院决定。彩票品种中彩票资金的具体构成比例，由国务院财政部门按照国务院的决定确定。随着彩票发行规模的扩大和彩票品种的增加，可以降低彩票发行费比例。

1. 彩票资金的一般管理

彩票发行机构、彩票销售机构应当按照国务院财政部门的规定开设彩票资金账户，用于核算彩票资金。国务院财政部门和省、自治区、直辖市人民政府财政部门应当建立彩票发行、销售和资金管理信息系统，及时掌握彩票销售和资金流动情况。彩票奖金用于支付彩票中奖者。彩票单注奖金的最高限额，由国务院财政部门根据彩票市场发展情况决定。逾期未兑奖的奖金,纳入彩票公益金。彩票发行费专项用于彩票发行机构、彩票销售机构的业务费用支出以及彩票代销者的销售费用支出。彩票发行机构、彩票销售机构的业务费实行收支两条线管理,其支出应当符合彩票发行机构、彩票销售机构财务管理制度。

2. 彩票公益金管理与使用

(1)彩票公益金的管理。彩票公益金专项用于社会福利、体育等社会公益事业,不用于平衡财政一般预算。彩票公益金按照政府性基金管理办法纳入预算,实行收支两条线管理。彩票公益金的分配政策,由国务院财政部门会同国务院民政、体育行政等有关部门提出方案,报国务院批准后执行。

在我国,由于彩票公益金长期缺乏制度约束,致使其被滥用的情形时有发生。为此,财政部从2008年起将彩票公益金纳入政府性基金预算,按项目进行管理,专项用于国家规定的社会公益事业。《彩票公益金管理办法》第2条规定:"彩票公益金是从彩票发行收入中按规定比例提取的,专项用于社会福利、体育等社会公益事业的资金,按政府性基金管理办法纳入预算,实行'收支两条线'管理,专款专用,结余结转下年继续使用,不得用于平衡一般预算。"《彩票管理条例》第33条规定:"彩票公益金专项用于社会福利、体育等社会公益事业,不用于平衡财政一般预算。彩票公益金按照政府性基金管理办法纳入预算,实行收支两条线管理。"

(2)彩票公益金的分配。《彩票公益金管理办法》第3条规定:"彩票公益金按50∶50的比例在中央与地方之间分配,由各省、自治区、直辖市彩票机构(以下简称省级彩票机构)分别上缴中央财政和省级财政。"而《彩票管理条例》第35条对此仅规定:"彩票公益金的分配政策,由国务院财政部门会同国务院民政、体育行政等有关部门提出方案,报国务院批准后执行。"将过去中央占大头、地方占小头的彩票公益金的分配比例调整为50∶50的比例,虽然有利于促进地方社会公益事业的发展,但鉴于我国现行分税制财政体制下地方事权过大、财权过小而导致地方财政困难的现状,有必要适当增加地方对彩票公益金的分成比例,以解决地方公益事业发展所面临的资金短缺问题。

(3)彩票公益金的使用。目前,我国的彩票公益金主要用于民政和体育部门的社会公益事业,其他社会公益事业则必须征得民政和体育部门的许可,公益金的社会性体现得不够充分。彩票是国家发行的,筹集的资金应该归国家所有,资金如何使用应该由政府根据社会公益事业的发展情况统筹安排,而不应该仅限于某几个部门的使用,形成部门资金。与此同时,彩票公益金作为国家财政收入的一部分,其使用和分配应体现社会正义。鉴于此,有必要拓宽彩票公益金的使用范围。值得一提的是,近年来,我国彩票公益金使用领域逐步拓宽,从用于民政福利和体育事业逐步拓展到青少年学生校外活动场所建设、2008年北京奥运会、红十字事业、残疾人事业、城市医疗救助、农村医疗救助等领域。

(五)彩票监管

《彩票管理条例》第5条规定:"国务院财政部门负责全国的彩票监督管理工作。国务院民政部门、体育行政部门按照各自的职责分别负责全国的福利彩票、体育彩票管理工作。省、自治区、直辖市人民政府财政部门负责本行政区域的彩票监督管理工作。省、自治区、直辖市人民政府民政部门、体育行政部门按照各自的职责分别负责本行政区域的福利彩票、体育彩票管理工作。县级以上各级人民政府公安机关和县级以上工商行政管理机关,在各自的职责范围内,依法查处非法彩票,维护彩票市场秩序。"

对于我国彩票业的监管,应该从以下两个方面予以完善:首先是加强彩票信息的公开。《彩票管理条例》在信息披露方面作了一些强制性规定,第11条规定:"经批准开设、停止彩票品种或者变更彩票品种审批事项的,彩票发行机构应当在开设、变更、停止的10个自然日前,将有关信息向社会公告";第20条规定:"彩票发行机构、彩票销售机构应当及时将彩票发行、销售情况向社会全面公布,接受社会公众的监督";第24条规定:"彩票发行机构、彩票销售机构应当在每期彩票销售结束后,及时向社会公布当期彩票的销售情况和开奖结果。"其次是强化对彩票公益金使用的监督。建立起彩票公益金使用的公开制度。将彩票公益金的使用情况向社会公开,最大限度地避免彩票公益金使用中的种种违法行为。对此,《彩票管理条例》第37条也明确规定:"国务院财政部门和省、自治区、直辖市人民政府财政部门应当每年向本级人民政府报告上年度彩票公益金的筹集、分配和使用情况,并向社会公告。"此外,还要加强对彩票公益金使用的审计监督。与其他监督方式相比,由于审计具有独立、客观等特点,因此,审计机关可以通过现场监督和事后监督相结合、及时发布审计公告等方式对彩票发行以及彩票公益金筹集、分配和使用情况进行审计监督。通过审计监督,可以及时发现和制止彩票公益金使用中的违纪违法行为,保障我国彩票业的健康发展。

【新闻链接】

回归公益之路——中国彩票市场30年观察[①]

"彩票"是指国家为筹集社会公益资金,促进社会公益事业发展而特许发行、依法销售,自然人自愿购买,并按照特定规则获得中奖机会的凭证。

在大多数彩民眼中,彩票是一项娱乐,"小赌怡情"的同时乐得为社会献上一份爱心。当然,也不乏疯狂者视之为"赌",沉迷其中甚至搭上身家性命。

从无到有,从小到大,如何看待历经30年发展的中国彩票市场?如何在发展壮大中坚守公益初衷?"互联网+"下的中国彩票如何应对时代课题?

历史跨越——30年,中国人买彩票花了3.2万亿元

1987年7月27日,新中国第一张福利彩票(时称"中国社会福利有奖募捐券")在河北石家庄上市。当时大多数人对彩票知之甚少,国家采用流动摊点销售方式,一年销量还不足1800万元。

1989年,部分地区"实物兑奖销售法"的出现,让彩票进入百姓视野。随后,"大奖组"即开型彩票销售方式的推广,为我国福利彩票大发展奠定基础。

"改革开放初期,我国商品经济不发达,彩票人尝试把当时稀缺紧俏的小汽车、自行车、冰箱、彩电等商品引入即开型彩票设奖,一旦中奖当场兑换实物,吸引力大大提升,摊位摆在哪里,哪里就人头攒动。"刘五书说。

民政部中国福利彩票发行管理中心主任冯亚平介绍,20世纪80年代的中国尚处改革开放之初,百废待兴,所有领域都面临资金严重匮乏,尤其发展社会福利事业历史欠账较多,单靠国家财政投入难以解决。

我国彩票销售市场福彩、体彩两分天下。1994年,国务院批准原国家体委发行体育彩票。1999年

[①] 参见韩洁、申铖、罗争光、范琛炜:《回归公益之路——中国彩票市场30年观察》,载中国政府网,http://www.gov.cn/xinwen/2018-01/31/content_5262498.htm,2022年3月26日最后访问。

我国彩票销售首超百亿元,2007年首破千亿元,继而2011年超过两千亿元,2013年破三千亿元,2017年跨过四千亿元关口。统计显示,1987—2017年的30年间,我国累计销售彩票约3.2万亿元。其中,销售福利彩票近1.8万亿元,体育彩票超过1.4万亿元。

"一国彩票市场发达程度和经济发展密切相关。"国家体育总局体育彩票管理中心主任张弛说,通常经济体量大、居民收入高、人口相对密集的地方,彩票销量就高。资料显示,中国目前是仅次于美国的世界第二大彩票市场,与世界第二大经济体地位。

把准方位——坚守初衷回归公益性

随着2018年足球世界杯等国际赛事的举行,涉及篮球足球等竞猜型彩票市场前景广阔。然而,业内也担心,体育赛事多的年份,往往也是私人或境外"博彩"猖獗之年,不乏彩票购买者陷入"赌球"诱惑上演一幕幕"富翁变负翁"悲剧,严重得甚至走上不归路。

"彩票背后有博彩原理,不严管就会出现社会问题。"张弛说,如何更好把握彩票规律,利用它更好地提供公益贡献,同时使与之俱来的负面因素得到有效管控,非常考验政府的平衡把握能力。

中国彩票行业沙龙创始人、北京社会管理职业学院教授苏国京认为,彩票是中国唯一合法的博彩形式,国家发行彩票的初衷是为了弥补发展社会福利和公益事业的资金短缺,时至今日,彩票监管、发行、销售机构应承担更多的社会责任,更突出彩票的公益性宗旨,淡化博彩色彩,尤其在彩票设计中更应注重防沉迷和过度购彩,引导彩票回归公益之路,凝聚社会共识,让"微笑纳税"温暖更多百姓。

经历30年的发展,我国彩票法规制度体系基本建立,法制化建设水平和彩票监管能力显著提高。但近年来彩票系统性腐败案件时有发生,私彩交易活动的蔓延也侵害了广大人民群众的合法权益,甚至严重干扰影响到彩票市场的正常发行销售。

"互联网+"时代,如何在规范彩票市场发展中满足彩民新需求,关系着彩票行业的未来发展。一方面,为防止走向博彩,强化彩票公益色彩,很多国家对互联网彩票都持谨慎态度,如美国开放在线博彩,但监管非常严格。另一方面,云计算、大数据、物联网、移动互联、人工智能等新技术的出现,也带来了新时代彩票业务升级的发展需求。

第五节 国有资产收益法律制度

国有资产收益是指国家作为资产的所有者,凭借资产所有权取得的各种收益的总称。根据国有资产性质的不同,包括经营性国有资产收益,也包括非经营性国有资产收益和资源性国有资产收益。一般而言,对国有资产收益的概念采取狭义,即国有资产收益是指经营性国有资产收益。尽管非经营性国有资产在实践中也可能产生收益,如行政事业单位将本属于其办公设施的房屋出租而取得租金收入,但是在整个国有资产收益中只占很小的比重。所以,本节所讲的国有资产收益指的是经营性国有资产收益,这是我国当前国有资产收益法律理论与实践需要重点关注的部分。

一、国有资产收益法律制度概述

依法取得国有资产收益,是国家作为国有资本投资所有者应当享有的权利,也是建立国有资本经营预算的基础。对国有资产收益进行收缴,有利于保障国家利益的完整性,更有效地维护国家所有者权益,有利于企业间的公平竞争以及建立起公平的收入分配制度,有利于形成政府作为出资人对企业有效制约的监督机制。

新中国成立初期至1983年前,我国对国有企业利润分配实行统收统支的分配制度,即企业利润全部上缴财政,而企业所需的各项资金由财政拨付。在1983年和1984年,国家分两步在全国范围内实行"利改税"制度。所谓利改税,是指将国有企业向国家缴纳的纯收入由利润上缴形式改为缴纳所得税和调节税等税收形式,将国家与国有企业的利润分配关系用税法的形式固定下来。企业纳税后剩余的利润,全部留归企业支配使用。在全面实行利改税的同时,对极少数企业仍准许保留利润包干的分配形式,而没有实行征收国营企业所得税和国营企业调节税的办法。1994年税制改革,考虑到当时企业承担的离退休职工费用、承担社会职能等历史包袱沉重,作为阶段性措施,国家暂停了向企业收缴利润,企业应上缴的利润全部留在企业,用于其改革和发展。直到2007年12月,经国务院批准,财政部会同国资委发布《中央企业国有资本收益收取管理办法》,规定纳入收益上缴试点范围的116家企业要按时完成2006年度国有资本收益的申报上缴工作,国有企业不上缴利润这一历史才结束。

为了维护国家基本经济制度,巩固和发展国有经济,加强对国有资产的保护,发挥国有经济在国民经济中的主导作用,促进社会主义市场经济发展,2008年10月全国人民代表大会通过《企业国有资产法》,该法第18条第2款规定:"国家出资企业应当依照法律、行政法规以及企业章程的规定,向出资人分配利润";第58条规定:"国家建立健全国有资本经营预算制度,对取得的国有资本收入及其支出实行预算管理。"根据党的十八届三中全会提出的完善国有资本经营预算制度的要求,为加强和规范中央国有资本经营预算管理,优化国有资本配置,2016年1月15日,财政部印发了《中央国有资本经营预算管理暂行办法》。同年7月15日,为规范中央企业国有资本收益收取管理,财政部印发修订后的《中央企业国有资本收益收取管理办法》。2020年修订的《预算法实施条例》,跟据《预算法》的授权,进一步明确了国有资本经营预算的编制内容。

除经营性国有资产外,我国还有大量的非经营性国有资产,即行政事业单位的国有资产。这些单位普遍存在利用非经营性国有资产建立所属独立核算的经营单位或将非经营性国有资产对外联营、投资、出租、出售等现象,但目前这种收益的规模无从查起,多数进入部门、单位的"小金库",具有很强的隐蔽性。为了加强行政事业性国有资产管理与监督,健全国有资产管理体制,推进国家治理体系和治理能力现代化,2021年2月1日,国务院发布了《行政事业性国有资产管理条例》(以下简称《条例》),于2021年4月1日起施行。根据《条例》第25条的规定,行政单位国有资产出租和处置等收入,应当按照政府非税收入和国库集中收缴制度的有关规定管理。除国家另有规定外,事业单位国有资产的处置收入应当按照政府非税收入和国库集中收缴制度的有关规定管理。事业单位国有资产使用形成的收入,由本级人民政府财政部门规定具体管理办法。

二、国有资产收益上缴的法律制度

如同公司股东享有对公司经营利润分配的权利一样,国有资产收益上缴是国家作为国有资本投资者权益的体现,是实现社会财富公平分配的重要部分。我国的国有资产收益制度的建立始于1994年,当年财政部、原国家国有资产管理局、中国人民银行发布了《国有资产收益收缴管理办法》,规定国有企业经营利润应当纳入国有资本收益上缴的范围。1995年2月,财政部发布了《关于〈国有资产收益收缴管理办法〉有关问题解答的通知》。2007年

9月,国务院发布了《关于试行国有资本经营预算的意见》。2007年12月,经国务院批准,财政部会同国资委发布了《中央企业国有资本收益收取管理暂行办法》,规定纳入收益上缴试点范围的116家企业要按时完成2006年度国有资本收益的申报上缴工作,从而宣告了国有企业不上缴利润历史的结束。2008年10月,全国人民代表大会常务委员会通过的《企业国有资产法》第58条规定:"国家建立健全国有资本经营预算制度,对取得的国有资本收入及其支出实行预算管理。"

根据2016年修订后的《中央企业国有资本收益收取管理办法》,财政部根据国有资本经营预算收支政策和中长期国有资本收支规划,印发年度中央企业国有资本收益申报通知。中央部门(机构)根据财政部通知要求,组织所属(或监管)中央企业申报国有资本收益。中央企业国有资本收益应当按照国库集中收缴的有关规定直接上交中央财政,纳入中央本级国有资本经营预算收入管理。财政部驻中央企业所在省(自治区、直辖市、计划单列市)财政监察专员办事处(以下简称驻地财政专员办)负责收缴中央企业国有资本收益。中央部门(机构)负责组织所属(或监管)中央企业上交国有资本收益。为加快预算执行进度,财政部可以预收部分中央企业国有资本收益。

在国有企业应缴利润的比例方面,中共十八届三中全会《决定》提出了新的要求,完善国有资本经营预算制度,提高国有资本收益上缴公共财政比例,2020年提到30%,更多用于保障和改善民生。对于收缴标准及收缴比例的确定,一般来说具有很强的政策性,既要确保国有资本收益的足额及时收缴,又要考虑国有企业的实际运营情况和承受能力。就国有资本收益的收缴标准而言,既可以选择净利润,也可以选择可供投资者分配的利润。就国有资本收益的收缴比例而言,应视国有资本收益的不同类别而有所差异。

首先,应当根据企业的经营现状采取浮动比例。如果无视企业的经营现状,而采取统一标准的话,不仅对部分公益性企业起不到应有的保护作用,而且也会使少数高利润企业逃避应有的责任,在这种情况下,财政部门在向中央企业收取资本收益金就完全有必要采取浮动比例制的方式,也即对盈利较高的企业实行较高的收取比例,对盈利较低的企业实行相对低一些的收取比例。这样,才更加有利于实现国家、垄断企业和社会公众三者的共赢。

其次,应根据企业所处的竞争程度和同行的盈利水平来确定国有资本收益收缴的比例。就石油石化、电力、电信等垄断性企业而言,10%的上交比例显然过低。例如,中石油、中移动等垄断性企业,其具体的经营、盈利的基本途径主要是依靠垄断格局下的政策性、制度性力量。与此同时,垄断性国有企业高管、职工收入、福利仍然居高不下。作为独占国家资源的垄断企业如果上缴利润比例较低,显然侵蚀了国家作为所有者的权益,削弱了公众的福祉。此外,此种上缴比例的规定既无法体现"同股同权"的市场法则,也使不同的企业处于不公平的竞争环境,并导致不同企业存在先天性的分配不公。

为贯彻落实中共十八届三中全会及《国务院批转发展改革委等部门关于深化收入分配制度改革若干意见的通知》(国发〔2013〕6号)关于提高国有资本收益收取比例,更多用于保障和改善民生的精神,2014年4月,财务部发布《关于进一步提高中央企业国有资本收益收取比例的通知》(财企〔2014〕59号,以下简称《通知》),决定从2014年起,适当提高中央企业国有资本收益收取比例。《通知》规定国有独资企业应交利润收取比例在现有基础上提高5个百分点,即第一类企业为25%;第二类企业为20%;第三类企业为15%;第四类企业为10%;第五类企业免交当年应交利润(企业分类名单详见通知附件)。符合小型微型企业规定标准的国有独资企业,应交利润不足10万元的,比照第五类企业,免交当年应交利润。国有控股、参股企业国有股股利、股息,国有产权转让收入,企业清算收入和其他国有资本收益,仍按照有关经济行为的财务会计资料执行。事业单位出资企业国有资本收益收取政策,按照财政部《关于中央级事业单位所属国有企业国有资本收益收取有关问题的通知》(财企〔2013〕191号)执行,收益收取比例提高至10%。

三、国有资产收益分配的法律制度

与我国各阶段经济体制改革相适应,我国国有资产收益分配制度经历了"统收统支""利润留成"[①]"两步利改税""利润承包"[②]"税利分流"[③]以及"国有资本收益经营预算"[④]等改革,逐步建立起以国有资本收益经营预算制度为基础的国有资产收益分配制度。

(一)国有资产收益分配原则

依法取得国有资产收益,是国家作为国有资产投资所有者应当享有的权利,但国有资产收益分配涉及国家、企业、投资者、职工等多方面的利益关系,因此国有资产收益分配必须遵循以下原则:

(1)法定性原则。对法定范围内的国有资产收益按照法定的比例、程序进行分配。其目的在于依法规范国家与企业等相关主体之间的利益关系,保障国有资产收益分配规范、有序进行。

(2)兼顾性原则。在国有资产收益分配的过程中,应当考虑到国有资产收益其实包含着收益的收取和支出两个方面,尤其是后者体现着国家依法对国有资本收益的再分配,是社会收入分配体系的重要组成部分。因此,应当综合考虑企业自身积累、发展和国有经济结构调整以及居民收入分配的需要,合理确定国有资产收益分配比例。

(3)投资与受益相关联原则。根据所有权的一般原理,作为全体人民之代表的中央政府无疑最终享有国有资产收益权,但根据分级财政管理体制,地方国有资产收益应当由各级政府享有收益权。对此,我国《企业国有资产法》第3条规定:"国有资产属于国家所有即全民所有。国务院代表国家行使国有资产所有权";第4条规定:"国务院和地方人民政府依照法律、行政法规的规定,分别代表国家对国家出资企业履行出资人职责,享有出资人权益。国务院确定的关系国民经济命脉和国家安全的大型国家出资企业,重要基础设施和重要自然资源等领域的国家出资企业,由国务院代表国家履行出资人职责。其他的国家出资企业,由地方人民政府代表国家履行出资人职责。"

(4)公平原则。在市场经济条件下,所有的企业应当享有同等待遇,政府不应当在税收、利润分配等方面区别对待。就国有资产收益而言,也应当遵循公平原则,亦即凡属于国

[①] 又称利润分成制,是指1958年起施行的,国营企业按照国家规定条件与核定比例,从实现利润中留用一部分,其余上缴的利润分配形式。

[②] 又称利润包干制,自1981年起施行,施行利润承包制的企业按核定的上交利润目标向国家承包,完成承包目标的超过部分,归企业留用一部分或全部;完不成承包目标,由企业用自有资金补齐。

[③] 利税分流是国家按照不同的依据对国有企业的利润分别征收所得税和部分税后利润的一种分配形式。这是国有企业采取承包经营以后,国家对国有企业利润分配的新构想和新实践。

[④] 根据国务院《关于试行国有资本经营预算的意见》,国有资本经营预算国家所有者身份依法取得国有资本收益,并对所得收益进行分配而发生的各项收支预算。党的十八届三中全会提出,到2020年国有资本收益的上缴公共财政比例提高到30%。

有资产投资的企业或者经营国有资产的主体均应当依法履行收益上缴的义务和责任,而不应当有所例外。这不仅是落实国家作为国有资产所有者应当享有的权利,而且也是实现国有企业公平竞争之必须。当然,具体到不同类型的国有企业,应当根据其盈利状况、竞争程度等确定不同的收取比例。①

(二)国有资产收益收取范围

国家依法收取企业国有资本收益。中央国有资本经营预算收入由财政部驻各地财政监察专员办事处负责具体收缴,中央部门负责组织监管(所属)中央企业上交。中央企业按规定应上交的国有资本收益,应当及时、足额上交中央财政。任何部门和单位不得擅自减免中央国有资本经营预算收入。

根据我国《预算法》第28条规定,国有资本经营预算按照法律、行政法规和国务院的规定执行。根据2020年修订的《预算法实施条例》第15条的规定,国有资本经营预算收入包括依照法律、行政法规和国务院规定应当纳入国有资本经营预算的国有独资企业和国有独资公司按照规定上缴国家的利润收入、从国有资本控股和参股公司获得的股息红利收入、国有产权转让收入、清算收入和其他收入。

从上述规定来看,国有资产收益主要针对的是经营性国有资产收益,亦即国有企业上缴的税后利润。

四、国有资产收益使用的法律制度

国有资产收益如何使用其实是公共财政预算与国有资本经营预算的关系问题。对此有观点认为应当坚持国有资本收益"专款专用"性质,单独编制预算,亦即应当主要专门用于国有企业改革。

《中央国有资本经营预算管理暂行办法》第9条规定,中央国有资本经营预算支出应当服务于国家战略目标,除调入一般公共预算和补充全国社会保障基金外,主要用于以下用途:(1)解决国有企业历史遗留问题及相关改革成本支出;(2)关系国家安全、国民经济命脉的重要行业和关键领域国家资本注入,包括重点提供公共服务、发展重要前瞻性战略性产业、保护生态环境、支持科技进步、保障国家安全,保持国家对金融业控制力,推进国有经济布局和结构战略性调整,解决国有企业发展中的体制性、机制性问题;(3)国有企业政策性补贴。中央国有资本经营预算支出方向和重点,应当根据国家宏观经济政策需要以及不同时期国有企业改革发展任务适时进行调整。

在国有资本收益体制改革初期,为了支持国有企业改革,对国有资本收益使用作上述规定是必要的。但随着国有企业改革的进一步深化以及国有资本经营预算制度的完善,应当将国有资本收益纳入公共财政收入的范畴,由政府统筹安排使用。国有资本及其收益从本质上讲,都是一种公共资源。国有资本收益也应当属于财政收入的范畴。在社会主义市场经济条件下,财政收入主要来源于全社会纳税人的贡献,应当按照公共财政的要求统筹使用,支持经济发展的财政收入不能仅用于国有企业,国有企业改革与发展所需的财力也不能完全依赖国家财政的支持,否则将对非公有经济造成不公平待遇。因此,将国有资本收益纳入预算管理,可以改善国有资本收益资金长期由企业分散使用的状况,发挥国家财政推动国

---

① 华国庆:《我国国有资本收益若干法律问题研究》,载《法学论坛》2012年第1期。

有企业改革与发展的作用,有助于实现国有经济布局和结构战略调整的目标。[①]

【课后思考题】
1. 非税财政收入法律制度由哪些主要部分构成?
2. 如何理解费用的受益负担理论?
3. 结合税法相关章节的学习,试比较税与费的区别。
4. 请谈谈对完善我国非税收入法律制度的构想。

【参考文献】
1. 华国庆:《我国国有资本收益若干法律问题研究》,载《法学论坛》2012 年第 1 期。
2. 贾康、刘军民:《非税收入规范化管理研究》,载《税务研究》2005 年第 4 期。
3. 刘剑文:《走向财税法治:信念与追求》,法律出版社 2009 年版。
4. 楼继伟:《中国政府间财政关系再思考》,中国财政经济出版社 2013 年版。
5. 孙忠欣主编:《政府非税收入理论探索与制度建设》,中国财政经济出版社 2011 年版。
6. 熊伟:《地方债与国家治理:基于法治财政的分析径路》,载《法学评论》2014 年第 2 期。
7. 苑广睿:《政府非税收入的理论分析与政策取向》,载《财政研究》2007 年第 4 期。

[①] 中国致公党中央委员会:《关于建立国有资本收益管理制度的建议》,载新浪网,http://news.sina.com.cn/c/2008-03-04/000115066710.shtml,2022 年 3 月 26 日最后访问。

第六章

财政监管法律制度

权力导致腐败,绝对权力导致绝对腐败。

——阿克顿

【本章导读】

　　财政监管,即财政监督管理,监督为手段,管理是目的。财政监管的过程其实主要就是财政监督的过程。[①] 财政监督的概念有不同层次的含义。从狭义来讲,是指国家财政机关对于其他国家机关及其他国有企事业单位等社会组织的监督,而广义上的财政监督则是包括了国家权力机关、司法机关、审计机关、行政监察机关、财政机关等具有监督职能的部门对于财政预算执行单位所进行的财政监督。由于现代财政法立足于公共财政,因此在公法规制的视野里,因财政而形成的全部权益应属人民所有,政府只是作为公共财政运行的代理人。基于"委托代理理论"的研究来看,代理人客观上存在着滥用代理权的可能,监督因此也就是必要的。由人民及其代表通过预算方式能够实现对财政活动的监督。在我国,各级人民代表大会及其常务委员会作为我国的最高权力机关,通过事前、事中和事后三个阶段对财政活动进行监督。司法机关作为国家权力的重要组成部分,通过检察、审判等司法职能也可以实现对财政活动的监督。与此同时,财政机关属于行政部门,其在实施财政管理职能的过程中也包含了财政监督。相比较而言,审计机关的财政监督则具有更加独立的意义,其作为辅助人民代表机关实施财政监督,通过合法性审计与绩效审计、账目审计与就地审计等方式实现对财政活动的监督。

第一节　财政监管法概述

一、财政监管的法学界定

（一）财政与财政监督

　　在学理层面,"财政"以及"财政监督"的概念更多来源于财政学和政治学。"财政谓理财

[①] 也因此,本章对财政监管与财政监督使用上不作区分。

之政,即国家或公共团体以维持其生存发达之目的,而获得收入、支出经费之经济行为。"① 财政监督的理论最早出现于 19 世纪西方国家的财政经济文献之中②,学者按照财政活动程序、财政行为过程等,对财政监督进行了多种层次的划分,例如,划分为金库监督、计算监督、行政监督、国家监督;立法监督、行政监督、司法监督等。③ 政治监督学角度的财政监督更多从政治理念和财政本源的角度进行考虑,学者认为,政治是对社会性价值进行权威性分配的过程,这里的价值包含物质的和精神的,但其中资金的分配占有重要地位,公共预算最主要的方面就是国家财政收入的分配,因此,公共预算毫无疑问是政治问题。④ 政治监督学角度的财政监督很多情况下还会针对性的对财政领域的制度性腐败进行研究,例如有学者提出,有的腐败利用了现有制度的缺陷,而有的腐败则可能产生于腐败动机驱动下设计的制度,掺有腐败动机的制度设计让腐败变得更加有机可乘等。⑤

法学意义上的财政监督在学理和规范两个层面具有明显的二分。在学理层面,学者往往从主体和客体两方面进行探讨。财政监督的主体论包括一元论和多元论。财政监督一元主体论强调财政分配过程中,监督这一管理活动的实施者,多为国家财政部门。其目的是国家财政部门保证财政分配活动的正常进行,保证财政收支、国有权益、其他财政管理事项的真实性、合规性和效益性,更加偏向于财政监督的初始状况,但是已经落后于当代财政监督的发展。财政监督多元主体论引入了议会、审计、社会大众,甚至司法等部门,有文献将其概括为"监督财政",针对财政活动进行更全面、立体的、广义的监督,更加符合财政监督的未来发展。财政监督的客体论更加关注财政资金和财政活动本身,而非对资金和活动的参与者和执行者,其研究重点更多是监督主体向客体发展的结果,开拓了一种崭新的研究思路。

而至于规范层面,财政监督在我国实践中有不同层次的含义。在狭义上,财政监督是指财政部门对于国家机关、企事业单位及其他社会团体使用财政资金的情况进行监督。由于作为监督主体的财政部门属于国家行政机关,因此在这一层面上,财政监督的本质是"财政行政监督"。例如,2006 年江苏省人民政府颁发的《江苏省财政监督办法》,其第 2 条规定:"本办法所称财政监督,是指县级以上地方人民政府财政部门依法对国家机关、事业单位、社会团体、企业或者其他组织(以下统称被监督对象)涉及财政收支及其他有关财政、财务、会计管理事项进行的审查、稽核、检查、评价和处理等活动。"2002 年安徽省人民政府通过的《安徽省财政监督暂行办法》、2002 年江西省人民政府颁布的《江西省财政监督办法》、2006 年河北省人民政府颁布的《河北省财政监督规定》、2006 年辽宁省人大常务委员会通过的《辽宁省财政监督条例》、2007 年徐州市人民政府颁布的《徐州市财政监督办法》等,均是在这种意义上使用"财政监督"概念,其范围不仅包括财政机关对于国家机关与国有企事业单

---

① 参见舒新城、沈颐等主编:《辞海》(上册),中华书局 1938 年版,第 89 页。
② 如以德国经济学家瓦格纳为代表的瓦格纳学派,以及以法国经济学家阿利克斯为代表的阿利克斯学派。
③ 参见王培骥:《中国事前审计制度》,正中书局 1936 年版,第 36 页以下。
④ 吴丕:《从政治监督学角度看公共预算监督》,载《第二届中国公共预算研究全国学术研讨会论文集》,2008 年。
⑤ See Melanie Manion, *Corruption by Design*: *Building Clean Government in Mainland China and Hong Kong*, Harvard University Press, 2004, p. 283.

位的财政监督,还包括对于会计师事务所等私立机构的行政监督。① 在广义上,财政监督是指国家权力机关、司法机关、审计机关、行政监察机关、财政机关等部门对于财政预算执行单位所进行的财政监督。由于作为监督主体的范围包括立法机关、司法机关以及专司监督职能的审计与监察机关,因此这一层面上的财政监督具有更加明显的法治意味。② 在更广的意义上,财政监督的主体除了专门机关外还包括新闻媒体和社会公众,但是财政监督法只限于专门机关的专门监督活动。

(二) 财政监督的概念界定

随着人们对财政监督问题的日益关注和国家法治化进程的推进,通过法律程序实施财政监督逐渐成为现代社会的基本要求。因此,财政监督主体的范围既不应当局限于单一的财政机关,同时也应当保持相对严格的法治化形式。我们认为,对于财政监督的概念,应当采取广义说更为妥当。与此相对应,财政监督法则是指调整国家权力机关、司法机关、审计机关、行政监察机关、财政机关等部门在进行监督财政过程中形成的社会关系的法律规范的总称。对此概念可做如下理解:

第一,在财政监督主体方面,权力机关、财政机关和审计机关是三大最基本的财政监督机关,与财政监督法的范围和体系最为恰合。新闻媒体和社会公众对财政活动的监督其实也是通过向上述三个机关进行检举,并由其进行审查以决定是否启动监督程序。此外,行政单位与事业单位等公共部门的会计机构与会计人员也发挥着一定的财政监督职能,但是这主要是一种内部监督,还不能纳入法律意义上的财政监督。

第二,在财政监督客体方面,这里的财政监督,主要是指"财政运行中的相关主体的财政财务行为",换言之,是有权机关对于行政机关、事业单位等使用公共性财政资金的公共部门或者公私混合部门使用财政性资金的行为进行的监督。

第三,在监督内容方面,包括财政收入监督、财政支出监督、会计监督、金融监督、资产监督、财政内部监督和财政绩效监督等。③

(三) 财政监督的理论依据

之所以可以在财政监督的主体、客体和内容上作出相对更为广泛的解释,是因为随着各方面研究的完善,财政监督逐渐具有了坚实的理论支撑。目前,在财政监督方面具有代表性的理论包括寻租与委托代理理论、公共选择理论、宪政分权理论、公共财政理论等。

---

① 例如,《河北省财政监督规定》第12条规定:"财政部门依法对下列事项进行财政监督:(1)预算的编制、执行、调整和决算;(2)预算收入的征收、解缴;(3)国库办理预算收入的收纳、划分、留解、退付和预算支出的拨付;(4)财政资金的使用;(5)预算外资金的征收、解缴、拨付和使用;(6)会计账户设立、会计信息质量和财务会计制度的执行;(7)注册会计师、会计师事务所和资产评估机构的执业质量;(8)政府采购制度的执行;(9)法律、法规、规章规定的其他事项。"参见刘剑文主编:《财政法学》,北京大学出版社2009年版,第314—315页。

② 例如,2005年福建省人大常务委员会所制定的《福建省财政监督条例》,其第2条至第4条规定:"县级以上地方人民代表大会及其常务委员会依照有关法律、法规实施财政监督。县级以上地方人民政府及其财政部门应当向同级人民代表大会及其常务委员会报告预算、决算和财政监督情况,并接受其监督。县级以上地方人民政府及其财政、审计、监察等部门依照有关法律、法规实施财政监督。县级以上地方人民政府财政部门依法对财政资金征收部门、国库、本级各预算部门、预算单位和其他受款人的下列有关事项实施财政监督:(1)预算编制、批复、执行、调整和决算情况;(2)预算资金征收、解缴、退库、收纳、划分、留解、退付、支出、拨付和使用效益情况;(3)预算外资金收支及其管理情况;(4)政府债务的管理及债务资金使用效益情况;(5)政府采购制度执行情况;(6)法律、法规规定的其他财政监督事项。"参见刘剑文主编:《财政法学》,北京大学出版社2009年版,第315页。

③ 参见贺靖邦主编:《中国财政监督》,经济科学出版社2008年版,第3—4页。

1. 寻租与委托代理理论

委托代理理论(Principal-agent Theory)是 20 世纪 30 年代美国经济学家伯利和米恩斯针对现代公司治理,提出的所有权和经营权分离,企业所有者保留剩余索取权,而将经营权让渡的相关理论,其基础是非对称信息博弈论,认为在信息不对称之下,可能产生逆向选择(adverse selection)和道德风险(moral hazard)。寻租理论思想的最早渊源是 1967 年戈登·图洛克(Gordon Tullock)所写的论文《关于税、垄断和偷窃的福利成本》,认为税收、关税和垄断所造成的社会福利损失大大超过了通常的估算,原因是人们会竞相通过各种疏通活动,争取收入,即寻租;而在竞相寻租的条件下,每个人都认为花费与其所期望的收益相近的费用是值得的。

基于这一理论,学者认为,只有依靠建立一套健全的政府公共权力控制、约束、监督系统,运用严密和完善的财政经济内、外部监督机制,最大限度地缓解委托人与代理人的信息不对称关系,才有利于将在公共决策过程中"经济人"追求个人利益、地方利益和部门利益行为造成的损失与危害降低或限制在最低程度,并确保公共资源使用的合规性,实现公共财政支出效果的最大化。

2. 公共选择理论

公共选择理论的代表是布坎南和图洛克的《同意的计算》(*The Calculus of Consent*)[①],他们着重于研究如何将个人偏好进行加总以实现社会福利函数的最大化,或者研究在外部性、公共物品、规模经济出现的场景中如何实现合理、有效的资源配置。

该理论认为,政府财政预算过程也是一个公共决策过程,规范的制度约束和制度监督是公共财政赖以存在的基础。

3. 宪政分权理论

宪政分权理论关注的是如何使政府权力的行使受到控制,以保证政府财政权力的行使不会违背公共利益,因此宪法分权对约束政府、促进民主政治有积极的价值。这一学说强调从机构、职能、人员三方面分离制约国家的立法、行政、司法三种权力。

4. 公共财政理论

公共财政理论的主要内容是:由于存在市场失灵的状态,必须靠市场以外的力量来弥补由于市场失灵所带来的无人提供满足公共需求的公共产品的空白,这个市场以外的力量就是政府的力量。而政府提供公共产品的领域只限于公共服务领域,为保证政府不超越这一领域提供公共产品,必须为政府提供公共产品的范围划一明确的界限。而这一界限的划定显然不能由政府自己来划。由立法部门进行立法规范便成为必然的选择。因此,公共财政的实际要义不在于"市场失效"这一经济逻辑起因,而在于其"预算法治"和"民主财政"的政治实质内涵。这一理论认为,在市场经济条件下,为了保障财政为民理财目标的实现,需要对政府财政行为进行有效约束,确保政府依法理财,提高财政资金的使用效率。

二、财政监督的分类

按照不同的标准,可以对财政监督进行不同的划分。从法学研究的视角出发,按照监督

[①] 参见〔美〕詹姆斯·M.布坎南、〔美〕戈登·图洛克:《同意的计算:立宪民主的逻辑基础》,陈光金译,上海人民出版社 2014 年版。

机关的性质及其隶属关系,可以将财政监督分为立法型、行政型和司法型三种。[①]

1. 立法型财政监督

立法型财政监督是指监督机关通过行使制定财政会计法规的职权,以批准国家预算决算的方式来进行财政监督。其监督主体是国家立法机关,如国会、议会等。其理论根源来源于民主政治中的"委托责任关系理论","国民-国家-政府"的委托代理,国民在向政府委托授权的同时,保留了对政府权力行使的监督和控制权。在这种模式中,议会享有最高财政监督权,审计组织隶属于议会行使财政监督权,审计机关对立法机关负责,这种审计机构是具有立法性质的财政监督机构。采用这种监督模式的国家有英国、美国、加拿大、澳大利亚、新西兰等。

2. 行政型财政监督

行政型财政监督是指监督机关通过行使执行财务行政(如财政收支、管理等)的职权,防止财政违法行为。财政部门和审计部门都隶属于行政机关,表现为财政机关对其内部机构的行为以及使用资金的部门单位的资金运转情况进行的监督,是对内监督与对外监督的结合体。主要特征是在各级政府中设置行政管理部门,专门行使财政监督职权。采用这种监督模式的国家主要有瑞典、瑞士、沙特阿拉伯、苏丹等。

3. 司法型财政监督

司法型财政监督是财政监督机关通过依照法律及预算,审核国家财政收支的实际情况和执行结果。司法机关依照法定职权与法定程序对行政机关和公务人员的行政行为是否合法进行的监督,包括检察机关的监督和审判机关的监督两方面,其监督形式主要是审计法院或会计法院对财政资金分配、使用主体及其使用情况进行监督。这种监督的突出特点是议会只对国家财政实施宏观监督,具有司法性质的审计机关对财政监督具有较大的职权,财政部门设有执行财政监督的专门机构,但在行政级别上没有特殊的地位。目前,实行司法型财政监督制度的国家主要有法国、西班牙、意大利、希腊等。

除了以上三种监督模式之外,还存在一种独立型财政监督。独立型财政监督是指具有独立地位的机构依据法律对行政机构进行监督。在这种制度下,财政监督机关不隶属于立法、行政、司法部门,相对独立,只对法律负责。在实践中,独立的财政监督机关会更偏重于服务立法部门,财政监督由议会、审计机关、财政部门共同完成。采用这种模式的国家中最为典型的是日本和德国。

三、财政监管的法学原理

财政监督是规范和约束财政权的必要手段,也是财税法的重要职能。财政监督既需要以法律作为基本的依据,同时财政监督本身也蕴含着法律运行中的基本范畴——权力与职责的合理配置。为了保证财政的公共属性,必须对作为财政受托人的政府予以监督,这既是公共财政的基本要求也是财政民主的具体体现。

(一) 公共财政与财政监督

公共财政是现代财税法学的基本立场之一。"公共预算的主要特征之一就是支付费用的人不是那些决定怎么花钱的人,因为民选官员有可能把钱花在与纳税人的愿望不同

[①] 参见楼继伟主编:《中国政府预算:制度、管理与案例》,中国财政经济出版社2002年版,第280—286页。

的地方。"① 可见,财政存在的目的是服务公众,而非追求政府或某些部门的自身利益。因此财政的公共性要求其摆脱营利性,以非市场主体的身份获取收入,并公平地分配由此产生的各种利益。作为享有财政运行主导权的政府及其部门不得出于偏私实施违背公共性要求的行为。要获得这种实效,就必须通过必要的制度设计对其行为进行约束。财政监督在本质上是一种财政权分配中的制约与平衡机制。因此可以说,财政监督是公共财政有效运行的必要机制。

(二) 财政民主与财政监督

政治学的研究表明,公共财政在本质上是民主财政,即在法治的框架下,实施民主决策、依法执行、民主监督。② 财政民主同样是财政法的基本原则之一,这种民主也是需要通过财政监督的机制予以体现的。在最广义的财政监督的范围里,财政监督的主体可以扩展到新闻媒体和社会公众,在广义的概念下,财政监督的主体也包含了人民代表组成的权力机关,这都是民主原则在财政监督中的体现,对此财政监督法从制度上给予保障。

(三) 财政法治与财政监督

从法律行为的角度看,监督是一种主体之间的行为互动,但是从更高的层面来说,监督则意味着法律所设定的权利(力)和义务得到了现实的保障,即法律实效的获得。若要达致财政法治的理想状态,则财政法律规范应尽可能获得这种实效。立法只是为主体的行为设定了理想中的界限,并不意味着法治状态自然产生。保证法治实现的途径在于法律的良好实施,而监督则是其中必不可少的环节。如同"无救济则无权利"一样,"无监督则无法治"。尤其是对于享有财政权的主体而言,其具有独特的优越地位,更需强势的监督方能实现法治化的目标。

(四) 宪制国家与财政监督

从宪法的角度来看,国家财政权与公民财产权一直存在着矛盾的关系,表现在财税问题上,国家与人民之间具有一种"零和博弈"的效果,政府之所得即人民之所失。这其中所包含的经济、政治冲突唯有在公共财政体制中按照宪制制度的逻辑逐步建立完备的监督权力体系之后,才能趋于缓和,公共财政权力体制也才可能在整体上趋于理性化和民主化,社会关系才能走向和谐。因此,有效的财政监督是现代宪制制度的核心内容。

【延伸阅读】

西方国家财政监督的共同特点③

纵观西方各国财政监督制度,可以归纳出西方国家财政监督的几大共同特点:

1. 财政监督的法制化程度高。这是最大特色,有大量的法律、法规规范财政行为,法制体系十分

---

① 〔美〕爱伦·鲁宾:《公共预算中的政治:收入与支出,借贷与平衡》,叶娟丽等译,中国人民大学出版社2001年版,第17页。
② 参见王晟:《财政监督理论探索与制度设计研究》,经济管理出版社2009年版,第21页。
③ 参见张平:《中西方财政监督机制的比较研究》,载《财会研究》2009年第10期。编者有删改。

健全:在《宪法》上有专门的规定,还制定了大量的财政监督基本法和系统性的监督法律法规。① 同时,法律法规的执行较为严格,严格按照相关实体和程序规定进行监督检查,法律具有较强的约束力和权威性。

2. 财政监督体系规范是整个公共财政框架体系的有机组成部分,具有多主体、全方位、多层次的特点。从主体上看,既有财政部门、国库部门的内部监督管理,又有议会、审计部门的外部监督;从时间上看,既有预算制定、审批过程中的事前监督,又有日常业务监督和事后监督;从手段上看,既有法律监督,也有利用经济手段以及先进科技手段的监督;从内容上看,既有资金数量上的监督,又有资金投向、使用效果上的监督。

3. 财政监督机构具有较强的独立性,具有更多的有效监督。独立性强调三方面的内容:(1) 财政监督机构独立于财政部门及其他资金使用单位之外;(2) 财政监督机构不接受外部行政指令,只服从于法律;(3) 财政监督机构人员拥有独立行使职责的权利。

4. 从以合规性监督为重心转向绩效型监督。一方面强调财政资金的宏观经济效益和社会效益最大化,另一方面也兼顾微观经济效益,降低财政资金成本,要求财政资金能以最快的速度发挥好的效益。

第二节 权力机关的财政监督

一、权力机关实施财政监督的原理

享有监督权对于权力机关来说具有实质性的意义。从历史发展来看,审查预算是世界各国议会最主要的职权和工作之一。"议会的财政监督权直接来源于议会的预算批准权。谁要求预算权,就不会也不能放弃监督的权利。否则它就有失去这两种权利的危险。"② 政府拥有财政预算的编制权与执行权,虽然可以保证政府活动之有效运行,但是政府及其公职人员亦可能因此而违反财政预算及财经法规纪律,滥用其财政权力侵害公民的财产权,破坏经济繁荣与社会稳定的基础。故而,在确保民主选举产生的代议机关有财政预决算的审议权与批准权之同时,还必须使其拥有相应的监督权。③

正确认识权力机关监督权的法律含义是研究的逻辑起点。法律监督权作为一种国家权力,只能由特定的国家机关加以实施。议会的预算监督权力是立法机关对国家机关财政行为进行监督的一项最重要的权力。议会预算监督权的法律含义,可以界定为:在预算案的形成、审批和执行全过程中,议会作为国家权力机关进行监管和督察的权力。该项权力具有以下几大特征:

第一,预算监督权的主体具有特定性,为立法机关。由于主体上的特殊性,因此议会预算监督权相对于其他主体享有的监督权来说,具有更高的法律效力。议会的预算监督权力

---

① 如日本相关的法律法规包括《国库法》《预算法》《财政监督法》《预算可信法》《日本银行国库资金工作流程》。
② 〔德〕伯恩哈德·弗里曼:《从议会及其委员会的角度看联邦审计院工作的效率》,载〔德〕海因茨·君特·扎维尔伯格主编:《国家财政监督——历史与现状(1714—1989)》,刘京城、李玲等译,中国审计出版社1992年版,第143—144页。
③ 参见刘剑文主编:《财政法学》,北京大学出版社2009年版,第317页。

作为一项具有法律效力的国家性监督权力,它超越于任何其他机关,如行政机关、司法机关对预算实施的监督权。

第二,预算监督权监督的对象是财政资金的收入和使用。税收国家理论和公共财政理论存在这样一个共识:财政收入来源于纳税人对财产的让渡,国家应当有效运用财政资金。对于社会公民来说,议会成为监督财政资金运用的权力享有者;对整个国家来说,预算资金使用的实效直接关系到整个国家日常行政事务的处理、公共物品的提供甚至是国家经济的运行和发展,因此,议会对于财政资金运行的监管,也在很大程度上影响整个国家的发展方向。由于议会预算监督权的对象是财政资金,而财政资金具有如此重要的影响,因此,议会预算监督权是一项权力,同时也意味着较重的法律义务。概言之,议会预算监督权是一项法定职权。

第三,预算监督权具有明显的间接控制性。[①] 相对于行政机关等国家机关对财政资金的实际使用和管理来说,议会的监督权更加侧重于对政府预算行为起到威慑、督促和指导的作用,而不是直接干预财政资金的使用和管理。因此,作为议会财政权的核心要素的预算监督权,也具有明显的间接控制特征。也就是说,预算监督权虽然是立法机关制约行政机关的一项基本权力,但这项权力仍然具有一定的间接性,议会不能逾越法律赋予的权限范围去直接决定和干预财政资金的使用和管理。议会预算监督权的间接控制性特征要求议会预算监督权依法行使。这种依法包括对宪法和预算专门法律的遵循,也包括对预算编制、审批、执行全过程的监督应当遵循法律规定的程序、方法和条件等。

第四,预算监督权的有效运作是一个动态过程。这个动态过程包括:首先,预算监督权的适用范围和条件。预算相关的财政法律应当明确在哪种情况和条件下,议会可以启动预算监督权。预算监督权的启动条件和议会的权力范围相关,也是正确行使这项权力的前提之一。其次,议会预算监督权的法律要素。任何一项具有法律效力的监督权力的行使都应当明确权力行使的主体、客体、对象、方式和程序等。议会预算监督权由于要兼顾财政民主和行政效率的双重原则,因此,议会预算监督权体系理应包括预算监督权行使的各项法律要素。最后,预算监督的实效考察机制等。监督权的主旨在于有效规范权力的行使,预算监督权的主旨相应的是监督政府的财政使用和管理行为。建立完善的预算监督权后续监控和评价机制(如绩效考察机制),是该项法律制度体系的应有之义。

二、权力机关财政监督的具体方式

提供公共服务(公共产品)是政府的法定职责,但是生产公共产品的成本及资金却由民众通过税收的方式提供,因而提供何种公共产品、如何提供公共产品则应该由民意机关决定,这是现代法治国家的内在原理。[②] 权力机关审批财政预算的行为是财政监督的重要内容,正是通过行使预算监督权,将预算过程置于人民及其代表的监督之下,权力机关的财政监督职能才得以发挥。目前,我国权力机关实施日常财政监督的主要工作机构是在人大或

[①] 英国学者密尔曾经这样论述议会监督权的法律特征:"人民议会应当控制什么是一回事,而它应当做什么是另一回事。……它的正当职责不是去做这项工作,而是设法让别人把工作做好。"参见〔英〕密尔:《代议制政府》,汪瑄译,商务印书馆1982年版,第70页。

[②] 参见刘剑文主编:《财政法学》,北京大学出版社2009年版,第320页。

人大常务委员会之下设立的预算工作委员会或财经委员会。① 人大及其常务委员会则通过对预算程序在不同阶段上的监督来行使有关监督权。预算监督权，以时间作为分析的纬度，可以划分为预算编制监督权、预算审批监督权和预算执行监督权。此三者构成了预算监督权的主要内容，也在一定程度上反映了预算监督权的结构。权力机关在编制、审批和执行阶段对预算进行的监督，对整个预算监督的实施来说，都是不可或缺的。

（一）对预算编制的监督

预算编制就是各级政府、政府各部门、单位按照一定的程序制定预算收入和预算支出年度计划的活动。预算编制是预算管理工作的起点和重要环节。预算编制监督权是权力机关在预算编制阶段享有的监督权。议会作为国家的立法机关，是实质意义上的国家权力机关。议会享有的最终财政权理应包括预算的编制权。由于预算案编制的技术性和政策性，让议会深入到政府内部的动态全过程去编制预算法案，则显得勉为其难。因此，在客观上具体使用和管理财政资金的政府成为编制预算的最合适的人选。在实际的立法操作中，不同的政体国家，不管是单一制，还是联邦制，编制预算的权力一般都由政府享有。权力机关对预算编制权的让渡并不代表其在预算编制监督权上的丝毫放松。预算监督权辐射到预算的整个过程，对政府的预算编制权也不例外。一直以来，各国议会都密切关注预算编制过程中监督权的行使，这与我国人大更为重视预算审批监督和执行监督有一定差异。预算编制监督权的审查范围广泛。概括起来，在预算编制过程中，议会可以对以下两个问题进行监督：首先，监督政府具体负责编制预算的部门是否按照一定的原则编制预算；其次，监督预算编制机关是否按照法定的程序和方法编制预算。

（二）对预算审批的监督

对预算审批的监督是权力机关财政监督的核心内容。在预算案的审批阶段，权力机关享有确认或者否决预算草案的权力。这种权力是议会预算审批监督权力最重要的表现。结合各国经验，议会预算审批权的相关制度主要涵盖以下几个方面：第一，廓清预算审批权范围，明确预算修正权归属；第二，建立隶属于议会的专门预算工作机构，协助行使预算审批权；第三，明确预算审批程序；第四，实行分项审批制度；第五，明确预算被否决的法律后果及责任。在预算审批阶段，权力机关的监督权行使得最为集中。如果将预算审批监督权的对象进行理论上的划分，有形式和内容两个方面。预算审批监督权在行使过程中，应当首先考察预算草案外在形式是否合乎法律的规定，其次考虑预算草案的具体内容和已有的法律规定是否相符。衡量预算草案形式上合法与否是权力机关首先考察的对象。预算草案的基本结构是预算审批监督权的首要关注点。各国预算基本法律一般都对预算草案的基本结构进行了详细规定。预算制度比较发达的国家，一般对预算编制的科目规定极为详细。同时，在内容方面，权力机关在行使预算审批监督权时，应当做到科目审和政策审结合、全面审和局

---

① 以中央代议机关为例，依据1999年全国人民代表大会常务委员会《关于加强中央预算审查监督的决定》，预算工作委员会是全国人民代表大会常务委员会的工作机构，协助财政经济委员会承担全国人民代表大会及其常务委员会审查预决算、审查预算调整方案和监督预算执行方面的具体工作，受常务委员会委员长会议委托承担有关法律草案的起草工作，协助财政经济委员会承担有关法律草案审议方面的具体工作，以及有关常务委员会、委员长会议、财政经济委员会等需要协助办理的具体事项。经过委员长会议专项同意，预算工作委员会可以要求政府有关部门和单位提供预算情况，并获取相关信息及说明，可以对各部门、各预算单位、重大建设项目的预算资金使用和专项资金使用进行调查，政府有关部门和单位应该积极协助、配合。可见，代议机关进行财政监督的组织形式主要有人大及其常务委员会、人大的财政经济委员会，而预算工作委员会则作为其工作机构承办调查等具体事务。

部审兼顾,并同时对预算草案的合法性和合理性进行探究和审查。但是,在一定的时间范围内,面对浩如烟海的预算草案,议会肯定无法对所有的项目进行逐条逐项审查。议会预算审批监督权的行使在世界各国都面临时限的问题。从国外预算提交议会的时间来看,多数国家是在预算年度开始前的两个月,例如日本、法国等;有些更早,如美国是在财政年度开始前的8个月,德国是在财政年度开始前的3个月。尽管议会审批的时间以"月"为单位,但是相对于预算草案各式各样的表格、数据来说,仍然让议员或者代表们深感压力。特别在我国,人大代表根本没有充分的时间去审查预算表。地方的人代会会期通常为4—5天,其间要审议6个报告,真正审议的时间却只有2天(听取报告和表决要占用4个半天)。而且审查的重点又放到了政府工作报告、计划报告和预算报告上,使得审查预算表在会议日程安排上没有突出出来。① 因此,可以考虑通过建立"重点项目重点审查"制度,代表们可以集中精力对某些项目(包括新增收支项目、重点项目、涉及巨额财政资金的项目等)进行聚焦审议,从而有的放矢地行使预算的审批监督权。

(三) 对预算执行的监督

预算执行是预算法的归宿。编制和审批预算都是为了保证预算执行的合理性和合法性,提高预算执行的效率。② 对于预算执行的监督,各国一般都规定政府的内部监督机制。政府的预算执行监督权是预算执行监督权最普遍的行使方式。同时,在依法理财理念下,权力机关的预算执行监督权是预算执行实现的最根本和最终的保证。一项预算案经过审批阶段以后,便转向对预算执行的监督,包括定期听取政府执行预算情况的汇报,对预算执行过程进行检查,批准政府动用后备金,审查和批准预算变更或者追加预算。就我国来说,对财政预算执行的监督,在人民代表大会及其常务委员会执法监督体系中意义重大,位置重要,是人大及其常务委员会进行执法监督的主要内容之一。

我国《各级人民代表大会常务委员会监督法》专设第三章"审查和批准决算,听取和审议国民经济和社会发展计划的执行情况报告,听取和审议审计工作报告",其中明确规定:常务委员会对决算草案和预算执行情况报告,重点审查下列内容:预算收支平衡情况、重点支出的安排和资金到位情况、预算超收收入的安排和使用情况、部门预算制度建立和执行情况、向下级财政转移支付情况、本级人民代表大会关于批准预算的决议的执行情况。常务委员会组成人员对预算执行情况报告和审计工作报告的审议意见交由本级人民政府研究处理,政府应当将研究处理情况向常务委员会提出书面报告。常务委员会认为必要时,可以对审计工作报告作出决议;本级人民政府应当在决议规定的期限内,将执行决议的情况向常务委员会报告。

此外,依据我国《宪法》《各级人民代表大会常务委员会监督法》及相关组织法的规定,对于严重违反财政预算的行为,县级以上地方各级人民代表大会常务委员会主任会议,可以向常务委员会提出有关国家机关工作人员的撤职案;县级以上地方各级人民代表大会常务委员会五分之一以上的组成人员书面联名,可以向常务委员会提出国家机关工作人员的撤职案,由主任会议决定是否提请常务委员会会议审议;或者由主任会议提议,经全体会议决定,组织调查委员会,由以后的常务委员会会议根据调查委员会的报告审议决定。因此,与刑事

---

① 李诚、张永志:《人大预算监督的四类十八个问题研究提纲》,载《中国人大》1999年第1期。
② 熊伟:《预算执行制度改革与中国预算法的完善》,载《法学评论》2001年第4期。

第六章 财政监管法律制度

责任及行政责任及其追究方式不同,政治责任主要是由人大及其常务委员会通过撤职案、罢免案等形式予以追究。

【延伸阅读】

财政民主法治化:财政监督的确立与实现[①]

财政民主不仅需要实现,而且要以法治的方式来实现,这就是财政民主的法治化路径。就公共财政而言,个体与共同体在财产权利配置上所达成的具有公法性质的社会契约,这种公共性决定了其民主性,同时也规定了其实现的方式只能是法治化。从财政民主的终极价值出发,所有公共财产的收入、支出和管理都应当具有合理性、合法性与合宪性,通过公开、公平和公正的途径,实现有规、有序和有责的目标。为此,在一般规范的基础上,需要确立财政监督的特别规范,通过有效的方式增进规范效力,实现财政民主的基本价值。

(一) 财政监督的形式体现

财政监督是在财政领域实施的监督,在具体的形式选择上需要结合财政活动的特点来进行。考察法治成熟国家的经验和国际通行的做法,在财政领域的监督通常依靠两种基本的形式:预算监督和审计监督。预算监督是通过对预算的编制、审查和批准来实现对财政资金获取、使用和管理过程中权力规范性的检验,以确保财政权法律控制规范的有效性。审计监督则是由审计机关通过具有专业性的监督方式实现的财政监督。预算监督和审计监督都是财政领域的专门性监督。预算监督一方面是通过对预算的控制来实现,其实质在于议会预算监督权的行使;另一方面,预算公开和参与式预算也具有财政监督的功能,并且从监督效果上看,后者效果更好,成本也比较低。审计监督是通过审计机构运用审计专业技术对财政活动实施的监督,其关键在于从技术角度发现财政活动可能存在的问题,督促财政权力的规范运行。由于审计活动具有的较强的专业性和技术性,这往往使得人们容易忽视其具有的法治性。其实,审计活动具有极强的法律属性。[②] 从审计本身存在的意义来看,作为一种财政监督机制,它与财政法中的其他制度在目标上是完全一致的,都是为了防止财政权的滥用和失范,是一种督促财政机关依法履行职责的外在机制。[③] 总体而言,预算监督和审计监督构成了我国财政监督的基本方式。

除此之外,在一个国家的权力体系中,议会作为权力和立法机关,也可以通过其他方式来实施财政监督。[④] 在行政体系内部,上级财政机关对下级财政机关、专门的监察机关对其他行政机关也可以实施财政监督。[⑤] 这些监督往往是作为预算监督和审计监督的补充方式存在的。通过上述监督发现的

[①] 节选自刘剑文:《财政监督法治化的理论伸张与制度转型——基于财政民主原则的思考》,载《中国政法大学学报》2019年第6期。

[②] 根据我国《审计法》第2条的规定,审计机关对国务院各部门和地方各级人民政府的财政收支的真实、合法和效益,依法进行审计监督。其中,真实性、合法性都是典型的法律范畴,而效益性随着财政绩效理念的引入,也成为法律所关注的内容。

[③] 参见刘剑文:《财税法——原理、案例与材料》(第三版),北京大学出版社2017年版,第155页。

[④] 例如,我国《各级人民代表大会常务委员会监督法》中就规定各级人大常委的监督,除了审查和批准决算、听取预算执行情况的报告以及听取和审议审计情况的报告之外,还可以采取对法律法规实施情况的检查、对规范性文件的备案审查、询问和质询、特定问题调查以及撤职案的审议和决定等方式实施监督。上述各种监督方式中都可能应用于财政领域而形成对财政权的监督。

[⑤] 例如,我国《监察法》第11条规定,监察机关的职责包括"对涉嫌贪污贿赂、滥用职权、玩忽职守、权力寻租、利益输送、徇私舞弊以及浪费国家资财等职务违法和职务犯罪进行调查"等。上述职责范围也涵盖了财政领域,构成了财政监督的一部分。

财政违法行为线索,可能启动预算监督和审计监督程序,从而实施更为严格和专业的财政监督。

(二) 财政监督的独立性及其再规范效力

从财政法定的角度出发,财政监督本身也属于财政行为之一种,需要以法定的方式来确立和行使有关权力。① 不过财政监督从功能上可以与一般的财政权力规范相分离。②

就意味着,财政监督作为一项制度具有与一般的财政法律规范所不同的特别意义,它在财政权力运行的环节外部形成对权力的约束机制。财政监督的这种独立性主要体现在以下几个方面:第一,财政监督在主体上的独立性。尽管财政部门自身可以开展上下级之间的监督活动,但是其可靠性远不如来自其他部门的监督。这种主体上的分立是监督原理自身逻辑的要求。也即,在自我监督或者内部监督的环境中,由于监督者和被监督者在主体上的重合所带来的利害关系容易导致监督失效。第二,财政监督在行为上的独立性。一般意义上的财政行为主要包括收入、管理和支出三个方面,而财政监督则是独立于上述三行为之外的。因此,从这个角度来看,财政监督本身不属于财政行为,它不是对财政资金直接支配的权力行为,而是对财政收入、管理和支出行为进行监控并督促其依法实施。财政监督行为处于财政收入、支出和管理行为的外部,这样才能保证监督的效果。第三,财政监督在程序上的独立性。财政监督所启动的是监督程序而非一般的财政权力运行程序。即使监督程序缺失载体,财政活动也可以按照其自身的程序来运行。财政监督是在既有制度基础上为实现财政法律规范的实效而额外设计的外部性制度。财政监督程序与财政程序本身应当是有所区别的。

其实,财政监督作为一种特殊规范具有相对的独立性。从法律规范的层级性来看,财政监督具有对财政权的再规范效力。在一个相对完善的财税法体系中,财政监督制度是必不可少的。首先,就预算本身的性质来看,它既是财政权力运行的基本规范,同时也构成了独立的预算监督体系。预算法尽管属于财政基本法的范畴,是通过预算这种特定的行使来约束财政权力的运行,但是在客观上具有财政监督的效果。其次,从相对于财政收入和财政支出所形成的实体利益相对应的角度来看,预算法的程序控制具有对财政实体行为的监督功能。因此,从制度功能的划分而言,预算法既可以被列为财政基本法而成为对财政权力监督的一般性制度,也可以单独划入财政监督法的范畴。从独立财政监督的属性来说,预算法具有对财政权力再规范的效力。从审计监督的性质来看,它完全独立于财政收入、支出和管理等具体环节,通过专门途径来实施财政监督。审计机关本身并不作为国家财政管理机关直接参与专门性的财政收入、支出和管理活动③,而是担负着对上述活动监督的职能。这较为明显地体现出审计法律规范相对于一般财政法规范的再规范特征。

(三) 财政民主与财政公开的互动

预算监督和审计监督作为两种基本的财政监督形式,对于检验和确保财政权力运行具有极其重要的作用。从两种监督形式的差异来看,首先,预算监督贯穿财政过程的始终,可以开展财政监督的空间较为广阔,包括事前监督(预算编制、初审、审议批准等),事中监督(预算执行)以及事后监督(审议和批准预算执行情况报告和决算案);审计监督则主要是集中在财政活动实施完毕之后,所开展的监督属于

---

① 参见刘剑文:《论财政法定原则——一种权力法治化的现代探索》,载《法学家》2014年第4期。

② 财政法的规范功能和监督功能在目标上完全一致,区别在于具体方式上,前者主要通过制定行为准则而实现,后者则有意设置一种外在的强制,督促财政机关切实履行职责。参见刘剑文、熊伟:《财政税收法》(第七版),法律出版社2017年版,第22—35页。

③ 当然,审计机关本身也是国家机关的组成部分,也依赖财政资金的支持才能开展工作,其所实施的财政行为包括执行预算、财政收支等。此处主要是指审计机关不参与专门性的财政收支、管理等活动。还应注意的是,审计机关自身也面临着被监督的问题。但是对审计机关的监督不能由其自行开展,而是需要由独立的社会审计机构来实施。在我国,为了健全审计署预算执行和其他财政收支情况的外部监督机制,审计需要聘任特约审计员和专业人员组成检查组,对其预算执行和其他财政收支情况进行检查监督。参见《审计署2013年度预算执行情况和其他财政收支情况检查结果》,载《中华人民共和国审计署审计结果公告》2014年第21号(总第195号)。

事后监督。但是审计监督的专业性和技术性决定了审计是发现财政违纪和违法行为的"利器",所有财政收支活动的原型都可以透过对票据、凭证、账簿以及报表审核反映出来,使得财政权力运行的轨迹得以显现。其次,预算监督作为一种程序控制,可以影响财政实体行为。未能通过审议和批准的预算草案因不具有法律效力而不得执行,同时预算草案在审议时可能被修改,这都将影响预算的执行和实体性财政收支活动。审计监督不能直接影响财政收支行为,而主要是发现预算执行和其他财政收支过程中的问题。在我国行政型审计体制下,审计机关也无权直接处理这些问题,只能根据权限将问题或者问题线索移交有关部门查处。从上述对比来看,无论是预算监督还是审计监督都体现出较强的"以权力制约权力"的特点,即都是通过在财政过程中设计一种权力机制来预算财政收支和管理权力。这种片面依赖权力机制实施财政监督的思维与财政民主的理念不甚契合,需要推动一种权力公开化的转型。

预算公开是财政民主的应有之义,也是公共财政的基本要求。预算公开不仅能够纠正纳税人相对于政府在公共财产范围内的信息偏在,维护纳税人最为基本的知情权,而且能够有效约束政府的财政活动,进一步形成有力的财政监督。审计公开是审计机关将发现的违纪和违法的财政收支行为以审计结果公告的形式向社会发布,接受人民监督。[①] 从公共财政的经济学理念到财政民主的法律原则,其所包含的核心在于财政的公共性。财政的公共性决定了财政公开的基本立场和正当性。作为财政监督形式的预算监督和审计监督,在更为具体的层面上可以创造出更多样的方式来实现其监督职能。除了权力型监督之外,应当从财政民主本身的要求出发,坚持权力型的监督,即以预算公开和审计公开作为财政监督的基本立场。这不仅能够避免权力型监督可能带来的"监督特权"的问题,同时也有利于降低监督成本,提高监督效率。

三、我国人大预算监督制度的完善

"国家固然透过预算的执行以达成所予追求的政策目的,国民以及其代表所组成的议会亦透过预算的审议,对整体国政进行监督。"[②]预算不仅是国家的财政收支计划,更是人民通过其代表授权政府从事公务活动的法律文件,它必须被预先制定、适时监督,才能具有现实的法治意义。随着 2018 年 3 月 6 日,中共中央办公厅印发《关于人大预算审查监督重点向支出预算和政策拓展的指导意见》,以及《审计法》(2018 修正)和全国人民代表大会常务委员会《关于加强中央预算审查监督的决定》(2021 修订)的出台,我国人大及其常务委员会的预算监督权力得到了较大的强化。但是不可否认的是,我国代议机关的财政监督制度至今仍然存在诸多问题,影响了财政监督的实效性,如仍存在制度化、标准化程度不够,及时性、专业性欠缺,在全面实施预算绩效管理中定位不明确等问题。[③]

从发展的角度看,我国现行《预算法》《各级人民代表大会常务委员会监督法》及其他法律法规存在如下可以在未来探索完善的地方。

第一,完善现行法律关于人大预算监督的规定。应当在《预算法》《各级人民代表大会常

[①] 中华人民共和国审计署于 2002 年 3 月 19 日发布并实施了《审计署审计结果公告试行办法》,之后其发布的《审计结果公告》被称为"审计风暴"。这从一个侧面说明审计公开作为财政监督的良好效果。

[②] 蔡茂寅:《预算法之原理》,元照出版有限公司 2008 年版,第 2 页。

[③] 参见王金秀、杨翟婷、万玥希:《人大预算监督强化路径研究——新时代健全党和国家监督体系下的思考》,载《财会通讯》2022 年第 4 期。

务委员会监督法》中进一步明确规定人大预算监督权的具体行使范围、主要内容、实施程序和途径,并且设置与其相适应的机构,配置人员。进一步细化从预算编制、预算审批到预算执行以及预算调整过程中的监督程序,特别是监督权行使的条件、程序方式等细节问题。在机构设置上,应当在人大内部建立专门的预算工作机构,辅佐人大在预算的编制、审批和执行过程中落实对预算的监督。结合我国实践中的经验,全国人民代表大会常务委员会预算工作委员会作为全国人民代表大会常务委员会的工作机构协助全国人民代表大会财经委员会承担全国人民代表大会及其常务委员会审查预决算、审查预算调整方案和监督预算执行方面的具体工作,应当将这种体系贯彻到地方人大。这样可以有效弥补财经委员会的"程序性审查监督",加强"实质性审查监督"。同时,还有必要扩充全国人民代表大会常务委员会预算工作委员会的人员编制,并提高各级人大预算监督管理人员的专业性。

第二,明确预算运行过程中的各类主体及其责任,明确人大预算监督的对象及其行为,防止监督虚化。首先,应当从预算编制的环节就开始明确相关主体及其责任。在美国,联邦预算是在预算局协助下编制的,参与者包括财政部、经济顾问委员会及政府其他各部和机构。由此可见,美国预算编制的参与主体呈现出多样性的特点。并且,预算局负责联邦预算的具体编制工作,而预算执行监督由财政部掌控。前者直接从属于总统,独立于财政部。反观我国预算编制的主体制度,可以看出,在我国,从法律规定来看,财政部是预算编制的法定机构,预算编制基本上属于财政部的独家事务。人大预算编制监督权的虚化导致预算编制随意化倾向严重。其次,在预算执行的环节上,财政部同时也是预算执行监督的法定机构。因此,财政部既肩负组织支出预算执行的重任,又负责政府预算编制的具体工作,这种"既是裁判员又是运动员"的角色设置,是不合理的。① 从长远来看,要改善人大预算编制和执行的监督首先要做的当然是分权,将预算编制机关明晰化,给人大预算编制监督权的行使树立一个明确的靶子。同时加强这一机构和预算执行机构之间的信息沟通,做到权力合理分配下的协调配合。最后,加强人大对预算绩效的监督。积极探索制定预算绩效监督的法规,通过规范绩效预算管理指标和评价标准体系、预算绩效管理情况报告制度、绩效评价结果应用制度、绩效问责与奖励惩处机制,明确规定人大对政府绩效预算的审查监督规则等。②

第三,调整预算年度的起止时间,为人大预算监督提供更加有利的程序框架。由于人大财政监督的客体是预算中的各种行为,如果财政运行脱离了预算,那么监督对象的缺失必然导致监督也无法实施。这不仅严重影响了预算作为法律文件的时效性和严肃性,也使预算监督机制在实践中落空,必须设法予以改变。可以考虑将人民代表大会的召开时间提前至预算年度开始之前,或者将预算年度由传统的公历年制改为跨年度,如以每年5月1日至下一年度的4月30日为一个预算年度。这样能够使各级政府在新的年度一开始就执行被批准的预算。从修改的难度来看,第二种方案较为简便。但从有利于维持预算传统和符合积极习惯的角度,改变权力机关的会议时间以适应预算监督的需要更具有现实意义。

---

① 参见胡志红、张亮:《中美预算编制的比较:差异与借鉴》,载《新疆财经》2004年第1期。
② 参见广东省人大常委会预算工作委员会:《加强预算绩效监督°提高人大监督实效——以广东人大加强预算绩效监督的实践探索为例》,载全国人大网,http://www.npc.gov.cn/npc/zgrmdbdhzdllyjh002/202203/da579210bbcb44f9a2c8747dc0c31d99.shtml,2022年5月25日最后访问。

【延伸阅读】

《中华人民共和国各级人民代表大会常务委员会监督法》

2006年,我国出台了《中华人民共和国各级人民代表大会常务委员会监督法》(以下简称《监督法》),并于2007年1月1日起正式实施。该部法律的出台,历经了二十余年的时间,经过了许久的酝酿和多次的讨论、论证。起初,是为了制定一部涵盖范围大、涉及面广的"大监督法";后来因为各种考虑,形成了现在的以加强国家权力机关对司法机关的监督为立法宗旨,以明确各级权力机关开展监督工作的范围、内容和方法为主要内容的"小监督法"。在理想状况下,附随这部监督法的出台,应当建立一个完善的"监督法立法体系",要求各种不同类型、不同位阶和不同层级的规范性文件应当以宪法为依据,以单行的《监督法》文本为核心,协调一致、结构完整、逻辑周延、配套的规范系统。[①] 从该部法律颁布至今,"监督法"固然在一些方面产生了一定的积极影响,但是似乎并没有很好地回应当初的立法期待。有学者指出,《监督法》规定的监督制度休眠现象较为严重,存在有效性较低、监督手段形式意义大于实质意义的问题。[②] 从实际操作上来看,《监督法》并没有从制度本源上对强化监督、强化权力约束、遏制腐败起到决定性、实质性的作用,其原因是综合的、复杂的,既有制度环境层面的因素,又有立法策略层面的因素。但是《监督法》立法前后的理论争鸣以及经验教训,可以为我国监督类法律立法提供重要的参考。

现有的《监督法》主要规定了各级人大常务委员会的如下权力:听取和审议司法机关专项工作报告;法律法规实施情况的检查;规范性文件的备案审查;询问和质询;特定问题调查;人事监督等几个方面。[③] 可以发现,这些权力大多都是第二层次的权力,是对偏离权力正常运转行为的一种修正和纠偏,依附于第一层次权力的运行状况;另一方面,《监督法》并未赋予保障这些权力运行的效果的必要效力。进而使得有关听取和审议报告、检查法律法规实施情况、预算和决算监督等监督方式的有效性较低,而备案审查规范性文件、询问和质询、特定问题调查以及撤职案的审议和决定的形式意义远远大于实质意义。同时,《监督法》还存在监督公开成效不高,社会认知度差、立法过于原则等问题。

第三节 财政机关的财政监督

政府通过财政收入形成其活动的物质基础,进而履行其职能。财政本身的运行过程也体现着政府的职能。现代国家生活中的诸多财政活动,如确保财政收入的征缴税费活动、预算决算等财政管理行为,以及在政府系统内部进行财政审核等财政监督活动都反映着政府的职能,这些财政活动都具有很强的技术性与专门性。从法学的角度看,政府履行职能的行为是其对财政权的行使,这种权力的运行同样需要进行必要的约束与规范。这其中既包括来自政府外部的规范也包括来自政府内部的规范。财政部门作为国家的财政管理机关,其职能既包括财政业务管理,也包括专门的财政监督。

---

① 张义清:《中国监督法立法体系的完善》,载《法学杂志》2012年第7期。
② 刘小冰、张琳:《〈监督法〉立法后评估报告》,法律出版社2015年版,第103—113页。
③ 郭兴莲、陈运红:《国家权力机关对司法机关的监督论纲——以〈监督法〉的规定为主要视角》,载《法学杂志》2010年第8期。

一、财政机关财政监督的法律原理

(一) 概念与功能

财政机关的财政监督在我国的制度体系中被称为"财政部门监督"[①],是指财政部门为保障国家财政政策的贯彻落实和财政管理的有序有效,依法对财政运行相关主体的财政财务行为所实施的监控、检查、稽核、制裁、督促和反映等活动及其制度。财政部门的财政监督具有以下特征:第一,双重性,财政部门既是财政业务管理部门又是财政监督部门;第二,独立性,财政部门的监督职能独立发挥作用,不受其他机构和部门的干涉;第三,经常性,由于财政部门负责各预算单位的编制、执行,在日常的业务工作中即可实现对预算单位的监督;第四,直接性,财政部门的财政监督以财政业务管理为基础,直接控制财政资金的分配与拨付。

财政部门的财政监督是财政分配关系的上层建筑,对整个财政运行活动具有能动作用。具体表现为:第一,财政监督制度是实施财政依法监督的法律基础。财政监督作为一种行政执法行为,其监督主体资格、监督内容、监督对象以及在此过程中有关主体的权力、义务和责任等都必须源于财政监督法律制度的授予和规定。第二,财政监督制度是财政监督机关依法履行职责的行为规范。财政监督可以被认为是一种行政行为,必须严格依照法律的规定开展有关活动。第三,财政监督制度能够保护公民和纳税人财产权利。由于财政资金主要来源于纳税人,保障财政资金收支的合法性,即是保障纳税人的财产权利。

(二) 财政机关的监督主体与客体

财政机关的财政监督,其实施监督的主体是各级财政部门。在我国,财政部门不仅是财政管理机关,也是政府内部的财政监督机关。从财政监督与财政管理之间的关系来看,财政监督制度具有监督和管理相结合的特性。在我国的财政监督实践中,维护财政公共性、满足社会公共需要、实现社会和谐是财政监督和财政管理的共同目标。财政监督是财政管理不可或缺的有机组成部分,它服务于财政管理,并寓于财政管理之中。从财政的基本属性出发,财政的监督职能直接导源于财政的分配属性,是财政分配活动中所固有的职能。监督是管理的内在要求,管理职能的实现离不开监督。财政监督是财政管理的重要内容和有机组成部分,体现管理的本质属性。从机构设置来看,依法进行财政监督是财政监督专职机构、财政业务管理机构的共同职责。财政业务管理机构和财政监督专职机构的监督工作是相互制约、相互促进的关系,但是其职责分工不同,不能相互替代。财政监督专职机构在财政部门内部具有相对独立性,承担着财政监督的主要职责。财政部门财政监督的客体是国家机关、国有企事业单位、社会团体等有关主体使用财政性资金的行为。

二、财政机关财政监督的体制与方式

依法实施财政监督是财政部门财政监督专职机构和财政业务管理机构的共同职责。财政监督专职机构是指财政部门专司财政监督职责的机构,财政监督专职机构从监督的角度参与财政管理,与财政业务管理相互协调,履行财政监督职责,实现财政监督目标。

[①] 参见《财政部门监督办法》,中华人民共和国财政部令(第69号),经2012年2月23日财政部部务会议审议通过,自2012年5月1日起施行。

（一）财政机关财政监督的体系

我国的财政管理体制遵循"一级政府一级财政"的原则，因此财政监督机构也按照这个原则设置，可以分为中央财政监督专职机构与地方财政监督专职机构。

新中国成立以来，我国的财政监督专职机构经历了建立和中止的反复过程。1994年分税制改革以来，我国财政监督专职机构逐步得到恢复和健全。在分税制改革中，财政部在各省、自治区（西藏除外）、直辖市、计划单列市成立了财政监察专员办事处，大多数地方财政部门也相继成立了财政监督专职机构。这标志着我国的财政监督专职机构形成了从中央到地方的纵向多层次、横向相关联，既能独立运作，又可协调运行的财政监督专职机构体系。当前我国中央财政监督机构为财政部监督评价局和财政部各地监管局[①]。地方财政监督专职机构主要是指省、市、县等各级财政部门设立的财政监督专职机构。

（二）财政监督专职机构的职责

一般而言，财政机关的财政监督主要包括如下几项内容：其一，监督预算执行情况。代表本级财政部门监督本级和下级政府及其所属各部门、各单位的预算执行情况，并对预算违法违纪行为提出处理意见。其二，监督财经法纪的遵守。监督检查各政府部门的财务收支，以及执行财政税收法令、政策和财务会计制度的情况，并对其违反财经法纪的行为和案件进行处理。其三，受理违反财政税收法令、政策和财务会计制度的举报事宜，办理对坚持执行财经纪律进行打击报复的重点案件。此外，财政部监督评价局还负有组织、指导全国财政监督检查工作，研究拟定财政监督的政策、法规和制度，管理财政部各地监管局等职责任务。由于机构设置的级别和范围差异，不同的财政监督专职机构的职责也有所不同。根据财政监督有关法律、法规，我国各级财政监督专职机构的职责主要包括财政部监督评价局、财政部各地监管局和地方财政监督专职机构的职责。

1. 财政部监督评价局的主要职责：

财政部监督评价局内设综合处、监督检查处、绩效评价处、内控内审处，主要履行以下职责：

（1）拟订财政监督和绩效评价的政策制度；

（2）承担财税政策法规执行情况、预算管理有关监督工作；

（3）承担监督检查会计信息质量、注册会计师和资产评估行业执业质量有关工作；

（4）牵头预算绩效评价工作；

（5）负责地方政府债务及隐性债务的检查工作；

（6）负责财政部内部控制管理和内部审计工作。

2. 财政部各地监管局的主要职责

2019年3月25日，中央机构编制委员会办公室印发中央编办发〔2019〕33号文件，明确财政部各地监管局主要有以下职责：

（1）贯彻落实党中央关于财经工作的方针政策和决策部署，在履行职责过程中坚持和加强党对财政工作的集中统一领导，履行全面从严治党责任；

（2）调查研究属地经济发展形势和财政运行状况。根据财政部授权，管理属地中央各

[①] 2019年4月23日，财政部各地监管局更名设立大会在北京召开，财政部驻各地财政监察专员办事处正式更名为"财政部各地监管局"。

项财政收支,承担财税法规和政策在属地的执行情况、预算管理有关监督工作,向财政部提出相关政策建议;

(3) 对属地中央预算单位预决算编制情况进行评估并向财政部提出审核意见。根据财政部授权,对属地中央预算单位预算执行情况进行监控及分析预测。组织对中央重大财税政策和专项转移支付在属地的执行情况进行绩效评价,提出相关改进措施建议并跟踪落实;

(4) 根据财政部授权对地方政府债务实施监控,严控法定限额内债务风险,防控隐性债务风险,发现风险隐患及时提出改进和处理意见,并向财政部、地方人民政府反映报告;

(5) 按规定权限审核审批属地中央行政事业单位国有资产配置、处置等事项。根据财政部授权,监管属地中央金融企业执行财务制度等情况;

(6) 根据财政部统一部署,承担有关会计信息质量、注册会计师行业执业质量、资产评估行业执业质量监督检查工作,参与跨境会计监管合作;

(7) 完成财政部交办的其他任务;

(8) 职能转变。进一步转变管理方式,寓监督于管理之中,推动中央重大财税政策的贯彻落实。深入推进简政放权,就地就近办理相关审批审核事项。充分发挥各地监管局的职能作用,作为完善财税政策、预算管理的重要支撑。

3. 地方财政监督专职机构的职责

根据《财政部门监督办法》的规定,县级以上人民政府财政部门依法对单位和个人涉及财政、财务、会计等事项实施监督;省级以上人民政府财政部门派出机构在规定职权范围内依法实施监督。财政部门的监督职责由本部门专职监督机构和业务管理机构共同履行;由专职监督机构实行统一归口管理、统一组织实施、统一规范程序、统一行政处罚。

专职监督机构应当履行下列监督职责:

(1) 制定本部门监督工作规划;
(2) 参与拟定涉及监督职责的财税政策及法律制度;
(3) 牵头拟定本部门年度监督计划;
(4) 组织实施涉及重大事项的专项监督;
(5) 向业务管理机构反馈监督结果及意见;
(6) 组织实施本部门内部监督检查。

业务管理机构应当履行下列监督职责:

(1) 在履行财政、财务、会计等管理职责过程中加强日常监督;
(2) 配合专职监督机构进行专项监督;
(3) 根据监督结果完善相关财政政策;
(4) 向专职监督机构反馈意见采纳情况。

专职监督机构和业务管理机构实施监督,应当协调配合、信息共享。

(三) 财政机关财政监督的方式与方法

1. 财政机关财政监督的方式

财政部门围绕财政监督的目标,通过具体的工作程序实现其财政监督的职能。就监督方式而言,根据不同的标准,财政机关的财政监督可以有多种类型,包括现场监督与非现场监督;日常监督与专项监督;事前监督、事中监督与事后监督;合规监督与绩效监督等。

(1) 现场监督与非现场监督。根据监督地点的不同,可以分为现场监督和非现场监督。

这种分类的意义在于监督主体实施相关行为时的空间位置。在现场监督中,财政部门派出执行监督职责的人员到监督对象的办公所在地,通过查看有关资料和实务、听取有关人员的介绍和汇报、盘点相关资产等方法,评估监督对象在执行财政法律制度过程中的合法性,并对其管理和使用财政资金的行为是否合法给出结论。非现场监督是实施监督的工作人员不到监督对象工作现场,而是审阅监督对象报送的有关资料,如会计报表、资金使用情况汇报等,通过分析和测算来对其管理和使用财政资金的行为进行监控。一般而言,现场监督与非现场监督是结合进行的,二者不能相互替代。对于一个监督对象往往会交替使用现场监督和非现场监督两种方式。

(2) 日常监督与专项监督。根据监督项目的性质差异,可以分为日常监督和专项监督。日常监督是财政部门在日常的财政管理工作中实施的监督,它评估的是监督对象持续性的行为,如预算资金的日常管理、使用、程序等方面的行为。由于日常监督覆盖了预算单位管理和使用财政资金的全过程,因此它是一种最基础的监督方式,其他监督工作的开展往往依赖日常监督。专项监督是财政部门对监督工作中发现的重大和集中性问题,进行有计划、有组织的针对性监督活动。专项监督是在日常监督发现问题的基础上,集中对全体监督对象的特定问题所进行的监督,目的在于对发现的问题进行统一的查处和纠正。

(3) 事前监督、事中监督与事后监督。根据监督所介入财政事项的不同进度,可以分为事前监督、事中监督和事后监督。事前监督是在有关财政事项尚未实施时,预先对其所涉及的行为的合法性进行审查,其目的在于预防该事项中可能存在的违法行为,属于预防性的监督措施。如财政部门对申请使用财政资金的单位进行审查和前期评估、举行听证等。事中监督是对正在进行尚未完结的财政事项进行的监督,其主要作用是对事项过程的控制,发现可能存在的违法行为并予以纠正。如财政部门对拨付的财政资金的使用情况进行跟踪监督。事后监督是针对已经完结的财政事项所经历的过程和形成的结果进行审查、评价,目的在于评估各单位在办理有关财政事项时是否严格执行了财经法律法规。值得指出的是,事前监督、事中监督和事后监督并非完全运用于某一财政事项,而是根据实际情况来选择适用的。

(4) 合规监督与绩效监督。根据监督所要达到目的的不同标准,可以分为合规监督与绩效监督。合规监督所要达到的目的是看财政事项在实体和程序上是否符合国家有关财经法律法规、财政政策和纪律等,是一种较低的目的标准。例如,单位内部控制制度是否完整、会计信息是否真实等。绩效监督是对预算单位使用财政资金在合规性的基础上进行效果评估,通过科学分析与测算,看资金使用是否达到效益最大化。绩效监督是一种比合规监督标准更高的监督类型,不仅审查合法性,更要审查合理性与有效性。

2. 财政机关财政监督的方法[①]

在财政监督过程中,财政监督主体可以根据实际情况选用不同的监督方法。监督方法属于技术性的监督措施,往往具有较强的针对性。因此在选择监督方法时要充分考虑监督对象和监督事项的具体情况,选择最适合的监督方法。同时应当注意不同监督方法的优势与弊端,综合运用多种监督方法,以保证监督的成效。

---

① 财政机关财政监督的方法是根据财政部门在实践中的具体做法总结归纳而成,具体参见贺靖邦主编:《中国财政监督》,经济科学出版社2008年版,第68—70页。

（1）审核。审核是指财政部门及其派出机构按照法律的规定，对有关单位的会计和业务资料的真实性、完整性与合规性进行审阅、核实与查对的监督方法。

（2）审批。审批是指财政部门及其派出机构在审核基础上所进行的批复业务。审批与审核的主要区别在于前者有明确的回复性结论，而后者只形成结论，不予回复。

（3）监控。监控是财政部门及其派出机构按照法律规定对预算编制、执行和财政管理中的某些重要事项进行监督控制，确保财政资金分配合理、使用安全，并达到预期目的的方法。

（4）监缴。监缴是指财政部门及其派出机构根据财政管理的要求，对应缴预算的政府性基金、行政事业性收费收入和罚没收入等非税收入的缴库或者汇缴财政专户情况就地进行监督的方法。

（5）对账。对账是财政部门对税收收入征收部门、预算支出部门和人民银行国库等部门开展按月收入和支出核对的方法。

（6）分析。分析是指财政部门及其派出机构为加强财政收支监管，通过对本级财政收支数据及其相关经济指标等进行比较分析、查明原因、寻找解决途径的方法。

（7）调查。调查是指财政部门围绕财政管理和财政检查中暴露的重大和集中性问题，进行有针对性的了解和考察的方法。

（8）检查。检查是指财政监督检查人员对会计记录和其他书面文件的准确性、可靠性和真实性所进行的审阅、核对与测试等活动。

（9）监盘。监盘是财政监督检查人员现场监督被检查单位对实务资产、现金及有价证券等实施盘点，并进行适当抽查的方法。

（10）观察。观察是财政监督检查人员对被检查单位的经营场所、实物资产和有关业务活动及其内部控制执行情况等所进行的实地察看。

（11）查询。查询是指财政监督检查人员对有关人员进行的书面或口头询问。

（12）函证。函证是指财政监督检查人员为印证被检查单位会计记录所载事项而向第三方发函询证，获取和评价检查证据的活动。

（13）分析性复合。分析性复合是财政监督检查人员对被检查单位重要的比率或趋势进行的分析，包括调查异常波动以及这些重要比率或趋势与预期数额和相关信息的差异。

三、我国财政机关财政监督的问题与改革

（一）财政机关财政监督的问题

目前我国的财政监督制度在结构上形成了以法律、行政法规、地方性法规和规章为主体的三个层次。在法律层面，尽管目前没有专门的《财政监督法》，但是在《预算法》《税收征收管理法》《政府采购法》《会计法》等制度中都涉及财政监督的有关内容；在行政法规的层面，包括《预算法实施条例》《企业所得税法实施条例》《个人所得税法实施条例》《财政违法行为处罚处分条例》等；在地方性法规层面，《湖南省财政监督条例》是全国首部由省级人大正式通过的财政监督地方性立法，吉林省、甘肃省、福建省、辽宁省等地区也相继颁布了地方性财政监督法规；在规章层面，财政部于2012年3月2日发布《财政部门监督办法》，自2012年5月1日起施行。一些地方政府以也出台了地方政府规章，如《河北省省级预算收入监督管理暂行办法》《湖北省省级预算收入监督管理暂行办法》等。虽然我国的财政监督法律规

范体系呈现出多层次逐步完善的趋势,但在实践中和财税法治推进的过程中,我国目前的财政监督法律制度还存在着一些问题:

(1) 财政监督的范围没有覆盖整个公共财政。

财政监督应当覆盖整个公共财政的范围,但是目前我国的财政监督的范围主要集中在国家机关,对于国有企业和事业单位的财政性资金的管理和使用缺乏规范的监管,尽管《企业国有资产法》中规定"国务院和地方人民政府应当对其授权履行出资人职责的机构履行职责的情况进行监督",但是实践中对企业的财政监督仍然存在较大的空白。此外,地方财政监督的范围也不明确。地方财政监督机构的工作没有得到地方政府的根本认同,导致监督工作开展范围受到限制,特别是政府采购支出、转移支付资金等资金使用不规范甚至财政腐败的重灾区都难以获得有效的财政监督。

(2) 财政监督方式缺乏规范性。

由于我国的财政部门隶属于政府,财政监督工作也是在政府的统一领导下开展,其表现是统一部署下的专项监督较多,而日常监督比较薄弱。在具体财政事项上,发生违法行为之后的事后监督多,而事前监督和事中监督较少。这极容易导致出了问题才想起监督,没有做到防患于未然,降低了财政监督的成效。

(3) 财政监督手段不够有力。

由于职权所限,财政部门在行使财政监督权的过程中对于发现的违法违纪案件往往只能作出对该事项的处理,如责令限期改正或者罚款等,对于实施该违法行为的主体却没有处理的权限,只能建议或者移交有关部门处理。这种在处理方式上"对事不对人"的做法实际上削弱了财政监督的权威性和震慑力,对财政违法行为也是治标不治本。

(4) 财政监督组织体系不健全。

目前不少地方的财政监督专职机构的人员配备存在较大空缺,机构设置不够规范,财政监督与监察机关的职责分工也不够明确,存在多头监督、重复监督和监督空白的现象。并且在监督计划上不能相互衔接、信息无法共享,检查结论上不能相互验证,造成了整个财政监督效率的低下。

(5) 财政运行体制不利于监督工作的开展。

我国政府部门的财权过于分散,政府财务未能做到统一开支,而财政机关的监督方式是行政机关系统内部的外部检查方式;为了逃避责任,被监督检查单位可以采取各种会计手段转移、隐匿违法取得的资产的行为以规避财政监督,使财政监督难以收到理想的效果。西方诸国一般采用"国库单一账户"的财政管理制度,每一级政府均拥有独立的财政权和财务管理权,亦由此而设立一个独立的国库账户,而每一个职能机关作为财政支出机构,其所有的财务开支都必须经由本级政府的单一国库账户予以办理。相反,在我国及独联体国家,并没有建立这样一个统一管理政府各职能机关之财务支出行为的国库单一账户,而是由各职能部门作为支出单位自行在商业银行开设预付款账户,并直接办理对外的支出业务。[①]

(二) 财政机关财政监督改革

财政机关财政监督的特点在于财政管理职能与监督职能并行,有效行使财政监督权的关键首先在于完善财政管理的体制,优化财政管理工作环节,同时将监督职能与管理职能合

[①] 参见王雍君:《国库改革与政府现金管理》,中国财政经济出版社 2006 年版,第 40 页。

理地区分,做到监督与管理的协调。具体而言包括以下几个方面:

(1) 创新财政监督的理念。首先,确立监督与管理并重的理念。坚持将财政监督工作贯穿于财政管理体制改革之中,在财政管理工作中强调事前监督和事中监督,同时将监督职能合理融入日常的财政管理工作中,提高日常监督的强度。在部门预算编制与执行、国库集中支付、非税收入管理以及政府采购等领域深化监督,构建科学合理、系统全面、权责明确、运作规范的监督工作格局。其次,强调权力制衡,从内部控制机制入手,形成财政部门内部的相互制约制衡的工作机制。最后,在财政管理中树立财政透明的理念,增强财政透明度是对财政最有力的监督。

(2) 完善财政监督管理体制,强化财政监督执法机制。按照财政管理体制改革的需要,针对财政监督中的现实问题,加大财政监督的工作力度,将财政监督纳入科学、规范、有序的运行轨道,促进公共财政框架的建立。将财政监督作为一种规范化的程序而非突击性的检查,对于监督工作中发现的问题应当追根溯源,堵塞制度的漏洞,在处理的思路上,既要"对事"也要"对人"。通过严格的执法工作确保财政监督的权威性和威慑力。

(3) 健全监督的组织体系。中央财政监督机构与地方财政监督机构之间有业务指导权,应当逐步建立和完善中央与地方相结合的财政监督机制,构建上下协调、高效一致的财政监督组织系统。在财政部门内部优化财政监督专职机构设置,使其对外成为一个相对独立的执法主体,拥有较为完整的执法权限。

【新闻链接】

预算绩效与预算监督:财政绩效的法治载体[①]

财税法对财政的认识分为三个基本的层次。首先,财政是一种行为,是为了满足公共需要而进行社会财富分配的系列行为,包括财政收入、财政支出和财政管理;其次,财政是一种制度,是财政行为所遵循的规则体系和依赖的主体机构;最后,财政是一个系统,它包括了财政活动中各有关主体之间的关系。财政绩效也可以分别从行为绩效、制度绩效和系统绩效的角度来观察。而财政绩效与财政监督之间形成了一种互动的关系。也就是说,财政绩效需要通过实施财政监督加以促进和保障,同时财政绩效也引导构建有利财政监督的法律制度。在实践中,无论是哪种意义上的财政绩效,都需要通过具体的财政运行方式来实现。同样的道理,财政监督制度也必须在具体的财政活动场景下加以完善。

预算是财政得以运行的一个基本载体。从某种意义上说预算就是财政的全部。尤其是在全口径预算管理之下,政府的全部收支均来自预算。可以说,预算是财政收支的执行过程,同时也起着财政监督的作用。学者认为,预算涉及的法律问题很多也很复杂,但是归结起来主要呈现为两个方面,即合法性保障和效率性评判。从绩效的角度考量,以上两个方面都体现着绩效预算的内涵。从预算绩效与预算监督的辩证关系来看,预算法正是通过推动预算绩效来实现其财政监督功能的。同时,通过构建有效的预算监督来保障预算的绩效。

1. 基本载体:公共预算要求财政绩效

绩效预算是建立在结果导向之上的预算管理模式,它将预算绩效的评价视为一个关键性要素。需要指出的是,预算的绩效不仅体现在预算资金使用的效率和效果上——这只是绩效的一个方面,如果

[①] 节选自刘剑文:《财政监督制度变革的法治进路——基于财政绩效的观察》,载《中国法律评论》2021年第3期。

对预算绩效的关注仅此而已的话,那么公共财政就与私人财务没有区别了。同时,政府收支活动是否遵守了基本的程序和规则也应当是预算绩效的一个体现。换言之,我们不同意将预算绩效简单地理解为预算资金使用的效率、效果,因为这只是经济上的一种考量。公共预算所要满足的公共性需求远远超出这个范围。如果一笔预算支出花在了不应该花的地方,即使它具有很高的经济效益,也是没有绩效的支出。

由于预算具有综合性,政治学认为预算活动是一种政治的产物,主张从预算决策和执行的角度进行研究。例如,瓦尔达沃斯基(Wildavsky)在经验研究基础上总结出"预算过程实际上是一个政治过程";经济学更关注公共预算的资源配置方式及其效率,比如科依(Key)提出了预算资金分配领域的经典课题——"科依问题":"应该在什么基础上决定将资金分配给活动 A 而不是活动 B?"围绕这个问题,形成了以政治为基础来分配资金的政治预算理论和以经济为基础来分配资金的理性预算理论。在管理学领域,预算被认为是一个理性的决策过程,包含了控制、管理、规划等因素,重视预算的功能、绩效和计划。综合以上三个学科领域,有学者认为公共预算制度既是政治利益平衡方式,又是政府经济活动计划,同时也是一种行政管理方式。

尽管"绩效"概念所表达的思想最早产生于经济和管理科学中的"效率",但是其发展和演变已经超出原有含义。特别是在与相应主体结合时,绩效所表现的含义具有特定性。在公共财政理念之下,预算必然是公共预算。公共预算的绩效从性质上说属于组织绩效,而且是公法组织绩效。在这种绩效评估的指标中,规范性和法治化占有相当重要的位置。可见,对公共预算而言,绩效也许主要不在于资金使用产生的经济效果,而主要是合法性,并且这种合法性需要从实质和形式意义进行双重评价。也就是说,从预算层面来看,公共财政所涉及的资金收入、管理和支出符合财政法的基本原则,同时在程序上是公开和透明的。

2. 逻辑脉络:预算绩效促进财政法治

在传统的财政法制度结构中,立法试图解决的重点问题是规范财政资金的分配过程,并保证公共财政资金合法合规运行。对于财政运行的目标以及是否实现预期的效果以及目标与效果之间的吻合度与偏离度均缺乏必要绩效评价机制,尤其是未能将这种评价结果与预算资金的拨付和财政问责相关联。在法律运行的程序中,绩效评价的作用不啻对法律制度的质量评价,更为重要的是将这种评价结果作为完善法律实施的科学依据。同时,对相关主体在执法活动中的行为进行回溯审查,并在辨清事实的基础上追究其违法行为的责任。在财政法的体系中,预算的功能是规范政府收支行为,同时约束政府的行为。预算规范和约束政府行为的能力如何则需要通过预算执行的效果加以评估。因此,预算绩效的评价结果是实施财政监督的基础。如果没有科学的绩效评价,就无从发现政府在编制和执行预算过程中的行为是否有所失当;或者取得了相应的绩效评价,但未能将其运用于预算的改进以及对不当行为问责,那么预算绩效的意义也将大打折扣。可见,预算绩效对于预算监督具有引导和塑造的功能。科学完善的预算绩效评价机制及其合理运用能够避免预算监督权在实际运行中被架空,这有效促进了预算监督制度实际效果的达成。

追求和注重绩效的预算管理方式被称为绩效预算。从发达国家的经验来看,绩效预算通常依赖较好的法治环境方能实施。现金支出的绩效预算要求各个部门的预算编制和管理重心从资金投入转向资金效果,这种转型使政府的行为更加规范,并且更加注重资金使用的效率。预算绩效报告的公开也将使纳税人有机会监督政府财政行为,从而进一步约束政府理财的行为。因为政府的预算绩效报告构成社会公众监督政府的重要依据。当然,更为理想的效果是将绩效信息充分运用到预算的编制和决策之中,以绩效导向来强化预算的约束功能。然而从实践来看,这的确需要较高的成本。不过从目前的经验来看,绩效预算仍然是有价值的理性选择,至少可以将其作为未来预算决策的依据,同时可以向纳税人传递预算程序中的信息。

3. 制度根本:财政监督提升预算绩效

绩效预算具有提高政府预算行为效率的功能,但是这种功能的实施需要以绩效评价结果作为依据来改进现实中的预算安排。如何确保预算绩效评价结果的科学性以及如何将预算绩效评价结果恰当使用则不是预算绩效能够独立解决的问题,需要相关的制度联动。预算绩效与预算的财政监督功能是密切相关的。有学者将其统称为预算绩效监督体制。从根本上说,无论是预算绩效还是预算监督,目的都是让议会在预算中更好地行使决定性权力。在实践中,现代国家的议会不仅是一个立法机构,同时也是一个政治性主体。在预算决策方面,议会难免会受到政治因素的影响,如为了避免政治冲突而迁就政府预算中某些不合理的部分。尽管从管理的角度看,议会不可能在预算的所有问题上做到尽善尽美,但是从法治的角度出发,这种做法缺乏规范性。为了维护预算法治的权威性,在每一个具体的预算安排上都应当追求理想的善治目标。为了最大限度地减少预算决策中的非规范性,确保议会切实从维护公共财产利益的角度行使预算权力,有必要赋予议会相应的预算监督能力。

除了法律规定的预算审议和批准程序之外,议会行使预算监督权的方式可以更加多样化。在代议制下,议员的监督能力可以通过密切联系选民得到扩展。从根本看,这是人民监督政府的权力逻辑。以监督权来促进预算绩效的提升就是改善原有的审议程序,通过社会监督的方式发现预算中可能存在的绩效较差的不合理安排,使这种绩效较低的预算安排进入公共讨论和评价的视野,有利于获得纠正的机会。更为重要的是,财政监督可以对绩效差的预算编制和执行主体及相关责任人实施问责,通过法律责任和政治责任约束来有效改善预算绩效。从预算绩效和预算监督的关系来看,二者之间具有较多的互通性。如果说预算绩效是从政府管理的视角寻求约束和管理政府的新途径,那么预算监督则是在传统的法治道路上坚持限制政府权力的基本目标。预算绩效与预算监督的结合能够有力地将现代预算打造成管理政府的工具。

第四节 财政审计监督

一、财政审计监督概述

(一)审计监督与财政审计监督

"审计"(audit)从词义上说包含审核、稽查和计算,在财务管理领域是指由会计人员以外的第三者对会计账目进行审查,以确定其真实性和合法性。可见,在审计的概念内涵里本身就包含了"监督"之义。"审计监督"的说法只是更加突出了审计所具有的这种监督的功能。财政审计监督则是从监督对象的角度对审计进行划分所得出的一种类型。我国《宪法》第91条第1款规定:"国务院设立审计机关,对国务院各部门和地方各级政府的财政收支,对国家的财政金融机构和企事业组织的财务收支,进行审计监督。"需要注意的是,在审计的概念里,国家审计与社会审计是一种十分重要的审计分类。国家审计具有特别的含义,它通常是指国家特定的机关对涉及公共性财政资金的使用情况进行的审计,一般具有如下特征:第一,国家审计的主体是国家机关;第二,国家审计的功能在于监督国家权力,实现法治化的目标;第三,国家审计过程中形成的法律关系属于财政监督法律关系。我国《审计法》第2条第1、2、3款规定:"国家实行审计监督制度。坚持中国共产党对审计工作的领导,构建集中统一、全面覆盖、权威高效的审计监督体系。国务院和县级以上地方人民政府设立审计机关。国务院各部门和地方各级人民政府及其各部门的财政收支,国有的金融机构和企业事业组织财务收支,依照本法的规定接受审计监督。"可见,这里所说的审计监督即为财政审计监督,其所包括的范围除了政府财政收支以外,还包括国有事业单位、金融机构等企业的财务收支。本书也是在这一意义上来使用审计这一概念的。

如果从更为宏观的角度来看,政府财政收支也属于"政府财务"的范畴,那么财政审计监督不仅是权力机关掌握、控制政府财政的重要手段,也是民众了解政府财务信息的重要途径,其所具有的法治意义尤其重大。

(二)国外财政审计监督体制

按照国家审计权力的划分,当今世界的国家审计体制主要有以英国、美国为代表的立法型国家审计,以法国、意大利为代表的司法型国家审计,以韩国、瑞士为代表的行政型国家审计和以德国、日本为代表的独立型国家审计。[①]

立法型国家审计体制起源于英国。《大宪章》和《权利法案》规定议会有权检查国家财政收支,1866年《国库和审计部法案》设立主计审计长职位以及国库审计部,对政府部门和公共机构进行审计,从而迈出了实现现代政府受托责任的第一步,为确立英国现代国家审计制度奠定了法律基础。1983年通过《国家审计法》,确定国家审计的法律地位。《国家审计法》设立了向议会负责的、自成组织体系但又在一定程度上受制于议会的国家审计署,并在议会设立公共账目委员会。《国家审计法》规定,国家审计署有权就政府部门和其他公共机构使用公共资源的经济性、效率性和效果性展开检查,而公共账目委员会负责讨论和审议国家财政事务和审查审计长的审计报告[②]。在立法型国家审计体制中,国家审计机关隶属于立法机关,独立于行政机关与司法机关,直接对议会负责,并向议会报告工作,具有一定的独立性和权威性。但是由于其职权围绕立法机关的需要而设立,国家审计容易成为政治斗争的工具,有损客观性与权威性。

司法型国家审计初建于法国。根据《法兰西共和国宪法》的规定,法国设立审计法院。《审计法院法》对审计法院的组成作了明确规定。审计法院由院长、庭长、审计官、一级审计官、二级审计官、一级助理审计、二级助理审计组成。审计法院共设九个法庭,各庭分工负责不同的审计事务。总检察长行使检察权,一名首席代理检察长和若干名代理检察长协助总检察长的工作。审计法院审计下列单位的公共账目和经营活动:(1)各级政府机关、政府各部门所属的公共机构。(2)接受财政拨款的企业或机构。(3)从国家或其他接受审计法院监督的法人中享受附加税、捐助、补贴或其他财政资助的机构。(4)社会保险机构。[③]司法型国家审计的最高国家审计机关以审计法院的形式存在,并拥有司法权。这一国家审计体制以法律确定和强化国家审计机关的权威性,是国家审计权与司法权结合的表现。司法的稳定性也增强了国家审计的稳定性,保证了国家审计机构的稳定性与审计方针、政策的一贯性,保证了审计机关职责的稳定性,有利于形成了与立法权、行政权的制衡机制。但是,法律的滞后性使得以法律为职权依据的司法型国家审计缺乏灵活性。

行政型国家审计体制最初建于苏联,东欧、北欧和亚洲一些国家相继采用。目前,韩国、瑞士等国家审计机关都属于这一类。1948年大韩民国政府建立后,根据宪法的规定成立了

---

① 徐政旦、谢荣、朱荣恩、唐清亮:《经济研究前沿》,上海财经大学出版社2002年版,第285页。
② 胡贵安:《英国国家审计制度变迁及其功能结构分析》,载中华人民共和国国家审计署网站,http://www.audit.gov.cn/n6/n41/c19783/content.html,2022年3月26日最后访问。
③ 刘瑶:《法国的审计法律制度》,载中国法院网,https://www.chinacourt.org/article/detail/2013/10/id/1111873.shtml,2022年3月26日最后访问。

在总统的领导下对国家财政预算、决算进行检查及对地方自治团体、政府投资机构和其他组织进行会计检查的审计院和负责对国家公务员进行职务监查的监察委员会。1963年将审计院与监查委员会两机构统一为审计监查院（简称监查院）。至此，韩国的监查审计制度正式确立。根据韩国《宪法》第97条及《监查院法》的规定，监查院具有审计和监查的双重职能。在审计职能方面，有权审查国家财政收支，对各级政府机构和官员的经济行为进行监督，在监查职能方面，有权对除国会和法院以外的各级政府机构和官员进行监督。[1]行政型国家审计体制的国家审计机关隶属于政府，具有行政权，对政府负责并报告工作。国家审计机关的行政权力是国家行政权适应自身监督的需要派生出的审计权，权力的内容主要是对财政经济实行监督。这一国家审计体制最突出的优势就是审计效率高，审计过程中各相关部门配合度较高，国家审计工作的展开和审计建议的提出都具备有利条件。但是，这一类国家审计体制独立性往往较弱，国家审计成为行政的附属，常常出现审计决定难落实，揭露的问题"内部"消化。

德国在世界范围内最早开始了独立型国家审计的尝试。早在1824年，国王发布命令，使国家审计机构获得独立于三权之外的独立性，是具有自治权的部门，不只对国王负责。德国的最高国家审计机关称为"联邦审计院"，根据《基本法》中审计院具有"法律的独立性"原则[2]，1985年7月德国颁布了《联邦审计院法》，第1条规定，"联邦审计院是最高联邦机构，是独立的财政监督机关，只受法律约束，其法定职能是协助联邦议院、联邦参议院和联邦政府做出决定"[3]。依据《基本法》[4]和法律，联邦审计院有权审计整个联邦行政管理活动联邦行政管理部门特殊财产联邦企业和联邦在直接或间接参股私法企业中的活动。但法律规定，联邦审计院原则上进行事后审计，在决策前和决策中不审计。独立型国家审计机关独立于立法、司法与行政机关，是国家政权的一个独立分支。国家审计发布公告，直接接受人民监督。国家审计机关在履行审计职责的过程中，不受任何外界干涉，以法律为唯一审计依据，以此保证审计结果和审计建议的独立性、客观性和公正性。但是，国家审计机关职责的履行仍然有赖于审计机关与其他行政机关之间有效的权力互动，与"三权分立"若即若离，并不能彻底消除审计过程中的道德风险与权力寻租空间。

国家审计体制是一国财政法律制度的重要组成部分，也是国家权力制衡的体现。国家审计体制的法治程度直接决定着国家审计的独立性，对国家财政监管法律体制的完善具有重要影响。不同类型的国家审计体制各有其优势与不足，可以为我国国家审计法律制度的完善提供经验。

（三）我国财政审计监督体制

我国是世界上较早设立审计机构的国家。在西周时期，奴隶制政权中已经包含了国家审计的工作。在掌握国家财政支出、会计核算和审计监督的"天官大宰"系统中，配有宰夫实施国家审计之职。在漫长的封建社会中，国家审计机构实际上是隶属于统一的皇权之下，体

---

[1] 审计署法制司、外事司、科研所编译：《世界主要国家审计法规汇编》，中国时代经济出版社2004年版，第38页。
[2] 1949年《德意志联邦共和国基本法》第114条第1项规定："决算报告由审计院负责审查，审计院成员拥有法律的独立性"。
[3] 崔建民：《世界主要国家审计》，中国人百科全书出版社1996年版，第1182页。
[4] 德国1983年《基本法》第114条规定了联邦审计院"可实施财务审计，绩效审计以及评价财务管理是否健全、联邦审计法院直接向联邦政府以及联邦议院和联邦参议院提交年度报告"的内容。

现了封建中央集权的特征。近代的国家审计制度始于清末的宪政运动,清政府主要参照日本的国家审计制度设置了独立于行政系统、与内阁平行的审计院,直接向皇帝负责。中华人民共和国成立之后到1983年,我国一直没有独立的政府审计机关,国家的财政收支监督工作,主要由财政部门内部的监察机关负责。1982年《宪法》规定了县级以上各级人民政府设立审计机关。地方各级审计机关依照法律规定独立行使审计监督权,对本级人民政府和上一级审计机关负责。1983年9月正式成立审计署。至此,在国家财政监督体系中确定了内设于政府体系的国家审计监督制度。①

国家审计最重要的职能是进行财政监督,因此也被称为财政审计监督。除了政府的收支以外,由于我国长期实行公有制,积累了大量的国有经营性资产,这些也属于财政审计监督的范围。根据我国《审计法》(2021修正)及其实施条例,审计机关依照法律规定独立行使审计监督权,不受其他行政机关、社会团体和个人的干涉。国家审计监督的具体职责范围是:中央及地方各级政府的预算执行情况、决算草案;中央银行的财务收支;国有企业、国有金融机构和国有资本占控股地位或者主导地位的企业、金融机构的资产、负债、损益;国家的事业组织和使用财政资金的其他事业组织的财政收支;政府投资和以政府投资为主的建设项目预算执行情况和决算,其他关系国家利益和公共利益的重大公共工程项目的资金管理使用和建设运营情况;国有资源、国有资产;政府部门管理的和社会团体受政府委托管理的社会保险基金、全国社会捐赠资金以及其他有关公共资金的财务收支;国际组织和外国政府援助、贷款项目的财务收支。

从《宪法》与法律规定的情形来看,我国建立的是隶属于行政首脑的审计监督制度。根据我国《宪法》第86条规定,审计长属于国务院的组成成员。而根据《审计法》的相关规定,审计署在国务院总理领导下,对中央预算执行情况进行审计监督,向国务院总理提出审计结果报告,地方各级审计机关分别在省长、自治区主席、市长、州长、县长、区长和上一级审计机关的领导下,对本级预算执行情况进行审计监督,向本级人民政府和上一级审计机关提出审计结果报告。

显然,虽然我国的审计制度也强调了审计机关的独立性,但是这种制度模式仍然带有计划经济体制模式下审计监督的痕迹。其缺陷有二:其一,这种监督模式没有反映政府在财政上受托于代议机关、最终受托于人民的财政宪法关系。其二,这种监督模式仍然是强调行政机关内部的自上而下的监督,缺乏外部监督的强制性效力,有悖于我国人民代表大会制度的民主精神,也无益于各级人大及时、准确、完整地掌握政府财政状况。

二、财政审计监督的具体制度

(一)审计主体及其职责

审计主体是参与审计法律关系、享有审计权力、承担义务的人,包括审计机关和被审计方。在国家审计中,审计机关属于财政监督机关。我国《宪法》规定,国务院设立审计署,审计长由国务院总理提名,国家主席任命。审计署在国务院总理的领导下,主管全国的审计工作。县级以上地方人民政府设立审计机关,在本级政府和上级审计机关的领导下,负责本行政区域的审计工作。审计机关虽然隶属于国务院,在性质上是行政机关,但是因其要履行监

---

① 参见胡智强、王艳丽、胡贵安编著:《审计法学》,中国财政经济出版社2012年版,第55—57页。

督的职能,故而必须具有一定的独立性。审计机关中负责执行审计业务的专业技术人员称为审计人员,审计人员应当具有专业知识和技能,同时应当保持独立性。审计人员遇有可能影响公正审计的情形时,应当回避。

根据我国《审计法》和相关法律的规定,国家审计机关的主要职责是:

(1)审计机关对本级各部门(含直属单位)和下级政府预算的执行情况和决算以及其他财政收支情况,进行审计监督。

(2)审计署在国务院总理领导下,对中央预算执行情况、决算草案以及其他财政收支情况进行审计监督,向国务院总理提出审计结果报告;地方各级审计机关分别在省长、自治区主席、市长、州长、县长、区长和上一级审计机关的领导下,对本级预算执行情况、决算草案以及其他财政收支情况进行审计监督,向本级人民政府和上一级审计机关提出审计结果报告。

(3)审计署对中央银行的财务收支,进行审计监督。

(4)审计机关对国家的事业组织和使用财政资金的其他事业组织的财务收支,进行审计监督。

(5)审计机关对国有企业、国有金融机构和国有资本占控股地位或者主导地位的企业、金融机构的资产、负债、损益以及其他财务收支情况,进行审计监督。遇有涉及国家财政金融重大利益情形,为维护国家经济安全,经国务院批准,审计署可以对前款规定以外的金融机构进行专项审计调查或者审计。

(6)审计机关对政府投资和以政府投资为主的建设项目的预算执行情况和决算,对其他关系国家利益和公共利益的重大公共工程项目的资金管理使用和建设运营情况,进行审计监督。

(7)审计机关对国有资源、国有资产,进行审计监督。审计机关对政府部门管理的和其他单位受政府委托管理的社会保险基金、全国社会保障基金、社会捐赠资金以及其他公共资金的财务收支,进行审计监督。

(8)审计机关对国际组织和外国政府援助、贷款项目的财务收支,进行审计监督。

(9)根据经批准的审计项目计划安排,审计机关可以对被审计单位贯彻落实国家重大经济社会政策措施情况进行审计监督。

(10)审计机关对其他法律、行政法规规定应当由审计机关进行审计的事项,进行审计监督。

(二)审计程序

审计程序是审计人员实施审计工作环节、依照科学和法定的步骤与方法开展审计工作的过程。从技术的角度说,审计程序属于审计工作的技术规范,目的在于保证审计活动科学准确并合乎逻辑。与此同时,审计程序中也包含着主体、行为、权力、义务等法治性要素,是审计人员在审计工作中的基本行为规范。审计程序同样具有确保平等、中立、公开等程序正义的价值。因此,审计的公正性不仅仅在于审计结果的公正性,同时也应该包含审计程序的公正性。

我国《审计法》《审计法实施条例》《国家审计准则》等一系列法律法规都对审计程序作了规定。此外还有许多审计规范性文件也对审计程序进行了详细的规定,如《党政主要领导干部和国有企业领导人经济责任审计的规定》《审计机关封存资料财产规定》等。

审计程序具体包括审计计划的编制、下达与调整,审计实施以及审计信息披露制度等。

审计计划是审计机关按照年度安排审计项目和专项审计调查项目的活动,是审计机关依法开展审计工作的直接依据。编制审计计划是审计机关的法定义务。《国家审计准则》第41条规定:"审计机关应当将年度审计项目计划报经本级政府行政首长批准并向上一级审计机关报告。"审计机关应当将年度审计项目计划下达审计项目组织和实施单位执行。年度审计项目计划一经下达,审计项目组织和实施单位应当确保完成,非依法定条件和程序不得擅自变更。审计计划必须保持稳定性,不得随意变更。年度审计项目计划执行过程中,遇有法定情形并依照原审批程序批准之后方可予以调整。《国家审计准则》第45条规定,应当调整审计计划的法定情形包括:(1)本级政府行政首长和相关领导机关临时交办审计项目的;(2)上级审计机关临时安排或者授权审计项目的;(3)突发重大公共事件需要进行审计的;(4)原定审计项目的被审计单位发生重大变化,导致原计划无法实施的;(5)需要更换审计项目实施单位的;(6)审计目标、审计范围等发生重大变化需要调整的;(7)其他需要调整的情形。审计实施是审计工作实际执行的过程,是审计计划的中心环节,一般包括研究评价被审计单位的内部控制制度、对审计项目进行实质性审查、取得审计证据、编制和符合审计工作底稿、检查重大违法行为、作出审计评价等具体性工作。审计机关应当将审计的结果通过审计报告向有关当事人进行披露。就财政审计监督而言,由于涉及的是公共性的财政资金,除有关国家机密以外的内容应当向全社会公开披露。审计机关检查重大违法行为是审计工作的目的之一,审计评价中应当对发现的重大违法行为进行披露,并依照有关法律对其进行处理。如果重大违法行为属于其他国家机关权力范围的事项,审计机关应当依照权力分工范围,移交有关机构处理。

【延伸阅读】

《利马宣言》与中国《审计法》[①]

《利马宣言》(The Lima Declaration)是《利马宣言——审计规划指南》(The Lima Declaration of Guidelines on Auditing Precept)的简称[②],是最高审计机关国际组织(INTOSAI, International Organization of Supreme Audit Institutions)于1977年在秘鲁首都利马召开的第九届国际会议上,经各国最高审计机关讨论通过的一个总结性文件。《利马宣言》共7章25节,它对最高审计机关的目的、地位、职责、职权和方法作了全面的概括性论述。可以说《利马宣言》是审计法的一个国际范本。

我国第一部《审计法》从1995年1月1日正式实施,这是一部具有中国特色,并与国际惯例接轨的国家法律。它对于加强审计监督,维护社会主义市场经济秩序,进行国际交流起了很好的作用。《利马宣言》在审计的动因、定义和假设,审计的独立性,国有企业审计,最高审计机关与内部审计的关系,与民间审计的关系等方面作出的叙述,都对我国《审计法》的进一步完善有着重要的借鉴意义。

---

① 参见李学柔:《〈利马宣言〉与中国〈审计法〉》,载《广东审计》1995年第12期,有删改。
② The International Organization of Supreme Audit Institutions(INTOSAI):The Lima Declaration, https://www.intosai.org/fileadmin/downloads/documents/open_access/INT_P_1_u_P_10/INTOSAI_P_1_en_2019.pdf, visited at 2022.03.26.

三、我国的审计监督改革

《利马宣言》指出:"鉴于恰当有效地使用公共资金是适当管理公共财政事务和保证主管当局决策有效性的先决条件之一","鉴于各国已将其活动扩展到社会和经济的各个部门,其业务已大大超出了传统的财务工作范围","每个国家都必须设置一个其独立性受法律保障的最高审计组织";"要保持各国的稳定和发展,达到联合国的目标,就必须实现审计工作的特定目标,如恰当有效地使用公共资金、建立健全财务管理、有条不紊地开展政府的各项活动、通过客观性报告的公布向公共当局和公众传播信息等"。[①] 由于现代政府的职能扩张,在其主导下的公共财政涉及社会生活的方方面面,并且具有复杂性,普通民众并不具有相关的专业知识,难以发现其中隐含的问题。故此,审计机关作为具有专业性的财政监督机关,在现代财政监督法律体系中发挥至关重要的作用。

2006年2月28日第十届全国人民代表大会常务委员会第二十次会议通过了《关于修改〈中华人民共和国审计法〉的决定》,原有的51个条款中的34条被大幅修改。本次立法修改虽然囿于宪法文本等局限而未能完全确立审计机关的独立地位,却对于审计机关的职权有比较大的扩张,例如,增加了"财政资金的使用效益"审计;规定审计机关可以根据工作需要设立派出机构,"地方各级审计机关负责人的任免,应当事先征求上一级审计机关的意见";增加了对金融机构的审计监督,规定审计机关有权查询被审计单位以个人名义在金融机构的存款,有权封存有关资料和违反国家规定取得的资产;规定"上级审计机关可以责成下级审计机关予以变更或者撤销,必要时也可以直接作出变更或者撤销的决定",等等。

2021年10月23日第十三届全国人民代表大会常务委员会第三十一次会议通过《关于修改〈中华人民共和国审计法〉的决定》,原《审计法》共54条,此次修订中,修改34条,增加7条,合并1条,修订后共60条。此次《审计法》的修订在保持原《审计法》框架和基本内容不变的基础上,主要着重修改了以下5个方面:加强党对审计工作的领导,巩固和深化审计管理体制改革成果;健全审计工作报告机制,更好发挥审计监督对人大监督的支持作用;扩展审计监督范围,推进审计全覆盖;优化审计监督手段,规范审计监督行为;强化审计查出问题整改,提升审计监督效能。

(一) 财政审计监督中法律责任

从某种意义上说,法律责任是法治运行的最终环节。对于任何违法行为都应当以获得追究、承担责任为最终的归属。因此,财政审计监督的目的并不仅仅在于发现财政违法行为,更重要的是如何追究相关主体的责任,以起到制约财政权力的作用。因此,财政审计监督中法律责任如何落实成为社会各界最为关注的问题。我国《审计法》第49条规定:"对本级各部门(含直属单位)和下级政府违反预算的行为或者其他违反国家规定的财政收支行为,审计机关、人民政府或者有关主管机关、单位在法定职权范围内,依照法律、行政法规的规定,区别情况采取下列处理措施:(1)责令限期缴纳应当上缴的款项;(2)责令限期退还被侵占的国有资产;(3)责令限期退还违法所得;(4)责令按照国家统一的财务、会计制度的有

---

① The International Organization of Supreme Audit Institutions (INTOSAI): The Lima Declaration, https://www.intosai.org/fileadmin/downloads/documents/open_access/INT_P_1_u_P_10/INTOSAI_P_1_en_2019.pdf, visited at 2022.03.26.

关规定进行处理;(5)其他处理措施。"

在实践中,超过预算支出金额、超越预算支出目的、逾越预算支出时间等违反财政预算法案的违法行为较为常见,并且严重破坏了预算的严肃性和权威性。但是在违法后果上,《审计法》赋予审计机关"责令相关部门限期缴纳、退还相关款项或者国有资产"的权限,显然不足以震慑上述严重的财政违法行为。况且这种"责令限期"作出某种行为的处理方式只是纠正了违法行为的状态,并没有对实施违法行为的主体进行必要的处罚,因此其并非是最终意义上的法律责任承担方式。因此,在法律责任上,凡违反财政预算法案者,除了依据刑法应当被追究刑事责任、依据行政法应当被追究行政责任者外,还可以考虑借助于人大的任免权机制追究相关官员的政治责任,以维护财政预算法案的法定性与权威性。

(二)审计独立与审计监督制度改革

由于监督是对法律实施情况的监察与督促,这一属性要求监督主体须独立于监督对象。在财政审计监督中,体制的设计应当充分考虑让审计机关应当尽可能独立于可能成为审计对象的有关主体。这是保证财政审计监督有效性的前提条件。《利马宣言》中将审计的独立性表述为:"组织的独立、审计人员的独立和审计经费的独立。"审计的独立性被视为审计的本质特征。只有独立的审计体制才能确保审计的权威性。目前我国审计机关仍然隶属于行政系统,这在一定程度上影响了审计的独立性与权威性。为推进我国财政审计监督体制建设,曾经有学者提出将我国目前的"行政型审计"改革为"立法型审计"。[①]

从目前的情况来看,我国《审计法》第 17 条规定:"审计人员依法执行职务,受法律保护。任何组织和个人不得拒绝、阻碍审计人员依法执行职务,不得打击报复审计人员。审计机关负责人依照法定程序任免。审计机关负责人没有违法失职或者其他不符合任职条件的情况的,不得随意撤换。地方各级审计机关负责人的任免,应当事先征求上一级审计机关的意见。"这一条款对于保障审计机关的独立性具有一定的现实意义。但是,如果不改革目前的行政系统约束,审计人员个体的独立性是无法与机构的隶属性对抗的。

(三)内部审计与审计监督的强化

《利马宣言》指出:"内部审计机构建于各组织机构内部,外部审计机构则不是受审单位组织机构的组成部分。内部审计机构应当从属于所在单位的领导,但应尽可能在组织机构方面保持它在职能上和组织上的独立性。作为外部审计机构的最高审计组织,其任务是审查内部审计机构的工作效果。如果认为内部审计机构的工作是有效的,应在不损害最高审计组织权力的情况下开展全面审计工作,并在审计组织和内部审计机构之间实行最佳的分

[①] 具体的修改意见是:(1)在《宪法》第 3 章第 1 节第 62 条第 10 项增加一目作为第 2 目:"国家费用的一切收支计划都必须纳入财政预算,并根据人民代表大会的决议执行。"(2)废止《宪法》第 3 章第 3 节第 86 条中有关"审计长"的款项。(3)废止《宪法》第 3 章第 3 节第 91 条:"国务院设立审计机关,对国务院各部门和地方各级政府的财政收支,对国家的财政金融机构和企业事业组织的财务收支,进行审计监督。审计机关在国务院总理领导下,依照法律规定独立行使审计监督权,不受其他行政机关、社会团体和个人的干涉。(4)在《宪法》第 3 章第 1 节第 71 条之后增加一条作为第 72 条:"全国人民代表大会设立审计机关,对国务院、国务院各部门和地方各级政府的财政收支,对国家的财政金融机构和企业事业组织的财务收支,进行审计监督。审计机关在审计长的领导下,依照法律规定独立行使审计监督权,不受其他行政机关、社会团体和个人的干涉。审计机关应该在全国人民代表大会每次开会时或者在全国人民代表大会闭会期间应全国人民代表大会常务委员会的要求,向全国人民代表大会或全国人民代表大会常务委员会提交审计报告。"参见周刚志:《论公共财政与宪政国家——作为财政宪法学的一种理论前言》,北京大学出版社 2005 年版,第 210—211 页。

工协作。在行政管理或财务活动发生之前进行审计叫事前审计,反之,叫事后审计。要对受托的资金进行妥善的公共财务管理,就必须有有效的事前审计。事前审计的优点是可以防患于未然,缺点是需要的工作量过多并会模糊法律责任。事后审计着重于追究当事人的责任,可以补偿已造成的损失并防止再犯。"①

内部审计与国家审计和社会审计共同构成我国审计体系的整体。根据我国《审计法》的规定,国家审计机关有责任对政府各部门和国有企业、商业单位等的内部审计机构进行业务指导和监督。指导和监督的内容主要包括制定内部审计的规划和措施,并组织实施;指导和监督部门单位依据法律和有关规定建立健全内部审计制度,开展内部审计工作;对内部审计的工作质量进行监督检查等。我国《审计法》及其实施条例还进一步规定了内部审计的实施范围。《审计法》第32条第1款规定:"被审计单位应当加强对内部审计工作的领导,按照国家有关规定建立健全内部审计制度。"具体包括国家机关,国有企业、国有金融机构和国有资本占控股地位或者主导地位的企业、金融机构,国家事业组织。

根据审计署《关于内部审计工作的规定》,内部审计机构或者履行内部审计职责的内设机构应当按照国家有关规定和本单位的要求,履行下列职责:

(1) 对本单位及所属单位贯彻落实国家重大政策措施情况进行审计;

(2) 对本单位及所属单位发展规划、战略决策、重大措施以及年度业务计划执行情况进行审计;

(3) 对本单位及所属单位财政财务收支进行审计;

(4) 对本单位及所属单位固定资产投资项目进行审计;

(5) 对本单位及所属单位的自然资源资产管理和生态环境保护责任的履行情况进行审计;

(6) 对本单位及所属单位的境外机构、境外资产和境外经济活动进行审计;

(7) 对本单位及所属单位经济管理和效益情况进行审计;

(8) 对本单位及所属单位内部控制及风险管理情况进行审计;

(9) 对本单位内部管理的领导人员履行经济责任情况进行审计;

(10) 协助本单位主要负责人督促落实审计发现问题的整改工作;

(11) 对本单位所属单位的内部审计工作进行指导、监督和管理;

(12) 国家有关规定和本单位要求办理的其他事项。

根据审计署《关于内部审计工作的规定》第23条的规定,审计机关应当依法对内部审计工作进行业务指导和监督,明确内部职能机构和专职人员,并履行下列职责:

(1) 起草有关内部审计工作的法规草案;

(2) 制定有关内部审计工作的规章制度和规划;

(3) 推动单位建立健全内部审计制度;

(4) 指导内部审计统筹安排审计计划,突出审计重点;

---

① The International Organization of Supreme Audit Institutions (INTOSAI): The Lima Declaration, https://www.intosai.org/fileadmin/downloads/documents/open_access/INT_P_1_u_P_10/INTOSAI_P_1_en_2019.pdf, visted at 2022.03.26.

(5) 监督内部审计职责履行情况,检查内部审计业务质量;
(6) 指导内部审计自律组织开展工作;
(7) 法律、法规规定的其他职责。

【延伸阅读】

审计风暴哪去了①

10 年前,李金华掀起的审计风暴,获得公众喝彩,也惹恼了一些政府部门和官员。在一饭局,我稍讲了点审计署的好话,话未完,一官员拍案怒斥审计署"啥也不懂",这官员是我大学同学——弄得大家都尴尬。李金华离去后,审计风暴似乎消停点了,尴尬也少了点,每年露上几回面。

6 月,又到了审计露面的日子,细一琢磨才发现,此时审计并非貌似消停了,其活做得更扎实了,手也更长了。

在大家眼里,审计就是查官员们胡吃海喝、自肥腰包的贪腐行为。比如这次审计署查出的中电投集团下属企业,竟然花了 1753.66 万元购买高档酒。注意,这事发生在中央"八项规定"出台以后,胆子真大,也太不拿自己当下级了。官员个人贪腐还有许多例子,如央企高管违规领取购物卡、通过为客户高开机票报销凭证等方式取得资金、违规兼职取酬等。在咱看来,这貌似小偷小摸。

据说去年中央三公支出比预算减少了 12.71 亿元,减少的额度占预算数的 17.8%。这当然是很大的成绩。但有时候我也怀疑,是不是算错了? 比如,把三公的钱从别的地方走账了? 这有劳审计继续努力,大门小门旁门侧门都堵住。

审计除去揭发个人小偷小摸外,还揪着单位的坏事不放。比如石家庄等 18 个市县 34 家企业和单位涉嫌骗(套)贷款贴息、农业综合开发、成品油价格补助等财政专项资金 1.9 亿多元,另有单位拖欠土地出让金、金融机构违规放贷、央企偷税款等。只要涉及税,就是天大的事,记得当年抓刘晓庆偷税,警笛声震响了好几条街,现在还觉得瘆人。

除去这些有章可循的违法违规行为,审计还要管企业的经营活动和经济效益。比如对上市公司亏损王中国远洋,审计说,在实施"从拥有船向控制船转变"的发展战略中,未对租入船规模、比例等方面制定明确的指导性意见,对租入船业务放权过度且监管不到位,使中远集团所属船队累计亏损达 341.06 亿元。央企保值增值啊,在这儿,审计抢了国资委的活儿。

在这些商业性运营之外,审计对银行的半政策性操作也不放过。审计认为,银行对中小企业融资的支持力度不够,对中小企业的贷款利率和转贷利率的上浮幅度都是最高的。银行瞧不起中小企业,而这些中小企业对就业率有突出作用,审计不高兴,审计讲政治。

更上一层楼,审计还介入了体制改革。审计署审计长刘家义点名质检总局、林业局、财政部、民航局等管理的 12 项行政审批事项,到今年 3 月底尚未按要求取消或合并,15 个省份自行设置的 133 项职业资格许可认定事项尚未取消。有的部门单位还将行政审批事项直接委托或变相指定所属单位办理,2014 年违规收费 7.24 亿元。

这是什么意思? 中央让你们简政放权,你们就把权放给儿子或侄子们了,继续发财致富? 这回被审计逮住了吧。体制改革,总理有了好帮手。

审计还干了一些纪委和公安、检察院的活儿。比如揭露南方电网及下属公司向职工持股企业输送

---

① 参见王安:《审计风暴哪去了》,载《中国青年报》2015 年 7 月 8 日第 10 版。

利益、侵蚀国有资产的坏事。审计还发现,一些公职人员通过掌控国有资源储量、建设发展规划、证券市场交易等未披露信息,以及设定相关交易准入标准等不当获利。审计举了这么个例子:南方电网原副总经理肖鹏的亲属涉嫌利用多家电力供应商的内幕信息炒股,连续8年无一亏损、年均收益率近50%。8年长盛不衰,比股神巴菲特还牛。

查股市内幕交易案件是证监会的活儿,审计署当了先锋。

其实,在审计的配合下,纪委的工作也长了飞毛腿,先党纪后国法。中央纪委官网总结道,在前几轮对国有企业的巡视中,"审计先行、巡视跟进"的思路初露端倪,也被实践反复证明行之有效。从今年开始,每个巡视组配备2名审计人员,由审计署统一抽调,一年一轮换。

用不着刮风暴,每天都在做功课。审计像八爪鱼一样挥舞着各种兵器,全天候出击,满世界伸手,让老虎苍蝇们日夜心颤。给审计点个赞。

【课后思考题】

1. 财政监管对实现财政目标有何意义?
2. 中国人大及其常务委员会如何才能充分发挥其财政监督职能?
3. 从宪制的视角分析财政机关与审计机关的相互关系。

【参考文献】

1. 〔英〕埃弗尔·詹宁斯:《英国议会》,蓬勃译,商务印书馆1959年版。
2. 〔美〕爱伦·鲁宾:《公共预算中的政治:收入与支出,借贷与平衡》,叶娟丽等译,中国人民大学出版社2001年版。
3. 财政部干部教育中心:《现代财政监督研究》,经济科学出版社2017年版。
4. 贺靖邦主编:《财政监督文集》,中国财政经济出版社2007年版。
5. 胡明:《财政权利的逻辑体系及其现实化构造》,载《中国法学》2018年第1期。
6. 〔美〕罗伊·T.梅耶斯等:《公共预算经典——面向绩效的新发展》,苟燕楠、董静译,上海财经大学出版社2005年版。
7. 全国人民代表大会常务委员会预算工作委员会办公室编:《预算审查监督》,中国民主法制出版社2000年版。
8. 王名扬:《美国行政法》,中国法制出版社1995年版。
9. 张献勇:《预算立宪比较研究》,中国政法大学出版社2018年版。
10. 赵建勇等:《政府财务报告问题研究》,上海财经大学出版社2002年版。

下篇 | 税法

第七章　税法基本理论
第八章　商品税法律制度
第九章　所得税法律制度
第十章　财产税和行为税法律制度
第十一章　税收征管法律制度
第十二章　税收救济法律制度

第七章

税法基本理论

> 税收如母亲,经常被误解,但很少被遗忘。
>
> ——劳德·布兰威尔

【本章导读】

税法是调整税收关系的法律规范的总称,现代税法已经成为一个综合法律部门,涉及宪法、行政法、经济法、民商法等多个领域的问题。税法既相关国计民生的重大事项,又与公民个体的利益直接相连,既保障国家税收利益的合法实现,又保护公民私有财产免受税收公权的不当侵害。税法体系的完善是完善我国社会主义法律体系的重要内容。税收法定原则、公平原则等原则在税法中的贯彻与否,对于纳税人的权利将产生重要影响。

本章主要介绍税法的概念、特征、性质、作用、地位、体系、法律渊源与效力以及基本原则等税法基础理论知识,并侧重从理论方面对税收法律关系进行较高层次的思考。首先探讨税收法律关系性质之定位,通过"权力关系说"与"债权债务关系说"的对比,启发读者思考税收的实质合法性内涵。进而,对税收之债的构成要素进行解读,以期帮助读者建立起对各个税种构成要素的宏观性、指导性的概括与把握。

第一节 税法的概念与特征

一、税法的概念

税法就是国家权力机关及其授权的行政机关制定的调整税收关系的法律规范。《牛津法律大辞典》认为税法是指"有关确定哪些收入、支付或交易应当纳税,以及按什么税率纳税的法律规范的总称"。① 简言之,税法就是调整税收关系的法律规范的总称。

为了恰当和充分地理解上述税法定义,我们必须从以下两个方面来把握这一定义所包含的基本内容:(1)税法的调整对象是税收关系,即有关税收活动的各种社会关系的总和,可将其简单地分为税收征纳关系和其他税收关系。(2)税法是调整税收关系的法律规范的

---

① 〔英〕戴维·M.沃克:《牛津法律大辞典》,邓正来等译,光明日报出版社1988年版,第790页。

总称,而不只是其中某一部分或某一方面的法律规范。广义的税收法律规范是多层次的,不仅仅存在于单行的专门税收法规中,还存在于其他与税收有关的法规之中,如刑法、公司法和会计法中就包括有关税收的条款。

在本质上,税收是国家对纳税人私有财产的"合法侵害",国家税收是来源于纳税人的私有财产,税法调整、规范税收法律关系,其一方面是要保证国家的税收利益通过合法的程序得到实现,另一方面又是要限制税收公权,保护纳税人的私权利,防止纳税人的私有财产受到不正当的侵害。因此税法又同样可以被认为是纳税人的财产保护法,其与民法的区别在于,民法是在私法的领域内对纳税人的财产进行保护,而税法是通过规制国家税收公权来保护纳税人的私有财产。[①]

二、税法的特征

作为一种法律规范,税法和其他法律一样,是由国家制定或认可的,体现国家意志,并由国家强制力保证实施的社会规范,具有一般法律规范的共同特征。但是,由于税法是以税收关系作为其调整对象的,因而又具有区别于其他法律规范的特征:

(一) 税法结构的规范性

税收的固定性直接决定了税法结构的规范性或统一性。具体表现在以下两个方面:

(1) 税种与税种法的相对应性。"一法一税"是税收法定原则的要求,即国家一般按单个税种立法,作为征税时具体的、具有可操作性的法律依据;且税种的开征与否一般都是由国家最高权力机关通过制定税收法律的形式加以规定的,具有稳定性和固定性。

(2) 税收要素的固定性。虽然各个税种法的具体内容千差万别,但就税收的基本要素而言,是每一部税种法几乎都必须予以规定的。税收要素的固定性能保证税收固定性的实现,便于税法的实施,尤其是使得各税法主体具有明确的税法预期。

(二) 实体性规范和程序性规范的统一性

由于税法内容的复杂性,难以像民法、刑法等法律部门那样制定一个统一的税法典,往往是由多种法律规范构成的法律体系。在这一法律体系中,占主体地位的就是按税种立法的诸多税种法,其主要内容是对税收要素作出规定,在性质上属于实体性规范。但是,税收之债和普通民事之债的重要区别就在于其强制性,以及在微观层面上的无偿性。相比民法,税法对于保障税收之债得以实现的特定程序给予了更多的关注。由于不同税种征收程序等的差异性,因而在各个税种法中往往对适用该税种的程序性事项进行了规定,将特定的程序性规范直接纳入其中,形成了税种法中实体性与程序性规范的统一。在我国,一方面制定了有关征纳税程序方面的基本法,即《税收征收管理法》;另一方面,与各个税种相关的更多、更具体的税收程序性规范散见于各个税种法当中,包括税收法律关系主体在享受权利和履行义务过程中的具体程序,以及违法处理程序和税务纠纷的解决程序等。综上所述,税法是实体性法律规范和程序性法律规范的统一体,而非单纯意义上的实体法或程序法。

(三) 税法规范的技术性

税收关系到国民经济生活的各个方面。随着国民经济生活的复杂化,税法也随之复杂化。在复杂的经济生活中,为保证税负公平,防止逃税、避税行为,设计条理细致的税收法律

[①] 参见刘剑文:《重塑半壁财产法:财税法的新思维》,法律出版社2009年版,序言部分。

制度就显得很有必要。一方面税法要谋求与私法秩序保持协调,另一方面又必须注意如何才能保证税收征管的实效,确保国家税收收入的实现。因此,在这些复杂的制度设计中就体现出税法规范的技术性。申言之,税法的技术性主要表现在两个方面:一是表现在税收实体法中,在具体税目的选择、税率的确定、特别是优惠税率的确定等方面都体现了税法规范的技术性。二是表现在税收程序法中,在税务登记制度、发票制度和管辖制度等方面都体现了税法规范的技术性。

（四）税法的经济性

经济性是税法的重要特征之一。对税法经济性的理解,可以和对税收经济本质的认识相结合。现代社会对税法的认识和对税收的认识是紧密相关的。税法和行政法相分离的重要原因之一就是现代市场经济条件下税收内涵的重大变化。税收的存在是有经济依据的,即税收是公民为获取国家提供的公共产品而支付的价格费用。税收构成国家提供公共产品的经济来源。随着现代市场经济运行的复杂化,税收除了满足财政收入的职能外,还承担起了调节宏观经济的职能。从税收的存在依据和职能两方面都可以看出税收的经济属性,而税法和税收关系密切。因此,税收的经济属性就决定了税法的经济性。

具体而言,税收实体法在很多方面体现了税法的经济性,如通过调整税目、税率,规定减免税等制度调节经济运行。现代各国普遍采取的分税制也体现了税法的经济性。分税制是以中央政府提供中央公共产品,地方政府提供地方公共产品的理论进行设计的。分税制对于迎合地方偏好、鼓励地方政府间竞争等方面具有明显的优势。同时,健全的分税制也有利于各级政府对经济运行进行调控,而健全的分税制需要税法的保障。

除上述特征外,也有学者从实质和形式两个维度对税法的特征进行了概括讨论。税法的实质特征表现在两个方面:税捐法律关系的公共性与公益性;课税权人的优越性。而税法的形式特征则包括:成文性、强行性、复杂性与技术性、类型化与外观性、形式性。[1]

第二节　税法的性质与作用

一、税法的性质

将法律划分为公法和私法是大陆法系国家的传统做法。这一传统最早源于罗马法。19世纪的西欧大陆,公私法之分在广泛开展的法典编纂和法律改革中都被普遍应用,并成为法律教育和法学研究的基础。进入20世纪以后,公法私法化、私法公法化趋势日益明显,但公法和私法之分仍然是大陆法系法律的基本分类。

实际上,通过单一的标准划分公私法是比较困难的,应该综合多重标准进行划分。在传统法学的视角下,如果参与法律关系的主体至少一方是国家或者代表国家行使公权力的机关,同时,这种法律是维护公共利益的,那么该法律就属于公法,否则就属于私法。税法是调整税收关系的法律部门。在税收法律关系主体中,至少有一方是国家或者代表国家行使税收方面权力的机关,同时,税法的主要目的是为了维护国家税收利益的实现,而税收利益是一种公共利益,因此,税法应属于公法,即税法的法律关系有一方是由国家或地方公共团体

---

[1] 参见陈清秀:《税法总论》,翰芦图书出版有限公司2001年版,第7—10页。

以公权力主体的特殊资格地位,享受税法上的权利,负担税法上的义务。税法主要以维护公共利益,而非个人利益为目的。因此,在传统视角下,税法在性质上属于公法。

但是,税法和宪法、行政法、刑法等典型公法相比,仍有其特殊性。在相当长的一个历史时期内,税法被认为属于行政法的分支学科,但自从德国《税收通则》颁布以后,随着税收是一种公法之债的观念的产生,人们对税法的认识发生了转变。在近现代公法私法化、私法公法化的大背景下,税法也呈现出强烈的私法化趋势。具体表现为:课税依据的私法化;税收法律关系的私法化;税法概念范畴的私法化,税法的调整是建立在私法调整的秩序之上的,它虽然超越于交易过程却必须大量借助于私法规则去判断是否征税、如何征税以及在征税的过程中既保护税收的顺利征收又保障纳税人的合法权益。这种情形之下,税法中就必定会出现大量的私法上的概念和范畴;税法制度的私法化,税法参照私法上的原理而制定了一系列制度,如:纳税人的信赖利益保护法律制度、税收优先权制度、税收代位权、撤销权制度、税收担保制度、税务代理制度等。因此,现代税法日益体现出作为综合法律部门的特征,成为一个涉及众多法律部门的综合法律领域,而并不仅限于公法范围。

笔者认为从公共财产法的角度来认识税法的性质更科学、全面。作为政府财政收入的主要来源,税法是公共财产法的组成部分。更为重要的是,税法虽然不能积极促进纳税人的财产增值,但通过规范政府征税行为,对纳税人私有财产实现消极保护,因此税法的性质是公共财产法。

二、税法的作用

税法的作用是由税收的职能和法的一般功能决定的。就法的一般功能而言,税法的基本作用是为征税机关进行税收征管和纳税人保护自己的权益提供法律依据和法律保障。就税收的职能而言,税法的作用是以法的形式保障税收职能的充分发挥。概括起来,我国税法的作用表现为以下几个方面:

(1)税法是税收基本职能得以实现的法律保障。税收组织国家财政收入,意味着纳税人必须将其一部分经济利益让渡给国家,而这种让渡没有直接对待给付性;税收对经济进行调控,又使得个别或部分纳税人为了国家宏观调控的需要而作出较大的牺牲;税收对经济生活实行监督,发现、制裁欠税、逃税、抗税等行为,解决税务争议,又必须依靠相当程度的强制力。因此,要想正常发挥上述税收的基本职能,势必会与纳税人的利益产生矛盾、发生冲突。所以,国家只有通过制定税法,运用国家政权力量,才能够在根本利益一致的基础上,解决税收职能实现过程中产生的与纳税人的利益冲突的问题,这是从消极意义上来说的;从积极意义方面来看,通过形式多样、配套齐全的税法体系,明确税收的每一环节和每一要素,能够保障税收职能有效、迅速和充分地实现。

(2)税法是保护各方主体合法权益,维护正常税收秩序的法律准则。税法的这一作用是其作为体现国家意志的法律的一般功能所赋予的,并是由税法的调整对象——税收关系的特殊性所决定的。税收关系主要是税收征纳关系,在本质上体现为社会产品分配过程中,国家与纳税主体之间的利益分配关系。作为征税主体的国家,为了使其自身的物质需要得到长期、持续、稳定的满足,就必须使税收征纳关系也具有稳定性、长期性和规范性,那么最佳途径就是使其合法化。通过制定税法,对税收关系各方主体及其权利、义务关系作出规定,明确税收关系各方主体所享有的合法权益的范围,并且给各方主体特别是纳税人维护自己的合法权益,追究他方责任提供实际可循的法律依据。

（3）税法是贯彻和执行国家政策的一种重要的法律形式。税法具有较强的国家政策导向功能:为了实现"效率优先,兼顾公平"的分配政策,税法规定在公平税负的基础上,"区别对待,合理负担";为了国家顺利调整产业结构和产品结构,税法规定分别采取税收优惠、适度征税和加重纳税负担等不同方式以区别国家对不同产业和不同产品种类的鼓励、允许和限制等不同态度。

（4）税法是维护国家税收主权的法律依据。税收主权是国家经济主权必不可少的重要组成部分,一般主要体现在国家间税收管辖权冲突和国际税收权益分配关系等方面。因此,涉外税法也是国家税法体系不可或缺的部分,它通过对上述问题的具体规定,使国家的税收管辖权得到彻底充分地贯彻,可以达到维护国家税收权益的目的。另外,涉外税法为了推行国家对外开放政策,针对涉外企业采取不同于内资企业的税收优惠政策,也是吸引外资,为外资创造一个良好的税收法制环境的重要措施。当然,在中国加入WTO以后,这方面的税法已做相应调整。

（5）税法是对纳税人、征税人进行法治教育和宣传的法律工具。这也是税法应具有的基本功能,但由于我国目前税法的教育和宣传作用的发挥比较滞后,而且事实上一直只强调对纳税主体的教育和导向作用,而忽视了对征税主体严格依法定税收要素和法定程序征税意识的培养和教育作用。另外,现行税收征管模式相对强调征税主体的征管作用,对纳税主体的主观能动性重视不够,使税收征管有机联系的"征"和"纳"两方面相脱离,增加了税收征管的难度和阻力,也增加了税收的制度成本。因此,今后应当重视发挥税法的这一作用,以培养纳税主体自觉纳税意识,征税主体依法征税意识,使税收征管工作顺利进行。

【延伸阅读】

解读税法的本质[①]

税法的核心任务是正确处理国家与纳税人之间因税收而产生的社会关系。税法如何正确处理这一关系,是个值得深入思考的问题。税法既是国家税收收入保障之法,也是纳税人权利保护之法,二者缺一不可。从这种意义上讲,税法的本质即在于兼顾国家税收和纳税人权利,是利益协调之法。

片面强调国家税收收入或纳税人权利都不利于社会的协调发展。无论是忽视纳税人权利的保护,片面追求国家税收的保障,还是过分强调纳税人权利,不重视国家税收的保障都是不可取的。如果国家征收不到充足的税款,就无法履行其公共服务职能,无法提供公共产品,整个社会的运行都将陷于瘫痪,最终也不利于保障纳税人的利益。就我国而言,社会主义税收的根本目的是"取之于民,用之于民",没有"取之于民",就无法"用之于民"。综上所述,同等重视国家税收与纳税人权利是具有坚实的理论基础的。对税法本质的这一认识在我国具有重大的现实意义。作为利益协调之法的中国税法必将有助于在国家和纳税人之间保持一种和谐的税收关系,在保障国家税收收入稳步增长的同时,也实现对纳税人权利的有效保护,从而推进和谐社会建设的进程。

[①] 本文节选自刘剑文教授2006年10月31日在第十届全国人民代表大会常务委员会第二十三次法制专题讲座上的讲稿《我国的税收法律制度》,全文可参见《追寻财税法的真谛:刘剑文教授访谈录》,法律出版社2009年版,第48—59页。

第三节　税法的地位与体系

一、税法的地位

税法的地位主要是明确税法在整个法律体系中的地位，以及税法和其他部门法的关系如何。

(一) 税法在整个法律体系中具有综合性

税法在我国现行法律体系中是一个特殊的领域，它并非按传统的调整对象标准而划分出的单独部门法，而是一个综合领域。因而，税法的调整对象也具有综合性。税法的独特调整对象决定了税法在整个法律体系中的独特地位。

为了便于对税收关系的直观认识，按照是否属于税收征纳关系为标准，可以将税收关系简单地分为税收征纳关系和其他税收关系。其中，税收征纳关系居于主导地位，是税法最主要的调整对象。税收征纳关系是指代表国家的征税机关与负有纳税义务的单位或个人之间因征税、纳税而发生的社会关系。狭义的税收关系就是指税收征纳关系。

其他税收关系是指除税收征纳关系以外的税收关系，主要是指纳税人与国家之间的关系，相关国家机关之间在税法的制定及解释权、税种开征与停征决定权、税率调整与税目增减决定权、减免税决定权和税收监督权等方面的权限划分关系（应当指出，在这一关系中，一般不直接涉及纳税主体一方），纳税主体、征税机关和相关国家机关之间发生的税收救济关系，还包括主权国家之间发生的国际税收权益分配关系等税收关系。其他税收关系在税法调整对象体系中居于次要、从属的地位，但其仍是广义税收关系中不可分割的一个有机组成部分。

(二) 税法与其他部门法的关系

由于税收活动几乎涉及社会的各个方面，因此，作为调整税收关系的税法和大多数法律部门都具有密切的关系。

(1) 税法与宪法的关系。宪法中关于公民纳税义务的规定，国家享有征税权的规定，国家机关之间税收权限的划分等规定，构成制定具体税收法律、法规的基础。有关税收的规定也是美国、英国、法国、日本等国宪法文件的重要内容。此外，税法的基本原则——税收法定原则，只有在宪法中予以体现，才能真正确立其基本原则之地位，才能进而推进税收法治。同时，税法价值、税法意识也和宪法价值、宪法意识密切相关。

(2) 税法与行政法的关系。税法与行政法的关系相当密切。税收征管、税收行政复议、税收行政诉讼和税务行政赔偿的基本原理与基本制度和一般行政法并无二致。同时，税收征管、税收行政复议、税收行政诉讼和税务行政赔偿中出现的特殊问题，甚至可能推动一般行政法的发展。

(3) 税法与经济法的关系。经济法以规范和保障国家对经济的调节为宗旨，在这方面，税法与经济法有相似之处。但与经济法不同的是，税法除了关注国家这一主体之外，尤其重视纳税人权利的保护。从这个意义上说，税法是一种利益协调之法。如果从问题出发，可以发现税法具有独立的研究领域，其独特的视角及所涉之深度，是经济法所不能涵盖的。尤其是近些年来，税法作为纳税人权利保护之法受到越来越多的关注，无论从理念、制度还是实践中的问题来看,税法已经具有了自身特有的品质。因此,尽管税法与经济法在某些方面具有相似性,但却是独立于经济法的法律部门。

(4) 税法与民商法的关系。税法与民商法的关系也是很密切的。首先,税法的调整一般是建立在民商法调整的基础之上,税法的调整也要遵循民商法确立的私人交易的规律,不能对私法秩序构成损害。其次,在税收私法化趋势的影响下,税收债务关系说逐渐得到普遍认同,税法的具体制度,尤其是税收实体法律制度大有借鉴民法债法具体制度的必要。这也显示了税法和民法的密切关系,而与一般行政法有所不同。

(5) 税法与社会法的关系。税法,尤其是个人所得税法、遗产税法、赠与税法和社会保障税法具有促进社会公平正义的功能。从这种意义上说,税法和社会法一样,都是实现社会政策目标的工具。因此,税法与社会法也有密切的关系。

(6) 税法与民事诉讼法的关系。税务诉讼一般适用行政诉讼法,但是,有些税务案件是行政诉讼制度无法解决的,比如税收代位权诉讼、税收撤销权诉讼等。这些诉讼没有行政诉讼法所要求的行政行为可供审查,而是需要对税收债权、税收代位权和税收撤销权等是否存在予以确认。这就和行政诉讼不同,而有些类似于民事诉讼。因此,税法和民事诉讼法也具有密切的关系。

(7) 税法与刑法的关系。涉税犯罪是刑法调整的犯罪种类之一,对涉税犯罪的制裁也是保障国家税收债权实现的主要方式。形式意义上的税法中规定的犯罪作为附属刑法构成整个刑法的组成部分。由此看来,税法和刑法也具有密切的关系。

(8) 税法与国际法的关系。把税法理解为国内税法和国际税法的情况下,国际税法是国际法的组成部分。在仅把税法理解为国内税法的情况下,税法和国际法也具有密切的关系。若国家之间签订的避免重复征税的税收协定要真正发挥作用,仍需要国内税法的配合。WTO 涉及的与税收有关的条款要最终实现,还是要靠各国国内税法的具体规定。

二、税法的体系

(一) 税法体系的概念和税法的分类

税法体系是指一个国家不同的税收法律规范有机联系而构成的统一整体。按照对税收法律规范进行分类的标准不同,一个国家税法体系可以有多种构成方式,但组成税法体系的全部税收法律规范是基本不变的。概括起来,税法的分类,亦即税法体系的构成方式主要有以下几种:

(1) 按照税收立法权限或者法律效力层次的不同,可以划分为有关税收的宪法性规范、税收法律、税收行政法规与规章、地方性税收法规和国际税收协定等。除此之外,其他法律法规中有关税收的条款也应认为是税法体系的有机组成部分,可以归入相应效力层次的税法规范中去。

(2) 按照税法调整对象——税收关系内容的不同,可以划分为税收实体法、税收程序法和税收权限法。凡是规定税收征管过程中征、纳双方主体的实体权利义务内容的是税收实体法,如各单行税种法;凡是以税收征管过程中以税收征收管理程序关系为调整对象的是税收程序法,如税收征管法;凡是以税收立法权限分工和责权关系为调整对象的是税收权限法,如财政部发布的《关于税收管理体制的规定》(财字〔1977〕15 号,已经失效),该法主体一般为国家权力机关、行政机关,包括税收征管机关,而不涉及纳税主体一方。

(3) 根据税法是否具有涉外因素，可以将税法划分为涉外税法和非涉外税法。凡是涉及主权国家对不具有本国国籍的纳税人，和具有本国国籍但其纳税行为不发生在本国领域内的纳税人进行征税的税法，就是涉外税法，如我国曾实施过的《外商投资企业和外国企业所得税法》等；还包括主权国家签署和批准的国际税收协定。除此之外，都为非涉外税法。

上述三种标准是税法的主要分类方法，也是一国税法体系的主要构成方式。此外，还有单纯按照税法的形式划分为单行税法和综合税法。单行税法，是指对每一税种单独制定的税收法规。综合税法则是将一国全部或部分税种的征税内容或者是将各种税应当遵循的某些共同规范集中在一个法典或法律内，成为普遍适用的税法的规范，如"税法通则"等。由于这一划分方式中的税种与共同规范的标准并不是相对应的，会造成某些税收法律规范归属的不确定性，如税收权限划分法等，从而不能涵盖一国全部的税法规范。因而，学术界较少采用该种划分方式。

（二）我国税法体系

按照税收立法权限或法律效力层次的不同，对税法进行分类是税法体系最基本的分类方式。因此，我国现行税法体系按照这一标准，可以划分为宪法性税收规范、税收法律、税收行政法规、地方性税收法规和国际税收协定等。对税法体系各组成部分的论述和对税法的各种法律渊源的论述实际上是从两个不同的角度讨论同一问题。

根据"一税一法"原则，按照各个税种相应制定的税种法构成我国现行税法体系主体部分的税收实体法。目前我国绝大多数税种已经制定了单行法律，基本实现了落实税收法定原则的改革任务。但是……还有的税种尚未形成税种法规，如证券交易税、遗产税等。在税收程序法方面，我国制定了《税收征收管理法》。同时，还有大量的税收程序方面的规定散见于各个税种法，以及其他的税收规范性文件中。

（三）完善税法体系的构想

1978年改革开放以来，经过四十多年的税制改革和税收立法，我国已初步建立起了一个适合我国社会主义市场经济发展的税法体系。但现行税法体系还是存在着与经济发展不相适应的一些问题，还没有最终实现建立一个完善、科学的税法体系的目标。

完善我国税法体系应当从以下几个方面着手：

（1）制定《税法总则》，并在此基础上编纂税法典。《税法总则》为税收活动提供基本遵循，是税收领域的"基本法"。《税法总则》是税法典的总则，是对税收活动中的基本问题、共同问题和综合问题的立法，是税法体系中最基础、最通用、最抽象的部分，包括税收实体制度和程序制度。

考察世界各国对税法的共同性问题予以规定的立法模式，主要有两种：第一，将各项税收法律、法规编纂成法典，即综合法典模式。根据有无总则性质的一般性规定，综合法典又可进一步分为有总则的税法典与无总则的税法典两种类型，前者如《俄罗斯联邦税法典·第Ⅰ部》，后者如美国《国内税收法典》。第二，税法通则模式，在税法通则中集中规定适用于税收单行法的一般规则，如德国的《租税通则》、日本的《国税通则》、俄罗斯的《联邦税收基本法》采取的都是税法通则的立法模式。具体到我国，应当采取有总则的税法典模式。这是因为，我国法律以体系化为目标，税法典模式更符合我国的需求。而有总则的税法典模式，可以统摄税收单行法的立法目的，协调税收单行法之间的冲突，保持税法典内容的简洁性。此外，截至目前，我国18个税种，已有12个完成立法，现代税制体系基本成型，且

《税收基本法》数次被列入立法规划,积累了部分立法成果,这些都为税法领域法典编纂奠定了基础。

（2）建立以商品税法和所得税法为主体的复合税制实体税法体系。复合税制是与单一税制相对的税收模式,是对课税对象采取多种税多次征税的体制。复合税制既包括对不同征税对象课征不同的税,又包括对同一层次的征税对象课征若干种税。在主体税种的选择上,既要立足于实际经济状况,又要有一定的超前性。商品税因其征税面广,税源稳定,是我国第一大税种。随着我国国民经济的发展和居民收入水平的提高,所得税的地位将逐步得到加强,并将上升为第一大税种。因此,税收立法应将所得税法列为主体税法之一。

（3）完善税收程序法。程序法在税法体系中的地位相当重要,这也是税法这一部门法的一个重要特征体现。我国有专门的税收征管法。同时,应该借鉴国外的成功做法,及时总结税收征管实践中的有效经验,进一步完善《税收征收管理法》。此外,在《行政强制法》实施后,还需要进一步研究其中与税收程序相关的问题。

（4）完善我国多层次、配套齐全的税法体系。加强税收立法,提高效力层次较高的税收法律在整个税法体系中所占的比例,进一步保证税法的稳定性与权威性。综观世界各国税收立法状况,大多数国家都是以税收法律为主、税收行政法规为辅。因此,目前我国这种以税收行政法规为主、税收法律为辅的现状,与国际惯例是不符的,也不适应WTO体制的要求,带有明显的过渡性。因此,这可以认为是我国税法的一个突出的阶段性特征。我国税收立法的最终目标是要建立一个以税收法律为主、税收行政法规为辅的税法体系,以确保税法的稳定性和权威性。

第四节　税法的渊源与效力

一、税法的渊源

法的渊源,简称法源,是指由什么国家机关制定或认可,因而具有不同法律效力或法律地位的各种法律类别,如宪法、法律和行政法规等制定法,以及判例法、习惯法等。税法的渊源,就是指税收法律规范的存在和表现形式。

（一）税法的正式渊源

法的正式渊源,是指那些可以从体现为权威性法律文件的明确文本形式中得到的渊源。尽管法的渊源可以从不同的角度理解,但此处所谓税法的渊源仅指税法的效力渊源,即在税收法定主义指导下对纳税人具有法律效力的各种法律表现形式。[①] 法的正式渊源在有些国家包括制定法和判例法,在有些国家包括我国则只是指制定法。制定法即由国家制定的,以规范性文件为表现形式的法。就中国而言,作为税法渊源的制定法主要有以下规范性文件:

1. 宪法

我国现行《宪法》是1982年12月4日第五届全国人民代表大会第五次会议通过的。1988年4月12日、1993年3月29日、1999年3月15日、2004年3月14日和2018年3月

[①] 刘剑文、熊伟:《财政税收法》(第五版),法律出版社2009年版,第163页。

11日全国人民代表大会先后五次通过《宪法修正案》对其作了修订。《宪法》规定了国家的根本制度和根本任务,是国家的根本大法,具有最高的法律效力,是税法的制定、修改和废除等最重要的法律依据。

我国《宪法》第56条规定:"中华人民共和国公民有依照法律纳税的义务。"这就规定了公民对国家的纳税义务,同时也表明了税收法定主义之原则,即非依照法律规定,不得使公民增加纳税负担或减少纳税义务。由此,如果征税机关在征管实践中,擅自决定对某些纳税人的应纳税款进行加收或进行减免,则其决定属于违宪,是无效的决定。因此,宪法是税法的重要渊源。

2. 法律

这里的法律是指狭义上的法律。根据我国宪法的规定,法律包括全国人民代表大会制定的基本法律,以及全国人民代表大会常务委员会制定的基本法律以外的其他法律。法律在规范性文件体系中的地位,仅次于宪法。全国人民代表大会及其常务委员会作出的规范性的决议、决定,同全国人民代表大会及其常务委员会制定的法律具有同等的法律效力,也属于法的渊源。上述规范性文件如果涉及税收的规定,就构成税法的渊源,如《个人所得税法》等。

法律是税法的重要渊源。根据税收法定原则的要求,税法渊源的主体应该是法律。而我国目前税法渊源的主体是国务院制定的行政法规,这需要进一步加强,逐步实现"一税一法",使之符合依法治税的要求。

3. 行政法规

国务院是我国最高国家权力机关的执行机关,是最高国家行政机关。国务院制定的各种法规即为行政法规,其数量远远多于法律,其地位仅次于宪法和法律,但高于地方性法规和规范性文件,是法的重要渊源。

在税法领域,受税收法定原则的支配,对公民、法人设定纳税义务的事项,原则上均应以法律规定。但税法所规范对象的实际经济活动,极为错综复杂且变化频繁,而法律多数为原则性规定,而且受立法技术的限制,不可能做到完全周延,因此要以法律的形式完全对税收活动加以把握和规定,是比较困难的。所以有必要通过国务院制定行政法规的形式就较为具体的事项加以规定。

4. 地方性法规

地方性法规是指依法由有地方立法权的地方人民代表大会及其常务委员会就地方性事务以及根据本地区实际情况因执行法律、行政法规的需要所制定的规范性文件。有权制定地方性法规的地方人大及其常务委员会包括省、自治区、直辖市人大及其常务委员会、较大的市的人大及其常务委员会。较大的市,指省、自治区人民政府所在地的市,经济特区所在地的市和经国务院批准的较大市。地方性法规只在本辖区内有效。根据法律规定,中央税、中央地方共享税以及地方税的立法权都集中在中央,但地方可以依据本地实际情况,制定一些只适用于本地区的税收征管规范,如2010年3月31日山东省人民代表大会常务委员会制定的《山东省地方税收保障条例》等都属此类,是税法渊源的组成部分。

5. 规章

国务院各部、委员会和具有行政管理职能的直属机构,以及省、自治区、直辖市人民政府和较大的市的人民政府所制定的规范性文件称为规章。内容限于执行法律、行政法规,地方法规的规定,以及相关的具体行政管理事项。

这里部委主要是指财政部、国家税务总局和海关总署。它们单独或联合发布了大量的对税收征管较具体事项作出规定的规范性文件,如财政部《基本建设财务规则》《代理记账管理办法》等,国家税务总局《税务行政复议规则》《邮寄纳税申报办法》等,两个或多个部门联合发布的部门规章如《会计档案管理办法》《中国清洁发展机制基金管理办法》等。

依据法律、法规的授权,地方政府对于特定的税收要素的确定、调整等具有一定的权限。比如,《契税法》第3条规定:"契税税率为百分之三至百分之五。契税的具体适用税率,由省、自治区、直辖市人民政府在前款规定的税率幅度内提出,报同级人民代表大会常务委员会决定,并报全国人民代表大会常务委员会和国务院备案。省、自治区、直辖市可以依照前款规定的程序对不同主体、不同地区、不同类型的住房的权属转移确定差别税率。"

6. 民族自治地方的自治条例和单行条例

根据《宪法》和《民族区域自治法》的规定,民族自治地方的人民代表大会有权依照当地民族的政治、经济和文化的特点,制定自治条例和单行条例。其适用范围是该民族自治地方。在这些自治条例和单行条例中,有关税收的法律规范也是税法的渊源之一。

7. 特别行政区的法律法规

宪法规定"国家在必要时得设立特别行政区"。特别行政区根据宪法和法律的规定享有行政管理权、立法权、独立的司法权和终审权。特别行政区同中央的关系是地方与中央的关系。但特别行政区享有一般地方所没有的高度自治权,包括依据全国人民代表大会制定的特别行政区基本法所享有的立法权。特别行政区的各类法的形式,是我国法律的一部分,是我国法律的一种特殊形式。特别行政区立法会制定的法律法规中,有关税收的法律规范也是税法的渊源之一。

8. 国际条约和协定

国际条约指我国与外国缔结、参加、签订、加入、承认的双边、多边的条约、协定和其他具有条约性质的文件(国际条约的名称,除条约外还有公约、协议、协定、议定书、宪章、盟约、换文和联合宣言等)。这些文件的内容除我国在缔结时宣布持保留意见不受其约束的以外,都与国内法具有一样的约束力。如依1969年《维也纳条约法公约》第2条的规定,指"国家间所缔结而以国际法为准的国际书面协定,不论其载于一项单独文书或两项以上相互有关之文书内,亦不论其特定名称为何",即是在比较宽泛的意义上使用,而不限于名称为"条约"者。我国同外国缔结或我国加入并生效的条约虽然不属于我国国内法的范畴,但根据"条约必须遵守"的国际惯例,条约对各缔约国的国家机关和公民都具有法律上的约束力,也属于我国的法的渊源。在这些条约中,有关税收的规范也是税法的渊源之一。

协定是指两个或两个以上的政府相互之间签订的有关政治、经济、贸易、法律、文件和军事等方面内容的协议。国际条约和行政协定的区别在于:前者以国家名义签订,后者以政府名义签订。在税收领域,为防止重复征税而签订的双边或多边的税收协定占重要地位。我国从1981年初就开始同有关国家谈判签订对所得(包括对财产)避免双重征税和防止偷漏税的税收协定,至今已与美国、日本、法国、英国、德国等主要发达国家签订了协定。近期与芬兰、墨西哥、沙特阿拉伯、新加坡、捷克和比利时等国签订有税收协定。这些税收协定构成我国税法的渊源。我国《税收征收管理法》第91条规定:"中华人民共和国同外国缔结的有关税收的条约、协定同本法有不同规定的,依照条约、协定的规定办理。"

（二）税法的非正式渊源

与正式渊源不同,税法的非正式渊源不能作为税收执法和司法的直接依据,但也具有一定的参考价值。在我国,税法的非正式渊源主要是指判例、习惯、税收规范性文件和一般法律原则或法理。

1. 判例

判例在有些国家,如英美国家,是法律的正式渊源,因此也可称为判例法。我国并没有确立"遵循司法先例"的原则,人民法院审判案件的时候,先前的判例只具一定的参考价值。所以判例在我国不具正式渊源的效力,只是作为非正式渊源而存在。

纳税人提起诉讼,法院的判决不仅解决具体事件,而且从判决中所体现的对法律的解释,基于"法的平等性""法的安定性"等要求,仍有其"事实上的约束力",一般期待其具有一定程度的继续性,即对于其他的类似案件,应该也有趋向于相同的解决倾向。所以这种判例应属于税法的非正式渊源。

2. 习惯

出于税收法定原则的考虑,只有形式意义的法律才能作为税收征纳的依据。习惯并不属于成文法律,对其是否应被承认为税法的渊源,有着不同的看法。比较一致的看法是,对不利于纳税人、加重纳税人负担的习惯,不应被承认为税收法定之"法"。但对于有利于纳税人的习惯如何认定,存在争议。有的学者认为税法与人民的权益密切相关,必须严格地遵守税收法定原则,只有有权机关经过一定程序所制定的法律,才能规范征税机关和纳税人的权利义务;更多的学者则认为承认有利于纳税人的习惯,并不违反税收法定原则。如果某种减轻或免除纳税义务或缓和征收程序的处理,已由征收机关一般性的反复进行,形成先例;而对这项先例,在纳税人间已一般性的形成对法的确信时,则应承认该先例的存在,征收机关应受其约束。

3. 税收规范性文件

财政部、国家税务总局和海关总署作为国务院税务主管部门,发布了大量的关于税收征管的"通知""函""有关规定"等。如财政部《关于推进政府和社会资本合作规范发展的实施意见》《关于印发节能产品政府采购品目清单的通知》等,国家税务总局《关于进一步完善涉税专业服务监管制度有关事项的公告》《关于开展网络平台道路货物运输企业代开增值税专用发票试点工作的通知》等,财政部、税务总局、人民银行《关于调整完善增值税留抵退税地方分担机制及预算管理有关事项的通知》等。税收规范性文件可以借鉴日本的术语,通称为税收通告。税收通告为保证税法的统一公平实施、减轻税务人员适用法律的疑义起了重要作用。当然,这些税收通告在内容上不得与宪法、法律相抵触,不得通过发布通告对纳税人课以逾越法律规定的义务,同时若没有法律根据,也不得以税收通告的形式减轻或免除纳税人的义务。

4. 一般法律原则或法理

在税法中虽未明文规定,但如课税平等原则、实质课税原则、信赖保护原则、权利滥用之禁止、比例原则等,作为一般法律原则或法理,在解释适用税法时,均应承认其具有法的非正式渊源的意义。

二、税法的效力

税法的效力是指税法的适用范围，即税法的法律强制力所能达到的范围。具体而言，税法的效力包括税法的对人效力、税法的空间效力和税法的时间效力。

（一）税法的对人效力

税法的对人效力是指受税法规范和约束的纳税人的范围，包括纳税个人和纳税单位。税法对人的效力涉及一国的税收管辖权问题。一般而言，一个主权国家主要参照下列原则来确定本国的税收管辖权：

（1）属地原则。这是指一个国家以地域的概念作为其行使征税权力所遵循的指导原则。依照属地原则，国家对其所属领土内的一切人和物或发生的事件，有权按照法律实行管辖。在税法领域，属地原则也可称为来源地原则，按此原则确定的税收管辖权，称作税收地域管辖权或收入来源地税收管辖权；它依据征税对象是否发生在本国领域内作为是否征税的标准，而不论纳税人是本国公民还是外国公民。

（2）属人原则。这是指一国政府以人的概念作为其行使征税权力所遵循的指导原则。依照属人原则，国家可以对本国公民或居民按照本国的法律实行管辖。公民是指具有本国国籍的人；居民则是指居住在本国境内享有一定权利并承担一定义务的人。居民的范围可以包括本国公民、外国公民以及具有双重国籍和无国籍的一切人员。在税法领域，按此原则确立的税收管辖权，称作居民税收管辖权或公民税收管辖权；它依据纳税人与本国政治法律的联系以及居住的联系，来确定其纳税义务，而不考虑其所得是否来源于本国领土之内。

（3）折中原则。这是兼顾属地原则和属人原则的一种结合性原则。现在除少数国家和地区实行单一的税收管辖权外，一般都采折中原则，即既采属人原则，又采属地原则，使本国的税收管辖权得到最大限度的行使，保证本国财政收入的实现。我国采取的也是折中原则。如我国《个人所得税法》第1条第1款规定："在中国境内有住所，或者无住所而一个纳税年度内在中国境内居住累计满一百八十三天的个人，为居民个人。居民个人从中国境内和境外取得的所得，依照本法规定缴纳个人所得税。"前一部分规定体现了属人原则，而后一部分规定则体现了属地原则。

此外，外国国家元首、外交代表、领事、特别使团成员及其他相关人员，在国际法上均享受税收方面的豁免权。因此，在采取属地或折中原则的情况下，一国对上述人员便不享有税收管辖权。

（二）税法的空间效力

税法的空间效力是指税法的法律强制力所能达到的地域范围，一般分为中央税法的空间效力和地方税法的空间效力。

1. 中央税法的空间效力

所谓中央税法，是指由全国人民代表大会及其常务委员会制定的税收法律和由国务院及其有关职能部门制定的普遍有效的税收行政法规和行政规章。中央税法的空间效力就是指中央税法在国家主权所及的领域，包括我国的领土、领海和领空内具有的普遍的法律效力。上述范围还应包括根据国际法、国际惯例应视为我国领域的一切领域，如在公海上航行的我国船舶和在非我国领空的我国飞行器等。如《税收征收管理法》《增值税暂行条例》等都属于中央税法，在全国都有法律效力。

2. 地方税法的空间效力

所谓地方税法，是指地方有权机关制定的地方性税收法规和规章。地方税法的空间效力就是指地方税法仅在本地方行政管辖区域内有效。如《青海省契税征收管理办法》在青海省管辖区域内有法律效力。

由于香港和澳门地区是我国的特别行政区，使得我国税法的空间效力更显复杂。根据《香港特别行政区基本法》和《澳门特别行政区基本法》的规定，香港和澳门特别行政区保持财政独立，其财政收入全部用于自身需要，不上缴中央政府；中央人民政府不在这些地区征税；特别行政区实行独立的税收制度，自行立法规定税种、税率、税收宽免和其他税收事项；可以作为单独关税地区，和其他国家和地区签订税收协定，发展税务关系。由此可知，我国的中央税法在这些地区并不适用，这是由于实行"一国两制"的特殊制度所决定的；而香港和澳门地区的税法在各自的管辖范围内具有法律效力。

此外，根据国际法，虽在我国领域范围内但享有税收豁免权的区域，我国的中央税法和地方税法都不予适用。如外国使馆区、领馆区等。

（三）税法的时间效力

税法的时间效力是指税法生效和失效的时间，以及是否具有溯及既往的效力。

在我国，税法实施的时间主要有以下两种情况：(1)实施时间滞后于公布时间。我国大部分税法的实施时间都属于这种情况。如《印花税法》于2021年6月10日公布，自2022年7月1日起实施。实施时间晚于公布时间，可以为征税机关和纳税主体了解掌握税法提供便利，有助于税法的有效实施。(2)实施时间和公布时间一致。如《个人所得税法》第22条规定，本法自公布之日起施行。这种规定方式应该逐步予以改革。

税法的失效则有以下几种情况：(1)客观废止，即旧的税法规范由于失去其存在的客观条件而当然废止。(2)规定废止，即新税法明文规定在新法生效之日即旧税法自行废止之时。这是目前我国税法采用最多的一种废止方式。如《企业所得税法》第60条规定，本法自2008年1月1日起施行。1991年4月9日第七届全国人民代表大会第四次会议通过的《外商投资企业和外国企业所得税法》和1993年12月13日国务院发布的《企业所得税暂行条例》同时废止(后有修订)。(3)代替废止，即根据新法优于旧法效力原则，新税法或修改过的税法实施，旧税法就自行废止，而不再在新法条文中明文规定旧法的无效。如《税收征收管理法》是第七届全国人民代表大会常务委员会第二十七次会议通过的，1993年1月1日开始实施；1995年2月28日第八届全国人民代表大会常务委员会第十二次会议通过了对原法律的个别条文作出修改的修正案；2001年4月28日第九届全国人民代表大会常务委员会第二十一次会议通过了税收征管法修正案，并重新公布(后又有修正)。这样，修正的税收征收管理法正式公布生效后，旧的税收征收管理法就自然废止，而并不在新的税收征收管理法中明确规定旧税收征收管理法的无效。(4)抵触废止，即新税法确认与其相抵触的部分税法规范被废止。如《土地增值税暂行条例》第15条规定，本条例自1994年1月1日起施行(后有修订)。各地区的土地增值费征收办法与本条例抵触的同时终止执行。

目前，在我国税法的时间效力上还有一种暂停执行的制度。如1999年底，经国务院批准，财政部、国家税务总局和国家发展计划委员会联合发布通知，从 2000 年 1 月 1 日起，在全国范围内暂停征收固定资产投资方向调节税。在这种情况下，固定资产投资方向调节税并没有被废止，而是暂停执行。

税法的溯及力是税法时间效力问题中一个非常重要的方面。各国有关法律溯及力的规定较为复杂，概括起来有从旧原则、从新原则、从旧兼从轻原则、从新兼从轻原则等四种基本原则。但是，一般而言，税收实体法都采取从旧原则，禁止其具有溯及既往的效力；税收程序法均采取从新原则。我国的税收实体法应采用"从旧兼从轻原则"；税收程序法应采取"从新原则"。税法对纳税人利益不利的变更，应该坚持"从旧原则"，因为人们是信赖现行税法的规定而安排自己的经营活动的，如果后公布的税法约束其先作出的行为，就构成了对纳税人信赖利益的侵害，同时对税法的可预测性和安定性都会有危害。而对纳税人利益有利的变更，则可以承认税法的溯及效力，采用"从轻原则"。这样，一方面既可以保持国家税法的连续性和稳定性，解决新旧税法前后衔接的时间效力问题，避免引起不必要的税收秩序的混乱；另一方面可以实现对纳税人利益最大限度的保护，并约束税收征收机关的权限。税收程序法采取"从新原则"主要是考虑到，一方面可以便利征税机关的税收征管，另一方面对纳税人的实体权利也不构成损害。

在我国的税法渊源中，一个比较突出的特点是大量存在着国务院、财政部和国家税务总局发布的"实施细则"。这些实施细则的时间效力如何是个值得研究的课题。从法律渊源角度分析，这些实施细则应该属于行政法规和部、委规章的范畴。在大多数情况下，实施细则的时间效力和上面提到的一般规范性法律文件没有区别。有的是实施时间滞后于公布时间，一般和原法的生效时间结合起来进行规定，如《增值税暂行条例》自 1994 年 1 月 1 日起实施，《增值税暂行条例实施细则》第 39 条规定，本细则从条例施行之日起实施，实施细则则是在 1993 年 12 月 25 日发布的。有的是实施时间和公布时间一致，如 1993 年的《税收征收管理法实施细则》第 86 条规定，本细则自发布之日起施行。

有一种情况是，原法律已经被修改，在新的实施细则没有发布之前，原法律的实施细则并没有被废止，其效力应该如何确定？如 1992 年 9 月 4 日第七届全国人民代表大会常务委员会第二十七次会议通过了《税收征收管理法》，1993 年 8 月 4 日国务院发布《税收征收管理法实施细则》，2001 年 4 月 28 日第九届全国人民代表大会常务委员会第二十一次会议通过了经再次修订的《税收征收管理法》，而针对新法的实施细则是 2002 年 9 月 7 日公布的。在这种情况下，新法若没有明确的废止规定，那么原法律的实施细则的法律效力在总体上应该仍然有效，而具体法律规范的效力可以依据新法优于旧法、上位法优于下位法的一般原则确定。

关于实施细则失效的规定方式，一般采用规定废止的方式。如《企业所得税法实施条例》第 132 条规定，"本条例自 2008 年 1 月 1 日起施行。1991 年 6 月 30 日国务院发布的《中华人民共和国外商投资企业和外国企业所得税法实施细则》和 1994 年 2 月 4 日财政部发布的《中华人民共和国企业所得税暂行条例实施细则》同时废止"。[①]

[①] 财政部《关于公布废止和失效的财政规章和规范性文件目录（第十二批）的决定》中废止了该实施细则。

【案例分析】

县政府的税收减免协议是否有效？[①]

案例事实：

A县招商引资过程中，投资人李某经过考察，认为该县矿产资源丰富，投资效益前景好，产生了投资意向。为扩大投资效益，李某与县政府就投资收益的税收问题进行了谈判，并签订了《企业所得税减免协议》，约定对李某投资设立的企业，三年内免征企业所得税。李某的投资很快产生效益，从第一年开始就产生利润。

但是，在投资后的第二年，该县税务局对李某下达了《限期缴税通知书》，要求其补缴两年的企业所得税，并拟处罚款。李某认为，依据其与县政府签订的协议，自己享有免税的权利，当地税务机关作为政府部门，其做法违反了县政府的承诺，提起了行政复议。

案例简析：

本案的关键在于，县政府与李某的税收减免协议的效力如何认定。从税法原理分析，税收减免对于征、纳税主体的权利义务产生实质性影响，其属于税法要素。税收法定原则要求，税法要素必须由法律作出明确规定，税务机关应当严格依照法律的规定履行征税职责，不得少征，也不得多征。

这在我国《税收征收管理法》第3条、第28条和第33条中得到了体现。《税收征收管理法》第3条规定："税收的开征、停征以及减税、免税、退税、补税，依照法律的规定执行；法律授权国务院规定的，依照国务院制定的行政法规的规定执行。任何机关、单位和个人不得违反法律、行政法规的规定，擅自作出税收开征、停征以及减税、免税、退税、补税和其他同税收法律、行政法规相抵触的决定。"第28条第1款规定："税务机关依照法律、行政法规的规定征收税款，不得违反法律、行政法规的规定开征、停征、多征、少征、提前征收、延缓征收或者摊派税款。"第33条规定："纳税人可以依照法律、行政法规的规定办理减税、免税。地方各级人民政府、各级人民政府主管部门、单位和个人违反法律、行政法规规定，擅自作出的减税、免税决定无效，税务机关不得执行，并向上级税务机关报告。"

可见，在没有法律、行政法规作为依据的情况下，地方政府擅自作出的减免税决定是无效的，税务机关不得执行，必须依法征税。李某以县政府的减免税协议作为依据，要求认定税务机关的作为违反协议约定的诉求是没有法律依据的。当然，李某可以要求县政府对自己的信赖利益损害进行赔偿。信赖利益的保护也得到了部分地区高院的支持，如《江苏省高级人民法院关于为促进我省中小民营企业健康发展提供司法保障的意见》（苏高法发[2010]9号）规定，"企业作为投资方已经履行了合同约定的投资义务，要求地方政府履行在招商引资合同中承诺的优惠条件或优惠政策的，人民法院应予支持；地方政府对于其承诺的事项没有权限或超越权限，事后又未能获得上级政府及有权部门追认或批准的，依法认定无效，投资方要求赔偿损失的，应当根据过错责任的大小确定赔偿责任。"特别是最高人民法院在潍坊讯驰置业与安丘市政府再审行政裁定书中明确这类行政协议的效力问题。裁定书中写道："合同书第四条第3项涉及营业税、所得税地方留成在讯驰公司交纳后予以返还问题，上述费用属于地方政府财政性收入，安丘市政府享有自主支配权，在此基础上订立的合同条款并不违反法律、行政法规的强制性规定，亦应为有效约定。"[②]

[①] 摘自刘剑文：《重塑半壁财产法：财税法的新思维》，法律出版社2009年版，第6—8页。
[②] 参见安丘市人民政府与潍坊讯驰置业发展有限公司行政协议纠纷再审案，参见(2017)最高法行申7679号。

第五节 税法的基本原则

税法的基本原则，是指一国调整税收关系的法律规范的抽象和概括，是贯穿税法的立法、执法、司法等全过程的具有普遍指导意义的法律准则。我国税法的基本原则应归纳为如下三项：税收法定原则、税收公平原则、税收效率原则。

一、税收法定原则

税收法定又称"税收法律主义"，是税法至为重要的基本原则，或称税法的最高法律原则，它是民主和法治原则等现代宪法原则在税法上的体现，对保障人权、维护国家利益和社会公益举足轻重。税收法定原则有着深刻的历史积淀，与现代法治国家的产生和发展过程紧密相连，内含民主法治价值。历经 1215 年《大宪章》和 1628 年《权利请愿书》的提炼和概括后，英国通过不成文宪法的方式确立了税收法定原则，对后世产生了广泛而深远的影响。时至今日，无论在经济水平、文化观念、社会传统、意识形态等方面存在何种差异，只要是倡导和实行法治的国家，无不普遍遵循税收法定原则，并往往将该原则写入宪法之中。例如，法国《宪法》第 34 条规定，"各种性质的税收的征税基础、税率和征收方式必须以法律规定"；俄罗斯《联邦宪法》第 75 条规定，"将税款纳入联邦预算的税收制度和俄罗斯联邦收费的一般原则，由联邦法律予以规定"；日本《宪法》第 84 条规定，"新征税收或变更现行税收必须有法律或法律规定的条件为依据"；美国《宪法》第 1 条第 8 款规定，"国会应有下列权力：规定和征收直接税、间接税、进口税与货物税，以偿付国债、提供合众国共同防御与公共福利，但所有间接税、进口税与货物税应全国统一"；等等。也有一些国家没有直接从征税权归属的角度规定，而是以公民义务的形式在宪法中加以体现，明确公民仅负有法定的纳税义务，不承担法律规定以外的纳税义务，从而将公民纳税义务与税收法定原则结合起来。例如阿拉伯联合酋长国《宪法》第 42 条规定，"按照法律规定交税和交纳公共费用是每个公民的义务"；乌克兰《宪法》第 67 条规定，"每个人均有依照法律规定的程序和数额缴纳税收和收费的义务"。

税收法定原则的基本内涵可从征税主体的征税权和纳税主体的纳税义务这两方面予以规范，并尤其强调征税权的行使必须限定在法律规定的范围内，确定征纳双方的权利义务必须以法律规定为依据，任何主体行使权利和履行义务均不得超越法律的规定，从而使当代通行的税收法定原则具有了宪法原则的位阶。税收法定原则的内容，一般由以下三项具体原则组成：

（1）税收要素法定原则。税收要素法定原则要求纳税人、征税对象、计税依据、税率、税收优惠等税收要素必须且只能由立法机关在法律中加以规定，即只能由狭义上的法律来规定税收的构成要件，并依此确定纳税主体纳税义务的有无及大小。在税收立法方面，立法机关根据宪法的授权而保留专属自己的立法权力，除非它愿意就一些具体而微的问题授权其他机关立法，任何主体均不得与其分享立法权力。行政机关不得在行政法规中对税收要素作出规定，至于部委规章、法院判决、习惯等更不得随意行事。

立法机关之所以严格保留税收要素的立法权，是因为税法同刑法一样，均关系到相关主体的自由和财产权利的限制或剥夺。税收法定原则同刑法上的罪刑法定主义的法理是一致的,凡涉及可能不利于国民或加重其负担的规定,均应严格由人民选举出来的立法机关制定,而不应由政府决定。

(2) 税收要素明确原则。依据税收法定原则的要求,税收要素、征税程序等不仅要由法律作出专门规定,而且还必须尽量明确,以避免出现漏洞和歧义,给权力的恣意滥用留下空间。所以,有关税收要素的法律规定不应是模糊的一般条款,否则便会形成过大的行政自由裁量权。当然,税收要素的绝对明确也是很难做到的。为了实现税法上的公平正义,在一定的条件下和范围内使用一些不确定的概念也是允许的,如"在必要时""基于正当的理由"等。但是,不确定概念的使用,应该做到根据法律的宗旨和具体的事实可以明确其意义。

(3) 征税合法性原则。在税收要素及与其密切相关的、涉及纳税人权利义务的程序法要素均由形式意义上的法律明确规定的前提下,征税机关必须严格依据法律的规定征收税款,无权变动法定税收要素和法定征收程序,这就是征税合法性原则。据此,没有法律依据,征税机关无权开征、停征、减免、退补税收。依法征税既是其职权,也是其职责,征税机关无权超越法律决定是否征税及何时征税,不允许征纳双方之间达成变更税收要素或征税程序的税收协议。只不过,为了保障公平正义,该原则的适用在如下几种特殊情况下应当受到限制:第一,对于纳税人有利的减免税的行政先例成立时应适用该先例;第二,征税机关已通常广泛地作出的有利于纳税人的解释,在相同情况下对每个特定的纳税人均应适用;第三,在税法上亦应承认诚实信用原则和禁止反言的法理,以进行个别救济,因而在个别情况下,诚信原则应优先适用。

我国《宪法》既未对财政税收制度作专门的规定,也未对税收立法权作专门的规定,仅是在"公民的基本权利和义务"一章规定"公民有依照法律纳税的义务",笔者认为《宪法》第56条既是对公民纳税义务的确认,也是对国家课税权的一种限制。此处所谓的"法律",应该仅指全国人民代表大会及其常务委员会制定的法律,不包括国务院的行政法规,更不包括部门行政规章和地方行政规章。这样,《宪法》第56条就可以成为税收法定主义的最高法律依据,而《立法法》和《税收征收管理法》不过是从各自不同的角度体现税收法定主义的要求。[①] 我国《税收征收管理法》第3条规定:"税收的开征、停征以及减征、免税、退税、补税,依照法律的规定执行;法律授权国务院规定的,依照国务院制定的行政法规的规定执行。任何机关、单位和个人不得违反法律、行政法规的规定,擅自作出税收开征、停征以及减税、免税、退税、补税和其他同税收法律、行政法规相抵触的决定。"该条旨在加强税收征收管理,规范税收征收和缴纳行为。2015年3月15日,第十二届全国人民代表大会第三次会议修订了《立法法》。其中,第8条第6项规定,"税种的设立、税率的确定和税收征收管理等税收基本制度"只能由法律规定。由此,在立法法层面,税收法定原则得到了明文的确立,其中离不开我国财税法学者多年的不懈努力。[②]

中共十八届三中全会以来,落实税收法定原则是全面深化改革和全面依法治国的一项重点任务,《贯彻落实税收法定原则的实施意见》已经为2020年前完成相关立法工作规划了

[①] 2015年3月25日,全国人民代表大会常务委员会法工委负责人就《贯彻落实税收法定原则的实施意见》答新华社记者问时明确指出,税收法定是宪法确立的基本原则,其具体依据在于《宪法》第56条。参见 http://www.gov.cn/xinwen/2015-03/25/content_2838356.htm,2022年3月26日访问。

[②] 参见冯禹丁:《"辩法"四天 立法法"税收法定"修订逆转背后》,载《南方周末》2015年3月19日。

明确的时间表、路线图。笔者认为有两个方面需要注意：第一，应注意提高立法质量，不仅要有法律，而且应当是"管用的良法"。第二，让税法在实践中得到尊重和奉行，由"税之良法"实现"国之善治"。

【延伸阅读】

落实税收法定原则的意义[①]

税收是国家与人民进行分配的基本形式，关系到人民最基本的财产利益与经济自由，必须加以法律甚至是宪法的约束。在现代社会中，人民与纳税人的范围基本相当。因此，税收法定原则强调税收基本问题的民主化和法定化，其核心就是人民的同意，即整体和抽象意义上的纳税人的同意，在间接民主模式下，就是要取得人民选举的代表所组成的代议制机关对税收基本问题的同意和立法，这与人民当家作主、依法治国等理念天然契合。

税收法定原则是民主法治理念在税收领域的具体体现。税收虽然在微观上表现出无偿、强制和固定的特性，但在宏观上应当被理解为国家提供公共物品和公共服务的必要成本。抽象地看，纳税人缴纳税收和国家提供公共物品、公共服务之间，有一定的对应关系。因此，税收的征收和使用均应当获得人民同意，或者由代议机关制定法律来规定税收事项。依法律征税就意味着以民主方式征税，税法是人民意愿的表现和国家征税权的依据。

从财政收入的来源渠道看，税收成为许多现代国家最主要的财政收入来源，一般将此种形态的国家称为"税收国家"。在"税收国家"语境下，坚持税收法定原则，一方面是对国家征税权的行使施加合理的规范和约束，以严格的立法程序来确保民主性和代表性在税收领域获得最大程度的实现，从而保障纳税人的合法财产权益。另一方面，坚持税收法定原则，也确认了法律框架内国家税收活动的正当性和权威性，在人民同意的基础上，每个纳税人都能确信自己的利益和愿望通过法治途径得到公正对待，从而增强对税收的支持度和遵从度。可见，税收法定原则既彰显着对纳税人基本权利的尊重和保障，也有助于促进国家征税权与公民财产权的良性互动、协调共赢，实现国家的长治久安。

对我国而言，坚持税收法定原则意义尤其重大。党中央决定"落实税收法定原则"，是实现坚持党的领导、人民当家作主和依法治国有机统一的体现，不仅有利于实现纳税人依法纳税、征税机关依法征税、国家依法取得财政收入，也有利于建立科学、完备的税收法律体系，优化税制。当前，落实税收法定原则，至少在如下三个方面起到了重要的作用：一是加强民主政治制度建设，推动人民代表大会制度与时俱进，坚持并彰显人民主体地位，发挥人民代表大会制度的根本政治制度作用；二是提升税制改革的整体质量，优化财政收入的正当性基础，并推动税制改革从行政管理向法治治理的转型；三是增强行政机关和纳税人的法治意识，并得以在税收法治的基础上拓展全面法治，推动实现依法治国，促进国家治理体系和治理能力现代化。同时，收入分配正日益成为我国面临的重大挑战，税收直接关系到国民财富再分配，对促进分配正义的作用最为明显和直接。

总之，坚持税收法定原则，符合我国宪法尊重和保障公民基本权利的精神，符合建设法治中国的发展趋势，也符合社会主义市场经济对税法的稳定性和可预期性的客观需要，对保障公民财产权益、维护社会经济稳定、促进收入公平分配具有不可替代的重要意义。落实税收法定原则，其意义不仅限于立法本身，而是对于改革整体进程都具有良好的"外溢性"。落实税收法定原则，可以廓清税收立法权的

[①] 参见刘剑文教授于2017年9月1日在十二届全国人民代表大会常务委员会专题讲座"落实税收法定原则的意义与路径"的讲稿。

配置和归属,由此理顺立法机关与行政机关、中央与地方各级国家机关之间的关系;也可以界定纳税人与国家、税务机关之间的法律关系,实现纳税人依法纳税,税务机关依法征税,国家依法取得财政收入;还可以带来诸多助推改革的"额外效益",如加强税收立法势必会推动全国人民代表大会及其常务委员会进一步强化能力、明确职责,而这对于各领域的改革和法治建设都有着不可估量的意义。

二、税收公平原则

在现代各国的税收法律关系中,所有纳税人的地位都是平等的,因此,税收负担在国民之间的分配也必须公平合理。税收公平原则是近代平等性的政治和宪法原则在税收法律制度中的具体体现。至于何谓公平,不同历史时期的学者的认识也是不同的。在西方税收思想史上,税收公平的衡量主要依据利益原则和支付能力原则。

亚当·斯密认为,个人为支持政府,应按个人的能力,即以个人在国家保护下所获得的利益,按比例缴纳税收,此即为课税公平的意义。这一公平观念后经瓦格纳引申,并加入社会政策观念,便形成了"课税公平原则",即根据社会政策的观点,按纳税能力的大小,采用累进税率课税,以求得实质上的平等,并不承认财富的自然分配状态。同时,对最低生活费免税,并重课财产所得税。瓦格纳还以每单位所得效用将随所得的增加而递减为前提,主张公平的税收负担应以相同的牺牲为依据。这是瓦格纳的社会政策的公平,而不是亚当·斯密的自然正义的公平。此后,福利经济学派的艾吉沃斯从福利的观点,认为税收公平相当于边际牺牲。于是税收公平原则就由最早的绝对公平原则演变成利益说、负担能力说。

现代财政学家马斯格雷夫认为,税收公平应是,凡具有相等经济能力的人,应负担相等的税收;不同经济能力的人,则负担不同的税收。也就是说公平的概念包括两种,一为横向公平,一为纵向公平。横向公平是指处于同等经济状况的人应纳同等的税收,如当两个人税前有相等的福利水准时,则其税后的福利水准亦应相同;而纵向公平的目的在于探讨不同等福利水准的人应课征不同等的税收。为此,首先必须决定课税后每人效用相对降低的程度,而这又牵涉人与人之间效用比较的价值判断。

在利益说中,横向公平是指凡自政府得到相同利益者应负担相同的税收,纵向公平是指凡自政府所得利益不同者应负担不同的税收。富者的财产、生命受政府的保护比穷者为多,故享有的利益也多,因此,只有富者负担较多的税收、穷者负担较少的税收才算是公平。利益说要求按照从以税款为基础的财政支出中得到的利益来分配税收负担,这的确可以适用于公路使用的课税和社会保险方面,以及许多城市设施的建设。但利益说不适用于大多数的公共产品,如国防和教育等,因此对税收公平而言,只是提供了一个解决局部问题的补充办法,不宜作为税收公平原则的普遍体现。相比而言,负担能力说能够较好地做到这一点。

负担能力说的代表人物是穆勒和庇古,他们引入相对牺牲的概念,认为凡具有相同纳税能力者应负担相同的税收,不同纳税能力者应负担不同的税收。这个观点被税法学界和税收立法者引进税法的观念中,并发展成税法上体现税收公平原则的量能课税原则。量能课税不仅应成为税收立法的指导理念、税法解释的准则,同时还是税法漏洞补充的指针和行政裁量的界限。量能课税原则还使税法成为可理解、可预计、可学习的一门科学。与体现"受益者付费"的税收利益原则不同的是,量能课税原则以纳税人的负担能力分配税收,旨在创设纳税人与国家之间的距离,以确保国家对每一国民的给付无偏无私,不受其所纳税额的影响。

所谓税收负担能力,是指各纳税人的经济负担能力,其基础有所得、财产和消费三种。西方学者认为,把消费当作税收负担能力的尺度不适当。消费税依其课税对象的选定方法容易产生累退性。若只对奢侈品课税,虽然可以避免累退性,却无法保证充裕的财政收入;若将课税对象扩及生活必需品和准生活必需品,税收收入倒是可以保证,但税收负担又易变成累退性。对财产课税的效果当然会比对消费课税好,因为财产代表了一种支付能力,并且已成为个人收入的一个重要来源,但是如果只对个别财产征收财产税,同样无法满足财政的需求;如果对所有的财产不加区别地征税,由于相同价值的财产在不同收入阶层的纳税人中有不同的效用,因此也不一定符合公平原则。另外,财产课税还很难做到对低收入阶层的税前扣除等,而对富裕阶层征税过重也会影响其投资和生产的积极性。故而选择所得作为衡量税收负担能力的标准最为合适,因为所得是一种可以用货币衡量的收入,易于度量,且稳定规范,可以作为现代社会支撑纳税能力的基础。加之所得是一种扣除各项费用之后的纯收入,能够反映各类纳税人真实的收入状态和纳税能力,且可以根据最低生活费标准进行税前扣除,还能适用累进税率和根据不同性质和来源的所得使用不同的征税办法。故以所得为依据设计税收负担可以实现水平和垂直的公平,特别是无负担能力不纳税的观念可以保障纳税人的生存权。

三、税收效率原则

在一般含义上,税收效率原则所要求的是以最小的费用获取最大的税收收入,并利用税收的经济调控作用最大限度地促进经济的发展,或者最大限度地减轻税收对经济发展的妨碍。它包括税收行政效率和税收经济效率两个方面。

税收的行政效率可以从征税费用和纳税费用两方面来考察。(1)征税费用是指税务部门在征税过程中所发生的各种费用。比如,税务机关的房屋、建筑、设备购置和日常办公所需要的费用,税务人员的工薪支出等。这些费用占所征税额的比重即为征税效率。征税效率的高低和税务人员本身的工作效率又是密切相关的。而且对不同的税种,其征税效率也会存在很大的差异。一般而言,所得税的征收,单位税额所耗费的征税费用最高,增值税次之;而按销售额征收的销售税,单位税款耗费的征收费用又低于增值税。(2)纳税费用是纳税人依法办理纳税事务所发生的费用。比如,纳税人完成纳税申报所花费的时间和交通费用,纳税人雇佣税务顾问、会计师所花费的费用,公司为个人代扣代缴税款所花费的费用等。相对于征税费用,纳税费用的计算比较困难,如将纳税申报的时间折算成货币,这本身就不是一件容易的事。又如,由于征税使纳税人忧虑不安,实际上付出了心理费用。因此,有人把纳税费用称为税收隐蔽费用。从数量方面看,马斯格雷夫认为,纳税费用通常要大于征税费用。

税收的行政效率问题实际上早在亚当·斯密时期就受到了研究者的重视,亚当·斯密的便利原则、最少征收费用原则,以及其后瓦格纳的税务行政原则其实都是着眼于此。为了提高税收的行政税率,一方面应当采用先进的征收手段,节约费用,提高效率,堵塞漏洞,严厉打击逃税、骗税行为;另一方面,也应尽可能简化税制,使税法语言准确明白,纳税手续便利透明,尽量减少纳税费用。

税收的经济效率的主旨在于如何通过优化税制，尽可能地减少税收对社会经济的不良影响，或者最大程度地促进社会经济良性发展。处在不同历史时期和不同经济体制背景下的学者对这个问题有着不同的结论。

在资本主义经济兴起的初期和以自由竞争为基础的市场机制较好地运行的发展时期，人们所关注的税收效率完全被理解为"税收中性"的同义词，税收中性原则成为人们判断税收是否高效和优良的重要标准。税收中性原则起源于亚当·斯密的"看不见的手"的理论，并在19世纪末首先由英国新古典学派的代表人物马歇尔所倡导。税收中性原则的基本含义是，国家课税时，除了使人民因纳税而发生负担以外，最好不要再使人民遭受其他额外负担或经济损失。据此原则，一个比较理想的税收制度对个人的生产和消费决策皆无影响，不会扭曲资源的配置。

随着社会的发展，税收效率原则的内涵也在演变之中。如从20世纪30年代末到70年代初，西方发达国家的税收政策受凯恩斯主义国家干预经济的理论所左右，即主张运用税收纠正市场存在的缺陷，调节经济的运行。到了20世纪70年代中后期，在政府干预经济部分失灵或失效的情况下，凯恩斯的宏观经济理论不断受到货币主义、供给学派、新自由主义学派的冲击和挑战。这些学派力主减少国家干预，依靠市场经济自身的力量来保证经济的运转。税收中性思想又有所复归和再发展，并已成为以美国为代表的西方发达国家进行税制改革的基本理论依据。

一些发展中国家在看待税收的经济效率问题时有着不同的出发点和着眼点。从经济政策的角度，如何利用税收的财政职能、经济调节职能、社会政策职能促进社会的稳定和经济的发展是首要目的，常常会忽视税收政策对市场资源配置产生的负面效果。因为市场不完全是这些国家配置资源的主导方式。如果说税收中性所要求的是应当尽可能减少税收的负面效应，使市场能更大程度地发挥其资源配置的作用的话，那么在市场经济不健全的国家，税收的经济效率则被理解为应如何利用税收固有的职能最大可能地使经济朝着预定目标发展。当然，出于培育市场、扩大市场机制作用范围和力度的考虑，税收中性要求如同自由竞争一样，也开始受到重视。如中国1994年税制改革时指导思想中提出的"简化税制""降低税率"等在一定程度上即受到了税收中性思想的影响，特别是全面推行增值税改革以及加快落实税收法定，是我国新时期贯彻税收效率原则的一个有力的例证。

第六节　税收法律关系

一、税收法律关系的概念与范围

（一）税收法律关系的概念

税收法律关系，是指由税法所调整而形成的，在税收活动中各税收法律关系主体之间发生的具有权利义务内容的社会关系。对这一概念的理解需要把握以下三点：（1）这种法律关系是受税法所调整而形成的社会关系，一定的社会关系经由税法调整就成为税收法律关系；（2）这种法律关系是发生在税收活动中的社会关系，是否发生在税收活动中是判定一个法律关系是否属于税收法律关系的重要标准；（3）这种关系是以权利义务为内容的社会关系，这是所有法律关系的共同特征。

（二）税收法律关系的范围及性质

税收法律关系是税收关系在税法上的反映。因此，研究税收法律关系的范围，有必要从分析税收关系的范围入手。税法的调整对象是税收关系，即有关税收活动的各种社会关系的总和，可将其简单地分为税收征纳关系和其他税收关系。其中，税收征纳关系居于主导地位，是税法最主要的调整对象。狭义的税收关系就是指税收征纳关系，主要是指征税机关与纳税人之间的因征纳税收而产生的以双方各自权利义务为内容的法律关系。其他税收关系是指除税收征纳关系以外的税收关系，主要是指纳税人与国家之间的关系、相关国家机关之间的税收权限分工关系，纳税主体、征税机关和相关国家机关之间发生的税收救济关系，还包括主权国家之间发生的税收权益分配关系等税收关系。

根据上述税收关系的范围，从最一般的意义上，可以把所有与税收有关的法律关系都作为税收法律关系的组成部分。可以认为，税收法律关系包括国家与纳税人之间的税收宪法性法律关系；征税机关和纳税主体（主要是纳税人）之间的税收征纳法律关系；相关国家机关之间的税收权限划分法律关系；国际税收权益分配法律关系；税收救济法律关系；等等。

值得注意的是，上述各种税收法律关系之间的性质和特征是有区别的，为了对最核心的税收法律关系予以重点分析与研究，我们可以对上述税收法律关系的范围予以适当调整。税法学研究的重心应该是国家与纳税人之间发生的税收宪法性法律关系以及征税机关和纳税主体（主要是纳税人）之间发生的税收征纳法律关系。国家、纳税人和征税机关是税收活动中最重要的主体，他们之间发生的法律关系理应成为最重要的税收法律关系。因此，为了研究需要，我们可以把税收法律关系简化为税收宪法性法律关系和税收征纳法律关系。当然，我们还可以进一步把税收法律关系简化为税收征纳法律关系，也就是狭义的税收法律关系。

理论与实务界对于税收法律关系的性质的认识发生过转变。这其中，以德国税法为代表。第一次世界大战之前，德国传统行政法一直主张，税收法律关系是依靠财政权力而产生的关系，国家或地方公共团体享有优越于人民的权力，而人民则必须服从此种权力。税收法律关系是以行政行为为中心所构成的权力服从关系，也被称为"权力关系说"。然而，1919年《帝国税收通则》第81条明确规定："税收债务在法律规定的课税要件充分时成立。为确保税收债务而须确定税额的情形不得阻碍该税收债务的成立。"该规定区分税收的成立与税收的确定，并且第一次使用"债"的概念概括税收，这为税法的发展提供了一种全新的思路，也被称为"税收债务关系说"。

1926年3月30日，在明斯特召开的德国法学家大会上，亨泽尔代表债权债务关系说，彼由拉代表权力关系说，双方以"税法对私法概念构造的影响"为题，就有关的税法基本问题进行了观点对立的报告。经过这次讨论，税收债权债务关系说逐渐深入人心，从而为税法从行政法中独立出来创造了条件。[①] 这种观点也影响了日本、我国税法的学说和实践。税收债务关系说可以解决中国税法的体系化问题，构筑与其他法学分支自由交流的宽阔平台。至少在实体法上，税收债务关系可以成为贯穿始终的逻辑主线。当符合法定的构成要件时，税收债权债务关系自动发生。

---

① 〔日〕金子宏：《日本税法原理》，刘多田等译，中国财政经济出版社1989年版，第20页。

二、税收法律关系的要素

法律关系通常由主体、客体和内容三个要素构成,税收法律关系也是如此。根据税收之债的构成要件包括征税主体、纳税主体、代扣代缴主体、征税对象、征税对象的归属、征税标准等,下面依次对税收法律关系的主体、客体和内容进行介绍。

(一)税收法律关系的主体

税收法律关系的主体,即税法主体,是指在税收法律关系中依法享有权利和承担义务的当事人。在税收法律关系中,最重要的主体是征税主体和纳税主体。

(1)征税主体。征税主体是指参加税收法律关系,享有国家税收征管权力和履行国家税收征管职能,依法对纳税主体进行税收征收管理的国家机关。从严格意义上讲,只有国家才是征税主体,但是国家征税的权力总是通过立法授权具体的国家职能机关来行使。在具体的税收征纳法律关系中,行使征税权的征税主体包括:各级税务机关和海关。其中,海关总署和地方各级海关负责关税,以及进口环节的增值税、消费税和船舶吨税的征管。除此之外,大部分税收均由税务机关负责征管。因此,税务机关负责国家主要的税收征管,是人们普遍认为的征税主体,也是最重要的征税主体。

(2)纳税主体。根据《税收征收管理法》第4条的规定以及关于纳税主体的通行观念,我国税法上的纳税主体包括两类:纳税人和扣缴义务人。纳税人是指法律、行政法规规定负有纳税义务的单位和个人。此外,不同的税种根据一定的标准可以对纳税人进行划分。在增值税方面,根据纳税人销售额的高低和会计核算的健全与否,把纳税人分为一般纳税人和小规模纳税人;在所得税方面,根据征税权行使范围的不同,可以把纳税人分为居民纳税人和非居民纳税人;等等。

扣缴义务人是指法律、行政法规规定负有代扣代缴、代收代缴税款义务的单位和个人。根据税收征收管理法的规定,税务机关要按照规定付给扣缴义务人代扣、代收手续费。扣缴义务人又可以分为代扣代缴义务人和代收代缴义务人。代扣代缴义务人是指负有代扣代缴义务,代替税务机关向纳税人扣缴应纳税款的纳税主体;代收代缴义务人是指负有代收代缴义务,代替税务机关向纳税人收缴税款的纳税主体。

(二)税收法律关系的客体

法律关系的客体是指法律关系主体权利义务指向的对象。对法律关系的客体具体包括的种类,在国内外法学界是个长期争论不休的问题。法理学的研究表明,法律关系的具体客体是无限多样的,把它们抽象化,可以概括为:国家权力、人身和人格、行为、法人、物、精神产品、信息等。上述各种客体可以进一步抽象为"利益"或"利益载体"等更一般的概念。由此可以说,法律关系的客体就是一定的利益。对税收法律关系的客体也可以作如上理解。税收法律关系的客体主要包括税收权力(权益)、物和行为。税收宪法性法律关系和税收权限划分法律关系的客体是税收权力,国际税收权益分配法律关系的客体是税收权益,税收征纳法律关系的客体是按照一定的税率计算出来的税款,税收救济法律关系的客体是行为,即税务机关在税收征管活动中作出的相关行为。上述各种客体又可以进一步抽象为"税收利益"。

(三)税收法律关系的内容

法律关系的内容是指法律关系主体依法享有的权利和承担的义务。税收法律关系的内容就是指税收法律关系主体依据税法享有的权利和承担的义务。在市场经济国家,纳税人权利普遍受到重视,如不少国家公布了纳税人权利宣言或制定了纳税人权利法案,对纳税人的权利作了比较详细的规定。根据我国《税收征收管理法》的规定,下面主要介绍一下税务机关和纳税人这两个最重要的税收法律关系主体在税法上的权利和义务。

2009年11月6日,国家税务总局发布《关于纳税人权利与义务的公告》,后于2018年6月15日,对纳税人的申请延期缴纳税款权进行修改。2011年1月19日国家税务总局发布对该公告的解读,其中包含纳税人的14项权利和10项义务:

1. 纳税人的权利

现代税法普遍重视对纳税人权利的保护,进而实现税收法律关系的平等。纳税人不仅享有程序方面的权利,同样享有实体方面的权利。纳税人享有的权利主要包括以下几项:

(1) 知情权。为了保障纳税人正确行使权利,纳税人有权了解国家税收法律、行政法规的规定以及与纳税程序有关的情况,包括:现行税收法律、行政法规和税收政策规定;办理税收事项的时间、方式、步骤以及需要提交的资料;应纳税额核定及其他税务行政处理决定的法律依据、事实依据和计算方法;在纳税、处罚和采取强制执行措施时发生争议或纠纷时,可以采取的法律救济途径及需要满足的条件。主要包含以下四项内容:税收政策知情权、涉税程序知情权、应纳税额核定及其他税务行政处理决定知情权和法律救济途径知情权。

(2) 保密权。有权要求保护商业秘密和个人隐私,主要包括技术信息、经营信息和主要投资人以及经营者不愿公开的个人事项。上述事项,如无法律、行政法规明确规定或者纳税人的许可,税务机关不得对外部门、社会公众和其他个人提供。但根据法律规定,税收违法行为信息不属于保密范围。

(3) 税收监督权。对税务机关及其工作人员违反税收法律、行政法规的行为,如税务人员索贿受贿、徇私舞弊、玩忽职守,不征或者少征应征税款,滥用职权多征税款或者故意刁难等,可以进行检举和控告。同时,对其他纳税人的税收违法行为也有权进行检举。

(4) 纳税申报方式选择权。纳税人可以直接到办税服务厅办理纳税申报或者报送代扣代缴、代收代缴税款报告表,也可以按照规定采取邮寄、数据电文或者其他方式办理上述申报、报送事项。但采取邮寄或数据电文方式办理上述申报、报送事项的,需经主管税务机关批准。

(5) 申请延期申报权。纳税人如不能按期办理纳税申报或者报送代扣代缴、代收代缴税款报告表,应当在规定的期限内提出书面延期申请,经核准,可在核准的期限内办理。经核准延期办理申报、报送事项的,应当在税法规定的纳税期内按照上期实际缴纳的税额或者核定的税额预缴税款,并在核准的延期内办理税款结算。

(6) 申请延期缴纳税款权。如因有特殊困难,不能按期缴纳税款的,经省、自治区、直辖市税务局批准,可以延期缴纳税款,但是最长不得超过3个月。

(7) 申请退还多缴税款权。对超过应纳税额缴纳的税款,税务机关发现后,将自发现之日起10日内办理退还手续;如纳税人自结算缴纳税款之日起三年内发现的,可以向税务机关要求退还多缴的税款并加算银行同期存款利息。税务机关自接到退还申请之日起30日内查实并办理退还手续,涉及从国库中退库的,依照法律、行政法规有关国库管理的规定退还。

(8) 依法享受税收优惠权。纳税人可以依照法律、行政法规的规定书面申请减税、免税。减税、免税的申请须经法律、行政法规规定的减税、免税审查批准机关审批。减税、免税期满,应当自期满次日起恢复纳税。减税、免税条件发生变化的,应当在纳税申报时向税务机关报告;不再符合减税、免税条件的,应当依法履行纳税义务。

(9) 委托税务代理权。纳税人有权就以下事项委托税务代理人代为办理:设立、变更或者注销税务登记、除增值税专用发票外的发票领购手续、纳税申报或扣缴税款报告、税款缴纳和申请退税、制作涉税文书、审查纳税情况、建账建制、办理财务、税务咨询、申请税务行政复议、提起税务行政诉讼以及国家税务总局规定的其他业务。

(10) 陈述与申辩权。纳税人对税务机关作出的决定,享有陈述权、申辩权。如果有充分的证据证明自己的行为合法,税务机关不得实施行政处罚;即使陈述或申辩不充分合理,税务机关应当解释实施行政处罚的原因,不会因申辩而加重处罚。

(11) 对未出示税务检查证和税务检查通知书的拒绝检查权。税务机关派出的人员进行税务检查时,应当出示税务检查证和税务检查通知书;对未出示税务检查证和税务检查通知书的,纳税人有权拒绝检查。

(12) 税收法律救济权。纳税人对税务机关作出的决定,依法享有申请行政复议、提起行政诉讼、请求国家赔偿等权利。纳税人、纳税担保人同税务机关在纳税上发生争议时,必须先依照纳税决定缴纳或者解缴税款及滞纳金或者提供相应的担保,然后可以依法申请行政复议;对行政复议决定不服的,可以依法向人民法院起诉。如对处罚决定、强制执行措施或者税收保全措施不服的,可以依法申请行政复议,也可以依法向人民法院起诉。

(13) 依法要求听证的权利。税务机关作出规定金额以上罚款的行政处罚之前,应当送达《税务行政处罚事项告知书》,告知已经查明的违法事实、证据、行政处罚的法律依据和拟将给予的行政处罚。对此,纳税人有权要求举行听证。税务机关应当组织听证。如纳税人认为指定的听证主持人与本案有直接利害关系,有权申请主持人回避。对应当进行听证的案件不组织听证,行政处罚决定不能成立。但纳税人放弃听证权利或者被正当取消听证权利的除外。

(14) 索取有关税收凭证的权利。税务机关征收税款时,必须开具完税凭证。扣缴义务人代扣、代收税款时,纳税人要求扣缴义务人开具代扣、代收税款凭证时,扣缴义务人应当开具。税务机关扣押商品、货物或者其他财产时,必须开付收据;查封商品、货物或者其他财产时,必须开付清单。

2. 纳税人的义务

纳税人依法履行其税法义务是国家税收债权得以实现的主要保障。纳税人的义务主要包括以下几项:

(1) 依法进行税务登记的义务。纳税人应当自领取营业执照之日起30日内,持有关证件,申报办理税务登记。税务登记主要包括领取营业执照后的设立登记、税务登记内容发生变化后的变更登记、依法申请停业、复业登记、依法终止纳税义务的注销登记等。在各类税务登记管理中,纳税人应该根据税务机关的规定分别提交相关资料,及时办理。同时,应当按照规定使用税务登记证件。税务登记证件不得转借、涂改、损毁、买卖或者伪造。

(2) 依法设置账簿、保管账簿和有关资料以及依法开具、使用、取得和保管发票的义务。纳税人应当按照有关法律、行政法规和国务院财政、税务主管部门的规定设置账簿,根据合法、有效凭证记账,进行核算;从事生产、经营的,必须按照国务院财政、税务主管部门规定的保管期限保管账簿、记账凭证、完税凭证及其他有关资料;账簿、记账凭证、完税凭证及其他有关资料不得伪造、变造或者擅自损毁。纳税人在购销商品、提供或者接受经营服务以及从事其他经营活动中,应当依法开具、使用、取得和保管发票。

(3) 财务会计制度和会计核算软件备案的义务。纳税人的财务、会计制度或者财务、会计处理办法和会计核算软件,应当报送主管税务机关备案。财务、会计制度或者财务、会计处理办法与国务院或者国务院财政、税务主管部门有关税收的规定抵触的,应依照国务院或者国务院财政、税务主管部门有关税收的规定计算应纳税款、代扣代缴和代收代缴税款。

(4) 按照规定安装、使用税控装置的义务。国家根据税收征收管理的需要,积极推广使用税控装置。纳税人应当按照规定安装、使用税控装置,不得损毁或者擅自改动税控装置。如未按规定安装、使用税控装置,或者损毁或者擅自改动税控装置的,税务机关将责令限期改正,并可根据情节轻重处以规定数额内的罚款。

(5) 按时、如实申报的义务。纳税人必须依照法律、行政法规规定或者依照法律、行政法规的规定确定的申报期限、申报内容如实办理纳税申报,报送纳税申报表、财务会计报表以及税务机关根据实际需要要求报送的其他纳税资料。扣缴义务人必须依照法律、行政法规规定或者税务机关依照法律、行政法规的规定确定的申报期限、申报内容如实报送代扣代缴、代收代缴税款报告表以及根据实际需要要求报送的其他有关资料。即使在纳税期内没有应纳税款,纳税人也应当按照规定办理纳税申报。享受减税、免税待遇的,在减税、免税期间应当按照规定办理纳税申报。

(6) 按时缴纳税款的义务。纳税人应当按照法律、行政法规规定或者税务机关依照法律、行政法规的规定确定的期限,缴纳或者解缴税款。未按照规定期限缴纳税款或者未按照规定期限解缴税款的,除责令限期缴纳外,从滞纳税款之日起,按日加收滞纳税款万分之五的滞纳金。

(7) 代扣、代收税款的义务。按照法律、行政法规规定负有代扣代缴、代收代缴税款义务的当事人,必须依照法律、行政法规的规定履行代扣、代收税款的义务。依法履行代扣、代收税款义务时,纳税人不得拒绝。

(8) 接受依法检查的义务。纳税人有接受税务机关依法进行税务检查的义务,应主动配合并按法定程序进行的税务检查,如实地反映生产经营情况和执行财务制度的情况,并按有关规定提供报表和资料,不得隐瞒和弄虚作假,不能阻挠、刁难检查和监督。

(9) 及时提供信息的义务。除通过税务登记和纳税申报提供与纳税有关的信息外,纳税人还应及时提供其他信息。如歇业、经营情况变化、遭受各种灾害等特殊情况的,应及时说明,以便依法妥善处理。

(10) 报告其他涉税信息的义务。为了保障国家税收能够及时、足额征收入库,税收法律还规定了纳税人有义务向税务机关报告如下涉税信息:与关联企业之间的业务往来,向当地税务机关提供有关的价格、费用标准等资料;企业合并、分立的报告义务;报告全部账号的义务;处分大额财产报告的义务。

与纳税人的权利义务相对应,税务机关享有下列权力,并履行下列义务:

1. 税务机关的权力

税务机关在税收活动中享有广泛的权力,这有助于保障国家税收债权的实现。税务机关依法享有的权力主要有以下几项:

(1) 税务管理权。具体包括税务登记管理权、账簿凭证管理权和纳税申报审核权等。

(2) 税款征收权。这是税务机关最基本的权力。具体包括税款核定权、减免税的批准权,采取税收保全措施和税收强制措施的权力,追征税款的权力,等等。

(3) 税务检查权。根据《税收征收管理法》第54条的规定,税务检查权包括检查纳税人的帐簿、记帐凭证、报表和有关资料,检查扣缴义务人代扣代缴、代收代缴税款帐簿、记帐凭证和有关资料;到纳税人的生产、经营场所和货物存放地检查纳税人应纳税的商品、货物或者其他财产,检查扣缴义务人与代扣代缴、代收代缴税款有关的经营情况;责成纳税人、扣缴义务人提供与纳税或者代扣代缴、代收代缴税款有关的文件、证明材料和有关资料;询问纳税人、扣缴义务人与纳税或者代扣代缴、代收代缴税款有关的问题和情况;到车站、码头、机场、邮政企业及其分支机构检查纳税人托运、邮寄应纳税商品、货物或者其他财产的有关单据、凭证和有关资料;经县以上税务局(分局)局长批准,凭全国统一格式的检查存款帐户许可证明,查询从事生产、经营的纳税人、扣缴义务人在银行或者其他金融机构的存款帐户。税务机关在调查税收违法案件时,经设区的市、自治州以上税务局(分局)局长批准,可以查询案件涉嫌人员的储蓄存款。税务机关查询所获得的资料,不得用于税收以外的用途。

(4) 税务违法处罚权。对于纳税人违反税法规定的一般税收违法行为,税务机关有权依法予以行政处罚;若情节严重,已构成犯罪的,则应移交司法机关追究刑事责任。

2. 税务机关的义务

税法规定税务机关的义务具有重要意义,可以约束税务机关滥用其行政权力,同时有助于保护纳税人的合法权益。

(1) 依法征税的义务。《税收征收管理法》第28条第1款规定,税务机关应当依照法律、行政法规的规定征收税款,不得违反法律、行政法规的规定开征、停征、多征、少征、提前征收、延缓征收或者摊派税款。

(2) 提供服务的义务。《税收征收管理法》第7条特别规定,税务机关应当广泛宣传税收法律、行政法规,普及纳税知识,无偿为纳税人提供纳税咨询服务。

(3) 回避的义务。《税收征收管理法》第12条规定,税务人员征收税款和查处税收违法案件,与纳税人、扣缴义务人或者税收违法案件有利害关系的,应当回避。

(4) 保守秘密的义务。《税收征收管理法》第8条第2款规定,税务机关对纳税人、扣缴义务人的情况应当依法保密。

(5) 依法进行税务检查的义务。《税收征收管理法》第59条规定,税务机关派出的人员进行税务检查时,应当出示税务检查证和税务检查通知书,并有责任为被检查人保守秘密。

第七节 税法要素

税法要素,又称税收要素,是指各种单行税种法具有的共同的基本构成要素的总称。

一、纳税人

纳税人,又称纳税义务人,是指税法规定的负有纳税义务的单位和个人。任何一个税种首先要解决的就是国家到底对谁征税的问题,如我国《个人所得税法》《企业所得税法》《印花税法》和增值税、消费税等税种的《暂行条例》的第1条规定的都是本税种的纳税义务人的范围。

我们还必须明确纳税人同以下两个概念的区别:(1) 纳税人有别于扣缴义务人,二者共同构成纳税主体。为了加强税收的源泉控制,减少税款流失,简化征纳手续,方便纳税人,税法还规定了扣缴义务人的概念。它是指法律、行政法规规定负有代扣代缴、代收代缴税款义务的单位和个人。例如我国《个人所得税法》规定,以支付纳税人所得的单位和个人为扣缴义务人。(2)纳税人不一定就是负税人。负税人是经济学上的纳税主体,即实际负担税款的单位和个人。纳税人如果能够通过一定途径把税款转嫁或转移出去,纳税人就不再是负税人。否则,纳税人同时也是负税人。

二、征税对象

征税对象,又称课税对象、征税客体等,是指税法规定对什么征税。征税对象是重要的税收要素之一,如果没有征税对象,就不知道对什么征税,也就无从征税。[①] 它是各个税种间相互区别的根本标志。

征税对象的确定不能是随意的,必须根据税收法定主义的要求,充分考虑经济、政治和社会因素,符合民主法治国家的一般价值判断标准,才能决定是否对某一对象征税。征税对象按其性质的不同,通常划分为以下四大类:(1)流转额,包括商品流转额和非商品流转额;(2)所得额或收益额,包括总收益额和纯收益额;(3)财产,即法律规定的特定范围的财产,如房产、车船等;(4)行为,即法律规定的特定性质的行为,如购买车辆等。

与征税对象相关的有以下几个概念,应当明确它们之间的关系。

(1)计税依据。计税依据又称"征税基数"或"税基",是指计算应纳税额的依据。征税对象体现对什么征税,属于质的规定,计税依据则是从量上来限定征税对象,属于量的规定。计税依据按照计量单位的性质划分,有两种情况:多数情况下是从价计征,即按征税对象的货币价值计算;另一种是从量计征,即直接按征税对象的自然单位计算。没有计税依据,就无法计算应纳税额,因此"计税依据"也是税收的要素之一。

(2)税源和税本。税源是指税收的最终经济来源;税本是指产生税源的物质要素和基础条件。有的税种的征税对象与税源是一致的,如各种所得税,其征税对象和税源都是纳税人取得的所得或纯收入;有的税种的征税对象和税源又不相同,如各种财产税,征税对象是应税财产的数量或价值,税源却是财产带来的收益。税源是税本之果,有税本才有税源,有税源才有税收。

(3)税目。税目又称征税品目,是指税法规定的某种税的征税对象的具体范围,是征税对象在质上的具体化,代表了征税对象的广度。税目并非每一税种法都须具备的内容。有些税种的征税对象简单、明确,无进一步划分税目的必要,如房产税。当某一税种的征税对象范围较广、内容复杂时,才将其划分为税目以明确界定。划分税目是立法技术上的需要,便于税法的实际操作。同时,规定税目也是贯彻一定时期国家税收政策的需要。对在性质上属征税对象但没有列举为税目的,不能征税。税目的指定方法可分为列举法和概括法两种。列举法是按照每一种商品或经营项目分别设计税目,必要时还可以在税目之下划分若干细目。概括法是对同一征税对象用集中概括的方法将其分类归并。列举法和概括法各有优缺点,应配合运用。

---

① 刘剑文、熊伟:《财政税收法》(第五版),法律出版社 2009 年版,第 181 页。

【延伸阅读】

胡须也能成为征税对象

俄国、法国、英国等国的历史上曾开征过胡须税。

俄国彼得大帝时期,当时俄国男子普遍蓄留长胡须,并以此为美。彼得大帝则对此极为反感,认为胡须是一种多余的、无用的装饰品,下令禁止胡须。人们对此一时接受不了,于是彼得大帝便下了一道命令:同意人们留胡子,但要纳税。他所实施的胡须税与胡须的长短成比例,按留胡须者的社会地位累进征收。对每一缴税后的纳税者,发予证照,并规定挂于门前易见之处。如果某个男子拒绝这样做,那么,随身携带剪刀的检查人员,可将其胡须付之无情的一剪。

法国国王法兰西一世(1515—1547年在位)有一次和御林军一起喝酒,酒后大玩雪球之仗,不小心打伤了嘴唇,为了掩饰伤口不得已蓄留了胡子。因为国王留了胡子全国就上行下效起来了。胡子岂是人人可以留的?于是规定只有贵族可以自由留胡须,一般老百姓想留胡须的就必须缴胡须税,1553年更颁布了法令,规定凡没有资格留胡须而又不缴胡须税的人,罚劳役。真可谓巧立名目。在这里,留胡须的行为成为征税对象。

三、税率

税率是应纳税额与征税对象或计税依据之间的比例,是计算应纳税额的尺度,反映了征税的深度。在征税对象既定的情况下,税率的高低直接影响到国家财政收入的多少和纳税人税收负担的轻重,反映了国家和各个纳税人之间的经济利益关系,同时也反映了一定时期内国家税收政策的要求。因此,税率是税法的核心要素,是衡量国家税收负担是否适当的标志。通常税率形式不止一种,既有固定税率,又有比例税率;既有单一税率,又有复合税率;既有差别税率,又有累进税率和累退税率。每一种税率各有其优缺点,可以分别对应于不同的税收客体,以及国家不同的政策导向。

(一) 比例税率

比例税率是指对同一征税对象不管数额大小,均采取同一比例的税率,一般适用于对流转额等征税对象课税。比例税率的特点是就同一征税对象的不同纳税人而言,其税收负担相等;同时计算简便,符合税收效率原则。比例税率又包括以下三种:

(1) 单一比例税率,即对同一征税对象的所有纳税人都适用同一比例税率。如我国《企业所得税法》第4条规定,企业所得税的税率为25%。

(2) 差别比例税率,即对同一征税对象的不同纳税人适用不同的比例征税。根据我国现行税法,又分别因产品、行业和地区的不同将差别比例税率划分为:第一,产品差别比例税率,即对不同产品分别适用不同的比例税率,同一产品采用同一比例税率,如消费税、关税等;第二,行业差别比例税率,即对不同行业分别适用不同的比例税率,同一行业采用同一比例税率,如增值税等;第三,地区差别比例税率,即区分不同的地区分别适用不同的比例税率,同一地区采用同一比例税率。

(3) 幅度比例税率,是指税法只规定一个具有上下限的幅度税率,具体税率授权地方根据本地实际情况在该幅度内予以确定。如《契税法》第3条第1款规定,"契税税率为百分之三至百分之五"。

（二）累进税率

累进税率是指随征税对象数额的增多而相应逐级递增的税率。具体而言，就是把征税对象按数额大小划分为若干个等级并相应设置每一等级的税率。一般适用于对所得和财产的课税。累进税率在适用于对所得征税时，体现了税收的纵向公平，有利于缓解社会分配不公的矛盾。

（1）全额累进税率，是指对同一征税对象的全部数额都按与之相应的最高等级的税率计征，也就是在征税对象数额增加到需要提高一个等级时，应就全部征税对象按高一级税率计算应纳税额。这时，一定的征税对象的数额只适用于一个等级的税率。

（2）超额累进税率，是指把征税对象按其数额由小到大分解为若干个等级，每个等级的征税对象分别适用该等级相应的税率。这时，一定征税对象的数额会同时适用几个等级的税率。其计算税款的方法就是，每个等级的征税对象的应税数额与该等级适用的税率相乘，得出该等级的应纳税额，然后将各等级应纳税额累计相加，即为该征税对象的应纳税总额。

（3）全率累进税率，是指按照一定的相对量（比率）制定分级全率累进表，计税时按纳税人的征税对象相对量确定适用税率，全部征税对象与适用税率的乘积，即为应纳税额。全率累进税率与全额累进税率原理相同，只是累进的依据不同，前者为征税对象的某种比率，如销售利润率等，后者是征税对象的数额。

（4）超率累进税率，是指对纳税人的全部征税对象，按税率表规定的相对量级距，划分为若干段分别适用不同的税率，各段应纳税额的总和就是全部征税对象的应纳税额。超率累进税率与超额累进税率的原理相同，不同的是，前者以征税对象的增长率为累进依据，后者则以征税对象的数额为累进依据。

（三）定额税率

固定税率又称"定额税率"。是指按单位征税对象直接规定固定的应纳税额。固定税率不采用百分比形式规定征收比例，是税率的一种特殊形式。其优点是计算简便，适合于从量计征的税种，如车船税等。

固定税率也分为单一定额税率、差别定额税率和幅度定额税率等三种，原理与比例税率的三种基本形式相同。

（四）税率的其他形式

税率除上述三种基本形式外，还有以下形式：

（1）名义税率与实际税率。名义税率是指税法规定的税率；实际税率亦称实际负担率，是指实征税额与其征税对象实际数额的比例，它是衡量纳税人实际税负的主要标志。区分名义税率和实际税率，是量能课税的要求，可以确定纳税人实际负担水平，并为建立完备的税法体系提供依据。

（2）平均税率与边际税率。平均税率是指纳税人全部税额与全部收入之比。边际税率是指在征税级距既定条件下，纳税人增加或减少一个单位的征税对象所引起的征税对象级距的变化而最后适用的那个税率，又指累进税率表中的最高一级税率。

（3）附加与加成。附加，即地方附加，是指在对纳税人征收正税以外，由地方附加征收的税款。所谓正税，又称独立税、主税、本税，是指与其他税没有依附关系，按税法规定的税率征收的税款。附加税必须依附于正税，是在征收正税的同时，向纳税人征收占一定比例的税款。附加收入一般归地方财政作机动财力或作特定用途。并非所有的税种都征收附加,有关征收附加的事项是由税收法律加以规定的,地方不得擅自决定征收附加。

加成,即税收加成,是指按法定税率计算出应纳税额后,再加征一定成数的税款。加征一成等于加征正税的 10%。

四、纳税环节、纳税期限和地点

(一)纳税环节

任何税种都要确定纳税环节。有的税种纳税环节较明确、固定,有的税种则需要在商品流转环节选择,确定适当的纳税环节。按照确定纳税环节的多少,可以分为"一次课征制""两次课征制"和"多次课征制"。

(二)纳税期限

纳税期限是税法规定的纳税主体向征税机关缴纳税款的具体时间。纳税期限是衡量征纳双方是否按时行使征税权利和履行纳税义务的尺度,是税收的强制性和固定性特征在时间上的体现。

(三)纳税地点

纳税地点指缴纳税款的场所,即指纳税人应向何地征税机关申报纳税并缴纳税款。纳税地点一般为纳税人的住所地,也有规定在营业地、财产所在地或特定行为发生地。纳税地点关系到征税管辖权和是否便利纳税等问题,在税法中明确规定纳税地点有利于防止漏征或重复征税。

五、减免税

(一)减免税的概念

减免税,是减税和免税的统称,指国家对某些特定的纳税人或者征税对象给予的一种税收优惠、照顾措施。其中,减税是对应纳税额少征一部分税款;免税是对应纳税额的全部免征。

(二)减免税的分类

(1)依减免税的期限可以分为临时性减免税和长期性减免税。

(2)根据减免税的条件和程序可以分为固定性减免税和审核性减免税。

(3)根据减免税的性质和原因,还可以分为困难性减免税、补贴性减免税和鼓励性减免税等三种。

六、税务争议

税务争议是指征税机关与相对人(包括纳税主体和非纳税主体)之间因确认或实施税收法律关系而产生的纠纷。

税务争议主要分为两类:一是相对人对征税机关的征税决定或事项不服而引起的争议;二是相对人对征税机关的处罚决定和强制执行措施等不服而引起的争议。

七、税收法律责任

税收法律责任是指税收法律关系的主体因违反税收法律规范所应承担的法律后果。主要包括以下两种:一是纳税主体因违反税法而应承担的法律责任;二是作为征税主体的国家机关,主要是实际履行税收征收管理职能的税务机关等,因违反税法而应承担的法律责任。

【案例分析】

税收收入性质的确认——以中美泛美卫星案为例[①]

案情回顾：

泛美卫星案是轰动一时的涉外税收领域的大案,本案的焦点问题在于泛美卫星公司为中央电视台提供服务所收取费用的性质。泛美卫星公司认为属于营业利润,北京市国税局认为属于特许权使用费（税收协定上的）以及租金（国内法上的）。

据报道,泛美卫星公司目前通过它的 PAS-1R 大西洋地区卫星、PAS-8 太平洋地区卫星、PAS-9 大西洋地区卫星和 PAS-10 印度洋地区卫星为中央电视台提供全时节目广播服务。泛美卫星公司还用它的银河 3C 卫星为中央电视台在美国提供直接入户服务的能力。中央电视台利用泛美卫星公司在加州纳帕和佐治亚州亚特兰大的 teleports 提供卫星下行、标准转换、多路复合和卫星上行广播。

由此可见,泛美卫星公司提供服务的核心在于利用自己的设备将中央电视台的信号传递到消费者手中。这种服务类似于发射塔将电台的信号发送到消费者的接收器中,或者输电设备将电能从发电厂输送到消费者的家中,或者运输企业将商品从生产厂家运送到销售商或者消费者手中。

案例简析：

一、泛美卫星公司收费的性质

泛美卫星公司的收费有可能归入三个类别：营业利润、租金与特许权使用费。

（一）营业利润

营业利润,也称为营业所得,一般是指纳税人从事工业生产、交通运输、农林牧业、商业、服务业等企业经营性质的活动而取得的利润。营业利润是国际双边税收协定不可缺少的重要术语,但是,就我国所签订的双边税收协定而言,没有对"营业利润"给出明确的定义。在英语中,与营业利润相对应的术语是"business profits",《OECD 范本》并没有给"business profits"下一个明确的定义或者说明,但是有关于"business"的说明,其第 3 条规定："'营业'这一术语包括专业服务的提供以及其他具有独立特征的活动。"《OECD 范本》并没有给出营业利润的一般性定义,这一定义应当由适用这一条约的国家的国内法来完成。这里只是强调了营业利润不仅包括通常的形式,也包括两个特定的类型：专业服务以及独立劳务。这一规定是在 2000 年新增加的,与此同时,《OECD 范本》规定独立个人劳务（Independent Personal Services）的第 14 条被删除了。因此,《OECD 范本》在 2000 年增加这一规定主要是为了确保原第 14 条所规定的独立个人劳务能够被营业利润所涵盖。

我国国内法关于营业利润的定义或说明主要是《企业会计制度》,其第 106 条第（1）项规定："营业利润,是指主营业务收入减去主营业务成本和主营业务税金及附加,加上其他业务利润,减去营业费用、管理费用和财务费用后的金额。"这里仅仅规定了营业利润的计算方法,对于什么是营业利润,实际上并没有说清楚。我国国内法也有一些关于营业收入的规定,国家税务总局 1994 年 5 月 27 日印发的《企业所得税纳税申报表》（国税发〔1994〕131 号）其中有一项为"销售（营业）收入",本项目所填报的是"从事工商各业的基本业务收入,销售材料、废料、废旧物资的收入,技术转让收入（特许权使用费收入单独反映）,转让固定资产、无形资产的收入,出租、出借包装物的收入（含逾期的押金）,自产、委托加工产品视同销售的收入"。这里说明了营业收入的基本范围,而且特别将特许权使用费排除在一般的营

[①] 改编自翟继光：《从泛美卫星案看中美双边税收协定的国内法适用》,载《涉外税务》2006 年第 2 期。

业收入之外,这主要是为了征税的需要。国家税务总局 1997 年 6 月 20 日印发的《外商投资企业和外国企业所得税汇算清缴管理办法》(国税发〔1997〕103 号)其中有一项是"营业收入净额",其填写的内容是"本纳税年度内,分支机构或营业机构从事交通运输、旅游服务等服务性业务取得的收入总额"。从上述规定来看,企业进行生产经营活动(正常营业)的各项所得都可以归入营业收入,扣除相关的成本费用损失以后,就是营业利润。

泛美卫星公司主张自己的该笔所得属于营业利润具有一定的合理性。因为该笔所得是该公司进行正常生产经营活动的收入,划入该公司的营业利润应当是合理的。但是,如果该项收入被判定为特许权使用费或者租金,那么,该项收入就应当单独予以反映,因为特许权使用费和租金在国际税法中的征税方式是不同的。

(二) 租金

租金一般是使用他人物品所支付的对价。租金一般通过租赁合同来规定,我国《合同法》第 212 条规定:"租赁合同是出租人将租赁物交付承租人使用、收益,承租人支付租金的合同。"判定一笔收入是否属于租金关键在于租赁物的范围以及"使用、收益"的具体形式。对于这些问题,我国现行法律并没有给出明确的答案。

我国税法中关于租金的规定主要在《外商投资企业和外国企业所得税法实施细则》(以下简称《涉外企业所得税法实施细则》)第 6 条关于"将财产租给中国境内租用者而取得的租金"的规定,这一规定是为了解释《外商投资企业和外国企业所得税法》(以下简称《涉外企业所得税法》)第 19 条所规定的外国企业来源于中国境内的所得的范围。这里也没有明确"租赁物"和"使用"的具体范围。《个人所得税法实施条例》第 8 条规定:"财产租赁所得,是指个人出租建筑物、土地使用权、机器设备、车船以及其他财产取得的所得。"这里明确列举了租赁物的具体范围,但是并没有穷尽租赁物的范围。《企业所得税暂行条例实施细则》第 7 条规定:"租赁收入,是指纳税人出租固定资产、包装物以及其他财产而取得的租金收入。"这里的规定与上述规定的具体种类有所差别,但同样没有穷尽租赁物的范围。

国家税务总局《关于外国企业出租卫星通讯线路所取得的收入征税问题的通知》(国税发〔1998〕201 号)规定:外国公司、企业或其他组织将其所拥有的卫星、电缆、光导纤维等通讯线路或其他类似设施,提供给中国境内企业、机构或个人使用所取得的收入,属于《涉外所得税法实施细则》第 6 条规定的来源于中国境内的租金收入,应依照《涉外企业所得税法》第 19 条的规定计算征收企业所得税。这一规定将"卫星、电缆、光导纤维等通讯线路或其他类似设施"归入"租赁物"的范畴,应当是在法定范围内的合理解释。首先,法律法规并没有限定租赁物的种类和范围;其次,在新闻报道和学术论著中往往也把对卫星的使用称为"租用"。因此,总局的这一解释并不违反在"可能文义范围"内进行解释的一般法律解释原则。

北京市国税局根据国家税务总局的这一规定将泛美卫星公司的收入定性为"租金"并无不妥。因为,《中美双边税收协定》并没有关于租金的明确规定,甚至没有对租金如何进行征税的规定。但是,其在第 11 条规定特许权使用费的定义时,有这样一句"包括使用或有权使用工业、商业、科学设备或有关工业、商业、科学经验的情报所支付的作为报酬的各种款项",这里的规定基本上符合我国国内法关于租金的规定,即"使用租赁物"的"对价"。由于这里将其放在特许权使用费的范畴内,我们下面再进行讨论。

(三) 特许权使用费

关于特许权使用费,《中美双边税收协定》第 11 条有一个明确的定义:"本条'特许权使用费'一语是指使用或有权使用文学、艺术或科学著作,包括电影影片、无线电或电视广播使用的胶片、磁带的版权,专利、专有技术、商标、设计、模型、图纸、秘密配方或秘密程序所支付的作为报酬的各种款项,也包括使用或有权使用工业、商业、科学设备或有关工业、商业、科学经验的情报所支付的作为报酬的各种款项。"从这一规定可以看出,特许权使用费的范围是相当广泛的,既包括通常所理解的狭义的特许权使用费,也包括通常所理解的租赁费、信息费等。

而我国国内法关于特许权使用费的规定就相对比较狭窄,如《涉外企业所得税法实施细则》第6条将来自中国境内的特许权使用费界定为"提供在中国境内使用的专利权、专有技术、商标权、著作权等而取得的使用费"。《个人所得税法实施细则》第8条规定:"特许权使用费所得,是指个人提供专利权、商标权、著作权、非专利技术以及其他特许权的使用权取得的所得;提供著作权的使用权取得的所得,不包括稿酬所得。"这里的特许权使用费仅仅包括对"特许权"使用的对价,并不包括对机器设备使用的对价——租金,之所以将稿酬所得排除在外,是因为我国个人所得税法对稿酬所得采取轻课税措施,与一般特许权使用费征税方法不同。《企业所得税暂行条例实施细则》第7条规定:"特许权使用费收入,是指纳税人提供或者转让专利权、非专利技术、商标权、著作权以及其他特许权的使用权而取得的收入。"这里一方面没有将租金包括在内,另一方面没有将稿酬所得排除在外,因为在企业所得税法上,稿酬所得与其他特许权使用费所得在税收待遇上是一致的。海关总署2003年5月30日发布的《海关关于进口货物特许权使用费估价办法》第2条规定:本办法所称特许权使用费,是指进口货物的买方为获得使用专利、商标、专有技术、享有著作权的作品和其他权利的许可而支付的费用,包括:(1)专利权使用费;(2)商标权使用费;(3)著作权使用费;(4)专有技术使用费;(5)分销或转售权费;(6)其他类似费用。这里实际上拓展了特许权使用费的范围,将"分销或转售权费"以及"其他类似费用"包括在内。可见,从整体上来看,我国国内法对特许权使用费的界定是比较狭窄的,而且明确将租赁费排除在外,个别法律法规分别根据需要而将稿酬所得排除在外,或者将分销或转售权费包括在内。

因此,从《中美双边税收协定》的规定来看,将泛美卫星公司的收入归入"使用或有权使用工业、商业、科学设备或有关工业、商业、科学经验的情报所支付的作为报酬的各种款项"并无不妥,但是从国内法的规定来看,则难以将泛美卫星公司的收入归入"特许权使用费"的范畴,而应当归入"租金"的范畴。

二、如何适用中美税收协定以及国内法

《中美双边税收协定》与国内法的规定不一致,应当如何适用呢？根据一般的法律原则,国际法优先于国内法适用。我国相关法律法规也是这样规定的,例如《涉外企业所得税法》第28条规定:"中华人民共和国政府与外国政府所订立的有关税收的协定同本法有不同规定的,依照协定的规定办理。"

因此,应当首先适用《中美双边税收协定》的规定,根据其第11条的规定,泛美卫星公司的收入可以归入"特许权使用费"的范畴,同时,根据其第11条的规定,"发生于缔约国一方而支付给缔约国另一方居民的特许权使用费,可以在该缔约国另一方征税。然而,这些特许权使用费也可以在其发生的缔约国,按照该缔约国的法律征税。但是,如果收款人是该特许权使用费受益所有人,则所征税款不应超过特许权使用费总额的10%"。中国作为特许权使用费发生的缔约国有权按照我国的法律征税,但是税率不得超过10%。

但是,当我们进入到国内法的时候,就发现,作为"特许权使用费"的泛美卫星公司的收入并不在我国"特许权使用费"的征税范围之内,而在我国"租金"的征税范围之内。这里就产生了一个两难的困境:如果认为税收协定的效力严格高于国内法,那么,税收协定关于该笔收入性质的判断也应该适用于国内法,这样,该笔收入就不属于我国国内法意义上的特许权使用费,因此,我国不能对该笔所得征税。但是,税收协定也明确规定了"按照该缔约国的法律征税",也就是可以按照我国法律的规定征税,不需要考虑税收协定的规定。

那么,我国是否可以一方面用税收协定来判定该笔所得是否应当在中国纳税,另一方面用国内法的规定来判定如何对该笔所得纳税？对此,我们觉得在逻辑上是可以的。

该笔所得是否需要在中国纳税,首先要由《中美双边税收协定》来判断,根据其规定,应当在中国纳税,其次,再来判定如何征税。关于如何征税的问题,《中美双边税收协定》将其权力完全交给了中国国

内法,即由中国国内法来决定,《中美双边税收协定》不解决这一问题。因此,根据《中美双边税收协定》的这一规定,中国国内法无论如何征税都不会违反《中美双边税收协定》。中国既可以将其作为"特许权使用费"征税,也可以将其作为"租金"征税,甚至将其作为其他项目征税。

其实,这一问题并不是在这一案例中才首先体现出来的,财政部、税务总局1985年3月26日印发的《关于贯彻执行中日、中英税收协定若干问题的处理意见》(财税外字第〔1985〕042号)实际上就已经遇到了这一问题。因为,中日和中英的双边税收协定中也是这样界定"特许权使用费"的。该《意见》第6条规定:依照中日、中英税收协定的规定,对日本国居民和英国居民取得来源于我国的股息、利息、特许权使用费,如果受益所有人是对方国家居民,则所征税款不应超过股息、利息、特许权使用费总额的10%。其中,依照《中英税收协定》第12条第2款第2项的规定,对英国居民取得来源于我国的"使用、有权使用工业、商业、科学设备所支付作为报酬的各种款项",对该项特许权使用费(主要是指出租设备的租金,不包括租赁贸易的租赁费,对租赁费应按对利息的限制税率执行),应按其总额的70%征收不超过10%的所得税。由此可见,当时已经注意到"出租设备的租金"包含在中英、中日税收协定所规定的"特许权使用费"之中,而在我国则属于"租金"的范畴,也就是我国国内法和税收协定对"特许权使用费"的界定范围不同。在这种情况下,适用税收协定和国内法时就需要特别注意方法问题。

根据上述讨论,我们可以得出以下结论:

第一,双边税收协定的效力大于国内税法,应当优先适用双边税收协定的规定。

第二,双边税收协定对于某种所得的性质有明确规定,就按其规定执行,如果没有明确规定,就应当按照缔约国国内法的规定来判断。

第三,根据所得的性质以及双边税收协定的规定来确定该笔所得应当在哪个国家纳税。

第四,有税收管辖权的国家有权力根据自己的税法规定对该笔所得征税或者不征税,而不必受双边税收协定对该笔所得性质的规定,双边税收协定对于税率的限制应当予以遵守。

【课后思考题】

1. 请谈谈现代税法作为"纳税人权利保护法"的意义。
2. 如何理解形式上的税收法定、实质上的税收法定,以及对我国的启示?
3. 请谈谈对于现代税法作为一个综合法律部门的理解。

【参考文献】

1. 〔日〕北野弘久:《税法学原论》(第五版),郭美松、陈刚译,中国检察出版社2008年版。
2. 陈清秀:《税法总论》,元照出版有限公司2018年版。
3. 黄俊杰:《纳税人权利之保护》,北京大学出版社2004年版。
4. 黄茂荣:《法学方法与现代税法》,北京大学出版社2011年版。
5. 〔日〕金子宏:《日本税法》,战宪斌、郑林根等译,法律出版社2004年版。
6. 刘剑文、侯卓、耿颖、陈立诚:《财税法总论》,北京大学出版社2016年版。
7. 刘剑文、熊伟:《税法基础理论》,北京大学出版社2004年版。
8. 罗亚苍:《税收构成要件论》,法律出版社2019年版。
9. 张怡主编:《财税法教程》,法律出版社2019年版。

第八章

商品税法律制度

税收是我们为文明社会支付的代价。

——小奥利弗·温德尔·霍姆斯

【本章导读】

商品税是以商品为课税对象的税种,其存在的历史悠久。商品税的发展是与商品经济的发展紧密相连的。现代商品经济的高度发达直接决定了商品税在现代税收体系中的重要地位。现代商品税主要包括增值税、消费税、关税,覆盖了商品的生产、流通环节。

本章主要介绍商品税的一般知识,以及增值税、消费税、关税等重要商品税税种。

第一节 商品税法律制度概述

一、商品税法的概念

商品税的历史源远流长,在奴隶社会时就已经出现,比如我国周朝就已经开始对经过关卡或者上市交易的物品征收"关市之赋",对伐木、采矿、狩猎、捕鱼、煮盐等征收"山泽之赋"。随着商品经济的大发展,商品活动日益活跃,商品税逐渐在整个税收体系中占有了越来越重要的地位。商品的范围非常广泛,既包括有形商品,又包括无形商品,既与人们的日常生活息息相关,也与企业的生产经营紧密相连。因此,以商品为课税对象的商品税,其范围也非常广泛。总体而言,商品税具有以下特点:(1)是财政收入的稳定保障;(2)商品税简便易行;(3)商品税课税隐蔽;(4)商品税可以从多方面对经济加以调节。商品税法的特点是由商品税在组织财政收入和调整经济中的作用决定的。总结来看,商品税法是调整因商品税的征纳而发生的各种社会关系的法律规范的总称。

二、我国商品税法的沿革

1950年1月,我国政务院颁布《全国税政实施要则》,统一全国税政,规定开征的商品税主要有货物税、工商业税和关税,并随后按税种公布相应的税收条例。1984年,我国全面改革工商税。国务院根据全国人民代表大会授权,于1984年9月18日发布《产品税条例(草案)》《增值税条例(草案)》《营业税条例(草案)》,对商品额和非商品营业额分别征收产品税、增值税、营业税。

1993年12月13日国务院颁布《增值税暂行条例》《消费税暂行条例》《营业税暂行条例》,对商品税法进行重大改革:(1) 新商品税法遵循公平、中性、透明、普遍原则,商品税税负总体水平保持不变。(2) 改革后的商品税由增值税、消费税、营业税以及关税、土地增值税、城乡维护建设税、证券交易税构成。(3) 对商品的生产、批发、零售和进口全面征收增值税,对绝大部分劳务和销售不动产暂不征收增值税。(4) 对征收增值税后税负下降较多的产品以及部分需实行特殊税收调节的消费品,在征收增值税的基础上再征收消费税。(5) 对不征收增值税的劳务和转让无形资产、销售不动产征收营业税。

1993年12月29日,全国人民代表大会常务委员会通过《关于外商投资企业和外国企业适用增值税、消费税、营业税等税收暂行条例的决定》,自1994年1月1日起,外商投资企业和外国企业适用国务院发布的《增值税暂行条例》《消费税暂行条例》《营业税暂行条例》,从而统一了内资、涉外企业适用的商品税法。

从2009年1月1日起,《消费税暂行条例》修订内容生效,消费税税目与税率有较大调整,新增高尔夫球及球具、高档手表、游艇、木制一次性筷子、实木地板等税目,调整了成品油的征税范围,取消了"护肤护发品"税目,同时对原有税目的税率进行有高有低的调整,以促进资源节约和环境保护。

从2009年1月1日起,修订的《增值税暂行条例》允许抵扣购进设备所含进项税,实现了增值税从生产型向消费型转变。

同时《营业税暂行条例》也进行了修改。2011年11月,财政部、国家税务总局联合发布了《关于印发〈营业税改征增值税试点方案〉的通知》(财税〔2011〕110号),正式启动在部分地区、行业进行营业税改增值税的改革试点工作。此后,按照《关于全面深化改革若干重大问题的决定》以及《深化财税体制改革总体方案》的精神部署,推进增值税改革,适当简化税率;调整消费税征收范围、环节、税率,把高耗能、高污染产品及部分高档消费品纳入征收范围。2016年5月1日开始,建筑业、房地产业、金融业、生活服务业全部纳入营改增试点,营业税改征增值税试点改革正式完成。这是1994年以来,我国商品与服务税制一次重大全面的改革,影响深远。未来的增值税改革,将是在此基础上的修补,不断厘清营改增遗留下来的问题,建立更加科学、严谨、规范的增值税制度。

第二节 增值税法律制度

一、增值税法律制度概述

(一) 增值税法的概念

最早提出增值税概念的是美国学者亚当斯(T. Adams),但是最早采用增值税制度的国家是法国。1954年,法国在生产阶段对原来的按照营业额全额课税的方法改为允许从税款中扣除购进项目已缴税款的方法,正式确立了增值税课税规则。此后半个多世纪的时间里,增值税迅速得到了更多国家的运用。目前,全世界已经有一百多个国家实行增值税制度。

增值税在性质上属于流转税,是以商品(含应税劳务)在流转过程中发生的增值额为课税对象的一个重要税种。增值税具有以下特点:(1)消除重复征税,有利于企业的公平竞争和专业化协作;(2)保持税收中性,避免税收对经济运行的扭曲;(3)普遍征税,有利于财政收入的稳定增长;(4)实行零税率,有利于商品出口。增值税之所以会迅速得到多数国家的认可,最主要的原因就是其革除了传统流转税按照全额重复课税的弊端,改为对商品在每一流通环节发生的增值额进行课税。增值额,在理论上可以理解为生产经营者在生产经营过程中新创造的价值。不过,需要注意的是,虽然增值税是向商品的生产经营者征收,但是商品的生产经营者在销售商品时又会通过价格将其承担的税负转嫁给下一环节,在层层转嫁之后,最终的税负依然是由商品的消费者承担。

增值税法是调整增值税征纳关系的法律规范的总称。我国现行有效的增值税适用的法律依据是1993年底国务院颁布的《增值税暂行条例》(后多次修订)和财政部、国家税务总局发布的《增值税暂行条例实施细则》及其他配套性文件等。我国"营改增"试点完成以后,营业税正式取消,所有商品与劳务统一征收增值税。2017年国务院废止了《营业税暂行条例》,并吸收"营改增"的成果对《增值税暂行条例》进行了修订,从立法上为"营改增"画上了一个阶段性句号。按照落实税收法定原则的要求,2019年11月27日起,财政部、国家税务总局起草的《中华人民共和国增值税法(征求意见稿)》正式开始向全社会公开征求意见。

(二)增值税法的分类

(1)消费型增值税法。消费型增值税法规定的计税依据是一种典型增值额,它将销售收入扣除中间性产品价值、劳务支出和同期购入的全部固定资产价值后的余额作为计税依据。消费型增值税法允许一次性抵扣固定资产所含已征增值税进项税额。从国民经济的总体上看,消费型增值税法规定的税基相当于社会全部消费品的价值,故得其名。消费型增值税法虽然规定的税基较窄,但避免了对生产资料重复征税。我国修订的《增值税暂行条例》允许抵扣购进设备所含进项税,实现了增值税从生产型向消费型转变。这一方面可以鼓励投资,特别是民间投资以促进产业和技术升级;另一方面通过结构性减税以促进经济的平稳、较快增长,有利于长期的税收收入稳定增长。

(2)收入型增值税法。收入型增值税法规定的计税依据为销售收入扣除投入生产的中间性产品价值、劳务支出和固定资产折旧后的余额,即等于工资、利润、利息、租金之和。收入型增值税法允许随同折旧分期抵扣固定资产中所含已征增值税进项税额。从国民经济的总体上看,收入型增值税法规定的税基相当于国民收入。

(3)生产型增值税法。生产型增值税法规定的计税依据为商品的销售收入或劳务收入扣除投入的中间性产品价值后的余额,即等于工资、利润、利息、租金和折旧数之和。生产型增值税法不允许抵扣固定资产中所含已征增值税进项税额。从国民经济的总体上看,生产型增值税法规定的计税依据相当于国民生产总值。生产型增值税法规定的税基包含固定资产已征增值税进项税额,较前两种类型的增值税法规定的税基宽广,对经济的自动稳定作用和对财政收入的保障作用较强,但没有解决对固定资产的重复征税问题,不利于鼓励投资和促进经济增长。

二、增值税的纳税人

(一)增值税纳税人的概念

增值税的纳税人是指在中华人民共和国境内销售货物或者加工、修理修配劳务(以下简称劳务),销售服务、无形资产、不动产以及进口货物的单位和个人。构成增值税的纳税人应具备两项条件:一是有销售货物或者加工、修理修配劳务,销售服务、无形资产、不动产以及进口货物的行为,二是上述行为发生在中华人民共和国境内。我国采取属地税收管辖权原则确定增值税的纳税义务人。

另外,我国境外单位或者个人在境内销售劳务,并且在境内没有设立经营机构的,其境内代理人作为扣缴义务人;在境内没有代理人的,以购买方作为扣缴义务人。

(二)增值税纳税人的分类

我国增值税实行凭专用发票抵扣税款的制度,因此要求纳税人具备健全的会计核算制度并且有效执行,但是实际上人数众多的增值税纳税人的会计核算水平差异很大。为了简化征税程序、降低征税成本,以及减少征管漏洞,我国增值税法将增值税纳税人分为一般纳税人和小规模纳税人。

一般纳税人,可以按照规定领购、使用增值税专用发票,其主要是指年应税销售额超过规定的小规模纳税人标准的企业和企业性单位。对于增值税一般纳税人的管理,自2018年2月1日起,由认定转为登记,企业应向其所在地主管税务机关办理一般纳税人登记。一般纳税人,可以按照规定领购、使用增值税专用发票。另外,对于新认定为一般纳税人的小型商贸批发企业以及国家税务总局规定的其他一般纳税人,主管税务机关可以在一定期限内实行纳税辅导管理。

小规模纳税人,是指年应税销售额在规定标准以下,并且会计核算不健全,不能按照规定报送有关税务资料的纳税人。小规模纳税人标准为年应征增值税销售额500万元及以下。其中年应税销售额,是指纳税人在连续不超过12个月或四个季度的经营期内累计应征增值税销售额,包括纳税申报销售额、稽查查补销售额、纳税评估调整销售额。销售服务、无形资产或者不动产(简称"应税行为")有扣除项目的纳税人,其应税行为年应税销售额按未扣除之前的销售额计算。纳税人偶然发生的销售无形资产、转让不动产的销售额,不计入应税行为年度应税销售额。小规模纳税人按照简易征税办法管理,一般不使用增值税专用发票。

凡符合增值税一般纳税人条件的增值税纳税人都必须主动向主管税务机关申请认定增值税一般纳税人资格。未被认定的是小规模纳税人。

除另有规定外,纳税人经认定为增值税一般纳税人后,不得再转为小规模纳税人。为了配合小规模纳税人标准调整,财政部、税务总局《关于统一增值税小规模纳税人标准的通知》规定,已登记为增值税一般纳税人的单位和个人,在2018年12月31日前,满足条件可转登记为小规模纳税人,其未抵扣的进项税额作转出处理。根据国家税务总局公告2019年第4号,这一政策的实施期延长至2019年12月31日。

三、增值税的征税范围

(一)增值税征税范围的国际分类

根据各国立法实践,增值税的征税范围可以分大、中、小三种类型。实行小范围的增值税的国家,只在工业生产环节对制造厂商的增加值征收增值税。实行中范围的增值税的国家,增值税的征收对象包括工业生产、商业批发和零售以及提供劳务服务。少数发达国家将增值税的征税范围扩展到国民经济的各个部门以及商品生产流通和提供劳务服务的各环节,开征大范围的增值税。

(二)我国增值税征税范围的一般法律规定

根据我国《增值税暂行条例》《增值税暂行条例实施细则》和财政部、国家税务总局《关于全面推开营业税改征增值税试点的通知》(财税〔2016〕36号)的规定,增值税的征税范围包括在中国境内销售货物或者加工、修理修配劳务,销售服务、无形资产、不动产以及进口货物。

销售货物是指有偿转让货物的所有权。销售货物构成增值税的征税范围,应当同时具备三项条件:(1)所转让的货物是有形动产,也包括电力、热力、气体。(2)必须是有偿转让,即一方通过转让货物从购买方取得货币、货物或其他经济利益。(3)所销售的货物的起运地或所在地必须在中国境内。

加工是指接受委托加工货物,即委托方提供原料及主要材料,受托方按照委托方的要求,制造货物并收取加工费的业务。修理修配是指接受委托对损伤和丧失功能的货物进行修复,使其恢复原状和功能的业务。加工、修理修配劳务也必须是有偿的,才负有缴纳增值税的义务,但不包括单位和个体经营者聘用的员工为本单位或雇主提供的加工、修理修配劳务。

销售服务,是指提供交通运输服务、邮政服务、电信服务、建筑服务、金融服务、现代服务、生活服务。(1)交通运输服务,是指利用运输工具将货物或者旅客送达目的地,使其空间位置得到转移的业务活动。包括陆路运输服务、水路运输服务、航空运输服务和管道运输服务。(2)邮政服务,是指中国邮政集团公司及其所属邮政企业提供邮件寄递、邮政汇兑和机要通信等邮政基本服务的业务活动。包括邮政普遍服务、邮政特殊服务和其他邮政服务。(3)电信服务,是指利用有线、无线的电磁系统或者光电系统等各种通信网络资源,提供语音通话服务,传送、发射、接收或者应用图像、短信等电子数据和信息的业务活动。包括基础电信服务和增值电信服务。(4)建筑服务,是指各类建筑物、构筑物及其附属设施的建造、修缮、装饰、线路、管道、设备、设施等的安装以及其他工程作业的业务活动。包括工程服务、安装服务、修缮服务、装饰服务和其他建筑服务。(5)金融服务,是指经营金融保险的业务活动。包括贷款服务、直接收费金融服务、保险服务和金融商品转让。(6)现代服务,是指围绕制造业、文化产业、现代物流产业等提供技术性、知识性服务的业务活动。包括研发和技术服务、信息技术服务、文化创意服务、物流辅助服务、租赁服务、鉴证咨询服务、广播影视服务、商务辅助服务和其他现代服务。(7)生活服务,是指为满足城乡居民日常生活需求提供的各类服务活动。包括文化体育服务、教育医疗服务、旅游娱乐服务、餐饮住宿服务、居民日常服务和其他生活服务。

销售无形资产,是指转让无形资产所有权或者使用权的业务活动。无形资产,是指不具实物形态,但能带来经济利益的资产,包括技术、商标、著作权、商誉、自然资源使用权和其他权益性无形资产。技术,包括专利技术和非专利技术。自然资源使用权,包括土地使用权、海域使用权、探矿权、采矿权、取水权和其他自然资源使用权。其他权益性无形资产,包括基础设施资产经营权、公共事业特许权、配额、经营权(包括特许经营权、连锁经营权、其他经营权)、经销权、分销权、代理权、会员权、席位权、网络游戏虚拟道具、域名、名称权、肖像权、冠名权、转会费等。

销售不动产是指有偿转让不动产所有权的活动。销售不动产,是指转让不动产所有权的业务活动。不动产,是指不能移动或者移动后会引起性质、形状改变的财产,包括建筑物、构筑物等。建筑物,包括住宅、商业营业用房、办公楼等可供居住、工作或者进行其他活动的建造物。构筑物,包括道路、桥梁、隧道、水坝等建造物。转让建筑物有限产权或者永久使用权的,转让在建的建筑物或构筑物所有权的,以及在转让建筑物或者构筑物时一并转让其所占土地的使用权的,按照销售不动产缴纳增值税。

销售服务、无形资产或者不动产,是指有偿提供服务、有偿转让无形资产或者不动产。

进口货物是指货物从境外进入中华人民共和国关境内。申报进入中华人民共和国关境内的货物均应缴纳增值税。

(三) 我国增值税征税范围的特别法律规定

我国在实务中就某些特殊项目或行为是否属于增值税的征税范围还有一些具体规定,以下列举四种典型行为作为代表,有关增值税征税范围的规定包括但不限于此四类行为。

第一,视同销售货物行为。从事下列行为的单位或者个体工商户,即使不是有偿转让货物的所有权,亦构成增值税的纳税人:(1)将货物交付其他单位或者个人代销;(2)销售代销货物;(3)设有两个以上机构并实行统一核算的纳税人,将货物从一个机构移送其他机构用于销售,但相关机构设在同一县(市)的除外;(4)将自产或者委托加工的货物用于非增值税应税项目;(5)将自产、委托加工的货物用于集体福利或者个人消费;(6)将自产、委托加工或者购进的货物作为投资,提供给其他单位或者个体工商户;(7)将自产、委托加工或者购进的货物分配给股东或者投资者;(8)将自产、委托加工或者购进的货物无偿赠送其他单位或者个人;(9)单位或者个体工商户向其他单位或者个人无偿提供服务,但用于公益事业或者以社会公众为对象的除外;(10)单位或者个人向其他单位或者个人无偿转让无形资产或者不动产,但用于公益事业或者以社会公众为对象的除外;(11)财政部和国家税务总局规定的其他情形。上述行为之所以被视同发生应税行为,一是为了保证增值税税款抵扣制度的实施,防止因发生上述行为而造成税款抵扣环节的中断;二是为了防止纳税人利用上述行为逃避纳税,造成税收负担的不平衡。

第二,混合销售行为。混合销售行为是指一项销售既涉及货物又涉及服务的行为。一般情况下,从事货物的生产、批发或者零售的单位和个体工商户的混合销售行为,按照销售货物缴纳增值税;其他单位和个体工商户的混合销售行为,按照销售服务缴纳增值税。此外,国家税务总局《关于明确中外合作办学等若干增值税征管问题的公告》(国家税务总局公告2018年第42号)第6条规定,一般纳税人销售自产机器设备的同时提供安装服务,应分别核算机器设备和安装服务的销售额,安装服务可以按照甲供工程选择适用简易计税方法计税。一般纳税人销售外购机器设备的同时提供安装服务,如果已经按照兼营的有关规定,分别核算机器设备和安装服务的销售额,安装服务可以按照甲供工程选择适用简易计税方法计税。国家税务总局《关于进一步明确营改增有关征管问题的公告》(国家税务总局公告2017年第11号)第一条规定,纳税人销售活动板房、机器设备、钢结构件等自产货物的同时提供建筑、安装服务,不属于《营业税改征增值税试点实施办法》(财税〔2016〕36号文件印发)第四十条规定的混合销售,应分别核算货物和建筑服务的销售额,分别适用不同的税率或者征收率。混合销售行为具有以下特征:一是在同一次交易中发生;二是涉及的是同一个纳税人(销售方);三是涉及的是同一个消费者;四是交易的内容既涉及货物又涉及服务。

第三,兼营行为。与混合销售行为相区别,兼营行为是指增值税纳税人在生产经营活动中,既存在销售货物的行为,又存在销售服务的行为,并且从事的销售服务与销售货物并无直接的联系和从属关系。根据《增值税暂行条例》规定,纳税人兼营不同税率的项目,应当分别核算不同税率项目的销售额;未分别核算销售额的,从高适用税率。纳税人兼营免税、减税项目的,应当分别核算免税、减税项目的销售额;未分别核算销售额的,不得免税、减税。

第四,代购货物。纳税人代购货物,凡同时具备以下条件的,不征收增值税;不同时具备的,无论其会计制度如何,均征收增值税:(1)受托方不垫付资金;(2)销货方将发票开具给受托方,并由受托方将该项发票转交给委托方;(3)受托方按销售方实际收取的销售额和增值额与委托方结算货款,并另外收取手续费。

四、增值税的计税方法

增值税的计税方法,国际上通常有税基列举法、税基相减法和税额扣除法三种。

(1) 税基列举法。税基列举法简称"加法",是指将构成工商企业增值额的各个项目,如工资薪金、租金、利息、利润等直接相加作为增值额,增值额与税率的乘积即为应纳增值税税额。计算公式为:

$$应纳增值税税额=(本期发生的工资与薪金+利息+租金+其他增值项目+利润)\times 税率$$

(2) 税基相减法。税基相减法简称"减法",是指将工商企业一定时期内的商品和劳务销售收入减去应扣除项目的余额作为增值额,增值额与税率的乘积即为增值税应纳税额。计算公式为:

$$应纳增值税税额=(本期应税销售额-应扣除项目金额)\times 税率$$

(3) 税额扣除法。税额扣除法简称"扣除法",是指以工商企业一定时期内商品和劳务的销售额乘以适用税率计算出本环节全部销项税额,销项税额减去同期外购项目所负担的增值税额(增值税进项税额)后的余额即为应纳增值税税额。我国目前采用的就是这种扣税法。计算公式为:

$$应纳增值税税额=增值税销项税额-增值税进项税额$$

五、增值税的计税依据

(一) 关于销售额的一般法律规定

增值税的计税依据是纳税人的销售额。销售额是指纳税人销售货物或应税劳务向购买方收取的全部价款和价外费用。

(二) 关于销售额的特别法律规定

(1) 由于增值税属价外税,以不含税的销售额为计税依据,如果销售额含有增值税进项税额,必须按下列公式换算成不含税销售额:

$$销售额=含税销售额\div(1+税率)$$

(2) 纳税人销售货物或应税劳务的价格明显偏低又无正当理由的,或者有视同销售货物行为而无销售额的,由主管税务机关按下列顺序核定其销售额:第一,按纳税人最近时期同类货物的平均销售价格确定;第二,按其他纳税人最近时期同类货物的平均销售价格确定;第三,按组成计税价格确定。组成计税价格的公式为(公式中的成本,销售自产货物的为实际生产成本,销售外购货物的为实际采购成本):

① 销售非应税消费品、服务

组成计税价格＝成本×(1＋成本利润率)

② 销售应税消费品

组成计税价格＝成本×(1＋成本利润率)＋消费税税额

(3) 混合销售行为依据企业主营项目的性质统一核算纳税。一般情况下,从事货物的生产、批发或者零售的单位和个体工商户的混合销售行为,按照销售货物缴纳增值税;其他单位和个体工商户的混合销售行为,按照销售服务缴纳增值税。

(4) 纳税人为销售货物而出租出借包装物收取的押金,单独记帐核算的,不并入销售额征税。但对因逾期未收回包装物不再退还的押金,应按所包装货物的适用税率征收增值税。"逾期"以1年为期限,对收取1年以上的押金,无论是否退还均并入销售额征税。个别包装物周转使用期限较长的,报经税务征收机关确定后,可适当放宽逾期期限。

(5) 纳税人采取折扣方式销售货物,如果销售额和折扣额在同一张发票上分别注明的,可按折扣后的销售额征收增值税;如果将折扣额另开发票,不论其在财务上如何处理,均不得从销售额中减除折扣额。

(6) 纳税人采取以旧换新方式销售货物(非金银首饰),应按新货物的同期销售价格确定销售额;对金银首饰以旧换新业务,可以按销售方实际收取的不含增值税的全部价款征收增值税。

(7) 纳税人采取还本销售方式销售货物,不得从销售额中减除还本支出。

(8) 纳税人兼营不同税率的项目,应当分别核算不同税率项目的销售额。纳税人兼营免减税项目的,应将免税、减税项目的销售额单独进行核算,未单独进行核算的免税、减税项目不作免税、减税处理,应一并计算征收增值税。

(9) 进口货物的销售额按组成计税价格计算确定。

六、增值税的税率和征收率

(一) 增值税的税率

增值税的税率为比例税率,有的国家规定单一比例税率,有的国家实行多档税率,但税率级次较少。实行多档税率的国家一般将增值税的税率分三档:基本税率、特别税率和零税率。基本税率适用于一般商品和劳务。特别税率包括重税率和轻税率,从税收上体现对商品生产和劳务的鼓励和限制政策。零税率适用于商品和劳务的出口。

近年来我国降低增值税税率是减税降费的重要举措之一,经过几轮的税率调整,根据2019年4月1日执行的《关于深化增值税改革有关政策的公告》,我国目前的增值税税率规定为:

1. 一般税率

增值税一般纳税人销售或者进口货物(特殊规定除外)、销售劳务,税率为13%。增值税一般纳税人销售增值电信服务、金融服务、现代服务(租赁服务除外)、生活服务、无形资产(不含土地使用权),税率为6%。

2. 特别税率

特殊规定如下:增值税一般纳税人发生下列增值税应税销售行为或者进口货物的,按9%的税率计征增值税:(1) 粮食等农产品、食用植物油、食用盐;(2) 自来水、暖气、冷气、热水、煤气、石油液化气、天然气、二甲醚、沼气、居民用煤炭制品;(3) 图书、报纸、杂志、音像制品、电子出版物;(4) 饲料、化肥、农药、农机、农膜;(5) 不动产租赁服务;(6) 销售不动产;

(7)建筑服务;(8)交通运输服务;(9)转让土地使用权;(10)邮政服务;(11)基础电信服务。

3. 零税率

纳税人出口货物,境内单位和个人跨境销售国务院规定范围内的服务、无形资产,适用零税率,但是,国务院另有规定的除外。

零税率不同于免税。出口货物免税仅指在出口环节不征收增值税,而零税率是指对出口货物除了在出口环节不征增值税外,还要对该产品在出口前已经缴纳的增值税进行退税,使该出口产品在出口时完全不含增值税税款,从而以无税产品进入国际市场。

(二)增值税的征收率

小规模纳税人经营规模小,会计核算不健全,难以按上述税率计税和使用增值税专用发票抵扣进项税款,因此实行按销售额与征收率计算应纳税额的简易办法。小规模纳税人以及适用简易计税方式计税的一般纳税人的增值税征收率一共有两档,分别是3%和5%。其中,绝大多数情形按照3%征收率征收增值税,而按照5%征收增值税的情形主要是:销售不动产,不动产租赁,转让土地使用权,提供劳务派遣服务、安全保护服务选择差额纳税的,以及货物销售里没有5%征收率的。但是,个人出租住房,按照5%的征收率减按1.5%计算应纳税额;销售自己使用过的固定资产、旧货,按照3%征收率减按2%征收。根据财政部、税务总局公告2020年第17号文,自2020年5月1日至2023年12月31日,从事二手车经销的纳税人销售其收购的二手车,依3%征收率减按0.5%征收增值税。

2022年3月24日,为进一步支持小微企业发展,财政部和税务总局联合发文[①],自2022年4月1日至2022年12月31日,增值税小规模纳税人适用3%征收率的应税销售收入,免征增值税;适用3%预征率的预缴增值税项目,暂停预缴增值税。

七、增值税的进项税额和销项税额

增值税的进项税额,是指纳税人购进货物或接受应税劳务所支付或负担,并在计算增值税的应纳税额时允许抵扣的增值税税款。

增值税的销项税额,是指纳税人销售货物或者提供应税劳务时按销售额和适用税率的乘积计算并向购方收取的增值税税款。

八、增值税应纳税额的计算

(一)一般纳税人应纳税额的计算

一般纳税人销售货物或提供应税劳务,应纳增值税税额为当期销项税额扣除当期进项税额后的余额。计算公式为:

$$应纳增值税税额 = 当期销项税额 - 当期进项税额$$

(二)小规模纳税人应纳税额的计算

小规模纳税人销售货物或应税劳务,按简易办法计算应纳税额,即以销售额和规定的征收率的乘积为应纳增值税税额,且不得抵扣进项税额。计算公式为:

$$应纳增值税税额 = 销售额 \times 征收率$$

---

① 财政部、税务总局《关于对增值税小规模纳税人免征增值税的公告》(财政部、税务总局公告2022年第15号)。

（三）纳税人进口货物应纳税额的计算

纳税人进口货物，按组成计税价格和规定的税率计算应纳税额，不得抵扣任何税额。组成计税价格和应纳税额的计算公式为：

$$组成计税价格＝关税完税价格＋关税＋消费税$$

$$应纳增值税税额＝组成计税价格\times税率$$

九、增值税的税收优惠

（一）增值税的免税范围

增值税的免税是指对纳税人销售货物或劳务的应纳增值税额不予征收，对其外购货物的进项税额不予抵扣或退税。销售免税货物不得开具增值税专用发票。对货物生产到销售的某一环节免税与对货物从生产到消费的所有环节免税有所不同，前者由于购进货物时进项税额得不到抵扣或退还，购方实际上负担了部分增值税。根据《增值税暂行条例》的规定，下列项目免征增值税：(1) 农业生产者销售的自产农产品；(2) 避孕药品和用具；(3) 古旧图书；(4) 直接用于科学研究、科学试验和教学的进口仪器、设备；(5) 外国政府、国际组织无偿援助的进口物资和设备；(6) 由残疾人的组织直接进口供残疾人专用的物品；(7) 销售的自己使用过的物品。除前款规定外，增值税的免税、减税项目由国务院规定。任何地区、部门均不得规定免税、减税项目。

（二）出口货物的增值税优惠

我国《增值税暂行条例》规定："纳税人出口货物，税率为零；但是，国务院另有规定的除外。"出口货物增值税政策有三种情况：适用零税率，免税，征税。

为体现国家的经济政策，根据征税率的不同，国家对出口不同种类的货物规定了不同的退税率，并适时进行调整。

（三）增值税的起征点

增值税起征点的适用范围限于个人，起征点的调整由财政部和国家税务总局规定。纳税人销售额未达到起征点的，免征增值税；达到起征点的，全额计算缴纳增值税。根据《增值税暂行条例实施细则》第37条第2款的规定，自2011年11月1日起，增值税的起征点幅度为：销售货物的，为月销售额5000—20000元；销售应税劳务的，为月销售额5000—20000元；按次纳税的，为每次（日）销售额300—500元。为了支持小微企业发展，自2019年1月1日起，对增值税小规模纳税人中月销售额10万元以下的，免征增值税。该政策实施期限暂定为3年。为进一步支持小微企业发展，财政部、税务总局于2021年3月21日联合发布《关于明确增值税小规模纳税人免征增值税政策的公告》（财政部、税务总局公告2021年第11号）明确，自2021年4月1日至2022年12月31日，对月销售额15万元以下（含本数）的增值税小规模纳税人，免征增值税。为方便纳税人准确理解、精准享受相关政策，国家税务总局同步发布《关于小规模纳税人免征增值税征管问题的公告》（国家税务总局公告2021年第5号）就有关问题进行解读。

十、增值税的征收管理

（一）增值税专用发票的管理

我国增值税实行凭专用发票抵扣税款的制度，增值税专用发票上注明的税款既是销货方的销项税额又是购货方的进项税额,凭增值税专用发票抵扣税款是增值税立法的核心。因此,增值税专用发票不仅是一般商事凭证,而且是计算应纳税额的直接合法凭证。增值税专用发票的管理是增值税征收管理的关键,具体管理规则体现在《发票管理办法》《增值税专用发票使用规定》等行政规定之中。

(二)增值税的征收机关与纳税地点

增值税由国家税务机关负责征收管理,进口货物的增值税由海关代征,个人携带或邮寄进境的自用物品的增值税,连同关税一并计征。

固定业户应当向其机构所在地主管税务机关申报纳税。

非固定业户销售货物或者应税劳务,应当向销售地主管税务机关申报纳税。未向销售地主管税务机关申报纳税的,由其机构所在地或者居住地主管税务机关补征。

进口货物的增值税由进货人或其代理人向报关地海关申报纳税。

(三)增值税的纳税期限与纳税义务发生时间

增值税的纳税期限分别为1日、3日、5日、10日、15日、1个月或者1个季度。纳税人的具体纳税期限,由主管税务机关根据纳税人应纳税额的大小分别核定;不能按固定期限纳税的,可以按次纳税。

增值税纳税义务发生的时间,按销售结算方式确定:采取直接收款方式销售货物的,不论货物是否发出,均为收到销售款或取得索取销售款的凭据,并将提货单交给买方的当天;采取托收承付和委托银行收款方式销售货物的,为发出货物并办妥托收手续的当天;采取赊销和分期收款方式销售货物的,为按合同约定的收款日期的当天;采取预收货款方式销售货物的,为货物发出的当天;委托其他纳税人代销货物的,为收到代销单位销售的代销清单的当天;销售应税劳务的,为提供劳务同时收讫销售额或取得索取销售额凭据的当天;应当征收增值税的视同销售行为的纳税义务时间,为货物移送的当天。

【延伸阅读】

世界税制改革的"中国样本"[①]

2016年5月起,我国全面推开营改增试点,时间紧、任务重、复杂程度高,一年来,这场举世瞩目的改革攻坚克难、有力实施,取得显著成效,实现减税超过6800亿元人民币,是近年来我国最大规模的减税措施,产生深远影响。

"好的制度更要有好的落实。"国家行政学院经济学部教授许正中为《瞭望》新闻周刊记者解读说,税务系统在营改增实施过程中,注重把制度变革与征管改革、服务优化、技术升级、人才支撑等相互聚合起来,把税务系统上下、税务部门和其他方面的智慧及力量相互融合起来,从而产生强大的联动效应,确保了改革的平稳实施。

比如,过去一年新纳入试点范围的房地产业、建筑业、金融业和生活服务业等四大行业,是增值税制运行中最复杂、棘手的领域,不仅纳税人众多,而且业态十分复杂。为确保所有行业税负只减不增,财税部门在政策设计时周密稳健,既按照现代增值税的要求进行整体制度设计,又安排一系列过渡性政策。在改革推出后不断补充完善政策安排和征管服务措施,保证改革持续平稳运行。

---

① 节选自何伟、刘宏宇:《"营改增":全球税改的"中国样本"》,载《瞭望》2017年第23期。

"增值税的税制机理是'道道征税,环环抵扣',即上个环节缴纳的增值税,可以凭票在下个环节进行抵扣。实施营业税改增值税,不仅能够对'四大行业'产生直接的减税效应,还会对其下游环节的工商业企业,产生'净减税'的外溢效应。"广西壮族自治区国税局局长汤志水向《瞭望》新闻周刊记者表示,特别是随着营改增范围的逐步扩大,工业企业享受的"净减税"将越来越多。这在广西工业增值税与工业增加值的比值变化上已经得到验证。2012年,这一比值为5.2%,2016年降低到4.8%。

尽管缺乏可供借鉴的国际成功经验,我国大胆尝试并平稳实施对银行、保险、证券等金融业务全面征收增值税,在国际上具有开创性意义。

"金融业的特点对税源专业化管理提出更高要求。我们按行业进行专业化团队管理,设置了三道税负分析监控程序对金融企业营改增实施全面跟踪,帮助企业充分享受改革红利。"北京市西城区国税局局长王忠新告诉《瞭望》新闻周刊记者,西城区内有金融企业2085户,经过税负先增后减的过渡,去年10月开始实现了税负全面下降。

全面营改增得到国际社会高度肯定和积极评价。在今年4月召开的经济合作与发展组织(OECD)第四届增值税全球论坛上,与会税务部门及国际机构代表普遍认为,营改增的成功实施,展示了中国深化经济改革的战略执行力,不仅对中国经济增长有促进作用,而且为全球经济增长注入活力,是近年来世界税制改革的"样本"。

欧盟增值税制度专家让·克劳德·卜夏尔认为,中国以娴熟的技术设计将老旧的增值税制度转化成非常现代的增值税制度,堪称国际税制改革的成功典范。普华永道中国内地及香港地区间接税主管合伙人胡根荣说:"中国营改增是全球近年来最大规模的减税举措之一。新的增值税制度具有先进性,将对世界各国的税制发展起到示范作用。"

第三节 消费税法律制度

一、消费税法律制度概述

消费税法是调整消费税征纳关系的法律规范的总称。目前,有一百多个国家开征了消费税。消费税是针对消费品和特定的消费行为所课征的一种商品税,它可以分为一般消费税和特别消费税。一般消费税是对所有消费品所普遍开征的一种消费税,而特定消费税则是指仅针对特定的消费品或者特定的消费行为进行课税的一种消费税,比如针对奢侈品课征的消费税。因此,对于国家而言消费税可以作为引导社会消费行为、结构,并且进而影响产业结构的重要手段。目前,大部分国家都是明确采用特定消费税制度,少部分国家虽然在形式上是采用了一般消费税,但是同时对若干消费品实行免税,在实质上与特定消费税类似。

消费税的历史悠久,欧洲在古罗马时期就曾征收过盐税,我国早在周朝就已经出现了消费税,如"关市之赋"和"山泽之赋",后来又逐渐出现了盐税、酒税和茶税等。由于消费税针对消费品和消费行为的特点,其发展是与商品经济的发展紧密联系的。15、16世纪,资本主义生产方式在欧洲大陆萌芽,新兴资产阶级力主按照有利于资本主义工商业的原则改革税收制度,其中重要的一个内容就是将传统的针对工商业开征的直接税改为消费税。当时,消费税作为间接税,以消费品为课税对象,税款可以附于商品销售被转嫁出去,最终由消费者负担。当时工业产品价格相对昂贵,消费者多为贵族、大地主等富裕阶层,正因为如此,在1643年英国试行消费税时,资产阶级学者纷纷欢欣鼓舞。在与封建地主、贵族阶级的激烈斗争中,资产阶级最终取得了胜利,在18世纪以消费税为主体的间接税制度取代了古老的直接税制度,成为主体税制。20世纪以后,随着经济社会发展情况的变化,在发达资本主义国家,消费税的主导地位有所削弱,现代直接税逐渐兴起,不过在发展中国家,消费税仍然占据着十分重要的地位。

根据计税依据、纳税环节的不同,消费税可以分为直接消费税和间接消费税。直接消费税以消费者的实际消费金额为计税依据,直接向消费者课税,纳税人和负税人均为消费者。间接消费税以消费品价金或消费佣金为计税依据,在消费品生产或销售环节征收,消费税税款随消费品价金转嫁给消费者,纳税义务人为消费品的生产经营者,负税人仍为消费者。我国及世界大多数国家开征的消费税均为间接消费税。因此,消费税具有以下特点:(1) 征收范围的选择性;(2) 征收环节的单一性;(3) 税负具有转嫁性;(4) 征收方法的灵活性。我国消费税立法的宗旨是调节消费结构,正确引导消费方向,保证财政收入。

1993年12月13日国务院颁布《消费税暂行条例》,1993年12月25日财政部颁布《消费税暂行条例实施细则》。2006年3月20日,财政部、国家税务总局《关于调整和完善消费税政策的通知》对我国消费税的税目、税率及相关政策进行调整。不过,随着我国经济的快速发展,现行消费税制存在的一些问题逐渐凸显出来:一是征税范围偏窄,不利于在更大范围内发挥消费税的调节作用;二是原来确定的某些属于高档消费品的产品,如今已经逐渐具有大众消费的特征;三是有些应税品目的税率结构与国内产业结构、消费水平和消费结构的变化不相适应;四是消费税促进节约资源和环境保护的作用有待加强。2008年11月5日,国务院再次修订《消费税暂行条例》,《消费税暂行条例实施细则》随之也被修订。2009年财政部、国家税务总局《关于公布废止和失效的消费税规范性文件目录的通知》(财税〔2009〕18号)对相关税率进行了进一步的调整。2019年12月3日,财政部、国家税务总局联合发布通知,将《中华人民共和国消费税法(征求意见稿)》(以下简称《征求意见稿》)向社会公开征求意见。两部门在《征求意见稿》的说明中表示,消费税自1994年开征以来,经历了几次重大的制度调整,包括2006年消费税制度改革,2008年成品油税费改革,2014年以来新一轮消费税改革等。经过逐步改革和完善,税制框架基本成熟,税制要素基本合理,运行也基本平稳,因此,《征求意见稿》保持了现行税制框架和税负水平总体不变。

有关消费税的法律制度还包括财政部、国家税务总局《关于调整消费税政策的通知》(财税〔2014〕93号)、《关于调整卷烟消费税的通知》(财税〔2015〕60号)、《关于调整化妆品进口环节消费税的通知》(财关税〔2016〕48号)、《关于调整化妆品消费税政策的通知》(财税〔2016〕103号)等。

二、消费税的纳税人

消费税的纳税义务人,是指在中华人民共和国境内生产、委托加工和进口法定的消费品的单位和个人。委托加工的应税消费品,由受托方向委托方交货时代收代缴税款。但对委托个体经营者加工应税消费品的,一律于委托方收回应税消费品后在委托方所在地缴纳消费税。

三、消费税的征税范围

消费税的征税范围是指消费税法规定的征收消费税的消费品及消费行为的种类。

我国消费税法规定的征收消费税产品的范围主要有两种情况:一种是由征收产品税改

征增值税后税负大幅度下降的产品,另外一种是需进行特殊税收调节的消费品。具体包括:(1)过度消费对人体健康、社会秩序和生态环境造成危害的消费品;(2)奢侈品和非生活必需品;(3)高能耗消费品;(4)不可再生和替代的消费品;(5)具有一定财政意义的消费品。按照现行《消费税税目税率表》,确定征收消费税的有烟、酒、成品油、高档化妆品等15个税目,有的税目还进一步划分若干子目,以便分别适用不同的税率。

四、消费税的税率

我国消费税法采用从价定率和从量定额的办法征税,按不同消费品分别采用比例税率和定额税率。对黄酒、啤酒和成品油实行定额税率,对卷烟和白酒实行从量与从价相结合的复合计税方法,对其他应税消费品实行比例税率(表8-1)。

消费税的定额税率分为不同档次,如汽油税率为每升1.52元,黄酒税率为每吨240元。

表8-1 消费税税目税率表

税目	税率		
	生产(进口)环节	批发环节	零售环节
一、烟			
1. 卷烟			
(1)甲类卷烟	56%加0.003元/支	11%加 0.005元/支	
(2)乙类卷烟	36%加0.003元/支		
2. 雪茄烟	36%		
3. 烟丝	30%		
二、酒			
1. 白酒	20%加0.5元/500克(或者500毫升)		
2. 黄酒	240元/吨		
3. 啤酒			
(1)甲类啤酒	250元/吨		
(2)乙类啤酒	220元/吨		
4. 其他酒	10%		
三、高档化妆品	15%		
四、贵重首饰及珠宝玉石			
1. 金银首饰、铂金首饰和钻石及钻石饰品			5%
2. 其他贵重首饰和珠宝玉石	10%		
五、鞭炮焰火	15%		
六、成品油			
1. 汽油	1.52元/升		
2. 柴油	1.2元/升		
3. 航空煤油	1.2元/升		
4. 石脑油	1.52元/升		

(续表)

税目	税率		
	生产(进口)环节	批发环节	零售环节
5. 溶剂油	1.52元/升		
6. 润滑油	1.52元/升		
7. 燃料油	1.2元/升		
七、摩托车			
1. 气缸容量在250毫升(含)以下的	3%		
2. 气缸容量在250毫升(不含)以上的	10%		
八、小汽车			
1. 乘用车			
(1) 气缸容量(排气量,下同)在1.0升(含1.0升)以下的	1%		
(2) 气缸容量在1.0升以上至1.5升(含1.5升)的	3%		
(3) 气缸容量在1.5升以上至2.0升(含2.0升)的	5%		
(4) 气缸容量在2.0升以上至2.5升(含2.5升)的	9%		
(5) 气缸容量在2.5升以上至3.0升(含3.0升)的	12%		
(6) 气缸容量在3.0升以上至4.0升(含4.0升)的	25%		
(7) 气缸容量在4.0升以上的	40%		
2. 中轻型商用客车	5%		
3. 超豪华小汽车	按子税目1和子税目2的规定征收		10%
九、高尔夫球及球具	10%		
十、高档手表	20%		
十一、游艇	10%		
十二、木制一次性筷子	5%		
十三、实木地板	5%		
十四、电池	4%		
十五、涂料	4%		

纳税人兼营不同税率的应税消费品,应当分别核算不同税率的应税消费品的销售额、销售数量。未分别核算销售额、销售数量,或者将不同税率的应税消费品组成成套消费品销售的,从高适用税率。

五、消费税应纳税额的计算

(一) 销售应税消费品应纳税额的计算

按照现行消费税法的基本规定,销售应税消费品应纳税额的计算分为从价定率、从量定额、从价定率和从量定额混合计算三类计算方法。实行从价定率计征消费税的,消费税应纳税额的计算公式为:

$$应纳消费税税额 = 销售额 \times 税率$$

在从量定额计算方法下,应纳税额的计算取决于应税消费品的销售数量和单位税额两

个因素,计算公式为:

$$应纳税额＝应税消费品的销售数量\times 单位税额$$

在我国现行消费税的征税范围中,只有卷烟、白酒采用混合计算方法。其基本计算公式为:

$$应纳税额＝(应税销售数量\times 定额税率)＋(应税销售额\times 比例税率)$$

(二) 自产自用应税消费品应纳税额的计算

纳税人自产自用金银首饰以外的其他应税消费品,用于连续生产应税消费品的,免征消费税;用于其他方面的,于移送使用时纳税,其计税价格按照纳税人生产的同类消费品的销售价格计算纳税;没有同类消费品销售价格的,按照组成计税价格计算纳税。

(1) 有同类消费品销售价格的自产自用应税消费品应纳税额的计算公式为:

$$应纳消费税税额＝同类消费品销售价格\times 自用数量\times 税率$$

(2) 没有同类消费品销售价格的自产自用的应税消费品应纳税额的计算公式为:

$$应纳消费税税额＝组成计税价格\times 自用数量\times 税率$$

$$组成计税价格＝(成本＋利润)\div(1－消费税税率)$$

(三) 委托加工应税消费品应纳税额的计算

委托加工的应税消费品是指由委托方提供原料和主要材料,受托方只收取加工费和代垫部分辅助材料而加工的应税消费品。按照规定,委托加工的应税消费品,由受托方在向委托方交货时代收代缴税款。委托方收回后直接出售的,不再征收消费税。委托方收回货物后用于连续生产应税消费品的,其已纳税款准予按照规定从连续生产的应税消费品应纳消费税税额中抵扣。[①] 委托加工应税消费品,按照受托方的同类消费品的销售价格计算纳税;没有同类消费品销售价格的,按照组成计税价格计算纳税。

组成计税价格的计算公式为:

$$组成计税价格＝(材料成本＋加工费)\div(1－消费税税率)$$

(四) 进口应税消费品应纳税额的计算

进口的应税消费品,进行从价定率计算应纳税额的,按照组成计税价格计算纳税。组成计税价格计算公式为:

$$组成计税价格＝(关税完税价格＋关税)\div(1－消费税税率)$$

进口的应税消费品,实行从量定额计征消费税的,其计税依据为销售数量,应纳税额的计算公式为:

$$应纳消费税税额＝销售数量\times 消费税单位税额$$

六、出口应税消费品的退免税规定

纳税人出口应税消费品时,国家给予退免税优惠。出口货物退免消费税与出口货物退免增值税在退免税范围的限定、退免税办理程序、退免税审核及管理上都有许多一致的地方。目前,主要规则是财政部、国家税务总局于2012年5月25日发布的《关于出口货物劳务增值税和消费税政策的通知》(财税〔2012〕39号)及国家税务总局于2013年11月13日发布的《关于出口货物劳务增值税和消费税有关问题的公告》(国家税务总局公告2013年第65号)。

---

① 外购应税消费品,用于连续生产应税消费品的,其已纳税款准予从连续生产的应税消费品应纳消费税税额中扣除。准予扣除的应税消费品范围和扣除方法与此处所提到的范围和方法相同。

七、消费税的征收管理

（一）消费税的征收机关

消费税由纳税人向主管税务机关缴纳。但进口的应税消费品的消费税由海关代征。个人携带或邮寄进境的应税消费品的消费税，由海关连同关税一并征收。

（二）消费税纳税义务发生时间

境内生产应税消费品，由生产者在销售时纳税，进口消费品在应税消费品报关进口环节纳税。金银首饰、钻石及钻石饰品在零售环节征收。

纳税人自产自用的应税消费品，用于连续生产应税消费品的不纳税，用于其他方面的，于移送使用的当天纳税。

八、烟叶税

烟叶税与消费税非常相似，是一种特别消费税。1994年税制改革前，我国曾对烟叶征收过产品税和工商税，1994年之后则对其征收农业特产税。2004年6月，根据中共中央、国务院《关于促进农民增加收入若干政策的意见》，财政部、税务总局下发了《关于取消除烟叶外的农业特产税有关问题的通知》，规定从2004年起，除对烟叶暂保留征收农业特产农业税外，取消对其他农业特产品征收的农业特产农业税。2005年12月29日，全国人民代表大会常务委员会决定废止《农业税条例》。农业特产农业税是依据《农业税条例》开征的，取消农业税以后，意味着农业特产农业税也要同时取消。因此，2006年2月17日，国务院第459号令废止了《关于对农业特产收入征收农业税的规定》。这样，对烟叶征收农业特产农业税也失去了法律依据。

为了保持政策的连续性，充分兼顾地方利益和有利于烟叶产区可持续发展，同时为了解决"三农"问题，减轻农民负担，国务院制定了《烟叶税暂行条例》，于2006年4月28日公布并实施，用开征烟叶税的方式取代原烟叶特产农业税。烟叶税之所以需要单独开征，而不是采取在消费税税目中增加"烟叶子税目"，是因为消费税属于中央税，而烟叶税纯粹是地方政府收入，在收入归属上存在一些技术障碍。另外一种可供替代的方案是，适当提高卷烟消费税税率，然后由中央财政通过转移支付对地方财政进行弥补。不过，转移支付通常较为滞后，容易割断地方政府与烟草种植的经济互动关系，影响烟叶生产，地方财政也无法得到及时保证。考虑到以上因素，烟叶税的方案才最后成为首选。

在提出落实税收法定原则要求后，2017年12月27日，全国人民代表大会常务委员会通过了《烟叶税法》，并于2018年7月1日正式施行。烟叶税制内容较暂行条例并未有实质性改动，仅对局部表述作出调整。从具体内容来看，除了收入归属不同之外，烟叶税与消费税非常相似。根据《烟叶税法》的规定，在中华人民共和国境内收购烟叶的单位为烟叶税的纳税人。该法所称烟叶，是指烤烟叶、晾晒烟叶。烟叶税实行比例税率，税率为20%。烟叶税的计税依据是纳税人收购烟叶的收购金额，包括纳税人支付给烟叶销售者的烟叶收购价款和价外补贴。为方便征收，对价外补贴统一暂按烟叶收购价款的10%计入收购金额。烟叶税的计算公式如下：

$$收购金额 = 收购价款 \times (1 + 10\%)$$

$$应纳烟叶税税额 = 烟叶收购金额 \times 税率$$

烟叶税税率的调整,由国务院决定。烟叶税属于地方税种,纳税人收购烟叶,应当向烟叶收购地的主管税务机关申报纳税。烟叶税的纳税义务发生时间为纳税人收购烟叶的当天。纳税人应当自纳税义务发生之日起30日内申报纳税。具体纳税期限由主管税务机关核定。烟叶税的征收管理,依照《税收征收管理法》及实施细则的有关规定执行。

【延伸阅读】

消费税改革开启央地共享新模式[①]

2019年9月26日,国务院发布《实施更大规模减税降费后调整中央与地方收入划分改革推进方案》,明确了消费税改革的基本内容,消费税改革进入加速推进阶段,开启中央地方共享的新模式。

消费税是对特定消费品和特定消费行为征收的一种流转税。在实践中,消费税的征税对象具有较强的选择性,往往集中于特定消费品和特定消费行为,因而消费税能够成为国家引导消费行为、调节消费结构,进而促进产业转型升级的重要政策工具。消费税具有三项主要功能,即组织财政收入、引导合理消费、矫正负外部性。在组织财政收入方面,今年1—8月,国内消费税收入达10414亿元,同比增长18.5%,占税收收入总额的比重为8.89%,在减税降费背景下保持着较强的税收贡献能力和潜力。

笔者认为,本轮消费税改革将对我国财政产生重要影响。首先,消费税改革的基本目标在于确保中央与地方既有财力格局稳定。近期一系列减税降费政策深入落实,在大大减轻企业和个人税收负担的同时,也在一定程度上出现了地方政府税收收入增长乏力的状况。此次改革将消费税收入中的增量部分下划地方,存量部分依然由地方上解中央,可以在一定程度上缓解地方的财政压力。

其次,目前,正处在落实税收法定原则,推进现代税制建设阶段。完善消费税相关制度,由中央税改为中央与地方共享税,有利于建立健全地方税收体系,培养地方税源,补充地方财政收入。

长期以来,地方政府的治理思维,惯性依赖生产环节获得财政收入,当企业的生产经营情况和宏观经济发生波动时,容易产生财政风险。由消费地分享消费税税源,能够进一步调动地方的积极性,激励政府改善营商环境、支持消费市场,从而促进经济发展和产业升级。

从消费税改革对市场价格的影响来看,根据消费税基本原理,在生产或进口环节征收消费税的情况下,消费税的计税基础是商品出厂价或进口商品到岸价;而在批发零售环节征收消费税,作为计税基础的商品价格还要加上中间环节的利润。因此,后移消费税的征收环节,有可能单位商品承担更高的消费税额。但是,前端生产环节征收的消费税额转移到了后端零售环节征收,原则上并不会重复性征税,其价格变动的部分即为计征消费税的计税基础所发生的变化而影响的税额。

同时,还需要考虑到消费税作为间接税,市场的议价能力是一个影响因素,行业是否新增消费税税负,将根据厂商、经销商、消费者的议价能力而定。如果厂商的议价能力很强,经销商的利润空间较小,则无论在生产环节征收消费税还是在消费环节征收消费税,其消费税的计税基础并不会发生较大变化,税负增加额较小。但是,如果经销商的议价能力很强,其利润空间较大,则消费税的征收环节发生变化将会增加其消费税的税额。

此外,消费税的税负转嫁能力也是市场各方关注的重点。以白酒为例,高档酒具有较强的品牌影响力,其需求价格弹性较小,厂商的议价能力较强,能够较容易地将税收成本转移给消费端,导致最终销售价格有可能上涨;而中低档白酒的可替代性较强,厂商的议价能力较弱,为了保持现有的市场份额,则很可能将自身的部分利润转让给经销商和消费者,因此消费者面对的最终销售价格变化不大。

[①] 李旭红:《消费税改革开启央地共享新模式》,载《经济参考报》2019年10月15日。

总而言之,新一轮消费税的改革在调节中央与地方收入分配、引导地方优化营商环境、促进消费结构升级等方面均具有积极意义,有助于建立健全我国现代税收制度。

第四节 关税法律制度

关税是海关对进出境货物、物品征收的一种税。所谓"境"指关境,又称"海关境域"或"关税领域",是一国海关法全面实施的领域。在通常情况下,关境与国境相一致,包括国家全部的领土、领海、领空。但如果一国国境内设立了自由港、自由贸易区或特别行政区等,这些区域就进出口关税而言则处在关境之外。

一、关税法律制度概述

(一)关税的概念及特征

关税是指以进出关境的货物或物品为征税对象,以其商品额作为计税依据的一种税。从理论上说,关税包括进口税、出口税和过境税三种。进口税是指一国海关对进口货物和物品征收的关税。我国关税分为进口税和出口税两类。进口税的征收范围较广,但出口税仅对少数物品征收。关税也是商品税的一种,属于涉外商品税,与国内商品税相比,具有如下特征:

(1)以进出关境的货物或物品作为征税对象。征税对象的"跨关境"是关税的一个重要特征。这里的"货物"是指贸易性的进出口商品;"物品"是指用于个人消费的非贸易性商品,如入境旅客随身携带的行李物品、个人邮递进境的物品等。

(2)以进出口为纳税环节。关税属于单一环节的商品税,且以进出口为纳税环节,货物或物品在进出口环节履行纳税义务以后,在国内其他流通环节就不需要再缴纳关税。

(3)以商品额为计税依据。商品额可以从价或从量确定。在从价确定的情况下,根据完税价格确定,完税价格是关税法的一个特有概念,关税法对完税价格的审定作了详细的规定。

(4)具有涉外性。关税以进出关境的货物或物品作为征税对象,关税的种类和税率的调整与国际贸易息息相关,世界贸易组织是对各国和地区专门进行关税协调的国际组织,因此,关税具有明显的涉外性。在其他涉外税法由于实行国民待遇原则而逐步与国内税法趋同的情况下,关税的这一特征就显得更有意义。

(5)由海关负责征收。我国的大多数税种都由税务机关负责征收,但关税由海关负责征收。由海关负责关税的征收与关税的性质、海关本身的职能密切相关,这也是世界各国的通行做法。

(二)关税和关税法的沿革

关税是非常古老的一个税种。在西方,关税最早产生于古希腊时期。公元前6世纪,地中海、爱琴海及黑海一带的经济发展十分迅速并成为当时欧洲的贸易中心。位于这一地区的部落联盟及其各领地的领主为了维护各自利益,纷纷增关设卡,对往来的外地商人征收入关关税。古罗马时期,欧洲经济有了长足的进步,内外贸易也渐渐步入鼎盛时期。罗马政府对往来贸易实行严格的监督和管制,规定除帝国的信使以外一切贸易项目都须缴纳进出口关税。18世纪以后,欧洲各国先后爆发了资产阶级革命。随着资本主义生产方式的形成,真正的国际贸易开始出现。关税成为宗主国对殖民地进行经济掠夺的工具。同时,各国也注意到,资本主义世界内部在关税方面也需要协调。在近现代,关税在国际贸易中仍然发挥着作用。

在我国,关税的存在也已经有很长的时间了。在周朝,就已经有了"关市之赋,以侍王之膳服"(《周礼·大府》)的记载。在秦朝建立后,国之边境的意识日益明显。国际贸易往来日益增多,内陆边境关卡与沿海港口的征税,越来越体现出关税的特征。

新中国成立以后,我国取消了列强在我国的一切特权,收回了海关的管理权,实行独立自主的关税政策。1951年国家公布实施了《暂行海关法》《海关进出口税则》《海关进出口税则暂行实施条例》和《税则注释》。

改革开放以后,国家对关税法律制度进行了完善。于1985年和1992年重新制定了《海关进出口税则》。1987年第六届全国人民代表大会常务委员会第十九次会议通过了《海关法》。2000年7月,第九届全国人民代表大会常务委员会第十六次会议修订了《海关法》,此后《海关法》又于2013年、2016年、2017年、2021年多次修订。《进出口关税条例》于2003年11月23日由国务院公布,2011年、2013年、2016年、2017年也历经多次修订。国务院关税税则委员会和海关总署每年发布一次《海关进出口税则》,以适应进出口商品税率调整的需要。

二、我国关税法律制度的主要内容

关税征收的对象仅限于准许进出境的货物或物品。货物是指贸易性的进出口商品;物品是指非贸易性的进出口商品,包括入境旅客随身携带的行李物品,个人邮递进境的物品,各种运输工具上的服务人员携带的进境物品、馈赠物品以及以其他方式进境的个人物品。关税在货物或物品进出关境的环节一次性征收。货物或物品入境后,其在国内流通的任何环节均不再征收关税。

(一)纳税人

关税的纳税人为进口货物的收货人、出口货物的发货人以及进出境物品的所有人。接受委托办理有关手续的代理人,应当遵守法律对其委托人的各项规定。进出口货物的收、发货人是依法取得对外贸易经营权,并进口或者出口货物的法人或者是其他社会团体。进出境物品的所有人包括该物品的所有人和推定为所有人的人。一般情况下,对于携带进境的物品,推定其携带人为所有人;对分离运输的行李,推定相应的进出境旅客为所有人;对以邮递方式进境的物品,推定其收件人为所有人;以邮递或其他运输方式出境的物品,推定其寄件人或托运人为所有人。

(二)税率

关税税率具体体现在海关进出口税则中。海关进出口税则是进出口关税条例的组成部分。国务院成立关税税则委员会,提出制定或者修订进出口关税条例、海关进出口税则的方针、政策、原则,审议税则修订草案,制定暂定税率,审定局部调整税率。《进出口关税条例》规定我国的关税实行比例税率,并对进口税率和出口税率分别作了规定。

(1)进口税率。在加入世界贸易组织(WTO)之前,我国进口关税设有两档税率,即普通税率和优惠税率。对原产于与我国未订有关税互惠协议的国家或者地区的进口货物,按照普通税率征税;对原产于与我国订有关税互惠协议的国家或者地区的进口货物,按照优惠税率征税。我国加入WTO之后,自2002年1月1日起,进口税则设有最惠国税率、协定税率、特惠税率、普通税率、关税配额税率等税率。对进口货物在一定期限内还可以实行暂定税率。

最惠国税率适用于原产于与我国共同适用最惠国待遇条款的WTO成员方的进口货物,或原产于与我国签订有相互给予最惠国待遇条款的双边贸易协定的国家或地区进口的货物以及原产于我国境内的进口货物;协定税率适用于原产于我国参加的含有关税优惠条款的区域性贸易协定有关缔约方的进口货物;特惠税率适用于原产于与我国签订有特殊优惠关税协定的国家或地区的进口货物;普通税率适用于原产于上述国家或地区以外的其他国家或地区的进口货物。按照普通税率征税的进口货物,经国务院关税税则委员会特别批准,可以适用最惠国税率。适用最惠国税率、协定税率、特惠税率的国家或者地区名单,由国务院关税税则委员会决定。

(2) 出口税率。我国对出口货物一般不征收关税,只是对少数资源性产品、具有财政意义、需要限制大量出口或规范出口秩序的半制成品才征收关税。出口税率没有普通税率和优惠税率之分,针对不同商品实行差别比例税率。

(3) 税率的具体适用。根据《进出口关税条例》的规定,关税税率的具体适用规则为:第一,进出口货物,应当按照收发货人或者他们的代理人申报进口或者出口之日实施的税率征税。进口货物到达前,经海关核准先行申报的,应当按照装载此项货物的运输工具申报进境之日实施的税率征税。第二,进出口货物的补税和退税,适用该进出口货物原申报进口或者出口之日所实施的税率。

此外,较为重要的是进境货物的原产地。确定进境货物原产地的主要原因之一,是为了正确适用进口税则的各栏税率,对产自不同国家或地区的进口货物适用不同的关税税率。我国采用了两种国际上通用的原产地标准,即"全部产地生产标准""实质性加工标准"。

(三) 关税完税价格

完税价格,即从价关税的计税依据,是为计算应纳关税税额而由海关依法审核确定的进出口货物的价格。我国加入WTO以后,海关总署于2001年12月31日对外发布了《海关审定进出口货物完税价格办法》(以下简称《办法》),自2002年1月1日起施行。至此,我国进出口货物完税价格的审定制度,即海关估价制度已经逐步和《WTO估价协定》接轨。该《办法》2013年12月最近一次更新。根据该《办法》,我国海关对进出口货物完税价格的审定方式依货物是出口还是进口而有所不同。

1. 进口货物完税价格

根据《海关法》的规定,进口货物的完税价格,由海关以该货物的成交价格为基础审查确定,并应当包括货物运抵中华人民共和国境内输入地点起卸前的运输及其相关费用、保险费。进口货物的成交价格是指买方为购买该货物,并按照该办法的规定调整后的实付或应付价格。进口货物的完税价格不能按照该货物的成交价格确定时,海关应当依次使用下列方法估定完税价格:(1) 相同货物成交价格法,即该货物的完税价格为与其在同一时间或在大致同一时间内,出口到我国的相同货物的成交价格。(2) 类似货物成交价格法,即该货物的完税价格为与其在同一时间或在大致同一时间内,出口到我国的类似货物的成交价格。

(3) 倒扣价格法,即该货物的完税价格为进口货物、相同货物或类似货物进口后在我国国内销售价格的基础上,扣除与进口价格毫不相关的价格因素后的价格。(4) 计算价格法,即该货物的完税价格为根据生产商提供的可靠资料,采用符合"公认的会计原则"的方法,把在生产国生产进口货物所发生的生产成本和一切正常费用支出等加总起来的价格。(5) 合理方法,即在采用上述方法不能审定该货物完税价格时所采用的符合法定原则的其他方法。

如果进口货物的收货人提出要求,并提供相关资料,经海关同意,可以选择倒扣价格方法和计算价格方法的适用次序。

海关在使用倒扣价格法时,应当同时符合下列条件:(1) 在被估货物进口时或大约同时销售;(2) 按照进口时的状态销售;(3) 在境内第一环节销售;(4) 合计的货物销售总量最大;(5) 向境内无特殊关系方的销售。下列各项应当扣除:(1) 该货物的同等级或同种类货物在境内销售时的利润和一般费用及通常支付的佣金;(2) 货物运抵境内输入地点之后的运费、保险费、装卸费及其他相关费用;(3) 进口关税、进口环节税和其他与进口或销售上述货物有关的国内税。

海关在使用计算价格法时,应当以下列各项的总和估定进口货物的完税价格:(1) 生产该货物所使用的原材料价值和进行装配或其他加工的费用;(2) 与向境内出口销售同等级或同种类货物的利润和一般费用相符的利润和一般费用;(3) 货物运抵境内输入地点起卸前的运输及相关费用、保险费。

海关在使用合理方法时,应当根据法定的估价原则,以在境内获得的数据资料为基础估定进口货物的完税价格,但不得使用以下价格:(1) 境内生产的货物在境内的销售价格;(2) 可供选择的价格中较高的价格;(3) 货物在出口地市场的销售价格;(4) 以《办法》第25条规定之外的价值或者费用计算的相同或者类似货物的价格;(5) 出口到第三国或地区的货物的销售价格;(6) 最低限价或武断、虚构的价格。

2. 出口货物完税价格

出口货物的完税价格由海关以该货物向境外销售的成交价格为基础审查确定,并应包括货物运至中华人民共和国境内输出地点装载前的运输及其相关费用、保险费,但其中包含的出口关税税额,应当扣除。出口货物的成交价格是指该货物出口销售到中华人民共和国境外时买方向卖方实付或应付的价格。出口货物的成交价格不能确定时,完税价格由海关依次使用下列方法估定:(1) 相同货物成交价格法,即同时或大约同时向同一国家或地区出口的相同货物的成交价格;(2) 相似货物成交价格法,即同时或大约同时向同一国家或地区出口的类似货物的成交价格;(3) 计算价格法,即根据境内生产相同或类似货物的成本、利润和一般费用、境内发生的运输及其相关费用、保险费计算所得的价格;(4) 按照合理方法估定的价格。

出口货物的成交价格中含有支付给境外的佣金的,如果单独列明,应当扣除。

(四) 关税减免

关税减免分为法定减免税、特定减免税和临时减免税。根据我国《海关法》和《进出口关税条例》的规定,我国的关税减免主要有固定性减免和审核性减免。

固定性减免,是指关税法明确规定关税减免的具体情况和适用条件,海关只需查明事实后,即可直接实施的减免。根据《海关法》和《进出口关税条例》,固定性减免主要包括:

(1) 下列进出口货物、进出境物品,减征或者免征关税:关税税额在人民币 50 元以下的一票货物;无商业价值的广告品和货样;外国政府、国际组织无偿赠送的物资;进出境运输工具装载的途中必需的燃料、物料和饮食用品;在海关放行前遭受损坏或者损失的货物;规定数额以内的物品;法律规定减征、免征关税的其他货物、物品;我国缔结或者参加的国际条约规定减征、免征关税的货物、物品。(2) 经海关批准暂时进口或者暂时出口的货物,以及特准进口的保税货物,在货物收发货人向海关缴纳相当于税款的保证金或者提供担保后,准予暂时免纳关税。(3) 特定地区、特定企业或者有特定用途的进出口货物,可以减征或者免征关税。特定减税或者免税的范围和办法由国务院规定。依照规定减征或者免征关税进口的货物,只能用于特定地区、特定企业或特定用途,未经海关核准并补缴关税,不得移作他用。(4) 为境外厂商加工、装配成品和为制造外销产品而进口的原材料、辅料、零件、部件、配套件和包装物料,海关按照实际加工出口的成品数量免征进口关税;或者对进口料件先征进口关税,再按照实际加工出口的成品数量予以退税。(5) 因故退货的进出口货物,由原收货人或其代理人申请进出境并提供原进出口单证的,经海关审查核实,可以免征进出口关税。但是,已征收的关税,不予退还。

审核性减免,是指海关在法律规定的范围与幅度内通过行使自由裁量权而作出的关税减免。根据我国《进出口关税条例》,有下列情形之一的进口货物,海关可以酌情减免关税:在境外运输途中或者在起卸时,遭受损坏或者损失的;起卸后海关放行前,因不可抗力遭受损坏或损失的;海关检验时已经破漏、损坏或者腐烂,经证明不是保管不慎造成的。无代价抵偿货物,可以免税。但有残损或质量问题的原进口货物如未退运境外,其进口的无代价抵偿货物应照章征税。

(五) 关税的征收管理

1. 缴纳程序

根据我国《海关法》的规定,进口货物自运输工具申报进境之日起 14 日内,出口货物在货物运抵海关监管区后装货的 24 小时以前,应由进出口货物的纳税义务人向海关申报,海关根据税则归类和完税价格计算应缴纳的关税和进口环节代征税,并填发税款缴款书。

进出口货物的纳税人,应当自海关填发税款缴款书之日起 15 日内缴纳税款;逾期缴纳的,由海关征收滞纳金。纳税人、担保人超过 3 个月仍未缴纳的,经直属海关关长或者其授权的隶属海关关长批准,海关可以采取强制措施。

2. 税款的退、补、追

根据我国《进出口关税条例》的规定,补征和退还进出口货物关税,应当按照本条例第 15 条或者第 16 条的规定确定适用的税率。因纳税义务人违反规定需要追征税款的,应当适用该行为发生之日实施的税率;行为发生之日不能确定的,适用海关发现该行为之日实施的税率。

进出口货物放行后,海关发现少征或者漏征税款的,应当自缴纳税款或者货物放行之日起 1 年内,向纳税义务人补征税款。但因纳税义务人违反规定造成少征或者漏征税款的,海关可以自缴纳税款或者货物放行之日起 3 年内追征税款,并从缴纳税款或者货物放行之日起按日加收少征或者漏征税款万分之五的滞纳金。

(六) 跨境电子商务零售进口税收

随着我国跨境电子商务的兴起,其所涉及的进口税收问题也越发受到重视。2016年4月8日,我国实施《关于跨境电子商务零售进口税收政策的通知》,2018年8月31日通过了《电子商务法》,对跨境电子商务零售进口税收相关制度进行了完善。

跨境电子商务零售进口商品按照货物征收关税和进口环节增值税、消费税。购买跨境电子商务零售进口商品的个人作为纳税义务人,电子商务企业、电子商务交易平台企业或物流企业可作为代收代缴义务人,以实际交易价格(包括货物零售价格、运费和保险费)作为完税价格。

跨境电子商务零售进口商品的单次交易限值为人民币5000元,个人年度交易限值为人民币26000元。在限值以内进口的跨境电子商务零售进口商品,关税税率暂设为0%;进口环节增值税、消费税取消免征税额,暂按法定应纳税额的70%征收。

完税价格超过5000元单次交易限值但低于26000元年度交易限值,且订单下仅一件商品时,可以自跨境电商零售渠道进口,按照货物税率全额征收关税和进口环节增值税、消费税,交易额计入年度交易总额,但年度交易总额超过年度交易限值的,应按一般贸易管理。

已经购买的电商进口商品属于消费者个人使用的最终商品,不得进入国内市场再次销售;原则上不允许网购保税进口商品在海关特殊监管区域外开展"网购保税+线下自提"模式。

【新闻链接】

离职空姐开网店境外代购逃税终审获刑3年[①]

被告人李某,曾担任某航空公司空姐,因多次大量携带从韩国免税店购买的化妆品入境而未申报。北京市人民检察院第二分院指控:2010年至2011年8月间,被告人李某与被告人褚某经预谋,由褚某提供韩国免税店账号,并负责在韩国结算货款,由李某伙同被告人石某多次在韩国免税店购买化妆品等货物后,以客带货方式从无申报通道携带进境,并通过李某、石某在淘宝网的网店销售牟利,共计偷逃海关进口环节税人民币113万余元。公诉机关认为,应当以走私普通货物罪追究李某等三被告人刑事责任。

北京市第二中级人民法院审理认为,被告人李某、褚某、石某分工配合,共同采取以客带货从无申报通道携带化妆品进境的方式,逃避海关监管,偷逃应纳税款,三人的行为触犯了刑法,均已构成走私普通货物罪,且系偷逃应缴税额特别巨大,依法应予惩处。2012年9月,北京市第二中级人民法院一审判决认定被告人李某、褚某、石某犯走私普通货物罪罪名成立,并分别判处有期徒刑11年、7年、5年,并分别处以罚金。

一审法院判决后,被告人不服,上诉到北京市高级人民法院。北京市高级人民法院作出裁定认为,"一审判决认定的事实不清,证据不足,裁定发回重审"。

2013年12月,北京市第二中级人民法院重审认为,李某等3人偷逃税款113万余元的证据不足,按照对查获的化妆品核定的偷逃税款数额予以认定,数额为8万余元。另外,李某系本案主犯。最终,法院以走私普通货物罪判处李某有期徒刑三年,并处罚金4万元;判处褚某有期徒刑二年六个月,并处

[①] 李某等人走私普通货物案,参见北京市高级人民法院(2014)高刑终字第64号。

罚金2万元;判处石某有期徒刑二年四个月,并处罚金2万元。李某和褚某表示判决过重,提起上诉。

2014年3月,北京市高级人民法院对李某等三人走私普通货物上诉案作出终审裁定。北京市高级人民法院审理认为,李某等三人构成走私普通货物罪,一审法院认定事实清楚,证据确实充分,定罪及适用法律正确,量刑适当,审判程序合法,依法裁定驳回李某、褚某的上诉,维持原判。

第五节 城市维护建设税法律制度

城市维护建设税,是以纳税人依法缴纳的增值税、消费税税额为计税依据的一种税,也是我国到目前为止唯一立法的"附加税"。

城市维护建设税源于1984年工商税制全面改革中设置的一个新税种。1985年2月8日,国务院发布《中华人民共和国城市维护建设税暂行条例》,自同年1月1日起施行。该《条例》第1条规定了城市维护建设税的目的为"加强城市的维护建设,扩大和稳定城市维护建设资金的来源"。此时,城市维护建设税纳税人为缴纳产品税、增值税、营业税的单位和个人。为了进一步统一税制、公平税负,创造平等竞争的外部环境,2010年10月1日,国务院发文自同年12月1日起对外商投资企业、外国企业及外籍个人征收城市维护建设税。2011年1月8日,国务院决定将《城市维护建设税暂行条例》第2条、第3条、第5条中的"产品税"修改为"消费税"(国务院令第588号)。此后,随着2016年5月1日,营改增试点工作的全面推开,城市维护建设税的纳税人实际上已经仅为缴纳增值税和消费税的纳税人了。2020年8月11日,中华人民共和国第十三届全国人民代表大会常务委员会第二十一次会议通过《城市维护建设税法》,自2021年9月1日起施行。

一、征税范围和纳税人

根据《城市维护建设税法》的规定,对进口货物或者境外单位和个人向境内销售劳务、服务、无形资产缴纳的增值税、消费税税额,不征收城市维护建设税。

在中华人民共和国境内缴纳增值税、消费税的单位和个人,为城市维护建设税的纳税人,应当依法缴纳城市维护建设税。

二、计税依据和税率

城市维护建设税的应纳税额按照计税依据乘以具体适用税率计算。

$$应纳税额＝计税依据×税率$$

城市维护建设税以纳税人依法实际缴纳的增值税、消费税税额为计税依据。城市维护建设税的计税依据应当按照规定扣除期末留抵退税退还的增值税税额。计税依据的具体确定办法,由国务院依据《城市维护建设税法》和有关税收法律、行政法规规定,报全国人民代表大会常务委员会备案。

城市维护建设税税率有如下三档:(1)纳税人所在地在市区的,税率为7%;(2)纳税人所在地在县城、镇的,税率为5%;(3)纳税人所在地不在市区、县城或者镇的,税率为1%。

前述所称纳税人所在地,是指纳税人住所地或者与纳税人生产经营活动相关的其他地点,具体地点由省、自治区、直辖市确定。

三、税收优惠

根据国民经济和社会发展的需要,国务院对重大公共基础设施建设、特殊产业和群体以及重大突发事件应对等情形可以规定减征或者免征城市维护建设税,报全国人民代表大会常务委员会备案。

四、征收管理

(一)纳税义务发生时间

城市维护建设税的纳税义务发生时间与增值税、消费税的纳税义务发生时间一致,分别在缴纳两税的同一缴纳地点、同一缴纳期限内,一并缴纳对应的城建税。

(二)源泉扣缴

城市维护建设税的扣缴义务人为负有增值税、消费税扣缴义务的单位和个人,在扣缴增值税、消费税的同时扣缴城市维护建设税。

【课后思考题】

1. 请思考商品税与财产税、行为税的异同。
2. 请谈谈对我国营业税改增值税的意义的理解。
3. 消费税的作用是什么?其实现途径是怎样的?

【参考文献】

1. 〔美〕艾伦·申克、维克多·瑟仁伊、崔威:《增值税比较研究》,熊伟、任宛立译,商务印书馆2018年版。
2. 蒋震:《中国消费税改革研究》,中国税务出版社2017年版。
3. 刘剑文:《走向财税法治:信念与追求》,法律出版社2009年版。
4. 刘剑文主编:《改革开放40年与中国财税法发展》,法律出版社2018年版。
5. 全国人大常委会预算工作委员会编:《增值税法律制度比较研究》,中国民主法制出版社2010年版。
6. 杨大春:《中国四十年来税收法治史述论稿》,法律出版社2018年版。
7. 杨小强:《中国税法原理、实务与整体化》,山东人民出版社2008年版。
8. 张富强:《论消费税立法改革与地方财政自给能力的提升》,载《法学杂志》2021年第7期。

第九章

所得税法律制度

在税收中,政府实际上是在决定如何从居民和企业手中取得所需资源用于公共目标。通过税收筹集来的货币实际上只是一种媒介工具,通过它可以将那些实际的资源由私人品转化为公共品。

——保罗·萨缪尔森

【本章导读】

所得税,顾名思义是指直接针对纳税人的所得而课征的一种税收,也是纳税人感知最为敏感、税收负担感最强的税种。从所得的性质分析,可以是针对资本利得进行课税,也可以是针对劳务所得进行课税,还可以是针对偶然性所得进行课税。从课税对象分析,可以是针对法人主体进行课税,也可以是针对自然人进行课税,还可以是针对非法人的组织进行课税。

本章主要对我国的所得税法及其演变、改革进行介绍,包括企业所得税和个人所得税。

第一节 所得税法概述

一、所得税和所得税法的概念

(一)所得税的概念

所得税,亦称收益税,是指以纳税人在一定期间内的纯所得(净收入)为征税对象的一类税的统称。所得税几乎是所有国家或地区都开征的税种,但各个国家或地区有关所得税的法定名称及分类方式不完全相同。如日本将所得税分为法人所得税,资本、利息所得税,个人所得税;瑞典有国家所得税、公众表演所得税、公共所得税和利润分享税等;而加拿大、巴西、新加坡则只有所得税一个名称。

尽管所得税的名称形形色色,但国际上通行的是以纳税人为标准,将所得税划分为个人所得税和公司所得税。经济合作与发展组织(OECD)和国际货币基金组织(IMF)将所得利润和资本利润课征的税收划归为所得税,并分为三个子目:(1)个人所得税,包括对个人的综合收入、专业收入、权利金收入以及非居民取得上述收入课征的税收;(2)企业所得税,包括对企业经营所得、资本利得以及非居民企业取得上述收入课征的税收;(3) 其他所得税,主要指那些划不清的所得税收入。目前,我国的所得税由个人所得税、企业所得税和社会保障税(尚未开征)构成。

(二) 所得税法的概念

所得税法,亦称收益税法,是指由国家制定或认可的调整在所得税的征收与管理过程中所产生的各种社会关系的法律规范的总称。从这一概念,我们可以得出以下结论:

(1) 所得税法是与所得税相对应的税种法,由于所得税在税收体系中属于主体税种,所以所得税法在税收实体法中也占有相当重要的地位;

(2) 所得税法的调整对象是所得税法主体在所得税的征收和管理过程中所产生的各种社会关系的总和;

(3) 所得税法是有关所得税的法律规范的总和,而不只是其中的某一部分或某一方面的法律规定,它既存在于《个人所得税法》《企业所得税》及其《实施条例》等直接规定所得税的法律、法规之中,又存在于其他与所得税相关的法律、法规之中,如《税收征收管理法》《公司法》等。

所得税一方面是重要的国家财政收入来源,另一方面还是"社会财产调节器",在社会收入的二次分配中发挥着重要作用,对于社会分配公平有着重要影响。那么,所得税应当如何立法呢? 这是一个非常重要的问题。公平是税收的基本原则。社会公平一般分为"横向公平"和"纵向公平"。所谓横向公平,就是纳税能力相同的人应负担相同的税;而纵向公平,就是纳税能力不同的人,负担的税负则不应相同,纳税能力越强,其承担的税负应越重。怎么判断纳税能力的大小呢? 通常以纳税人所拥有的财富的多少、收入水平的高低或实际支付的大小等作为判断依据。纳税能力的判断标准,在理论上又有"客观说"和"主观说"之分。按照客观说,纳税能力应依据纳税人所拥有的财富、取得的收入或实际支出等客观因素来确定。而主观说则强调纳税人对国家的牺牲程度,也就是纳税人因纳税所感到的效用的牺牲或效用的减少应相同。

可以举个例子,10 个人一起聚会,5 位绅士和 5 位农民,整个活动将花费 5000 元。首先,筹措经费需要大家自己掏钱,每个人都不例外。那么大家应当如何承担各自的份额呢? 一个简单的方法是平均承担,按照平均原则,每个人承担 500 元。但是,5 位绅士经过分析后表示反对,因为在聚餐过程中,各位绅士的食量小,饮酒也较少,在聚会中更多的是情感上的交流,相对花费较小,如果平均付款,那么实质上他们各自承担的 500 元中的一部分是为农民们的饮食和酒类进行了支付,而自己并没有享受到价值 500 元的消费。因此,有人提出第二个办法,按照受益原则,农民们每人支付 600 元,绅士们每人支付 400 元。但是农民们表示不同意见,因为他们认为自己的收入水平相比绅士们而言较低,600 元的花费占到了自己整个收入的较大份额,对于他们而言将形成较大的负担,如果需要交付 600 元经费的话,他们的经济状况将受到较大影响。而绅士们收入水平高,支付 500 元甚至更多也不会导致他们太大的经济压力。因此按照"能力原则"将能更有效地促进聚会活动的进行。这个例子实际上就是反映了所得税立法中横向公平与纵向公平的两种追求,反映到立法原则中即为普遍征收、平等征收、受益原则、量能课税原则等原则。

二、应税所得

(一) 应税所得的特征

在现代社会经济生活中,无论是各国税法确定的"所得",还是学者们根据各国实践确定的"所得",大致可以归纳出以下四个方面的特征:

(1) 应税所得是具有合法来源性质的所得。自然人和法人从事生产或商业经营等取得的所得,须是国家经济政策和法律允许并予以保障的所得。这类所得均属于各国所得税法所规定的应纳税所得的范围。至于如走私、贪污、盗窃、赌博、抢劫、诈骗等非法所得,都不应列入所得税的征税范围,各国均将依法予以没收。但也有人认为,应税所得不一定应合法。其理由是,国家税务部门与检察院等司法部门的职能和作用不同,税务部门不可能也不必要在对企业和个人征税时,先调查每一笔所得的合法性,然后再对所得征税,否则必然造成征管效率的降低。如果在征税过程中发现某项所得为非法所得,应向司法机关通报。国家对相关所得征税,并不意味着承认这种所得的合法性,也不对这种所得提供税法之外的法律保护。征税后如果发现其为非法所得,照样可以对违法所得者绳之以法;如需对违法者课处没收或罚款,已纳所得税金可以从中抵扣,甚至不抵扣。应当说明的是,各国对于合法所得与非法所得的认定标准是有区别的。如对赌博取得的收入,有的国家认定为合法所得,而依我国现行法律则应认定为非法所得。

(2) 以连续性的所得为主。对于企业(公司)所得税来说尤为重要,否则非连续性的所得亏损就不可能用以后年度的盈余弥补。但在第二次世界大战后,不少学者主张将偶发性的所得,如特许权使用费等,纳入应税所得范围进行征税。从各国税法的实际规定看,一些一次性或偶然性的所得都是作为应税所得计征所得税的。但总体上看,大多数国家的应税所得均以经常性或连续性的所得为主。关于应税所得须是连续性所得的问题,我国企业所得税法是这样规定的,但个人所得税法既有连续性所得的规定,又有偶然性所得的规定。应当指出的是,对偶然性、临时性所得不征税,有损于税法公平原则。

(3) 以净所得为主。各国税法规定的应税所得,通常分为经营所得、财产所得、劳动所得、投资所得和其他所得五类。纳税人在取得上述任何一项所得的过程中,均会有相应的物化劳动和活劳动的投入和支出。因此,只有在依法作了合理扣减消耗和支出后,才能依法课征所得税。从各国所得税法的规定看,对股息、利息和特许权使用费这类投资所得,大多数国家都并不扣减费用,而按毛收入金额降低税率,采取预提所得税的方式征收,这是因为这类投资所得的支付者往往有固定的营业场所,而取得者都比较分散,并且这些所得都还有可能分散在其他国家,不便于按通常的程序和方法计征。故各国一般都采取单独规定比公司所得税税率低的比例税率,按毛收入金额(不扣除任何费用)征收预提所得税。这种以低比例税率计算征税的简单方法,一方面保证了有关国家分享征税的权力,另一方面在确定税率时已考虑了计算征税后应扣除成本费用的因素。因此,这种预提所得税的税基仍然是对这类投资活动的净收入的征税。

(4) 应税所得应为货币所得。税法所规定的所得,仅限于经济上的所得,而不包括精神上的所得。精神上的所得如荣誉性、知识性的所得和体质上、心理上的收益,都不属于应税所得范围,对此,各国税法都有明确规定。而经济上的所得包括现金所得和实物所得。实物所得如不能用货币衡量和计算其价值,则无法按率计征。因此,各国都规定,应税所得应当是能以货币表示其价值的所得。所得税额通常以本国货币为计算单位,所得税额为外国货币的,要按外汇牌价或其他方式折合成本国货币缴纳税款。纳税人取得的应税所得,如有实物或有价证券,则应当按照当时取得的市场价格或其他方式折合成金额计算纳税。可见,应税所得是指货币所得或能以货币衡量和计算其价值的所得。

我们可以将应税所得界定为:自然人或法人在一定期间内,由于劳动、经营、投资或把财产提供他人使用而获得的连续性收入,扣除为取得收入所需费用后的余额。应税所得有广义和狭义两种解释。广义的解释不论其来源、方式,有形或无形,合法的还是非法的,经常的还是临时的、一次性的,一切收益均为应税所得;狭义的解释认为,所得仅限于运用资本,从事营业和提供劳务取得的收益、利润和报酬等。

(二)应税所得的分类

各国基于国情,对应税所得分类的规定并非一致,但从总体上可归为以下五类:

(1)经营所得,亦称事业所得,是指纳税人从事工业、农业、畜牧业、建筑业、金融业、服务业等一切生产性或非生产性经营活动所取得的纯收益;判断依据在于纳税人取得该项所得的经济活动是否为其主要经济活动。

(2)财产所得,是指纳税人凭借拥有的财产或通过销售财产所获取的收益。财产所得又分为两类:一类是不动产所得和动产所得,即纳税人从其拥有的不动产和动产上所取得的定期收益;另一类是由财产包括各种动产和不动产的转让过程中所产生的溢价收益,通常又称为资本所得。

(3)劳动所得,亦称劳务所得,是指个人从事劳务活动所获取的报酬,通常是个人所得税的征税对象。劳动所得又分为独立劳动所得和非独立劳动所得。前者指自由职业者从事专业性劳务取得的报酬;后者指纳税人因雇佣关系或相当于该关系而取得的工资、薪金、奖金等工资性报酬。

(4)投资所得,是指纳税人通过直接或间接投资形式所取得的股息、红利、利息、特许权使用费等项收益。投资所得是纳税人凭借占有资产而产生的利润追索权所获得的收益,属无形动产所得。

(5)其他所得,指除上述四类所得以外的其他所得,如保险赔偿金、终身劳保津贴、财产赠与所得、博彩收入等。

三、所得税管辖权的种类

所得税管辖权分为地域管辖权和居民管辖权两种。前者是指国家对有来源于其境内的所得的一切人均可予以征税的权力,也称收入来源地管辖权;后者是指对本国居民(或者公民)的所得,无论源于何处,均可予以征税的权力。

相应地,学者们无论是从理论上还是根据各国所得税法的实践,通常将纳税人分为两种类型:居民纳税人和非居民纳税人。其中,居民负有无限的纳税义务,这一居民,包括个人和法人,都构成一国税法上的居民,需要就其源于境内境外的全部所得向该国纳税。而非居民则仅承担有限的纳税义务,即仅对其源于该国境内的所得向该国纳税。

(一)居民所得税管辖权

对于自然人,确定居民的标准可归纳为如下几种:

(1)住所或居所标准。一个自然人如果在本国境内拥有住所或居所,即为本国居民。

居民指居住在一国境内并受该国法律管辖的人。包括本国人、外国人、无国籍人、双重国籍人等。据此,居民可以是公民,也可以不是公民,完全取决于自然人居住情况。住所是指一个人在管辖他的法律制度的领域内具有或被视为有永久住所时,确定与他有关的许多法律问题适用何种法律制度的连结点。一个人的住所部分取决于事实推定,部分取决于本人明示的意图。法律认为每个人都有原始住所,该住所将一直存留,除非此人移居别处且具有永久居住意图,从而取得了选择住所。居所是公民没有久住意思而暂时居住的处所,在无住所或住所无从考查的情况下,可把居所视为住所。对于跨国纳税人来说,住所是其利益重心,有长期居住的意图。一个人可以有多个居所,在居所从事经济活动。居所可以是固定房屋,也可以是旅馆、饭店、招待所,甚至可以是流动场所。

(2)时间标准。一些国家以自然人在本国居住或停留时间的长短作为其是否为本国居民的标准,并不考虑个人在该国境内是否拥有财产或房屋等。如果一个人在本国境内居住或停留的时间超过了税法规定的期间,即为本国居民纳税人。一些国家进一步根据居留时间的长短把居民分为固定居民和非固定居民。对于固定居民,一般各国所得税法均规定应就来源境内外一切所得征税;而对非固定居民,则只限于对他来源境内以及来源外国但在本国境内支付或实际汇入本国境内的那部分所得征税。

(3)混合标准。即不但考虑纳税人在本国是否有住所(居所),而且考虑其停留的时间。目前国际上广泛采用住所(居所)标准和时间标准相结合的混合标准综合确定自然人的居民身份。例如,德国所得税法规定,在德国境内有住所,或者无住所但有居所且居住6个月以上的自然人为德国税法上的居民。

(4)意愿标准。除以上标准外,一些国家还结合使用意愿标准,即对在本国有长期居住的主观意图或被认为有长期居住主观意图的自然人规定为本国居民纳税人。确定一个人是否有在本国长期居住的主观意图,通常根据其签证时间的长短、劳务合同的签订情况等因素。

除此之外,各国在税务实践中采用的标准还有"公民标准",即以拥有国籍,取得公民资格为判别标准。个人同某一个特定国家或政府实体间的法律上的联系为"公民"。根据这种联系,享有某些权利、特权以及因其效忠国家而享有受保护的权利,同时也承担各种义务。一个人是否具有某个国家的公民资格,取决于该国自身的法律制度。由于各种法律制度之间的差别,一些人可能无国籍,而另一些人则可能有一个以上国家的公民资格。

对于法人,各国确定居民身份的标准可归纳为以下几种:

(1)注册地标准,即对凡是按本国法律组建并登记注册的公司规定为本国居民公司,否则为非居民纳税人。此标准又称为法律标准或组建地标准。

(2)总机构标准,即以一个公司的总管理机构,如总公司、总店等是否在本国境内作为判定标准,如果一个公司总机构设在本国境内,即为本国居民公司。

(3)控制和管理中心标准,该标准以公司经营活动的实际控制和管理中心所在地为依据,凡是实际控制和管理中心所在地被认定在本国境内的公司为本国居民公司。

(4)主要经营活动地标准,该标准以公司经营业务的数量为依据,如果一个公司占最大比例的贸易额或利润额是在本国境内实现的,该公司即为本国居民公司。

(5)控股权标准,这是以一个公司拥有控制表决权的股份的股东的居民身份为依据,即如果一个公司握有能够控制表决权的股份的股东是本国居民,该公司也为本国居民公司。

不同的法人身份认定标准，实际上反映了对跨国税收管辖权的不同理解。控制和管理中心标准侧重经济活动中心，重视收入获得的决定性经济来源。总机构标准接近控制和管理中心标准，但是同时考虑到一般注册公司所在地与总机构所在地的一致。注册地标准侧重法律意义上的税收管辖权，突出法治思想。上述三种标准利弊不同。控制和管理中心标准为许多国家所采用，但是由于实际适用中标准较多，就难免产生一些不一致的地方，产生不确定的弊病。注册地标准比较确定和较易识别。在这种标准下，法人必须经过注册登记国的同意并办理有关手续，才能变更居民身份，因而可以有效地防止法人不正当变更自己的居民纳税人身份。许多国家在立法实践中往往综合运用几个标准来确定居民纳税人的身份，扬长避短，确保本国的居民税收管辖权。

（二）所得来源地管辖权

所得来源地管辖权，亦称地域管辖权，主要是征税国，即所得来源地对非居民所行使的税收管辖权。对非居民的征税，仅限于源自征税国境内的所得，对非居民来自征税国以外的所得则无权征税。各国对非居民（或非公民）是否有来源于本国境内的经营所得，主要是以其是否在本国境内设有从事经营活动的机构场所，即是否设有"常设机构"为标准来判定的。而常设机构是指一个企业进行其全部或部分经营活动的固定场所。主要包括管理机构、分支机构、办事处、工厂、车间、作业场所、矿场等。按照国际惯例和《OECD范本》及《联合国范本》的精神，所得来源国对常设机构的营业利润可以优先征收企业所得税，对来自不构成常设机构的营业地点取得的营业利润，则不能征收企业所得税，而只能适用预提所得税的规定。

第二节　企业所得税法

一、企业所得税法概述

（一）企业所得税法和企业所得税的概念

企业所得税法，是指调整国家和企业等纳税人之间在企业所得税的征纳和管理过程中所发生的社会关系的法律规范的总和。企业所得税，是指对一国境内的所有企业在一定期间内的生产经营所得和其他所得等收入，进行法定的生产成本、费用和损失等扣除后的余额征收的一种所得税。

2007年3月16日之前，我国企业所得税立法是采取内资企业所得税法和涉外企业所得税法并行的立法模式，区分内资企业和涉外企业，分别适用《企业所得税暂行条例》和《外商投资企业和外国企业所得税法》。内外资企业所得税的主要差异在于，外资企业享受更加优惠的税收政策，实际税收负担远远低于内资企业。造成这种立法分立的原因在于，我国在改革开放的过程中，急需引进外部的资金、管理和技术。

通过对外商投资的税收优待，我国成功引进了大量外资，对改革开放、促进经济发展发挥了重要作用。不过，随着改革开放进程的深入，我国经济社会的情况发生了很大的变化。特别是加入世贸组织后，国内市场对外资进一步开放，内资企业也逐渐融入世界经济体系之中，面临越来越大的竞争压力。内外有别的企业所得税政策，事实上使内资企业处于不平等的竞争地位，影响统一、规范、公平竞争的市场环境的建立。而且由于这种税收差异的存在，一些内资企业将资金转到境外再投资境内,从而享受外资企业所得税优惠。这种行为扭曲了企业的正常经营,造成国家的税款流失。

为了有效解决上述问题,2007年3月16日,第十届全国人民代表大会第五次会议通过了《企业所得税法》,统一适用于内资企业和外资企业,并自2008年1月1日起开始实施。2007年12月6日,国务院公布了《企业所得税法实施条例》,与《企业所得税法》同日实施。企业所得税"两法合并"的改革,有利于促进我国经济结构优化和产业升级,有利于为各类企业创造一个公平竞争的税收法制环境。和原来相比,《企业所得税法》在内容上体现了"四个统一":内资、外资企业适用统一的企业所得税法;统一并适当降低企业所得税税率;统一和规范收入确认和税前扣除办法;统一税收优惠政策,实行"产业优惠为主、区域优惠为辅"的新税收优惠体系。2017年2月24日、2018年12月29日,《企业所得税法》做了两次修正。2019年4月23日,《企业所得税法实施条例》修订并公布施行。

(二)企业所得税的特征

与其他非所得税类的税种,以及与同属所得税类的个人所得税相比较,企业所得税主要有以下特征:

(1)企业所得税的纳税人并非是任何形式的企业。在2008年之前,我国企业所得税的纳税人囊括了所有形式的企业,不分法人或非法人,不分公司或非公司,甚至合伙企业、独资企业一度都曾成为该税种的纳税人。企业设立的分支机构,只要符合独立核算的条件,也必须单独进行税务登记。世界上多数发达国家的企业所得税法仅对公司征收所得税或仅对法人征收所得税,我国对企业所得税纳税人的规定是,"在中华人民共和国境内,企业和其他取得收入的组织(以下统称企业)为企业所得税的纳税人",依照《企业所得税法》的规定缴纳企业所得税。依照中国法律、行政法规成立的个人独资企业、合伙企业不适用该法,依照外国法律成立的个人独资企业、合伙企业不在此列。并且,企业的分支机构不是独立的纳税人。

(2)企业所得税以企业的生产经营所得和其他所得为征税对象。这是企业所得税作为独立税种的最本质特征。作为纳税人的企业,往往要承担消费税、增值税、营业税等多项税负,但就其按税法确定的生产经营所得和其他所得而言,只需缴纳企业所得税。企业所得税的其他特征都是由这一根本特征派生出来的。由此可知,这里采纳的是一种最广义的"所得源泉说"应税所得理论,不管是经常的还是偶然的收入,不管是连续性的还是临时性的收入,都需依法纳税。

(3)企业所得税的计征与企业财务会计制度具有紧密的联系。这一特征主要表现在两个方面:第一,企业所得税的计征较其他所得税税种的计征要复杂得多,因此必须有完善合理的企业财务会计制度与之配套。我国现行的个人所得税有每月5000元免征额的规定,其计税依据较易确定;而由于企业的生产经营管理状况复杂多变,加上国家政策影响,同时还要进行各种生产成本、费用和损失的扣除并涉及对企业资产的税务处理等一系列问题,企业所得税的应纳税所得额和应纳税额较难确定,必须要通过企业财务会计制度加以协助确定。第二,企业所得税的应税所得与企业会计所得存在差异。虽然二者都是以生产经营所得进行一定扣除后的余额作为计算基础,但由于两种所得所依据的法规制度不同,其计算标准、适用对象和发挥的作用等均有所区别。

(三)企业所得税法律制度的模式

在一国同时开征公司所得税和个人所得税的情况下,公司缴纳公司所得税之后,对分配的股利,股东还需要缴纳个人所得税。这样,对于这部分股利就存在重复征税的问题。根据各国公司所得税法和个人所得税法对分配股利的不同处理办法,可将公司所得税法律制度大致分为三种模式:古典制、归属制和双率制。

(1) 古典制。古典制是不考虑重复征税的一种公司所得税制模式,即公司就其所得缴纳公司所得税,股东就其取得股利缴纳个人所得税。古典制的理论依据是"法人实质说"指导下的独立课税理论,即公司的所得和股东所分得的股利是两种独立的纳税主体的所得,应分别纳税。由于这种税制是一种传统观点的反映且历史悠久,所以被称为"古典制"。这种税制由于其在克服重复征税方面的缺陷,现已被大多数国家所放弃。

(2) 归属制。所谓归属制,是指将公司所支付的税款部分或全部归属到股东所取得的股利所得中的一种公司税制。归属制分为部分归属制和完全归属制两种。所谓部分归属制,是指把公司缴纳的税款一部分归属到股东身上。具体而言,就是将公司所得税的一部分看作是股东个人所得税的源泉预扣。这样,在计算个人所得税时,必须将这部分预扣的税款作为其股息所得的一部分估算出来,加在其应税所得中;而在算出其总的税负后,再将此预扣额抵免掉。在部分归属制下,可以减轻重复征税的程度。所谓完全归属制,是指公司缴纳的税款全部归属到股东身上。具体而言,将全部公司所得税看作是股东个人所得税的源泉预扣。这样,在计算个人所得税时,必须将这部分预扣的税款作为其股利所得的一部分估算出来,加在其应税所得中;而在算出其总的税负后,再将此项预扣额抵免掉。在完全归属制下,可以避免重复征税。

(3) 双率制。所谓双率制(或分率制),是指对公司已分配的利润和保留利润按不同的税率课征的一种公司税制。由于双率制下仍然涉及有无归属性税收抵免问题,故双率制又可分为双率古典制和双率归属制。所谓双率古典制,就是指不存在归属性税收抵免而分率课征的税制。所谓双率归属制,就是指存在归属性税收抵免而分率课征的税制。这一税制也有助于减轻或免除重复征税。

(四) 我国企业所得税立法

在2008年之前,我国企业所得税法律体系是经1991年对涉外企业所得税法的改革和1994年税制全面改革后形成以《企业所得税暂行条例》和《外商投资企业和外国企业所得税法》及其各自的《实施细则》为主,并配套以其他相关法律、法规的制度体系。从2008年1月1日开始,我国企业所得税法律体系进入了一个新阶段。

比较改革前后的企业所得税法,可以发现现行企业所得税法比改革前大为改进,表现在以下方面:

(1) 统一了纳税人的法律适用。《企业所得税法》生效之后,无论内资企业还是外资企业,都必须统一适用。另外,和各国的普遍做法保持一致,《企业所得税法》取消了《企业所得税暂行条例》中有关以"独立经济核算"为标准确定纳税人的规定,作为纳税人的"企业"的范围必须具备法人资格。这样,个人独资企业、合伙企业以及企业的分支机构,就不再是企业所得税的纳税人。

(2) 统一并适当降低了税率。《企业所得税法》生效以前,内资企业和外资企业所得税的名义税率均为33%。同时,对一些特殊区域的外资企业实行24%、15%的优惠税率,对内资微利企业分别实行27%、18%的两档照顾税率等,税率档次多,不同类型企业名义税率和实际税负差距较大。根据《企业所得税法》的规定,企业所得税的税率统一调低为25%,对符合条件的小型微利企业实行20%的照顾性税率。按照这个税率水平,内资企业的税负有所减轻,外资企业的税负有所增加,但幅度不大。从整体上看,与国际上尤其是周边国家(地区)的税率水平相比,新企业所得税的税率适中偏低,有利于提高企业竞争力和吸引外商投资。

(3) 统一和规范了收入确认和税前扣除办法。《企业所得税法》将收入总额界定为"企业以货币形式和非货币形式从各种来源取得的收入",同时将财政拨款、纳入财政管理的行政事业性收费、政府性基金等属于财政性资金的收入作为"不征税收入",将国债利息收入、符合条件的居民企业之间的股息、红利收入等规定为"免税收入",明确了企业所得税的应税所得范围。除了确认收入之外,原来内资、外资企业所得税在成本费用等扣除方面也不尽一致,内资企业所得税实行计税工资制度,外资企业所得税实行据实扣除制度。《企业所得税法》统一了企业实际发生的各项支出扣除政策,包括工资支出、公益性捐赠支出、广告费支出等。另外,对企业实际发生的固定资产、无形资产、长期待摊费用、投资资产和存货等方面的支出扣除,《企业所得税法》也做了统一规范。

(4) 统一了税收优惠。为统一内外资企业所得税的税负,结合各国税制改革的新形势,《企业所得税法》对原有的税收优惠政策进行了整合。新的税收优惠对象主要涉及:促进技术创新和科技进步的项目、基础设施建设项目、农业发展及环境保护与节能项目、安全生产项目、促进公益事业和照顾弱势群体的项目以及自然灾害专项减免项目等。

除了上述内容之外,《企业所得税法》还按照国际上通行的做法,采用了规范的"居民企业"和"非居民企业"的概念,明确了二者各自的纳税义务范围。在纳税方式上,《企业所得税》要求,不具有法人资格的居民企业,应当汇总计算、缴纳企业所得税。在反避税方面,《企业所得税法》借鉴国际惯例,对防止关联方转让定价做了明确规定,同时增加了一般反避税、防范资本弱化、防范避税地避税、核定程序和对补征税款加收滞纳金等条款,强化了反避税手段,有利于防范和制止避税行为,维护国家利益。

二、纳税人

(一) 企业所得税纳税人的范围

我国《企业所得税法》第1条规定,在中华人民共和国境内,企业和其他取得收入的组织(以下统称企业)为企业所得税的纳税人,依照该法的规定缴纳企业所得税。个人独资企业、合伙企业不适用该法。

和《企业所得税暂行条例》相比,我国《企业所得税法》关于纳税人的规定有两点明显的变化。第一,按照《企业所得税暂行条例》的规定,个人独资企业和合伙企业本来应该缴纳企业所得税,只是通过国务院2000年的特别规定,才不对个人独资企业和合伙企业征收企业所得税,只对其征收个人所得税。《企业所得税法》延续这种做法,明确规定个人独资企业和合伙企业不适用该法,使得我国企业所得税的性质,事实上成为一种法人所得税。第二,《企业所得税暂行条例》以是否实行独立经济核算,作为判断企业或者组织是否构成独立纳税人的标准。所谓独立核算,是指在银行开设结算账户,独立建立账簿,编制财务会计报表,独立计算盈亏。按照这个标准,企业的分支机构完全可能成为独立的纳税人。而根据《企业所得税法》关于纳税人的界定,企业的分支机构不再是独立的纳税人。居民企业在中国境内设立不具有法人资格的营业机构的,应当汇总计算并缴纳企业所得税。

（二）居民企业和非居民企业

居民是所得税法上非常重要的概念。纳税人是否是居民，居民纳税人的判断标准直接影响到纳税人实际的纳税义务。在我国以往的所得税立法中，对于如何判断纳税人的义务范围，虽然居民概念实际发挥了作用，成为我国税收管辖权的基础，但是没有在立法文件中明确提出来。《企业所得税法》第 2 条明确定义居民企业和非居民企业，并在第 3 条中廓清二者不同的纳税义务范围，这在我国所得税立法上还是第一次。

我国《企业所得税法》上所称的居民企业，是指依法在中国境内成立，或者依照外国（地区）法律成立但实际管理机构在中国境内的企业。非居民企业则是指依照外国（地区）法律成立且实际管理机构不在中国境内，但在中国境内设立机构、场所的，或者在中国境内未设立机构、场所，但有来源于中国境内所得的企业。可见，我国采纳的是登记注册地标准和实际管理机构地标准相结合的办法，用于判断居民企业和非居民企业。

居民企业应当就其来源于中国境内、境外的所得缴纳企业所得税。非居民企业在中国境内设立机构、场所的，应当就其所设机构、场所取得的来源于中国境内的所得以及发生在中国境外但与其所设机构、场所有实际联系的所得，缴纳企业所得税。非居民企业在中国境内未设立机构、场所的，或者虽设立机构、场所但取得的所得与其所设机构、场所没有实际联系的，应当就其来源于中国境内的所得缴纳企业所得税。

三、税率

按照我国《企业所得税法》第 4 条的规定，一般情况下，企业所得税的税率为 25%。这个税率水平比《企业所得税暂行条例》规定的内资企业所得税名义税率低 8%，比《外商投资企业和外国企业所得税法》规定的外资企业所得税税率名义上也低 8%。由于外商投资企业事实上适用 24% 或 15% 的优惠税率。再加上其他大量的税收优惠政策的存在，外商投资企业的实际税负平均在 15% 左右。① 不过，新税法执行后，部分外资企业可以继续按新税法规定享受高新技术企业优惠税率和小型微利企业照顾性低税率，一部分外资企业可以享受过渡优惠政策，新税法执行后对外资企业的即期财务成本应该不会造成大的影响。

非居民企业在中国境内未设立机构、场所的，或者虽设立机构、场所但取得的收入与其所设机构、场所没有实际联系的，应当就其来源于中国境内的所得缴纳企业所得税，其适用税率为 20%。这种情况下的税收，一般采取代扣代缴的形式，纳税人不能从中扣除任何费用。通过设置稍低一些的税率，可以在一定程度上体现纯所得的原则，体现不同类型所得的税收公平。

四、收入确认

企业所得税按纳税年度计算。纳税年度自公历 1 月 1 日起至 12 月 31 日止。企业在一个纳税年度中间开业，或者终止经营活动的，使该纳税年度的实际经营期不足 12 个月的，应当以其实际经营期为一个纳税年度。

企业每一纳税年度的收入总额，减除不征税收入、免税收入、各项扣除以及允许弥补以

---

① 参见北京大学财经法研究中心编：《追寻财税法的真谛——刘剑文教授访谈录》，法律出版社 2009 年版，第 56 页。

前年度亏损后的余额,为应纳税所得额。企业应纳税所得额的计算,以权责发生制为原则,属于当期的收入和费用,不论款项是否收付,均作为当期的收入和费用;不属于当期的收入和费用,即使款项已经在当期收付,均不作为当期的收入和费用。国务院及其财政、税务主管部门另有规定的除外。因此,为了准确合法地计算应纳税所得额,必须首先对企业所得税的收入确认有所了解。

根据我国《企业所得税法》第6条的规定,企业以货币形式和非货币形式从各种来源取得的收入,为收入总额。具体的收入类型包括:(1)销售收入,是指企业销售商品、产品、原材料、包装物、低值易耗品以及其他存货取得的收入;(2)提供劳务收入,是指企业从事建筑安装、修理修配、交通运输、仓储租赁、金融保险、邮电通信、咨询经纪、文化体育、科学研究、技术服务、教育培训、餐饮住宿、中介代理、卫生保健、社区服务、旅游、娱乐、加工以及其他劳务服务活动取得的收入;(3)转让财产收入,是指企业转让固定资产、生物资产、无形资产、股权、债权等财产取得的收入;(4)股息、红利等权益性投资收益,是指企业因权益性投资从被投资方取得的收入;(5)利息收入,是指企业将资金提供他人使用但不构成权益性投资,或者因他人占用本企业资金取得的收入,包括存款利息、贷款利息、债券利息、欠款利息等收入;(6)租金收入,是指企业提供固定资产、包装物或者其他有形资产的使用权取得的收入;(7)特许权使用费收入,是指企业提供专利权、非专利技术、商标权、著作权以及其他特许权的使用权取得的收入;(8)接受捐赠收入,是指企业接受的来自其他企业、组织或者个人无偿给予的货币性资产、非货币性资产;(9)其他收入,是指除去上述各项收入之外的一切收入,包括企业资产溢余收入、逾期未退包装物押金收入、确实无法偿付的应付款项、已作坏账损失处理后又收回的应收款项、债务重组收入、补贴收入、违约金收入、汇兑收益等。

我国《企业所得税法》第7条还规定,收入总额中的下列收入为不征税收入:

(1)财政拨款。财政拨款是指各级人民政府对纳入预算管理的事业单位、社会团体等组织拨付的财政资金,但国务院和国务院财政、税务主管部门另有规定的除外。对经营性企业的财政拨款一般仍然需要纳税。

(2)依法收取并纳入财政管理的行政事业性收费、政府性基金。行政事业性收费是指依照法律法规等有关规定,按照国务院规定的程序批准,在实施社会公共管理,以及在向公民、法人或者其他组织提供特定公共服务的过程中,向特定对象收取并纳入财政管理的费用。政府性基金,是指企业依照法律、行政法规等有关规定,代政府收取的具有专项用途的财政资金。行政事业性收费或者政府性基金如果不满足上述条件,则不能从征税对象中排除。

(3)国务院规定的其他不征税收入。国务院规定的其他不征税收入,是指企业取得的,由国务院财政、税务主管部门规定专项用途并经国务院批准的财政性资金。

五、扣除项目

(一)企业所得税的准予扣除的一般要求

我国《企业所得税法》第8条规定,企业实际发生的、与取得收入有关的、合理的支出,包括成本、费用、税金、损失和其他支出,准予在计算应纳税所得额时扣除。所谓"实际发生",是指支出真实、而非虚构。所谓"有关的支出",是指与取得收入直接相关的支出,间接相关的不在其内。所谓"合理的支出",是指符合生产经营活动常规,应当计入当期损益或者有关资产成本的必要和正常的支出。这说明,企业能够扣除的费用必须符合真实性、相关性和合理性原则。只要符合上述原则,又不属于限制扣除和禁止扣除项目,企业发生的成本、费用、损失、税金和其他支出,就可以从收入总额中予以扣除。企业发生的支出应当区分收益性支出和资本性支出。收益性支出在发生当期直接扣除;资本性支出应当分期扣除或者计入有关资产成本,不得在发生当期直接扣除。企业的不征税收入用于支出所形成的费用或者财产,不得扣除或者计算对应的折旧、摊销扣除。除《企业所得税法》及其《实施条例》另有规定外,企业实际发生的成本、费用、税金、损失和其他支出,不得重复扣除。企业的收入总额减除准予扣除项目之后的余额,才是企业的应税所得额。

(1) 成本,是指企业在生产经营活动中发生的销售成本、销货成本、业务支出以及其他耗费。《企业所得税法》第15条规定,企业使用或者销售存货,按照规定计算的存货成本,准予在计算应纳税所得额时扣除。第16条又规定,企业转让资产,该项资产的净值,准予在计算应纳税所得额时扣除。这两条涉及成本的扣除。

(2) 费用,即纳税人为生产、经营商品和提供劳务等所发生的销售(经营)费用、管理费用和财务费用,已计入成本的有关费用除外。销售费用是应由纳税人负担的为销售商品而发生的费用,包括广告费、运输费、装卸费、包装费、展览费、保险费、销售佣金、代销手续费、经营性租赁费及销售部门发生的差旅费、工资、福利费等费用。管理费用是纳税人的行政管理部门为管理组织经验活动提供各项支援性服务而发生的费用。财务费用是纳税人筹集经营性资金而发生的费用,包括利息净支出、汇兑净损失、金融机构手续费以及其他非资本化支出。

(3) 税金,是指企业发生的除企业所得税和允许抵扣的增值税以外的各项税金及其附加。增值税属于价外税,故不在扣除之列。

(4) 损失,是指企业在生产经营活动中发生的固定资产和存货的盘亏、毁损、报废损失、转让财产损失、呆账损失、坏账损失、自然灾害等不可抗力因素造成的损失以及其他损失。企业发生的损失,减除责任人赔偿和保险赔款后的余额,依照国务院财政、税务主管部门的规定扣除。企业已经作为损失处理的资产,在以后纳税年度又全部收回或者部分收回时,应当计入当期收入。

(5) 其他支出,是指除成本、费用、税金、损失外,企业在生产经营活动中发生的与生产经营活动有关的、合理的支出。

目前,除了设置限制扣除项目和禁止扣除项目之外,《企业所得税法》并没有规定每个项目的扣除方法,而是授权国务院财政、税务部门制定具体的标准。在计算应纳税所得额时,企业财务、会计处理办法与税收法律、行政法规的规定不一致的,应当依照税收法律、行政法规的规定计算。

(二) 企业所得税的准予扣除项目

按照我国《企业所得税法》,除资本性项目外,下列项目在规定的范围和标准内准予扣除:主要涉及公益性捐赠支出、资本性支出以及亏损弥补。

(1) 公益性捐赠支出。按相关规定,企业当年发生以及以前年度结转的公益性捐赠支出,不超过年度利润总额12%的部分,准予扣除。所谓公益性捐赠,是指企业通过公益性社会组织或者县级以上人民政府及其部门,用于符合法律规定的慈善活动、公益事业的捐赠。

(2) 资本性支出。按相关规定,在计算应纳税所得额时,企业按照规定计算的固定资产折旧、无形资产摊销费用、长期待摊费用,准予扣除。企业使用或者销售存货,按照规定计算的存货成本,准予在计算应纳税所得额时扣除。

(3) 亏损弥补。按相关规定,企业发生的亏损,准予向以后年度结转,用以后年度的所得弥补,但结转年限最长不得超过 5 年。

根据我国《企业所得税法实施条例》第 34—50 条的列举,下列项目在规定的标准和范围内准予扣除或不得扣除:

(1) 企业发生的合理的工资、薪金支出,准予扣除。

(2) 企业依照国务院有关主管部门或者省级人民政府规定的范围和标准为职工缴纳的基本养老保险费、基本医疗保险费、失业保险费、工伤保险费、生育保险费等基本社会保险费和住房公积金,准予扣除。企业为投资者或者职工支付的补充养老保险费、补充医疗保险费,在国务院财政、税务主管部门规定的范围和标准内,准予扣除。

(3) 除企业依照国家有关规定为特殊工种职工支付的人身安全保险费和国务院财政、税务主管部门规定可以扣除的其他商业保险费外,企业为投资者或者职工支付的商业保险费,不得扣除。

(4) 企业在生产经营活动中发生的合理的、不需要资本化的借款费用,准予扣除。企业为购置、建造固定资产、无形资产和经过 12 个月以上的建造才能达到预定可销售状态的存货发生借款的,在有关资产购置、建造期间发生的合理的借款费用,应当作为资本性支出计入有关资产的成本,并依照规定扣除。

(5) 企业在生产经营活动中发生的下列利息支出,准予扣除:第一,非金融企业向金融企业借款的利息支出、金融企业的各项存款利息支出和同业拆借利息支出、企业经批准发行债券的利息支出;第二,非金融企业向非金融企业借款的利息支出,不超过按照金融企业同期同类贷款利率计算的数额的部分。

(6) 企业在货币交易中,以及纳税年度终了时将人民币以外的货币性资产、负债按照期末即期人民币汇率中间价折算为人民币时产生的汇兑损失,除已经计入有关资产成本以及与向所有者进行利润分配相关的部分外,准予扣除。

(7) 企业发生的职工福利费支出,不超过工资、薪金总额 14% 的部分,准予扣除。企业拨缴的工会经费,不超过工资、薪金总额 2% 的部分,准予扣除。除国务院财政、税务主管部门另有规定外,企业发生的职工教育经费支出,不超过工资、薪金总额 2.5% 的部分,准予扣除;超过部分,准予在以后纳税年度结转扣除。

(8) 企业发生的与生产经营活动有关的业务招待费支出,按照发生额的 60% 扣除,但最高不得超过当年销售(营业)收入的 5‰。企业发生的符合条件的广告费和业务宣传费支出,除国务院财政、税务主管部门另有规定外,不超过当年销售(营业)收入 15% 的部分,准予扣除;超过部分,准予在以后纳税年度结转扣除。

(9) 企业依照法律、行政法规有关规定提取的用于环境保护、生态恢复等方面的专项资金,准予扣除。上述专项资金提取后改变用途的,不得扣除。

(10) 企业参加财产保险,按照规定缴纳的保险费,准予扣除。

(11) 企业根据生产经营活动的需要租入固定资产支付的租赁费,按照以下方法扣除:第一,以经营租赁方式租入固定资产发生的租赁费支出,按照租赁期限均匀扣除;第二,以融资租赁方式租入固定资产发生的租赁费支出,按照规定构成融资租入固定资产价值的部分应当提取折旧费用,分期扣除。

(12) 企业发生的合理的劳动保护支出,准予扣除。

(13) 企业之间支付的管理费、企业内营业机构之间支付的租金和特许权使用费,以及非银行企业内营业机构之间支付的利息,不得扣除。

(14) 非居民企业在中国境内设立的机构、场所,就其中国境外总机构发生的与该机构、场所生产经营有关的费用,能够提供总机构出具的费用汇集范围、定额、分配依据和方法等证明文件,并合理分摊的,准予扣除。

(三) 企业所得税的禁止扣除项目

(1) 与对外投资有关的开支。企业的对外投资虽然是一种支出,但根据《企业所得税法》第14条的规定,对外投资期间,投资资产的成本在计算应纳税所得额时不得扣除。这里所谓的"不得扣除",不仅包括直接扣除,也包括折旧或摊销。不过,一般而言,在转让、处置有关投资资产时,投资资产的成本可以从取得的财产转让收入中减除,据以计算财产转让所得或损失。

(2) 与弥补亏损相关的开支。一般情况下,企业在境内设立多个营业机构时,一个营业机构的亏损可以抵减另一个营业机构的盈利。但《企业所得税法》第17条规定,企业在汇总计算缴纳企业所得税时,其境外营业机构的亏损不得抵减境内营业机构的盈利。

(3) 与取得收入不相关的开支。例如,《企业所得税法》第10条规定,在计算应纳税所得额时,下列支出不得扣除:向投资者支付股息、红利等权益性投资收益款项;企业所得税税款;税收滞纳金;罚金、罚款和被没收财物的损失;《企业所得税法》第9条规定以外的捐赠支出;赞助支出;未经核定的准备金支出;与取得收入无关的其他支出。

六、应纳税额的计算

(一) 应纳税额计算的一般方法

企业每一纳税年度的收入总额,减除不征税收入、免税收入、各项扣除以及允许弥补的以前年度亏损后的余额,为应纳税所得额。企业的应纳税所得额乘以适用税率,减除税收减免和税收抵免后的余额,即为应纳税额。具体的计算公式是:

$$应纳税所得额 = 收入总额 - 不征税收入 - 免税收入 - 准予扣除项目 - 以前年度的亏损$$

$$应纳税额 = 应纳税所得额 \times 适用税率 - 税收减免额 - 税收抵免额$$

(二) 非居民企业应纳税额的计算

非居民企业在中国境内未设立机构、场所的,或者虽设立机构、场所但取得的所得与其所设机构、场所没有实际联系的,应当就其来源于中国境内的所得缴纳企业所得税,其适用税率为20%。根据《企业所得税法》第19条的规定,非居民企业取得的此类所得,按照下列方法计算其应纳税所得额:

(1) 股息、红利等权益性投资和利息、租金、特许权使用费所得,以收入全额为应纳税所得额;

(2) 转让财产所得,以收入全额减除财产净值后的余额为应纳税所得额;

(3) 其他所得,参照前两项规定的方法计算应纳税所得额。

(三) 企业所得税的税收抵免

税收抵免是解决跨国所得重复征税的方法之一。按照这种方法,对于纳税人的境外所得,只要没有超过抵免限额,其在境外所缴纳的税款,就可以从纳税人的应纳税额中予以扣除。我国《企业所得税法》既规定了直接税收抵免,又规定了间接税收抵免,二者的原理基本一致,但在具体做法上有一些不同。

(1) 直接抵免。《企业所得税法》第23条规定,企业取得的下列已在境外缴纳的所得税税额,可以从其当期应纳税额中抵免,抵免限额为该项所得依照该法规定计算的应纳税额;超过抵免限额的部分,可以在以后5个年度内,用每年度抵免限额抵免当年应抵税额后的余额进行抵补:一是居民企业来源于中国境外的应税所得;二是非居民企业在中国境内设立机构、场所,取得发生在中国境外但与该机构、场所有实际联系的应税所得。

根据上述规定,抵免限额的计算公式是:

$$抵免限额 = 境外所得 \times 本国税率$$

设定抵免限额的意义,主要是针对外国企业所得税税率高于中国企业所得税税率的情况。如果没有抵免限额的要求,当外国税率高于中国税率时,对同一笔所得,中国政府所收取的税款,将不足以抵扣其在境外已经缴纳的税款。这样造成的后果是,中国政府将对纳税人提供财政补贴,而外国政府则从其高税率中得到好处。

(2) 间接抵免。《企业所得税法》第24条规定,居民企业从其直接或者间接控制的外国企业分得的来源于中国境外的股息、红利等权益性投资收益,外国企业在境外实际缴纳的所得税税额中属于该项所得分担的部分,可以作为该居民企业的可抵免境外所得税税额,在该法第23条规定的抵免限额内抵免。所谓"直接控制",是指居民企业直接持有外国企业20%以上股份。所谓"间接控制",是指居民企业以间接持股方式持有外国企业20%以上股份,具体认定办法由国务院财政、税务主管部门另行制定。

在直接抵免的情况下,纳税人直接在国外取得所得,而该所得已经在境外根据当地法律纳税。如果中国又对其征税,就构成了重复征税。这样的重复征税,又被称为法律上的重复征税。通过直接抵免,可以在很大程度上消除这种重复征税。而在间接抵免的情况下,纳税人并没有直接在境外获得收入,而是通过其投资的企业获得收入。从法律上看,纳税人与其投资的企业是两个独立的纳税人,即使同时被两国课税,也不存在重复征税的问题。但是,纳税人的所得已经是税后所得,事实上已经承受经济上的负担。所以,这种重复征税又被称为经济性的重复征税。通过间接抵免的方式,可以在很大程度上将其予以消除。

七、税收优惠

(一) 税收优惠的一般原则

从量能课税的角度看,税收优惠主要涉及税收负担能力的衡量。例如,我国《个人所得税法》所规定的工资、薪金免征额,就体现了生存权保障和税收公平的要求。企业所得税法中的税收优惠,主要涉及经济发展等政策性的衡量。这种优惠在形式上不符合量能课税原则,但在目前政府促进经济发展,提高国际竞争力的背景下,这也是一种不可忽略的法律手段。

在《企业所得税法》生效以前,我国针对企业设计了很多优惠政策,其中最显著的两个特点,一是根据资金的来源对外资提供更多的优惠,二是根据地域的划分对沿海地区、经济开发区提供更多的优惠。外资优惠政策促进了外资的引入,但导致内外资企业的不公平竞争。地区优惠政策促进了沿海地区、经济特区和经济开发区的发展,但是对特定经济区域之外的企业构成了歧视。企业所得税税收优惠政策的改革,主要就是针对这两个特点而来的。

我国《企业所得税法》第25条规定,国家对重点扶持和鼓励发展的产业和项目,给予企业所得税优惠。从这一条的内容可以看出,企业所得税优惠政策已经发生转变,从外资优惠和地区优惠转变到产业优惠和项目优惠。只要是国家重点扶持和鼓励发展的产业和项目,无论投资资金来源于境内还是境外,无论投资地点在沿海还是内地,在经济开发区还是老城区,都可以享受到税收减免。

(二)法定免税项目

我国《企业所得税法》第26条规定,企业的下列收入为免税收入:

(1)国债利息收入。国债利息收入之所以在各国普遍免税,是因为其利率相对银行存款利率低,同时也是体现对购买国债行为的鼓励。目前,普遍认为我国银行存款的风险并不甚于国债,所以无法在利率上进行比较,只能反映出国家对购买国债行为的鼓励。

(2)符合条件的居民企业之间的股息、红利等权益性投资收益。这种免税主要是为了避免重复征税。企业的投资所得一般都已经是税后收入。如果再对其征税,就会构成重复征税。不过,这种免税待遇,只限于居民企业之间。居民与非居民企业之间的投资收益,适用《企业所得税法》关于间接抵免的规定。

(3)在中国境内设立机构、场所的非居民企业从居民企业取得的与该机构、场所有实际联系的股息、红利等权益性投资收益。这种免税也是为了避免双重征税,其原理前文已经作出解释。

(4)符合条件的非营利组织的收入。非营利组织如果从事公益活动,实际上代行了部分政府职能,因此可以考虑免除企业所得税,以体现对其行为的支持和鼓励。

(三)酌定减免税

《企业所得税法》第27条规定,企业的下列所得,可以免征、减征企业所得税:(1)从事农、林、牧、渔业项目的所得;(2)从事国家重点扶持的公共基础设施项目投资经营的所得;(3)从事符合条件的环境保护、节能节水项目所得;(4)符合条件的技术转让所得;(5)非居民企业在中国境内未设立机构、场所的,或者虽设立机构、场所但取得的所得与其所设机构、场所没有实际联系的,来源于中国境内的所得。

以上减免税之所以被称为酌定减免税,是因为这是一项授权性的规定。在规定的范围内,政府根据授权,可以决定是否给予这些项目减免税,也可以根据需要调整已有的减免税。对于政府据此发布的减免税项目,企业是否需要进行申请,根据具体的减免税办法而定。如果规定需要进行申请,则只有经过纳税人申请和政府批准,纳税人才能享受减免税待遇。

(四)低税率

我国《企业所得税法》第28条规定,符合条件的小型微利企业,减按20%的税率征收企业所得税。国家需要重点扶持的高新技术企业,减按15%的税率征收企业所得税。在标准税率之下,政府对特定企业或项目适用低税率,本身也是一种税收优惠。

根据我国《企业所得税法实施条例》第92条的规定,小型微利企业是指从事国家非限制和禁止行业,并符合下列条件的企业:(1)工业企业,年度应纳税所得额不超过30万元,从业人数不超过100人,资产总额不超过3000万元;(2)其他企业,年度应纳税所得额不超过30万元,从业人数不超过80人,资产总额不超过1000万元。

财政部、国家税务总局进一步规定,自2019年1月1日至2021年12月31日,对小型微利企业年应纳税所得额不超过100万元的部分,减按25%计入应纳税所得额,按20%的税率缴纳企业所得税;对年应纳税所得额超过100万元但不超过300万元的部分,减按50%计入应纳税所得额,按20%的税率缴纳企业所得税。同时将小型微利企业的限制条件放宽:同时符合年度应纳税所得额不超过300万元、从业人数不超过300人、资产总额不超过5000万元等三个条件(财税〔2019〕13号)。为进一步支持小微企业和个体工商户发展,财政部、税务总局联合发布《关于实施小微企业和个体工商户所得税优惠政策的公告》(财政部 税务总局公告2021年第12号)明确,自2021年1月1日至2022年12月31日,对小型微利企业年应纳税所得额不超过100万元的部分,在《关于实施小微企业普惠性税收减免政策的通知》(财税〔2019〕13号)第2条规定的优惠政策基础上,再减半征收企业所得税;对个体工商户年应纳税所得额不超过100万元的部分,在现行优惠政策基础上,减半征收个人所得税。

2014年,财政部、国家税务总局发文规定,自2014年1月1日起至2020年12月31日,对设在横琴新区、平潭综合实验区和前海深港现代服务业合作区的鼓励类产业企业减按15%的税率征收企业所得税;企业既符合减按15%税率征收企业所得税优惠条件,又符合《企业所得税法》及其实施条例和国务院规定的其他各项税收优惠条件的,可以同时享受;其中符合其他税率优惠条件的,可以选择最优惠的税率执行;涉及定期减免税的减半优惠的,应按照25%的法定税率计算的应纳税额减半征收企业所得税(《关于广东横琴新区、福建平潭综合实验区、深圳前海深港现代化服务业合作区企业所得税优惠政策及优惠目录的通知》,财税〔2014〕26号)。2021年5月27日,财政部、国家税务总局发布《关于延续深圳前海深港现代服务业合作区企业所得税优惠政策的通知》(财税〔2021〕30号),明确对前海深港现代服务业合作区企业所得税15%优惠税率的政策延长至2025年12月31日。

2020年6月23日,财务部、国家税务总局发布《关于海南自由贸易港企业所得税优惠政策的通知》(财税〔2020〕31号)。该《通知》规定,自2020年1月1日起至2024年12月31日,对注册在海南自由贸易港并实质性运营的鼓励类产业企业,减按15%的税率征收企业所得税;对在海南自由贸易港设立的旅游业、现代服务业、高新技术产业企业新增境外直接投资取得的所得,免征企业所得税。

(五)民族自治地区的特别规定

民族自治地方实行财政自治。我国《民族区域自治法》第34条规定,民族自治地方的自治机关在执行国家税法的时候,除应由国家统一审批的减免税收项目以外,对属于地方财政收入的某些需要从税收上加以照顾和鼓励,可以实行减税或者免税。自治州、自治县决定减税或者免税,须报省、自治区、直辖市人民政府批准。与此相一致,《企业所得税法》第29条也规定,民族自治地方的自治机关对本民族自治地方的企业应缴纳的企业所得税中属于地方分享的部分,可以决定减征或者免征。自治州、自治县决定减征或者免征的,须报省、自治区、直辖市人民政府批准。

(六)加计扣除

所谓加计扣除,是指在准予纳税人按实际成本、费用、损失、税金完全扣除的基础上,允许纳税人对特定项目的开支再扣除一定的比例。加计扣除会降低纳税人的应税所得,也就等于减免了纳税人应纳税款。加计扣除的费用范围一般是与技术创新有关的项目,或者属于其他特定的需要鼓励和照顾的项目。

企业的下列支出,可以在计算应纳税所得额时加计扣除:(1)开发新技术、新产品、新工艺发生的研究开发费用,在按照规定据实扣除的基础上,按照研究开发费用的50%加计扣除;形成无形资产的,按照无形资产成本的150%摊销;(2)企业安置残疾人员的,在按照支付给残疾职工工资据实扣除的基础上,按照支付给残疾职工工资的100%加计扣除。

(七)投资抵扣与抵免

投资抵免主要针对特定类型的投资项目。一般情况下,企业的对外投资支出不允许从企业年度总收入中扣除。《企业所得税法》第14条即规定,企业对外投资期间,投资资产的成本在计算应纳税所得额时不得扣除。

不过,为了鼓励特定类型的投资,对于企业的投资额,法律采取了抵扣和抵免两种方法。《企业所得税法》及其《实施条例》规定:(1)创业投资企业采取股权投资方式投资于未上市的中小高新技术企业2年以上的,可以按照其投资额的70%在股权持有满2年的当年抵扣该创业投资企业的应纳税所得额;当年不足抵扣的,可以在以后纳税年度结转抵扣创业投资企业从事国家需要重点扶持和鼓励的创业投资,可以按投资额的一定比例抵扣应纳税所得额。(2)企业购置用于符合条件的环境保护、节能节水、安全生产等专用设备的投资额,其投资额的10%可以从企业当年的应纳税额中抵免;当年不足抵免的,可以在以后5个纳税年度结转抵免。可以按一定比例实行税额抵免,具体的比例由国务院另行规定。需要指出的是,"抵扣"应纳税所得额与"抵免"应纳税额是不一样的。前者只是相当于将投资作为费用扣除,后者则是直接冲抵应纳税款。

财政部、税务总局、发展改革委、证监会分别于2020年和2021年两次联合发文,对北京市中关村国家自主创新示范区(《关于中关村国家自主创新示范区公司型创业投资企业有关企业所得税试点政策的通知》,财税〔2020〕63号)和上海市浦东新区特定区域(《关于上海市浦东新区特定区域公司型创业投资企业有关企业所得税试点政策的通知》,财税〔2021〕53号)内的公司型创业投资企业试行企业所得税税收优惠政策。

(八)加速折旧

加速折旧可以从两方面进行:一是缩短折旧年限,二是采用加速折旧法。加速折旧法的依据是效用递减,即固定资产的效用随着其使用寿命的缩短而逐渐降低。当固定资产处于较新状态时,效用高,产出也高,而维修费用较低,所取得的先进流量较大;当固定资产处于较旧状态时,效用低,产出也小,而维修费用较高,所取得的先进流量较小。这样,按照配比原则的要求,折旧费用应当呈递减的趋势。加速折旧法使折旧费用呈递减的动态,则企业缴纳的所得税便呈递增的状态。与直接法相比,所得税的现值总额就更低,这实质上可以使企业获得一笔无息贷款。从这个意义上讲,折旧是国家的一项宏观经济政策,可用于鼓励某一行业的发展或刺激投资。

正是基于这个原理,《企业所得税法》第32条规定,企业的固定资产由于技术进步等原因,确需加速折旧的,可以缩短折旧年限或者采取加速折旧方法。对此,财政部、国家税务总局分别于2014年和2015年出台了《关于完善固定资产加速折旧企业所得税政策的通知》(财税〔2014〕75号)和《关于进一步完善固定资产加速折旧企业所得税政策的通知》(财税〔2015〕106号),进一步扩大了企业所得税固定资产加速折旧范围。

(九)减计收入

和加计扣除不同的是,减计收入是指按照税法规定准予对经营活动取得的应税收入,按一定比例减少计算,进而减少应纳税所得额的一种税收优惠措施。按照《企业所得税法实施条例》的规定,企业综合利用资源,生产符合国家产业政策规定的产品所取得的收入,可以在计算应纳税所得额时按90%计入收入总额。至于哪些是符合国家产业政策规定的产品,可以减计多少收入,具体办法由国务院规定。

(十)税收优惠的授权

税收优惠是一项政策性非常强的活动,需要根据具体的经济活动进行确定和调整。《企业所得税法》虽然明确了税收优惠的原则,也规定了税收优惠的对象和方法,但是何种类型的企业符合这些标准,税收优惠的幅度如何把握,何种优惠最适合特定的行为或主体,《企业所得税法》本身很难予以细化,只能由行政机关在执行过程中酌情确定。正是基于这个考虑,《企业所得税法》第35条规定,该法规定的税收优惠的具体办法,由国务院规定。此外,第36条还规定,除了已经规定的税收优惠项目外,根据国民经济和社会发展的需要,或者由于突发事件等原因对企业经营活动产生重大影响的,国务院可以制定企业所得税专项优惠政策,报全国人民代表大会常务委员会备案。

(十一)税收优惠的过渡措施

为了保护纳税人的信赖利益,根据《企业所得税法》第57条的规定,该法公布前已经批准设立的企业,依照当时的税收法律、行政法规规定,享受低税率优惠的,按照国务院规定,可以在该法实施后5年内,逐步过渡到该法规定的税率;享受定期减免税优惠的,按照国务院规定,可以在该施行后继续享受到期满为止,但因未获利而尚未享受税收优惠的,优惠期限从本法施行年度起计算。法律设置的发展对外经济合作和技术交流的特定地区内以及国务院已规定执行上述地区特殊政策的地区内新设立的国家需要重点扶持的高新技术企业,可以享受过渡性税收优惠,具体办法由国务院规定。国家已确定的其他鼓励类企业,可以按照国务院规定享受减免税优惠。

八、特别纳税调整

特别纳税调整其实就是反避税。《企业所得税法》专设"特别纳税调整"一章,除了继承《企业所得税暂行条例》和《外商投资企业与外国企业所得税法》中已有的关联企业转让定价规则外,新增了利润拟制分配、资本弱化规则两种特别反避税规则。不仅如此,《企业所得税法》还规定了一般反避税条款,授权税务机关采取合理措施应对各种避税行为。对此,《企业所得税法实施条例》和国家税务总局发布的规范性文件也专门做了细化和解释。

(一)转让定价规则

转让定价是指对集团内部的一个部门提供给集团内部其他部门产品或劳务等内部交易进行作价,即对关联企业间的交易进行定价的行为。关联企业之间的关系较为复杂,有的是从属关系,有的是股权关系,有的是平行关系。由于关联企业之间存在这种复杂而特殊的关系,因此,关联企业为了谋求它们共同的经济利益,就有可能利用关联关系作为掩护,进行避税活动。关联企业之间进行避税的手段主要有两种:一是通过抬高或压低商品、劳务价格或资金利率来转移利润;二是通过不合理地分担成本、费用,改变关联企业的利润状况。我国关联企业间转让定价规则的主要内容如下:

(1)企业与其关联方之间的业务往来,不符合独立交易原则而减少企业或者其关联方应纳税收入或者所得额的,税务机关有权按照合理方法调整。

(2)企业与其关联方共同开发、受让无形资产,或者共同提供、接受劳务发生的成本,在计算应纳税所得额时应当按照独立交易原则进行分摊。

(3) 企业可以向税务机关提出与其关联方之间业务往来的定价原则和计算方法,税务机关与企业协商、确认后,达成预约定价安排。

(4) 企业向税务机关报送年度企业所得税纳税申报表时,应当就其与关联方之间的业务往来,附送年度关联业务往来报告表。税务机关在进行关联业务调查时,企业及其关联方,以及与关联业务调查有关的其他企业,应当按照规定提供相关资料。

(5) 企业不提供与其关联方之间业务往来资料,或者提供虚假、不完整资料,未能真实反映其关联业务往来情况的,税务机关有权依法核定其应纳税所得额。

(二) 受控外国公司规则

根据《企业所得税法》第 45 条,由居民企业或者由居民企业和中国居民控制的设立在实际税负明显低于 25% 的国家或地区的企业,并非由于合理的经营需要而对利润不作分配或者减少分配的,上述利润中应归属于该居民企业的部分,应当计入该居民企业的当期收入。这就是税法上的受控外国公司规则,其核心即在于利润的拟制分配。

这里所称的"控制",包括:(1) 居民企业或者中国居民直接或者间接单一持有外国企业 10% 以上有表决权股份,且由其共同持有该外国企业 50% 以上股份;(2) 居民企业,或者居民企业和中国居民持股比例没有达到前项规定的标准,但在股份、资金、经营、购销等方面对该外国企业构成实质控制。这里所称实际税负明显低于 25% 的税率水平,是指低于其 50%。

拟制分配并不是实际的利润分配,它针对的是企业将投资收益保留在境外低税率地区,逃避本国税收管辖权的现象。由于存在税率的差异,如果纳税人能够长期将利润保留在境外,不向本国缴纳企业所得税,就可以获得可观的期限利益,但会给本国造成税收损失。所以许多国家都规定,如果出现这种现象,即便纳税人没有实际分配利润,对于投资收益中应该归属于本国企业的部分,应当计入该企业的当期收入。

我国税法以前没有受控外国公司规则,《企业所得税法》的上述条款首开先河,对于企业在境外积累利润,不将利润调入境内的行为,会产生强有力的抑制作用。

(三) 资本弱化规则

资本弱化规则涉及利息和股息的不同税收待遇。例如,根据《企业所得税法》第 10 条第 1 项的规定,企业向投资者支付的股息、红利等权益性投资收益款项,不得从收入总额中扣除。但是,对于企业向债权人支付的利息,《企业所得税法》却没有禁止性或限制性规定。由于这种差别的存在,同样的投资总额,如果采用债权性投资,即从关联方借款,相比股权性投资,即便收入总额相同,企业当期的应税所得也会降低。也正是因为如此,为了规避企业所得税,投资人会尽量降低股权性投资的比重,提高债权性投资的比重。

针对这种现象,《企业所得税法》第 46 条规定,企业从其关联方接受的债权性投资与权益性投资的比例超过规定标准而发生的利息支出,不得在计算应纳税所得额时扣除。至于债权性投资与股权性投资的比例究竟应该是多少,才会导致利息支出不能从收入总额中扣除,财政部和国家税务总局在《关于企业关联方利息支出税前扣除标准有关税收政策问题的通知》(财税〔2008〕121 号)中规定,金融性企业为 5∶1,其他企业为 2∶1。不过,企业如果能够按照税法及其实施条例的有关规定提供相关资料，并证明相关交易活动符合独立交易原则的；或者企业的实际税负不高于境内关联方的，其实际支付给境内关联方的利息支出，在计算应纳税所得额时准予扣除。

这里所称债权性投资，是指企业直接或者间接从关联方获得的，需要偿还本金和支付利息或者需要以其他具有支付利息性质的方式予以补偿的融资。企业间接从关联方获得的债权性投资，包括：(1) 关联方通过无关联第三方提供的债权性投资；(2) 无关联第三方提供的、由关联方担保且负有连带责任的债权性投资；(3) 其他间接从关联方获得的具有负债实质的债权性投资。权益性投资是指企业接受的不需要偿还本金和支付利息，投资人对企业净资产拥有所有权的投资。

（四）一般反避税规则

以上所介绍的特别纳税调整，都属于特别的反避税规则。但是，现实生活中的避税形式不胜枚举，远远超出《企业所得税法》所列举的范围。为了解决这个问题，《企业所得税法》第47条规定，企业实施其他不具有合理商业目的的安排而减少其应纳税收入或者所得额的，税务机关有权按照合理方法调整。这里所称的"不具有合理商业目的"，是指以减少、免除或者推迟缴纳税款为主要目的。这条规定形式上属于兜底条款，实际上属于一般反避税规则，对于遏制企业的各种避税行为，将产生深远的影响。

不可忽视的是，企业行为是否具有合理商业目的，这本身并不容易判断，站在不同立场可能会得出不同结论。《企业所得税法》将判断权交给税务机关，如果税务机关行使不当或者滥用权力，对纳税人的利益将产生非常大的损害。因此，在后续的立法中，应该通过标准、程序等方式，加上具有约束力的判例的积累，对税务机关的权力进行约束，防止其侵犯纳税人的权利。

还需要注意的是，无论是根据一般反避税规则，还是根据特别纳税调整规则，对于非正常交易行为，《企业所得税法》只是赋予税务机关调整交易结果的权力，这种调整并不具有评价交易本身合法性和有效性的效力。正因为如此，这些行为在税法上不具有可罚性，税务机关不能对其进行处罚。

（五）加计利息规则

根据《企业所得税法》第48条的规定，税务机关依照规定作出纳税调整，需要补征税款的，应当补征税款，并按照国务院规定加收利息。

在我国目前的税法体系中，只有《税收征收管理法》对特定情况规定了利息。《税收征收管理法》第51条规定，纳税人超过应纳税额缴纳的税款，税务机关发现后应当立即退还；纳税人自结算缴纳税款之日起3年内发现的，可以向税务机关要求退还多缴的税款并加算银行同期存款利息，税务机关及时查实后应当立即退还；涉及从国库中退库的，依照法律、行政法规有关国库管理的规定退还。对补征税款加收利息，《企业所得税法》的上述规定尚属首次。对纳税人来说，除了按照税务机关调整后的数额缴纳税款外，如果还要缴纳利息，这种负担确实非常重。所以，加计利息也可以说是一种反避税规则。

九、征收管理

在我国，企业所得税的征收管理除《企业所得税法》规定外，依照《税收征收管理法》的规定执行。《企业所得税法》的相关规定如下：

（一）企业所得税的源泉扣缴

企业所得税一般不实行源泉扣缴，而是由纳税人直接取得收入并在年终汇总申报纳税。不过，对于没有在中国境内设立常设机构的非居民企业，或者虽然设有常设机构，但取得与常设机构没有联系的收入时，《企业所得税法》第37条规定，对于其所取得的所得，实行源泉扣缴所得税，以支付人为扣缴义务人。税款由扣缴义务人在每次支付或者到期应支付时，从支付或者到期支付的款项中扣缴。《企业所得税法》第38条还规定，对非居民企业在中国境内取得工程作业和劳务所得应缴纳的所得税，税务机关可以指定工程价款或者劳务费的支付人为扣缴义务人。

扣缴义务人每次代扣的税款，应当自代扣之日起7日内缴入国库，并向所在地的税务机关报送扣缴企业所得税报告表。扣缴义务人未依法扣缴或者无法履行扣缴义务的，由纳税人在所得发生地缴纳。纳税人未依法缴纳的，税务机关可以从该纳税人在中国境内其他收入项目的支付人应付的款项中，追缴该纳税人的应纳税款。

（二）企业所得税的纳税地点

在我国现行体制之下，由于企业所得税实行中央与地方共享，所以纳税地点不仅关系到纳税人如何履行义务，更关系到地方政府之间的利益分配。

根据《企业所得税法》第50条的规定，除税收法律、行政法规另有规定外，居民企业以企业登记注册地为纳税地点；但登记注册地在境外的，以实际管理机构所在地为纳税地点。居民企业在中国境内设立不具有法人资格的营业机构的，应当汇总计算并缴纳企业所得税。

根据《企业所得税法》第51条的规定，非居民企业取得的所得，应该在中国申报缴纳企业所得税的，以机构、场所所在地为纳税地点。非居民企业在中国境内设立两个或者两个以上机构、场所的，符合国务院税务主管部门规定条件的，可以选择由其主要机构、场所汇总缴纳企业所得税。非居民企业取得的实行源泉扣缴的所得，以扣缴义务人所在地为纳税地点。

《企业所得税法》第52条还规定，除国务院另有规定外，企业之间不得合并缴纳企业所得税。企业之间可以合并纳税的情形，一般是大型企业集团内部。具体范围有待国务院进一步规定。

在《企业所得税法》生效之前，根据《企业所得税暂行条例》的规定，是否独立核算是判断独立纳税人的标准。企业设在各地的分支机构，只要符合独立核算的要求，就可以成为独立的纳税人。《企业所得税法》生效之后，是否具有法人资格成为判断独立纳税人的标准。不具有法人资格的分支机构不再是独立的纳税人，而必须与总机构一起汇总计算企业所得税。

在汇总纳税的模式下，企业的纳税地点固定统一，但其税源却可能分布在全国各地。根据国务院《关于印发所得税收入分享改革方案的通知》，企业所得税是由中央与地方分享。对于跨地区经营集中缴库的企业所得税，其中属于地方分享的部分，需要在地方政府间进行分配。为此，财政部、国家税务总局和中国人民银行联合下发了《跨省市总分机构企业所得税分配及预算管理办法》（财预〔2012〕40号）。该办法规定，属于中央与地方共享范围的跨省市总分机构企业缴纳的企业所得税，按照统一规范、兼顾总机构和分支机构所在地利益的原则，实行"统一计算、分级管理、就地预缴、汇总清算、财政调库"的处理办法，总分机构统一计算的当期应纳税额的地方分享部分中,25%由总机构所在地分享,50%由各分支机构所在地分享,25%按一定比例在各地间进行分配。

（三）企业所得税的纳税期限

企业所得税按纳税年度计算。纳税年度自公历1月1日起至12月31日止。企业在一个纳税年度中间开业或者终止经营活动,使该年度的实际经营期不足12个月的,应当以其实际经营期为一个纳税年度。企业依法清算时,应当以清算期间作为一个纳税年度。

企业所得税分月或者分季预缴。企业应当自月份或者季度终了之日起15日内,向税务机关报送预缴企业所得税纳税申报表,预缴税款。企业应当自年度终了之日起5个月内,向税务机关报送年度企业所得税纳税申报表,并汇算清缴,结清应缴应退税款。

企业在年度中间终止经营活动的,应当自实际经营终止之日起60日内,向税务机关办理当期企业所得税汇算清缴。企业应当在办理注销登记前,就其清算所得向税务机关申报并依法缴纳企业所得税。

【实例列举】

企业所得税的综合案例解析

某企业在2011年至2019年的9年时间里,由于行业情况的起伏波动,其经营情况也发生变化,营利情况如下表所示。其中,2014年、2015年的免税收入与不征税收入分别为5万元、10万元。

请根据我国税法的规定分析,该企业在各个年度是否需要缴纳企业所得税;如果需要缴纳,则该纳税年度的应税所得额是多少。

单位:万元

年度	2011	2012	2013	2014	2015	2016	2017	2018	2019
获利	−75	−30	−10	10	20	25	30	50	80

提示·计算:

依据税法,应纳税所得额并非是企业每年的营业利润,而是有特定的含义。我国《企业所得税法》第5条规定:"企业每一纳税年度的收入总额,减除不征税收入、免税收入、各项扣除以及允许弥补的以前年度亏损后的余额,为应纳税所得额。"

由于该企业存在免税收入、不征税收入以及亏损结转的情形,并且《企业所得税法》第18条规定:"企业纳税年度发生的亏损,准予向以后年度结转,用以后年度的所得弥补,但结转年限最长不得超过5年",所以对于其各年的应税所得额应当重新计算。

各年的应税所得额应当计算如下:

(1) 2011年:当年亏损75万元。

应税所得额为0。

(2) 2012年:当年亏损30万元,另外结转2011年亏损75万元。

应税所得额为0。

(3) 2013年:当年亏损10万元,另外结转2011年亏损75万元、2012年亏损30万元。

应税所得额为0。

（4）2014年：当年盈利10万元，免税收入与不征税收入为5万元，另外结转2011年亏损75万元、2012年亏损30万元、2013年亏损10万元。

首先用10万元的盈利减去5万元的免税收入与不征税收入，然后再用剩余的5万元盈利弥补2011年结转的亏损5万元，所以2014年应税所得额为0。

（5）2015年：当年盈利20万元，免税收入与不征税收入为10万元，另外结转2011年亏损70万元、2012年亏损30万元、2013年亏损10万元。

首先用20万元的盈利减去10万元的免税收入与不征税收入，然后再用剩余的10万元盈利弥补2011年结转的亏损10万元，所以2015年应税所得额为0。

（6）2016年：当年盈利25万元，另外结转2011年亏损60万元、2012年亏损30万元、2013年亏损10万元。

首先用25万元的盈利弥补2011年结转的亏损25万元，所以2012年应税所得额为0。

（7）2017年：当年盈利30万元，另外结转2012年亏损30万元、2013年亏损10万元。

由于以前年度的亏损结转最长不得超过5年，所以2011年的亏损在2017年不得再继续结转，在税法的角度其剩余的尚未弥补的35万元亏损将不再考虑。因此，2017年的30万元盈利将首先弥补2012年结转的亏损30万元，所以2017年应税所得额为0。

（8）2018年：当年盈利50万元，另外结转2013年亏损10万元。

首先用10万元的盈利弥补2013年结转的亏损10万元，所以2018年的应税所得额为40万元。

（9）2019年：当年盈利80万元。

2019年的应税所得额为80万元。

第三节　个人所得税法

一、个人所得税法概述

（一）个人所得税法的概念

对于个人所得税法，有广义和狭义两种解释。广义的个人所得税法是指调整征税机关与自然人（居民个人、非居民个人）之间在个人所得税的征纳与管理过程中所发生的社会关系的法律规范的总称。它既包括个人所得税法，又包括其他与个人所得税有关的法律规范，如税收征收管理法、个人所得税法实施条例等。狭义的个人所得税法，就是调整个人所得税征纳关系的基本法，即《个人所得税法》。简言之，个人所得税法，就是有关个人所得税的法律规定。所谓个人所得税，是对个人（自然人）在一定期间取得的各项应税所得所征收的一种税。

（二）个人所得税法律制度的模式

由于世界上不同国家和地区的经济发展水平各不相同，加上政治法律制度上存在着很大的差异，按其课征方式，个人所得税法律制度通常分为以下三种模式：

（1）分类所得税制度。分类所得税制，亦称个别所得税制，是指把所得依其来源的不同分为若干类别,对不同类别的所得分别计税的所得税制度。分类所得税的立法依据在于,对不同性质的所得项目应适用不同的税率,分别承担轻重不同的税负。勤劳所得如工资薪金,要付出辛勤的劳动才能获得,应课以较轻的所得税。投资所得如营业利润、股息、利息、租金等,是凭借其拥有的资财而获得的,所含的辛苦较少,应课以较重的所得税。因此,分类所得税制的优点之一,就是它可按不同性质的所得,分别采用不同的税率,实行差别待遇。同时,它还可以广泛采用源泉课征法,从而既可以控制税源,又可以减少汇算清缴的麻烦,节省税收成本。但分类所得税制亦有其缺点,不仅存在所得来源日益复杂并会因而加大税收成本的问题,而且存在着有时不符合量能课税原则的问题,这些欠缺需要综合所得税制来弥补。

(2) 综合所得税制度。综合所得税制,亦称一般所得税制,是对纳税人全年各种不同来源的所得综合起来,依法宽免或扣除后,依法计征的一种所得税制度。它是由纳税人将一定时期的各类所得汇总申报,采用累进税率计算征收,综合所得税制的突出特征,就是不问收入来源于什么渠道及何种形式,而将各种来源和各种形式的收入,加总求和,统一计税。综合所得税制的立法依据在于,既然所得税是一种对人税,课税依据就应是纳税人的总体负担能力,其应税所得应当是综合纳税人全年各种所得的总额,减除各项法定的宽免额和扣除额后,按统一的累进税率课征。所以综合所得税制的突出优点,就是最能体现纳税人的实际负担水平,最符合支付能力原则或量能课税原则。但此种模式也有其缺点:主要是计税依据的确定较为复杂和困难,征税成本较高,不便实行源泉扣缴,税收逃避现象较为严重。

(3) 分类综合所得税制度。分类综合所得税制,亦称混合所得税制,是将分类所得税制与综合所得税制的优点兼收并蓄,实行分类课征和综合课征相结合的所得税制度。其主要的优点是:它既坚持了按支付能力课税的原则,对纳税人不同来源的收入实行综合计算征收,又坚持了对不同性质的收入实行区别对待的原则,对所列举的特定收入项目按特定办法和税率课征。除此以外、它还具有稽征方便,有利于减少偷漏税等方面的优点。目前世界上几乎没有一个国家实行纯粹的综合制,也无一个国家实行纯粹的分类制。一般均为综合与分类的混合制,所区别的只是有的以综合制为主,有的以分类制为主,二者所占的分量有所差别。我国现行《个人所得税法》实行分类综合所得税制。

应当指出的是,个人所得税的纳税主体通常是个人(自然人),但也有国家或者地区规定纳税主体既可以是个人(自然人)也可以是家庭,由纳税人自由选择,如我国香港地区。

(三) 我国个人所得税法的沿革及其发展

我国第一部《个人所得税法》是于1980年9月10日由第五届全国人民代表大会第三次会议通过并公布的,其主要适用对象是外籍人员,包括华侨和港、澳、台同胞。1993年10月31日第八届全国人民代表大会常务委员会第四次会议审议通过《关于修改〈中华人民共和国个人所得税法〉的决定》,此次对《个人所得税法》的修改,是我国个人所得税制的重大改革。它标志着《个人所得税法》朝着科学化、规范化和国际化的方向迈进了一大步,基本与国际惯例接轨。1993年修改的内容包括:

(1) 引入征税的居民概念,使纳税主体较以前更为广泛。原《个人所得税法》对纳税意义上的"居民"和"非居民"缺乏较为明确的界定,此次修订的《个人所得税法》则按照国际惯例,采用了住所和居住时间两种标准,将纳税人分为居民和非居民;从而能够更好地行使居民管辖权和所得来源地管辖权。

（2）拓宽了应税所得的范围。此次修订的《个人所得税法》将原个人所得税法的6个应税项目增列至11项，开辟了新税源，对国家税收收入的增加起到了重要作用。

（3）调整了适用税率和减除费用。在税率方面，区分不同所得分别采用比例税率和累进税率，并作了相应变动，如增加了工资、薪金所得的征税级距，在原5%—45%的超额累进税率中间增设了15%、25%和35%三级税率。同时对各项所得的费用扣除作了原则或具体规定。

（4）统一了个人所得税的计征方法。原《个人所得税法》实行分项征收，个人收入调节税是综合与单项征收相结合的模式。此次修订的《个人所得税法》对计征方法实行分项扣除、分项定率和分项征收。

（5）根据我国具体国情，适当增加了免税内容。

1999年8月30日第九届全国人民代表大会常务委员会第十一次会议对《个人所得税法》进行了第二次修正。其内容主要是针对当时投资不足、消费疲软的经济特点而取消了储蓄存款利息的免税待遇，并授权国务院确定对储蓄存款利息所得征收个人所得税的开征时间和征收办法。1999年9月30日，国务院颁布《对储蓄存款利息所得征收个人所得税的实施办法》，决定自1999年11月1日起恢复征收储蓄存款利息个人所得税，并对其适用20%的比例税率。

2005年10月27日，第十届全国人民代表大会常务委员会第十八次会议对《个人所得税法》进行了第三次修正。2005年修正的内容包括：

（1）调整了"工资、薪金所得"项目的费用扣除标准，将"工资、薪金所得"项目的费用扣除标准从原来的每月800元提高到每月1600元。承包经营、承租经营所得的费用扣除标准，个体工商户业主、个人独资企业和合伙企业投资者的费用扣除标准，也被随之提高到每月1600元或每年19200元。

（2）扩大了纳税人自行申报的范围，个人所得超过国务院规定数额的和具有国务院规定的其他情形的纳税人需自行申报。

（3）增加了扣缴义务人实行全员全额扣缴申报的内容。

2007年6月29日第十届全国人民代表大会常务委员会第二十八次会议对《个人所得税法》进行了第四次修正。此次修正的内容为，将原第12条"对储蓄存款利息所得征收个人所得税的开征时间和征收办法由国务院规定"修改为"对储蓄存款利息所得开征、减征、停征个人所得税及其具体办法，由国务院规定"。使国务院被授予了对个人所得税的征收范围更大的权力。随后，国务院决定自2007年8月15日起，将储蓄存款利息所得个人所得税的适用税率由20%调减为5%。2008年10月，针对我国社会经济面临的新情况，为了增加个人储蓄存款收益，国务院决定自2008年10月9日起，对储蓄存款利息所得暂免征收个人所得税。

2007年12月29日第十届全国人民代表大会常务委员会第三十一次会议对《个人所得税法》进行了第五次修正，并于2008年3月1日起开始实施。此次修正的主要内容为：调整了"工资、薪金所得"项目费用扣除标准，从原来的每月1600元提高到每月2000元。随后，承包经营、承租经营所得的费用扣除标准也随之从原来的每月1600元提高到每月2000元。

2011年6月30日第十一届全国人民代表大会常务委员会第二十一次会议对《个人所得税法》进行了第六次修正,并于2011年9月1日起开始实施。2011年修正的主要内容为:

(1) 调整了"工资、薪金所得"项目费用扣除标准,从原来的每月2000元提高到每月3500元。随后,承包经营、承租经营所得的费用扣除标准也随之从原来的每月2000元提高到每月3500元。

(2) 将"工资、薪金所得"项目的适用的税率进行了修改,由原来的9级超额累进税率改为7级超额累进税率,同时也修改了"个体工商户生产、经营所得和对企事业单位的承包、承租经营所得"项目的累进级距。

(3) 将部分税款缴入国库的期限从7日延长为15日。

2018年8月31日第十三届全国人民代表大会常务委员会第五次会议对《个人所得税法》进行了第七次修正,并于2019年1月1日起开始实施。此次修订的主要内容为:

(1) 完善有关纳税人的规定。从国际惯例看,一般将个人所得税纳税人分为居民个人和非居民个人两类,两类纳税人在纳税义务和征税方式上均有所区别。之前个人所得税法规定的两类纳税人实质上是居民个人和非居民个人,但没有明确作出概念上的分类。为适应个人所得税改革对两类纳税人在征税方式等方面的不同要求,便于税法和有关税收协定的贯彻执行,新个税法借鉴国际惯例,明确引入了居民个人和非居民个人的概念,并将在中国境内居住的时间这一判定居民个人和非居民个人的标准,由现行的是否满1年调整为是否满183天,以更好地行使税收管辖权,维护国家税收权益。

(2) 对部分劳动性所得实行综合征税。按照"逐步建立综合与分类相结合的个人所得税制"的要求,结合当前征管能力和配套条件等实际情况,新个税将工资、薪金所得,劳务报酬所得,稿酬所得,特许权使用费所得等4项劳动性所得(以下称综合所得)纳入综合征税范围,适用统一的超额累进税率,居民个人按年合并计算个人所得税,非居民个人按月或者按次分项计算个人所得税。同时,适当简并应税所得分类,将"个体工商户的生产、经营所得"调整为"经营所得",不再保留"对企事业单位的承包经营、承租经营所得",该项所得根据具体情况,分别并入综合所得或者经营所得。对经营所得,利息、股息、红利所得,财产租赁所得,财产转让所得,偶然所得以及其他所得,仍采用分类征税方式,按照规定分别计算个人所得税。

(3) 优化调整税率结构。一是综合所得税率。以现行工资、薪金所得税率(3%至45%的7级超额累进税率)为基础,将按月计算应纳税所得额调整为按年计算,并优化调整部分税率的级距。二是经营所得税率。以现行个体工商户的生产、经营所得和对企事业单位的承包经营、承租经营所得税率为基础,保持5%至35%的5级税率不变,适当调整各档税率的级距。

(4) 提高综合所得基本减除费用标准。将上述综合所得的基本减除费用标准提高到5000元/月(6万元/年)。这一标准综合考虑了人民群众消费支出水平增长等各方面因素,并体现了一定前瞻性。该标准对于在中国境内无住所而在中国境内取得工资、薪金所得的纳税人和在中国境内有住所而在中国境外取得工资、薪金所得的纳税人统一适用,不再保留专门的附加减除费用(1300元/月)。

(5) 设立专项附加扣除。在提高综合所得基本减除费用标准,明确现行的个人基本养老保险、基本医疗保险、失业保险、住房公积金等专项扣除项目以及依法确定的其他扣除项目继续执行的同时,增加规定子女教育支出、继续教育支出、大病医疗支出、住房贷款利息和住房租金等与人民群众生活密切相关的专项附加扣除。专项附加扣除考虑了个人负担的差异性,更符合个人所得税基本原理,有利于税制公平。

(6) 增加反避税条款。目前,个人运用各种手段逃避个人所得税的现象时有发生。为了堵塞税收漏洞,维护国家税收权益,新个税法参照企业所得税法有关反避税规定,针对个人不按独立交易原则转让财产、在境外避税地避税、实施不合理商业安排获取不当税收利益等避税行为,赋予税务机关按合理方法进行纳税调整的权力。规定税务机关作出纳税调整,需要补征税款的,应当补征税款,并依法加收利息。

(7) 改革税收征管制度。为保障个人所得税改革的顺利实施,新个税法还进一步健全了与个人所得税改革相适应的税收征管制度,如引入纳税人识别码制度、明确纳税人信息共享机制等。

二、纳税人

根据我国《个人所得税法》的规定,我国个人所得税的纳税人是在中国境内有住所取得所得的人,以及在中国境内无住所而从中国境内取得所得的个人,包括中国国内公民,在华取得所得的外籍人员和港、澳、台同胞。

个人所得税的纳税人可以分为居民个人和非居民个人。

(一) 居民个人

在中国境内有住所,或者无住所而一个纳税年度内在中国境内居住累计满183天的个人,为居民个人,应当承担无限纳税义务,即就其从中国境内和境外取得的所得,依法缴纳个人所得税。我国个人所得税法采用住所和居住时间两个标准认定个人所得税的居民个人,具体包括:(1) 在我国境内有住所的人,即因户籍、家庭、经济利益关系在我国境内习惯性居住的个人;(2) 在我国境内居住累计满183天的个人。

我国《个人所得税法实施条例》还规定了一种例外情况,即在我国境内无住所的个人,在我国境内居住累计满183天的年度连续不满六年的,经向主管税务机关备案,其来源于我国境外且由境外单位或者个人支付的所得,免予缴纳个人所得税;在我国境内居住累计满183天的任一年度中有一次离境超过30天的,其在中国境内居住累计满183天的年度的连续年限重新起算。

(二) 非居民个人

在中国境内无住所又不居住,或者无住所而一个纳税年度内在中国境内居住累计不满183天的个人,为非居民个人,承担有限纳税义务,仅就其从中国境内取得的所得,依法缴纳个人所得税。我国个人所得税法依据所得来源地税收管辖权原则,确定以下自然人为非居民个人:(1) 在我国境内无住所又不居住在我国的自然人;(2) 在我国境内无住所而居住在我国境内不满183天的自然人。

此外,在我国境内无住所,但在一个纳税年度中在我国境内居住累计不超过90日的个人,其来源于我国境内的所得,由境外雇主支付并且不由该雇主在我国境内的机构、场所负担的部分,免予缴纳个人所得税。

上述关于个人所得税纳税人及应税所得范围的规定,可以简化归纳为表9-1,以便于直观了解。

表 9-1 个人所得税纳税人及应税所得范围

纳税人身份				应税所得范围			
				中国境内所得		中国境外所得	
				境内支付	境外支付	境内支付	境外支付
非居民	基本原则	无住所又不居住		应税	应税	不在我国纳税	不在我国纳税
		或无住所而居住不满183天		应税	应税	不在我国纳税	不在我国纳税
	放宽	无住所连续或累计居住小于90日		应税	境外支付且境外负担的免税	不在我国纳税	不在我国纳税
居民	基本原则	有住所		应税	应税	应税	应税
		无住所但居住满183天		应税	应税	应税	应税
		无住所但居住满183天不满6年		应税	应税	应税	免税
	放宽 居住超过6年,从第7年起	➢ 每年居住满183天		应税	应税	应税	应税
		➢ 每年居住不满183天		应税	应税	不在我国纳税	不在我国纳税
		➢ 不足90日		应税	境外支付且境外负担的免税	不在我国纳税	不在我国纳税

三、征税对象

我国个人所得税法将个人所得税分为境内所得和境外所得。《个人所得税法实施条例》规定:除国务院财政、税务主管部门另有规定外,下列所得,不论支付地点是否在我国境内,均为来源于我国境内的所得:(1)因任职、受雇、履约等在我国境内提供劳务取得的所得;(2)将财产出租给承租人在我国境内使用而取得的所得;(3)许可各种特许权在我国境内使用而取得的所得;(4)转让我国境内的不动产等财产或者在我国境内转让其他财产取得的所得;(5)从中国境内企业、事业单位、其他组织以及居民个人取得的利息、股息、红利所得。根据2020年1月17日,财政部、税务总局发布的《关于境外所得有关个人所得税政策的公告》(财政部、税务总局公告2020年第3号),来源于中国境外的所得包括:(1)因任职、受雇、履约等在中国境外提供劳务取得的所得;(2)中国境外企业以及其他组织支付且负担的稿酬所得;(3)许可各种特许权在中国境外使用而取得的所得;(4)在中国境外从事生产、经营活动而取得的与生产、经营活动相关的所得;(5)从中国境外企业、其他组织以及非居民个人取得的利息、股息、红利所得;(6)将财产出租给承租人在中国境外使用而取得的所得;(7)转让中国境外的不动产、转让对中国境外企业以及其他组织投资形成的股票、股权以及其他权益性资产(以下称权益性资产)或者在中国境外转让其他财产取得的所得。但转让对中国境外企业以及其他组织投资形成的权益性资产,该权益性资产被转让前3年(连续36个公历月份)内的任一时间,被投资企业或其他组织的资产公允价值50%以上直接或间接来自位于中国境内的不动产的,取得的所得为来源于中国境内的所得;(8)中国境外企业、其他组织以及非居民个人支付且负担的偶然所得;(9)财政部、税务总局另有规定的,按照相关规定执行。

我国《个人所得税法》采用分类综合所得税制,明确列举了9项应纳税个人所得:

(1)工资、薪金所得,是指个人因任职或者受雇而取得的工资、薪金、奖金、年终加薪、劳动分红、津贴、补贴以及与任职或者受雇有关的其他所得。

(2)劳务报酬所得,是指个人从事劳务取得的所得,包括从事设计、装潢、安装、制图、化验、测试、医疗、法律、会计、咨询、讲学、翻译、审稿、书画、雕刻、影视、录音、录像、演出、表演、广告、展览、技术服务、介绍服务、经纪服务、代办服务以及其他劳务取得的所得。

(3)稿酬所得,是指个人因其作品图书、报刊等形式出版、发表而取得的所得。

(4)特许权使用费所得,是指个人提供专利权、商标权、著作权、非专利技术以及其他特许权的使用权取得的所得,提供著作权的使用权取得的所得,不包括稿酬所得。

(5)经营所得,包括:个体工商户从事生产、经营活动取得的所得,个人独资企业投资人、合伙企业的个人合伙人来源于境内注册的个人独资企业、合伙企业生产、经营的所得;个人依法从事办学、医疗、咨询以及其他有偿服务活动取得的所得;个人对企业、事业单位承包经营、承租经营以及转包、转租取得的所得;个人从事其他生产、经营活动取得的所得。

(6)利息、股息、红利所得,是指个人拥有债权、股权等而取得的利息、股息、红利所得。

(7)财产租赁所得,是指个人出租不动产、机器设备、车船以及其他财产取得的所得。

(8)财产转让所得,是指个人转让有价证券、股权、合伙企业中的财产份额、不动产、机器设备、车船以及其他财产取得的所得。

(9)偶然所得,是指个人得奖、中奖、中彩以及其他偶然性质的所得。

居民个人取得(1)—(4)项所得称为综合所得,按纳税年度合并计算个人所得税;非居民个人取得(1)—(4)项所得,按月或者按次分项计算个人所得税。纳税人取得(5)—(9)项所得,依照法律规定分别计算个人所得税。值得注意的是,根据2018年财政部、国家税务总局《关于个人所得税法修改后有关优惠政策衔接问题的通知》(财税〔2018〕164号),居民个人取得全年一次性奖金,符合《国家税务总局关于调整个人取得全年一次性奖金等计算征收个人所得税方法问题的通知》(国税发〔2005〕9号,以下简称《通知》)规定的,在2021年12月31日前,不并入当年综合所得,以全年一次性奖金收入除以12个月得到的数额,按照本通知所附按月换算后的综合所得税率表,确定适用税率和速算扣除数,单独计算纳税。此后,为扎实做好"六保"工作,进一步减轻纳税人负担,2021年12月31日,财政部、国家税务总局将全年一次性奖金单独计税优惠政策的执行期限再次延长至2023年12月31日。

四、应纳税所得额

个人所得税的计税依据是应纳税所得额,它并不等同于收入,而是需要从收入中扣除相关支出,不同的收入有不同的扣除标准,进而影响应纳税所得额的确定。

1. 居民个人取得综合所得的应纳税所得额

居民个人的综合所得,以每一纳税年度的收入额减除费用60000元以及专项扣除、专项附加扣除和依法确定的其他扣除后的余额,为应纳税所得额。具体公式为:

居民个人的综合所得的应纳税所得额=每一纳税年度的收入额−60000元−专项扣除−专项附加扣除−依法确定的其他扣除

居民个人取得的劳务报酬所得、稿酬所得、特许权使用费所得以收入减除20%的费用后的余额为收入额。稿酬所得的收入额减按70%计算。劳务报酬所得、稿酬所得、特许权使用

费所得,属于一次性收入的,以取得该项收入为一次;属于同一项目连续性收入的,以一个月内取得的收入为一次。具体公式为:

居民个人的劳务报酬所得的收入额=每次收入×(1-20%)

居民个人的稿酬所得的收入额=每次收入×(1-20%)×70%

居民个人的特许权使用费所得的收入额=每次收入×(1-20%)

所谓专项扣除,包括居民个人按照国家规定的范围和标准缴纳的基本养老保险、基本医疗保险、失业保险等社会保险费和住房公积金等。

所谓专项附加扣除,包括子女教育、继续教育、大病医疗、住房贷款利息或者住房租金、赡养老人等支出,扣除的具体范围、标准和实施步骤由国务院在2018年颁布的《个人所得税专项附加扣除暂行办法》中进一步规定。具体内容包括:

(1) 子女教育。

纳税人的子女接受全日制学历教育的相关支出,按照每个子女每月1000元的标准定额扣除。学历教育包括义务教育(小学、初中教育)、高中阶段教育(普通高中、中等职业、技工教育)、高等教育(大学专科、大学本科、硕士研究生、博士研究生教育)。年满3岁至小学入学前处于学前教育阶段的子女,按上述规定执行。父母可以选择由其中一方按扣除标准的100%扣除,也可以选择由双方分别按扣除标准的50%扣除,具体扣除方式在一个纳税年度内不能变更。

(2) 继续教育。

纳税人在中国境内接受学历(学位)继续教育的支出,在学历(学位)教育期间按照每月400元定额扣除。同一学历(学位)继续教育的扣除期限不能超过48个月。纳税人接受技能人员职业资格继续教育、专业技术人员职业资格继续教育的支出,在取得相关证书的当年,按照3600元定额扣除。个人接受本科及以下学历(学位)继续教育,符合规定扣除条件的,可以选择由其父母扣除,也可以选择由本人扣除。

(3) 大病医疗。

在一个纳税年度内,纳税人发生的与基本医保相关的医药费用支出,扣除医保报销后个人负担(指医保目录范围内的自付部分)累计超过15000元的部分,由纳税人在办理年度汇算清缴时,在80000元限额内据实扣除。纳税人发生的医药费用支出可以选择由本人或者其配偶扣除;未成年子女发生的医药费用支出可以选择由其父母一方扣除。纳税人及其配偶、未成年子女发生的医药费用支出,按规定分别计算扣除额。

(4) 住房贷款利息。

纳税人本人或者配偶单独或者共同使用商业银行或者住房公积金个人住房贷款为本人或者其配偶购买中国境内住房,发生的首套住房贷款利息支出,在实际发生贷款利息的年度,按照每月1000元的标准定额扣除,扣除期限最长不超过240个月。纳税人只能享受一次首套住房贷款的利息扣除。首套住房贷款是指购买住房享受首套住房贷款利率的住房贷款。经夫妻双方约定,可以选择由其中一方扣除,具体扣除方式在一个纳税年度内不能变更。夫妻双方婚前分别购买住房发生的首套住房贷款,其贷款利息支出,婚后可以选择其中一套购买的住房,由购买方按扣除标准的100%扣除,也可以由夫妻双方对各自购买的住房分别按扣除标准的50%扣除,具体扣除方式在一个纳税年度内不能变更。

(5) 住房租金。

纳税人在主要工作城市没有自有住房而发生的住房租金支出,可以按照以下标准定额扣除:(1) 直辖市、省会(首府)城市、计划单列市以及国务院确定的其他城市,扣除标准为每月 1500 元;(2) 除第一项所列城市以外,市辖区户籍人口超过 100 万的城市,扣除标准为每月 1100 元;市辖区户籍人口不超过 100 万的城市,扣除标准为每月 800 元。纳税人的配偶在纳税人的主要工作城市有自有住房的,视同纳税人在主要工作城市有自有住房。主要工作城市是指纳税人任职受雇的直辖市、计划单列市、副省级城市、地级市(地区、州、盟)全部行政区域范围;纳税人无任职受雇单位,为受理其综合所得汇算清缴的税务机关所在城市。夫妻双方主要工作城市相同的,只能由一方扣除住房租金支出。住房租金支出由签订租赁住房合同的承租人扣除。纳税人及其配偶在一个纳税年度内不能同时分别享受住房贷款利息和住房租金专项附加扣除。

(6) 赡养老人。

纳税人赡养一位及以上被赡养人的赡养支出,统一按照以下标准定额扣除:(1) 纳税人为独生子女的,按照每月 2000 元的标准定额扣除;(2) 纳税人为非独生子女的,由其与兄弟姐妹分摊每月 2000 元的扣除额度,每人分摊的额度不能超过每月 1000 元。可以由赡养人均摊或者约定分摊,也可以由被赡养人指定分摊。约定或者指定分摊的须签订书面分摊协议,指定分摊优先于约定分摊。具体分摊方式和额度在一个纳税年度内不能变更。被赡养人是指年满 60 岁的父母,以及子女均已去世的年满 60 岁的祖父母、外祖父母。

(7) 3 岁以下婴幼儿照护

国务院于 2022 年 3 月 19 日发布《关于设立 3 岁以下婴幼儿照护个人所得税专项附加扣除的通知》(国发〔2022〕8 号),有 3 岁以下婴幼儿的纳税人,可以从 2022 年 1 月 1 日起享受新的专项附加扣除。根据通知,纳税人照护 3 岁以下婴幼儿子女的相关支出,按照每个婴幼儿每月 1000 元的标准定额扣除。父母可以选择由其中一方按扣除标准的 100% 扣除,也可以选择由双方分别按扣除标准的 50% 扣除,具体扣除方式在一个纳税年度内不能变更。3 岁以下婴幼儿照护个人所得税专项附加扣除涉及的保障措施和其他事项,参照《个人所得税专项附加扣除暂行办法》有关规定执行。

所谓依法确定的其他扣除,包括个人缴付符合国家规定的企业年金、职业年金,个人购买符合国家规定的商业健康保险、税收递延型商业养老保险的支出,以及国务院规定可以扣除的其他项目。

上述专项扣除、专项附加扣除和依法确定的其他扣除,以居民个人一个纳税年度的应纳税所得额为限额;一个纳税年度扣除不完的,不结转以后年度扣除。

2. 非居民个人的工资、薪金所得、劳务报酬所得、稿酬所得、特许权使用费所得的应纳税所得额

非居民个人的工资、薪金所得,以每月收入额减除费用 5000 元后的余额为应纳税所得额;劳务报酬所得、稿酬所得、特许权使用费所得,以每次收入额为应纳税所得额。

同居民个人一样,非居民个人取得的劳务报酬所得、稿酬所得、特许权使用费所得以收入减除 20% 的费用后的余额为收入额。稿酬所得的收入额减按 70% 计算。劳务报酬所得、稿酬所得、特许权使用费所得,属于一次性收入的,以取得该项收入为一次;属于同一项连续性收入的,以一个月内取得的收入为一次。具体公式为:

非居民个人的工资、薪金所得的应纳税所得额＝每月收入额－5000元

非居民个人的劳务报酬所得的应纳税所得额＝每次收入额×(1－20％)

非居民个人的稿酬所得的应纳税所得额＝每次收入额×(1－20％)×70％

非居民个人的特许权使用费所得的应纳税所得额＝每次收入额×(1－20％)

3. 经营所得的应纳税所得额

经营所得,以每一纳税年度的收入总额减除成本、费用以及损失后的余额,为应纳税所得额。取得经营所得的个人,没有综合所得的,计算其每一纳税年度的应纳税所得额时,应当减除费用60000元、专项扣除、专项附加扣除以及依法确定的其他扣除。专项附加扣除在办理汇算清缴时减除。具体公式为:

经营所得的应纳税所得额＝每一纳税年度的收入总额－成本－费用－损失

4. 财产租赁所得的应纳税所得额

财产租赁所得,每次收入不超过4000元的,减除费用800元;4000元以上的,减除20％的费用,其余额为应纳税所得额。财产租赁所得,以一个月内取得的收入为一次。具体公式为:

不超过4000元的财产租赁所得的应纳税所得额＝每次收入－800

超过4000元的财产租赁所得的应纳税所得额＝每次收入×(1－20％)

5. 财产转让所得的应纳税所得额

财产转让所得,以转让财产的收入额减除财产原值和合理费用后的余额,为应纳税所得额。具体公式为:

财产转让所得的应纳税所得额＝收入额－财产原值－合理费用

6. 利息、股息、红利所得和偶然所得的应纳税所得额

利息、股息、红利所得和偶然所得,以每次收入额为应纳税所得额。利息、股息、红利所得,以支付利息、股息、红利时取得的收入为一次。偶然所得,以每次取得该项收入为一次。

除上述扣除以外,个人将其所得对教育、扶贫、济困等公益慈善事业进行捐赠,捐赠额未超过纳税人申报的应纳税所得额30％的部分,可以从其应纳税所得额中扣除;同时,国务院如规定对公益慈善事业捐赠实行全额税前扣除的,从其规定。

五、税率

个人所得税税率是个人所得税应纳税额与应纳税所得额之间的比例。个人所得税根据综合所得和其他不同的征税项目,分别规定了不同的税率。

表9-2　个人所得税税率概览

税率	适用情况
3％—45％七级超额累进税率	综合所得(工资、薪金所得;劳务报酬所得;稿酬所得;特许权使用费所得)
5％—35％五级累进税率	经营所得
20％比例税率	财产租赁所得、财产转让所得、利息股息红利所得、偶然所得

(1) 综合所得,适用7级超额累进税率,最低为3％,最高至45％。

表 9-3 个人所得税税率(综合所得适用)

级数	全年应纳税所得额	税率(%)
1	不超过 36000 元的	3
2	超过 36000 元至 144000 元的部分	10
3	超过 144000 元至 300000 元的部分	20
4	超过 300000 元至 420000 元的部分	25
5	超过 420000 元至 660000 元的部分	30
6	超过 660000 元至 960000 元的部分	35
7	超过 960000 元的部分	45

注：非居民个人取得工资、薪金所得，劳务报酬所得，稿酬所得和特许权使用费所得，依照本表按月换算后计算应纳税额。

（2）经营所得，适用 5 级超额累进税率，最低为 5%，最高至 35%。

表 9-4 个人所得税税率(经营所得适用)

级数	全年应纳税所得额	税率(%)
1	不超过 30000 元的	5
2	超过 30000 元至 90000 元的部分	10
3	超过 90000 元至 300000 元的部分	20
4	超过 300000 元至 500000 元的部分	30
5	超过 500000 元的部分	35

（3）利息、股息、红利所得，财产租赁所得，财产转让所得和偶然所得，适用比例税率，税率为 20%。

六、应纳税额的计算

根据我国的实际情况，本着有利于防止税款流失和便于征管的原则，个人所得税除对工资、薪金所得、劳务报酬所得、稿酬所得、特许权使用费所得综合征收以外，对其他所得分项扣除、分项定率、分项征收的计征办法。居民个人从中国境内和境外取得的综合所得、经营所得，应当分别合并计算应纳税额；从中国境内和境外取得的其他所得，应当分别单独计算应纳税额。

1. 居民个人综合所得的应纳税额

居民个人综合所得的全年应纳税额＝(全年收入额－60000 元－专项扣除－专项附加扣除－其他扣除)× 适用税率 － 速算扣除数

2. 非居民个人取得工资、薪金所得，劳务报酬所得，稿酬所得和特许权使用费所得的应纳税额

非居民个人取得工资、薪金所得，劳务报酬所得，稿酬所得和特许权使用费所得按月或者按次分项计算个人所得税，具体如下：

工资、薪金所得的应纳税额＝(每月收入额－5000 元)×适用税率－速算扣除数

劳务报酬所得的应纳税额＝收入额×(1－20%)×适用税率－速算扣除数

特许权使用费所得的应纳税额＝收入额×(1－20%)×适用税率－速算扣除数

稿酬所得的应纳税额＝收入额×(1－20%)×70%×适用税率－速算扣除数

3. 经营所得的应纳税额

经营所得的应纳税额＝全年应纳税所得额×适用税率－速算扣除数＝(全年收入总额－成本、费用及损失)×适用税率－速算扣除数

4. 财产租赁所得的应纳税额

财产租赁所得(每次收入不超过4000元)的应纳税额＝(每次收入－800元)×20%

财产租赁所得(每次收入超过4000元)的应纳税额＝每次收入×(1－20%)×20%

5. 财产转让所得的应纳税额

财产转让所得的应纳税额＝(收入额－财产原值－合理费用)×20%

6. 利息、股息、红利所得的应纳税额

利息、股息、红利所得的应纳税额＝每次收入额×20%

7. 偶然所得的应纳税额

偶然所得的应纳税额＝每次收入额×20%

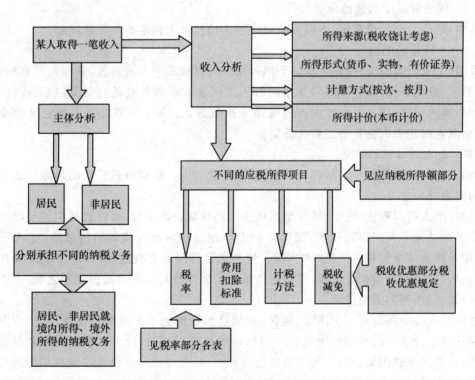

图 9-1　个人所得税计算步骤

七、税收优惠

(一)个人所得税的减免

对个人所得税的减免有直接减免和间接减免两种方式。我国个人所得税采取前一种方式，具体内容如下：

1. 个人所得税的免征

我国《个人所得税法》第4条规定了10项免征项目：

（1）省级人民政府、国务院部委和中国人民解放军军以上单位，以及外国组织、国际组织颁发的科学、教育、技术、文化、卫生、体育、环境保护等方面的奖金；

（2）国债和国家发行的金融债券利息；

（3）按照国家统一规定发给的补贴、津贴；

（4）福利费、抚恤金、救济金；

（5）保险赔款；

（6）军人的转业费、复员费、退役金；

（7）按照国家统一规定发给干部、职工的安家费、退职费、基本养老金或者退休费、离休费、离休生活补助费；

（8）依照有关法律规定应予免税的各国驻华使馆、领事馆的外交代表、领事官员和其他人员的所得；

（9）中国政府参加的国际公约、签订的协议中规定免税的所得；

（10）国务院规定的其他免税所得。

其中，第（10）项免税规定，由国务院报全国人民代表大会常务委员会备案。

2. 个人所得税的减征

我国《个人所得税法》明确规定以下两种情况可以减征个人所得税，具体幅度和期限，由省、自治区、直辖市人民政府规定，并报同级人民代表大会常务委员会备案：（1）残疾、孤老人员和烈属的所得；（2）因自然灾害遭受重大损失的。此外，国务院可以规定其他减税情形，报全国人民代表大会常务委员会备案。

（二）个人所得税的抵免

和企业所得税一样，个人所得税的抵免，是避免对同一所得双重征税的措施。也有全额抵免与限额抵免之分。

我国《个人所得税法》规定，居民个人从中国境外取得的所得，可以从其应纳税额中抵免已在境外缴纳的个人所得税税额，但抵免额不得超过该纳税人境外所得依照《个人所得税法》规定计算的应纳税额。除国务院财政、税务主管部门另有规定外，来源于中国境外一个国家（地区）的综合所得抵免限额、经营所得抵免限额以及其他所得抵免限额之和，为来源于该国家（地区）所得的抵免限额。

居民个人在中国境外一个国家（地区）实际已经缴纳的个人所得税税额，低于依照我国所得税法规定计算出的来源该国家（地区）所得的抵免限额的，应当在中国缴纳差额部分的税款；超过来源于该国家（地区）所得的抵免限额的，其超过部分不得在本纳税年度的应纳税额中抵免，但是可以在以后纳税年度来源于该国家（地区）所得的抵免限额的余额中补扣。补扣期限最长不得超过五年。居民个人申请抵免已在境外缴纳的个人所得税税额，应当提供境外税务机关出具的税款所属年度的有关纳税凭证。

八、特别纳税调整

根据我国《个人所得税法》第8条规定，有下列情形之一的，税务机关有权按照合理方法进行纳税调整：（1）个人与其关联方之间的业务往来不符合独立交易原则而减少本人或者其关联方应纳税额,且无正当理由;(2)居民个人控制的,或者居民个人和居民企业共同控制的设立在实际税负明显偏低的国家(地区)的企业,无合理经营需要,对应当归属于居民个人的利润不作分配或者减少分配;(3)个人实施其他不具有合理商业目的的安排而获取不当税收利益。税务机关依照上述规定作出纳税调整,需要补征税款的,应当补征税款,并依法加收利息。

九、征收管理

（一）自行纳税申报

我国《个人所得税法》第9条规定,个人所得税,以所得人为纳税人。自行申报纳税是指纳税人自行在税法规定的期限向税务机关申报取得的应税所得项目和数额,如实填写个人所得税的纳税申报表,并按照税法规定计算应纳税额,据此缴纳个人所得税。纳税人可以采用远程办税端、邮寄等方式申报,也可以直接到主管税务机关申报。

我国《个人所得税法》第10条规定,纳税人应当依法办理纳税的情形包括:(1)取得综合所得需要办理汇算清缴;(2)取得应税所得没有扣缴义务人;(3)取得应税所得,扣缴义务人未扣缴税款;(4)取得境外所得;(5)因移居境外注销中国户籍;(6)非居民个人在中国境内从两处以上取得工资、薪金所得;(7)国务院规定的其他情形。

据此,国家税务总局2018年12月13日发布了《关于个人所得税自行纳税申报有关问题的公告》,对个人所得税自行纳税申报的内容、方法、期限、地点等作了更加细致的规定。

1. 取得综合所得需要办理汇算清缴的纳税申报

取得综合所得需要办理汇算清缴的情形包括:(1)从两处以上取得综合所得,且综合所得年收入额减除专项扣除的余额超过6万元;(2)取得劳务报酬所得、稿酬所得、特许权使用费所得中一项或者多项所得,且综合所得年收入额减除专项扣除的余额超过6万元;(3)纳税年度内预缴税额低于应纳税额;(4)纳税人申请退税。

需要办理汇算清缴的纳税人,应当在取得所得的次年3月1日至6月30日内,向任职、受雇单位所在地主管税务机关办理纳税申报,并报送《个人所得税年度自行纳税申报表》。纳税人有两处以上任职、受雇单位的,选择向其中一处任职、受雇单位所在地主管税务机关办理纳税申报;纳税人没有任职、受雇单位的,向户籍所在地或经常居住地主管税务机关办理纳税申报。

纳税人办理综合所得汇算清缴,应当准备与收入、专项扣除、专项附加扣除、依法确定的其他扣除、捐赠、享受税收优惠等相关的资料,并按规定留存备查或报送。

2. 取得经营所得的纳税申报

税法对经营所得没有规定扣缴义务人。纳税人取得经营所得,按年计算个人所得税,由纳税人在月度或季度终了后15日内,向经营管理所在地主管税务机关办理预缴纳税申报。在取得所得的次年3月31日前,向经营管理所在地主管税务机关办理汇算清缴;从两处以上取得经营所得的,选择向其中一处经营管理所在地主管税务机关办理年度汇总申报。

3. 取得应税所得,扣缴义务人未扣缴税款的纳税申报

纳税人取得应税所得,扣缴义务人未扣缴税款的,应当区别以下情形办理纳税申报:(1)居民个人取得综合所得的,按照综合所得汇算清缴的规定办理;(2)非居民个人取得工资、薪金所得,劳务报酬所得,稿酬所得,特许权使用费所得的,应当在取得所得的次年6月

30日前,向扣缴义务人所在地主管税务机关办理纳税申报。有两个以上扣缴义务人均未扣缴税款的,选择向其中一处扣缴义务人所在地主管税务机关办理纳税申报。非居民个人在次年6月30日前离境(临时离境除外)的,应当在离境前办理纳税申报。(3)纳税人取得利息、股息、红利所得,财产租赁所得,财产转让所得和偶然所得的,应当在取得所得的次年6月30日前,按相关规定向主管税务机关办理纳税申报。税务机关通知限期缴纳的,纳税人应当按照期限缴纳税款。

4. 取得境外所得的纳税申报

居民个人从中国境外取得所得的,应当在取得所得的次年3月1日至6月30日内,向中国境内任职、受雇单位所在地主管税务机关办理纳税申报;在中国境内没有任职、受雇单位的,向户籍所在地或中国境内经常居住地主管税务机关办理纳税申报;户籍所在地与中国境内经常居住地不一致的,选择其中一地主管税务机关办理纳税申报;在中国境内没有户籍的,向中国境内经常居住地主管税务机关办理纳税申报。

5. 因移居境外注销中国户籍的纳税申报

纳税人因移居境外注销中国户籍的,应当在申请注销中国户籍前,向户籍所在地主管税务机关办理纳税申报,进行税款清算。(1)纳税人在注销户籍年度取得综合所得的,应当在注销户籍前,办理当年综合所得的汇算清缴。尚未办理上一年度综合所得汇算清缴的,应当在办理注销户籍纳税申报时一并办理。(2)纳税人在注销户籍年度取得经营所得的,应当在注销户籍前,办理当年经营所得的汇算清缴。尚未办理上一年度经营所得汇算清缴的,应当在办理注销户籍纳税申报时一并办理。(3)纳税人在注销户籍当年取得利息、股息、红利所得,财产租赁所得,财产转让所得和偶然所得的,应当在注销户籍前,申报当年上述所得的完税情况。(4)纳税人有未缴或者少缴税款的,应当在注销户籍前,结清欠缴或未缴的税款。纳税人存在分期缴税且未缴纳完毕的,应当在注销户籍前,结清尚未缴纳的税款。(5)纳税人办理注销户籍纳税申报时,需要办理专项附加扣除、依法确定的其他扣除的,应当向税务机关报送《个人所得税专项附加扣除信息表》《商业健康保险税前扣除情况明细表》《个人税收递延型商业养老保险税前扣除情况明细表》等。

6. 非居民个人在中国境内从两处以上取得工资、薪金所得的纳税申报

非居民个人在中国境内从两处以上取得工资、薪金所得的,应当在取得所得的次月15日内,向其中一处任职、受雇单位所在地主管税务机关办理纳税申报。

(二)源泉扣缴

我国《个人所得税法》第9条第1款规定,个人所得税以所得人为纳税人,以支付所得的单位或者个人为扣缴义务人。这里所谓的支付单位,包括支付储蓄存款利息的银行、支付股息的股份公司、支付工资薪金的单位、支付专利使用费的被许可人,等等。个人所得税实行源泉扣缴税款,这是我国现行税法堵塞税款流失的有效做法。这种做法既符合国际惯例,也有利于我国现阶段税源控制及保障税收收入。

我国《个人所得税法》第10条第2款还要求,扣缴义务人应当按照国家规定办理全员全额扣缴申报,并向纳税人提供其个人所得和已扣缴税款等信息。所谓全员全额扣缴申报,是指扣缴义务人在代扣税款的次月15日内,向主管税务机关报送其支付所得的所有个人的有关信息、支付所得数额、扣除事项和数额、扣缴税款的具体数额和总额以及其他相关涉税信息资料。扣缴义务人每月或者每次预扣、代扣的税款,应当在次月15日内缴入国库,并向税

务机关报送《个人所得税扣缴申报表》。

国家税务总局据此于 2018 年 12 月 21 日发布了《个人所得税扣缴申报管理办法(试行)》(国家税务总局公告 2018 年第 61 号),对个人所得税的扣缴申报做了规定。

1. 居民个人的工资、薪金所得

扣缴义务人向居民个人支付工资、薪金所得时,应当按照累计预扣法计算预扣税款,并按月办理扣缴申报。累计预扣法,是指扣缴义务人在一个纳税年度内预扣预缴税款时,以纳税人在本单位截至当前月份工资、薪金所得累计收入减除累计免税收入、累计减除费用、累计专项扣除、累计专项附加扣除和累计依法确定的其他扣除后的余额为累计预扣预缴应纳税所得额,适用表 9-5,计算累计应预扣预缴税额,再减除累计减免税额和累计已预扣预缴税额,其余额为本期应预扣预缴税额。余额为负值时,暂不退税。纳税年度终了后余额仍为负值时,由纳税人通过办理综合所得年度汇算清缴,税款多退少补。

具体计算公式如下:

本期应预扣预缴税额=(累计预扣预缴应纳税所得额×预扣率-速算扣除数)
-累计减免税额-累计已预扣预缴税额

累计预扣预缴应纳税所得额=累计收入-累计免税收入-累计减除费用
-累计专项扣除-累计专项附加扣除
-累计依法确定的其他扣除

其中:累计减除费用,按照 5000 元/月乘以纳税人当年截至本月在本单位的任职受雇月份数计算。

居民个人向扣缴义务人提供有关信息并依法要求办理专项附加扣除的,扣缴义务人应当按照规定在工资、薪金所得按月预扣预缴税款时予以扣除,不得拒绝。

此外,对一个纳税年度内首次取得工资、薪金所得的居民个人,扣缴义务人在预扣预缴个人所得税时,可按照 5000 元/月乘以纳税人当年截至本月月份数计算累计减除费用(《关于完善调整部分纳税人个人所得税预扣预缴方法的公告》,国家税务总局公告 2020 年第 13 号)。

2. 居民个人的劳务报酬所得、稿酬所得、特许权使用费所得

扣缴义务人向居民个人支付劳务报酬所得、稿酬所得、特许权使用费所得时,应当按照以下方法按次或者按月预扣预缴税款:劳务报酬所得、稿酬所得、特许权使用费所得以收入减除费用后的余额为收入额;其中,稿酬所得的收入额减按 70% 计算。预扣预缴税款时,劳务报酬所得、稿酬所得、特许权使用费所得每次收入不超过 4000 元的,减除费用按 800 元计算;每次收入 4000 元以上的,减除费用按收入的 20% 计算。劳务报酬所得、稿酬所得、特许权使用费所得,以每次收入额为预扣预缴应纳税所得额,计算应预扣预缴税额。劳务报酬所得适用表 9-6,稿酬所得、特许权使用费所得适用 20% 的比例预扣率。居民个人办理年度综合所得汇算清缴时,应当依法计算劳务报酬所得、稿酬所得、特许权使用费所得的收入额,并入年度综合所得计算应纳税款,税款多退少补。

正在接受全日制学历教育的学生因实习取得劳务报酬所得的,扣缴义务人预扣预缴个人所得税时,可按照《个人所得税扣缴申报管理办法(试行)》规定的累计预扣法计算并预扣预缴税款(国家税务总局公告 2020 年第 13 号)。

3. 非居民个人的工资、薪金所得,劳务报酬所得,稿酬所得和特许权使用费所得

扣缴义务人向非居民个人支付工资、薪金所得,劳务报酬所得,稿酬所得和特许权使用费所得时,应当按照以下方法按月或者按次代扣代缴税款:非居民个人的工资、薪金所得,以每月收入额减除费用5000元后的余额为应纳税所得额;劳务报酬所得、稿酬所得、特许权使用费所得,以每次收入额为应纳税所得额,适用表9-7计算应纳税额。劳务报酬所得、稿酬所得、特许权使用费所得以收入减除20%的费用后的余额为收入额;其中,稿酬所得的收入额减按70%计算。非居民个人在一个纳税年度内税款扣缴方法保持不变,达到居民个人条件时,应当告知扣缴义务人基础信息变化情况,年度终了后按照居民个人有关规定办理汇算清缴。

4. 利息、股息、红利所得,财产租赁所得,财产转让所得或者偶然所得

扣缴义务人支付利息、股息、红利所得,财产租赁所得,财产转让所得或者偶然所得时,应当依法按次或者按月代扣代缴税款。

纳税人需要享受税收协定待遇的,应当在取得应税所得时主动向扣缴义务人提出,并提交相关信息、资料,扣缴义务人代扣代缴税款时按照享受税收协定待遇有关办法办理。

支付工资、薪金所得的扣缴义务人应当于年度终了后两个月内,向纳税人提供其个人所得和已扣缴税款等信息。纳税人年度中间需要提供上述信息的,扣缴义务人应当提供。纳税人取得除工资、薪金所得以外的其他所得,扣缴义务人应当在扣缴税款后,及时向纳税人提供其个人所得和已扣缴税款等信息。

扣缴义务人应当按照纳税人提供的信息计算税款、办理扣缴申报,不得擅自更改纳税人提供的信息。扣缴义务人发现纳税人提供的信息与实际情况不符的,可以要求纳税人修改。纳税人拒绝修改的,扣缴义务人应当报告税务机关,税务机关应当及时处理。纳税人发现扣缴义务人提供或者扣缴申报的个人信息、支付所得、扣缴税款等信息与实际情况不符的,有权要求扣缴义务人修改。扣缴义务人拒绝修改的,纳税人应当报告税务机关,税务机关应当及时处理。

扣缴义务人应当依法对纳税人报送的专项附加扣除等相关涉税信息和资料保密。

扣缴义务人依法履行代扣代缴义务,纳税人不得拒绝。纳税人拒绝的,扣缴义务人应当及时报告税务机关。

表9-5 个人所得税预扣率表

(居民个人工资、薪金所得预扣预缴适用)

级数	累计预扣预缴应纳税所得额	预扣率(%)	速算扣除数
1	不超过36000元	3	0
2	超过36000元至144000元的部分	10	2520
3	超过144000元至300000元的部分	20	16920
4	超过300000元至420000元的部分	25	31920
5	超过420000元至660000元的部分	30	52920
6	超过660000元至960000元的部分	35	85920
7	超过960000元的部分	45	181920

表 9-6 个人所得税预扣率表

(居民个人劳务报酬所得预扣预缴适用)

级数	预扣预缴应纳税所得额	预扣率(%)	速算扣除数
1	不超过20000元	20	0
2	超过20000元至50000元的部分	30	2000
3	超过50000元的部分	40	7000

表 9-7 个人所得税税率表

(非居民个人工资、薪金所得,劳务报酬所得,稿酬所得,特许权使用费所得适用)

级数	应纳税所得额	税率(%)	速算扣除数
1	不超过3000元	3	0
2	超过3000元至12000元的部分	10	210
3	超过12000元至25000元的部分	20	1410
4	超过25000元至35000元的部分	25	2660
5	超过35000元至55000元的部分	30	4410
6	超过55000元至80000元的部分	35	7160
7	超过80000元的部分	45	15160

(三)纳税人识别号

自然人纳税人识别号是自然人纳税人办理各项涉税事项的唯一代码标识。我国《个人所得税法》第9条第2款规定,纳税人有中国公民身份号码的,以中国公民身份号码为纳税人识别号;纳税人没有中国公民身份号码的,由税务机关赋予其纳税人识别号。扣缴义务人扣缴税款时,纳税人应当向扣缴义务人提供纳税人识别号。

(四)信息共享

我国《个人所得税法》第15条规定,公安、人民银行、金融监督管理等相关部门应当协助税务机关确认纳税人的身份、金融账户信息。教育、卫生、医疗保障、民政、人力资源社会保障、住房城乡建设、公安、人民银行、金融监督管理等相关部门应当向税务机关提供纳税人子女教育、继续教育、大病医疗、住房贷款利息、住房租金、赡养老人等专项附加扣除信息。个人转让不动产的,税务机关应当根据不动产登记等相关信息核验应缴的个人所得税,登记机构办理转移登记时,应当查验与该不动产转让相关的个人所得税的完税凭证。个人转让股权办理变更登记的,市场主体登记机关应当查验与该股权交易相关的个人所得税的完税凭证。有关部门依法将纳税人、扣缴义务人遵守本法的情况纳入信用信息系统,并实施联合激励或者惩戒。

十、我国《个人所得税法》的进一步完善

在充分借鉴国外成功立法经验的基础上,结合我国的实际情况,应对《个人所得税法》从以下几个方面进行完善:

(1)进一步扩大税基。历经多次修订后的《个人所得税法》虽然扩大了税基,但还不够,应根据经济生活的发展,进一步扩大税基。其措施包括:一是应根据新情况增加一些新的应税所得,如农业生产经营所得、期货交易所得、证券交易所得,同时要加强对分配给个人的福利性实物收入的课税,避免税收的流失;二是对个人购买国家发行金融债券的利息应纳入征税范围。

(2) 推广税收指数化,建立弹性税制。税收指数化是指根据通货膨胀的情况相应调整费用扣除额和税率表中的应税所得额级距,再按适用税率计税,这样可有效防止因通货膨胀所导致的税率攀升。今后,有必要分逐步采用正式的税收指数化条款,开始可以只调整费用扣除额,然后逐步过渡到同时调整费用扣除额和税率表。

(3) 改进不公平的差别待遇,规范税前费用扣除,进一步实现税负公平。比如综合所得和其他所得间存在一定的税负差异,可能造成征税不公。基于税收征管效率的考虑,对消极所得采取分离课税的方式有一定的合理性,但对消极所得适用20%的比例税率,明显低于劳动所得的累进税率。现有的个人所得税的税收优惠,如上市公司分配的股息、红利所得等,均是针对消极所得或非劳动所得,这可能造成富人缴税更少的不公平状况。就税收负担能力而言,劳动所得和非勤劳所得并无实质的区别,其税收负担不应有过度的差异。社会财富的创造,固然依赖于生产要素的投入,但是通过人的劳动创造价值才是社会发展的根本。若劳动所得的税负过重,可能会诱导纳税人以休闲替代工作,降低国民勤劳致富的热情,容易造成社会的创造力不足、甚至鼓励过度投机的结果。鉴于此,有必要考察和结合新《个人所得税法》实施后的税负分布情况以及纳税人的反映,对积极所得和消极所得的税率结构做下一步的评估和调整。

(4) 优化专项扣除方式。在现有的个税征管体制下,专项附加扣除可在家庭成员之间进行选择。如子女教育、住房贷款利息等家庭共同开支,纳税人即可选择由家庭成员中的高收入者进行扣除,以降低所适用的税率,从而减轻家庭的整体税负。但对于这些具体操作,尚存诸多争议,例如,是否赋予家庭成员以自由选择扣除主体的权利?在离婚后如何确定扣除的纳税主体?种种细节性问题在新《个人所得税法》中并未明确规定,而是授权给国务院确定,正所谓"魔鬼藏在细节中",这就给专项扣除制度的实际效果带来不确定性,使税改惠民的初衷可能有所折扣。

(5) 调整优化税率结构。我国现行《个人所得税法》除了提高扣除标准、降低综合所得最低级距的税率外,还将中低档税率对应的收入级距做了较大幅度的扩充,对于收入结构单一的纳税人而言,会降低中档收入阶层的税收负担,这与当前中央确定的积极财政政策是一致的。不过,就长期来看,从稳定中产阶级、提升消费能力、维护良好社会结构的角度考虑,中低档税率对应的收入级距还可以适当扩大,以缓释综合所得课税模式给收入多元的纳税人所带来的税负增加。此外,我国现行《个人所得税法》中综合所得的最高边际税率仍设定为45%,对此存在一些争论。原因在于,首先,这在全球范围内都属偏高。其次,容易导致纳税人为了降低边际税率而设法分解、隐瞒所得,诱发纳税人的逃避税意识,不利于所得税收入调节职能的发挥。高收入群体通过一定的税收筹划,可以回避工资、薪金所得和劳务所得的高边际税率,而适用较低的税率,因此,45%的高边际税率对于高收入群体进行第三次分配的意图事实上难以实现。最后,过高的边际税率也不利于保留和吸引高端人才,极易导致人才流失,与"人才强国"的理念不符。在当前国内减税降费的大背景下,不论是应对国际贸易争端,还是强化国际人才竞争,45%的边际税率在人力资源竞争中难以体现优势。我国现行的七级超额累进税率级次设定偏多,适用于高收入者的边际税率几乎起不到作用,还大大推高了我国名义上的整体税率,造成税负痛苦指数高的不良形象。因此,未来可以考虑适当降低个人所得税的最高边际税率,这不仅更符合经济效率原则,而且从实际征管的角度看,也在一定程度上有利于促进行政效率和税收公平。

(6)进一步落实税收法定。税种改革应该通过法律形式进行,修改已有税种制度要立法,制定新税种制度更要立法,不能认为改革和立法存在矛盾,更应该看到二者的内在统一。根据《立法法》的规定和实质税收法定原则的要求,全部课税要素应尽可能在税收法律中予以明确规定,而非将大量的税收事项继续任意授权行政机关通过制定行政法规、部门规章、甚至效力层级更低的规范性文件来自我决定。我国《个人所得税法》制定于1980年,尽管已经历数次修改,原法只有15条、2500余字。现行法虽然条文数量有所增加,但也只有22条,仍显单薄粗疏。国务院制定的实施条例却多达48条、近5000字。财政部和国家税务总局发布的规范性文件,更是不计其数。在立法技术尚不成熟的20世纪80年代,出于当时"宜粗不宜细"的立法理念,这一状况是可以理解的。但在强调税收法定和"能细则细"立法理念的今天,如果仍然维持粗略的立法框架,剩余空间都交给行政部门,这就很难让人接受了,而且与个人所得税这一税种的重要地位也难以匹配。如今,随着法治观念的不断提高和立法技术的持续提升,以前的"粗放型"的立法方式已经愈发显得不合时宜。综上,税收法定原则不仅包含课税要素法定的基本要求,还进一步要求课税要素确定,即尽可能在法律中对课税要素做细致、清晰、明确的规定,使纳税人依据《个人所得税法》便可判断自身的纳税义务。可以说,《个人所得税法》或可成为落实税收法定原则的实验场。

【实例列举】

个人所得税的综合案例解析

某甲在A企业任职,2019年收入如下:交完社保和住房公积金后共取得税前工资收入25万元;劳务报酬收入6万元;稿酬收入1万元;转让房产收入120万元,相关税费7.6万元,房产原值78.8万元;取得国债利息2000元;发票中奖1000元。

已知某甲为独生子,有两个上小学的小孩,均由他扣除子女教育专项附加扣除,父母健在且均已年满60岁。

某甲将2019年全年收入按照个人所得税规定的累计税率表计算了自己的应纳税额,但是被税务局告知计算错误。请依据案例给出的信息,确认某甲应当缴纳的个人所得税。

提示·计算:

由于我国个人所得税法采取分类综合所得制度,对于不同项目的个人收入采取不同的课税办法,所以应当分别计算:

(1)综合所得:工资、薪金所得、劳务报酬所得、稿酬所得属于综合所得,适用超额累进税率。

全年应纳税所得额$=25+6\times(1-20\%)+1\times(1-20\%)\times70\%-0.5\times12-0.1\times2\times12-0.2\times12=19.56$(万元)

应纳税额$=19.56\times20\%-1.692=2.22$(万元)

(2)房产转让所得:财产转让所得,适用比例税率,税率为20%。财产转让所得,以转让财产的收入额减除财产原值和合理费用后的余额,为应纳税所得额。

应纳税所得额$=120-78.8-7.6=33.6$(万元)

应纳税额$=33.6\times20\%=6.72$(万元)

(3) 国债利息收入：国债和国家发行的金融债券利息收入为免税收入。

(4) 发票中奖：偶然所得适用比例税率，税率为20%。偶然所得以每次收入额为应纳税所得额。

应纳税额＝1000×20%＝200(元)

共计 2.22＋6.72＋0.02＝8.96(万元)

【新闻链接】

网络直播课税的法律与政策问题[①]

2022年2月18日下午，第22届"中国财税法学前沿问题高端论坛"通过线上方式召开，主题为"网络直播课税的法律与政策问题"。在此次论坛上发布了由武汉大学财税与法律研究中心完成的《网络直播个人所得税法律适用与征收管理》的专题研究报告(以下简称《报告》)。

网络直播个人所得税法律适用与征收管理

《报告》结合网络直播行业的特点，对网络直播个人所得税的法律适用与征管提出以下政策建议：

第一，提升网络直播行业税法适用与税务征管的确定性，出台纳税安全服务手册，为直播从业人员的自查自纠提供专业指导；同时，落实直播行业税收管理的案例指导机制，向行业从业人员和社会公众全面展现执法逻辑。

第二，明确网络直播收入的法律属性及征税规则。在判断直播收入的性质时，应以法律关系作为基础，根据不同的组织形式以及交易内容，辅之以经济实质的审查，既要尊重纳税人选择，也要防止滥用自由。

第三，审慎看待纳税人转换收入形式的行为，合理认定行为的违法属性。在处理转换收入形式的问题时，应依据事实和证据，对照税法规定的构成要件，严格区分偷税与避税行为。

第四，规范核定征收，实施分级分类管理。对于收入数额达到一定标准的头部主播，倡导其设立个体工商户、个人独资企业等商事主体，严格落实查账征收。对于未达收入数额的主播，可探索简便高效的管理方式，降低税收征管成本。

《报告》最后提议，针对网络直播的税收问题，税务机关既要积极作为，也应该审慎包容，促进新业态在发展中规范、在规范中发展。行业从业人员则应依法纳税，提高纳税遵从意识，加强税务合规管理，防范可能出现的涉税风险。

平台直播收入的法律属性与税收待遇

中国政法大学施正文教授认为，平台主播收入最基础的问题是所得性质的界定，要透过其形式看实质，把经济事实涵摄于课税要件的课税事实，准确适用税法。在立法层面，网络主播收入的所得定性不清与我国未将经营所得并入综合所得有关。此外，他还提出，经营所得是劳动所得和资本所得的结合，但在平台经济模式下，经营所得中的资本要素比重逐渐减少，未来的立法与学术研究应该有所回应。

复旦大学许多奇教授提出，近年来随着直播行业的迅速发展，主播的类型和直播行业的业务模式变得多种多样，主播收入也存在广告收入、打赏收入等多种来源，税务处理因此变得复杂。一方面，应结合法律形式与经济实质，辨别主播收入的税法性质，准确适用税法，另一方面，还是要区分主播类型，实行分级分类管理，对头部主播严格监管，对普通主播则可考虑简便从事。

[①] 参见《新闻｜"网络直播课税的法律与政策问题"研讨会综述(内附报告)》，载武汉大学经济法网，http://economiclaw.whu.edu.cn/info/1005/5496.htm，2022年3月19日最后访问，编者有删改。

金杜(上海)律师事务所叶永青律师认为,界定直播收入的起点是民商事法律关系。直播活动实质是多种行为的交织,需要多人协助配合。另一方面,直播活动可能包含推销、表演、游戏,表现为综合性活动。不同类型的活动,其收入性质未必相同。叶律师提出,判断所得的性质要回归到经济本质,透过法律形式考虑其背后的经济内容。在经营所得的判断方面,实质的判断在于有无资本设备投入和人力资源投入,包括考虑经营活动的持续性因素。

中南民族大学段晓红教授聚焦于劳务报酬所得与经营所得的区分,她提出,在判断所得的基本属性时,应基于合同提供的具体信息,全面观察交易事实。经营所得是劳动力和生产资料相结合产生的收入,来源于生产经营活动,即以营利为目的的持续性经济行为。如果只是基于本人的劳务提供,没有借助资本、设备和其他人力资源,这种网络主播收入不足以构成经营所得。

平台直播收入的税务管理与纳税遵从

中国人民大学朱大旗教授提出,平台直播收入的税收征管问题与所得定性相关联,其制度根源在于,税法对不同所得设置不同的税率。因此,应从根本上将个人所得税全面改为综合征收模式,降低最高边际税率。在税收征管方面,可通过分级分类管理、完善平台信息报告义务、规范核定征收、清理税收洼地等措施加以完善。朱教授特别指出,在税收规则不完善的情况下,对平台直播行业应采用包容审慎态度,保护纳税人权益,促进行业良性健康发展。

中山大学杨小强教授认为,平台直播是国家支持的新业态,税收征管应符合政策目标,对平台直播行业持包容态度。目前,平台直播的种类和经营模式越来越多,应简化民事法律关系的类型,协调民法和税法的关系。平台直播的经营模式并未超越传统征管的框架,以票控税仍可以实现征管目的。税法应规定平台信息披露义务,找准税收征管的抓手。直播课税还涉及竞争法、财政法,这些问题相互关联,需要综合解决。

针对实务中发生的平台直播收入税法适用纠纷,北京金诚同达律师事务所王朝晖律师提出,第一,税务机关应该尊重平台主播自由选择商事活动组织形式的权利;第二,税法应明确个人生产经营所得和劳务报酬所得的界限;第三,核定征收是导致平台主播少缴税款的主要原因,只要纳税人依法申报,核定征收一经作出,税务机关不宜轻易否定;第四,要尊重平台和主播的协议安排,平台依法代扣代缴,不应承担过重的责任;第五,税务机关应加强相关税法和政策的宣传。

中南财经政法大学黎江虹教授提出,为应对数字经济的发展,《税收征收管理法》有必要增加税额确认制度。近期爆出的平台主播偷税案件均未进行税额确认,直接进入了执法和处罚环节,带来了巨大的社会成本。针对税收司法中缺乏"事实审",仅进行"法律审"的司法虚置现实,税额确认制度还具有正向作用,有利于保护纳税人的合法权益。黎教授另外提出,可通过事先裁定等事前达成契约的方式,应对新业态下出现的新应税行为。

西南政法大学张怡教授指出,随着网络时代的发展,税收征管涉及一个关键词"模糊":科技快速发展导致的认知层面之"模糊",传统理论、经验无法适用导致的实践层面之"模糊",法律滞后导致的规则层面之"模糊"。要解决这些问题,首先,在认知层面要对平台直播行业要采取宽容态度;其次,要强化实践研究,获取第一手资料,而不是纸上谈兵;最后,针对传统知识和经验无法解决的问题,要结合先进的科学技术加以解决。

【课后思考题】

1. 请谈谈个人所得税的作用与意义。
2. 请分析"分项制"个人所得税与"综合制"个人所得税的异同。
3. 请思考个人所得税改革的原则、价值取向与制度选择。

【参考文献】

1. 葛克昌:《所得税与宪法》,北京大学出版社2004年版。
2. 刘剑文、熊伟:《税法基础理论》,北京大学出版社2004年版。
3. 〔美〕塞利格曼:《所得税研究:历史、理论与实务》,经济科学出版社2014年版。
4. 施正文:《分配正义与个人所得税法改革》,载《中国法学》2011年第5期。
5. 王建伟:《论所得税立法改进——基于中美所得税立法基础比较视角》,载《税务研究》2010年第7期。
6. 杨后鲁:《税务透明时代下的家族财富传承》,清华大学出版社2019年版。
7. 张守文:《论税法上的"可税性"》,载《法学家》2000年第5期。

第十章

财产税和行为税法律制度

一国如果有精心设计的税制和转移支付项目,那么它就会拥有一块不断增长的劳动生产率的蛋糕,并能在它的国民中进行更为公平的分配。

——威廉·诺德豪斯

【本章导读】

财产税是以纳税人所拥有或支配的某些财产为征税对象的一类税。财产税法就是调整财产税征纳关系的法律规范的总称。

行为税亦称特定目的税,是指政府为实现一定目的,对某些特定行为所征收的税收。行为税法就是调整行为税征纳关系的法律规范的总称。我国曾征收过的固定资产投资方向调节税、筵席税、屠宰税均属此类。其中,固定资产投资方向调节税于2000年停征,而筵席税和屠宰税也于1994年下放到地方管理并逐渐停征。

本章主要介绍了我国现行的财产税和行为税法律制度,包括房产税法律制度、资源税法律制度、土地税法律制度、车船税法律制度、契税法律制度、印花税法律制度和环境保护税法律制度。

第一节 房产税法律制度

一、房产税法律制度概述

房产税是以房屋为征税对象,以房屋的评估价值为计税依据,向房屋的所有人或使用人征收的一种财产税。房产税法是调整房产税征纳关系的法律规范的总称。我国现行房产税的基本规范为1986年9月15日国务院颁布的《房产税暂行条例》(2011年修改),自2009年1月1日起,外商投资企业、外国企业和组织以及外籍个人也依照《房产税暂行条例》缴纳房产税。

纵观现代各国的房产税法可知,各国房产税按其课征标准的不同,大致可分为财产房屋税、收益房屋税、所得房屋税和消费房屋税四种类型。

二、征税范围

在我国,房产税以我国境内用于生产经营的房屋为征税对象。具体征税范围包括:建在城市、县城、建制镇、工矿区的房屋。但征税对象只限于生产经营性用房,城乡居民用于居住的房屋免征房产税。

三、纳税人

房产税以在我国境内拥有房屋产权的单位和个人为纳税人。产权属于国家所有的,以经营管理人为纳税人;产权出典的,以承典人为纳税义务人;产权所有人、承典人不在房产所在地,或产权未确定的,或者租典纠纷未解决的,以房产代管人或使用人为纳税义务人。

四、计税依据和税率

房产税的计税依据是房产的计税价值或房产的租金收入。按照房产的计税价值征税的,称为从价计征;按照房产租金收入计征的,称为从租计征。

采用从价计征的房产税是依照房产原值一次减除10%—30%后余值计算缴纳。采用从租计征的房产税则是以房产租金收入为房产税的计税依据。

房产税实行比例税率。由于房产税的计税依据为从价计征和从租计征两种形式,故房产税的税率也有两种。一种是按房产原值一次减除10%—30%后的余值计征的,税率为1.2%。房产税应纳税额具体的计算公式是:

$$应纳税额 = 应税房产原值 \times (1 - 扣除比例) \times 1.2\%$$

按房产出租的租金收入计征的,税率为12%,自2008年3月1日起,对个人出租住房,不区分用途,按4%的税率征收房产税;对企事业单位、社会团体以及其他组织按市场价格向个人出租用于居住的住房,减按4%的税率征收房产税。自2021年10月1日起,对企事业单位、社会团体以及其他组织向个人、专业化规模化住房租赁企业出租住房的,减按4%的税率征收房产税。房产税应纳税额具体的计算公式是:

$$应纳税额 = 租金收入 \times 12\%(或 4\%)$$

五、税收优惠

根据我国《房产税暂行条例》的规定,下列房产免征房产税:(1)国家机关、人民团体、军队自用的房产;(2)由国家机关财政部门拨付事业费的单位自用的房产;(3)宗教寺庙、公园、名胜古迹自用的房产;(4)个人所有非营业用的房产;(5)经财政部批准免税的其他房产。

但是,上述单位和个人用于生产经营或者出租的房产则应依法征收房产税。

六、征收管理

房产税由房产所在地的税务机关负责征收管理。纳税人应当依照主管税务机关的规定,将现有房屋的坐落地、数量、价值等情况,据实向房产所在地的税务机关申报纳税。如纳税人拥有多处房产,应分别向房产坐落地的税务机关纳税。

房产税实行按年征收,分期缴纳。具体纳税期限由各省、自治区、直辖市人民政府确定。

七、房产税改革试点

1986年9月15日国务院颁布了《房产税暂行条例》,9月17日财政部、国家税务总局就发布了《房产税宣传提纲》,明确房产税是一种财产税。征收房产税,有利于运用税收经济杠杆促进房屋管理,提高房屋的使用效益,有利于控制固定资产投资规模和配合房产政策的改革,有利于调节收入分配。并且规定,个人所有非营业用的房产可以免征房产税。1994年税制改革后,为调整地方税制结构,健全地方税收体系,有关部门开始酝酿包括房产税在内的房地产税改革。比如,国家税务总局在1996年发布的《全国税收发展"九五"计划和2010年远景目标纲要》中,提出要修订房产税和城镇土地使用税。随后,房产税改革被纳入更大的改革框架。2003年10月,中共中央《关于完善社会主义市场经济体制若干问题的决定》提出,实施城镇建设税费改革,条件具备时对不动产开征统一规范的物业税。然而,物业税在多个地方连续数年"空转"之后依然无果,反而是房产税再次走到台前。[①]

随着我国房地产市场、行业的高速发展,房价飞速上涨,为了适应新的经济社会情况需要,我国关于房产税改革的工作也加快了进度。对个人住房征收房产税,一是有利于合理调节收入分配,促进社会公平。改革开放以来,我国人民生活水平有了大幅提高,但收入分配差距也在不断拉大。这种差距在住房方面也有一定程度的体现。房产税是调节收入和财富分配的重要手段之一,征收房产税有利于调节收入分配、缩小贫富差距。二是有利于引导居民合理住房消费,促进节约、集约用地。我国人多地少,需要对居民住房消费进行正确引导。在保障居民基本住房需求的前提下,对个人住房征收房产税,通过增加住房持有成本,可以引导购房者理性地选择居住面积适当的住房,从而促进土地的节约集约利用。

2010年5月,国务院同意国家发改委《关于2010年深化经济体制改革重点工作的意见》,明确将"逐步推进房产税改革"。2011年1月底,国务院召开常务会议,同意在部分城市进行对个人住房征收房产税的改革试点,具体征收办法由试点省(自治区、直辖市)人民政府从实际出发制定。2011年1月,上海市政府发布了《上海市开展对部分个人住房征收房产税试点的暂行办法》,重庆市政府发布了《重庆市关于开展对部分个人住房征收房产税改革试点的暂行办法》和《重庆市个人住房房产税征收管理实施细则》,正式启动我国房产税改革试点。改革试点的核心内容是取消"个人所有非营业用的房产"的免征待遇,对个人自住房的保有环节开征房产税。

2011年沪渝两地启动对部分个人住房征收房产税改革试点工作时,有关主管部门负责人答记者问时表示,对个人住房征收房产税,首先是有利于合理调节收入分配,促进社会公平。并解释说,收入分配差距在住房方面也有一定程度的体现,征收房产税有利于调节收入分配、缩小贫富差距。这表明,运用房产税这一具有调节财富分配功能的典型财产税的政策

---

① 参见王涛:《房产税改革的逻辑》,载《经济参考报》2012年3月30日第A01版。

目标是以公平为主。遵循这样的逻辑方向,未来一段时间进一步完善试点方案,充分发挥房屋保有环节税收在调节社会财富分配、促进社会公平方面的功能,应是房产税改革的主要政策取向。更长的路径上,以财产税来整合现行与房屋、土地等有关的税种,构筑财产税体系、调节收入分配并完善财税体制的思路,也越来越清晰。①

2012年3月,国务院批转的国家发改委《关于2012年深化经济体制改革重点工作的意见》明确,要加快财税体制改革,适时扩大房产税试点范围。2013年8月28日,时任国家发改委主任徐绍史、财政部部长楼继伟向全国人民代表大会常务委员会报告时,双双提到"扩大个人住房房产税改革试点范围"。② 而在2013年11月中共十八届三中全会《决定》中提出的"加快房地产税立法并适时推进改革",为新形势下房产税等税种的改革定下了新基调。

此后,房产税改革与立法稳步推进。根据《十三届全国人大常委会立法规划》,《房地产税法》是第一类立法项目,属于"条件比较成熟、任期内拟提请审议的法律草案",这是落实税收法定原则、加快完善税收法律体系的重要内容。

2019年3月8日,十三届全国人民代表大会二次会议上,全国人民代表大会常务委员会委员长栗战书作关于全国人民代表大会常务委员会工作的报告。对于"房地产税法",此次报告中明确提及落实制定房地产税法等立法调研、起草,确保如期完成。2021年10月,第十三届全国人民代表大会常务委员会第三十一次会议审议通过关于授权国务院在部分地区开展房地产税改革试点工作的规定。试点地区的房地产税征税对象为居住用和非居住用等各类房地产,不包括依法拥有的农村宅基地及其上住宅。此外,该决定未对房地产税的计税依据、适用税率、减除标准等税制要素作出规定。这意味着,目前房地产税的立法节奏明显加快,不过距离正式落地实施,还有一个较长的过程。

【延伸阅读】

如何理解"中共十八届三中全会《决定》"中的"加快房地产税立法并适时推进改革"③

《关于全面深化改革若干重大问题的决定》提出"加快房地产税立法并适时推进改革",有观点认为这一表述仅仅是指由国务院修订《房产税暂行条例》。其实这是一种误读,没有准确地理解《决定》的精神。应当看到,《决定》在第27条"推动人民代表大会制度与时俱进"中写入"落实税收法定原则",在第五部分"深化财税体制改革"中将"完善立法"放在改革目标的首位,并且在第九部分"推进法治中国建设"中着重强调了"完善规范性文件、重大决策合法性审查机制""加强对行政执法的监督"等要求。这些前后呼应的提法明确地表明,法治中国离不开一个在立法与监督上积极发挥更大作用的人民代表大会制度。从对房地产税改革的表述本身来看,《决定》使用的是"加快立法"并"适时推进改革",而非"加

---

① 参见王涛:《房产税改革的逻辑》,载《经济参考报》2012年3月30日第A01版。
② 参见朱菲娜:《解读楼继伟预算执行报告——围绕财政政策有五大关键词》,载中国经济时报—中国经济新闻网,https://jjsb.cet.com.cn/show_167959.html,2022年3月26日最后访问。
③ 节选自刘剑文、陈立诚:《论房产税改革路径的法治化建构》,载《法学杂志》2014年第2期。

快改革"并"适时立法",这也传达出重视房产税立法的清晰信号。同时,房产税改革还需要和土地增值税、城镇土地使用税、耕地占用税的改革一起统筹考虑,整体推进房地产税制改革。我们认为,《决定》已经为未来的房产税改革指明了路径,那就是落实税收法定原则,通过全国人民代表大会制定《房产税法》的方式来推进改革。

目前,反对房产税立法的主要理由有两点:一是认为立法耗时太长、耽误改革;二是认为全国人民代表大会没有能力立法。其实,这些担心很大程度上是没有必要的。对于第一种意见,我们应当认识到,改革不能唯效率论。对于一些条件比较成熟、主要面临技术问题的改革事项,当然应该尽快推进;但是对于一些目标和方案尚不清晰、面临整体性复杂问题的改革事项,我们需要更多的智慧和耐心。就房产税而言,现行制度非常粗疏,且很多地方已经与时代脱节,整体税制需要较大的改动。但是,目前社会上还缺乏必要的共识,就连对房产税征收目的的理解也都存有分歧。房地产统一登记、财产评估等配套制度也刚刚起步,建立尚需时间。可以说,房产税改革是焦点、是重点,也是难点,因此需要更多的耐心、更多的共识、更多的智慧。盲目追求尽快推进房产税改革,恐怕并不能起到预期效果,反而会耗费不必要的成本,甚至使人民对改革的信心受挫。《决定》提出"适时"推进改革,也正是表达了审慎稳妥、不急于求成的态度。对于第二种意见,笔者认为,虽然全国人民代表大会确实有待加强能力建设,但只有在积极开展立法活动的过程中全国人民代表大会才可能真正与时俱进、不断完善。况且,全国人民代表大会目前已经制定了200余部法律,其立法经验和立法技术早已不同于1985年作出授权立法决定时的局面。总体来看,这些反对观点没有清晰地认识到改革与立法的关系,也没有很好地理解"落实税收法定原则"的要求。所谓"落实",不仅仅要在观念上加以确立、在纸面上加以宣示,更要在改革中将税收法定付诸实践,尽快把各个税种的规定上升为法律。

以立法形式推进房产税改革,与扩大房产税试点并不矛盾。在法律出台之前,全国人民代表大会及其常务委员会可以授权国务院,允许其批准地方进行改革试点。问题的关键在于,如何判断是否应当试点以及如何对试点进行法律控制。对于税收这一涉及千家万户利益的重要事项,改革时应当慎重为之、全盘考量。税改试点虽然只是针对部分地区,但仍然会直接关系到该地区人民的财产权保护,故应当受到法律在实体和程序上的严格控制。对于减轻税负的试点,审查标准可以相对宽松,但要注意地区间的公平性问题,避免形成政策洼地;对于加重税负的试点,则应当慎之又慎,按照税收公平原则进行实体审查,避免对纳税人权利的过分侵犯。同时,在地方制定试点方案的过程中,还应当受到"正当行政程序"原则的约束,保证公共决策遵循它所影响的公民的利益和意见,使之成为"一种人们能够认可和认同的决策,一种人们能够看到自己的利益得到促进、自己的意见得到尊重的决策"。

第二节 资 源 税 法

一、资源税法概述

从理论上说,资源税是国家对开发、利用其境内资源的单位和个人,就其所开发、利用资源的数量或价值征收的一种税。资源税法就是调整资源税征纳关系的法律规范的总称。

资源税按其性质,可分为一般资源税和级差资源税两大类。一般资源税是对使用某种自然资源的单位和个人就其资源的数量或价值征收,而不考虑其所使用资源的贫富状况和开采条件,也不考虑其因开发利用资源所取得收入的多少。级差资源税是按资源的级差收入分别征税,纳税人应纳税额的多少同其所使用资源的贫富状况和开采利用条件有关。从各国资源税的立法概况来看,现今征收的资源税大多属于级差资源税。

我国资源税的特点:资源税的征税范围小;资源税的征税目的主要在于调节级差收入;资源税采用差别税率,实行从价计征,计算简便;资源税属于中央和地方共享税。

我国开征资源税历史悠久。早在周朝就有"山泽之赋",对在山上伐木、采矿、狩猎,水上捕鱼、煮盐等,都要征税。尽管有学者主张这属于行为税性质,但也可以认为这是对开发利用森林资源、矿产资源、动物资源等资源征收的税。战国时期秦国对盐的生产、运销所课征的"盐课",也属于资源税。明朝的"坑冶之课",实际上就是矿税,其征收对象包括金、银、铜、铝、朱砂等矿产品。国民党统治时期也曾对盐、铁征税。新中国建立后,1984年9月18日,我国国务院发布《资源税暂行条例(草案)》,对原油、天然气、煤炭三种资源课税,并自该年10月1日起实施。1994年税制改革时,根据"普遍征收、级差调节"的原则,我国对资源税又进行了调整和改革,1993年11月25日国务院发布了《资源税暂行条例》,自1994年1月1日起施行。根据规定资源税的征收范围有所扩大,单位税额也被适当提高,此外,盐税被并入资源税,作为资源税中的一个税目。原资源税和盐税的有关法规同时废止。2011年9月30日,国务院公布了《关于修改〈资源税暂行条例〉的决定》(国务院第605号令),对资源税的纳税人、税率以及计税方法等进行了修改。2011年10月,财政部发布了修订后的《资源税暂行条例实施细则》,2011年11月,国家税务总局发布了修订的《资源税若干问题的规定》。随后两年,财政部、国家税务总局先后调整了锡矿石等矿产品(财税〔2012〕2号)、岩金矿石等品目(财税〔2013〕109号)资源税适用税率标准;2014年10月,依照9月29日国务院常务会议精神,财政部、国家税务总局先后出台了《关于实施煤炭资源税改革的通知》(财税〔2014〕72号)以及《关于调整原油、天然气资源税有关政策的通知》(财税〔2014〕73号),再次对资源税重点领域进行了调整。

根据党中央、国务院决策部署,自2016年7月1日起全面推进资源税改革。为切实做好资源税改革工作,财政部和国家税务总局发布了《关于全面推进资源税改革的通知》(财税〔2016〕53号)、《关于资源税改革具体政策问题的通知》(财税〔2016〕54号)、《水资源税改革试点暂行办法》(财税〔2016〕55号)。

2017年11月24日,财政部、国家税务总局、水利部联合发布《关于印发〈扩大水资源税改革试点实施办法〉的通知》,决定自2017年12月1日起,在北京、天津、山西、内蒙古、山东、河南、四川、陕西、宁夏等9个省(自治区、直辖市)扩大水资源税改革试点。

2019年8月26日,《中华人民共和国资源税法》(以下简称《资源税法》)已由第十三届全国人民代表大会常务委员会第十二次会议通过,自2020年9月1日起施行。原《资源税暂行条例》同时废止。我国现行资源税对开发应税资源进行课征,以资源条件不同而形成的级差收入为课税对象。

开征资源税具有十分重要的意义:(1)有利于促进国有资源的合理开采、节约使用和有效配置;(2)有利于调节由于资源条件差异形成的级差收入,为资源开采企业之间展开公平竞争创造条件;(3)有利于开拓财源,为国家筹集更多的财政收入。

二、征税范围

根据我国国有资源有偿开采的原则,资源税的征税范围应包括一切可供开发利用的国有资源。

我国《资源税法》第1条规定,在我国领域和我国管辖的其他海域开发应税资源的单位和个人应当依法缴纳资源税,相比于之前的《资源税暂行条例》规定的"矿产品和盐",现行资源税法更具有前瞻性,一定程度上赋予"将其他自然资源纳入征收范围"的合法性。另外,《资源税法》也充分肯定了水资源税试点的成果。《资源税法》第14条规定,国务院根据国民经济和社会发展需要,依照本法的原则,对取用地表水或者地下水的单位和个人试点征收水资源税。征收水资源税的,停止征收水资源费。水资源税根据当地水资源状况、取用水类型和经济发展等情况实行差别税率。水资源税试点实施办法由国务院规定,报全国人民代表大会常务委员会备案。国务院自《资源税法》施行之日起5年内,就征收水资源税试点情况向全国人民代表大会常务委员会报告,并及时提出修改法律的建议。

三、纳税人

根据我国《资源税法》第1条的规定,在中华人民共和国领域和中华人民共和国管辖的其他海域开发应税资源的单位和个人,为资源税的纳税人,应当依法缴纳资源税。

根据《资源税法》第5条规定,纳税人开采或者生产应税产品自用的,应当依法缴纳资源税;但是,自用于连续生产应税产品的,不缴纳资源税。

《水资源税改革试点暂行办法》(财税〔2016〕55号)第3条规定:利用取水工程或者设施直接从江河、湖泊(含水库)和地下取用地表水、地下水的单位和个人,为水资源税纳税人。纳税人应按《中华人民共和国水法》《取水许可和水资源费征收管理条例》等规定申领取水许可证。

四、计税依据和税率

资源税的税目、税率,依照《税目税率表》执行。《税目税率表》中规定实行幅度税率的,其具体适用税率由省、自治区、直辖市人民政府统筹考虑该应税资源的品位、开采条件以及对生态环境的影响等情况,在《税目税率表》规定的税率幅度内提出,报同级人民代表大会常务委员会决定,并报全国人民代表大会常务委员会和国务院备案。《税目税率表》中规定征税对象为原矿或者选矿的,应当分别确定具体适用税率。

资源税按照《税目税率表》实行从价计征或者从量计征。《税目税率表》中规定可以选择实行从价计征或者从量计征的,具体计征方式由省、自治区、直辖市人民政府提出,报同级人民代表大会常务委员会决定,并报全国人民代表大会常务委员会和国务院备案。

纳税人开采或者生产不同税目应税产品的,应当分别核算不同税目应税产品的销售额或者销售数量;未分别核算或者不能准确提供不同税目应税产品的销售额或者销售数量的,从高适用税率。

表 10-1 资源税税目税率表

税目			征税对象	税率
能源矿产	原油		原矿	6%
	天然气、页岩气、天然气水合物		原矿	6%
	煤		原矿或者选矿	2%—10%
	煤成(层)气		原矿	1%—2%
	铀、钍		原矿	4%
	油页岩、油砂、天然沥青、石煤		原矿或者选矿	1%—4%
	地热		原矿	1%—20% 或者每立方米1—30元
金属矿产	黑色金属	铁、锰、铬、钒、钛	原矿或者选矿	1%—9%
	有色金属	铜、铅、锌、锡、镍、锑、镁、钴、铋、汞	原矿或者选矿	2%—10%
		铝土矿	原矿或者选矿	2%—9%
		钨	选矿	6.5%
		钼	选矿	8%
		金、银	原矿或者选矿	2%—6%
		铂、钯、钌、锇、铱、铑	原矿或者选矿	5%—10%
		轻稀土	选矿	7%—12%
		中重稀土	选矿	20%
		铍、锂、锆、锶、铷、铯、铌、钽、锗、镓、铟、铊、铪、铼、镉、硒、碲	原矿或者选矿	2%—10%
非金属矿产	矿物类	高岭土	原矿或者选矿	1%—6%
		石灰岩	原矿或者选矿	1%—6%或者每吨(或者每立方米)1—10元
		磷	原矿或者选矿	3%—8%
		石墨	原矿或者选矿	3%—12%
		萤石、硫铁矿、自然硫	原矿或者选矿	1%—8%
		天然石英砂、脉石英、粉石英、水晶、工业用金刚石、冰洲石、蓝晶石、硅线石(矽线石)、长石、滑石、刚玉、菱镁矿、颜料矿物、天然碱、芒硝、钠硝石、明矾石、砷、硼、碘、溴、膨润土、硅藻土、陶瓷土、耐火粘土、铁矾土、凹凸棒石粘土、海泡石粘土、伊利石粘土、累托石粘土	原矿或者选矿	1%—12%
		叶蜡石、硅灰石、透辉石、珍珠岩、云母、沸石、重晶石、毒重石、方解石、蛭石、透闪石、工业用电气石、白垩、石棉、蓝石棉、红柱石、石榴子石、石膏	原矿或者选矿	2%—12%
		其他粘土(铸型用粘土、砖瓦用粘土、陶粒用粘土、水泥配料用粘土、水泥配料用红土、水泥配料用黄土、水泥配料用泥岩、保温材料用粘土)	原矿或者选矿	1%—5% 或者每吨(或者每立方米)0.1—5元

(续表)

税目			征税对象	税率
非金属矿产	岩石类	大理岩、花岗岩、白云岩、石英岩、砂岩、辉绿岩、安山岩、闪长岩、板岩、玄武岩、片麻岩、角闪岩、页岩、浮石、凝灰岩、黑曜岩、霞石正长岩、蛇纹岩、麦饭石、泥灰岩、含钾岩石、含钾砂页岩、天然油石、橄榄岩、松脂岩、粗面岩、辉长岩、辉石岩、正长岩、火山灰、火山渣、泥炭	原矿或者选矿	1%—10%
	砂石		原矿或者选矿	1%—5% 或者每吨(或者每立方米)0.1—5元
	宝玉石类	宝石、玉石、宝石级金刚石、玛瑙、黄玉、碧玺	原矿或者选矿	4%—20%
水气矿产	二氧化碳气、硫化氢气、氦气、氡气		原矿	2%—5%
	矿泉水		原矿	1%—20% 或者每立方米1—30元
盐	钠盐、钾盐、镁盐、锂盐		选矿	3%—15%
	天然卤水		原矿	3%—15% 或者每吨(或者每立方米)1—10元
	海盐			2%—5%

五、应纳税额

实行从价计征的,应纳税额按照应税资源产品(以下称应税产品)的销售额乘以具体适用税率计算。具体计算公式为:

$$应纳税额 = 应税资源销售额 \times 适用税率$$

实行从量计征的,应纳税额按照应税产品的销售数量乘以具体适用税率计算。具体计算公式为:

$$应纳税额 = 应税资源销售数量 \times 适用税率$$

应税产品为矿产品的,包括原矿和选矿产品。

六、税收优惠

有下列情形之一的,免征资源税:(1) 开采原油以及在油田范围内运输原油过程中用于加热的原油、天然气;(2) 煤炭开采企业因安全生产需要抽采的煤成(层)气。

有下列情形之一的,减征资源税:(1) 从低丰度油气田开采的原油、天然气,减征20%资源税;(2) 高含硫天然气、三次采油和从深水油气田开采的原油、天然气,减征30%资源税;(3) 稠油、高凝油减征40%资源税;(4) 从衰竭期矿山开采的矿产品,减征30%资源税。

根据国民经济和社会发展需要,国务院对有利于促进资源节约集约利用、保护环境等情形可以规定免征或者减征资源税,报全国人民代表大会常务委员会备案。

有下列情形之一的,省、自治区、直辖市可以决定免征或者减征资源税:(1) 纳税人开采或者生产应税产品过程中,因意外事故或者自然灾害等原因遭受重大损失;(2) 纳税人开采共伴生矿、低品位矿、尾矿。这两项免征或者减征资源税的具体办法,由省、自治区、直辖市人民政府提出,报同级人民代表大会常务委员会决定,并报全国人民代表大会常务委员会和国务院备案。

纳税人的免税、减税项目,应当单独核算销售额或者销售数量;未单独核算或者不能准确提供销售额或者销售数量的,不予免税或者减税。

七、征收管理

资源税由税务机关按照《资源税法》和《税收征收管理法》执行。税务机关与自然资源等相关部门应当建立工作配合机制,加强资源税征收管理。

（一）纳税义务发生时间

纳税义务发生时间,是指纳税人发生应税行为应当承担纳税义务起始时间。由于纳税人销售产品或自用产品的不同以及销售产品时结算方式的不同,纳税义务的发生时间也不一样。纳税人销售应税产品,纳税义务发生时间为收讫销售款或者取得索取销售款凭据的当日;自用应税产品的,纳税义务发生时间为移送应税产品的当日。水资源税的纳税义务发生时间为纳税人取用水资源的当日。

（二）纳税期限

资源税按月或者按季申报缴纳;不能按固定期限计算缴纳的,可以按次申报缴纳。纳税人按月或者按季申报缴纳的,应当自月度或者季度终了之日起15日内,向税务机关办理纳税申报并缴纳税款;按次申报缴纳的,应当自纳税义务发生之日起15日内,向税务机关办理纳税申报并缴纳税款。除农业生产取用水外,水资源税按季或者按月征收,由主管税务机关根据实际情况确定。对超过规定限额的农业生产取用水水资源税可按年征收。不能按固定期限计算纳税的,可以按次申报纳税。水资源税纳税人应当自纳税期满或者纳税义务发生之日起15日内申报纳税。

（三）纳税地点

纳税人应当向应税产品开采地或者生产地的税务机关申报缴纳资源税。除跨省（区、市）水力发电取用水外,纳税人应当向生产经营所在地的税务机关申报缴纳水资源税。在试点省份内取用水,其纳税地点需要调整的,由省级财政、税务部门决定。跨省（区、市）调度的水资源,由调入区域所在地的税务机关征收水资源税。跨省（区、市）水力发电取用水的水资源税在相关省份之间的分配比例,比照财政部《关于跨省区水电项目税收分配的指导意见》（财预〔2008〕84号）明确的增值税、企业所得税等税收分配办法确定。试点省份主管税务机关应当按照上述规定比例分配的水力发电量和税额,分别向跨省（区、市）水电站征收水资源税。跨省（区、市）水力发电取用水涉及非试点省份水资源费征收和分配的,比照试点省份水资源税管理办法执行。

【实例列举】

资源税的理解与计算

甲油田2020年9月销售原油2000吨,销售额为1000万元,请计算甲油田该月应缴纳的资源税（税率为6%）。

解答：

原油的资源税实行从价定率征收，以应税资源产品的销售额为计税依据，应纳税额＝销售额×适用税率。

计算甲油田该月应缴纳资源税：1000×6%＝60万元。

【延伸阅读】

资源税法通过：与改革同步 与未来同路[①]

我国《资源税法》的通过，是在落实税收法定原则的背景下一项重要的立法进程。2019年8月26日，经十三届全国人民代表大会常务委员会第十二次会议表决，《资源税法》正式通过，将于2020年9月1日正式实施。

在2019年8月26日举办的全国人民代表大会常务委员会办公厅新闻发布会上，国家税务总局财产和行为税司司长卜祥来介绍说，资源税法是贯彻习近平生态文明思想、落实税收法定原则、完善地方税体系的重要举措，是绿色税制建设的重要组成部分。相比《资源税暂行条例》，《资源税法》吸收了近年来税收征管与服务上的有效做法，践行了以纳税人为中心的服务理念，体现了深化"放管服"改革的要求。

卜祥来介绍，具体而言，资源税法带来的变化体现在三点：

一是《资源税法》简并了征收期限。新税法规定由纳税人选择按月或按季申报缴纳，并将申报期限由10日内改为15日内，与其他税种保持一致，这将明显降低纳税人的申报频次，切实减轻办税负担。

二是规范了税目税率，有利于简化纳税申报。新税法以正列举的方式统一规范了税目，分类确定了税率，为简化纳税申报提供了制度基础。

三是强化了部门协同，有利于维护纳税人权益。新税法明确规定，税务机关与自然资源等相关部门应当建立工作配合机制。良好的部门协作，有利于减少征纳争议，维护纳税人合法权益。

保留水资源税相关内容，与改革相衔接

在本次通过的资源税法当中，保留了与水资源税相关的内容，并作出完善，体现出与水资源税改革进程相衔接的特点。《资源税法》规定，国务院根据国民经济和社会发展需要，依照本法原则，对取用地表水或者地下水的单位和个人试点征收水资源税。征收水资源税的，停止征收水资源费。

水资源费的内容，是在我国《水法》中确定的。水资源税改革由国务院根据全国人民代表大会1985年立法授权决定依法进行，目前正在稳步推进。此次立法修改也将同水资源税改革进程相衔接。法律规定，水资源试点实施办法由国务院规定，报全国人民代表大会常务委员会备案。

针对水资源费改税会不会影响普通家庭水费的问题，在新闻发布会上，财政部税政司负责人徐国乔介绍说，水资源税试点采取费改税，是对取用地表水和地下水的单位和个人征收。在地下水超采地区取用地下水，特种行业取用水和超计划用水适用较高税率，正常的生产生活用水维持在原有的负担水平不变。

由于各地水资源状况不尽相同，经济发展情况也存在差异，法律规定，水资源税根据当地水资源状况、取用类型和经济发展等情况实行差别税率。

为了进一步适应改革进程，资源税法同时规定，国务院自本法施行之日起5年内，就征收水资源税试点情况向全国人民代表大会常务委员会报告，并及时提出修改法律的建议。

[①] 冯添、王萍、王岭：《资源税法通过：与改革同步 与未来同路》，载中国人大网，http://www.npc.gov.cn/npc/c30834/201908/0317b2ca99734905a0f32fe25433e9b7.shtml，2022年3月26日最后访问。

北京大学法学院教授刘剑文表示,随着生态文明建设的发展,水资源对于人类社会的重要性正在不断提升,因此将水资源纳入资源税征税范围,是大势所趋。

对"开发应税资源"征税,为改革预留空间

我国《资源税法》中,将征税范围的表述扩展为"开发应税资源"。相比于在初审稿中的"矿产品或者生产盐",法律当中这一相对灵活的表述,侧重于为今后改革预留空间。

"自然资源概念的认定范围在逐渐扩大。"北京大学法学院教授刘剑文认为,"这一表述的修改,为日后随着国民经济的发展,将森林、草原、滩涂等其他资源品纳入征收范围留出空间,也避免了以后出现制度障碍"。

回顾资源税的发展历程,记者看到,伴随着时间推进,在资源税改革进程当中,其征税范围在逐步拓展。

1984年9月18日,国务院发布《中华人民共和国资源税条例(草案)》,标志着中国资源税的正式征收。起初,中国只针对原油、天然气和煤炭三种资源征收资源税,其后又将铁矿石纳入征税范围。

1993年12月25日国务院发布《中华人民共和国资源税暂行条例》,明确在中华人民共和国境内开采本条例规定的矿产品或者生产盐的单位和个人,需缴纳资源税。资源税的征收范围发生了拓展,并确立了"普遍征收、从量定额"的计征方法。

2013年,党的十八届三中全会作出的决定提出"加快自然资源及其产品价格改革……逐步将资源税扩展到占用各种自然生态空间",自此,资源税步入全面改革时期,除了进行"从价计征""清费立税"等改革外,资源税征税范围逐步从矿产资源领域扩围至水资源领域,有关森林、草原、滩涂等自然资源征税试点也在"授权范围"内逐步展开。

规范减免税政策,促进资源集约利用与环境保护

根据税制平移的原则,实践当中现行的税收优惠政策,也被纳入了我国《资源税法》。

徐国乔表示,现行的资源税减免政策既有长期性的政策,也有阶段性的政策,对现行长期实行而且实践证明行之有效的优惠政策税法作出了明确的规定。

此外,法律规定,根据国民经济和社会发展需要,国务院对有利于促进资源节约集约利用、保护环境等情形可以规定免征或者减征资源税,报全国人民代表大会常务委员会备案。

对此,齐玉委员在审议中认为,草案重视免税减税对环境保护的激励功能,授权国务院对有利于促进资源节约集约利用、保护环境等情形可以规定免征或者是减征资源税,这有利于发挥税收对生态文明建设的积极引导作用。

我国的《资源税法》通过,保持现行资源税制框架和税负水平总体不变,对不适应社会经济发展和改革的要求做了适当的调整,有利于更好地运用税收手段促进资源节约利用,加强生态环境保护。

刘剑文认为,《资源税法》是我国税收立法的又一重要成果,它完成了资源税税率的法定化,明确了资源税的征收模式,增强了资源税在生态保护方面的功能,意味着税收法定原则在我国财税法治建设中得到深化落实和发展。

周洪宇委员在接受《中国人大》全媒体记者采访时表示,将《资源税暂行条例》上升到法律的高度,体现了中央对税收法定原则的要求,体现了对促进资源集约节约利用和加强生态环境保护的要求,适应了绿色协调共享发展的理念,对未来立法作出了良好示范。

第三节　土地税法律制度

一、城镇土地使用税法律制度

(一)城镇土地使用税的概念

近年来我国房地产市场发展迅速,目前,城镇土地使用税、土地增值税、耕地占用税、房产税、契税等是我国房地产市场的主要税收制度。

城镇土地使用税是以城镇土地为征税对象，对拥有国有土地使用权的单位和个人征收的一种税。城镇土地使用税法就是调整城镇土地使用税征纳关系的法律规范的总称。

归纳起来，土地税主要有三种类型：一是财产税性质的土地税；二是所得税性质的土地税；三是土地增值税。

国外学者普遍认为，从税收公平原则的角度来看，作为土地税的计税标准，土地所得优于土地收益，土地收益优于土地单位价值，土地单位价值又优于土地面积。而就课征土地税的手续而言，按单位价值计税，在丈量土地面积和查定单位价值之后，即可如期按率征收，有较长的持久性；按收益计税则须计算收入和扣除费用；而按所得计税还必须斟酌个人情况给以减免，二者数额的大小变化很快，几乎每年或隔2—3年就需要调整。由此可见，按单位价值为计税依据实行从价定率征收的地价税最为简便，同时又能较好地体现税收的公平原则。

我国征收土地税的历史悠久。早在周朝就开始对土地征税，当时称为"彻"，规定"民耕百亩者，彻取十亩以为赋"。国民党统治时期，曾制定土地税法，在部分城市开征过地价税和土地增值税。新中国成立后，就设立了房产税和地产税。1951年8月前，中央人民政府政务院公布的《城市房地产税暂行条例》，规定在城市中合并征收房产税和地产税，始称城市房地产税。1973年简化税制时，把对国营企业和集体企业征收的房地产税并到工商税中，只保留了对城市房产管理部门、个人和外侨征收此税。1984年工商税制改革时，设立了土地使用税。1988年9月27日，国务院发布《城镇土地使用税暂行条例》，自当年11月1日起施行。[①] 2006年12月31日，国务院对《城镇土地使用税暂行条例》进行了修改，将税率提高两倍，同时将范围扩大到外商投资企业和外国企业，并自2007年1月1日起实施。2011年、2013年、2019年国务院又对《城镇土地使用税暂行条例》作了修订。

（二）征税范围和纳税人

除农业用地外，凡是中华人民共和国境内的城市、县城、建制镇和工矿区范围内的土地，都属于城镇土地使用税的征税范围。

城镇土地使用税的纳税人为在我国境内拥有城镇土地使用税征税范围内的土地使用权的单位和个人，具体包括国有企业、集体企业、私营企业、股份制企业、外商投资企业、外国企业以及其他企业和事业单位、社会团体、国家机关、军队以及其他单位、个体工商户以及其他个人。拥有土地使用权的单位和个人不在土地所在地的，其土地的实际使用人和代管人为纳税人。土地使用权未确定或者权属纠纷未解决的，其实际使用人为纳税人。土地使用权共有的，由共有各方分别纳税。

（三）计税依据和税率

城镇土地使用税以纳税人实际占用的应税土地面积为计税依据，依照规定的税额计算征收。

土地使用税采用幅度定额税率。以每平方米为计税单位，按大、中、小城市和县城、建制镇、工矿区及农村分别确定幅度差别税额。

（四）税收优惠

根据税法规定，下列土地可以免征土地使用税：国家机关、人民团体、军队自用的土地；

---

① 参见马金安：《解读城镇土地使用税相关政策规定及其沿革》，载《北京房地产》2007年4月。

由国家财政部门拨付事业经费的单位自用的土地;宗教寺庙、公园、名胜古迹自用的土地;市政街道、广场、绿化地带等公共用地;直接用于农、林、牧、渔业的生产用地;经批准开山填海整治的土地和改造的废弃土地,从使用的月份起免缴城镇土地使用税5年至10年;财政部另行规定免税的能源、交通、水利设施用地和其他用地。

(五)征收管理

城镇土地使用税实行按年计算,分期缴纳。具体纳税期限由省、自治区、直辖市人民政府确定。但对新征用的土地,属于耕地的,自批准征用之日起满1年时开始缴纳土地使用税;若征用的是非耕地,自批准征用次日起缴纳土地使用税。

城镇土地使用税由土地所在地的税务机关负责征收管理。土地管理机关应当向土地所在地的税务机关提供土地使用权属资料,协助税务机关征收管理。

二、耕地占用税法

(一)耕地占用税概述

耕地占用税是对在我国境内占用耕地建设建筑物、构筑物或者从事非农业建设的单位和个人,按其实际占用面积定额征用的一种税。耕地占用税法就是调整耕地占用税征纳关系的法律规范的总称。我国现行的耕地占用税的基本法律依据是2018年12月29日第十三届全国人民代表大会常务委员会第七次会议通过,自2019年9月1日起施行的《耕地占用税法》。

我国现行耕地占用税具有以下特点:

(1)耕地占用税以占用耕地建设建筑物、构筑物或者从事非农业建设的单位和个人为纳税义务人,以其占用的耕地为征税对象,因而征税范围较广。

(2)耕地占用税以县为单位,按人均耕地面积确定单位税额。人均耕地面积越少,单位税额就越多。可见,耕地占用税体现了对人多地少地区耕地占用的限制政策。

(3)耕地占用税按规定的税额,对非农业占用耕地实行一次性征收。这一特点决定了耕地占用税既可以通过规定较高的税额,强化对纳税人占用耕地的限制和调节作用,控制非农业基本建设,又可以避免税额较高对纳税人生产和生活产生长期的影响。

(二)征税范围和纳税人

耕地占用税的征税范围包括我国境内属于国家所有和集体所有的耕地。所谓耕地,是指用于种植农作物的土地。

耕地占用税的纳税人是在我国境内占用耕地建设建筑物、构筑物或者从事非农业建设的单位和个人。占用耕地建设农田水利设施的,不缴纳耕地占用税。占用园地、林地、草地、农田水利用地、养殖水面、渔业水域滩涂以及其他农用地建设建筑物、构筑物或者从事非农业建设的,依照《耕地占用税法》的规定缴纳耕地占用税。

(三)计税依据和税率

耕地占用税以纳税人实际占用的耕地面积为计税依据,实行地区差别定额税率,以县、自治县、不设区的市、市辖区为单位,按人均占有耕地面积的多少,参照经济发展情况,将全国划分为四类不同地区,确定相应的税额幅度。各地区耕地占用税的适用税额,由省、自治区、直辖市人民政府根据人均耕地面积和经济发展等情况,在法律规定的税额幅度内提出,报同级人民代表大会常务委员会决定,并报全国人民代表大会常务委员会和国务院备案。

各省、自治区、直辖市耕地占用税适用税额的平均水平，不得低于《耕地占用税法》所附《各省、自治区、直辖市耕地占用税平均税额表》规定的平均税额。

（四）税收优惠

我国《耕地占用税法》规定了以下减免：（1）军事设施、学校、幼儿园、社会福利机构、医疗机构占用耕地，免征耕地占用税。（2）铁路线路、公路线路、飞机场跑道、停机坪、港口、航道、水利工程占用耕地，减按每平方米二元的税额征收耕地占用税。（3）农村居民在规定用地标准以内占用耕地新建自用住宅，按照当地适用税额减半征收耕地占用税；其中农村居民经批准搬迁，新建自用住宅占用耕地不超过原宅基地面积的部分，免征耕地占用税。（4）农村烈士遗属、因公牺牲军人遗属、残疾军人以及符合农村最低生活保障条件的农村居民，在规定用地标准以内新建自用住宅，免征耕地占用税。（5）根据国民经济和社会发展的需要，国务院可以规定免征或者减征耕地占用税的其他情形，报全国人民代表大会常务委员会备案。

（五）征收管理

耕地占用税由税务机关负责征收。

耕地占用税的纳税义务发生时间为纳税人收到自然资源主管部门办理占用耕地手续的书面通知的当日。纳税人应当自纳税义务发生之日起30日内申报缴纳耕地占用税。自然资源主管部门凭耕地占用税完税凭证或者免税凭证和其他有关文件发放建设用地批准书。税务机关应当与相关部门建立耕地占用税涉税信息共享机制和工作配合机制。县级以上地方人民政府自然资源、农业农村、水利等相关部门应当定期向税务机关提供农用地转用、临时占地等信息，协助税务机关加强耕地占用税征收管理。

三、土地增值税法律制度

（一）土地增值税概述

土地增值税是对转让国有土地使用权、地上建筑物及其附着物并取得收入的单位和个人，就其转让房地产所取得的增值额征收的一种税。我国现行土地增值税的征收依据是1994年1月1日起施行的《土地增值税暂行条例》。[①]

由于土地增值税主要针对具体的房地产项目征收，而项目的划分和清算标准不明，实务中征纳双方的争议非常之大，征管难度前所未有，严重影响了土地增值税立法宗旨的实现。随着"营改增"的推行，房地产行业也将适用增值税，土地增值税与增值税将并行。加之其与所得税在制度设计上也存在很大的重合性，土地增值税在税制体系中的定位越来越不明。况且，随着土地市场交易制度的健全，土地的升值潜力已经通过土地出让金体现，后续即便升值巨大，政府也不宜再行开征特别税，借助现有的所得税、流转税、财产税调节即可。

（二）纳税人

转让国有土地使用权、地上的建筑物及其附着物并取得收入的单位和个人，为土地增值税的纳税人。

---

① 国务院《关于废止和修改部分行政法规的决定》（国务院令第588号）对《土地增值税暂行条例》第8条进行了修改，自2011年1月8日起施行。

(三) 税率

土地增值税实行四级超率累进税率：增值额未超过扣除项目金额50%的部分，税率为30%。增值额超过扣除项目金额50%、未超过扣除项目金额100%的部分，税率为40%。增值额超过扣除项目金额100%、未超过扣除项目金额200%的部分，税率为50%。增值额超过扣除项目金额200%的部分，税率为60%。所列四级超率累进税率，每级"增值额未超过扣除项目金额"的比例，均包括本比例数。

表 10-2 土地增值税四级超率累进税率表

级数	增值额与扣除项目金额的比率	税率(%)	速算扣除系数(%)
1	不超过50%的部分	30	0
2	超过50%—100%的部分	40	5
3	超过100%—200%的部分	50	15
4	超过200%的部分	60	35

(四) 增值额

纳税人转让房地产所取得的收入减除扣除项目金额后的余额，为增值额。

纳税人转让房地产所取得的收入，包括货币收入、实物收入和其他收入。

计算增值额的扣除项目包括：

(1) 取得土地使用权所支付的金额，包括纳税人为取得土地使用权所支付的地价款和按国家统一规定缴纳的有关费用。

(2) 开发土地和新建房及配套设施的成本，包括纳税人房地产开发项目实际发生的成本，包括土地征用及拆迁补偿费、前期工程费、建筑安装工程费、基础设施费、公共配套设施费、开发间接费用。

(3) 开发土地和新建房及配套设施的费用，包括与房地产开发项目有关的销售费用、管理费用、财务费用。财务费用中的利息支出，凡能够按转让房地产项目计算分摊并提供金融机构证明的，允许据实扣除，但最高不能超过按商业银行同类同期贷款利率计算的金额。其他房地产开发费用，按(1)(2)项计算的金额之和的5%以内计算扣除。凡不能按转让房地产项目计算分摊利息支出或不能提供金融机构证明的，房地产开发费用按(1)(2)项计算的金额之和的10%以内计算扣除。计算扣除的具体比例，由各省、自治区、直辖市人民政府规定。

(4) 旧房及建筑物的评估价格，即在转让已使用的房屋及建筑物时，由政府批准设立的房地产评估机构评定的重置成本价乘以成新度折扣率后的价格。评估价格须经当地税务机关确认。

(5) 与转让房地产有关的税金，包括在转让房地产时缴纳的营业税、城市维护建设税、印花税。因转让房地产交纳的教育费附加，也可视同税金予以扣除。

(6) 对从事房地产开发的纳税人可按(1)(2)项规定计算的金额之和，加计20%的扣除。

纳税人成片受让土地使用权后，分期分批开发、转让房地产的，其扣除项目金额的确定，可按转让土地使用权的面积占总面积的比例计算分摊，或按建筑面积计算分摊，也可按税务机关确认的其他方式计算分摊。

纳税人有下列情形之一的，按照房地产评估价格计算征收：(1)隐瞒、虚报房地产成交价格的，应由评估机构参照同类房地产的市场交易价格进行评估。税务机关根据评估价格确定转让房地产的收入。(2)提供扣除项目金额不实的,应由评估机构按照房屋重置成本价乘以成新度折扣率计算的房屋成本价和取得土地使用权时的基准地价进行评估。税务机关根据评估价格确定扣除项目金额。(3)转让房地产的成交价格低于房地产评估价格,又无正当理由的,由税务机关参照房地产评估价格确定转让房地产的收入。

(五)应纳税额

土地增值税按照纳税人转让房地产所取得的增值额和规定的税率计算征收。土地增值税的计算公式是:

$$应纳税额 = \sum(增值额 \times 适用税率)$$

但在实际工作中,分步计算过于复杂,一般可以采用速算扣除法计算,即计算土地增值税税额,可按增值额乘以适用的税率减去扣除项目金额乘以速算扣除系数的简便方法计算,具体公式如下:

(1)增值额未超过扣除项目金额50%的:

$$土地增值税税额 = 增值额 \times 30\%$$

(2)增值额超过扣除项目金额50%,未超过100%的:

$$土地增值税税额 = 增值额 \times 40\% - 扣除项目金额 \times 5\%$$

(3)增值额超过扣除项目金额100%,未超过200%的:

$$土地增值税税额 = 增值额 \times 50\% - 扣除项目金额 \times 15\%$$

(4)增值额超过扣除项目金额200%的:

$$土地增值税税额 = 增值额 \times 60\% - 扣除项目金额 \times 35\%$$

上述公式中的5%、15%、35%为速算扣除系数。

(六)税收优惠

有下列情形之一的,免征土地增值税:

(1)纳税人建造普通标准住宅出售,增值额未超过扣除项目金额20%的(普通标准住宅是指按所在地一般民用住宅标准建造的居住用住宅。高级公寓、别墅、度假村等不属于普通标准住宅。普通标准住宅与其他住宅的具体划分界限由各省、自治区、直辖市人民政府规定。依据财政部、国家税务总局《关于土地增值税普通标准住宅有关政策的通知》(财税〔2006〕141号),"普通标准住宅"的认定,可在各省、自治区、直辖市人民政府根据国务院办公厅转发建设部等部门《关于做好稳定住房价格工作意见的通知》(国办发〔2005〕26号)制定的"普通住房标准"的范围内从严掌握)。

(2)因国家建设需要依法征收、收回的房地产(因城市实施规划、国家建设的需要而搬迁,由纳税人自行转让原房地产的,比照免征土地增值税)。

(3)个人因工作调动或改善居住条件而转让原自用住房,经向税务机关申报核准,凡居住满5年或5年以上的,免予征收土地增值税;居住满3年未满5年的,减半征收土地增值税。居住未满3年,按规定计征土地增值税。转让住宅之外的其他住房,如商铺、写字楼等,不适用前述规定。

(4)非公司制企业整体改制为有限责任公司或者股份有限公司,有限责任公司(股份有限公司)整体改制为股份有限公司(有限责任公司),对改制前的企业将国有土地使用权、地上的建筑物及其附着物(以下称房地产)转移、变更到改制后的企业,暂不征土地增值税。按照法律规定或者合同约定,两个或两个以上企业合并为一个企业,且原企业投资主体存续的,对原企业将房地产转移、变更到合并后的企业,暂不征土地增值税。按照法律规定或者合同约定,企业分设为两个或两个以上与原企业投资主体相同的企业,对原企业将房地产转移、变更到分立后的企业,暂不征土地增值税。单位、个人在改制重组时以房地产作价入股进行投资,对其将房地产转移、变更到被投资的企业,暂不征土地增值税。上述改制重组有关土地增值税政策不适用于房地产转移任意一方为房地产开发企业的情形。

另外,财政部、国家税务总局《关于调整房地产交易环节税收政策的通知》(财税〔2008〕137号)规定,"对个人销售住房暂免征收土地增值税"。

(七)纳税义务发生时间

纳税人应在转让房地产合同签订后的7日内,到房地产所在地主管税务机关办理纳税申报,并向税务机关提交房屋及建筑物产权、土地使用权证书、土地转让、房产买卖合同、房地产评估报告及其他与转让房地产有关的资料。纳税人因经常发生房地产转让而难以在每次转让后申报的,经税务机关审核同意后,可以定期进行纳税申报,具体期限由税务机关根据情况确定。纳税人按照税务机关核定的税额及规定的期限缴纳土地增值税。

纳税人在项目全部竣工结算前转让房地产取得的收入,由于涉及成本确定或其他原因,而无法据以计算土地增值税的,可以预征土地增值税,待该项目全部竣工、办理结算后再进行清算,多退少补。具体办法由各省、自治区、直辖市税务局根据当地情况制定。

(八)纳税地点

纳税人应向房地产所在地主管税务机关办理纳税申报。纳税人转让房地产坐落在两个或两个以上地区的,应按房地产所在地分别申报纳税。各省、自治区、直辖市、计划单列市税务部门可根据本地实际情况,对房地产市场管理机构比较健全,且各项管理制度比较完善、具备土地增值税代征能力的地区,从有利于税收征管、减少税款流失出发,按照税务机关征收为主的原则,把一些不易于税务机关直接征收、且应纳税款较易计算的纳税事项,委托房地产管理部门进行代征。

【实例列举】

土地增值税的理解与计算

某公司出让其持有的房地产,获得收入为600万元。依据税法规定,其获得土地成本、营业税、印花税等扣除项目金额共计100万元。请计算该公司应当缴纳的土地增值税额。

提示·计算:

(一)普通计算过程:

1. 计算土地增值额:$600-100=500$(万元)
2. 计算增值额与扣除项目金额之比:$500/100=500\%$
3. 超率累进计算应纳税额:

(1)增值额不超过扣除金额50%的部分,适用税率30%:
$$100\times 50\%=50(万元)$$
$$50\times 30\%=15(万元)$$

(2)增值额超过扣除金额50%、不超过100%的部分,适用税率40%:

$$100×(100\%-50\%)=50(万元)$$
$$50×40\%=20(万元)$$

(3) 增值额超过扣除金额100%、不超过200%的部分,适用税率50%:
$$100×(200\%-100\%)=100(万元)$$
$$100×50\%=50(万元)$$

(4) 增值额超过扣除金额200%的部分,适用税率60%:
$$500-100×200\%=300(万元)$$
$$300×60\%=180(万元)$$

(5) 应纳税额总计:
$$15+20+50+180=265(万元)$$

(二) 速算法:

1. 计算土地增值额:600−100=500(万元)
2. 计算增值额与扣除项目金额之比:500/100=500%
3. 对照税率表确认最高税率一档为60%
4. 依照速算表以速算法进行计算:

$$应纳税额=增值额×最高适用税率-扣除金额×速算扣除率$$
$$500×60\%-100×35\%=265(万元)$$

【延伸阅读】

国家税务总局财产行为税司负责人就土地增值税政策和征管情况答记者问[①]

记者:近年来土地增值税征管情况如何?

答:1994年国家开征土地增值税后不久,受亚洲金融危机等影响,房地产市场疲软,税源严重萎缩。2007年以来税务部门认真落实土地增值税预征、清算征收机制,加大土地增值税征管和清算力度。特别是贯彻国务院房地产宏观调控政策,税务总局下发了《关于房地产开发企业土地增值税清算管理有关问题的通知》《土地增值税清算管理规程》《关于加强土地增值税征管工作的通知》等一系列完善制度、加强征管的文件,并连续几年对北京、上海等21个省市进行督导检查,推动土地增值税清算工作。各地税务机关结合实际,在人员培训、征管模式、信息化技术、问责机制等方面探索实践,不断提高土地增值税征管水平。经过这些年的努力,土地增值税在配合国家房地产宏观调控、促进普通住宅开发、规范房地产市场交易秩序、合理调节土地增值收益等方面发挥了积极作用。2007年,全国土地增值税收入同比增长74.3%;2008年增长33%;2009年增长33.9%;2010年增长77.6%;2011年增长61.4%;2012年增长31.8%;2013年1—10月组织收入2710.78亿元,增长22.2%。由此可见,土地增值税征管力度是逐步加大的,近日引起社会关注的有关人员对欠税的巨额推算,方法是不正确的,对税收政策和征管方式存在误解误读。

记者:土地增值税在征管方面主要有哪些困难?下一步税务部门有什么措施?

答:在看到土地增值税征管成效的同时,也要看到目前还面临一些困难和压力,主要反映在:由

[①] 节选自国家税务总局办公厅:《税务总局财产行为税司负责人就土地增值税政策和征管情况答记者问》,载国家税务总局网,http://www.chinatax.gov.cn/chinatax/n810219/n810724/c1109402/content.html,2022年3月26日最后访问。

于房地产行业经营情况复杂,土地增值税税制设计也比较复杂。土地增值税清算需要审核大量跨若干年度收入、成本和费用情况,税收征管难度大并容易产生执法风险。

下一步,税务总局将进一步完善制度措施,加强土地增值税征管。一是加强税收政策宣传,做好政策解读;二是加强调查研究,及时处理清算中发现的新问题,进一步完善土地增值税政策;三是继续加强督导检查,推动土地增值税清算工作全面深入开展;四是强化科学管理,坚持信息管税,加强土地增值税管理信息系统建设,严控核定征收,防止税款流失。

第四节 车船税法

一、车辆购置税法

车辆购置税是对在我国境内购置汽车、有轨电车、汽车挂车、排气量超过150毫升的摩托车等征收的一种税。车辆购置税的开征实际上是"费改税"的一项重要突破。乱收费的现象在我国成为一个对经济社会产生严重影响的问题,这导致了部门利益、地区利益的强化,滋长了不正之风。税费改革的实质目的就是要通过将不规范的收费纳入规范的税收,从而在规范政府收入机制的基础上规范政府行为,尤其是政府部门和地方政府的财政行为。将车辆购置附加费改为车辆购置税,是税费改革的突破口,在实现法治目的的同时,也为筹集道路建设资金提供了稳定的收入来源。同时,车辆购置税取代车辆购置附加费,由税务机关进行征收,既不用再维持数万人之众的专门稽征队伍,还可以提高征收的规范性和及时性,并且将收支分开,在根本上杜绝地区、部门挤占和挪用相关资金的现象。

目前,我国现行车辆购置税的征收依据是2019年7月1日起施行的《车辆购置税法》。

(一)纳税人和征税范围

在中华人民共和国境内购置《车辆购置税法》规定的车辆的单位和个人,为车辆购置税的纳税人;车辆购置税的征收范围包括汽车、有轨电车、汽车挂车、排气量超过150毫升的摩托车。

(二)税率和计税依据

车辆购置税实行从价定率的办法计算应纳税额。应纳税额的计算公式为:

$$应纳税额 = 计税价格 \times 税率$$

车辆购置税的税率为10%。车辆购置税的计税价格根据不同情况,按照下列规定确定:

(1)纳税人购买自用的应税车辆的计税价格,为纳税人购买应税车辆而支付给销售者的全部价款,不包括增值税税款。

(2)纳税人进口自用的应税车辆的计税价格的计算公式为:计税价格=关税完税价格+关税+消费税。

(3)纳税人以受赠、获奖或者其他方式取得自用应税车辆的计税价格,按照购置应税车辆时相关凭证载明的价格确定,不包括增值税税款。

(三)税收优惠

根据《车辆购置税法》的规定,下列车辆免征车辆购置税:

(1)依照法律规定应当予以免税的外国驻华使馆、领事馆和国际组织驻华机构及其有关人员自用的车辆；

（2）中国人民解放军和中国人民武装警察部队列入装备订货计划的车辆；

（3）悬挂应急救援专用号牌的国家综合性消防救援车辆；

（4）设有固定装置的非运输专用作业车辆；

（5）城市公交企业购置的公共汽电车辆。根据国民经济和社会发展的需要，国务院可以规定减征或者其他免征车辆购置税的情形，报全国人民代表大会常务委员会备案。

（四）征收管理

车辆购置税由税务机关负责征收。车辆购置税的纳税义务发生时间为纳税人购置应税车辆的当日。纳税人应当自纳税义务发生之日起60日内申报缴纳车辆购置税。

纳税人应当在向公安机关交通管理部门办理车辆注册登记前，缴纳车辆购置税。公安机关交通管理部门办理车辆注册登记，应当根据税务机关提供的应税车辆完税或者免税电子信息对纳税人申请登记的车辆信息进行核对，核对无误后依法办理车辆注册登记。

纳税人购置应税车辆，应当向车辆登记注册地的主管税务机关申报纳税；购置不需要办理车辆登记注册手续的应税车辆，应当向纳税人所在地的主管税务机关申报纳税。

【实例列举】

车辆购置税的理解与计算

甲某新购入自用车辆一台，支付含增值税的价款共计10万元，请计算甲某应当缴纳的车辆购置税额。

提示·计算：

车辆购置税应纳税额的计算方式：车辆购置税应纳税额＝不含增值税的销售价格×10％

1. 计算计税价格：甲某购买车辆的不含增值税价格，$100000/(1+13\%) \approx 88496$ 元

2. 计算应纳税额：$88496 \times 10\% = 8849.6$ 元

应缴车辆购置税为：8849.6元

二、车船税法

车船税是对在我国境内拥有或者管理车船的单位和个人征收的一种税。

我国对车船课税历史悠久。早在公元前129年（汉武帝元光六年），我国就实行"算商车"制度，对商人车辆征税。明清时，曾对内河商船征收船钞。1945年6月，国民党政府公布了《使用牌照税法》，在全国统一开征车船使用牌照税。新中国成立后，于1951年颁布了《车船使用牌照税暂行条例》，对车船征收车船使用牌照税。1973年简化税制、合并税种时，把对国营企业和集体企业征收的车船使用牌照税并入工商税。1986年，国务院颁布《车船使用税暂行条例》，规定自同年10月1日起，在全国范围内对拥有和使用车船的单位和个人征收车船使用税，但对外商投资企业、外国企业和外籍个人仍按《车船使用牌照税暂行条例》的规定征税，这样就形成了内外有别的两套车船使用税制度。因为原税名"车船使用牌照税"不太确定，实际工作中往往误认为是对牌照征税，所以改名为车船使用税。随着市场经济体

制的建立和完善,尤其是我国加入WTO后,两个暂行条例在实施中遇到了一些问题:一是内外两个税种,不符合税政统一、简化税制的要求;二是缺乏必要的税源监控手段,不利于征收管理;三是车船使用牌照税税额55年没有调整,车船使用税税额也已20年没有调整,随着经济的发展,两个税种的税额标准已明显偏低。基于这些情况,2006年12月29日,国务院颁布《车船税暂行条例》,并于2007年1月1日实施,以取代原车船使用牌照税和车船使用税。此后,随着私人车辆逐渐进入普通居民家庭,机动车数量大幅增长,机动车逐渐成为具有财政意义的课税对象。另外,出于环境保护与节能减排的目的,需要对车船税的计税方式进行调整。2011年2月25日,第十一届全国人民代表大会常务委员会第十九次会议通过《车船税法》,自2012年1月1日起施行,《车船税暂行条例》同时废止。2011年12月5日国务院颁布《车船税法实施条例》,自2012年1月1日起实施。《车船税法》《车船税法实施条例》皆在2019年修正。

（一）纳税人

根据我国《车船税法》第1条的规定,在中华人民共和国境内属于该法所附《车船税税目税额表》规定的车辆、船舶的所有人或者管理人,为车船税的纳税人,应当依法缴纳车船税。车辆和船舶包括依法应当在车船登记管理部门登记的机动车辆和船舶,以及依法不需要在车船登记管理部门登记的在单位内部场所行驶或者作业的机动车辆和船舶。车船的类型包括:乘用车、商用车(客车和货车)、挂车、其他车辆(专用作业车和轮式专用机械车)、摩托车以及船舶(机动船舶和游艇)。

（二）计税依据和税率

车船税以纳税人所有或管理的车船数量或吨位为计税依据,实行从量定额征收。车船的适用税额依照车船税法所附《车船税税目税额表》执行。车船税采用幅度定额税率,按车船的种类、发动机气缸容量(排气量)、数量和吨位,分别规定不同的适用税额幅度。车辆的具体适用税额由省、自治区、直辖市人民政府依照《车船税法》所附《车船税税目税额表》规定的税额幅度和国务院的规定确定。船舶的具体适用税额由国务院在《车船税法》所附《车船税税目税额表》规定的税额幅度内确定。省、自治区、直辖市人民政府根据《车船税法》所附《车船税税目税额表》确定车辆具体适用税额,应当遵循以下原则:(1)乘用车依排气量从小到大递增税额;(2)客车按照核定载客人数20人以下和20人(含)以上两档划分,递增税额。省、自治区、直辖市人民政府确定的车辆具体适用税额,应当报国务院备案。

（三）税收优惠

下列车船免征车船税:(1)捕捞、养殖渔船;(2)军队、武装警察部队专用的车船;(3)警用车船;(4)悬挂应急救援专用号牌的国家综合性消防救援车辆和国家综合性消防救援专用船舶;(5)依照法律规定应当予以免税的外国驻华使领馆、国际组织驻华代表机构及其有关人员的车船。

对节约能源、使用新能源的车船可以减征或者免征车船税,免征或者减半征收车船税的车船的范围,由国务院财政、税务主管部门商国务院有关部门制定,报全国人民代表大会常务委员会备案。依据财政部,国家税务总局,工业和信息化部,交通运输部《关于节能、新能源车船享受车船税优惠政策的通知》(财税〔2018〕74号),对节能汽车,减半征收车船税;对新能源车船,免征车船税。符合标准的节能、新能源汽车,由工业和信息化部、税务总局不定期联合发布《享受车船税减免优惠的节约能源使用新能源汽车车型目录》予以公告。

对受严重自然灾害影响纳税困难以及有其他特殊原因确需减税、免税的,可以减征或者免征车船税。具体办法由国务院规定,并报全国人民代表大会常务委员会备案。

省、自治区、直辖市人民政府根据当地实际情况,可以对公共交通车船、农村居民拥有并主要在农村地区使用的摩托车、三轮汽车和低速载货汽车定期减征或者免征车船税。

(四)征收管理

车船税按年申报缴纳,具体申报纳税期限由省、自治区、直辖市人民政府规定。车船税的纳税地点为车船的登记地或者车船税扣缴义务人所在地,依法不需要办理登记的车船,车船税的纳税地点为车船的所有人或者管理人所在地。车船税纳税义务发生时间为取得车船所有权或者管理权的当月。

(五)车船税课税理念探析

在我国《车船税法》实施之前,客车按照车辆的数量计税,货车根据自重吨位来计税。这种方法不仅不利于发挥车船税的组织收入功能,而且由于完全没有顾及车辆的价值,具有明显的累退性,即车船价值越高、实际税收负担率越低,违背了税收公平原则。我国《车船税法》对车辆改用排量计税,排气量大则税负高,排气量小则税负低,上述缺陷似乎得到了弥补。

然而,车船税到底是财产税还是环境税,这是一个值得关注的问题。假如车船税是纯粹的财产税,当然应基于车船的价值来征收,价值越高,征税越多,以体现量能课税原则。但是,当车船因为使用而磨损时,计税基础应当扣除相应的折旧,需要被课税的则只能是财产净值。倘若按照环境税思路来设计,车船税也许需要遵循另一种模式。

汽车动力目前绝大部分是燃油,排气量和排污量基本一致。排气量越大税率越高的做法,很大程度上体现了环境税思维,而不完全是财产税的模式。不仅如此,由于汽车行驶里程越长,发动机的性能越差,排污量越大,按环境税思维,当排气量一定时,车越旧,缴税越多。但事实上,《车船税法》并没有采用这个做法,而是按照排气量核定应纳税款,永久不变。

可见,车船税共存两种课税思路:第一种是基于量能课税原则的财产税思路,要求按照车辆的价值课税,并且随着价值存量的递减而递减。第二种是基于污染者付费的环境税思路,要求按照实际的排污量课税,并且随着排污量的递增而递增。最后的实际结果是,两种思路都做了妥协,车船税对汽车按排气量课税,但不随价值递减而递减,也不随排污量递增而递增,而是一直维持不变。

【实例列举】

车船税的理解与计算

甲运输公司拥有载重净吨位为10吨的货车20辆,乘人大客车15辆,小客车10辆。请计算甲公司全年应纳车船税额(该货车每吨年税额80元,乘人大客车每辆年税额800元,小客车每辆年税额700元)。

提示·计算:

全年车船税应纳税额的计算方式:

全年车船税应纳税额=计税单位×年单位税额×应纳税月份数/12

1. 计算货车全年应纳税额:20×10×80＝16000元
2. 计算乘人大客车全年应纳税额:15×800＝12000元
3. 计算小客车全年应纳税额:10×700＝7000元
4. 甲公司全年应纳车船税额:16000＋12000＋7000＝35000元

【延伸阅读】

车船税立法启动财税"法律化"进程[①]

作为研究财税法的学者,我关注了此次车船税立法的整个过程,这部法律的通过是立法民主化和科学化的鲜活实践,昭示着我国在财税法治化的进程中又迈出了坚实的一步。

我国目前征收的车船税是由原来的"车船使用牌照税"和"车船使用税"合并而来,在税目分类、税额标准等方面进行了适当调整,使得原来的车船使用行为税变成车船财产税,从而呈现出相对稳定的特征。与增值税、企业所得税相比,车船税在我国目前开征的19个税种当中虽然只是一个小税种,但是这次车船税立法的过程和成果却具有特别的意义。

首先,车船税法的立法过程再次弘扬了民主立法和科学立法的理念。根据全国人民代表大会常务委员会公布的《征求社会公众对车船税法(草案)意见的情况》,从全国人民代表大会常务委员会2010年10月28日公布《车船税法(草案)》,到11月30日近一个月的时间里,共收到来自社会各界的近10万条意见。在广泛征求意见的过程中,不同的利益主体通过合理的机制充分表达了自身的利益诉求,维护自身的合法权益。最明显的表现是,有许多意见是要求修改草案,降低税负的。这次通过的车船税法合理地吸收了这些意见,对税率进行了一定的调整。此外,全国人民代表大会法律委员会、全国人民代表大会财政经济委员会、全国人民代表大会常务委员会法制工作委员会还专门召开了有专家参与的座谈会,征求对《车船税法(草案)》的意见。可以看出,在车船税法的立法过程中,充分反映出纳税人对自身权益的关心,积极参与立法,同时也证明了改革开放三十多年税收立法的一条宝贵经验,那就是只有坚持民主立法和科学立法的理念,才能真正实现国家税收的保障和纳税人权利的保护,真正体现税法作为兼顾国家税收和纳税人权利的"利益协调之法"的本质。从这个意义上说,财税立法的民主化和科学化是这次车船税立法的一大亮点。

其次,作为一项立法成果,《车船税法》是继《预算法》《税收征收管理法》《个人所得税法》《企业所得税法》《企业国有资产法》之后我国财税领域中的第6部法律。现行车船税的征收依据是2007年1月1日开始施行的《车船税暂行条例》。从立法层次上来说,这部暂行条例属于国务院制定的行政法规。然而,从税法原理上看,税款的征收必须由一国的法律作出规定,这是"税收法定主义"的基本要求。从法律制度的层面来说,根据我国《立法法》第8条的规定,财政税收基本制度的立法权只能由全国人民代表大会及其常务委员会行使,是立法的法律保留项目。尽管根据《立法法》第9条,以及1984年全国人民代表大会常务委员会对国务院在实施国营企业利改税和改革工商税制过程中拟定并发布有关税收草案的授权和1985年全国人民代表大会对国务院在经济体制改革和对外开放方面可以制定暂行的规定或者条例的授权,国务院可以制定税收暂行条例,但这是在当时我国法治水平处于比较初级阶段的做法。随着我国社会主义市场经济体制的逐步完善和立法条件的成熟,应该根据《立法法》的规定和"税收法定主义"的国际通行做法,提高我国税收立法的级次。车船税是我国第一个由国务院条例上升

[①] 参见刘剑文:《车船税立法启动财税"法律化"进程》,载《法制日报》2011年2月28日。

为全国人民代表大会法律的税种,代表着我国财税制度"法律化"进程正式启动。同时,《车船税法》是我国第一部地方税法律。从这个层面上说,《车船税法》的通过作为一项立法成果具有特殊的意义。

第五节 契税法律制度

一、契税法律制度概述

历史上的契税是指在土地、房屋所有权发生转移时,按照当事人双方所订契约载明的价格的一定比例,向产权承受人征收的一种税。我国现行的契税是指在土地使用权、房屋所有权的权属转移或变动订立契约时,向产权承受人征收的一种税。契税在我国存在的历史悠久,最早起源于 1600 年前东晋的"估税"[①],之后历代都对不动产买卖、典当等产权变动课征契税。

1997 年 4 月 23 日国务院通过《契税暂行条例》,该条例于 1997 年 7 月 7 日发布,自同年 10 月 1 日起施行。该《条例》的颁布,使我国契税立法得到进一步完善,使契税征管更加规范。2019 年 3 月 2 日该《条例》修订。

2016 年 5 月 1 日,全行业营改增试点推开以后,财政部和国家税务总局又出台了《关于营改增后契税房产税土地增值税个人所得税计税依据问题的通知》(财税〔2016〕43 号),使契税法律制度适应新常态的要求。

2020 年 8 月 11 日,第十三届全国人民代表大会常务委员会第二十一次会议通过《契税法》,自 2021 年 9 月 1 日起施行,《契税暂行条例》同时废止。

二、契税的征税范围和纳税人

(一)征税范围

根据《契税法》的规定,我国现行契税的征收范围具体包括:土地使用权出让;土地使用权转让(包括出售、赠与和交换);房屋买卖、赠与或交换。

以作价投资(入股)、偿还债务、划转、奖励等方式转移土地、房屋权属的,也应依照《契税法》缴纳契税。

(二)纳税人

契税的纳税义务人是在中国境内转移土地和房屋权属过程中的产权承受单位和个人,具体指土地使用权出让或者土地使用权转让中的受让人、房屋的买主、房屋赠与承受人、房屋交换的双方。

三、计税依据和税率

(一)计税依据

契税的征税对象是发生使用权转移的土地和发生所有权转移的房屋。根据我国《契税

[①] 参见《辞海(彩图本)》(第二册),上海辞书出版社 1999 年版,第 1762 页"契税"条。

法》的规定,其计税依据的确定分三种情况:

(1) 土地使用权出让、出售,房屋买卖,以土地、房屋权属转移合同确定的成交价格(包括应交付的货币以及实物、其他经济利益对应的价款)为计税依据。

(2) 土地使用权互换、房屋互换,其计税依据为所互换的土地使用权、房屋价格的差额。

(3) 土地使用权赠与、房屋赠与以及其他没有价格的转移土地、房屋权属行为,其计税依据由税务机关参照土地使用权出售、房屋买卖的市场价格依法核定。

为防止瞒价逃税,《契税法》还规定,对纳税人申报的成交价格、互换价格差额明显偏低且无正当理由的,其计税依据由税务机关依照《税收征收管理法》的规定核定。

(二) 税率

契税采用幅度比例税率。我国《契税法》规定的税率幅度为3%—5%。各地具体适用的税率,由各省、自治区、直辖市人民政府在上述幅度内提出,报同级人民代表大会常务委员会决定,并报全国人民代表大会常务委员会和国务院备案。各省、自治区、直辖市可以依照前述程序对不同主体、不同地区、不同类型的住房的权属转移确定差别税率。

四、应纳税额

契税的应纳税额依计税依据和适用税率计算。计算公式如下:

$$应纳税额 = 计税依据 \times 税率$$

具体又有以下几种情况:

(1) 土地使用权出让、土地使用权出售的:

$$应纳税额 = 成交价格 \times 税率$$

(2) 土地使用权赠与的:

$$应纳税额 = 该土地使用权的市场价格 \times 税率$$

(3) 土地使用权互换的:

$$应纳税额 = 所交换土地使用权价格的差额 \times 税率$$

(4) 房屋买卖的:

$$应纳税额 = 成交价格 \times 税率$$

(5) 房屋赠与的:

$$应纳税额 = 该房屋的市场价格 \times 税率$$

(6) 房屋互换的:

$$应纳税额 = 所交换房屋价格的差额 \times 税率$$

五、税收优惠

根据我国《契税法》的规定,有下列情形之一的,免征契税:

(1) 国家机关、事业单位、社会团体、军事单位承受土地、房屋权属用于办公、教学、医疗、科研、军事设施。

(2) 非营利性的学校、医疗机构、社会福利机构承受土地、房屋权属用于办公、教学、医疗、科研、养老、救助。

(3) 承受荒山、荒地、荒滩土地使用权用于农、林、牧、渔业生产。

(4) 婚姻关系存续期间夫妻之间变更土地、房屋权属。

(5) 法定继承人通过继承承受土地、房屋权属。

(6) 依照法律规定应当予以免税的外国驻华使馆、领事馆和国际组织驻华代表机构承受土地、房屋权属。

根据国民经济和社会发展的需要，国务院对居民住房需求保障、企业改制重组、灾后重建等情形可以规定免征或者减征契税，报全国人民代表大会常务委员会备案。

有下列情形之一的，省、自治区、直辖市可以决定免征或者减征契税：(1)因土地、房屋被县级以上人民政府征收、征用，重新承受土地、房屋权属；(2)因不可抗力灭失住房，重新承受住房权属。这两项免征或者减征契税的具体办法，由省、自治区、直辖市人民政府提出，报同级人民代表大会常务委员会决定，并报全国人民代表大会常务委员会和国务院备案。

财政部、国家税务总局根据我国经济社会发展的变化以及国家政策调整，出台了一系列关于契税的规定，比如财政部、税务总局《关于契税法实施后有关优惠政策衔接问题的公告》（财政部、税务总局公告2021年第29号），对《契税法》实施后契税减免的衔接问题进行了具体规定。

六、契税的征收管理

契税的纳税义务发生时间，为纳税人签订土地、房屋权属转移合同的当日，或者纳税人取得其他具有土地、房屋权属转移合同性质凭证的当日。

纳税人应当在依法办理土地、房屋权属登记手续前申报缴纳契税。

纳税人办理纳税事宜后，税务机关应当开具契税完税凭证。

税务机关应当与相关部门建立契税涉税信息共享和工作配合机制。自然资源、住房城乡建设、民政、公安等相关部门应当及时向税务机关提供与转移土地、房屋权属有关的信息，协助税务机关加强契税征收管理。

税务机关及其工作人员对税收征收管理过程中知悉的纳税人的个人信息，应当依法予以保密，不得泄露或者非法向他人提供。

契税由土地、房屋所在地的税务机关依照《契税法》和《税收征收管理法》的规定征收管理。

【新闻链接】

夫妻过户、子女继承免征契税？[①]

2021年9月1日起施行的契税法在免税的规定中增加了两种免征契税的情形：第一，婚姻关系存续期间夫妻之间变更土地、房屋权属；第二，法定继承人通过继承承受土地、房屋权属。两条规定看起来简单，其实暗藏着严格的条件。稍不注意，你以为的免征，到头来还是要征。

夫妻间过户，如何合理规划？

夫妻间过户土地、房屋权属，新法规定免征契税。只要是在婚姻关系存续期间，房屋、土地权属无论原来归属于夫妻一方或者双方，也无论变更至夫妻双方或者另外一方所有，甚至共有的方式是共同

[①] 参见雷春波：《夫妻过户、子女继承免征契税？隐藏条件须知道》，载《中国妇女报》2021年9月8日，编者有删改。

共有或者按份共有,只要是在夫妻之间的变更,都免征。

此种免征契税情形,最关键的前提是:必须要在婚姻关系存续期间。结婚前变更权属不符合免征的情形。

而离婚后变更权属,根据财政部、国家税务总局2021年8月27日发布的《关于契税法实施后有关优惠政策衔接问题的公告》中明确:夫妻因离婚分割共同财产发生土地、房屋权属变更的,免征契税。该公告是对1999年国家税务总局《关于离婚后房屋权属变化是否征收契税的批复》的政策延续。因为夫妻离婚财产分割,是房产共有权的变动,而不是契税政策规定征税的房屋权属转移行为。

如果结婚前,通过婚前协议约定了不动产归属,建议在协议中约定结婚后再变更登记。为了避免一方的不配合,还可以在协议中约定一定的拖延惩罚条款,比如超过约定日期办理变更,可以要求支付一定金额的钱款作为惩罚。

继承获得土地、房屋,一定免征契税吗?

新法规定,法定继承人通过继承承受土地、房屋权属,免征契税。这条规定的关键,就在于"法定继承人"的身份要求。

根据继承法,"法定继承人"包括这些人:

第一顺序:配偶、子女、父母;

第二顺序:兄弟姐妹、祖父母、外祖父母。

其中,子女包括婚生子女、非婚生子女、养子女和有抚养关系的继子女;父母包括生父母、养父母和有抚养关系的继父母;兄弟姐妹包括同父母的兄弟姐妹、同父异母或者同母异父的兄弟姐妹、养兄弟姐妹、有抚养关系的继兄弟姐妹。

那么,只要是以上所列举的人,无论是通过遗嘱继承,还是法定继承,承受被继承人的土地、房屋的权属,都免征契税。

有一种情况,当事人很可能以为自己符合免征条件,但其实应缴契税,那就是——获得遗赠。

遗赠继承,指的是被继承人通过遗嘱,将身后财产赠与法定继承人以外的人,比如通过遗嘱把财产留给其他亲属、邻居、朋友。特别要注意的是:孙子女、外孙子女并不属于上述两种顺序的法定继承人。虽然通过遗嘱来继承,但是因为继承人不属于法定继承人,也属于遗赠继承。

此外,遗赠扶养继承也属于这种情况。例如之前网上热议的上海老人将300万元房产留给水果摊主事件,非亲非故的小伙承诺照顾老人生养死葬,老人将财产留给小伙,双方订立遗赠扶养协议,这就属于遗赠扶养继承。

这两种情况下,普通人可能认为和法定继承人继承没有本质区别,但其实并不属于契税法规定的免征情形,必须缴纳完税后,才可以办理变更登记。

总而言之,本次新契税法,夫妻之间过户免税的关键是"婚姻存续期间",继承过户免税的关键是"法定继承人"身份。把握好法律规定的具体细节,才能真正让优惠为己所用。

第六节　印花税法律制度

一、印花税法律制度概述

(一)印花税法的概念与特点

印花税是对经济活动和经济交往中书立、使用、领受具有法律效力的凭证的行为所征收的一种税。因采用在应税凭证上粘贴印花税票作为完税的标志而得名。印花税法是有关印花税的法律规定。印花税是一种比较古老的税种,自 1624 年创始于荷兰之后,其在世界范围内得到了广泛的采用。

我国最早是在 1912 年由北洋军阀政府首次开征印花税,1927 年国民党政府也曾颁布《印花税条例》。新中国成立后,1950 年国务院公布《印花税条例》,在全国范围内开征印花税,1958 年税制改革中又将印花税并入了工商统一税。之后,国务院于 1988 年 8 月 6 日发布了《印花税暂行条例》,自同年 10 月 1 日起施行。2011 年 1 月 8 日国务院对该《暂行条例》进行了部分修订。

2015 年 12 月 31 日,国务院所印发的《关于调整证券交易印花税中央与地方分享比例的通知》,又进一步将证券交易印花税全部调整为中央收入。有关印花税的法律制度还包括财政部、国家税务总局《关于融资租赁合同有关印花税政策的通知》等。

2018 年 11 月 1 日,财政部和国家税务总局发布了《关于〈中华人民共和国印花税法(征求意见稿)公开征求意见的通知〉》,开启了印花税立法和落实税收法定的进程。财政部和税务总局认为,从实际情况看,印花税税制要素基本合理,运行比较平稳,可基本保持现行税制框架和税负水平总体不变,将《暂行条例》上升为法律。同时,征求意见稿在根据情况发展变化和税收征管实际的基础上,对部分税目、税率和纳税方式等作相应调整。

2021 年 6 月 10 日,第十三届全国人民代表大会常务委员会第二十九次会议通过《印花税法》,自 2022 年 7 月 1 日起施行。自《印花税法》实施之日起,1988 年 8 月 6 日国务院发布的《印花税暂行条例》同时废止。

与其他税种相比,印花税具有以下主要特点:(1) 征税范围广;(2) 税负轻;(3) 缴纳办法特殊。

(二) 开征印花税的意义

我国开征印花税有着重要意义:(1) 有利于开拓财源,增加财政收入;(2) 有利于加强对其他税收的征收管理;(3) 有利于在对外经济交往中维护我国的权益;(4) 有利于提高纳税人自觉纳税的法制观念。

二、征税范围

我国《印花税法》采用列举的方式规定了印花税的征税范围,共计 4 大类 17 个税目,包括:合同(指书面合同);产权转移书据;营业账簿;证券交易。

三、纳税人

根据我国《印花税法》的规定,印花税的纳税人为在我国境内书立应税凭证、进行证券交易的单位和个人。在境外书立在境内使用的应税凭证的单位和个人,也应当依法缴纳印花税。

另外,纳税人为境外单位或者个人,在境内有代理人的,以其境内代理人为扣缴义务人;在境内没有代理人的,由纳税人自行申报缴纳印花税,具体办法由国务院税务主管部门规定。证券登记结算机构为证券交易印花税的扣缴义务人,应当向其机构所在地的主管税务机关申报解缴税款以及银行结算的利息。

四、税率

印花税采用列举法,根据凭证的不同种类和证券交易共设置了 17 个税目。只有税目列举的对象才需要缴纳印花税,不在列举范围内的合同、书据或其他凭证无需缴纳印花税。

印花税的税率为比例税率。同一应税凭证载有两个以上税目事项并分别列明金额的,按照各自适用的税目税率分别计算应纳税额;未分别列明金额的,从高适用税率。

五、计税依据和应纳税额

（一）计税依据

印花税的计税依据如下：

(1) 应税合同的计税依据,为合同所列的金额,不包括列明的增值税税款。

(2) 应税产权转移书据的计税依据,为产权转移书据所列的金额,不包括列明的增值税税款。

(3) 应税营业账簿的计税依据,为账簿记载的实收资本(股本)、资本公积合计金额;

(4) 证券交易的计税依据,为成交金额。

应税合同、产权转移书据未列明金额的,印花税的计税依据按照实际结算的金额确定。若按照以上方法仍不能确定的,则按照书立合同、产权转移书据时的市场价格确定;依法应当执行政府定价或者政府指导价的,按照国家有关规定确定。证券交易无转让价格的,按照办理过户登记手续时该证券前一个交易日收盘价计算确定计税依据;无收盘价的,按照证券面值计算确定计税依据。

（二）应纳税额

印花税的应纳税额依计税依据和适用税率计算。计算公式如下：

$$应纳税额 = 计税依据 \times 税率$$

同一应税凭证由两方以上当事人书立的,按照各自涉及的金额分别计算应纳税额。已缴纳印花税的营业账簿,以后年度记载的实收资本(股本)、资本公积合计金额比已缴纳印花税的实收资本(股本)、资本公积合计金额增加的,按照增加部分计算应纳税额。

六、税收优惠

根据我国《印花税法》的规定,下列凭证免征印花税：(1) 应税凭证的副本或者抄本;(2) 依照法律规定应当予以免税的外国驻华使馆、领事馆和国际组织驻华代表机构为获得馆舍书立的应税凭证;(3) 中国人民解放军、中国人民武装警察部队书立的应税凭证;(4) 农民、家庭农场、农民专业合作社、农村集体经济组织、村民委员会购买农业生产资料或者销售农产品书立的买卖合同和农业保险合同;(5) 无息或者贴息借款合同、国际金融组织向中国提供优惠贷款书立的借款合同;(6) 财产所有权人将财产赠与政府、学校、社会福利机构、慈善组织书立的产权转移书据;(7) 非营利性医疗卫生机构采购药品或者卫生材料书立的买卖合同;(8) 个人与电子商务经营者订立的电子订单。

根据国民经济和社会发展的需要,国务院对居民住房需求保障、企业改制重组、破产、支持小型微型企业发展等情形可以规定减征或者免征印花税,报全国人民代表大会常务委员会备案。

七、征收管理

印花税由税务机关按照我国《印花税法》和《税收征收管理法》执行。

（一）纳税期限

印花税按季、按年或者按次计征。实行按季、按年计征的，纳税人应当自季度、年度终了之日起 15 日内申报缴纳税款；实行按次计征的，纳税人应当自纳税义务发生之日起 15 日内申报缴纳税款。

证券交易印花税按周解缴。证券交易印花税扣缴义务人应当自每周终了之日起 5 日内申报解缴税款以及银行结算的利息。

（二）纳税地点

纳税人为单位的，应当向其机构所在地的主管税务机关申报缴纳印花税。纳税人为个人的，应当向应税凭证书立地或者纳税人居住地的主管税务机关申报缴纳印花税。不动产产权发生转移的，纳税人应当向不动产所在地的主管税务机关申报缴纳印花税。

【实例列举】

印花税的理解与计算

某企业在设立时，账簿记载实收资本 1000 万元、资本公积 500 万元。在经营过程中，与另一企业达成价值 500 万元的供货合同。请计算该企业应当缴纳的印花税。

提示·计算：

1. 营业账簿：

$$应纳税额 = (实收资本 + 资本公积) \times 适用税率$$
$$(10000000 + 5000000) \times 0.25‰ = 3750 \text{ 元}$$

2. 买卖合同：

$$应纳税额 = 计税金额 \times 适用税率$$
$$5000000 \times 0.3‰ = 1500 \text{ 元}$$

【新闻链接】

证券交易印花税税率调整引发股市暴跌[①]

2007 年 5 月 30 日凌晨，财政部公告调整证券（股票）交易印花税税率，由 1‰ 上调为 3‰。印花税税率的突然上调引发市场恐慌，导致沪深两市股指出现雪崩式下跌，双双遭受重挫。

截至 2007 年 5 月 30 日收市，上证指数暴跌 281.84 点，深圳成指跌 829.45 点，跌幅均超过 6%，两市成交金额共计 4166.80 亿元，打破历史纪录。沪深两市总市值由周二的 190235 亿元下降至 177803 亿元，降幅为 1.2432 万亿元。不计算 ST 股票和未股改股，两市共计有 859 只个股跌停，分别只有 73 只和 25 只交易品种出现不同程度上涨。此次沪深股市放量下行，被称作"5.30"股市大跌。

[①] 参见《印花税上调：两市市值日减 1.2 万亿》，载央视网，http://finance.cctv.com/20070531/100501.shtml，2022 年 3 月 26 日最后访问。

第七节 环境保护税法律制度

一、环境保护税法概述

环境保护税是对在我国领域以及管辖的其他海域直接向环境排放应税污染物的企事业单位和其他生产经营者征收的一种税。环境保护税法是有关环境保护税的有关法律规定。2016年12月25日,第十二届全国人民代表大会常务委员会第二十五次会议通过《环境保护税法》,自2018年1月1日起施行。该法2018年10月26日进行了修正。2017年12月25日,国务院颁布了《环境保护税法实施条例》,与《环境保护税法》同时实施。

《环境保护税法》第1条规定了立法目的:"为了保护和改善环境,减少污染物排放,推进生态文明建设,制定本法"。环境保护税是我国首个明确以环境保护为目标的环境税,有利于解决排污费制度存在的执法刚性不足等问题,提高纳税人环保意识,改善生态环境。

二、征税范围

《环境保护税法》第3条规定,应税污染物是指《环境保护税法》所附《环境保护税税目税额表》《应税污染物和当量值表》规定的大气污染物、水污染物、固体废物和噪声。

有下列情形之一的,不属于直接向环境排放污染物,不缴纳相应污染物的环境保护税:(1)企业事业单位和其他生产经营者向依法设立的污水集中处理、生活垃圾集中处理场所排放应税污染物的;(2)企业事业单位和其他生产经营者在符合国家和地方环境保护标准的设施、场所贮存或者处置固体废物的。依法设立的城乡污水集中处理、生活垃圾集中处理场所超过国家和地方规定的排放标准向环境排放应税污染物的,应当缴纳环境保护税。企业事业单位和其他生产经营者贮存或者处置固体废物不符合国家和地方环境保护标准的,应当缴纳环境保护税。达到省级人民政府确定的规模标准并且有污染物排放口的畜禽养殖场,应当依法缴纳环境保护税;依法对畜禽养殖废弃物进行综合利用和无害化处理的,不属于直接向环境排放污染物,不缴纳环境保护税。

三、纳税人

《环境保护税法》第2条规定,在我国领域及管辖的其他海域,直接向环境排放应税污染物的企业事业单位和其他生产经营者为环境保护税的纳税人,应当依照法律规定缴纳环境保护税。

四、税目和税率

环境保护税的税目包括大气污染物、水污染物、固体废物和噪声四大类。环境保护税的具体税目、税额,依照《环境保护税税目税额表》执行。

应税大气污染物和水污染物的具体适用税额的确定和调整,由省、自治区、直辖市人民政府统筹考虑本地区环境承载能力、污染物排放现状和经济社会生态发展目标要求,在《环境保护税税目税额表》规定的税额幅度内提出,报同级人民代表大会常务委员会决定,并报全国人民代表大会常务委员会和国务院备案。

表 10-3　环境保护税税目税额表

税目		计税单位	税额	说明
大气污染物		每污染当量*	1.2元至12元	
水污染物		每污染当量	1.4元至14元	
固体废物	煤矸石	每吨	5元	
	尾矿	每吨	15元	
	危险废物	每吨	1000元	
	冶炼渣、粉煤灰、炉渣、其他固体废物(含半固态、液态废物)	每吨	25元	
噪声	工业噪声	超标1—3分贝	每月350元	1. 一个单位边界上有多处噪声超标，根据最高一处超标声级计算应纳税额；当沿边界长度超过100米有两处以上噪声超标，按照两个单位计算应纳税额。 2. 一个单位有不同地点作业场所的，应当分别计算应纳税额，合并计征。 3. 昼、夜均超标的环境噪声，昼、夜分别计算应纳税额，累计计征。 4. 声源一个月内超标不足15天的，减半计算应纳税额。 5. 夜间频繁突发和夜间偶然突发厂界超标噪声，按等效声级和峰值噪声两种指标中超标分贝值高的一项计算应纳税额。
		超标4—6分贝	每月700元	
		超标7—9分贝	每月1400元	
		超标10—12分贝	每月2800元	
		超标13—15分贝	每月5600元	
		超标16分贝以上	每月11200元	

＊污染当量：指根据污染物或者污染排放活动对环境的有害程度以及处理的技术经济性，衡量不同污染物对环境污染的综合性指标或者计量单位。同一介质相同污染当量的不同污染物，其污染程度基本相当。

五、计税依据和应纳税额

1. 计税依据

应税污染物的计税依据，按照下列方法确定：(1) 应税大气污染物按照污染物排放量折合的污染当量数确定；(2) 应税水污染物按照污染物排放量折合的污染当量数确定；(3) 应税固体废物按照固体废物的排放量确定；(4) 应税噪声按照超过国家规定标准的分贝数确定。

(1) 应税大气污染物、水污染物。

应税大气污染物、应税水污染物按照污染物排放量折合的污染当量数确定。应税大气污染物、水污染物的污染当量数，以该污染物的排放量除以该污染物的污染当量值计算。计算公式为：

$$污染当量数 = 污染物的排放量 \div 污染物的污染当量值$$

每种应税大气污染物、水污染物的具体污染当量值,依照《应税污染物和当量值表》执行。

纳税人有下列情形之一的,以其当期应税大气污染物、水污染物的产生量作为污染物的排放量:① 未依法安装使用污染物自动监测设备或者未将污染物自动监测设备与环境保护主管部门的监控设备联网;② 损毁或者擅自移动、改变污染物自动监测设备;③ 篡改、伪造污染物监测数据;④ 通过暗管、渗井、渗坑、灌注或者稀释排放以及不正常运行防治污染设施等方式违法排放应税污染物;⑤ 进行虚假纳税申报。

从两个以上排放口排放应税污染物的,对每一排放口排放的应税污染物分别计算征收环境保护税;纳税人持有排污许可证的,其污染物排放口按照排污许可证载明的污染物排放口确定。

每一排放口或者没有排放口的应税大气污染物,按照污染当量数从大到小排序,对前三项污染物征收环境保护税。每一排放口的应税水污染物,按照《应税污染物和当量值表》,区分第一类水污染物和其他类水污染物,按照污染当量数从大到小排序,对第一类水污染物按照前五项征收环境保护税,对其他类水污染物按照前三项征收环境保护税。省、自治区、直辖市人民政府根据本地区污染物减排的特殊需要,可以增加同一排放口征收环境保护税的应税污染物项目数,报同级人民代表大会常务委员会决定,并报全国人民代表大会常务委员会和国务院备案。

(2)应税固体废物。

应税固体废物按照固体废物的排放量确定。固体废物的排放量为当期应税固体废物的产生量减去当期应税固体废物的贮存量、处置量、综合利用量的余额。固体废物的贮存量、处置量,是指在符合国家和地方环境保护标准的设施、场所贮存或者处置的固体废物数量;固体废物的综合利用量,是指按照国务院发展改革、工业和信息化主管部门关于资源综合利用要求以及国家和地方环境保护标准进行综合利用的固体废物数量。计算公式为:

$$固体废物的排放量 = 固体废物的产生量 - 固体废物的贮存量 - 固体废物的处置量 - 固体废物的综合利用量$$

纳税人有下列情形之一的,以其当期应税固体废物的产生量作为固体废物的排放量:① 非法倾倒应税固体废物;② 进行虚假纳税申报。

(3)应税噪声。

应税噪声按照超过国家规定标准的分贝数确定。

2. 应纳税额的计算

环境保护税应纳税额按照下列方法计算:

(1)应税大气污染物的应纳税额为污染当量数乘以具体适用税额,计算公式为:

$$大气污染物的应纳税额 = 污染当量数 \times 适用税额$$

(2)应税水污染物的应纳税额为污染当量数乘以具体适用税额,计算公式为:

$$水污染物的应纳税额 = 污染当量数 \times 适用税额$$

(3)应税固体废物的应纳税额为固体废物排放量乘以具体适用税额,计算公式为:

$$固体废物的应纳税额 = 固体废物排放量 \times 适用税额$$

(4)应税噪声的应纳税额为超过国家规定标准的分贝数对应的具体适用税额,计算公式为:

噪声的应纳税额＝超过国家规定标准的分贝数×适用税额

六、税收优惠

根据《环境保护税法》第 12 条的规定，下列情形，暂予免征环境保护税：

（1）农业生产（不包括规模化养殖）排放应税污染物的；

（2）机动车、铁路机车、非道路移动机械、船舶和航空器等流动污染源排放应税污染物的；

（3）依法设立的城乡污水集中处理、生活垃圾集中处理场所排放相应应税污染物，不超过国家和地方规定的排放标准的；

（4）纳税人综合利用的固体废物，符合国家和地方环境保护标准的；

（5）国务院批准免税的其他情形，并由国务院报全国人民代表大会常务委员会备案。

根据《环境保护税法》第 13 条的规定，纳税人排放应税大气污染物或者水污染物的浓度值低于国家和地方规定的污染物排放标准 30% 的，减按 75% 征收环境保护税。纳税人排放应税大气污染物或者水污染物的浓度值低于国家和地方规定的污染物排放标准 50% 的，减按 50% 征收环境保护税。依照上述规定减征环境保护税的，应当对每一排放口排放的不同应税污染物分别计算。

七、征收管理

1. 征收机关

环境保护税由税务机关依照《税收征收管理法》和《环境保护税法》的有关规定征收管理，依法履行环境保护税纳税申报受理、涉税信息比对、组织税款入库等职责。生态环境主管部门依照《环境保护税法》和有关环境保护法律法规的规定负责对污染物的监测管理，制定和完善污染物监测规范。

县级以上地方人民政府应当建立税务机关、生态环境主管部门和其他相关单位分工协作工作机制，加强环境保护税征收管理，保障税款及时足额入库。生态环境主管部门和税务机关应当建立涉税信息共享平台和工作配合机制。生态环境主管部门应当将排污单位的排污许可、污染物排放数据、环境违法和受行政处罚情况等环境保护相关信息，定期交送税务机关。税务机关应当将纳税人的纳税申报、税款入库、减免税额、欠缴税款以及风险疑点等环境保护税涉税信息，定期交送生态环境主管部门。

2. 纳税义务发生时间

纳税义务发生时间为纳税人排放应税污染物的当日。

3. 纳税期限

环境保护税按月计算，按季申报缴纳。不能按固定期限计算缴纳的，可以按次申报缴纳。纳税人申报缴纳时，应当向税务机关报送所排放应税污染物的种类、数量，大气污染物、水污染物的浓度值，以及税务机关根据实际需要要求纳税人报送的其他纳税资料。纳税人按季申报缴纳的，应当自季度终了之日起 15 日内，向税务机关办理纳税申报并缴纳税款。纳税人按次申报缴纳的，应当自纳税义务发生之日起 15 日内，向税务机关办理纳税申报并缴纳税款。纳税人应当依法如实办理纳税申报，对申报的真实性和完整性承担责任。

4. 纳税地点

纳税人应当向应税污染物排放地的税务机关申报缴纳环境保护税。应税污染物排放地是指:(1) 应税大气污染物、水污染物排放口所在地;(2) 应税固体废物产生地;(3) 应税噪声产生地。纳税人跨区域排放应税污染物,税务机关对税收征收管辖有争议的,由争议各方按照有利于征收管理的原则协商解决;不能协商一致的,报请共同的上级税务机关决定。

【实例列举】

环境保护税的理解与计算

某企业2019年3月向大气直接排放二氧化硫100千克,假设当地大气污染物每污染当量税额1.2元,二氧化硫的污染当量值为0.95,请计算其应纳税额。

提示·计算:

1. 计算污染当量数

污染当量数＝污染物的排放量÷污染物的污染当量值＝100÷0.95≈105.26

2. 计算应纳税额

大气污染物的应纳税额为＝污染当量数×适用税额＝105.26×1.2＝126.32元

【延伸阅读】

环保税法:落实税收法定原则的制度逻辑[①]

2016年12月25日,第十二届全国人民代表大会常务委员会第二十五次会议通过了《中华人民共和国环境保护税法》(以下简称《环保税法》),并将于2018年1月1日起正式施行。《环保税法》是《立法法》对税收法定原则清晰、明确规定以后,全国人民代表大会常务委员会审议通过的首部单行税法,也是我国首部旨在推进生态文明建设的税种法。环保税在其法制安排上有多个亮点,其中尤具代表的,当属"税收法定原则"得到了有效贯彻。税收法定原则是民主法治理念在税收领域的体现,按照传统观点,税收法定原则的内涵十分广泛,不仅涉及法律文本的形式存在,还涉及税收立法权归属、税法治理范式等具体问题。在肯定环保税落实税收法定原则的功效时,不可忽视的是《环保税法》的制定方式在一定程度上依旧属于经验立法的范式。深入探讨《环保税法》落实税收法定原则的制度逻辑,有助于保障其从"新法"走向"良法",再从"良法"跨入"善治"。

费改税:税收法定原则的制度落实

在环保税设立以前,与之具有类似功能的当属排污费。我国的排污收费制度确立于1979年,其法律依据是同年出台的《环境保护法(试行)》,2003年国务院发布的《排污费征收使用管理条例》进一步规定了排污费的征收、使用和管理。《环保税法》出台以后,排污费被废止,客观回应了党的十八届三中全会有关"推动环境保护费改税"的政策指引。引发关注的是,环保税的开征在很多观点看来,本质上是用"征税"替代了"收费"。笔者以为,虽然"费"转"税"在直观上只是换了文字表述,但其背后却完成了法律规范的位阶跃升,体现了税收法定原则在制度层面的落实。

[①] 参见刘剑文、胡翔:《环保税法:落实税收法定原则的制度逻辑》,载《中国财政》2017年第10期。

首先,排污费改环保税是"无法"到"有法"的制度落实。从完整意义上理解税收法定,其初始阶段是形式法定,也即税收的基本制度只能通过法律制定。长期以来,排污费作为行政机关的一类行政性收费,并没有一项专门的法律进行规范和调整,而新的环保税在《环保税法》出台以前,我国是没有相关税种的,更毋庸提及具体的法律规范。因此,无论是源于排污费废止的视野观察,还是基于环保税开征的角度评析,《环保税法》为环保税费的征收提供了实体层面的制度供给,使环保税种在形式上完成了"无法"到"有法"的"法定"任务。

其次,排污费改环保税是税收立法权回归全国人民代表大会的制度落实。《排污费征收使用管理条例》作为排污费的征收依据,其规范层级属于国务院颁布的行政法规,于适用效力上低于法律。在社会主义税收法治建设的历程中,由于两次"授权立法"的客观因素,导致税收立法权长期被行政机关主导。这在一定程度上影响了税种设立或开征的正当性,并不利于税收法治建设。此次环保税的开征,从其草案的起草,直至最后的审议,均是通过全国人民代表大会常务委员会严格的立法程序,并广泛征求了群众意见,释放了全国人民代表大会回收税收立法权的信号,这在限制税收行政执法,促进税收司法方面,都能够产生促进作用。此外,在具体条文的规定上,《环保税法》第6条、第9条都明确了地方税收立法权的范围和行权机构,从而在权源上明晰了立法机关与行政机关的关系。

最后,排污费改环保税是依据社会现实作出的法定选择。形式层面的税收法定也可认为是税收法律化的理论提炼。税收法律化也是税收法定原则最为基本的要求之一。应当看到,税收法律化需要一个循序渐进的过程,要求短时间内将所有税种都制定法律并不现实。更为理性的选择是分清轻重缓急,将条件相对成熟、社会关注度较高的税种先行立法。当下,由于环境的污染和不断恶化已成为制约社会经济可持发展的重要因素,我们需要一部有效的法律对环境污染进行治理。长期适用的排污费满足了条件相对成熟、社会关注度高等要件,符合税种立法轻重缓急之"重"与"急",在这个背景下清费改税、制定《环保税法》也可视为现阶段落实税收法定原则的突破口。

需要厘清的是,并不是仅有排污费符合这样清费立税的条件,立法是一个向前推进的过程,诸如社会保障税、教育税等税种的"费"改"税"问题,同样也十分具备现实意义。

抓环保:税收法定原则的功能拓展

传统意义上的税收法定原则,强调廓清税收立法权的配置和归属,并由此理顺立法机关与行政机关的关系。应当看到,本属的积极效应在《环保税法》的制定过程以及内容安排上都得到了体现。值得圈点的是,环保税似乎脱离了税收作为财政收入组织方式的"轨道",强调"保护和改善环境,促进社会节能减排,推进生态文明建设"。这就意味着《环保税法》对税收法定原则的落实并没有局限于法律制定,同时也在强调税制改革所能创造的社会功效。这种社会功效至少包含以下三个方面:

其一,《环保税法》为环境保护营造了稳定、安全、合理的税法环境。社会主义市场经济建设以来,环境污染呈现出日渐严重的趋势。相关市场主体片面追求经济利益,极易忽视利益攫取背后可能造成的其他社会问题,例如环境污染。另一方面,在环境保护和污染治理方面,因污染的地域差异和规费征收的随意性,相关部门并未针对污染问题进行有效和规范的处置。环保税作为"税",具备税收的强制性,而《环保税法》作为"法",又能代表相当一部分的民意。客观上看,《环保税法》的出台能够为各类行为主体作出具体行为决策时提供稳定的合理预期和行为指引,而这种预期和指引所依赖的正是税收法定原则所倡导的税法环境。

其二,《环保税法》旨在形成良性、互动、和谐的法治运行方式。就执法的内部性而言,在具体操作环节上,排污费改环保税后,其征收部门也由环保部门改为税务部门,与此同时,又无法脱离环保部门的配合,因此《环保税法》还促成了环境保护税征管分工的协作机制。另外,就执法的外部性而言,在处理各类污染行为时,鉴于税法的刚性,有关部门能够更好、更快、更有效地依据《环保税法》进行处置,从而倒逼污染行为主体节制甚至消除污染行为。外部性和内部性的考量,满足税收法定原则对纳税人和国家之间、执法部门之间法律关系的预设,有利于在环境保护、生态治理等范畴中保障法治运行方式的激活与调适。

其三,《环保税法》的通过意味着税收立法的社会治理功能得到认可。环保税作为一类特定目的税,既然已经通过法定形式确立下来,无论是人大还是政府都不得改变此税种的开征目的。这就为社会治理添加了一种常规性治理手段。应当注意,环保税只是特定目的税的一种,特定税种的开征一般都具备促进经济稳定、协调、发展或者与之相关的目的,而税收法定为这种以促进经济的稳定、协调和发展为目的的治理手段提供法律依据。总的看来,《环保税法》的出台作为国家通过税收立法进行社会治理的缩影,一方面反映出国家治理手段的多样化,另一方面也呼应了十八届三中全会所提出的"财政是国家治理的基础和重要支柱,科学的财税体制是优化资源配置、促进社会公平、实现国家长治久安的制度保障"的政治呼声。

望未来:税收法定原则的深入贯彻

依照《环保税法》第28条的规定,该法自2018年1月1日起施行。从前文论述中,可以推知《环保税法》在制定程序和具体内容方面基本达到了落实税收法定原则的预期。但《环保税法》究竟是不是一部良法,或者说这部旨在加强环境保护的新税法能在多大程度上完成其既定任务,都需要通过实践进行检验。

笔者以为,虽然《环保税法》完成了从程序到内容上的形式法定,但其从"有法"过渡到"良法",以及促成最后的"善治",尚且"任重道远"。需要我们进一步整理出新法的上升空间,这同时也是税收法定原则引发示范效应的关键因素。主要包含以下几个方面:

首先是法定义务与法律责任的区分。《宪法》第56条规定:"中华人民共和国公民有依照法律纳税的义务。"《环保税法》实施以后,"直接向环境排放应税污染物的企业事业单位和其他生产经营者为环境保护税的纳税人,应当依照该法规定缴纳环境保护税"。因此,环保税开征意味着污染行为的主体因其污染行为会产生纳税义务,其缴纳环保税的行为并不是接受处罚的方式,而是污染行为主体依法完成其法定义务。纳税义务法定是税收法定原则的重要方面,规定污染行为主体依法履行纳税义务即是义务法定的反映。需要注意的是,税收法定原则同样注重保护纳税人的合法权益,这里的纳税人是一个广义的概念,不应当仅指缴纳环保税款的纳税人。污染行为主体因其污染行为所产生的纳税义务并不能豁免其为全体纳税人造成污染后果的治理责任。换言之,征收环境保护税不能免除纳税人防治污染、赔偿污染损害的责任和法律、法规规定的其他责任,应将环境保护税与合法排污权相区别开,防止一些向环境排放应税污染物的企事业单位和其他生产经营者将环保税定义为合法污染的对价。

其次是执法机构的职能协调。虽然《环保税法》构建了环境保护税征管分工的协作机制。但收费机制与征税体制是完全不同的财政收入制度,税收法定之"法"如需有效运行,还需起草相应的税法实施条例,细化具体政策和征管措施。从基层组织架构情况看,税务部门多年前已实行省以下垂直管理,环境监测检查执法省以下垂直管理试点工作也已相继启动,如何做好完善税务与环保工作配合机制、调试征税信息系统、对接纳税人资料、建立健全信息交换平台等税收征管准备工作,都是环境税法迈向"良法""善治"的关键。此外,新法出台还需要加强政策宣传解读、纳税辅导和业务培训,确保各税收主体能够理解《环保税法》的立法宗旨,更好地维护法律实施。

再次是环保税收收入的定性与分配。目前,《环保税法》并未明确环保税属于中央税还是地方税,或者是央地共享税,但是根据地方在环保事务管理上的直接性来看,环保税划归地方税将有利于提升地方行政机构的执法力度。此外,根据《环保税法》第28条的规定,环保税作为一类税收收归财政收入,改变了排污费"专款专用"的特性。"原由排污费安排的支出纳入财政预算安排"以后,地方政府会不会将环保税视为地域性的"创收工具"而征收"过头税"还无法知晓,如何通过有效的法治安排来稳固环保税的环保价值,同样也是环保税进一步落实税收法定原则的重要方面。

最后是要处理好落实税收法定原则与落实其他税法原则的关系。

以税收公平原则为例,由于各地区情况不同,环保税税额上浮和应税污染项目的规定,将来可能会有很大差异,这一方面会导致甚至加剧污染企业向税率低的地区流动,另一方面也不利于税收横向的公平。如何平衡各地环保税的税率、税额,合理有效配置地方的税收立法权,减少地区之间的差异就显得尤为重要了。

再以量能课税原则为例,有的企业可能存在污染严重但经营状况不佳的情形,按照量能课税原则,税负能力较弱的企业应当少交,甚至免交税金,但是,《环保税法》对税负轻重的界定标准均以污染程度为中心。那么此一类税负能力较弱、污染严重的企业就面临破产的风险,即便把责任整体归结为污染企业的污染行为,地方政府对自身利益的追求也应当积极引导污染企业进行转型升级。故此,《环保税法》的实施还需要重视维护税法原则的有机体系。

【课后思考题】

1. 所得税和财产税都有"良税"的美誉,试比较二者的异同。
2. 请对土地增值税、城镇土地使用税、房产税和契税进行比较。
3. 结合我国实际谈谈你对房产税的认识。
4. 简述房产税和契税的异同。
5. 举例说明印花税的构成要素。

【参考文献】

1. 陈少英:《财产税法论》,法律出版社2019年版。
2. 符启林:《房地产法》(第三版),法律出版社2004年版。
3. 高培勇:《共和国财税60年》,人民出版社2009年版。
4. 刘佐:《中国税制概览》,经济科学出版社2005年版。
5. 马寅初:《财政学与中国财政——理论与现实》,商务印书馆2001年版。
6. 田开友:《政府性基金课征法治化研究》,中国政法大学出版社2018年版。
7. 叶金育:《环境税整体化研究:一种税理、法理与技术整合的视角》,法律出版社2018年版。
8. 张学诞:《中国财产税研究》,中国市场出版社2007年版。

第十一章

税收征管法律制度

> 政府决定征收一定数量的税的时候,总有许多可供选择的方式。它可以对收入、利润、销售额征税;可以向富人征收,也可以向穷人征收;可以向老人征收,也可以向年轻人征收。是否存在能帮助建立一种公平而又有效的税收制度的一般原则呢?
>
> ——保罗·萨缪尔森

【本章导读】

从本章开始我们进入税收程序法律制度的相关讨论。众所周知,法律的实质正义需要程序正义来保障和实现,故程序法在现代法律体系中发挥着越来越重要的作用。本章介绍作为税收程序法核心内容的税收征管法律制度,主要包括税务管理法律制度、税款征收法律制度、税务检查法律制度、税收征管法律责任以及税务代理法律制度等。建议读者在掌握本章核心概念的基础上,从平衡国家征税权力与纳税人权利保障的角度,对税收征管法律制度的不足与完善作出进一步的思考。

第一节 税收征管法律制度概述

一、税收征管法的概念

从广义上说,税收征收管理法是指调整税收征收与管理过程中所发生的社会关系的法律规范的总称。它包括国家权力机关制定的税收征收管理法律、国家权力机关授权行政机关制定的税收征收管理行政法规和有关税收征收管理的规章制度。税收征收管理法属于税收程序法,它是以规定税收实体法中所确定的权力义务的履行程序为主要内容的法律规范,是税法的有机组成部分。税收征收管理法不仅是纳税人全面履行纳税义务必须遵守的法律准则,也是税务机关履行征税职责的法律依据。

从狭义上说,我国的税收征管法是指 1992 年 9 月 4 日第七届全国人民代表大会常务委员会第二十七次会议通过的、1993 年 1 月 1 日起施行的《税收征收管理法》。颁布之后,该法先后经过 1995 年 2 月 28 日第八届全国人民代表大会常务委员会第十二次会议、2001 年 4

月 28 日第九届全国人民代表大会常务委员会第二十一次会议、2013 年 6 月 29 日第十二届全国人民代表大会常务委员会第三次会议、2015 年 4 月 24 日第十二届全国人民代表大会常务委员会第十四次会议修改。它是新中国成立后第一部税收程序法，也是我国现行税收征收管理的基本法。

二、我国《税收征收管理法》的适用范围

我国《税收征收管理法》只适用于由税务机关负责征收的各种税的征收管理，就现行有效税种而言，具体适用增值税、消费税、资源税、企业所得税、个人所得税、城镇土地使用税、土地增值税、房产税、车船税、印花税、城市维护建设税、环境保护税等征收管理。但是，我国同外国缔结的有关税收的条约、协定同该法有不同规定的，则依照有关条约、协定的规定办理。关于由海关负责征收的关税以及海关代征的进口环节的增值税、消费税，则依照法律、行政法规的有关规定执行。

三、我国税收征收管理法的历史与发展

(一) 1992 年《税收征收管理法》的特点与不足

同《税收征收管理暂行条例》相比，1992 年《税收征收管理法》具有以下突出特点：(1) 统一了对内税收和涉外税收的征管制度，实现了一切纳税人在适用税收征管法上的平等；(2) 强化了税务机关的行政执法权，增强了税法的刚性；(3) 完善了对税务机关的执法制约制度；(4) 完善了对纳税人合法权益的保护制度；(5) 完善了法律责任制度；(6) 确立了税务代理制度。

随着形势发展，1992 年《税收征收管理法》已不能完全适应我国税收征管工作的实际需要，体现在：(1) 税务登记和纳税申报等基础管理环节还存在一些漏洞；(2) 税收征管工作面临的一些新情况在现有法律中找不到法律依据；(3) 税务机关的征管行为和执法措施不够规范，对纳税人、扣缴义务人合法权益的保护力度不够；(4) 对逃税、抗税等违法行为没有规定处罚的下限，导致税务机关的自由裁量权过大；(5) 与其他法律的衔接需要加强等。

(二)《税收征收管理法》的修订

1995 年《税收征收管理法》仅就第 14 条"增值税"发票问题进行了完善。

2001 年全国人民代表大会常务委员会对《税收征收管理法》进行了再次修订。事实上，国家税务总局会同有关部门从 1996 年就开始着手这一法律的修订工作。经反复调研和征求各方意见，形成了《税收征收管理法(修订草案)》。修订后的《税收征收管理法》由原来的 6 章 62 条变为 6 章 94 条，新增加了 32 条。具体来说，主要有以下几个方面：(1) 堵塞了税收漏洞，强化了税源管理；(2) 完善了执法手段，加大了对纳税人合法权益的保护力度；(3) 进一步完善了法律责任，增强了可操作性。

2013 年《税收征收管理法》的修订，为适应行政审批制度改革，仅对第 15 条作了修改。

2015 年《税收征收管理法》的修订，仅对第 33 条作了修改。

(三) 税收征收管理立法展望

随着经济与社会的发展，税收征收管理工作面临许多实践中的新问题和新情况，为了有效提高税收征管效率同时加大对纳税人权利的保护力度，税收征收管理法应当从以下方面进一步完善：

（1）立法理念。在我国税收征管法修改的过程中要进一步确立和突出一些基本的理念：第一，法治理念，明确依法征税的基本要求。税收法定主义不仅要求税收实体法要素的明确，同时要求程序的法定。只有依法征收管理，才是对税收法定主义的完整贯彻。第二，服务理念，使税收征管从"监督打击型"向"管理服务型"转变，进一步提高税收征收管理的质量和效率。第三，保护纳税人权利理念，明确纳税人诚实推定原则，进一步营造良性、互动的税收征纳关系。

（2）基本制度。我国现行税收征管法对税收征管中的基本制度规定仍然存在一些缺失，需要进一步予以完善：第一，涉税信息监管制度，赋予税务机关通过第三方获得纳税人信息的执法权力。征纳双方涉税信息不对称是当前税收征管中的最大问题，在日常征管工作中，各级税务机关与相关部门和单位联系，希望依征管法的相关规定获取相关信息，但相关部门和单位以相关法律、行政法规规定中保密条款为借口，拒不提供或消极应付，使税务部门涉税信息的采集难以有效开展，影响了税收征管的质量和效果，通过确立涉税信息监管制度，可以有效强化税务部门获取涉税信息的刚性，保障税收征管的效力。第二，引入税收评定环节，完善税收确定程序。税务机关应当开展税收评定工作，这既是一种工作职责，也是税收管理的工作环节。税收评定是对纳税人履行税收义务的正确性进行审核的制度性安排，但在实际征管中存在纳税人应申报未申报的情形，有必要对此情形如何开展税收评定作出规定。第三，完善税收违法行为与法律责任制度。由于我国《刑法修正案（七）》已经取消"偷税罪"代之以"逃避缴纳税款罪"，税收征管法应该及时调整此类税收违法行为，做到与刑法的合理衔接。

除此以外，我国《税收征收管理法》的修改还应当在税收管辖权、税收滞纳金、纳税争议的举证责任、纳税前置与行政复议前置等方面对现有规定的合理性进行考量，完善税收征管的具体规则。

中共十八届三中全会《决定》中对税制改革提出了新要求，将房产税、个人所得税等直接税税制的改革提上了议事日程。2018年8月31日，《个人所得税法》第七次修正案通过，对税收征管制度进行了更细致的规范。因此，我国《税收征收管理法》还需要就此进行重大调整，例如要解决直接税征管的法律基础问题，完善对自然人的税收管理体系。同时，要更加注重社会公平和权利义务体系，加强纳税人征管信息的规范化、法制化，在强调纳税人纳税申报义务的同时，应该注重纳税人的权利。并使程序法与实体法相辅相成，推动进一步税收。

2021年3月，中办、国办联合印发《关于进一步深化税收征管改革的意见》。该《意见》提出了进一步深化税收征管改革的指导思想、工作原则、主要目标和重点任务，为"十四五"时期税收工作确立了总体规划和蓝图框架，是指导税务部门当前及今后一个时期"带好队伍、干好税务"、更好服务国家治理现代化的纲领性文件。

【延伸阅读】

国际税收征管立法例介绍[①]

纵观各国，税收征管立法大致有三种立法例。

---

① 节选自闫海主编：《税收征收管理的法理与制度》，法律出版社2011年版，第1页。

第一种立法例是分税立法,即税收采取单行法律、法规的形式,各种税的实体规则和征管规则均规定在该税种的单行法中,缺乏统一的税收程序性法律,大部分英联邦国家为这种立法例。分税立法下,每部税法都独立自主,但是造成征管规则的分歧和法律规范的重复。1970年英国各税征管规则被合并归入《税收管理法》,这被其他英联邦国家积极效仿。

第二种立法例是综合性法典模式,即所有税收法律、法规集中编纂于一部体系庞大、结构复杂的法典之内,税收征管规范按一定逻辑体系被编列在统一法典之中。例如,美国有关税收程序和行政规则规定在《国内收入法典》第F部分;法国为便利税收行政,税收征管规则独立成册,称为"税收程序篇",但被视为《税收综合法典》的一部分。综合性法典立法具有体系性,组织编排较为严密,便于纳税人遵从和税务机关执行,但是不太容易修订。

第三种立法例是前两者的折中,即对税收征管中基本和共通的事项合并单独立法,单行税法保留特别规定,德国《租税通则》是该立法例的典型代表。而我国税收征管立法从分税立法走向单独立法,并经历起步、成型、提升进而发展至成熟阶段。

【案例分析】

从一则案例看税收征管法律制度的重要性[①]

案例事实:

逯某系山西省太原市某税务所税收管理员,2014年1月至2014年8月期间分管纳税人珍锦隆公司,对该公司申报缴纳税款的行为及相关事项实施直接监管和服务。此后,逯某被以玩忽职守罪提起公诉。一审法院判决逯某构成玩忽职守罪。此案经上诉发回重审,重审后逯某仍旧不服判决上诉至太原市中级人民法院。太原市中级人民法院经审理后认为,逯某在对珍锦隆公司管理期间,多次下达《税务事项通知书》,多次实地调查核实,各项工作资料完整齐全,已经穷尽了税务干部在现有征管条件下所能做的工作,且前述逃税570余万元的相关文书已被撤销,是否存在致使国家利益遭受重大损失的结果尚无充分证据证实等,遂改判逯某无罪。

案例简析:

该案涉及税收征管人员的刑事责任,影响面广。法院通过认真审查证据、论证玩忽职守罪的构成要件,使无罪的人免受刑事追究,对于积极作为的税务人员有保护作用。判决说理较为透彻,对玩忽职守罪的构成要件特别是因果关系作了深入阐述,对认定税务征管人员是否履行或者正确履行职责,有指引作用。从另一个层面说,该案的审理,必须依据《税收征收管理法》的相关规定对税务机关工作人员的行为进行判断,才使其最终证明无罪。

第二节 税务管理法律制度

税务管理是国家税务机关依据税收法律、行政法规对税务活动所进行的决策、计划、组织、协调和监督检查等一系列活动的总称。从广义上说,税务管理包括税务决策管理、税源

---

① 逯某玩忽职守致纳税人逃税案,见(2018)晋01刑终640号。

管理、征收管理、稽查管理、违章处罚管理、税收计划管理和税务行政组织管理。狭义上的税务管理主要包括税务登记,账簿、凭证管理和纳税申报三个环节。

一、税务登记法律制度

税务登记,又称纳税登记,是纳税人在开业、歇业前以及生产经营期间发生有关变动时,在法定时间内就其经营情况向所在地的税务机关办理书面登记的一项基本制度。它是纳税人履行纳税义务和法定手续,也是税务机关掌握税源和对纳税人进行监督管理的依据。建立税务登记制度,对加强税收征管、防止漏管漏征、增强纳税人依法纳税的观念,具有重要意义。

(一) 税务登记的范围

(1) 从事生产、经营的纳税人应当自领取营业执照之日起30日内,向生产、经营地或者纳税义务发生地的主管税务机关申报办理税务登记,如实填写税务登记表,并按照税务机关的要求提供有关证件、资料。

除国家机关和个人外,上述规定以外的纳税人,应当自纳税义务发生之日起30日内,持有关证件向所在地的主管税务机关申报办理税务登记。

境外企业在中国境内承包建筑、安装、装配、勘探工程和提供劳务的,应当自项目合同或协议签订之日起30日内,向项目所在地税务机关申报办理税务登记,税务机关发放临时税务登记证及副本。

(2) 纳税人税务登记内容发生变化的,应当自工商行政管理机关或者其他机关办理变更登记之日起30日内,持有关证件向原税务登记机关申报办理变更税务登记。纳税人税务登记内容发生变化,不需要到工商行政管理机关或者其他机关办理变更登记的,应当自发生变化之日起30日内,持有关证件向原税务登记机关申报办理变更税务登记。

(3) 纳税人发生解散、破产、撤销以及其他情形,依法终止纳税义务的,应当在向工商行政管理机关或者其他机关办理注销登记前,持有关证件向原税务登记机关申报办理注销税务登记;按照规定不需要在工商行政管理机关或者其他机关办理注册登记的,应当自有关机关批准或者宣告终止之日起15日内,持有关证件向原税务登记机关申报办理注销税务登记。

纳税人因住所、经营地点变动,涉及改变税务登记机关的,应当在向工商行政管理机关或者其他机关申请办理变更或者注销登记前或者住所、经营地点变动前,向原税务登记机关申报办理注销税务登记,并在30日内向迁达地税务机关申报办理税务登记。

纳税人被工商行政管理机关吊销营业执照或者被其他机关予以撤销登记的,应当自营业执照被吊销或者被撤销登记之日起15日内,向原税务登记机关申报办理注销税务登记。

纳税人在办理注销税务登记前,应当向税务机关结清应纳税款、滞纳金、罚款,缴销发票、税务登记证件和其他税务证件。

(4) 从事生产、经营的纳税人到外县(市)临时从事生产、经营活动的,应当持税务登记证副本和所在地税务机关填开的外出经营活动税收管理证明,向营业地税务机关报验登记,接受税务管理。从事生产、经营的纳税人外出经营,在同一地累计超过180天的,应当在营业地办理税务登记手续。

扣缴义务人应当自扣缴义务发生之日起30日内,向所在地的主管税务机关申报办理扣缴税款登记，领取扣缴税款登记证件。

（二）税务登记的内容

纳税人办理税务登记时，应当如实填写税务登记表。

纳税人在填报登记内容时，应当提供有关证件和资料。

（三）税务登记证件

纳税人提交的证件和资料齐全且税务登记表的填写内容符合规定的，税务机关应当日办理并发放税务登记证件。纳税人提交的证件和资料不齐全或税务登记表的填写内容不符合规定的，税务机关应当场通知其补正或重新填报。

纳税人按照国务院税务主管部门的规定使用税务登记证件。税务登记证件不得转借、涂改、损毁、买卖或者伪造。

纳税人遗失税务登记证件的，应当在 15 日内书面报告主管税务机关，并登报声明作废。

税务机关对税务登记证件实行定期验证和换证制度，纳税人应在规定的期限到主管税务机关办理验证或换证手续。

二、账簿、凭证管理法律制度

账簿、凭证是纳税人记录生产经营活动、进行经济核算的主要工具，也是税务机关确定应纳税额、进行财务监督和税务检查的重要依据。凡从事生产经营的纳税人都必须按照财政部和国家税务总局的规定设置账簿，建立健全财务会计制度，根据合法、有效的凭证记账，正确地进行会计核算并据以计算应纳税额。

（一）账簿的设置

除经税务机关批准可以不设置账簿的纳税人外，所有从事生产、经营的纳税人和扣缴义务人都应该按照国务院财政、税务主管部门的规定设置账簿。这里所指的账簿包括总账、明细账、日记账及其他辅助账簿。

（二）财务、会计制度及其处理办法的管理

从事生产、经营的纳税人应当将其财务、会计制度或者财务、会计处理办法，应当报送税务机关备案。当其财务、会计制度或者财务、会计处理办法与国务院财政、税务主管部门有关税收的规定相抵触时，应依照国务院或者国务院财政、税务主管部门有关税收的规定计算纳税。

（三）账簿、凭证的保管

从事生产、经营的纳税人、扣缴义务人必须按照国务院财政、税务主管部门规定的保管期限妥善保管账簿、记账凭证、完税凭证及其他有关资料。一般来说，账簿、记账凭证、报表、完税凭证、发票、出口凭证以及其他有关涉税资料应当保存 10 年。

三、纳税申报法律制度

纳税申报是纳税人发生纳税义务后，按照规定期限就纳税事宜向税务机关提出书面报告的一项税收征管制度。纳税申报既是纳税人履行纳税义务和代征人履行代征、代扣、代缴税款义务的法定手续，也是税务机关办理税收征收业务、核定应纳税凭证的主要依据。

（一）纳税申报的范围

根据我国《税收征收管理法》及其实施细则的规定，纳税人和扣缴义务人在税法规定或税务机关依法确定的纳税期限或扣缴税款期内,无论有无应税收入、所得及其他应税项目,或无论有无代扣、代收税款,均应在法律、行政法规或者税务机关依照法律、行政法规的规定所确定的申报期限内到主管税务机关办理纳税申报。纳税人即便是享受减税、免税待遇的,在减免税期间也应按照规定办理纳税申报。

（二）纳税申报的内容

纳税人在办理纳税申报时应如实填写纳税申报表。纳税申报表的主要内容包括：税种、税目、应纳税项目或者应代扣代缴、代收代缴税款项目,计税依据,扣除项目及标准,适用税率或者单位税额,应退税项目及税额、应减免税项目及税额、应纳税额或者应代扣代缴、代收代缴税额,税款所属期限、延期缴纳税款、欠税、滞纳金等。

纳税人办理纳税申报时,应当如实填写纳税申报表,并根据不同的情况相应报送下列有关证件、资料：(1)财务会计报表及其说明材料；(2)与纳税有关的合同、协议书及凭证；(3)税控装置的电子报税资料；(4)外出经营活动税收管理证明和异地完税凭证；(5)境内或者境外公证机构出具的有关证明文件；(6)税务机关规定应当报送的其他有关证件、资料。

扣缴义务人办理代扣代缴、代收代缴税款报告时,应当如实填写代扣代缴、代收代缴税款报告表,并报送代扣代缴、代收代缴税款的合法凭证以及税务机关规定的其他有关证件、资料。

（三）纳税申报期限

纳税人、扣缴义务人按照规定的期限办理纳税申报或者报送代扣代缴、代收代缴税款报告表确有困难,需要延期的,应当在规定的期限内向税务机关提出书面延期申请,经税务机关核准,在核准的期限内办理。纳税人、扣缴义务人因不可抗力,不能按期办理纳税申报或者报送代扣代缴、代收代缴税款报告表的,可以延期办理；但是,应当在不可抗力情形消除后立即向税务机关报告。税务机关应当查明事实,予以核准。

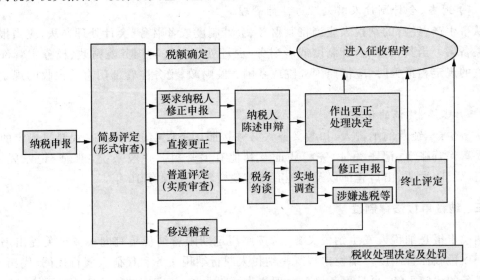

图 11-1 申报方式下纳税确定的一般程序

税务机关应当建立、健全纳税人自行申报纳税制度。纳税人、扣缴义务人可以采取邮寄、数据电文方式办理纳税申报或者报送代扣代缴、代收代缴税款报告表。数据电文方式，是指税务机关确定的电话语音、电子数据交换和网络传输等电子方式。纳税人采取邮寄方式办理纳税申报的，应当使用统一的纳税申报专用信封，并以邮政部门收据作为申报凭据。邮寄申报以寄出的邮戳日期为实际申报日期。纳税人采取电子方式办理纳税申报的，应当按照税务机关规定的期限和要求保存有关资料，并定期书面报送主管税务机关。

【延伸阅读】

如何理解个人所得税自行申报既是义务也是权利？[①]

如何理解个人所得税纳税申报既是义务也是权利？首先需要明确的是，与纳税申报制度相连的有两种税额确定方式。一种是行政核定(administrative assessment)。这是一种传统的税额确定方式，即纳税人虽然负有申报义务，但并不要求自行计算其应纳税款，而是由税务机关根据纳税人提交的纳税申报表评估其应纳税额，发出税额评估单(tax assessments)，纳税人再据以纳税。这种制度下，纳税人仅承担信息提交准确、真实、全面的义务，不承担税款计算错误的不利处罚。当然，如果因为纳税人提交的信息错误或者有所隐瞒，导致税务机关核定税额错误或者不足，纳税人要承担一定的处罚。另一种方式则是自行申报。在这种制度下，纳税人不仅需要提交纳税申报表，而且在申报表中要求依据法律、法规的规定，自行确定税基、计算当期应纳税款。税务机关原则上根据纳税人计算的应纳税额核发税额评估单，只有在纳税人计算错误或者申报不实时，才要求纳税人更正申报或者予以重新评估。这一制度不仅要求纳税人承担申报不实或者未申报的法律责任，而且对于计算税款错误也要视情况承担一定处罚。

我国个人所得税的征收方式分为代扣代缴和自行申报两种。从法律效果上看，代扣代缴除了主体为扣缴义务人之外，与征税部门核定征收无本质区别。真实纳税人面对核定征收与代扣代缴，都仅仅是在实体上承受了税款，一方面在程序上被剥夺了主动申报的权利，进而难以享受纳税人权利，与主权在民原理相悖；另一方面也淡化了纳税人的纳税意识和法律责任。而自行申报制度很好地解决了这一问题。在自行申报制度下，纳税人可以在法律规定的范围内自主决定申报纳税的内容、时间、地点、方式，程序上能够获得较大的便利。更重要的是，纳税主体所应享有的权利和尊严得以明确地彰显。代扣代缴和核定征收制度导致的后果之一是，无论纳税人是否自行申报，其行为均不发生法律效力，只能被动地等待征税部门的行政命令。而自行申报制度还纳税人以权利，使他们由被动变主动，自己确定课税对象、税基、税额和有无税收，同时增强了纳税人的纳税意识和法律责任。

可以说，个税自行申报是国民主权等宪法理念在税法中的具体体现。应纳税额的确定原则上由纳税人依据税法计算、申报并据以征收，使得纳税人立于税收法律关系自主履行的中心地位，在强化纳税人的纳税义务观念的同时，肯定与保护了纳税人的权利，体现了民主纳税的思想。个税自行申报既是纳税人的义务，也是纳税人的权利；既体现了对纳税人民主纳税的尊重，也体现了国家征税权的保障。这是民主法治、有限政府的必然要求，是构建现代税法意识的题中应有之意。《个人所得税自行纳税申报办法(试行)》的出台和实施，以自行申报为突破，起到了推进中国税法意识重新构建的作用。《个人所得税法》第七次修订后国家税务总局颁布的《关于个人所得税自行纳税申报有关问题的公告》，对个人自行申报纳税制度进行了更为细致的规定。

[①] 节选自《中国税务报》记者寇红对刘剑文教授的采访：《个人所得税自行申报是义务也是权利》，载《中国税务报》2007年4月18日。

四、发票管理法律制度

发票是指在购销商品、提供或者接受服务以及从事其他经营活动中,开具、收取的收付款凭证。发票作为经济活动中记载业务往来,证明款项收付和资金转移的基本商事凭证,不仅是会计核算的原始凭证和财务收支的法定依据,也是税务机关据以计征税款和进行税务检查的重要依据。因此,加强发票管理有利于控制税源,预防逃漏税,强化税收征管。税务机关是发票的主管机关,负责发票印制、领购、开具、取得、保管、缴销的管理和监督。单位、个人在购销商品、提供或者接受经营服务以及从事其他经营活动中,应当按照规定开具、使用、取得发票。发票的管理办法由国务院规定。对此,财政部于1993年12月23日专门发布了《发票管理办法》,该《办法》已由国务院分别于2010年和2019年两次作出修订。2019年修订的《发票管理办法》自2019年3月2日开始施行。与此同时,国家税务总局修订了《发票管理办法实施细则》,自2019年7月24日起施行。此外,尚有1994年国家税务总局实施的《增值税专用发票使用规定》,该《规定》于2006年10月17日修改(后被其他规定废止、修订部分条文)。上述文件对发票的印制、领购、开具、保管等具体环节的管理作出了明确规定。

(一) 发票的印制与领用

根据现行规定,增值税专用发票由国务院税务主管部门确定的企业印制;其他发票,按照国务院税务主管部门的规定,由省级税务机关确定的企业印制。税务机关依招标方式确定印制发票的企业,并发给发票准印证。禁止私自印制、伪造、变造发票。

各省、自治区、直辖市内的单位和个人使用的发票,除增值税专用发票外,应当在本省、自治区、直辖市内印制;确有必要到外省、自治区、直辖市印制的,应当由省、自治区、直辖市税务机关商印制地省、自治区、直辖市税务机关同意,由印制地省、自治区、直辖市税务机关指定的印制发票的企业印制。禁止在境外印制发票。

《发票管理办法》设置了发票领购制度,但随着行政收费制度改革,从2013年1月1日起,发票工本费被取消,纳税人可以免费领用发票。因此,发票领购需改为发票领用,但其中的标准和程序仍然要遵守。需要领用发票的单位和个人,应当持税务登记证件、经办人身份证明、按照国务院税务主管部门规定式样制作的发票专用章的印模,向主管税务机关办理发票领用手续。主管税务机关根据领用单位和个人的经营范围和规模,确认领用发票的种类、数量以及方式,在5个工作日内发给发票领用簿。单位和个人领用发票时,应当按照税务机关的规定报告发票使用情况,税务机关应当按照规定进行查验。

需要临时使用发票的单位和个人,可以凭购销商品、提供或者接受服务以及从事其他经营活动的书面证明、经办人身份证明,直接向经营地税务机关申请代开发票。依照税收法律、行政法规规定应当缴纳税款的,税务机关应当先征收税款,再开具发票。税务机关根据发票管理的需要,可以按照国务院税务主管部门的规定委托其他单位代开发票。

(二) 发票的开具和保管

纳税人在销售商品、提供服务以及从事其他经营活动对外收取款项时,应向付款方开具发票;特殊情况下,由付款方向收款方开具发票。

开具发票应当按照规定的时限、顺序、栏目,全部联次一次性如实开具,并加盖发票专用章。任何单位和个人不得有下列虚开发票行为:(1) 为他人、为自己开具与实际经营业务情况不符的发票;(2) 让他人为自己开具与实际经营业务情况不符的发票;(3) 介绍他人开具与实际经营业务情况不符的发票。安装税控装置的单位和个人,应当按照规定使用税控装置开具发票,并按期向主管税务机关报送开具发票的数据。使用非税控电子器具开具发票的,应当将非税控电子器具使用的软件程序说明资料报主管税务机关备案,并按照规定保存、报送开具发票的数据。国家推广使用网络发票管理系统开具发票,具体管理办法由国务院税务主管部门制定。

所有单位和从事生产、经营的个人在购买商品、接受服务以及从事其他经营活动支付款项时,应当向收款方取得发票,但不得要求变更品名和金额。

用票单位和个人应当按规定妥善保管发票。开具发票的单位和个人应当建立发票使用登记制度,设置发票登记簿,并定期向主管税务机关报告发票使用情况;已经开具的发票存根联和发票登记簿,应当保存5年,保存期满报经税务机关查验后销毁,不得擅自毁损。

未经批准,不得跨省、自治区、直辖市行政区域携带、邮寄、运输空白发票。禁止携带、邮寄或者运输空白发票出境。

(三) 发票的检查

税务机关在发票管理中有权进行下列检查:(1) 检查印制、领用、开具、取得、保管和缴销发票的情况;(2) 调出发票查验;(3) 查阅、复制与发票有关的凭证、资料;(4) 向当事人各方询问与发票有关的问题与情况;(5) 在查处发票案件时,对与案件有关的情况和资料,可以记录、录音、录像、照相和复制。印制、使用发票的单位和个人,必须接受税务机关的依法检查,如实反映情况,提供有关资料,不得拒绝、隐瞒。

(四) 违反发票管理规定的处罚

关于违反发票管理的行为及其应承担的法律后果,《发票管理办法》有以下具体规定:

(1) 对有下列行为之一的单位和个人,由税务机关责令改正,可以处1万元以下的罚款;有违法所得的予以没收:应当开具而未开具发票,或者未按照规定的时限、顺序、栏目,全部联次一次性开具发票,或者未加盖发票专用章的;使用税控装置开具发票,未按期向主管税务机关报送开具发票的数据的;使用非税控电子器具开具发票,未将非税控电子器具使用的软件程序说明资料报主管税务机关备案,或者未按照规定保存、报送开具发票的数据的;拆本使用发票的;扩大发票使用范围的;以其他凭证代替发票使用的;跨规定区域开具发票的;未按照规定缴销发票的;未按照规定存放和保管发票的。

(2) 跨规定的使用区域携带、邮寄、运输空白发票,以及携带、邮寄或者运输空白发票出入境的,由税务机关责令改正,可以处1万元以下的罚款;情节严重的,处1万元以上3万元以下的罚款;有违法所得的予以没收。丢失发票或者擅自损毁发票的,依照前款规定处罚。

(3) 违反《发票管理办法》第22条第2款的规定虚开发票的,由税务机关没收违法所得;虚开金额在1万元以下的,可以并处5万元以下的罚款;虚开金额超过1万元的,并处5万元以上50万元以下的罚款;构成犯罪的,依法追究刑事责任。非法代开发票的,依照前款规定处罚。

(4) 私自印制、伪造、变造发票,非法制造发票防伪专用品,伪造发票监制章的,由税务机关没收违法所得,没收、销毁作案工具和非法物品,并处1万元以上5万元以下的罚款;情节严重的,并处5万元以上50万元以下的罚款;对印制发票的企业,可以并处吊销发票准印证;构成犯罪的,依法追究刑事责任。

(5) 有下列情形之一的,由税务机关处1万元以上5万元以下的罚款;情节严重的,处5

万元以上50万元以下的罚款;有违法所得的予以没收:第一,转借、转让、介绍他人转让发票、发票监制章和发票防伪专用品的;第二,知道或者应当知道是私自印制、伪造、变造、非法取得或者废止的发票而受让、开具、存放、携带、邮寄、运输的。

(6) 对违反发票管理规定两次以上或者情节严重的单位和个人,税务机关可以向社会公告。

(7) 违反发票管理法规,导致其他单位或者个人未缴、少缴或者骗取税款的,由税务机关没收违法所得,可以并处未缴、少缴或者骗取的税款1倍以下的罚款。

(8) 税务人员利用职权之便,故意刁难印制、使用发票的单位和个人,或者有违反发票管理法规行为的,依照国家有关规定给予处分;构成犯罪的,依法追究刑事责任。

虚开、伪造和非法出售增值税专用发票的,依照刑法予以处罚。

【案例分析】

京铁物流公司与兆丰物流公司合同纠纷案[①]

案例事实:

再审申请人京铁物流有限公司因与被申请人北京汇源集团(苏州)兆丰物流有限公司运输合同纠纷一案,不服北京市第二中级人民法院民事判决,向北京市高级人民法院申请再审。

法院认为,增值税专用发票通常以真实的交易为基础,是单位的财务凭证、税收凭证,对货运双方交易之发生有一定的证明力。京铁公司向兆丰物流公司开具的部分增值税专用发票与货物运单运费记载一致,兆丰物流公司也认可并进行了税款抵扣,故这部分增值税专用发票应当作为与运输合同有关运费的结算凭证。

而对另一部分系争问题,京铁公司称货物运单证明其履行了承运义务,但因京铁公司未向兆丰物流公司开具增值税专用发票,货物运单的证明力较弱,且兆丰物流公司亦不认可,故法院不予采信。

案例简析:

许多合同纠纷中均涉及增值税专用发票的证明力问题,虽然司法解释对与此相关的部分问题作了明确,但实践中争议仍很多。此外,实践中经常存在提前要求对方交付增值税专用发票的情形,本案判决对此亦有警示和提醒作用。

第三节 税款征收法律制度

一、税款确定方式

(一) 申报确定方式

所谓申报确定方式,是指根据纳税人的纳税申报确定税款额度的方式。

申报确定方式由于其符合民主纳税思想,有助于提高税收征管效率等方面的优势,目前

[①] 京铁物流公司与兆丰物流公司合同纠纷案,(2018)京民再49号。

已成为世界各国通行的税款确定方式。在我国,在新的税收征管模式中,申报纳税也具有非常重要的地位;大部分税种实体法都规定了申报纳税制度,《税收征收管理法》及其《实施细则》在税务管理部分对纳税申报也作了比较细致的规定。

(二) 无须专门程序的确定方式

所谓无须专门程序的确定方式,是指无须纳税人的申报和征税机关的行政处分,在税收要素满足即纳税义务成立的同时,就可确定税款额度的方式。这种税款确定方式是和相关税种本身的性质相适应的。我国税法也规定了这一税款确定方式。如印花税可以采用粘贴印花税票的方式缴纳。

(三) 特殊确定方式

以上的税款确定方式都属于正常情况下所采用的方式,我国《税收征收管理法》及其《实施细则》针对实践中出现的纳税人账册不全等情形及关联企业通过转让定价避税的情况,规定了两种特殊确定方式,即核定税款方式和调整税款方式。

1. 核定税款方式

核定税款方式,是指在法定情形下,征税机关运用税款核定权核定纳税人应纳税额的制度。这也是国际上通行的税款确定方式。

在通常情况下,核定税款是对纳税人当期或以前纳税期应纳税额的确定。但对依照规定可以不设置账簿的纳税人,征税机关可以核定其下期应纳税额。

根据《税收征收管理法》第35、37条、《税收征收管理法实施细则》第57条的规定,税务机关有权核定纳税人税款的法定情形是:

(1) 依照法律、行政法规的规定可以不设置账簿的。根据有关法律、行政法规的规定,生产、经营规模小又确无建账能力的纳税人,可以聘请经批准从事会计代理记账业务的专业机构或者财会人员代为建账和办理账务。

(2) 依照法律、行政法规的规定应当设置但未设置账簿的。纳税人没有设置账簿,税务机关就无法查账征收,在这种情况下只有采取核定应纳税额的征收办法。

(3) 擅自销毁账簿或者拒不提供纳税资料的。这是2001年修订的《税收征收管理法》增加的一种情况,是针对实践中出现的问题而规定的,是指纳税人虽然建立了账簿,但擅自销毁或拒不提供,无账可查,此时税务机关也只有采取核定应纳税额的征收方式。

(4) 虽设置账簿,但账目混乱或者成本资料、收入凭证、费用凭证残缺不全,难以查账的。在这种情况下,纳税人虽有账簿,但账务不合格,难以核对、核实账务,从而无法采取查账征收方式准确确定应纳税额,而须采取核定应纳税额的方式。

(5) 发生纳税义务,未按照规定的期限办理纳税申报,经税务机关责令限期申报,逾期仍不申报的。

(6) 纳税人申报的计税依据明显偏低,又无正当理由的。是指纳税人设置了账簿,并按期办理了纳税申报,但是其申报的计税依据同一般正常情况下的其他相同或相似的纳税人的计税依据相比明显偏低,而纳税人又无法陈述其正当理由,此时税务机关也可采取核定征收的方式确定其应纳税额。

(7) 未按照规定办理税务登记从事生产、经营以及临时从事经营的,包括到外县(市)从事生产、经营而未向营业地税务机关报验登记的。

根据《税收征收管理法实施细则》第47条的规定,纳税人有法定情形之一的,税务机关有权采用下列任何一种方式核定其应纳税款额度：(1) 参照当地同类行业或者类似行业中经营规模和收入水平相近的纳税人的收入额和利润率核定；(2) 按照营业收入或者成本加合理的费用和利润核定；(3) 按照耗用的原材料、燃料、动力等推算或者测算核定；(4) 按照其他合理的方法核定。

采用前述一种办法不足以正确核定应纳税额时，可以同时采用两种以上的方法核定。

2. 调整税款方式

《税收征收管理法》和《税收征收管理法实施细则》还专门规定了一种针对关联企业的税款确定方式，即调整税款方式。调整税款方式是专门针对关联企业的，因此必须对关联企业予以准确地界定。所谓关联企业，一般而言，是指经济上有利益关系，法律上相互独立的企业联合体。

《税收征收管理法实施细则》将关联企业界定为有下列关系之一的公司、企业、其他经济组织：(1) 在资金、经营、购销等方面，存在直接或者间接的拥有或者控制关系；(2) 直接或者间接地同为第三者所拥有或者控制；(3) 在利益上具有相关联的其他关系。

我国《税收征收管理法》第36条规定，企业或者外国企业在中国境内设立的从事生产、经营的机构、场所与其关联企业之间的业务往来，应当按照独立企业之间的业务往来收取或者支付价款、费用；不按照独立企业之间的业务往来收取或者支付价款、费用，而减少其应纳税的收入或者所得额的，税务机关有权进行合理调整。

根据《税收征收管理法实施细则》第54条的规定，对关联企业间业务往来进行税收调整的法定情形有：(1) 购销业务未按照独立企业之间业务往来作价；(2) 融通资金所支付或者收取的利息超过或者低于没有关联关系的企业之间所能同意的数额，或者利率超过或者低于同类业务的正常利率；(3) 提供劳务，未按照独立企业之间业务往来收取或者支付劳务费用；(4) 转让财产、提供财产使用权等业务往来，未按照独立企业之间业务往来作价或者收取、支付费用；(5) 未按照独立企业之间业务往来作价的其他情形。

根据《税收征收管理法实施细则》第55条的规定，纳税人有法定情形之一的，税务机关可以按照下列方法调整计税收入额或者所得额：(1) 按独立企业之间进行相同或类似业务活动的价格进行调整（可比非受控价格法），即将企业与其关联企业之间的业务往来价格，与其与非关联企业之间的业务往来价格进行分析、比较，从而确定公平成交价格。(2) 按再销售给无关联关系的第三者的价格所应取得的收入和利润水平进行调整（再销售价格法），即对关联企业的买方将从关联企业的卖方购进的商品（产品）再销售给无关联关系的第三者时所取得的销售收入，减去关联企业中买方从非关联企业购进类似商品（产品）再销售给无关联关系的第三者时所发生的合理费用和按正常利润水平计算的利润后的余额，为关联企业中卖方的销售价格。(3) 按成本加合理费用和利润进行调整（成本加成法），即将关联企业中卖方的商品（产品）成本加上正常的利润作为公平成交价格。采用这种方法，应注意成本费用的计算必须符合我国税法的有关规定，并且要合理地选择确定所适用的成本利润率。(4) 其他合理方法。在上述三种调整方法均不能适用时，可采用其他合理的替代方法进行调整，如可比利润法、利润分割法、净利润法等。

前述调整方法都属于事后调整，针对实践中对关联企业进行事后调整的缺点，国际上出现了一种新的调整方法，这种方法强调事前的调整，即"预约定价税制法"。所谓预约定价税制法，是指纳税人事先将其和境外关联企业之间内部交易与财物收支往来所涉及的转让定价方法向税务机关申报,经税务机关审定认可后,作为计征所得税的会计核算依据,并免除事后税务机关对定价调整的一项制度。

《税收征收管理法实施细则》借鉴国际上的先进做法,也规定了预约定价这种事前调整的方法。该《实施细则》第 53 条规定,纳税人可以向主管税务机关提出与其关联企业之间业务往来的定价原则和计算方法,主管税务机关审核、批准后,与纳税人预先约定有关定价事项,监督纳税人执行。

我国《税收征收管理法》《税收征收管理法实施细则》专门规定了针对关联企业的税款确定方式,《企业所得税法》则更为全面系统地规定了包括关联企业的转让定价规则、受控外国公司规则、资本弱化规则和一般反避税规则等一系列的特别纳税调整方式。[①]

二、税款征收法律制度

现阶段,我国负责税款征收的主要是税务机关。税务机关应当依照法律、行政法规的规定征收税款,不得违反法律、行政法规的规定开征、停征、多征或者少征、提前征收或者延缓征收或者摊派税款。纳税人、扣缴义务人应当按照法律、行政法规规定或者税务机关依照法律、行政法规的规定确定的期限,缴纳或者解缴税款。

(一)征收方式制度

征收方式,是指税务机关依照税法的规定和纳税人的生产经营、财务管理情况而采取的具体组织税款入库的方法。在实践中,具体采用的税款征收方式有:查账征收、核定征收、定期定额征收、代收代缴、代扣代缴、委托征收等。

(1)查账征收。是指纳税人依法向税务机关申报应税收入或应税所得及应纳税额,并报送有关账册和资料。税务机关依法对纳税人报送的纳税申报表和有关账册、资料进行审核,填开纳税缴款书,由纳税人自行到指定银行缴纳税款的一种征收方式。

(2)核定征收。是指税务机关对纳税人的生产经营情况进行调查和评估,进而核定其应纳税额的一种征收方式。这种征收方式适用于生产经营规模小、财务会计制度不健全、账册不齐全的小型企业和个体工商户,以及不进行纳税申报、税务机关无从查实生产经营情况的纳税人。

(3)定期定额征收。是指税务机关根据纳税人的生产经营情况,按期核定应纳税额,分期征收税款的一种征收方式。这种征收方式主要适用于难以查清真实收入、账册不全的个体工商户。

(4)代扣代缴、代收代缴。是指依照税法规定负有代扣代缴、代收代缴税款义务的扣缴义务人,按照税法规定对纳税人应纳税款进行扣缴或收缴的征收方式。个人所得税法即规定了代扣代缴方式。《消费税暂行条例》规定了代收代缴方式。

(5)委托征收。是指税务机关根据国家有关规定委托有关单位和人员代征少数零星分散和异地缴纳的税收的征收方式。《税收征收管理法实施细则》第 44 条规定,税务机关根据有利于税收控管和方便纳税人的原则,可以按照国家有关规定委托有关单位和人员代征零星分散和异地缴纳的税收,并发给委托代征证书。

---

① 有关内容参见本书第九章第二节。

（二）征纳期限制度

征纳期限包括征税机关的征税期限和纳税主体的纳税期限。在纳税期限之前，征税机关不得违法提前征税，纳税主体亦无义务提前申报纳税；纳税期限届满之后，纳税主体则不得违法拖欠税款，否则将承担延迟滞纳的不利后果。

（1）纳税期限。纳税期限，是指纳税主体依法履行纳税义务的期限，具体包括纳税计算期和税款缴库期。纳税计算期是指纳税主体据以计算应纳税额的期限，即纳税主体应多长时间计缴一次税款；税款缴库期是指纳税计算期满后，纳税主体实际缴纳税款入库的法定期限。申报期限是与纳税期限相关的概念，是指纳税人每期申报应纳税款的间隔时间，通常是缴库期限的一个内含期限。纳税期限因税种的不同而多有不同。

（2）延期纳税。在通常情形之下，纳税人应当按照法律、行政法规的规定或者税务机关依照法律、行政法规的规定确定的期限缴纳税款。我国《税收征收管理法》第31条规定纳税人因有特殊困难，不能按期缴纳税款的，应当在规定的缴纳期限内，向主管税务机关提出书面申请，并经省、自治区、直辖市税务局批准后，可延期缴纳税款，但最长不得超过3个月。《税收征收管理法实施细则》第42条对申请和审批延期缴纳税款的程序作了规定。

（3）征税期限。征税期限是指征税机关依法行使税款征收权的期限。税法征税期限有助于征税机关依法行使职权，也有助于税收法律秩序的稳定。我国《税收征收管理法》规定了两类征税期限：补征期和追征期。

第一，补征期。因税务机关或者纳税人、扣缴义务人的原因，致使国家税款未缴或者少缴的情况下，就发生要求补缴税款的问题。《税收征收管理法》第52条第1款规定，因税务机关的责任，致使纳税人、扣缴义务人未缴或少缴税款的，税务机关在3年内可以要求纳税人、扣缴义务人补缴税款，但是不得加收滞纳金。《税收征收管理法实施细则》第80条将税务机关的责任界定为，税务机关适用税收法律、行政法规不当或者执法行为违法。

第二，追征期。在特定情况下，还发生追征税款的问题。因纳税人、扣缴义务人计算错误等失误，未缴或者少缴税款的，税务机关在3年内可以追征税款和滞纳金；有特殊情况的，追征期可以延长到5年。《税收征收管理法实施细则》第81、82条将纳税人、扣缴义务人计算错误等失误界定为非主观故意的计算公式运用错误以及明显的笔误。对抗税、骗税的，税务机关追征其未缴或者少缴的税款、滞纳金或者所骗取的税款，不受前述期限的限制。此处，"计算错误"只是对"失误"的不完全列举，其他任何因纳税人失误造成的未缴或少缴税款，都应适用对应的追征期。

补缴和追征税款的期限，自纳税人、扣缴义务人应缴未缴或者少缴税款之日起计算。

（三）退税法律制度

退税，是指在发生超纳、误纳的情况下，征税机关依职权或应纳税人的要求，将超纳、误纳的税款退还给纳税人的制度。根据我国《税收征收管理法》规定的退税制度，纳税人超过应纳税额缴纳的税款，税务机关发现后应当立即退还；纳税人自结算缴纳税款之日起3年内发现的，可以向税务机关要求退还多缴的税款并加算银行同期利息，税务机关及时查实后应当立即退还；涉及从国库中退的，依照法律、行政法规有关国库管理的规定退还。退税利息按照税务机关办理退税手续当天中国人民银行规定的活期存款利率计算。在办理退税的具体时限上，《税收征收管理法实施细则》第78条第1款规定，税务机关发现纳税人多缴税款的，应当自发现之日起10日内办理退还手续；纳税人发现多缴税款，要求退还的，税务机关应当自接到纳税人退还申请之日起 30 日内查并办理退还手续。

退税制度上还有一个抵缴问题。《税收征收管理法实施细则》第 79 条也作了相应的规定，当纳税人既有应退税款又有欠缴税款的，税务机关可以将应退税款和利息先抵扣欠缴税款；抵扣后有余额的，退还纳税人。

（四）税收减免制度

税收减免是我国现行税法规定的一项重要制度，是税式支出的一种。根据我国《税收征收管理法》及《税收征收管理法实施细则》规定：

（1）纳税人依照法律、行政法规的规定办理减税、免税；

（2）享受减税、免税优惠的纳税人，减税、免税期满，应当自期满次日起恢复纳税；

（3）减税、免税条件发生变化的，应当在纳税申报时向税务机关报告；

（4）不再符合减税、免税条件的，应当依法履行纳税义务；

（5）未依法纳税的，税务机关应当予以追缴；

（6）纳税人享受减税、免税待遇的，在减税、免税期间应当按照规定办理纳税申报；

（7）地方各级人民政府、各级人民政府主管部门、单位和个人违反法律、行政法规规定，擅自作出的减税、免税决定无效，税务机关不得执行，并向上级税务机关报告。

（五）完税凭证制度

完税凭证，是税务机关征收税款和扣缴义务人代扣、代收税款时，依照税法规定给纳税人开具的专用凭证，是纳税人依法履行纳税义务的合法证明。税务机关收到税款后，应当向纳税人开具完税凭证。纳税人通过银行缴纳税款的，税务机关可以委托银行开具完税凭证。国家对完税凭证实行严格管理。完税凭证也是将税款缴送国库的依据，也是退税、要求补缴和追征税款的重要依据。《税收征收管理法实施细则》规定的完税凭证是指各种完税证、缴款书、印花税票、扣（收）税凭证以及其他完税证明。

（六）文书送达制度

文书送达，是税务机关在税收征管中将特定税务文书送达纳税人的行为。《税收征收管理法实施细则》规定税务文书的格式由国家税务总局制定。具体包括：（1）税务事项通知书；（2）责令限期改正通知书；（3）税收保全措施决定书；（4）税收强制执行决定书；（5）税务检查通知书；（6）税务处理决定书；（7）税务行政处罚决定书；（8）行政复议决定书；（9）其他税务文书。

《税收征收管理法实施细则》规定的送达方式有：直接送达、留置送达、委托送达、邮寄送达、公告送达等几种。以上各种送达方式具有一定的递进关系，通常是前一种方式不能采用的情况下方采用后一种方式。无论采用哪一种送达方式，只要符合法律规定的要件，都发生送达的法律效力。

（七）税款入库制度

税款入库是税收征管的最终环节，是指征税机关根据税款入库权将征收的税款依法缴入国库的制度。《税收征收管理法》第 53 条和《税收征收管理法实施细则》第 39、84 条对税款入库作出了明确地规定，具体内容是：（1）税务局应当按照国家规定的税收征收管理范围和税款入库预算级次，将征收的税款缴入国库。应当将各种税收的税款、滞纳金、罚款，按照国家规定的预算科目和预算级次及时缴入国库，不得占压、挪用、截留，不得缴入国库以外或者国家规定的税款账户以外的任何账户。（2）审计机关、财政机关依法进行审计、检查时，对税务机关的税收违法行为作出的决定,税务机关应当执行;发现被审计、检查单位有税收违法行为的,向被审计、检查单位下达决定、意见书,责成被审计、检查单位向税务机关缴纳应当缴纳的税款、滞纳金。税务机关应当根据有关机关的决定、意见书,依照税收法律、行政法规的规定,将应收的税款、滞纳金按照国家规定的税收征收管理范围和税款入库预算级次缴入国库。

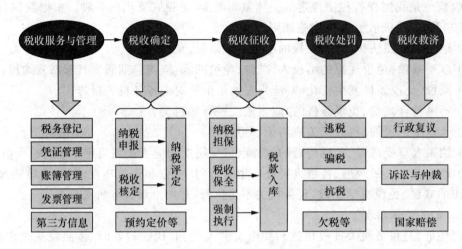

图 11-2 税收征管程序流程图

三、税款征收保障法律制度

如果纳税主体的某些行为使税收债权无法实现或有无法实现的危险时,税务机关就可以采取税收保全或税收强制执行制度及其他税款征收保障法律制度,以维护国家税法的严肃性,保证税款及时足额入库。

(一)税收保全制度

税收保全是世界各国普遍采用的税款征收保障制度。我国《税收征收管理法》也规定了这一制度。税收保全是指在税款缴纳期限期满之前由于纳税人的行为,致使国家税款有不能实现的危险时,税法规定的一系列保证国家税款及时足额缴纳的制度的总称。这一制度对于保证税款的及时足额入库,促使税务机关依法行使职权,培养纳税人的税法意识都具有重要意义。具体的税收保全制度有:责令限期缴纳税款、责成提供纳税担保、采取税收保全措施和扣缴抵缴税款。

(1)责令限期缴纳税款。责令限期缴纳税款,即提前征收。我国《税收征收管理法》第38条第1款规定,税务机关有根据认为从事生产、经营的纳税人有逃避纳税义务行为的,可以在规定的纳税期之前,责令限期缴纳应纳税款。

(2)责成提供纳税担保。在限期内发现纳税人有明显的转移、隐匿其应纳税的商品、货物以及其他财产或者应纳税的收入的迹象的,税务机关可以责成纳税人提供纳税担保。纳税担保包括经税务机关认可的纳税保证人为纳税人提供的纳税保证,以及纳税人或者第三人以其未设置或未全部设置担保物权的财产提供的担保。

(3)采取税收保全措施。在责令限期缴纳税款的情况下,纳税人在限期内又有明显的转移、隐匿其应纳税的商品、货物以及其他财产或者应纳税的收入的迹象,如果纳税人不能提供前述之纳税担保,经县以上税务局(分局)局长批准,税务机关可以采取如下两种税收保全措施,即要求冻结相当税款的存款和扣押、查封相当税款的财产。要求冻结相当税款的存款,是指税务机关在满足前述条件的情况下,可以书面通知纳税人开户银行或者其他金融机构冻结纳税人的金额相当于应纳税款的存款。扣押、查封相当税款的财产,是指税务机关除采取前述的要求冻结相当税款的存款这一税收保全措施以外,还可以依法扣押、查封纳税人的价值相当于应纳税款的商品、货物或者其他财产。这里的其他财产,根据《税收征收管理法实施细则》第59条第1款的规定,包括纳税人的房地产、现金、有价证券等不动产和动产。

税务机关在采取税收保全措施时,应符合如下法定的要求:第一,在总的原则上,采取税收保全措施的权力,不得由法定的税务机关以外的单位和个人行使;税务机关采取税收保全措施必须依照法定的权限和程序。第二,在执行扣押、查封商品、货物或者其他财产时,应当由两名以上税务人员执行,并通知被执行人。第三,扣押商品、货物或其他财产时,必须开付收据;查封商品、货物或其他财产时,必须开付清单。第四,对于扣押、查封财产的价值,税务机关参照同类商品的市场价、出厂价或者评估价估算,同时,税务机关在确定价值时,除了税款外,还应当包括滞纳金和扣押、查封、保管、拍卖、变卖所发生的费用。第五,在实施扣押、查封时,对有产权证件的动产或者不动产,税务机关可以责令当事人将产权证件交税务机关保管,同时可以向有关机关发出协助执行通知书,有关机关在扣押、查封期间不再办理该动产或者不动产的过户手续。第六,对查封的商品、货物或者其他财产,税务机关可以指令被执行人负责保管,保管责任由被执行人承担。第七,个人及其所扶养家属维持生活必需的住房和用品,不在税收保全措施的范围之内。第八,采取税收保全措施不当,或者纳税人在限期内已缴纳税款,税务机关未立即解除税收保全措施,税务机关滥用职权违法采取税收保全措施,使纳税人的合法利益遭受损失的,税务机关应当承担赔偿责任。

(4) 扣缴抵缴税款。前述几种税收保全制度具有递进关系。一般是前一方式无法达到保全目的的情况下才采用后一方式。

这些税收保全制度也是税务机关最终采取扣缴、抵缴税款行为的前提条件。纳税人在税务机关采取要求冻结相当税款的存款和扣押、查封相当税款的财产的税收保全措施后,按照税务机关规定的期限缴纳税款的,税务机关应当自收到税款或者银行转回的完税凭证之日起1日内解除税收保全。限期届满仍未缴纳税款的,经县以上税务局(分局)局长批准,税务机关可以书面通知纳税人开户银行或者其他金融机构从其冻结的存款中扣缴税款,或者依法拍卖或者变卖所扣押、查封的商品、货物或者其他财产,以拍卖或者变卖所得抵缴税款。税务机关将扣押、查封的商品、货物或者其他财产变价抵缴税款时,应当交由依法成立的拍卖机构拍卖;无法委托拍卖或者不适于拍卖的,可以交由当地商业企业代为销售,也可以责令纳税人限期处理;无法委托商业企业销售,纳税人也无法处理的,可以由税务机关变价处理。

(二) 税收强制执行制度

税收强制执行,是指纳税人或相关主体逾期不履行税法义务,税务机关采取的促使其履行义务或实现税款入库的各种间接或直接的强制执行制度的总称。在我国,税务机关的税收强制执行行为不仅要符合《税收征收管理法》《税收征收管理法实施细则》的规定,更要符合《行政强制法》中对行政强制行为的相关规定。

《税收征收管理法》第41、42条特别规定,采取税收强制执行措施的权力,不得由法定的税务机关以外的单位和个人行使。税务机关采取税收强制执行措施必须依照法定的权限和程序。

《税收征收管理法》规定了两大类税收强制执行制度:间接强制执行和直接强制执行。

(1) 间接强制执行制度。间接强制执行,即加收滞纳金。这一强制执行的主要目的在于促使纳税主体尽早履行纳税义务。纳税人未按照规定期限缴纳税款,扣缴义务人未按照规定期限解缴税款的,税务机关除责令限期缴纳外,从滞纳税款之日起,按日加收滞纳税款万分之五的滞纳金。加收税款滞纳金的具体起止时间为法律、行政法规规定或者税务机关依照法律、行政法规的规定确定的税款缴纳期限届满次日起至纳税人、扣缴义务人实际缴纳或者解缴税款之日止。

(2) 直接强制执行制度。直接强制执行,从事生产、经营的纳税人、扣缴义务人未按照规定的期限缴纳或者解缴税款,纳税担保人未按照规定的期限缴纳所担保的税款,由税务机关发出限期缴纳税款通知书,责令缴纳或者解缴税款的最长期限不得超过15日;逾期仍未缴纳的,经县以上税务局(分局)局长批准,税务机关可以采取下列强制执行措施:第一,书面通知其开户银行或者其他金融机构从其存款中扣缴税款;第二,扣押、查封、依法拍卖或者变卖其价值相当于应纳税款的商品、货物或者其他财产,以拍卖或者变卖所得抵缴税款。税务机关采取强制执行措施时,对未缴纳的滞纳金同时强制执行。

《税收征收管理法实施细则》第63条至第69条对扣押、查封、依法拍卖等强制执行措施作出了具体规定。值得注意的是,其中第64条、第65条和第69条的部分条款在2012年进行了如下修订:将第64条第2款修改为"税务机关按照前款方法确定应扣押、查封的商品、货物或者其他财产的价值时,还应当包括滞纳金和拍卖、变卖所发生的费用";将第65条修改为"对价值超过应纳税额且不可分割的商品、货物或者其他财产,税务机关在纳税人、扣缴义务人或者纳税担保人无其他可供强制执行的财产的情况下,可以整体扣押、查封、拍卖";将第69条第2款修改为"拍卖或者变卖所得抵缴税款、滞纳金、罚款以及拍卖、变卖等费用后,剩余部分应当在3日内退还被执行人"。

须注意的是,2001年修订的《税收征收管理法》把税务机关采取税收强制执行措施的行为纳入国家赔偿的范围。根据该法第43条的规定,税务机关滥用职权违法采取税收强制执行措施,或者采取税收强制执行措施不当,使纳税人、扣缴义务人或者纳税担保人的合法权益遭受损失的,应当依法承担赔偿责任。

自2012年1月1日起开始实施的《行政强制法》中,对行政强制的种类和设定、行政强制措施实施程序、行政机关强制执行程序、申请人民法院强制执行和法律责任等作出了明确规定。其中,与税收强制执行制度直接相关的规定有如下条款:

第三章对行政强制措施实施程序作出了一般规定,并对查封、扣押作出了具体规定。包括:第22条规定的查封、扣押应当由法律、法规规定的行政机关实施,其他任何行政机关或者组织不得实施。第23条规定的查封、扣押的对象限于涉案的场所、设施或者财物,不得查封、扣押与违法行为无关的场所、设施或者财物;不得查封、扣押公民个人及其所扶养家属的生活必需品;不得重复查封。第24条规定的查封、扣押的程序。第25条规定的查封、扣押的期限。第26条规定的行政机关妥善保管查封、扣押的场所、设施及财物的义务及赔偿责任等。

第四章对行政机关强制执行程序作出了一般规定,并对金钱给付义务的执行作出了具体规定。包括:第35条规定的行政机关作出强制执行决定前,应当事先催告当事人履行义务,催告应当以书面形式作出,并载明相关事项。第36条规定的当事人收到催告书后有陈述和申辩的权利。第37条规定的经催告当事人逾期仍不履行行政决定,且无正当理由的,行政机关可以作出强制执行决定,强制执行决定应当以书面形式作出,并载明相关事项等。第45条规定的行政机关依法作出金钱给付义务的行政决定,当事人逾期不履行的,行政机关可以依法加处罚款或者滞纳金。加处罚款或者滞纳金的标准应当告知当事人。加处罚款或者滞纳金的数额不得超出金钱给付义务的数额。第46条规定的行政机关依照《行政强制法》第45条规定实施加处罚款或者滞纳金超过30日,经催告当事人仍不履行的,具有行政强制执行权的行政机关可以强制执行;行政机关实施强制执行前,需要采取查封、扣押、冻结措施的,依照本法第三章规定办理。

作为行政强制行为的税收强制执行行为,需要符合《行政强制法》作出的一般规定,更要进一步考虑如何在制度理论与税法实践中具体协调两法之间的关系,这应当引起关注。

【延伸阅读】

如何把握《行政强制法》与《税收征收管理法》的关系?[①]

我国《行政强制法》自2012年1月1日起正式实施。行政强制的实施是行政执法的重要内容。税务机关作为重要的行政执法部门,应当进一步规范税务行政强制行为,正确处理好《行政强制法》与《税收征收管理法》及相关制度规定的关系,有效执行《行政强制法》,全面提升税务依法行政水平。《行政强制法》作为"一般法"和"新法",《税收征收管理法》作为"特别法"与"旧法",在这双重交错关系中,如何正确把握二者之间的联系与区别、交叉与衔接?

首先,《行政强制法》规定有法律、行政法规除外事项的,应按现行《税收征收管理法》及其《实施细则》执行。如《行政强制法》第25条规定的查封、扣押的期限,设定了"法律、行政法规另有规定的除外"。既然《行政强制法》规定有例外条款,这样《税收征收管理法》第55条和《实施细则》第88条就可以优先适用,即查封、扣押的期限一般不得超过6个月。

其次,《行政强制法》有规定而《税收征收管理法》没有规定的,应按《行政强制法》执行。如《行政强制法》第26条规定,因查封、扣押发生的保管费用由行政机关承担。《税收征收管理法》没有明确规定,仅在其《实施细则》中有过规定,应按《行政强制法》执行,即税务机关查封、扣押纳税人场所、设施或财物等发生的保管费用由税务机关承担。再如《行政强制法》第45条规定,加处罚款或者滞纳金不得超出金钱给付义务的数额。《税收征收管理法》对加收滞纳金的金额没有相应规定,应按《行政强制法》执行。此外,如果《行政强制法》没有规定,而《税收征收管理法》有规定,且不与《行政强制法》抵触,可适用《税收征收管理法》。

再次,《行政强制法》没有规定除外事项的,无论《税收征收管理法》是否有规定,应一律按《行政强制法》执行。如《行政强制法》第18条、第19条、第30条等条款,都明确规定了实施行政强制措施和行政强制执行措施的必经法定程序,《税收征收管理法》并没有明确规定,需按照《行政强制法》执行。税务机关应在实施《行政强制法》过程中,将法定程序及要件规定与税收执法实践紧密结合,细化行政强制流程,量化行政强制裁量标准,规范行政强制的实施程序。

最后,《行政强制法》与《税收征收管理法》都有规定,但规定存在不一致时,应按照《立法法》第85

[①] 主要内容参见李万甫:《准确把握〈行政强制法〉与〈税收征管法〉的关系》,载《中国税务报》2012年2月7日,本书对此进行了必要的改动与整理。

条规定,"法律之间对同一事项的新的一般规定与旧的特别规定不一致,不能确定如何适用时,由全国人民代表大会常务委员会裁决"。

(三) 其他税款征收保障制度

《税收征收管理法》及其《实施细则》在规定税收保全和税收强制执行制度的基础上,还规定了一些有助于税款征收的保障制度。此外,针对税款征收实践中出现的一些具体问题,还规定了欠缴税款公告制度、欠税设定担保说明制度、合并及分立时的税款缴纳制度、处分不动产和大额资产报告制度等。这些税款征收保障制度的规定将有助于国家税收债权的实现,使税款及时足额入库。

1. 税收优先权制度

当税收债权和其他债权同时存在时,税收征收原则上应优先于其他债权,学者将此称为"税收债权的一般优先权"。许多国家和地区税法都规定了税收优先权。

税收优先权反映的是两种或更多种不同的权利及其所代表的利益发生冲突时,法律作出的选择。承认税收优先权的原因在于,税收是国家维护公共利益的重要物质基础,具有强烈的公益性。一般而言,税收优先权是指相对于私法上债权的优先,而在税收债权相互之间并不存在优先权。同时,法律对税收债权相对于私债权的优先权应该予以限制,否则,会对私人经济造成不适当的影响,干扰交易安全。税收优先权的一般原则是:税收债权优先于无担保的私债权,但劣后于有担保的私债权。

《税收征收管理法》第45条第1、2款规定了税收优先权制度,包括三项内容:(1) 税收优先于无担保债权,法律另有规定的除外;(2) 纳税人欠缴的税款发生在纳税人以其财产设定抵押、质押或者纳税人的财产被留置之前的,税收应先于抵押权、质权、留置权执行;(3) 纳税人欠缴税款,同时又被行政机关决定处以罚款、没收违法所得的,税收优先于罚款、没收违法所得。

【案例分析】

税收优先权案例一则①

案例事实:

2015年4月至5月,厦门某包装工业有限公司因经营不善,资金链断裂,企业走逃形成欠税约17万元,经税务机关责令限期缴纳后仍未缴清税款,截至2017年3月3日已形成滞纳金超过5万元。

早在2015年,由于该包装工业公司欠税,区主管税务机关依法采取了各项措施,如催缴、停供票、认定非正户和冻结银行账户等形式,但该公司资金链断裂、走逃,欠缴税款无法缴清入库。

在追缴税款的过程中,翔安国税税管员时刻关注该企业信息,得知区人民法院已冻结查封该企业资产,不日将公开拍卖。根据《中华人民共和国税收征收管理法》第5条和第45条规定,税务机关可以要求法院协助履行优先受偿权。为保障国家利益,翔安国税第一时间与法院取得联系,递交《申请参与分配函》,详细说明被执行企业欠税时间、金额等情况。

---

① 搜狐网:http://www.sohu.com/a/242378809_100065690,2022年3月26日最后访问。

在翔安区法院执行局的积极配合和支持下,3月3日成功将企业所欠税款及其滞纳金近23万元解缴入国库。至此,对该包装工业公司历时近两年的欠税追缴工作,终于画上了圆满的句号。

案例简析:

本案为税务机关税收优先权成功适用的典型案例。在本案中,税务机关工作人员时刻关注企业信息并积极行使税收优先受偿权,成功追缴税款,由此可以看出优先权适时使用的重要性。

王训宇与宜昌律信投资有限公司破产管理人债权确认纠纷案[①]

案例事实:

原告王训宇在与律信公司借贷纠纷案的强制执行程序中,获得律信公司的房产抵偿判决书确认的债权。办理房产过户手续时,原告缴纳了所有的税款共计6454887.24元,其中为律信公司代缴的税款共计5219809.52元。因律信公司已进入破产程序,原告王训宇向其破产管理人申报债权,并主张其代缴税款形成的债权具有优先权,双方遂就原告是否因代缴税款取得债权,且该债权是否属于税收债权具有优先性发生争议。法院认为律信公司因原告王训宇的代缴行为不当得利,并参照最高院对职工债权的处理方式,基于公平原则,认为王训宇的债权应按税收债权的顺序受偿。

案例简析:

第三人代为偿还税收债权在法律上如何认定,此种行为在税法上如何理解,需要进一步研究。本判决尽管提供了一种可供参考的思维方向和观点,但留下了以下问题:被执行人最终承担大部分税费,将导致破产程序中又添新债,无法有效终结债务;买受人按税款债权顺序享受优先权并无意思表示的基础也没有法定基础。税务机关无权将税收之债转让给其他主体,法院也无权因买受人代缴而拟制出买受人包括税收优先权在内的税收债权;本案收取诉讼费,和其他债权确认纠纷通常按照标的额收取的方式也不统一。

---

2. 税收代位权制度

税收债权人的代位权,是指当税收债务人怠于行使其对第三人所享有的权利而危及税收债权时,税收债权人为保全自己的债权,可以自己的名义代位行使税收债务人对第三人所享有的权利。

《税收征收管理法》第50条对税收债权人的代位权作出了规定,为征税机关代表税收债权人行使代位权提供了明确的法律依据,但对于如何行使税收债权人的代位权,行使代位权的条件是什么,该法没有明确规定,但规定适用合同法的有关规定。

根据民法代位权的一般理论,税收债权人的代位权成立的要件主要有:

(1) 税收债务人享有对第三人的权利。税收债务人对第三人所享有的权利是税收债权人代位权的标的,是税收债权人代位权存在的基础。代位行使的税收债务人的权利,必须是非专属于税收债务人本身的权利,专属于税收债务人本身的权利,如基于抚养、扶养、赡养、继承关系产生的给付请求权和劳动报酬、退休金、养老金、抚恤金、安置费、人寿保险、人身伤害赔偿请求权等请求权利,税收债权人不得行使代位权。

(2) 税收债务人怠于行使其权利。怠于行使其权利,是指应行使并且能够行使而不行使其权利。所谓应行使,是指若不及时行使,则权利将有消灭或丧失的可能。所谓能行使,是指不

---

① 王训宇诉宜昌律信投资有限公司破产管理人债权确认纠纷案,见(2019)鄂0506民初834号。

存在行使权利的任何障碍,税收债务人在客观上有能力行使其权利。所谓不行使,是指税收债务人消极地不作为,至于这种不作为是否出于税收债务人的过错,其原因如何,在所不问。

(3) 税收债务人迟延纳税。在税收债务人的纳税期限届满之前,税收债权人的债权能否实现还处于不确定的状态,若在这种状态下,允许税收债权人行使代位权则会造成对税收债务人权利的过分干预,且很容易导致税收债权人代位权的滥用,不利于社会经济的稳定。因此,必须在税收债务人的纳税期限已经届满,而怠于行使其权利时,税收债权人才有行使代位权之必要。

(4) 有保全税收债权之必要。所谓必要,是指税收债权人的债权有不能依债的内容而实现的危险,因而有代位行使税收债务人的权利以便实现债权的必要。一般情况下,以税收债务人是否陷入"无资力"状态为判断标准。税收债权人的代位权行使的范围要以保全税收债权之必要为限度,而不能超出税收债权的范围来行使其代位权。

3. 税收撤销权制度

税收债权人的撤销权,是指税收债权人对于税收债务人所为的危害税收债权的行为,可请求法院予以撤销的权利。

税收债权人行使撤销权的要件因税收债务人所为行为系无偿行为还是有偿行为而不同。对于无偿行为,只需具备客观要件即可,无须考虑第三人的主观状态,而对于有偿行为则必须考虑税收债务人和第三人的主观状态。

(1) 客观要件。客观要件主要包括三个:第一,须有债务人的行为。如放弃到期债权、无偿转让财产或以明显不合理的低价转让财产。税收债务人的行为须于税收债权发生后有效成立并继续存在。第二,债务人的行为危害债权,即使债权有不能实现之现实危险。第三,税收债务人的行为必须以财产为标的。以不作为债的发生为目的的民事法律行为、以提供劳务为目的的法律行为、财产上利益的拒绝行为、以不得扣押的财产权为标的的行为,均不得作为撤销权行使的标的。

(2) 主观要件。在有偿行为的情况下,税收债权人撤销权的成立以税收债务人有恶意为要件,在税收债务人以明显不合理低价转让财产对税收债权人造成危害的场合,行使撤销权要以受让人知情即知道税收债务人所为的行为有害于税收债权人的债权为要件。

4. 欠缴税款公告制度

《税收征收管理法》第45条第3款规定,税务机关应当对纳税人欠缴税款的情况定期予以公告。《税收征收管理法实施细则》第76条规定,县级以上各级税务机关应当将纳税人的欠税情况,在办税场所或者广播、电视、报纸、期刊、网络等新闻媒体上定期公告。对纳税人欠缴税款的情况实行定期公告的办法,由国家税务总局制定。这一制度和税收优先权制度密切相关,对于促使纳税人及时纳税、培养纳税人的纳税意识、维护交易安全,具有重要作用。

5. 欠税设定担保说明制度

纳税人有欠税情形而以其财产设定抵押、质押的,应当向抵押权人、质权人说明其欠税情况。抵押权人、质权人可以请求税务机关提供有关的欠税情况。这一制度和税收优先权制度也有密切的关系,使纳税人的相对人在知晓纳税人具体欠税的情况下,再决定抵押或质押的设定事宜,这种做法有助于协调税收债权和有担保普通民事债权的矛盾。

6. 处分不动产和大额资产的报告制度

《税收征收管理法》第49条规定,欠缴税款数额较大的纳税人在处分其不动产或者大额资产之前,应当向税务机关报告。《税收征收管理法实施细则》第 77 条规定,所谓欠缴税款数额较大,是指欠缴税款 5 万元以上。

7. 合并、分立时的税款缴纳制度

根据我国《公司法》的规定,公司在合并、分立时,必须先履行债权保障程序,即依法向其债权人通知或者公告合并、分立事宜,在依法清偿债务或提供担保后,才能进行合并、分立。这主要是对普通债权的保护,并不涉及税收债权。纳税人合并时未缴清税款的,应当由合并后的纳税人继续履行未履行的纳税义务;纳税人分立时未缴清税款的,分立后的纳税人对未履行的纳税义务应当承担连带责任。

8. 解散、撤销和破产时的报告制度

《税收征收管理法实施细则》第 50 条规定,纳税人有解散、撤销和破产情形的,在清算前应当向其主管税务机关报告;未结清税款的,由其主管税务机关参加清算。

9. 清税离境制度

这也是各国和地区常用的税款征收保障制度。我国《税收征收管理法》第 44 条和《税收征收管理法实施细则》第 74 条也规定了这一制度,即欠缴税款的纳税人或者其法定代表人需要出境的,应当在出境前向税务机关结清应纳税款、滞纳金或者提供担保,未结清税款、滞纳金,又不提供担保的,税务机关可以通知出境管理机关阻止其出境。阻止出境的具体办法,由国家税务总局会同公安部制定。

10. 针对特定主体的扣押制度

对未按照规定办理税务登记的从事生产、经营的纳税人以及临时从事经营的纳税人,包括到外县(市)从事生产、经营而未向营业地税务机关报验登记的纳税人,由税务机关核定其应纳税额,责令缴纳;不缴纳的,税务机关可以扣押其价值相当于应纳税款的商品、货物。

11. 针对承包人、承租人的特殊制度

《税收征收管理法实施细则》第 49 条规定,承包人或者承租人有独立的生产经营权,在财务上独立核算,并定期向发包人或者出租人上缴承包费或者租金的,承包人或者承租人应当就其生产、经营收入和所得纳税,并接受税务管理;但是,法律、行政法规另有规定的除外。发包人或者出租人应当自发包或者出租之日起 30 日内将承包人或者承租人的有关情况向主管税务机关报告。发包人或者出租人不报告的,发包人或者出租人与承包人或者承租人承担纳税连带责任。

【案例分析】

对税收代位权制度的现实思考①

案例事实:

2013 年沈阳市儿童医院(以下简称市儿童医院)与辽宁中沈医药新产品有限公司(以下简称中沈医药公司)签订一份"沈阳儿童医院 2013 年药品集中采购购销合同",合同生效后均按时履行。按照沈

---

① 参见上诉人辽宁中沈医药新产品有限公司为与被上诉人沈阳市国家税务局第二稽查局、沈阳市儿童医院债权人代位权纠纷案((2015)沈中民三终字第 125 号)。

阳市国家税务局第二稽查局(以下简称沈阳国税稽查二局)提供的由市儿童医院出具的"科目明细账"表明,尚有市儿童医院对中沈医药公司的应付账款计998787元。2013年10月9日,沈阳国税稽查二局对中沈医药公司2010年1月1日至2013年7月31日纳税情况进行了检查,发现中沈医药公司利用"三票制"开票流程,通过有关企业为自己虚开增值税发票的方式欠缴税款,虚开金额为126678552.37元。沈阳国税稽查二局于2013年12月9日作出第二稽查局(2013)70号税务处理决定书。该决定作出后,中沈医药公司并未履行。2013年12月9日沈阳国税稽查二局又对中沈医药公司作出税务行政处罚决定书(第二稽查(2013)42号)。到期后,中沈医药公司仍未履行。

于是,沈阳国税稽查二局起诉要求行使代位权。二审法院认为,根据《中华人民共和国税收征管法》第50条的规定应当视为赋予税务机关作为权利主体在民事合同法律关系中的诉讼地位和诉讼权利,且《税收征管法》与《合同法》构成特别法与一般法的法律位阶关系,在二者发生法律冲突时,应优先适用特别法即《税收征管法》。本案中沈医药公司与市儿童医院的买卖合同债权已至履行期限,故原审法院依据《中华人民共和国税收征管法》第50条、《中华人民共和国合同法》第73条之规定,判定沈阳国税稽查二局享有债权代位权适用法律正确。

案例简析:

2001年修订的《税收征收管理法》增加了税收代位权的规定。作为一项税收保障措施,税收代位权在实践中如何行使、与《合同法》规定的代位权如何衔接、税收代位权的构成要件有哪些等诸多现实问题亟待解决。本案对这一权利的行使作出具体的分析,很有参考价值。

第四节 税务检查法律制度

税务检查,是指税务机关根据税收法律、法规及其他相关规定对纳税主体履行纳税义务、扣缴税款义务的情况所进行的检验、核查活动。在正在形成中的新的税收征管模式中,税务检查占有非常重要的地位。随着信息技术的发展,电子计算机和互联网在税收征管中的大量运用,税务检查的作用更是愈加突出。我国《税收征收管理法》及其《实施细则》对税务检查作了比较详细的规定;国家税务总局于2021年7月12日发布《税务稽查案件办理程序规定》,自2021年8月11日起施行。以下将根据上述法律法规及规范性文件对税务检查的相关具体制度予以介绍。

一、税务机关在税务检查中的权力

根据《税收征收管理法》及其《实施细则》的相关规定,税务机关在税务检查中具有如下权力:

(1) 查账权。税务机关有权检查纳税人的账簿、记账凭证、报表和有关资料,检查扣缴义务人代扣代缴、代收代缴税款账簿、记账凭证和有关资料。

(2) 场地、经营情况检查权。税务机关有权到纳税人的生产、经营场所和货物存放地检查纳税人应纳税的商品、货物或者其他财产;有权检查扣缴义务人与代扣代缴、代收代缴税款有关的经营情况。

(3) 责成提供资料权。税务机关有权责成纳税人、扣缴义务人提供与纳税或者代扣代缴、代收代缴税款有关的文件、证明材料和有关资料。

（4）询问权。税务机关有权询问纳税人、扣缴义务人与纳税或者代扣代缴、代收代缴税款有关的问题和情况。

（5）单证检查权。税务机关有权到车站、码头、机场、邮政企业及其分支机构检查纳税人托运、邮寄应纳税商品、货物或者其他财产的有关单据、凭证和有关资料。

（6）存款账户、储蓄存款查询权。经县以上税务局（分局）局长批准，凭全国统一格式的检查存款账户许可证明，查询从事生产、经营的纳税人、扣缴义务人在银行或者其他金融机构的存款账户。税务机关在调查税收违法案件时，经设区的市、自治州以上税务局（分局）局长批准，可以查询案件涉嫌人员的储蓄存款。

（7）取证权。税务机关调查税务违法案件时，对与案件有关的情况和资料，可以记录、录音、录像、照相和复制。

（8）采取税收保全措施和税收强制执行措施权。税务机关对从事生产、经营的纳税人以前纳税期的纳税情况依法进行税务检查时，发现纳税人有逃避纳税义务行为，并有明显的转移、隐匿其应纳税的商品、货物以及其他财产或者应纳税的收入的迹象的，可以按照法定的批准权限采取税收保全措施或者税收强制执行措施。

二、税务机关在税务检查中的义务

税务机关进行税务检查时必须依法进行，应该履行法定的义务。税务机关在税务检查中的义务主要有：

（1）示证检查义务。税务机关派出的人员进行税务检查时，应当出示税务检查证和税务检查通知书；税务机关对集贸市场及集中经营业户进行检查时，可以使用统一的税务检查通知书。税务检查证和税务检查通知书的式样、使用和管理的具体办法，由国家税务总局制定。

（2）资料退还义务。税务机关在必要时，经县以上税务局（分局）局长批准，可以将纳税人、扣缴义务人以前会计年度的账簿、记账凭证、报表和其他有关资料调回税务机关检查，但是税务机关必须向纳税人、扣缴义务人开付清单，并在3个月内完整退还；有特殊情况的，经设区的市、自治州以上税务局局长批准，税务机关可以将纳税人、扣缴义务人当年的账簿、记账凭证、报表和有关资料调回检查，但是税务机关必须在30日内退还。

（3）保守秘密义务。税务机关在进行税务检查时获得的被检查人的相关信息，有责任为被检查人保密；税务机关在查询存款账户时，也要为被检查人保守秘密。

（4）回避义务。税务人员在进行税务检查时，与纳税人、扣缴义务人或者其法定代表人、直接责任人有下列关系之一的，应该回避。这些关系包括：夫妻关系；直系血亲关系；三代以内旁系血亲关系；近姻亲关系；可能影响公正执法的其他利害关系。

（5）行使存款账户、储蓄存款查询权时的义务。首先应当经过相关主体的批准。其次，应当指定专人负责，凭全国统一格式的检查存款账户许可证明进行。检查存款账户许可证明，由国家税务总局制定。税务机关查询的内容，包括纳税人存款账户余额和资金往来情况。最后，税务机关查询所获得的资料，不得用于税收以外的用途；应该为被检查人保密。

（6）采取税收保全措施时的义务。税务机关采取税收保全措施的期限一般不得超过6个月；重大案件需要延长的，应当报国家税务总局批准。

三、被检查人在税务检查中的权利和义务

虽然被检查人在税务检查中是接受税务机关的相关检查,但是被检查人也具有一定的权利。被检查人在税务检查中的主要权利是拒绝非法检查权,及对未出示税务检查证和税务检查通知书的税务人员,被检查人有权拒绝检查。

被检查人在税务检查中更多的是承担相关的义务。法律对这些义务的规定有助于税务机关税务检查活动的顺利开展,进而发挥税务检查制度在整个税收征收管理程序中的重要功能。被检查人在税务检查中的义务主要有以下几项:

(1) 接受检查的义务。纳税人、扣缴义务人必须接受税务机关依法进行的税务检查。这是税务机关行使相关税务检查权力的重要前提条件。

(2) 如实反映情况的义务。纳税人、扣缴义务人对税务机关依法询问的相关问题和情况,应该如实反映;不得拒绝、隐瞒。

(3) 提供有关资料的义务。纳税人、扣缴义务人应当按照税务机关的要求提供相关的资料。

四、有关单位和个人在税务检查中的权利和义务

由于税务检查需要全面掌握纳税人、扣缴义务人的生产、经营情况及其他涉税情况,因此,需要有关单位和个人的配合。有关单位和个人在税务检查中也有相应的权利和义务。有关单位和个人在税务检查中的主要权利是拒绝非法检查权,即对未出示税务检查证和税务检查通知书的税务检查,有权予以拒绝。为了保证税务检查的顺利进行,有关单位和个人在税务检查时还须承担一些义务。《税收征收管理法》第57条规定,税务机关依法进行税务检查时,有权向有关单位和个人调查纳税人、扣缴义务人和其他当事人与纳税或者代扣代缴、代收代缴税款有关的情况,有关单位和个人有义务向税务机关如实提供有关资料及证明材料。

五、税务检查的程序

《税收征收管理法实施细则》第85条规定,税务机关应当建立科学的检查制度,统筹安排检查工作,严格控制对纳税人、扣缴义务人的检查次数。税务机关应当制定合理的税务稽查工作规程,负责选案、检查、审理、执行的人员的职责应当明确,并互相分离、相互制约,规范选案程序和检查行为。税务检查的具体办法,由国家税务总局制定。

税务检查可以分为多种类型,其中比较重要的包括日常检查和税务稽查。日常检查属于事前、事中的检查,是税务机关在纳税评估的基础上,通过分析纳税人、扣缴义务人生产经营情况、财务数据、申报情况、税负情况等,发现问题并查找原因,及时予以解决。而税务稽查属于事后检查,是由专业稽查部门依法对纳税人、扣缴义务人履行纳税义务、扣缴税款义务及其他义务情况进行的检查和处理,其目的和作用是查处偷、逃、骗税行为,打击税收违法犯罪活动。目前,我国对税务检查的程序规定主要体现在税务稽查上。

根据2021年国家税务总局发布的《税务稽查案件办理程序规定》,所谓税务稽查,是税务机关依法对纳税人、扣缴义务人履行纳税义务、扣缴义务情况所进行的税务检查和处理工作的总称。《税务稽查案件办理程序规定》对税务稽查的程序作了规定,具体包括选案、检

查、审理和执行四个步骤。

（一）选案

选案,是指通过一定的途径,按照一定的标准选择检查对象,确定检查目标。稽查局应当加强稽查案源管理,全面收集整理案源信息,合理、准确地选择待查对象。案源管理依照国家税务总局有关规定执行。待查对象确定后,经稽查局局长批准实施立案检查。必要时,依照法律法规的规定,稽查局可以在立案前进行检查。稽查局应当统筹安排检查工作,严格控制对纳税人、扣缴义务人的检查次数。

（二）检查

检查前,稽查局应当告知被查对象检查时间、需要准备的资料等,但预先通知有碍检查的除外。检查应当由两名以上具有执法资格的检查人员共同实施,并向被查对象出示税务检查证件、出示或者送达税务检查通知书,告知其权利和义务。

检查应当依照法定权限和程序,采取实地检查、调取账簿资料、询问、查询存款账户或者储蓄存款、异地协查等方法。检查应当依照法定权限和程序收集证据材料。收集的证据必须经查证属实,并与证明事项相关联。不得以下列方式收集、获取证据材料：(1)严重违反法定程序收集;(2)以违反法律强制性规定的手段获取且侵害他人合法权益;(3)以利诱、欺诈、胁迫、暴力等手段获取。税务机关有根据认为从事生产、经营的纳税人有逃避纳税义务行为,可在规定的纳税期之前,责令限期缴纳应纳税款;在限期内发现纳税人有明显的转移、隐匿其应纳税的商品、货物以及其他财产或者应纳税收入迹象的,可以责成纳税人提供纳税担保。如果纳税人不能提供纳税担保,经县以上税务局局长批准,可以依法采取税收强制措施。检查从事生产、经营的纳税人以前纳税期的纳税情况时,发现纳税人有逃避纳税义务行为,并有明显的转移、隐匿其应纳税的商品、货物以及其他财产或者应纳税收入迹象的,经县以上税务局局长批准,可以依法采取税收强制措施。

检查结束前,检查人员可以将发现的税收违法事实和依据告知被查对象。被查对象对违法事实和依据有异议的,应当在限期内提供说明及证据材料。被查对象口头说明的,检查人员应当制作笔录,由当事人签章。

（三）审理

检查结束后,稽查局应当对案件进行审理。符合重大税务案件标准的,稽查局审理后提请税务局重大税务案件审理委员会审理。重大税务案件审理依照国家税务总局有关规定执行。

案件审理应当着重审核以下内容：(1)执法主体是否正确;(2)被查对象是否准确;(3)税收违法事实是否清楚,证据是否充分,数据是否准确,资料是否齐全;(4)适用法律、行政法规、规章及其他规范性文件是否适当,定性是否正确;(5)是否符合法定程序;(6)是否超越或者滥用职权;(7)税务处理、处罚建议是否适当;等等。

经审理,区分下列情形分别作出处理：(1)有税收违法行为,应当作出税务处理决定的,制作税务处理决定书;(2)有税收违法行为,应当作出税务行政处罚决定的,制作税务行政处罚决定书;(3)税收违法行为轻微,依法可以不予税务行政处罚的,制作不予税务行政处罚决定书;(4)没有税收违法行为的,制作税务稽查结论。

税收违法行为涉嫌犯罪的,填制涉嫌犯罪案件移送书,经税务局局长批准后,依法移送公安机关。

(四)执行

稽查局应当依法及时送达税务处理决定书、税务行政处罚决定书、不予税务行政处罚决定书、税务稽查结论等税务文书。

具有下列情形之一的,经县以上税务局局长批准,稽查局可以依法强制执行,或者依法申请人民法院强制执行:(1)纳税人、扣缴义务人未按照规定的期限缴纳或者解缴税款、滞纳金,责令限期缴纳逾期仍未缴纳的;(2)经稽查局确认的纳税担保人未按照规定的期限缴纳所担保的税款、滞纳金,责令限期缴纳逾期仍未缴纳的;(3)当事人对处罚决定逾期不申请行政复议也不向人民法院起诉、又不履行的;(4)其他可以依法强制执行的。

当事人确有经济困难,需要延期或者分期缴纳罚款的,可向稽查局提出申请,经税务局局长批准后,可以暂缓或者分期缴纳。

执行过程中发现有下列情形之一的,经稽查局局长批准后,中止执行:(1)当事人死亡或者被依法宣告死亡,尚未确定可执行财产的;(2)当事人进入破产清算程序尚未终结的;(3)可执行财产被司法机关或者其他国家机关依法查封、扣押、冻结,致使执行暂时无法进行的;(4)可供执行的标的物需要人民法院或者仲裁机构确定权属的;(5)法律、行政法规和国家税务总局规定其他可以中止执行的。中止执行情形消失后,经稽查局局长批准,恢复执行。

当事人确无财产可供抵缴税款、滞纳金、罚款或者依照破产清算程序确实无法清缴税款、滞纳金、罚款,或者有其他法定终结执行情形的,经税务局局长批准后,终结执行。

【延伸阅读】

国外税务稽查机构概览[①]

大多数发达国家基本上实行完全独立于税收征收系统之外的稽查模式,即将税务稽查与税务征收机构分别设置。

美国联邦、州、地方均设有各自的税务机构,联邦一级为国内收入局,州、地方分别设有相应的税务局。各级税务机构均设有专门的税务稽查机构。国内收入局总部及大区税务局都设有单独的税务稽查组织机构,一般以管理税务稽查工作为主,通常不负责案件查处工作,案件查处工作主要由分区税务局的稽查机构负责。[②] 税务稽查人员拥有很大的查处权,通常可查阅纳税人的账户、存款,发现问题时,有权直接冻结存款、查封私宅、收缴财产,直到纳税人缴清税款。[③]

德国税务局内部,根据经济区域、税收工作量和人口密度等因素,设有征收分局、稽查分局、违法案件调查分局。征管分局负责联邦、州、地区三级行政机构的税收征管工作,接受纳税人纳税申报,负责管辖范围内的中小企业的日常稽查。稽查分局负责大型企业的稽查工作,接受征管分局移送的案件。调查分局具有司法职责,负责税务稽查分局移送的涉税犯罪案件和公民检举揭发的涉税犯罪案件的各项调查和刑事侦查工作,其中经调查与侦查,认为构成刑事犯罪的案件要移送司法部门查处;认为未构

[①] 节选自刘剑文:《走向财税法治——信念与追求》,法律出版社2009年版,第301页。
[②] 刘次邦、李鹏:《美国税务稽查法律制度及其启示》,载《涉外税务》2006年第12期。
[③] 李青:《税收管理》,东北财经大学出版社2006年版,第120—121页。

成刑事犯罪的案件,要移送税收征管分局处理。而调查分局的调查人员不配枪支,不授警衔,但具有税官和警官的双重身份,拥有税收违法犯罪刑事调查权。①

日本则将税收犯罪的刑事侦查权赋予税务机关的一个特别部门(税警部门)来行使,税警部门专打击税收犯罪活动,违法活动则由一般的税务人员负责调查。

由以上国家的税务稽查机构设置可以看出,各国对税务稽查都给予了高度的重视,都设置了专门的稽查机构,并且还突出对涉税犯罪案件的稽查,将该项权力授予专门的机构。

【案例分析】

从德发案看税务稽查②

案例事实:

2006年9月18日始,广州市地方税务局稽查部门依法对广州德发房产建设有限公司(以下简称德发公司)2004年1月至2005年12月地方税费立案检查后,发现该公司于2004年12月委托某拍卖行,将位于广州市中心区域的高档写字楼"美国银行中心"建筑面积近6万平方米的房产,以保留价1.38亿元(每平方米约为2300元)拍卖给唯一竞买人,成交价格畸低。进一步检查后,广州地税稽查部门发现此次拍卖过程中存在诸多不合常理之处。2009年9月,广州地税稽查部门作出税务处理决定,依法核定德发公司该次拍卖计税价格为3.12亿元(每平方米约为人民币4900元),要求其补缴相关税费、滞纳金共计1168万余元。德发公司在规定期限内缴纳相关税费及滞纳金后,先后提起复议及行政诉讼,并于2013年1月,向最高人民法院提出再审申请并被受理。最高人民法院经审理,于2017年4月作出终审判决,撤销广州地税稽查部门税务处理决定中有关加收滞纳金的部分,驳回德发公司其他诉讼请求。

案例简析:

广州地税稽查部门发现德发公司涉嫌偷税后,按规定启动稽查程序,并依法核定了德发公司应缴税费,未对其进行处罚。对未定性偷税、逃避追缴欠税、骗税、抗税的案件,税务稽查部门有无进行税务处理(处罚)的职权,是本案的一个争议焦点,在类似案件中也屡被原告及法官质疑。

根据《税收征收管理法》第14条及《税收征收管理法实施细则》第14条第1款的规定,税务稽查部门是法定的税务机关,具有独立的税收执法权。对此,各方基本无争议。对税务稽查部门职权范围的争议,集中在对经过检查并未定性偷税、逃避追缴欠税、骗税、抗税的案件,税务稽查部门是否应移交税收征管部门进行税务处理(处罚)。此争议源于对"专司偷税、逃避追缴欠税、骗税、抗税案件的查处"的两种不同理解:(1)税务稽查部门只能检查及处理偷税、逃避追缴欠税、骗税及抗税的案件,对经检查认定不属于以上类型的案件,税务稽查部门无权进行税务处理(处罚);(2)税务稽查部门可以检查涉嫌偷税、逃避追缴欠税、骗税及抗税的案件,检查完毕后,无论是否认定其偷税、逃避追缴欠税、骗税及抗税,税务稽查部门都可以依法进行税务处理(处罚)。我们认为,根据法律的文义解释方法,结合逻辑推理,第二种解释是正确的,也是符合行政效率原则的。依据《税收征收管理法实施细则》第9条第2款的规定,国家税务总局《关于稽查局职责问题的通知》(国税函〔2003〕140号)明确:"稽查局的现行职责是指:稽查业务管理、税务检查和税收违法案件查处;凡需要对纳税人、扣缴义务人进行账证检查或者调查取证,并对其税收违法行为进行税务处理(处罚)的执法活动,仍由各级稽查局负责。"这进一步

---

① 参见张跃建、陈友福:《德国的税务管理模式、税务稽查体系及借鉴意义》,载《税收与企业》2003年第1期。
② 参见张学干、贾晓东:《对最高人民法院提审德发公司案判决的法律分析》,载《税务研究》2018年第6期。

说明了稽查部门具有对税收违法行为进行税务处理(处罚)的职权。因此,本案中,由广州地税稽查部门对德发公司违法行为进行税务处理是符合法律规定的。

李献明逃避缴纳税款再审案①

案例事实:

本案被告人李献明系被告单位湖北洁达清洗工程有限公司的法定代表人。2009年,洁达公司和李献明少缴446292.51元税款的行为被一审法院认定为逃税罪。在公安机关立案至一审判决后,洁达公司和李献明补缴了税款,足额缴纳了罚金。洁达公司和李献明不服一审判决,先后上诉和申诉,均被认定构成逃税罪。后最高人民法院作出再审决定,指令湖北省高级人民法院再审。再审法院认为,根据《税收征收管理法》的规定,税务部门在发现洁达公司可能有逃税行为后,应先由稽查部门进行税务检查,根据检查结论对纳税人进行纳税追缴或行政处罚,对涉嫌刑事犯罪的纳税人移送公安机关立案侦查。本案没有经过行政处置程序而由侦查机关直接介入,剥夺了纳税义务人纠正纳税行为的权利。洁达公司、李献明在侦查阶段补缴全部少缴税款,后又根据原生效判决缴纳了判罚的全部罚金。对洁达公司、李献明应当适用《刑法》第201条第4款的规定,不予追究刑事责任,故改判无罪。

案例简析:

本案中,法院强调在移送公安机关立案侦查之前应适用行政处罚程序,以避免剥夺纳税人纠正其行为的权利,以更好地衔接行政执法与刑事司法并有效发挥各自的作用。同时,从一审认定有罪到再审法院认定为无罪,过程非常曲折,体现了再审程序保障公民人身权利的重要意义,也说明了纳税人依法纳税、税务机关依法行政的必要性。本案中有关逃税行为主观故意的认定以及单位犯罪的内涵把握等方面,仍有进一步探讨的空间。总体上,本案凸显了对《刑法》第201条第4款进行准确理解和适用的重要性,具有较好的示范意义。

第五节 税收征管法律责任

税法主体违反税法义务,实施了违反税收征收管理制度的违法行为,应当承担相应的法律责任。

一、纳税人的法律责任

(1)违反税务管理制度的行为及其法律责任。其一,纳税人未按照规定的期限申报办理税务登记、变更或者注销登记;未按照规定设置、保管账簿或者保管记账凭证和有关资料;未按照规定将财务、会计制度或者财务、会计处理办法和会计核算软件报送税务机关备查;未按照规定将其全部银行账号向税务机关报告;未按照规定安装、使用税控装置,或者损毁或者擅自改动税控装置等,只要具备上述任何一种行为,由税务机关责令限期改正,可以处2000元以下的罚款;情节严重的,处2000元以上1万元以下的罚款。其二,纳税人不办理税务登记的,由税务机关责令限期改正;逾期不改正的,经税务机关提请,由工商行政管理机关吊销其营业执照。其三,纳税人未按照规定使用税务登记证件,或者转借、涂改、损毁、买卖、

---

① 李献明逃避缴纳税款再审案,见(2019)鄂刑再5号。

伪造税务登记证件的,处 2000 元以上 1 万元以下的罚款;情节严重的,处 1 万元以上 5 万元以下的罚款。其四,纳税人未按照规定办理税务登记证件验证或者换证手续的,由税务机关责令限期改正,可以处 2000 元以下的罚款;情节严重的,处 2000 元以上 1 万元以下的罚款。其五,纳税人未按照规定的期限办理纳税申报和报送纳税资料的,由税务机关责令限期改正,可以处 2000 元以下的罚款;情节严重的,可以处 2000 元以上 1 万元以下的罚款。

(2) 逃税行为及其法律责任。逃税又称逃避追缴欠税,是指纳税人欠缴应纳税款,采取转移或者隐匿财产的手段,妨碍税务机关追缴欠缴税款的行为。逃税行为的成立必须具备下列要件:一是纳税人欠缴应纳税款;二是纳税人实施了转移或者隐匿财产的行为;三是妨碍了税务机关追缴纳税人欠缴的税款。纳税人实施一般逃税行为,由税务机关追缴欠缴的税款、滞纳金,并处欠缴税款 50% 以上 5 倍以下的罚款;构成犯罪的,依法追究刑事责任。

(3) 骗税行为及其法律责任。骗税又称骗取出口退税,是指以假报出口或者其他欺骗手段,骗取国家出口退税款的行为。纳税人实施骗税行为的,由税务机关追缴其骗取的退税款,并处骗取税款 1 倍以上 5 倍以下的罚款;构成犯罪的,依法追究刑事责任。另外,税务机关可以在规定期间内停止为其办理出口退税。

(4) 抗税行为及其法律责任。抗税,是指以暴力、威胁方法拒不缴纳税款的行为。抗税是一种公然对抗税务执法的违法行为,是对国家税法的粗暴践踏,应给予严厉打击。除由税务机关追缴其拒缴的税款、滞纳金外,还应依法追究刑事责任。对情节轻微、尚未构成犯罪的一般抗税行为,由税务机关追缴其拒缴的税款、滞纳金,并处拒缴税款 1 倍以上 5 倍以下的罚款。

(5) 欠税行为及其法律责任。欠税,是指纳税人在纳税期限届满后,仍未缴或少缴应纳税款的行为。纳税人在规定期限内不缴或者少缴应纳税款的,由税务机关责令其限期缴纳。在限期内缴纳税款的,不给予处罚,但应加收滞纳金。逾期仍未缴纳的,税务机关除可以依法采取强制执行措施追缴其不缴或者少缴的税款外,还可以处不缴或者少缴的税款 50% 以上 5 倍以下的罚款。因此,对需要处以罚款的欠税行为,必须是经过税务机关责令限期缴纳而逾期仍不缴纳的欠税行为。

(6) 纳税人的其他法律责任。其一,纳税人编造虚假计税依据的,由税务机关责令限期改正,并处 5 万元以下的罚款。其二,纳税人不进行纳税申报,不缴或者少缴应纳税款的,由税务机关追缴其不缴或者少缴的税款、滞纳金,并处不缴或者少缴的税款 50% 以上 5 倍以下的罚款。其三,纳税人逃避、拒绝或者以其他方式阻挠税务机关检查的,由税务机关责令改正,可以处 1 万元以下的罚款;情节严重的,处 1 万元以上 5 万元以下的罚款。所谓"逃避、拒绝或者以其他方式阻挠税务机关检查的",是指下列任何一种情形:纳税人提供虚假资料,不如实反映情况,或者拒绝提供有关资料;拒绝或者阻止税务机关记录、录音、录像、照相和复制与案件有关的情况和资料;在检查期间,纳税人转移、隐匿、销毁有关资料;有不依法接受税务检查的其他情形。

另外,从事生产、经营的纳税人(包括扣缴义务人)实施税收违法行为,拒不接受税务机关处理的,税务机关可以收缴其发票或者停止向其发售发票。

【案例分析】

北京中油国门油料销售有限公司诉北京市顺义区国家税务局案[①]

案例事实：

2013年7月15日，北京市顺义区国家税务局对北京中油国门油料销售有限公司作出《税务行政处罚决定书》，决定对该公司偷税行为处以罚款31209130.26元，对该公司虚开增值税专用发票行为没收违法所得601100元并处50万元罚款。中油国门油料销售有限公司不服该处罚决定，向北京市顺义区人民法院提起行政诉讼，请求撤销被诉处罚决定。

一审法院认定，该公司的行为符合《税收征收管理法》及134号（文财政部、国家税务总局《关于国有土地使用权出让等有关契税问题的通知》）规定的偷税情形。一审法院判决驳回中油国门油料销售有限公司的诉讼请求，二审法院经审理维持一审判决。

北京市高级人民法院再审认为：当事人的主观故意系认定偷税行为的必要构成要件；顺义国税局没有就中油国门油料销售有限公司少缴应纳税款的主观故意进行调查认定，在诉讼过程中也没有就此提交相应证据；一审判决认为中油国门油料销售有限公司"提交的证据不能证明其不明知与其交易的三家公司之间没有真实货物交易"，在行政诉讼举证责任分配上存在错误；故对中油国门油料销售有限公司再审请求应予支持，指令北京市第三中级人民法院再审。

案例简析：

税法规定了各种具体违法行为，每一种违法行为，其主客观表现形式都是不一样的。该裁定明确了偷税行为的构成要件必须具备主观故意，从而揭示了偷税概念的本质特征；澄清了认定偷税行为的举证责任主体和举证责任分配。由于该案强调和厘清了以往税务司法审判实践中一些容易混淆和模糊的重要规则，引起了广泛的关注。

王超虚开增值税专用发票、用于骗取出口退税、抵扣税款发票罪刑事再审案[②]

案例事实：

2010年6月至2010年12月，王超为结算向中国石油集团海洋工程有限公司（以下简称海洋公司）和中石油天然气公司冀东公司（以下简称冀东公司）运输油井水泥的运输费，在与沂源路路通物流有限公司无真实运输业务往来的情形下，按照与海洋公司和冀东公司之间真实的运费数额，以海洋公司和冀东公司为受票单位，从路路通公司取得具有税款抵扣功能的运输发票交受票单位，案发时，受票单位已将发票用于抵扣。原审法院认为王超的行为构成虚开用于抵扣税款发票罪。王超先后向原审法院及其上级法院提出申诉均被驳回，后向山东省高院提起申诉，该院决定提审。再审法院认为王超主观上是为了结算运费开具发票，不具有骗取税款的目的，客观上与受票公司存在真实运输业务，且抵扣行为未造成国家税款流失，其行为不构成虚开抵扣税款发票罪。最终，再审法院撤销了原判决，依法改判王超无罪。

案例简析：

刑法第205条规定的虚开犯罪，是否需要具备骗取国家税款的犯罪目的及造成国家税款损失的客观结果，一直是争论焦点。最高院虽然以答复、指导案例等方式，多次重申结果主义，但在审判活动中仍未能达成统一。再审法院法官基于国家税款利益未受损害的结果主义立场，从主客观要件分析，确

[①] 北京中油国门油料销售有限公司诉北京市顺义区国家税务局案，见（2017）京行申1402号。
[②] 王超虚开增值税专用发票、用于骗取出口退税、抵扣税款发票罪刑事再审案，参见（2021）鲁刑再4号。

认了存在真实交易的虚开行为不构成虚开用于抵扣税款发票罪。这对于保护不以骗税为目的、未造成国家税款损失、有货代开的行为人的合法权益,给法院审判同类案件提供参照,有积极作用。对于虚开犯罪的争议焦点,除了以个案判决和类案同判的方式推动争论的解决外,尚需要立法和司法机关对刑法第205条的犯罪构成予以明确解释。

二、扣缴义务人的法律责任

(1) 扣缴义务人未按照规定设置、保管代扣代缴、代收代缴税款账簿或者保管代扣代缴、代收代缴税款记账凭证及有关资料的,由税务机关责令限期改正,可以处2000元以下的罚款;情节严重的,处2000元以上5000元以下的罚款。

(2) 扣缴义务人未按照规定的期限向税务机关报送代扣代缴、代收代缴税款报告表和有关资料的,由税务机关责令限期改正,可以处2000元以下的罚款;情节严重的,可以处2000元以上1万元以下的罚款。

(3) 扣缴义务人在规定期限内,不缴或者少缴应解缴税款的,由税务机关责令限期缴纳,逾期仍未缴纳的,税务机关除追缴其不缴或者少缴的税款外,可以并处不缴或者少缴的税款50%以上5倍以下的罚款。

(4) 扣缴义务人编造虚假计税依据的,由税务机关责令限期改正,并处5万元以下的罚款。

(5) 扣缴义务人实施欠税行为的,其应承担的行政责任与前述的纳税人实施欠税行为应承担的行政责任相同。

(6) 扣缴义务人应扣未扣、应收而不收税款的,由税务机关向纳税人追缴税款,对扣缴义务人处应扣未扣、应收未收税款50%以上3倍以下的罚款;构成犯罪的,依法追究刑事责任。

(7) 扣缴义务人实施违反税务检查行为的,其应承担的行政责任与前述的纳税人实施违反税务检查行为应承担的行政责任相同。

三、其他主体的法律责任

(1) 纳税人、扣缴义务人的开户银行或者其他金融机构拒绝接受税务机关依法检查纳税人、扣缴义务人存款账户,或者拒绝执行税务机关作出的冻结存款或者扣缴税款的决定,或者在接到税务机关的书面通知后帮助纳税人、扣缴义务人转移存款,造成存款流失的,由税务机关处10万元以上50万元以下的罚款,对直接负责的主管人员和其他直接责任人员处1000元以上1万元以下的罚款。

(2) 未经税务机关依法委托征收税款的,责令退还收取的财物,依法给予行政处分或者行政处罚;致使他人合法权益受到损失的,依法承担赔偿责任;构成犯罪的,依法追究刑事责任。

(3) 非法印制、转借、倒卖、变造或者伪造完税凭证的,由税务机关责令改正,处2000元以上1万元以下的罚款;情节严重的,处1万元以上5万元以下的罚款;构成犯罪的,依法追究刑事责任。

(4) 银行和其他金融机构未依照税收征收管理法的规定在从事生产、经营的纳税人的账户中登录税务登记证件号码,或者未按规定在税务登记证件中登录从事生产、经营的纳税人的账户账号的,由税务机关责令其限期改正,处 2000 元以上 2 万元以下的罚款;情节严重的,处 2 万元以上 5 万元以下的罚款。

(5) 为纳税人、扣缴义务人非法提供银行账户、发票、证明或者其他方便,导致未缴、少缴税款或者骗取国家出口退税款的,税务机关除没收其违法所得外,可以处未缴、少缴或者骗取的税款 1 倍以下的罚款。

(6) 税务机关依法到车站、码头、机场、邮政企业及其分支机构检查纳税人托运、邮寄应纳税商品、货物或者其他财产的有关单据、凭证和有关资料,有关单位拒绝的,由税务机关责令改正,可以处 1 万元以下的罚款;情节严重的,处 1 万元以上 5 万元以下的罚款。

【延伸阅读】

修正"偷税罪"的积极意义[①]

从"偷税罪"到"逃避缴纳税款罪",在概念变化的背后,有何深层含义?

其一,这一变化体现了《宪法修正案》对公民财产权和人权的保障。

偷的意义是"秘密窃取"。依照该词义,"偷税"这一概念确立的前提是,一旦依照税法的规定成立纳税义务,应纳税款的所有权即由纳税人转移到国家。然而,这与《宪法修正案》(2004 年)保护私人财产权的精神明显不符。

《宪法修正案》明确规定,"公民的合法的私有财产不受侵犯"。在纳税人向税务机关缴纳税款前,纳税人仍享有对该款项的所有权。既然国家并不因享有征税权而自动取得该部分财产的所有权,纳税人也就无法以"秘密窃取"的方式侵害国家财产所有权。因此,"偷税"概念不符合财产权让与的法律形态的变化,更违背了《宪法》对私人财产权保护的基本理念。

相反,"逃避缴纳税款"肯定了纳税人对其私人财产权所享有的合法权利,明确纳税义务的成立并不自动导致财产所有权的转移,纳税人不履行纳税义务的行为并不侵害国家财产所有权,而仅是侵害国家基于税法规定而享有对纳税人的财产请求权。这一概念的描述更加符合《宪法》对私人财产权的保护规定,体现了对私人财产权的尊重与保护。

其二,这一变化体现了我国由以国家为主体的财政到公共财政的转变。

我国计划经济时期所建立的财政体制是以国家权力为依托,以国家为主体的财政,国家在财政收入的取得上具有绝对的主导性。正是在这种观念指导下,税收往往被视为国家的应有财产,任何无法使国家取得税收的行为都构成对国家财产权的侵害。"偷税"正是这种观念的应有之物。

随着我国市场经济的建立和发展,财政体制由以国家为主体的财政向公共财政转变,税收观念也有着显著的改变。在这种体制下,国家与私人之间有着不同的活动空间,而税收正是确立了国家与国民之间平等的交换关系。国家仅有权在国民同意让渡财产的范围内取得税收。按照这种观念,纳税人不缴纳税款的行为是一种类似于违反合同义务的行为,在法律意义上不构成对国家财产权的侵害。所以,"逃避缴纳税款"的概念更加符合"纳税义务"是纳税人为其享受的公共产品而支付对价的本质特征,更体现我国公共财政体制下的基本理念。

[①] 摘自北京大学财经法研究中心编:《中国法学会财税法学研究会关于〈刑法〉修正案(七)草案中偷税罪条款的修改建议》,载《追寻财税法的真谛——刘剑文教授访谈录》,法律出版社 2009 年版,第 253—254 页。

第六节 税务代理法律制度

一、税务代理的概念

税务代理是指税务代理人在法定的代理范围内,接受纳税人、扣缴义务人的委托,代为办理税务事宜的一种民事代理行为。

从世界各国推行税务代理制度的具体情况来看,税务代理有两种基本模式:

(1) 以美国和加拿大为代表的松散性代理模式。这种模式的基本特征就是从事税务代理的人员分散在有关从事公证、咨询事务的机构,如会计师事务所、律师事务所,政府和税务当局不对税务代理人进行集中管理,不进行专门的资格认定,不要求组织行业协会。在这种模式下,税务代理业务及税务咨询业务往往是由注册会计师和律师兼办,没有专门的税务代理人员。

(2) 以日本为代表的集中性代理模式。这种模式的基本特征就是对从事税务代理业务的人员有专门的法律管理,对税务代理的业务范围、资格认定、代理人的权利和义务等,都有严格的规定,同时还设有专门的工作机构和督导税务代理业务的、介于官方与民间之间但又为官方所领导的行业协会。

我国《税收征收管理法》第89条规定:"纳税人、扣缴义务人可以委托税务代理人代为办理税务事宜。"这为我国建立和推行税务代理制度提供了法律依据。到目前为止,我国税务代理制度主要由《税务代理业务规程(试行)》《涉税专业服务监管办法(试行)》(2019修正)等规章作出规定。2014年8月12日,国务院发布《关于取消和调整一批行政审批项目等事项的决定》(国发〔2014〕27号),明确取消注册税务师职业资格许可,进一步明确注册税务师不是准入类考试资格,而是水平评价类职业资格。

二、税务代理的基本原则

税务代理是一项社会性的中介服务,涉及纳税人、扣缴义务人及国家的利益关系,比较复杂。税务代理必须遵守以下三项基本原则:

(1) 依法代理原则。法律、法规是任何活动都要遵守的行为准则,开展税务代理首先必须维护国家税收法律、法规的尊严,在税务代理的过程中应严格按照法律、法规的有关规定全面履行职责,不能超越代理范围和代理权限。只有这样才能既保证国家的税收利益,维护税收法律、法规的严肃性,又保护纳税人的合法权益,同时使其代理成果被税务机关所认可。因此,依法代理是税务代理业生存和发展的基本前提。

(2) 自愿有偿原则。税务代理属于委托代理,税务代理关系的产生必须以委托与受托双方自愿为前提。纳税人、扣缴义务人有委托和不委托的选择权,也有选择委托人的自主权。如果纳税人、扣缴义务人没有自愿委托他人代理税务事宜,任何单位和个人都不能强令代理。代理人作为受托方,也有选择纳税人、扣缴义务人的权利。

(3) 客观公正原则。税务代理是一种社会中介服务,税务代理人介于纳税人、扣缴义务人和税务机关之间,既要维护纳税人、扣缴义务人的合法权益,又要维护国家的税收利益。因此,税务代理必须坚持客观公正原则,以服务为宗旨,正确处理征纳矛盾,协调征纳关系。

三、税务代理机构

根据《涉税专业服务监管办法(试行)》(2019修正)第4条和第5条的规定,可以进行税务代理的机构包括税务师事务所和从事涉税专业服务的会计师事务所、律师事务所、代理记账机构、税务代理公司、财税类咨询公司等机构。

1999年8月6日,国家税务总局印发《清理整顿税务代理行业实施方案》,强调税务代理是一项受国家法律保护的社会中介服务行业,其代理资格必须经国家主管部门审批后方能取得。因此,凡未经省级以上税务主管部门批准的税务代理机构,均属于非法设立的税务代理机构,必须坚决予以取缔,立即停止执业。对非法设立的税务代理机构的资产要进行清理,对非法所得要予以没收,对情节严重的要提请司法机关,追究当事人的法律责任。凡未取得税务代理资格的机构所从事的税务代理业务,税务机关一律不得受理。

依据《涉税专业服务监管办法(试行)》(2019修正)第7条,税务机关应当对税务师事务所实施行政登记管理。未经行政登记不得使用"税务师事务所"名称,不能享有税务师事务所的合法权益。税务师事务所合伙人或者股东由税务师、注册会计师、律师担任,税务师占比应高于百分之五十,国家税务总局另有规定的除外。税务师事务所办理商事登记后,应当向省税务机关办理行政登记。省税务机关准予行政登记的,颁发《税务师事务所行政登记证书》,并将相关资料报送国家税务总局,抄送省税务师行业协会。不予行政登记的,书面通知申请人,说明不予行政登记的理由。从事涉税专业服务的会计师事务所和律师事务所,依法取得会计师事务所执业证书或律师事务所执业许可证,视同行政登记。

《税务师事务所行政登记规程(试行)》第5条规定,税务师事务所采取合伙制或者有限责任制组织形式的,除国家税务总局另有规定外,应当具备下列条件:(1)合伙人或者股东由税务师、注册会计师、律师担任,其中税务师占比应高于百分之五十;(2)有限责任制税务师事务所的法定代表人由股东担任;(3)税务师、注册会计师、律师不能同时在两家以上的税务师事务所担任合伙人、股东或者从业;(4)税务师事务所字号不得与已经行政登记的税务师事务所字号重复。合伙制税务师事务所分为普通合伙税务师事务所和特殊普通合伙税务师事务所。

四、税务代理的业务范围

根据《税务代理业务规程(试行)》第3条,税务师事务所税务代理的业务范围包括:办理税务登记、变更税务登记和注销税务登记手续;办理除增值税专用发票外的发票领购手续;办理纳税申报或扣缴税款报告;办理缴纳税款和申请退税手续;制作涉税文书;审查纳税情况;建账建制,办理账务;税务咨询、受聘税务顾问;税务行政复议手续;国家税务总局规定的其他业务。

根据《涉税专业服务监管办法(试行)》(2019修正)第5条,专业税务顾问、税收策划、涉税鉴证、纳税情况审查只能由具有税务师事务所、会计师事务所、律师事务所资质的涉税专业服务机构从事,相关文书应由税务师、注册会计师、律师签字,并承担相应的责任。而其他税务事项代理和涉税服务,如纳税申报代理、一般税务咨询、接受纳税人、扣缴义务人的委托,代理建账记账、发票领用、减免退税申请等税务事项,代理记账机构、财税类咨询公司等机构皆可从事。

五、税务代理关系的确立和终止

(一)税务代理关系的确立

根据《税务代理业务规程(试行)》的相关规定,税务代理关系的确立,应当以委托人自愿委托和税务师事务所自愿受理为前提。委托人提出书面或口头的委托代理意向后,税务师事务所应派人对委托人的基本情况及委托事项进行了解。重点应了解委托人的生产经营、销售、纳税以及财务会计制度等情况。税务师事务所决定接受委托的,应与委托人委托事项进行协商。双方达到一致意见后,签订税务代理委托协议。税务代理委托协议应当包括以下内容:委托人及税务师事务所名称和住址;委托代理项目和范围;委托代理的方式;委托代理的期限;双方的义务及责任;委托代理费用、付款方式及付款期限;违约责任及赔偿方式;争议解决方式;其他需要载明的事项。税务代理委托协议自双方法定代表人签字、盖章时起即具有法律效力,并受法律保护。税务代理委托协议中的当事人一方必须是税务师事务所,税务代理执业人员不得以个人名义直接接受委托。税务代理执业人员承办税务代理业务由税务师事务所委派。

(二)税务代理关系的终止

《税务代理业务规程(试行)》第35条至第38条对税务代理关系的终止作出了如下规定:税务代理委托协议约定的代期限届满或代理事项完成,税务代理关系自然终止。

有下列情形之一的,委托方在代理期限内可单方终止代理行为:(1)税务代理执业人未按代理协议的约定提供服务;(2)税务师事务所被注销资格;(3)税务师事务所破产、解体或被解散。

有下列情形之一的,税务师事务所在代理期限内可单方终止代理行为:(1)委托人死亡或解体、破产;(2)委托人自行实施或授意税务代理执业人员实施违反国家法律、法规行为,经劝告不停止其违法活动的;(3)委托人提供虚假的生产经营情况和财务会计资料,造成代理错误的。

委托关系存续期间,一方如遇特殊情况需要终止代理行为的,提出终止的一方应及时通知另一方,并向当地主管税务机关报告,终止的具体事项由以方协商解决。

六、税务代理的法律责任

税务代理的法律责任是指税务代理法律关系主体因违反法律规定应依法承担的不利后果,从责任形式上包括民事责任、行政责任和刑事责任三种。其中,民事责任是指税务代理人违反委托合同或法律规定,从事税务代理活动给被代理人造成损害,被代理人可以追究税务代理人违约责任或侵权责任。现行税务代理法规对此并未明确规定,其责任的构成要件、归责原则、责任形式等,可以适用我国民法上的相关规定。而刑事责任是指税务代理人在税务代理中违反国家税法规定,扰乱税收征收和管理活动,构成犯罪的,要承担相应的刑事责任。对此,应适用我国刑法的相关规定。下面主要介绍我国《涉税专业服务监管办法(试行)》(2019修正)税务代理的行政责任的规定。

《涉税专业服务监管办法(试行)》(2019修正)第14条规定,涉税专业服务机构及其涉税服务人员有下列情形之一的,由税务机关责令限期改正或予以约谈;逾期不改正的,由税务机关降低信用等级或纳入信用记录,暂停受理所代理的涉税业务(暂停时间不超过六个月);情节严重的,由税务机关纳入涉税服务失信名录,予以公告并向社会信用平台推送,其所代理的涉税业务,税务机关不予受理:(1)使用税务师事务所名称未办理行政登记的;(2)未按照办税实名制要求提供涉税专业服务机构和从事涉税服务人员实名信息的;(3)未按照业务信息采集要求报送从事涉税专业服务有关情况的;(4)报送信息与实际不符的;(5)拒不配合税务机关检查、调查的;(6)其他违反税务机关监管规定的行为。税务师事务所有第1项情形且逾期不改正的,省税务机关应当提请市场监管部门吊销其营业执照。

《涉税专业服务监管办法(试行)》(2019修正)第15条规定,涉税专业服务机构及其涉税服务人员有下列情形之一的,由税务机关列为重点监管对象,降低信用等级或纳入信用记录,暂停受理所代理的涉税业务(暂停时间不超过六个月);情节较重的,由税务机关纳入涉税服务失信名录,予以公告并向社会信用平台推送,其所代理的涉税业务,税务机关不予受理;情节严重的,其中,税务师事务所由省税务机关宣布《税务师事务所行政登记证书》无效,提请市场监管部门吊销其营业执照,提请全国税务师行业协会取消税务师职业资格证书登记、收回其职业资格证书并向社会公告,其他涉税服务机构及其从事涉税服务人员由税务机关提请其他行业主管部门及行业协会予以相应处理:(1)违反税收法律、行政法规,造成委托人未缴或者少缴税款,按照《中华人民共和国税收征收管理法》及其实施细则相关规定被处罚的;(2)未按涉税专业服务相关业务规范执业,出具虚假意见的;(3)采取隐瞒、欺诈、贿赂、串通、回扣等不正当竞争手段承揽业务,损害委托人或他人利益的;(4)利用服务之便,谋取不正当利益的;(5)以税务机关和税务人员的名义敲诈纳税人、扣缴义务人的;(6)向税务机关工作人员行贿或者指使、诱导委托人行贿的;(7)其他违反税收法律法规的行为。

【延伸阅读】

我国税务代理的立法现状[①]

《税收征收管理法》第89条规定"纳税人、扣缴义务人可以委托税务代理人代办税务事宜",这是我国首次提出税务代理人的概念,虽然税务代理的法律地位得以确立,但不可否认的是这部法律更多地体现了税收行政性质,而忽视了对于具有民法性质和为纳税人服务的税务代理的实用性,这就不可避免地导致了《税收征收管理法》的实践价值大打折扣。

1994年,国家税务总局颁布《税务代理试行办法》(国税〔1994〕211号),1996年,人事部、国家税务总局相继颁布的《关于印发〈注册税务师资格制度暂行规定〉的通知》(人发〔1996〕116号),1999年,国家税务总局《关于印发〈有限责任税务师事务所设立及审批暂行办法〉和〈合伙税务师事务所设立及审批暂行办法〉的通知》(国税发〔1999〕192号),2001年,国家税务总局制定了《税务代理业务规程(试行)》(国税发〔2001〕117号)。至2006年国家税务总局颁布《注册税务师管理暂行办法》,我国的税务代理制度才愈发制度化、规范化。2014年8月12日,国务院发布《关于取消和调整一批行政审批项目等事项的决定》(国发〔2014〕27号),明确取消注册税务师职业资格许可,进一步明确注册税务师不是准入类考试资格,而是水平评价类职业资格。

但是,其中存在的问题不容忽视:由于这些法律文件都是"暂行办法""试行办法",从法律效力的角度来看,这些法律文件都属于行政规章,其法律层级偏低,即权威性、执行力、控制力得不到有效保障,税务代理的健康发展受到制约。正因为我国的税务代理法律体系中缺少一部专门的诸如《税务代理

[①] 节选自闫海主编:《税收征收管理的法理与制度》,法律出版社2011年版,第205—206页。

法》的专门性法律,而导致了一系列问题的存在,包括税务代理人法律地位界定不明确、税务代理人法律责任不清晰、税务代理机构组织形式不合理以及税务代理法律制度监督管理缺位。

【案例分析】

刘志文等诉郑州鑫德亿公司委托合同纠纷案[①]

案例事实:

再审申请人刘志文因与被申请人郑州鑫德亿实业有限公司委托合同纠纷一案,不服河南省高级人民法院民事判决,向最高人民法院申请再审。刘志文称,双方签订委托合同的真实意图是让鑫德亿公司在办理房产过户中少缴税,其为鑫德亿公司办理的《非正常用户登记表》相当于免税凭证,使鑫德亿公司达到了免交税费的目的,合同目的已经实现。

法院认为,刘志文通过收取委托活动费的方式欲帮助鑫德亿公司达到免交税费的目的,在没有证据证明双方的行为是合理避税的情况下,该行为会妨碍国家税收及房产登记过户制度的正常运行,导致权力寻租腐败行为的发生,该行为不能得到法律的保护。法院认为原审判决刘志文向鑫德亿公司返还550万元款项并无不当,故判决驳回刘志文的再审申请。

案例简析:

税务代理纠纷,少见于司法。对单纯以合理避税为目的的委托合同,在无证据证明其合法性的情况下否认其效力,有利于维护税收征管秩序,防范权力寻租,阻止恶意、违法的税务代理。本案也对税收法定原则有所阐述。

【课后思考题】

1. 税收征管法律制度由哪些主要部分构成?
2. 如何理解纳税申报的积极意义?
3. 税务检查与税务稽查有何区别?并请结合我国税务检查与税务稽查的现状,谈谈完善建议。
4. 试联系税收征管的各个环节,谈谈完善税务代理制度对于改进税收征管工作的意义。
5. 请谈谈完善我国税收征管法律制度的建议。

【参考文献】

1. 〔日〕北野弘久:《税法学原论》(第五版),郭美松、陈刚译,中国检察出版社2008年版。
2. 葛克昌:《行政程序与纳税人基本权》,北京大学出版社2005年版。
3. 黄俊杰:《财政宪法》,翰芦图书出版公司2005年版。
4. 李万甫、孙红梅:《〈税收征收管理法〉修订若干制度研究》,法律出版社2017年版。
5. 刘剑文、熊伟:《税法基础理论》,北京大学出版社2004年版。
6. 刘剑文主编:《财税法研究述评》,高等教育出版社2004年版。
7. 施正文:《税收程序法论——监控征税权运行的法律与立法研究》,北京大学出版社2003年版。
8. 中国税务学会学术委员会第四研究部:《税收征管法律疑难问题研究:兼议〈税收征管法〉的修订》,经济科学出版社2017年版。

[①] 刘志文等诉郑州鑫德亿公司委托合同纠纷案,见(2017)最高法民申4508号。

第十二章

税收救济法律制度

> 审判的两个基本目的——解决争执和查明真相。
>
> ——迈克尔·D.贝勒斯

【本章导读】

无救济则无权利,税收救济法律制度对于保障纳税人的合法权利、限制税务机关滥用职权有着重要意义。本章介绍了税收救济法律制度,主要内容包括税务行政复议法律制度、税务行政诉讼法律制度以及税务行政赔偿法律制度。建议在掌握本章核心概念的基础上,从纳税人权利保护的立场出发,思考我国现行税收救济法律制度安排是否存在不合理之处,以加深对税收救济法律制度内涵与本质的理解。

第一节 税收救济法律制度概述

一、税收救济法的概念

税收救济法是指为制止和纠正征税主体侵害纳税主体合法权益的行为,是为纳税主体合法权益获得法律上救济所设计的一系列制度的总称。简言之,是有关税收救济的法律规定。所谓税收救济,就是指有关国家机关依法对税务机关实施税务具体行为所造成的不利后果予以消除,从而使税务行政相对人受到侵害的合法权益获得救济的一种法律机制。

税收救济具有如下特征:

(1)税收救济的前提是税务争议的存在。所谓税收争议则是指征税行政主体与公民、法人或者其他组织之间在税收征收和管理过程中,因特定的税务行政行为而引起的纠纷。

(2)税收救济的主体是有关国家机关。

(3)税收救济的客体是税务行政相对人认为侵犯其合法权益的税务行政行为。

(4)税收救济的性质是一种法律补救机制。

二、税收救济法的体系

按照税收救济法的性质和存在范围的不同对税收救济法进行分类是税收救济法体系最

基本的构成方式。因此,我国现行税收救济法按照这一标准,可以划分为税务行政复议、税务行政诉讼与税务行政赔偿,它们共同构成我国税收救济法体系的主要法律制度。

三、税收救济法的意义

税收法定原则是各国税法所普遍提倡和遵循的基本原则。它要求税收的确定和征收都必须基于法律的规定,要求税务管理人员必须依法行使权利;但如果税法不赋予纳税人等税务管理相对人对税务机关和税务人员违反税法进行税收征收和管理的行为享有争议和要求保护的权利,那么,税收法定主义原则无疑将成为一句空话。鉴于此,现代各国大多制定了相应的解决税务争议的法律规范,以对税务管理相对人已经或可能受到损害的权益给予必要救济,并强化对税务管理机关及其工作人员的监督和制约。

由此可见,税收救济法是以税务争议为对象和内容,并以解决税务争议为直接目的的法律规范的总称。税收救济法主要规定解决税务争议的原则、途径、方法和程序,它对于保护正常的税务管理相对人的合法权益,保证税务机关依法行政,以及维护正常的税收征管秩序具有重要作用。税收救济法在税法体系中具有重要地位,它与税收实体法、税收征管法等,构成现代税法的重要组成部分。

现代国家普遍重视税收争议的解决,尽管各国的税收救济案件内容多样、形式复杂,如何依法裁决税务争讼案件也因各国税务司法制度不同而有所差异,但总体来讲,当税务行政管理相对人认为其权利受到税务机关不法侵害并与税务机关发生税务争议时,其权利获得救济或争议得到解决的途径却大致相同,一般包括行政复议救济和司法诉讼救济两大途径。

四、税收救济的法律依据

目前,我国解决税务争议主要适用的法律、法规有:《行政诉讼法》《国家赔偿法》《税收征收管理法》《行政复议法》以及国家税务总局颁布的《税务行政复议规则》。上述法律、法规、规章与其他各项单行税收法律、法规关于行政复议和行政诉讼的规定相配合,构造了较完备的解决税务争议的税收救济法体系。

但是在实现纳税争议的救济权利中,行政相对人必须要按照税务机关作出的纳税决定,完成解缴全部税款、滞纳金或提供相应担保的前置程序后,方能依法充分行使救济权,这样的制度就被称为"清税前置"制度。我国《税收征收管理法》第 88 条第 1 款规定:"纳税人、扣缴义务人、纳税担保人同税务机关在纳税上发生争议时,必须先依照税务机关的纳税决定缴纳或者解缴税款及滞纳金或者提供相应的担保,然后可以依法申请行政复议;对行政复议决定不服的,可以依法向人民法院起诉。"从以上法律规范可以看出,我国现行法律规定的清税前置制度的适用范围仅限于纳税争议。

清税前置的内在价值体现出:缴纳税款前置于解决争议,也即税款优先,纳税人权利次之。除此之外,清税前置制度还起着降低税务机关征收管理风险、过滤税收复议和诉讼案件、减轻税务机关和法院工作量的作用。但是,清税前置制度混淆了税务决定的履行与针对税务决定申请救济的界限,违背了行政法中有利于行政相对人的基本原则,导致纳税争议中行政相对人行使救济权的成本大大增加,从而进一步激化税务机关与行政相对人之间的矛盾。因此该条款饱受争议。在 2015 年《税收征收管理法修订草案(征求意见稿)》中,将清税的时间从提起复议之前延后到提起行政诉讼之前,但是笔者认为应当废止有关清税前置的条款。

第二节 税务行政复议法律制度

一、税务行政复议的概念

根据我国《行政复议法》的规定,所谓税务行政复议是指法定的行政复议机关对公民、法人及其他组织认为侵犯其合法权益的税务具体行政行为,基于申请而予以受理、审查并作出相应决定的活动。简而言之,就是法定的行政复议机关适用准司法程序处理税务行政争议的活动。

税务行政复议具有如下特点:(1)税务行政复议的内容是解决税务行政争议;(2)税务行政复议的主体是法定的行政复议机关;(3)税务行政复议的程序是准司法程序;(4)税务行政复议的性质是一种行政救济机制。

二、税务行政复议的原则

我国《行政复议法》第4条明确规定,行政复议应当遵循合法、公正、公开、及时、便民的原则。进行税务行政复议,同样必须遵循这些原则。

(1)合法原则。合法原则,是指承担税务复议职责的复议机关必须在法定职责范围内活动,一切行为均须符合法律的要求。合法原则主要包括以下内容:第一,承担税务复议职责的主体合法,即必须是依法成立并享有法定复议权的行政机关,且受理的案件必须是依法属于复议机关管辖的税务行政案件。第二,复议机关审理案件的依据合法。第三,审理复议案件的程序合法,复议机关必须严格按照行政复议法及其他有关法律、法规规定的步骤、顺序、时限、形式进行,而不得与之相违背,也不得随意予以变更。

(2)公正原则。复议机关的税务复议活动不仅应当是合法的,而且应当是公正的,即应当在合法性的前提下尽可能做到合理、充分、无偏私:第一,要求复议机关在行使复议权时应当公正地对待复议双方当事人,不能有所偏袒。第二,要求复议机关在审理复议案件时应当查明所有与案件有关的事实,并作出准确的定性。第三,要求复议机关在作出复议决定时应当正当、合理地行使复议自由裁量权。

(3)公开原则。公开原则,是指复议机关在复议过程中,除涉及国家秘密、个人隐私和商业秘密外。整个过程都应当向复议当事人以及社会公开。这一原则的主要要求是:第一,行政复议过程公开。它要求复议机关尽可能听取申请人、被申请人和第三人的意见,让他们更多地介入行政复议过程。为此,《行政复议法》第22条规定:"行政复议原则上采取书面审查的办法,但是申请人提出要求或者行政复议机关负责法制工作的机构认为有必要时,可以向有关组织和人员调查情况,听取申请人、被申请人和第三人的意见。"第二,行政资讯公开。它要求复议机关在申请人、第三人的请求下,公开与案件有关的一切材料,以确保他们有效地参与行政复议程序。对此,《行政复议法》第23条第2款规定:"申请人、第三人可以查阅被申请人提出的书面答复、作出具体行政行为的证据、依据和其他有关材料,除涉及国家秘密、商业秘密或者个人隐私外,行政复议机关不得拒绝。"

(4)及时原则。及时原则,是指复议机关应当在法定的期限内,尽可能迅速地完成复议案件的审查,并作出复议决定。这是行政效率原则的客观要求。由于税务行政复议并不是终局的,相对人还可以申请司法救济,因此在设计复议程序时不仅要考虑行政效率,在处理复议案件时也要考虑行政效率,要在法律、法规规定的时限内及时作出处理决定。

(5) 便民原则。便民原则,是指复议机关在复议过程中应当尽量为复议当事人,尤其是申请人提供必要的便利,以确保当事人参加复议的目的的实现。税务行政复议是公民权利的一项救济措施,但它并不是唯一的,也不是终局的,这项制度能否深入人心,被大家认可,其中一个关键就是是否便民,是否能够节省时间、精力和费用。

三、税务行政复议的范围

税务行政复议的范围,即税务行政复议的受案范围,它既是公民、法人和其他组织可以申请税务行政复议的范围,也是复议机关有复议审查权的税务行政行为的范围或受理税务行政复议案件的范围。从《行政复议法》及有关税收法律规范的规定看,税务行政复议的范围从可以申请复议和不能申请复议两方面确定。

(一) 可以申请复议的事项

按照我国《行政复议法》的有关规定及《税务行政复议规则》第14条的规定,复议机关可以受理申请人对下列税务行政行为不服申请的复议:

(1) 征税行为,包括确认纳税主体、征税对象、征税范围、减税、免税、退税、抵扣税款、适用税率、计税依据、纳税环节、纳税期限、纳税地点和税款征收方式等具体行政行为,征收税款、加收滞纳金,扣缴义务人、受税务机关委托的单位和个人作出的代扣代缴、代收代缴、代征行为等。

(2) 行政许可、行政审批行为。

(3) 发票管理行为,包括发售、收缴、代开发票等。

(4) 税收保全措施、强制执行措施。

(5) 行政处罚行为:罚款;没收财物和违法所得;停止出口退税权。

(6) 不依法履行下列职责的行为:颁发税务登记;开具、出具完税凭证、外出经营活动税收管理证明;行政赔偿;行政奖励;其他不依法履行职责的行为。

(7) 资格认定行为。

(8) 不依法确认纳税担保行为。

(9) 政府信息公开工作中的具体行政行为。

(10) 纳税信用等级评定行为。

(11) 通知出入境管理机关阻止出境行为。

(12) 其他具体行政行为。

在申请税务行政复议的过程中,如果申请人认为税务机关的具体行政行为所依据的各级税务机关的规定或者各级地方人民政府及其工作部门的规定(不包括规章)不合法,在申请复议时,可以一并向行政复议机关提出对有关规定的审查申请;申请人对具体行政行为提出行政复议申请时不知道该具体行政行为所依据的规定的,可以在行政复议机关作出行政复议决定以前提出对该规定的审查申请。

(二) 不能申请复议的事项

(1) 不服行政处分及其他人事处理决定。对行政处分不服,根据我国《监察法》《公务员法》的规定,可通过内部行政申诉的途径获得救济;对任免、录用、考核、调动等人事处理决定引起的复议,可按《公务员法》和2007年中共中央组织部、人事部(更名为人力资源和社会保障部)、总政治部(后职能剥离并更名为中央军事委员会政治工作部)颁布的《人事争议处理规定》(2011年修正),采用申诉或人事仲裁的方式予以解决。

(2) 不服行政机关对民事纠纷作出的调解和其他处理的。对此,可通过仲裁或直接向法院起诉的方式获得解决。

四、税务行政复议的程序

(一) 税务行政复议的申请

税务行政复议是一种依申请的行政行为,没有申请人的申请,税务行政复议就不能发生。因此申请是税务行政复议程序中的第一个阶段。所谓税务行政复议的申请,是指公民、法人或者其他组织等税务行政相对人认为税务机关的税务行政行为侵犯其合法权益,依法要求复议机关对该行为进行审查和处理的法律行为。

1. 申请人的条件

根据《税务行政复议规则》的规定,应当按照下列原则确定复议申请人:

(1) 合伙企业申请行政复议的,应当以核准登记的企业为申请人,由执行合伙事务的合伙人代表该企业参加行政复议;其他合伙组织申请行政复议的,由合伙人共同申请行政复议。

(2) 股份制企业的股东大会、股东代表大会、董事会认为税务具体行政行为侵犯企业合法权益的,可以以企业的名义申请行政复议。

(3) 有权申请行政复议的公民死亡的,其近亲属可以申请行政复议;有权申请行政复议的公民为无行为能力人或者限制行为能力人,其法定代理人可以代理申请行政复议。

(4) 有权申请行政复议的法人或者其他组织发生合并、分立或终止的,承受其权利义务的法人或者其他组织可以申请行政复议。

2. 申请复议的期限

根据《税务行政复议规则》第32条的规定,申请人可以在知道税务机关作出具体行政行为之日起60日内提出行政复议申请。因不可抗力或者被申请人设置障碍等原因耽误法定申请期限的,申请期限的计算应当扣除被耽误时间。

3. 复议参加人

复议参加人指依法参加行政复议活动的当事人及类似当事人地位的代理人。包括复议当事人(申请人或被申请人)、第三人和复议代理人。

(1) 申请人。申请人是指对税务机关作出的具体行政行为不服,依法以自己的名义向复议机关提起复议申请的公民、法人或者其他组织。

(2) 被申请人。被申请人是指其作出的具体行政行为被行政复议的申请人指控侵犯其合法权益,并由行政复议机关通知参加行政复议的税务机关。

(3) 第三人。第三人是指同申请行政复议的具体行政行为有利害关系,通过申请或行政复议机关通知而参加到行政复议中的其他公民、法人或者其他组织。行政复议期间,行政复议机关认为申请人以外的公民、法人或者其他组织与被审查的具体行政行为有利害关系的,可以通知其作为第三人参加行政复议;申请人以外的公民、法人或者其他组织与被审查的税务具体行政行为有利害关系的,可以向行政复议机关申请作为第三人参加行政复议。第三人不参加行政复议,不影响行政复议案件的审理。

(4) 代理人。《行政复议法》还规定,申请人、第三人可以委托代理人代为参加行政复议。

4. 复议管辖

复议管辖即复议机关受理复议申请的权限分工。根据《行政复议法》的规定,复议管辖可分为如下三大类:

(1) 一般管辖,即通常情况下,复议申请人不服税务机关具体行政行为而申请复议的管辖问题。

(2) 特殊管辖,即除一般管辖之外的特殊情况下的复议管辖问题。

(3) 转送管辖。《行政复议法》还规定,有特殊管辖所列情形之一的,申请人也可以向具体行政行为发生地的县级地方人民政府提出行政复议申请,接受申请的县级地方人民政府对依法属于其他行政复议机关受理的行政复议申请,应当自接到该行政复议申请之日起7日内,转送有关行政复议机关,并告知申请人。接受转送的行政复议机关应当依法作出相应的处理。

根据《税务行政复议规则》的规定,税务行政复议管辖规定包括:

(1) 对各级税务局的具体行政行为不服的,向其上一级税务局申请行政复议。对计划单列市税务局的具体行政行为不服的,向国家税务总局申请行政复议。

(2) 对税务所(分局)、各级税务局的稽查局的具体行政行为不服的,向其所属税务局申请行政复议。

(3) 对国家税务总局的具体行政行为不服的,向国家税务总局申请行政复议。对行政复议决定不服,申请人可以向人民法院提起行政诉讼,也可以向国务院申请裁决。国务院的裁决为最终裁决。

除上述管辖规定以外,以下税务机关的具体行政行为具有一定的特殊性,对其不服的,按照下列规定申请行政复议:

(1) 对两个以上税务机关以共同的名义作出的具体行政行为不服的,向共同上一级税务机关申请行政复议;对税务机关与其他行政机关以共同的名义作出的具体行政行为不服的,向其共同上一级行政机关申请行政复议。

(2) 对被撤销的税务机关在撤销以前所作出的具体行政行为不服的,向继续行使其职权的税务机关的上一级税务机关申请行政复议。

(3) 对税务机关作出逾期不缴纳罚款加处罚款的决定不服的,向作出行政处罚决定的税务机关申请行政复议。但是对已处罚款和加处罚款都不服的,一并向作出行政处罚决定的税务机关的上一级税务机关申请行政复议。

申请人向具体行政行为发生地的县级地方人民政府提交行政复议申请的,由接受申请的县级地方人民政府依照《行政复议法》第15条、第18条的规定予以转送。

(二) 税务行政复议的受理

复议机关在收到复议申请后,应当予以及时、严格地审查,并在一定期限内决定是否予以受理。只有申请人的申请行为与复议机关的受理行为相结合,才标志着复议申请的成立和复议程序的开始。因此,这一过程在行政复议活动中也是具有重要意义的。根据《行政复议法》的规定,行政复议机关收到行政复议申请后,应当在 5 日内进行审查。《税务行政复议规则》对此也有相同的规定。经审查,复议机关应当对复议申请分别情况作出如下处理：

(1) 决定不予受理。经审查,对不符合申请条件的复议申请,复议机关应裁决不予受理,并制作裁定书,载明不予受理的理由,通知申请人。对于不予受理的裁定不服的,相对人可向人民法院提起行政诉讼。也可以向上级机关反映,上级机关可以依法责令其受理。

(2) 告知。经审查,对符合申请条件,但不属本机关受理的复议申请,告知申请人向有关复议机关提出。

(3) 直接受理。根据《行政复议法》第 17 条的规定,只要不属于前两种情况的,即推定为已经直接受理,复议机关无须作出受理决定,相对人也无须关注有无受理的决定。也就是说,如果复议机关不能证明相对人的申请不符合申请条件而决定不予受理,或不属于本机关管辖范围而履行告知义务,那么对相对人的复议申请就应当无条件地予以受理。

此外,为了有效保障相对人的复议申请权,《行政复议法》还对复议机关无故不受理的情形规定了相应的监督机制。该法第 19 条规定,对复议前置的复议案件,复议机关决定不受理或受理后逾期不作答复的,相对人可依法向法院提起行政诉讼。该法第 20 条规定,对复议机关无正当理由不予受理的,上级机关应"责令受理",也可"直接受理"。

根据《税务行政复议规则》的规定,行政复议机关收到行政复议申请以后,应当在 5 日内审查,决定是否受理。对不符合本规则规定的行政复议申请,决定不予受理,并书面告知申请人。对不属于本机关受理的行政复议申请,应当告知申请人向有关行政复议机关提出。对符合规定的行政复议申请,自行政复议机构收到之日起即为受理；受理行政复议申请,应当书面告知申请人。行政复议机关收到行政复议申请以后未按照前款规定期限审查并作出不予受理决定的,视为受理。

行政复议申请材料不齐全、表述不清楚的,行政复议机构可以自收到该行政复议申请之日起 5 日内书面通知申请人补正。补正通知应当载明需要补正的事项和合理的补正期限。无正当理由逾期不补正的,视为申请人放弃行政复议申请。补正申请材料所用时间不计入行政复议审理期限。

(三) 税务行政复议的决定

根据《行政复议法》的规定,复议机关在受理复议申请之后,应当对复议案件予以审查,并作出结论性的裁决,这就是税务行政复议的决定阶段。

1. 复议案件的审理

根据《税务行政复议规则》的规定,审理复议案件,一般实行书面审理的方式,但是申请人提出要求或者行政复议机构认为有必要时,应听取申请人、被申请人和第三人的意见,并可以向有关组织和人员调查了解情况。对重大、复杂的案件,申请人提出要求或者行政复议机构认为必要时,可以采取听证的方式审理。

行政复议机关应当全面审查被申请人的具体行政行为所依据的事实证据、法律程序、法律依据和设定的权利义务内容的合法性、适当性。申请人在行政复议决定作出以前撤回行政复议申请的,经行政复议机构同意,可以撤回。申请人撤回行政复议申请的,不得再以同一事实和理由提出行政复议申请。但是,申请人能够证明撤回行政复议申请违背其真实意思表示的除外。行政复议期间被申请人改变原具体行政行为的,不影响行政复议案件的审理。但是,申请人依法撤回行政复议申请的除外。

2. 复议决定的种类

根据《税务行政复议规则》的规定，复议机关经过审理，分别作出以下复议决定：

（1）税务具体行政行为认定事实清楚，证据确凿，适用依据正确，程序合法，内容适当的，决定维持；

（2）被申请人不履行法定职责的，决定其在一定期限内履行；

（3）税务具体行政行为有下列情形之一的，决定撤销、变更或者确认该具体行政行为违法；决定撤销或者确认该具体行政行为违法的，可以责令被申请人在一定期限内重新作出税务具体行政行为：主要事实不清、证据不足的；适用依据错误的；违反法定程序的；超越或者滥用职权的；税务具体行政行为明显不当的。

此外，《税务行政复议规则》第82条规定，申请人在申请行政复议时可以一并提出行政赔偿请求，行政复议机关对符合国家赔偿法的规定应当赔偿的，在决定撤销、变更具体行政行为或者确认具体行政行为违法时，应当同时决定被申请人依法赔偿。申请人在申请行政复议时没有提出行政赔偿请求的，行政复议机关在依法决定撤销、变更原具体行政行为确定的税款、滞纳金、罚款和对财产的扣押、查封等强制措施时，应当同时责令被申请人退还税款、滞纳金和罚款，解除对财产的扣押、查封等强制措施，或者赔偿相应的价款。

3. 复议决定的形式

《税务行政复议规则》第83条第2款规定，行政复议机关作出行政复议决定，应当制作行政复议决定书，并加盖行政复议机关印章。

4. 复议决定的期限

为防止复议机关拖延作出复议决定，《税务行政复议规则》第83条第1款规定，行政复议机关应当自受理申请之日起60日内作出行政复议决定。情况复杂，不能在规定期限内作出行政复议决定的，经行政复议机关负责人批准，可以适当延期，并告知申请人和被申请人；但是延期不得超过30日。

5. 复议决定的效力

复议决定一经送达，即发生法律效力，具有拘束力、确定力和执行力。对于发生法律效力的复议决定，当事人双方都必须履行。如果被申请人不履行或者无正当理由拖延履行行政复议决定的，行政复议机关或者有关上级机关应当责令其限期履行。如果申请人逾期不起诉又不履行行政复议决定的，或者不履行最终裁决的行政复议决定的，按照下列规定分别处理：一是维持具体行政行为的行政复议决定，由作出具体行政行为的税务机关依法强制执行，或者申请人民法院强制执行；二是变更具体行政行为的行政复议决定，由行政复议机关依法强制执行，或者申请人民法院强制执行。

6. 税务行政复议和解与调解

依据《税务行政复议规则》，对下列行政复议事项，按照自愿、合法的原则，申请人和被申请人在行政复议机关作出行政复议决定以前可以达成和解，行政复议机关也可以调解：（1）行使自由裁量权作出的具体行政行为，如行政处罚、核定税额、确定应税所得率等；（2）行政赔偿；（3）行政奖励；（4）存在其他合理性问题的具体行政行为。

申请人和被申请人达成和解的，应当向行政复议机构提交书面和解协议。和解内容不损害社会公共利益和他人合法权益的，行政复议机构应当准许。经行政复议机构准许和解终止行政复议的，申请人不得以同一事实和理由再次申请行政复议。

依据《税务行政复议规则》,税务行政复议的调解应当符合下列要求:(1)尊重申请人和被申请人的意愿;(2)在查明案件事实的基础上进行;(3)遵循客观、公正和合理原则;(4)不得损害社会公共利益和他人合法权益。行政复议机关按照下列程序调解:(1)征得申请人和被申请人同意;(2)听取申请人和被申请人的意见;(3)提出调解方案;(4)达成调解协议;(5)制作行政复议调解书。

行政复议调解书应当载明行政复议请求、事实、理由和调解结果,并加盖行政复议机关印章。行政复议调解书经双方当事人签字,即具有法律效力。调解未达成协议,或者行政复议调解书不生效的,行政复议机关应当及时作出行政复议决定。申请人不履行行政复议调解书的,由被申请人依法强制执行,或者申请人民法院强制执行。

【案例分析】

普洱天为商贸公司诉普洱市地税稽查局案[①]

案例事实:

普洱天为商贸公司通过签订《土地入股经营合同》对思茅镇平原村民委员会第一小组管理下的思茅北部区的21.55亩土地进行建设和经营,合同约定:普洱天为商贸公司投资建设完毕后,在合同期内,地上建筑物、绿化、配套设施的使用权及处置权都归普洱天为商贸公司所有。涉案土地未办理产权登记。稽查局认为普洱天为商贸公司在涉案土地上建设的房屋产权不明确,因此普洱天为商贸公司作为房产的使用人就是房产税的纳税人,故对普洱天为商贸公司作出补缴税款和进行罚款的两份决定。普洱天为商贸公司不服,经复议后诉至法院。法院最终维持了稽查局的决定,认为在农地上盖房的,实际管理和使用人是房产税的纳税人。此外,本案复议机关对于当事人不服《税务处理决定书》和《税务行政处罚决定书》提起的行政复议申请,未按照"一事一申请"的行政复议原则分别立案、合并审理、分别决定,不符合法定程序,故被确认违法。

案例简析:

房产税税种虽小,但争议和法律问题不少。在房产没有进行不动产登记时,如何确定房产税纳税人,本案提供了一种解决方案。本案还对复议机关正确适用法律履行复议职责具有指导意义。

第三节 税务行政诉讼法律制度

一、税务行政诉讼的概念和性质

(一)税务行政诉讼的概念

根据我国《行政诉讼法》和《税收征收管理法》的有关规定,税务行政诉讼是指人民法院在当事人参加下,审理和裁判税务机关在税收征收管理过程中与税务行政管理相对人之间发生的税务行政纠纷的司法活动。简言之,税务行政诉讼就是人民法院按司法程序处理税

[①] 普洱天为商贸公司诉普洱市地税稽查局案,见(2018)云08行终5号。

务争议的活动。它有如下主要特征:(1)税务行政诉讼是一种司法活动,它不同于税务行政执法活动;(2)税务行政诉讼是一种行政诉讼,它不同于民事诉讼和刑事诉讼;(3)税务行政诉讼是以税务行政行为为对象,有关税收征收管理方面的诉讼,不同于其他行政诉讼。

(二)税务行政诉讼的性质

从性质上讲,税务行政诉讼既是一种司法救济手段,又是一种司法监督手段。

(1)从税务行政行为影响、作用的对象即税务行政管理相对人的角度看,税务行政诉讼是一种司法救济手段。税务行政管理相对人在税务行政管理中虽享有一定的权利,但却处于被管理者的地位,他们的合法权益可能会受到作为管理者和执法者的税务机关的侵犯。当其法定权利受到税务机关侵犯时应有相应的手段予以救济。这种救济主要包括司法救济、行政救济和其他方式的救济。通过税务行政诉讼,法院可以通过行使司法审判权,以保护税务管理相对人的合法权益免受非法和不当的税务行政行为的侵犯,并对已经或可能受到侵犯的合法权益予以补救。

(2)从税务行政机关角度看,税务行政诉讼又是一种司法监督手段。税务机关依法拥有行政管理职权,但这种行政权不受监督则容易产生违法和权力滥用的现象。对行政机关的行政行为进行监督,是保证行政机关依法行政的客观需要。这种监督通常包括行政机关的自我监督、司法监督、权力机关监督等方式。税务行政诉讼便是一种重要的司法监督手段。在税务行政诉讼中,司法机关根据当事人的请求,通过对税务机关的具体税务行政行为的合法性进行审查,可以有效制约税务机关的非法或不当行为,从而促使税务机关依法行政。

二、税务行政诉讼的范围

税务行政诉讼的范围是指公民、法人或者其他组织可以向人民法院提起行政诉讼的税务机关的税务行政行为的范围,也就是税务机关作出的可受司法审查的税务行政行为的范围。

我国《行政诉讼法》第2条和第12条规定,公民、法人或者是其他组织认为行政机关或行政机关工作人员的行政行为侵犯其合法权益的,有权向人民法院提起行政诉讼,并以概括式列举和间接列举的方式,明确规定了行政诉讼的受案范围。

根据我国《行政诉讼法》的规定,并结合《税收征收管理法》及相关规定,税务行政诉讼的受案范围具体包括:

(1)税务机关作出的征税行为,具体包括:征收税款;加收滞纳金;审批减免税和出口退税。

(2)税务机关作出的责令纳税人提交纳税保证金或提供纳税担保行为。

(3)税务机关作出的行政处罚行为,具体包括以下三种行政处罚行为:罚款;销毁非法印制的发票,没收违法所得;对为纳税人、扣缴义务人非法提供银行账户、发票、证明或者其他方便,导致未缴税款或者骗取国家出口退税款的,没收其非法所得。

(4)税务机关作出的通知出境管理机关阻止出境行为。

(5)税务机关作出的税收保全措施。具体包括以下两种税收保全措施:书面通知银行或者其他金融机构暂停支付存款;扣押、查封商品、货物或者其他财产。

(6)税务机关作出的税收强制执行措施。具体包括以下两种税收强制执行措施:书面通知银行或者其他金融机构扣缴税款;拍卖所扣押、查封的商品、货物或者其他财产以抵缴税款。

（7）税务机关委托扣缴义务人所作出的代扣代收税款行为。

（8）认为符合法定条件申请税务机关颁发税务登记证和发售发票,税务机关拒绝颁发、发售或不予答复的行为。

（9）法律、法规规定可以提起行政诉讼的其他税务行政行为。

依我国《行政诉讼法》和《税收征收管理法》的规定,对于上述属于人民法院受案范围的行政案件,当事人可以先申请复议,对复议不服的,再向人民法院起诉;也可以直接向人民法院起诉。但纳税人、扣缴义务人及其他当事人对税务机关的征税决定不服的,则只能先经复议,对复议结果不服的,才能向人民法院起诉。

[延伸阅读]

简评纳税争议复议前置制度①

对纳税争议复议前置制度,学术界和实务界颇有微词。其内容大致涉及当事人的诉权、税务争讼的效率,以及复议本身的公正性。确实,尽管税务复议存在很多优势,例如复议程序较为简便迅速;便于发挥税务机关的专业优势;可以给税务机关提供纠错机会;可以审查征税行为的合理性;有利于减轻法院的诉讼负担,等等。但是,如果复议机关不能保持独立性,复议结果时时受到征收机关影响,这样程序事实上起不到多大作用。日本的国税不服审判所虽然在基层与征收部门独立,但仅仅因为在中央隶属于国税厅,审判官具有税务行政人员的身份,北野弘久先生就提出了严厉的批评,认为其无法保持裁判公正,侵犯了纳税人基本权。② 美国联邦税务局复议部之所以得到纳税人的信任,也是因为其与征收稽查部门没有隶属关系。

《税收征收管理法》修改的几个基本问题③

2015年1月国务院法制办公布了《税收征管法修正案》(征求意见稿),其中最大的亮点之一就是取消了《税收征管法》第88条中关于复议前的纳税前置程序的规定,即纳税人无须缴足税款、滞纳金或提供担保即可提起复议。然而,2015年4月,全国人民代表大会常务委员会颁布施行的《税收征收管理法》第88条却未采纳征求意见稿关于该条款所作的调整,原文未做修改。

刘剑文教授认为《税收征收管理法》的修改应当朝着更加全面地保护纳税人权利、更加优化地服务为纳税人的方向转变,为纳税人的救济权提供完整、公正、有效的制度保障。我们的建议是,从现实可行性角度考虑,首先应当取消缴纳税款(或者提供担保)前置的规定,并且在条件成熟时,进一步取消将行政复议作为行政诉讼的前提条件的要求。具体地说,可将现行《税收征收管理法》第88条第1款修改为:"纳税人、扣缴义务人、纳税担保人同税务机关在纳税上发生争议时,可以依法申请行政复议,对行政复议决定不服的,可以依法向人民法院起诉;也可以直接依法向人民法院起诉。"

---

① 节选自熊伟:《美国联邦税收程序》,北京大学出版社2006年版,第196页。
② 北野弘久甚至提出,国税不服审判所作为总理府的机关,应是独立于大藏省、国税厅的机关;审判官应当具有准法官的专门"终身职务"的地位;应准用司法考试制度选拔审判官;不能与大藏省、国税厅进行人才交流;等等。参见〔日〕北野弘久:《税法学原论》(第四版),陈刚、杨建广等译,中国检察出版社2001年版,第305—306页。
③ 刘剑文:《〈税收征收管理法〉修改的几个基本问题——以纳税人权利保护为中心》,载《法学》2015年第6期。

在走向权利、追求正义的时代,对纳税人权利的民主、系统性保障是整个时代的重要主题。在税收征纳关系中,纳税人多数情况下处于弱势地位,目前我国纳税人权利保护意识已经起步,但仍需要进一步完善和加强。在救济程序上,应当进一步彰显对纳税人权利的保护,给相对人更多的程序选择自由。受维权、控权和制衡的现代税法理念所指引,考虑到现行法第88条的复议前置制度实质上是对纳税人诉讼权利的一种限制乃至剥夺,故废止这一条款(尤其是其中的缴纳税款或者提供担保前置)成为迫切的选择和切实可行的方案。

三、税务行政诉讼的管辖

税务行政诉讼的管辖,是指在人民法院系统内部受理第一审税务行政案件的分工和权限。

(一)级别管辖

级别管辖是指划分上下级人民法院之间受理一审行政案件的分工和权限。根据我国《行政诉讼法》第14条至第17条的有关规定,税务行政诉讼级别管辖的主要内容是:基层人民法院管辖一般的行政诉讼案件;中高级人民法院管辖本辖区内重大、复杂的行政诉讼案件;最高人民法院管辖全国范围内重大、复杂的行政诉讼案件。据此,对国家税务总局作出的具体税务行政行为以及在本辖区重大、复杂的税务行政案件原则上由中级人民法院管辖。高级人民法院和最高人民法院其主要职责是审理第二审案件以及对下属各级人民法院进行监督和指导,因而基本上不受理一审税务行政案件,但对在本辖区内重大、复杂的税务行政案件和在全国范围内有重大影响或极复杂的个别税务行政案件也可分别由高级人民法院和最高人民法院行使管辖权。

(二)地域管辖

地域管辖是确定同级人民法院之间审理第一审行政案件的分工和权限。包括一般地域管辖、特殊地域管辖、专属管辖、选择管辖四种。根据我国《行政诉讼法》第18条规定,一般地域管辖的具体内容是:"行政案件由最初作出行政行为的行政机关所在地人民法院管辖。经复议的案件,也可以由复议机关所在地人民法院管辖。经最高人民法院批准,高级人民法院可以根据审判工作的实际情况,确定若干人民法院跨行政区域管辖行政案件。"

根据我国《行政诉讼法》第19条的规定,特殊地域管辖内容为"对限制人身自由的行政强制措施不服提起的诉讼,由被告所在地或原告所在地人民法院管辖"。如在税务行政诉讼案件中,未结清税款,又不提供担保的原告对税务机关通知出境管理机关阻止其出境的行政强制措施不服而提起的诉讼,由作出通知行为的税务机关所在地或原告所在地人民法院管辖。其中"原告所在地"包括原告户籍所在地和经常居住地。

根据我国《行政诉讼法》第20条的规定,专属管辖的内容是指因不动产提起的行政诉讼由不动产所在地人民法院管辖。因不动产的转让、出租的确认行为而发生的行政诉讼,由不动产所在地人民法院管辖。

根据我国《行政诉讼法》第21条的规定,选择管辖是指对两个以上的人民法院都有管辖权的税务行政诉讼案件,可由原告选择其中一个人民法院提起诉讼。原告向两个以上有管辖权的人民法院提起税务行政诉讼的,由最先立案的人民法院管辖。

(三) 裁定管辖

裁定管辖，是指人民法院依法自行裁定的管辖。它包括移送管辖，指定管辖及管辖权的转移三种情况。根据我国《行政诉讼法》第22条规定，移送管辖的具体内容是人民法院发现受理的案件不属于自己管辖时，应当将所受理的税务行政诉讼案件移送有管辖权的人民法院，受移送的人民法院认为受移送的案件按照规定不属于本院管辖的，应当报请上级人民法院指定管辖，不得再自行移送。

根据《行政诉讼法》第23条的规定，指定管辖的内容是有管辖权的人民法院由于特殊原因，不能行使对税务行政诉讼的管辖权的，由其上级人民法院指定管辖；人民法院对管辖权发生争议，由争议双方协商解决。协商不成，报它们的共同上级人民法院指定管辖。例如，作出税收行政行为的税务机关所在地发生严重水灾或其他自然灾害，中级人民法院即指定由复议机关所在地人民法院受理。

根据《行政诉讼法》第24条的规定，上级人民法院有权审判下级人民法院管辖的第一审税务行政案件；下级人民法院对其管辖的第一审税务行政案件，认为需要由上级人民法院审理或指定管辖的，可以报请上级人民法院决定。例如，某市中级人民法院在审理辖区内的一起重大复杂的税务诉讼案中，由于受到来自各方面的干扰，可能影响公正审理，因此报请省高级法院决定管辖权的归属。

四、税务行政诉讼的程序

税务行政诉讼的程序，是指税务行政诉讼所应遵循地基本步骤和主要阶段，税务行政诉讼程序适用行政诉讼的一般程序，即一审程序、二审程序、再审程序和执行程序。一审程序又包括起诉和受理、审理和判决四个相互衔接、依次转移的阶段。

(一) 税务行政诉讼的起诉和受理

起诉是指相对人认为税务行政行为侵犯了自己的合法权益，依法向人民法院提出诉讼请求，要求人民法院行使国家审判权予以保护和救济的诉讼行为。受理是指人民法院接到诉讼请求后，经审查认为符合法定起诉条件，决定予以立案审理的行为。起诉与受理的结合，是税务行政诉讼程序开始的标志。

1. 起诉的条件

税务行政相对人依法享有起诉权，不允许任何人的非法限制和剥夺，然而，起诉权也不能任意使用。根据我国《行政诉讼法》的规定，税务行政诉讼的起诉必须具备如下条件：

(1) 原告必须有起诉资格，是符合《行政诉讼法》第25条规定的公民、法人或者其他组织；

(2) 起诉必须有明确的被告；

(3) 起诉必须有具体的诉讼请求和事实根据，公民、法人或者其他组织认为行政行为所依据的国务院部门和地方人民政府及其部门制定的规范性文件不合法，在对行政行为提起诉讼时，可以一并请求对该规范性文件进行审查；

(4) 属于人民法院受案范围和受诉人民法院管辖。

【案例分析】

丁海峰与北京市税务稽查局税务行政处罚再审案①

案例事实：

2012年5月16日，十三维顾问咨询（北京）有限公司（以下简称十三维公司）注销。2015年11月27日，稽查局作出《税务行政处罚决定书》对十三维公司2009年1月1日至2011年12月31日之间开具领购方与开具方不符的发票处500000元罚款，对其少缴企业所得税行为处一倍罚款1863638.98元。丁海峰签收文书并缴纳罚款后诉至法院。

一审和二审法院认为丁海峰并非行政处罚决定的相对人，也不是行政处罚决定的利害关系人，并非适格原告。后经再审，认定十三维公司已注销，其责任主体资格不复存在，丁海峰作为公司唯一股东，是行政处罚行为的利害关系人，具有提起诉讼的权利，故指令一审法院审理此案。

案例简析：

本案主要是解决原告主体资格问题。企业注销后，原企业的股东（而且是唯一的股东）对税务机关作出的涉及企业权益的行政行为不服，该股东属于与行政行为有利害关系、可以依法行使起诉权的主体。该案对纳税主体消灭时如何判断和处理其遗留的涉税问题具有指导意义。

2. 起诉的受理

人民法院在接到起诉状时对符合本法规定的起诉条件的，应当登记立案。对当场不能判定是否符合本法规定的起诉条件的，应当接收起诉状，出具注明收到日期的书面凭证，并在7日内决定是否立案。不符合起诉条件的，作出不予立案的裁定。裁定书应当载明不予立案的理由。原告对裁定不服的，可以提起上诉。

起诉状内容欠缺或者有其他错误的，应当给予指导和释明，并一次性告知当事人需要补正的内容。不得未经指导和释明即以起诉不符合条件为由不接收起诉状。对于不接收起诉状、接收起诉状后不出具书面凭证，以及不一次性告知当事人需要补正的起诉状内容的，当事人可以向上级人民法院投诉，上级人民法院应当责令改正，并对直接负责的主管人员和其他直接责任人员依法给予处分。人民法院既不立案，又不作出不予立案裁定的，当事人可以向上一级人民法院起诉。上一级人民法院认为符合起诉条件的，应当立案、审理，也可以指定其他下级人民法院立案、审理。

（二）税务行政诉讼的审理和判决

1. 审理前的准备

人民法院在审理之前，应做好相应的准备工作，包括依法组成合议庭、阅卷、查证及通知被告应诉等。其中，通知被告应诉是一项重要的准备工作。

2. 审理原则

对行政案件的审理，不仅要做好前述准备工作，在审理时还应遵循下列原则：

（1）起诉不停止执行的原则，即一般情况下，诉讼期间税务具体行政行为不停止执行，除非有特殊情况才停止执行，包括：被告认为需要停止执行的；原告或者利害关系人申请停

---

① 丁海峰与北京市税务稽查局税务行政处罚再审案，见（2018）京02行再3号。

止执行,人民法院认为该行政行为的执行会造成难以弥补的损失,并且停止执行不损害国家利益、社会公共利益的;人民法院认为该行政行为的执行会给国家利益、社会公共利益造成重大损害的;法律、法规规定停止执行的。当事人对停止执行或者不停止执行的裁定不服的,可以申请复议一次。

(2) 不(或者至少是有限)适用调解的原则,但是,行政赔偿、补偿以及行政机关行使法律、法规规定的自由裁量权的案件可以调解。调解应当遵循自愿、合法原则,不得损害国家利益、社会公共利益和他人合法权益。

(3) 被告负举证责任的原则,即人民法院审理行政案件,应由作为被告的税务机关对其所作出的税务行政行为负举证责任,即提供证据证明被诉税务行政行为的合法性,如果不能提供或者无正当理由逾期提供证据,该税务机关就被视为没有相应证据,就要承担败诉的后果。

3. 审理的方式和依据

根据《行政诉讼法》的规定,人民法院审理一审行政案件应采用公开审理的方式,即在人民法院审判人员的主持下,在诉讼参加人和其他参与人的参加下,依法定程序对被诉的税务行政行为进行审查并作出裁判。开庭审理又细分为审理开始、法庭调查、法庭辩论、合议庭评议和判决裁定等阶段。对法院认为事实清楚、权利义务关系明确、争议不大的,或者当事人各方同意适用简易程序的第一审行政案件,可以适用简易程序。

根据《行政诉讼法》的规定,人民法院审理行政案件,以法律、行政法规和地方性法规为依据,参照规章。

4. 审理的范围

审理的范围是指法院在审理税务行政案件时,能够对哪些事项和问题进行审查并作出裁判。根据我国《行政诉讼法》的规定,法院在行政诉讼的中的主要任务是对行政行为是否合法进行审查,即审查行政行为的合法性。这一主要任务决定了审查范围的核心,也指明了确定税务行政诉讼审查范围的原则。从我国《行政诉讼法》的有关规定和国外行政诉讼司法实践来看,税务行政诉讼的审查范围主要包括行政机关的法定职权、作出具体税务行政行为的事实和证据、适用法律和法规以及法定程序等内容。

(1) 对税务机关法定职权的审查。行政机关是否依法定职权实施行政行为是判断行政行为合法与否的重要标准。如果法院不对行政机关的法定职权进行审查,就无法判断该行政机关是否超越职权、滥用职权或不履行法定职责。在税务行政诉讼中,法院对税务机关的法定职权进行审查,主要就是确定税务机关是否有行政失职、行政越权或滥用职权等行为。

(2) 对事实和证据的审查。事实和证据是认定具体税务行政行为是否合法的另一个重要方面。根据我国法律规定精神,行政机关和行政机关工作人员必须以事实为根据作出具体行政行为。在司法审查时,如果没有事实根据或主要证据不足而作出的具体行政行为是属予以撤销或部分予以撤销的行政行为,因此,要确定具体税务行政行为是否合法,必须对赖以作出该具体行政行为的事实和证据进行审查。这就要求被告对作出该具体行政行为负举证责任,即向法院提供作出该具体行政行为的证据和所依据的规范性文件。

(3) 对适用法律、法规的审查。根据"依法行政"的原则,行政机关作出具体行政行为必须有特定的法律依据,没有法律依据或适用法律、法规错误的具体行政行为是不合法的行政行为。所以,对作出具体行政行为所适用的法律、法规依法进行审查,是对具体行政行为的合法性进行审查的一个重要内容。

(4) 对作出具体税务行政行为的程序的审查。行政机关作出具体行政行为,必须依法定程序作出。法定程序不仅体现行政机关和行政管理相对人之间的权利义务联系,也体现国家和人民对行政执法法定化和规范化的要求。违反法定程序不仅是一种违反程序法律规范的违法行为,也会直接侵害或影响行政管理相对人的利益,从而构成具体行政行为不合法的理由,因而,对作出具体税务行政行为的程序进行审查,同样至关重要。违反法定程序的情形主要包括:不遵守法定期限,不遵守法定程序中各个环节的顺序,不按规定的形式要求作出具体行政行为等。

(5) 对税务行政处罚决定的合理性或适当性的审查。《行政诉讼法》第 77 条规定,行政处罚明显不当,或者其他行政行为涉及对款额的确定、认定确有错误的,人民法院可以判决变更。因此,对于税务行政处罚行为,人民法院不仅要从以上几个方面审查其处罚决定的合法性,在必要时还应审查其合理性,即税务行政处罚决定是否恰当。这实际上是法院对税务机关的行政自由裁量权所进行的司法审查。所谓行政自由裁量权,是指法律、法规对某具体行政行为没有规定是否可以作出或规定在一定幅度内作出的情况下,行政机关根据法律、法规规定的原则或职权范围,进行自主权衡、裁量而作出该具体行政行为的权力。它是适应行政执法需要而由法律赋予行政机关的一种特殊权力。但自由裁量权不是任意裁量权,使用行政自由裁量权不能违背法律规定的目的、原则、职权范围。自由裁量权应当代表和体现着社会公正。因此,自由裁量权必须控制在合理的范围内,对那种显失公正的行政自由裁量行为,同样是法律规定应予以变更的行政行为。

5. 审理后的判决

根据《行政诉讼法》的规定,人民法院对一审案件,经审理后,根据不同情况,分别作出如下判决:

(1) 维持判决,即税务具体行政行为证据确凿,适用法律、法规正确,符合法定程序的,判决维持。

(2) 撤销判决,即税务具体行政行为的主要证据不足或者适用法律、法规错误,或者违反法定程序,或者超越职权,或者滥用职权的,明显不当的,判决撤销或者部分撤销,并可以判决被告重新作出具体行政行为。

(3) 履行判决,即被告不履行或者拖延履行法定职责的,判决其在一定期限内履行;查明被告依法负有给付义务的,判决被告履行给付义务。

(4) 变更判决。

(5) 确认违法(无效)判决,即确认税务机关行政行为无效。

(三) 税务行政诉讼的二审和再审

1. 税务行政诉讼的二审

税务行政诉讼的二审即税务行政诉讼的第二审程序,又称上诉审程序、终审程序,是指上级人民法院对下级人民法院的第一审判决、裁定,在其发生法律效力之前,基于当事人的上诉,对案件进行重新审理的程序。

2. 税务行政诉讼的再审

税务行政诉讼的再审即税务行政诉讼的再审程序,又称审判监督程序,是指人民法院对已发生法律效力的判决、裁定,发现违反法律、法规的规定,依法进行重新审判的程序。它是与二审程序完全不同的诉讼程序,而是为了纠正人民法院的判决、裁定的错误而设置的一个特殊的审判程序,不具有审级性质,不是行政诉讼的必经程序;但它对于贯彻实事求是原则,保证人民法院正确行政案件的审判权,具有重要作用。

我国《行政诉讼法》第90条规定,当事人对已经发生法律效力的判决、裁定,认为确有错误的,可以向上一级人民法院申请再审。但须明确的是,申诉就其性质而言,是一种民主权利。当事人的申诉并不当然地引起审判监督程序,它只是为人民法院提供审查已生效的判决、裁定是否错误的线索。当事人提出申诉,人民法院要加以审查,但只有本院的审判委员会、上级人民法院和人民检察院,才能提起审判监督程序。所以,在人民法院撤销原判决、裁定以前,不能因提起申诉而停止原判决、裁定的执行。

(四) 税务行政诉讼的执行程序

执行程序是指人民法院作出的裁定、判决发生法律效力后,一方当事人拒不履行人民法院的裁定、判决,而由人民法院根据另一方当事人的申请实行强制执行的活动。根据我国《行政诉讼法》的规定,当事人必须履行人民法院已经发生法律效力的裁定和判决。原告拒绝履行判决、裁定的,行政机关或者第三人可以向第一审人民法院申请强制执行,或者由行政机关依法强制执行。作为被告的税务机关拒绝履行判决、裁定的,第一审人民法院可以采取下列措施:

(1) 对应当归还的罚款或者应给付的赔偿金,通知银行从该税务机关的账户内划拨。

(2) 在规定的期限内不履行的,从期满之日起,对该行政机关负责人按日处50元至100元的罚款,直到该税务机关执行判决或裁定为止,以督促其履行义务。

(3) 将行政机关拒绝履行的情况予以公告。

(4) 向该税务机关的上一级税务机关或者监察、人事机关提出司法建议。接受司法建议的机关,根据有关规定进行处理,并将处理情况告知人民法院。

(5) 拒不履行判决、裁定、调解书,社会影响恶劣的,可以对该行政机关直接负责的主管人员和其他直接责任人员予以拘留;情节严重,构成犯罪的,依法追究刑事责任。这里的"依法",主要指依照刑法,如我国《刑法》第313条规定,对人民法院的判决、裁定有能力执行而拒不执行,情节严重的,处3年以下有期徒刑、拘役或者罚金;情节特别严重的,处3年以上7年以下有期徒刑,并处罚金。

【案例分析】

兰州市城关区人民检察院诉兰州市税务局不履行法定职责案[①]

案例事实:

2018年3月5日兰州市城关区人民检察院向兰州铁路运输法院提起行政公益诉讼,起诉被告国家税务总局兰州市税务局不履行法定职责。

区人民检察院诉称,第三人甘肃恒基房地产开发有限公司尚有1716829.28元营业税一直未缴纳,被告税务局作为负有监督管理职责的主管机关,应依法追缴恒基公司欠缴税款。区检察院曾于2017

[①] 兰州市城关区人民检察院诉兰州市税务局不履行法定职责案,见(2018)甘7101行初125号。

年 4 月 7 日向税务局发出检察建议,要求其履行行政监管职责,采取有效措施追缴欠缴税款。但欠缴的税款仍未追回,区检察院认为该局怠于行使行政机关管理职责,国有资产仍处于流失状态,对此应承担相应的责任。法院判决,被告市税务局作为税收主管机关,负有税收征收管理的法定职责。责令被告税务局履行法定职责,在判决生效之日起 90 日内将第三人欠缴的税款追缴到位。

案例简析:

财政税收领域的行政公益诉讼刚刚启动,对包括本案在内的一些尝试是否属于《行政诉讼法》所创设的行政公益诉讼的范围尚需进一步研究,相关制度建设及审判实践亦需不断探索。在类似案件中,行为和行为之结果是既有联系又有区别的两类事物,如何确定行政机关不履行法定职责的标准、界限、现实性和可能性需要综合考虑。本案判决较为典型地展现了一些引人思考的问题。

第四节 税务行政赔偿法律制度

一、税务行政赔偿的概念与构成要件

税务行政赔偿又称税收赔偿,是指税务机关及其工作人员违法行使职权,侵犯公民、法人和其他组织的合法权益并造成损害,由国家承担赔偿责任,由致害的税务机关作为赔偿义务机关,代表国家予以赔偿的一项法律救济制度。

税务行政赔偿的构成要件是指税务机关代表国家承担赔偿责任所应具备的前提条件。税务行政赔偿责任的构成应具备以下条件:(1)税务行政赔偿的侵权主体是行使国家税收征收和管理权的税务机关及其工作人员;(2)税务机关及其工作人员行使职权的行为违法;(3)存在损害事实;(4)税务行政侵权行为与损害事实之间具有因果关系。

二、税务行政赔偿的范围

我国《国家赔偿法》第 3—5 条对行政赔偿的范围以列举的方式作了明确的规定。据此,税务行政赔偿的范围包括应予赔偿的范围和不予赔偿的情形。

(一)国家应予赔偿的范围

1. 侵犯公民人身权的赔偿范围

根据《国家赔偿法》第 3 条的规定,侵犯人身权的赔偿范围只包括对人身自由权和生命健康权侵害两类。就那些税务行政行为造成的损失范围而言,因税务机关不享有行政拘留的权力,因此,就税务行政执法而言,国家应予赔偿的行为有:(1)违法拘留或者违法采取限制公民人身自由的行政强制措施的;(2)非法拘禁或者以其他方法非法剥夺公民人身自由的;(3)以殴打、虐待等行为或者唆使、放纵他人以殴打、虐待等行为造成公民身体伤害或者死亡的;(4)违法使用武器、警械造成公民身体伤害或者死亡的;(5)造成公民身体伤害或者死亡的其他违法行为。

2. 侵犯公民、法人和其他组织财产权的范围

根据《国家赔偿法》第 4 条的规定,结合税务行政法律规范的相关规定,税务行政赔偿的范围包括导致的公民、法人和其他组织财产权损害的各种税务行政行为。包括:(1)违法征税行为;(2)违法作出税务行政处罚行为;(3)违法责令纳税人提供纳税担保的行为;(4)违

法采取税收保全措施的行为;(5)违法采取税收强制执行措施的行为;(6)税务机关不予依法办理或答复的行为;(7)税务机关违法通知出境管理机关阻止出境行为;(8)税务造成财产损害的其他违法行为。

（二）国家不予赔偿的情形

根据《国家赔偿法》第5条的规定,有下列情形之一的行为,国家不承担税务行政赔偿责任：

（1）税务机关工作人员与行使职权无关的个人行为造成损害的。个人行为与职务行为相对应,税务人员的双重行为是由税务人员的双重身份所决定的。税务人员的个人行为是与行使税收行政管理权无关的行为,由此造成损害而引起的赔偿责任是民事责任,由税务人员自身承担,而不应归属于国家。

（2）因公民、法人和其他组织自己的行为致使损害发生的。税务机关及其工作人员行使职权的行为是造成损害结果的原因,才有可能引起税务行政赔偿责任。如果造成损害的原因不是税务机关及其工作人员行使职权的行为或与行使职权有关的行为,而是公民、法人和其他组织自己的行为,就不存在税务行政赔偿责任构成所必须具备的因果关系,税务机关当然不代表国家承担行政赔偿责任。

（3）法律规定的其他情形。这里的法律,仅指全国人民代表大会及其常务委员会制定的规范性文件。目前,法律规定不承担赔偿责任的情形主要有：不可抗力、正当防卫、紧急避险等造成的损害。

三、税务行政赔偿的请求人与赔偿义务机关

（一）税务行政赔偿的请求人

税务行政赔偿的请求人是指因其合法权益受到税务机关及其工作人员不法侵害而依法要求赔偿的公民、法人和其他组织。根据《国家赔偿法》第6条的规定,结合税务行政赔偿的实践,税务行政赔偿请求人包括以下几类：

（1）受害的公民、法人和其他组织。公民作为税务行政赔偿请求人应是受害人本人。

（2）受害的公民死亡的,其继承人和其他有抚养关系的亲属可以成为赔偿请求人。

（3）受害的法人和其他组织终止的,承受其权利的法人或者其他组织可以成为赔偿请求人。根据最高人民法院《关于审理行政赔偿案件若干问题的规定》（法释〔2022〕10号）第7条第3款规定,有权提起行政赔偿诉讼的法人或者其他组织分立、合并、终止,承受其权利的法人或者其他组织可以依法提起行政赔偿诉讼。

（二）税务行政赔偿义务机关

税务行政赔偿义务机关,是指代表国家履行具体赔偿义务、支付赔偿费用、参加赔偿案件解决的行政机关。税务行政赔偿责任,实质上是国家承担赔偿责任。但是国家是一种抽象的政治实体,不可能参与具体的赔偿事务,履行赔偿义务,而只能由有关机关代替履行。根据《国家赔偿法》第7、8条的规定,税务行政赔偿义务机关主要有以下几类：

（1）税务机关及其工作人员行使税收征收管理职权侵犯公民、法人和其他组织的合法权益造成损害的,该税务机关为赔偿义务机关。

（2）两个以上的税务机关或税务机关和其他国家行政机关共同行使职权侵犯公民、法人和其他组织的合法权益造成损害的,共同行使职权的机关为共同赔偿义务机关。

(3) 受税务机关委托的组织或者个人在行使受委托的行政权力时侵犯公民、法人和其他组织的合法权益造成损害的,委托的税务机关为赔偿义务机关。

(4) 赔偿义务机关被撤销的,继续行使其税收征管职权的税务机关为赔偿义务机关,没有继续行使其税收征管职权的税务机关的,撤销该赔偿义务机关的机关为赔偿义务机关。

(5) 经过税收行政复议的,最初造成侵权行为的税务机关为赔偿义务机关,但复议机关的复议决定加重了当事人的损害的,该税务行政复议机关对加重部分负责履行赔偿义务。在后种情形下,税务行政复议机关与原税务机关为共同赔偿义务机关。

四、税务行政赔偿的程序

税务行政赔偿的程序是指税务行政赔偿请求人提起赔偿请求,有关国家机关处理税务行政赔偿事务所应遵循的步骤、方式和次序。税务行政赔偿的程序有两种,一种是单独要求税务行政赔偿的程序,一种是附带要求税务行政赔偿的程序。附带要求税务行政赔偿的程序适用行政复议法和行政诉讼法的程序,这里主要讲的是单独要求税务行政赔偿的程序。

(一) 税务行政赔偿的提出与处理

税务行政赔偿人向赔偿义务机关要求赔偿,应当提交赔偿申请书。在税务行政复议和税务行政诉讼中附带提出税务行政赔偿请求的,由复议机关一并处理或由人民法院根据具体情况决定合并审理或者单独审理,并不要求赔偿义务机关先行处理。但是,赔偿请求人单独要求税务行政赔偿,应当先向赔偿义务机关提出,由赔偿义务机关按行政程序先行予以处理。税务行政赔偿请求人对赔偿义务机关处理不服或赔偿义务机关逾期不予赔偿的,才可以申请复议或者提起诉讼。对未经先行程序处理而单独提起赔偿请求,复议机关或者法院不予受理。

赔偿义务机关应当自收到申请之日起 2 个月内给予赔偿;逾期不予赔偿或者赔偿请求人对赔偿数额有异议的,税收赔偿请求人可以自期间届满之日起 3 个月内向人民法院提起诉讼。

(二) 税务行政赔偿诉讼

1. 税务行政赔偿的提起与受理

税务行政赔偿人单独提起税收赔偿诉讼,应当符合下列条件:(1) 赔偿请求人具有请求资格;(2) 有明确的被告;(3) 有具体的赔偿请求和受损害的事实根据;(4) 加害行为为税务行政行为的,该行为已被确认为违法;(5) 赔偿义务机关已先行处理或超过期限不予处理;(6) 属于人民法院税务行政赔偿诉讼的受案范围和受诉人民法院管辖;(7) 符合法律规定的起诉期限。

人民法院接到税务行政赔偿起诉状后,在 7 日内不能确定可否受理的,应当先予受理。审理中发现不符合受理条件的,裁定驳回起诉。当事人对不予受理或者驳回起诉的裁定不服的,可以在裁定书送达之日起 10 日内向上一级人民法院提起上诉。

2. 税务行政赔偿诉讼的审理与判决

税务行政赔偿诉讼是一种特殊的行政诉讼形式,其审理具有一些自身的特点:从审理形式上看,税务行政赔偿诉讼中可以适用调解。从证据原则上看,税务行政赔偿诉讼不完全采取"被告负举证责任"的原则。在税务行政赔偿诉讼中,在起诉被告不履行法定职责的案件中,原告应当提供其向被告提出申请的证据。但有下列情形之一的除外:(1) 被告应当依职权主动履行法定职责的;(2)原告因正当理由不能提供证据的。在行政赔偿、补偿的案件中,原告应当对行政行为造成的损害提供证据。因被告的原因导致原告无法举证的,由被告承担举证责任。人民法院对赔偿请求人未经确认程序而直接提起税务行政赔偿诉讼的案件,在判决时应当对赔偿义务机关的致害行为是否违法予以确认。

人民法院对单独提起的税务行政赔偿诉讼经过审理后,依法作出如下判决:(1)维持赔偿义务机关作出的赔偿处理决定;(2)改变赔偿义务机关作出的赔偿处理决定;(3)驳回赔偿请求人提出的赔偿请求。

五、税务行政赔偿的方式和计算标准

(一)税务行政赔偿的方式

税务行政赔偿的方式即对税务行政侵权行为造成的损害采取何种形式予以赔偿。根据我国《国家赔偿法》的规定,税务行政赔偿的方式有以下几种:

(1)支付赔偿金。又称为"金钱赔偿",是指将受害人所受各项损害,以一定的标准折抵成金钱,以货币形式进行赔偿的方式。《国家赔偿法》将其作为主要赔偿方式。

(2)返还财产。它指赔偿义务机关将有关财产归还给对其享有所有权的受害方的赔偿形式。返还存在适用的前提是,违法占有的财产还存在。

(3)恢复原状。指负有赔偿义务的机关按照被害人的愿望和要求恢复损害发生之前的原本状态。应当返还的财产损坏的,能够恢复原状的,恢复原状。

上述三种方式可以独立适用,也可以并用。

(二)税务行政赔偿的计算标准

1. 侵犯人身权的计算标准

根据我国《国家赔偿法》第33条的规定,侵犯公民人身自由的,每日的赔偿金按照国家上年度职工日平均工资计算。根据《国家赔偿法》第34条的规定,侵犯公民生命健康权的,赔偿金按照下列规定计算:(1)造成身体伤害的,应当支付医疗费、护理费,以及赔偿因误工减少的收入。减少的收入每日的赔偿金按照国家上年度职工日平均工资计算,最高额为国家上年度职工年平均工资的5倍。(2)造成部分或者全部丧失劳动能力的,应当支付医疗费、护理费、残疾生活辅助具费、康复费等因残疾而增加的必要支出和继续治疗所必需的费用,以及残疾赔偿金。残疾赔偿金根据丧失劳动能力的程度,按照国家规定的伤残等级确定,最高不超过国家上年度职工年平均工资的20倍。造成全部丧失劳动能力的,对其扶养的无劳动能力的人,还应当支付生活费。(3)造成死亡的,应当支付死亡赔偿金、丧葬费,总额为国家上年度职工年平均工资的20倍。对死者生前扶养的无劳动能力的人,还应当支付生活费。

2. 侵犯财产权的计算标准

根据《国家赔偿法》第36条的规定,侵犯公民、法人和其他组织的财产权造成损害的,按照下列规定处理:(1)处罚款、罚金、追缴、没收财产或者违法征收、征用财产的,返还财产;(2)查封、扣押、冻结财产的,解除对财产的查封、扣押、冻结,造成财产损坏或者灭失的,依照有关规定赔偿;(3)应当返还的财产损坏的,能够恢复原状的恢复原状,不能恢复原状的,按照损害程度给付相应的赔偿金;(4)应当返还的财产灭失的,给付相应的赔偿金;(5)财产已经拍卖的,给付拍卖所得的价款,变卖的价款明显低于财产价值的,应当支付相应的赔偿金;(6)吊销许可证和执照、责令停产停业的,赔偿停产停业期间必要的经常性费用开支;

(7) 返还执行的罚款或者罚金、追缴或者没收的金钱,解除冻结的存款或者汇款的,应当支付银行同期存款利息;(8) 对财产权造成其他损害的,按照直接损失给予赔偿。

【延伸阅读】

如何推进我国税收司法的发展①

税收法治是税收立法、执法、司法和守法的统一体,这几个环节紧密联系、相互依存、缺一不可。从这个意义上来说,税收司法,特别是税务审判是极其重要的一环,如果税务审判没有重大突破的话,税收法治就不能有效运转,税收法治就会大打折扣。

从中国共产党十八届三中全会到十九大,中央一直强调全面推进依法治国。近几年来,为了适应法律专业化的需要,我国法院系统进行了积极探索,一批专业化的法院(含法庭),如知识产权法院、环境保护法院、金融法庭等纷纷成立。2015年,中共中央全面深化改革领导小组通过的《深化国税、地税征管体制改革方案》中明确提出"加强涉税案件审判专业化建设,由相对固定的审判人员、合议庭审理涉税案件"。时间已过去两年多,可我们期盼的税务法庭尚未问世,我国税务司法究竟有多大的突破呢?

人们经常讲这样一句话,即若要做大事、做成大事,必须要"影响有影响的人"。今天,我国最高人民法院首席大法官周院长来了,他就是一位有重要影响的人,机会难得,我就是想影响他这位有影响的大人物,当面向他提出"加强税务审判的几点具体建议"。如果今天的建议,最终能够促进我国税务审判的重大突破,有效保护纳税人的权利,那么这个背靠最高人民法院的研究基地就实至名归、功德无量。

我的建议包括两大方面:

第一大方面,"加强税务诉权保障"。包括:

其一,建立"举报诉讼"特别程序。依法举报逃避缴纳税款等税收违法行为,对税务机关不履行职责或推诿、敷衍、拖延行为,有权提起行政诉讼。通过诉讼救济机制,督促税务机关应收尽收,避免税收流失,确保税负公平和税法尊严。

其二,开放税务司法。采取负面清单模式,扩大法院受案范围。取消清税前置,改复议强制前置为复议诱导前置,以产生两个"倒逼"效果:一是打破对税收争议处理的垄断,形成行政救济和司法救济良性竞争局面,倒逼税务机关规范执法和税务复议制度的完善;二是税务案件增加将倒逼法院加快税务审判队伍专业化建设。

其三,科学配置举证责任。原则上税务机关就税款稽征、税款减少等事实负举证责任,纳税人就税前扣除、税收优惠、税款增加等事实负举证责任,例外情形通过修改《税收征收管理法》加以明确规定。

其四,消除税务机关工作人员的抵触心理。人社部立即启动税务公职律师职称评定工作,尽快与社会律师实现"平等武装"。改进税务机关绩效考核办法,对于无故意或明显过失的败诉案件,不予追

---

① 2018年1月3日,"税收法律高端论坛"暨"北京市哲学社会科学国家税收法律研究基地"颁牌仪式在首都经贸大学举行。最高人民法院周强院长,国家税务总局孙瑞标副局长,北京市委常委、市委教育工委书记林克庆书记,全国人民代表大会财经委郝如玉副主任委等领导,以及来自全国人民代表大会、全国政协、最高人民法院、国家税务总局、北京市委、北京大学、中国人民大学、中央财经大学、首都经贸大学等单位近100人出席会议。中国法学会财税法学研究会会长、北京大学法学院教授刘剑文应邀参会,并做了题为"如何推进我国税收司法的发展"的演讲。周强院长在最后会议总结时对刘剑文教授"关于加强税收诉权保障和税务审判权保障,在新时代进一步完善税收司法工作的建议"进行了回应,并给予了高度评价。本文为节选。

究责任。

第二大方面,"加强税务审判权保障"。包括:

其一,提高税务案件审级,确保税法实施与裁判统一。税务机关与海关处理的案件都具有专业特殊性,第一审都应由中级人民法院管辖(适用简易程序的案件除外,仍由基层法院审理),第二审由高级法院管辖。对于税法适用争议的再审案件,由最高法院管辖,可以考虑设立税务巡回法庭。为方便纳税人,立案登记仍可由各基层法院受理。

其二,分两步走,设立税务法院。第一步,在北京第四中级人民法院、上海第三中级人民法院分别设立跨行政区划的税务法庭,受理来自全国各地的税务一审案件;同时在其他中级人民法院设立税务案件合议庭,受理管辖范围内的一审案件。纳税人可以按属地原则选择税务合议庭,也可以选择跨行政区划的税务法庭。第二步,条件成熟时,设立跨行政区划的税务法院,制定《税务诉讼特别程序法》。

其三,加快税务审判队伍专业化建设。建立全国统一的税法法官人才库,整合具有财税知识技能的法官资源;从社会遴选具有律师、会计师、税务师等相关从业资格的专业人士,建立全国统一的税务陪审员人才库。税务合议庭由税法法官人才库和税务陪审员人才库的成员组成,税务法庭由税法法官人才库成员组成。对专业人才实行分类培训、分类使用的管理机制。

【课后思考题】

1. 请从纳税人保护的角度,谈谈税收救济法律制度的重要意义。
2. 试比较我国税务行政复议、税务行政诉讼、税务行政赔偿的范围。
3. 我国关于税务行政复议的规定,有何不合理之处?请谈谈你的完善建议。

【参考文献】

1. 〔日〕北野弘久:《税法学原论》(第五版),郭美松、陈刚译,中国检察出版社2008年版。
2. 丁一:《纳税人权利研究》,中国社会科学出版社2013年版。
3. 黄士洲:《税务诉讼的举证责任》,北京大学出版社2004年版。
4. 刘剑文、熊伟:《税法基础理论》,北京大学出版社2004年版。
5. 刘剑文主编:《改革开放40年与中国财税法发展》,法律出版社2018年版。
6. 熊伟:《美国联邦税收程序》,北京大学出版社2006年版。

后 记

财税法上关理财治国,是治国安邦之道,下系民生福祉,是纳税人权利保护之法。对此,每个国民都无可回避,均应认真对待。经过三十余年的积淀与发展,以财税法为研究对象的财税法学在我国逐渐成长为一门新兴的领域法学学科,其丰富的学科内涵和交叉性、应用性特点引起人们的广泛关注,并回应了市场经济的客观需要,故而具有强大的生命力。我国财税法学已经取得较为丰富的科研成果,在此基础上,经过多年的构思与反复的教学实践,财税法学的教学体系框架也愈加清晰。作为学术传承的载体,财税法学的教材应当充分吸收学术研究的精华和教学实践的经验,成为影响一代甚至几代人的经典作品。正是基于这种想法,我逐步尝试撰写更加具有鲜明特色的财税法学教材。

近年来,我国财税法学教材建设发展很快,不同的教材在内容、体例方面不尽相同。不过,教学建设应当与时俱进,敢于突破传统模式,锐意创新。因此,本着"面向学生、服务教学"的初衷,我总结三十余年财税法教学和研究的体会,撰写了这本《财税法——原理、案例与材料》,并在改版的过程中进一步更新和补充了相关内容。本教材具有以下特点:

第一,在结构上着力构建完整、合理的财税法理论和制度体系。本教材突出财税法的"公共财产法"之本质属性,强调"理财治国"的目标宗旨,体现"领域法学"的研究范式,全书涵盖了财税法学的基本理论和基本制度。全书分上下两篇,上篇为狭义的财政法,下篇为税法。其中,狭义的财政法包括财政基本法、财政平衡法、财政预算法、财政支出法、非税财政收入法和财政监管法;税法包括税收实体法和税收程序法两个部分。

第二,在内容上力求简洁,具有可读性,能够较好地反映财税法理论的前沿性和观点的独立性。财税法理论和制度紧随国家经济和法治的发展而变迁,本教材及时体现了国家最新的财税法律和政策的内容。同时,在诸多理论问题上表达出我独立的学术立场,提炼出具有鲜明特性的学术观点。

第三,在形式上以问题为导向,特别强调"教与学"的互动过程。除了传统教材的必备要素之外,本教材坚持"以现实引出问题,以问题激发兴趣,以兴趣带领探索,以探索求得真理",通过引介社会生活中的财税法事件及案例,来引导学生关注理论中的财税法问题,从而培养学生的法学思维能力和问题意识。

在本书的写作和出版过程中,感谢北京大学教务部的立项支持,感谢在第五版修改过程中谌礼姣同学对全书修订及资料整理工作的参与,同时感谢北京大学出版社王晶编辑的敦促和她多年来对中国财税法学科所做的奉献。对于书中存在的疏漏和谬误还请读者批评指正。

刘剑文
2022 年 3 月